口絵１　保護貿易側の現代性 vs. 自由貿易側の時代遅れの馬車。保守陣営のポスター、1910 年頃。

口絵２　自由貿易がもたらす惨状。イギリスの労働者とその家族が、外国商品の「ダンピング」のために悲惨な境遇に陥っている。関税改革側のポスター、1909 年頃。

口絵３　関税改革はイギリスの男性と雇用を守る。保守陣営のポスター、1905 年頃。

口絵４　ロバート・モーリーによる「飢餓の40 年代」。1905 年に国民リベラル・クラブから最優秀賞を授与された自由貿易支持のポスター。

口絵 5　赤頭巾ちゃんに襲いかかろうと「税金」を手にして待ち伏せする保守派の男たち。自由貿易支持のポスター、1909 年頃。

口絵 6　家への侵入。自由貿易支持者の食品棚へと保護貿易論者が手を伸ばしている。リベラル派の絵はがき、1905 年頃。

口絵 7　あらゆる階級の女性たちが大混雑の自由貿易ショップの入口でひしめいているのに対して、侘しげな店主ジョゼフ・チェンバレンは、高値の商品が並ぶがらんとした店で佇んでいる。リベラル派のポスター、1905 年頃。

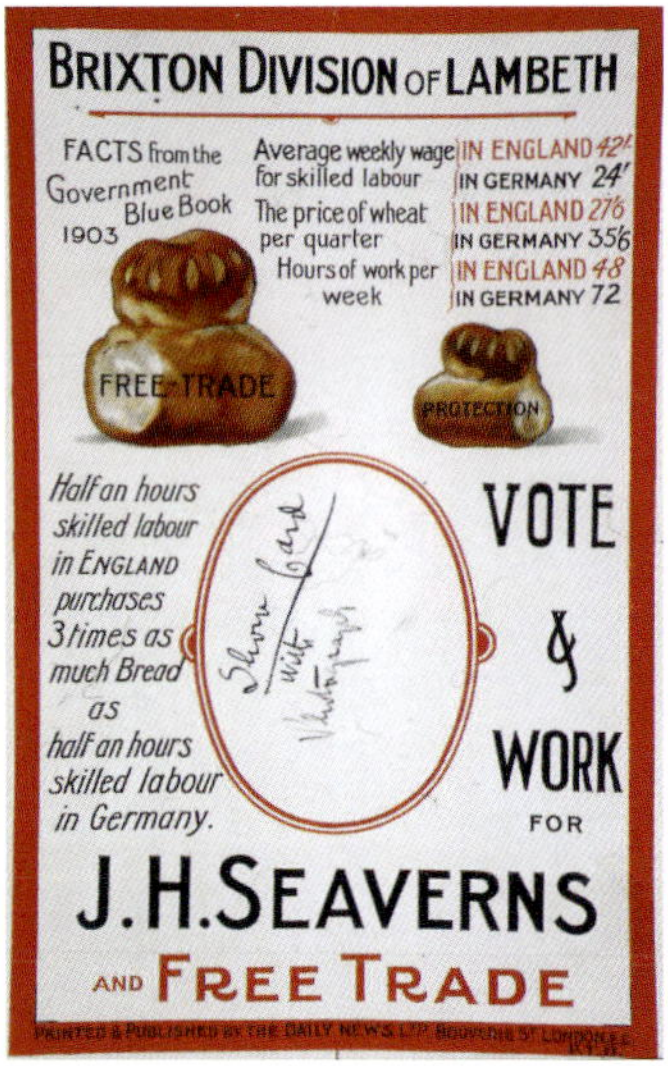

口絵 8　大きなパンと小さなパンが、自由貿易下と保護貿易下の各々の生活水準の絵解きになっている。1905 年の選挙カード。

口絵 9　大きさがものを言う。1905 年の選挙ポスターに描かれた大きなパンと小さなパン。

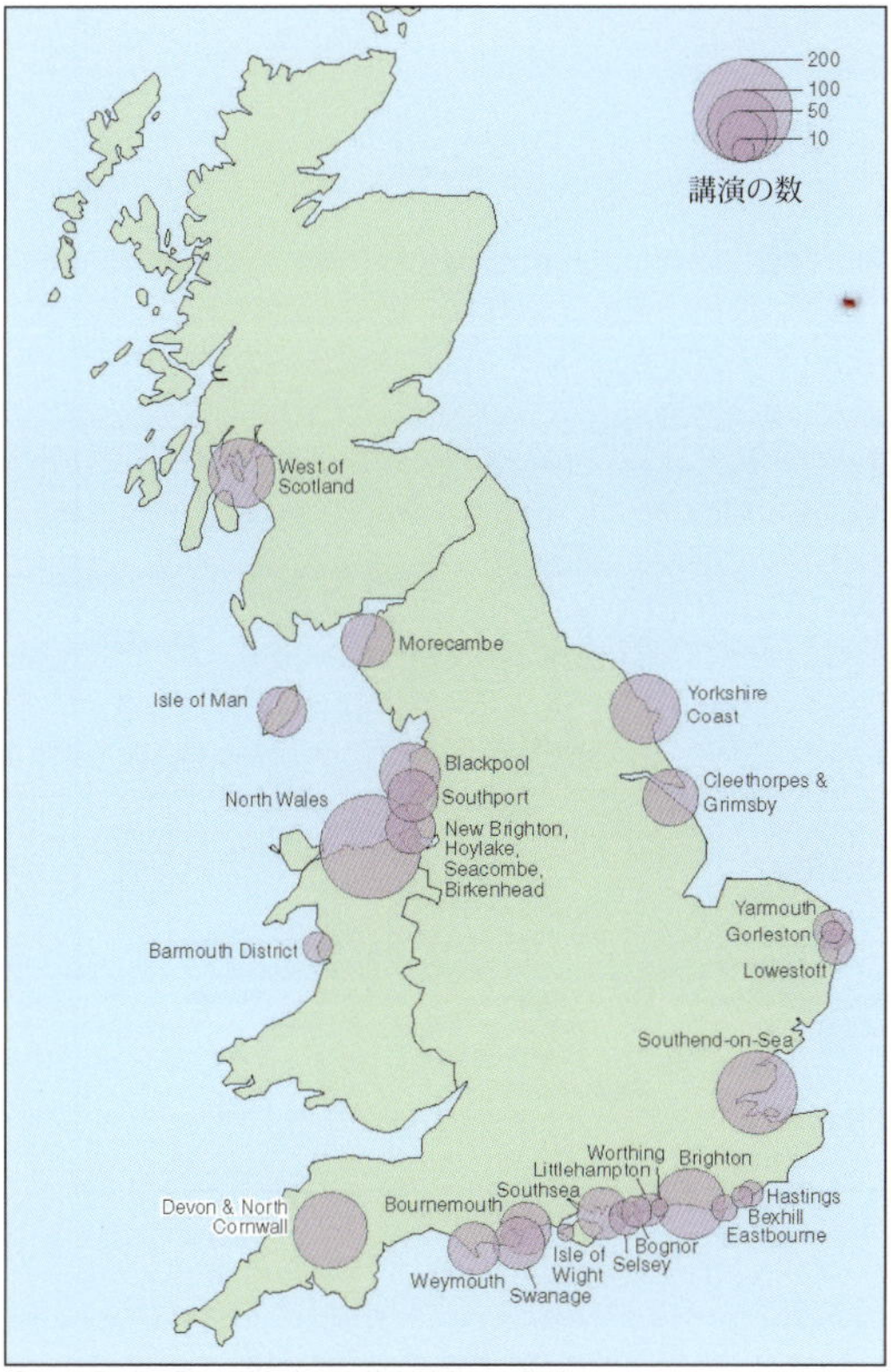

口絵 11　浜辺で。自由貿易海辺講演（1910 年 7 月－ 9 月）。出典：『フリー・トレイダー』（1910 年 9 月 15 日、1910 年 10 月 20 日）

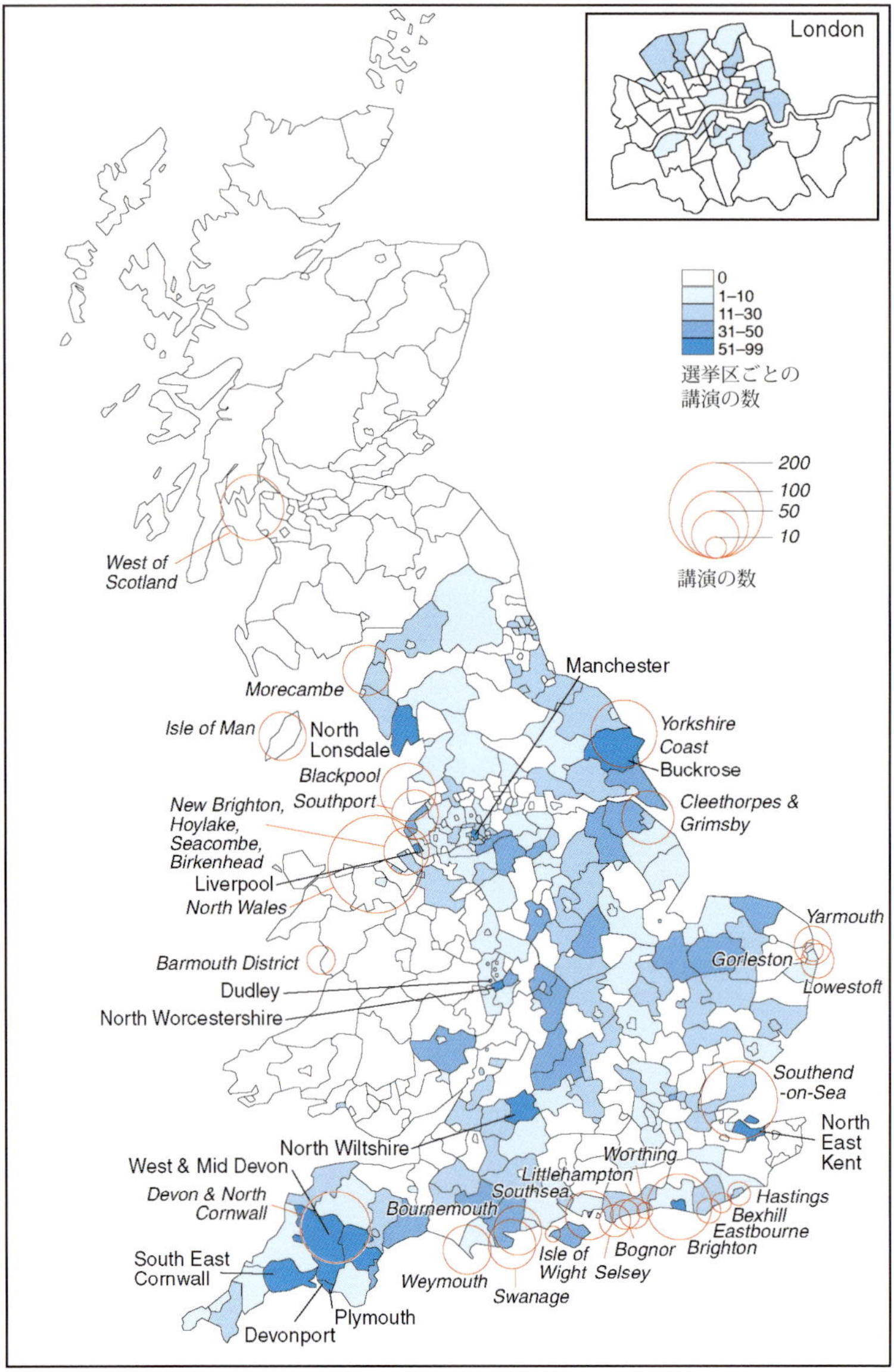

口絵 10　全国の自由貿易講演、ショウ、展覧会（1910 年 5 月－ 12 月）。

出典：チャーチル文書センター（ケンブリッジ）。CHAR 2/44, 2/54.『フリー・トレイダー』。すべての地図と図表は、「国民自由貿易講演」という組織によって記録された活動に基づくものであり、充分なデータが残っていない「自由貿易連合」のような他の組織の展開は含まれない。地図 1 の数値は、「国民自由貿易講演」によって組織された各地区・各都市における全活動の総計であり、1910 年 5 月から 9 月までの期間、および 1910 年 12 月の総選挙期間までの時期に関して残存しているデータから採ったものである。

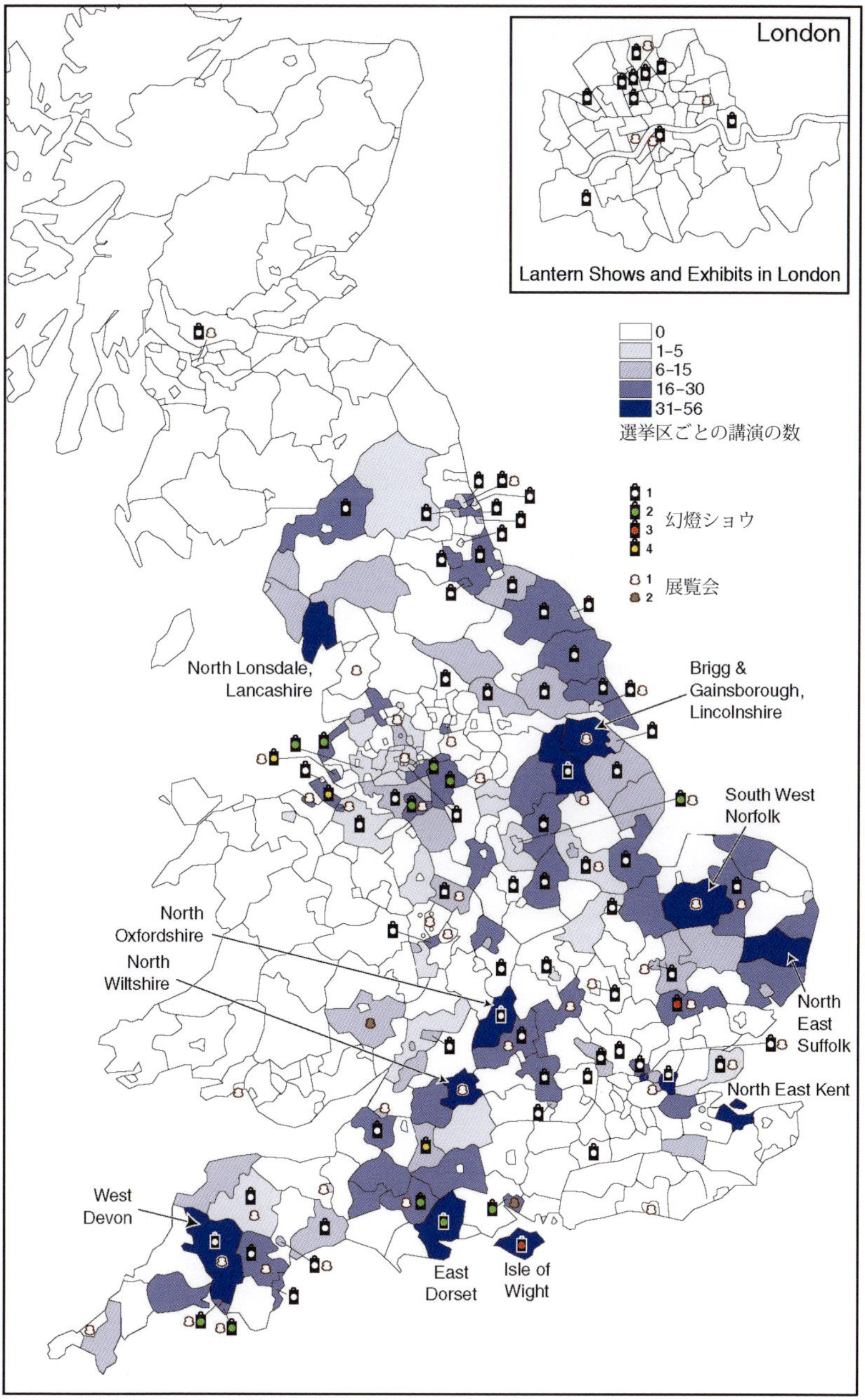

口絵 12　自由貿易講演、幻燈ショウ、展覧会、1910 年 12 月総選挙の選挙期間。
出典：チャーチル文書センター（ケンブリッジ）、CHAR 2/54.

口絵 13　保護貿易論者経営の、安価な海外商品を陳列したダンプ・ショップの稀少な写真。入口の棺桶が目を惹く。おそらくはコヴェントリーで 1910 年に撮影。

口絵 15　政治と広告の混合。ボヴリルで力をつけてバナマンと戦う、角を生やしたアーサー・バルフォア。1906 年の S・H・ベンソン株式会社の広告。

口絵 14　自由貿易のために絶望と貧窮に陥った一家。T・B・ケニントンによる 1909 年の絵画。エドワード時代のキャンペーンにおいてもっとも広く流布された画像。

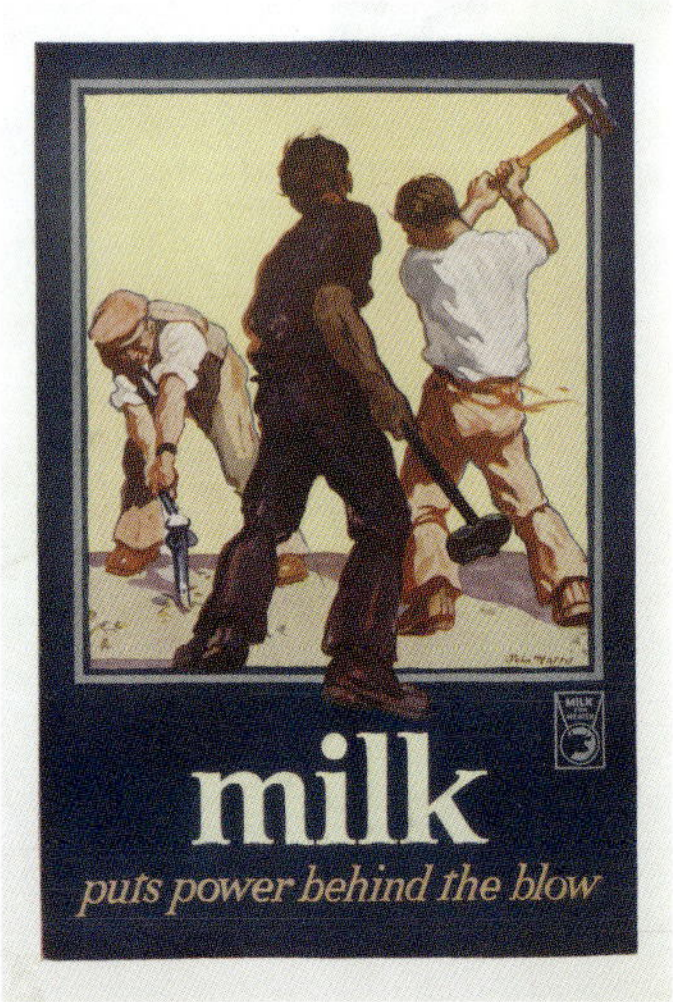

口絵 16　勤労の活力源としてのミルク。ミルク宣伝キャンペーンのポスター、1923 年。

フリートレイド・ネイション

イギリス自由貿易の興亡と消費文化

フランク・トレントマン［著］
田中裕介［訳］　新広記［解説］

Free
Trade
Nation
Frank Trentmann

NTT出版

Free Trade Nation: Commerce, Consumption, and Civil Society in Modern Britain, First Edition was originally published in English in 2009. This translation is published by arrangement with Oxford University Press.

『フリートレイド・ネイション』日本語版への序文

この日本語版が刊行されるのにより適切な時機があった。二〇一六年六月二三日にイギリス人有権者の五二パーセントが、イギリスのEUからの離脱、ブレグジット（Brexit）に賛成した。これはヨーロッパに対するイギリスの関係だけでなく、世界におけるイギリスの位置、そしてグローバリゼーションの将来に関しても根本的な問いを提起する重大な決定である。貿易の統制が、労働力の移動の統制についての議論と並んで、政治上の課題として再浮上している。

二〇〇八年に『フリートレイド・ネイション』の原著を完成させた私は、この歴史記述を世界貿易機構の下での現在の政治と結びつけるエピローグを最後に置いた。私が指摘したのは、より大きな貿易の自由が、もはや簡単に保護貿易に対する勝利をあてにすることはできないという点であった。それは二つの政治的状況による試練にさらされている。第一に、次第に自信をつけてきている開発途上国（G20）の勃興がある。ヨーロッパ人とアメリカ人は自由貿易の福音を説くのかもしれないが、開発途上国に関しては、これまで農業助成金によって自国の農家を保護していた以上、自由貿易に追随する可能性は低い。実際ドーハ開発ラウンドの交渉が決裂したのは、本書が出るか出ないかの時期であった。先行きはいまだ不透明である。第二に、一九九九年に発生したシアトルでの暴動とそれに続く抗議運動が示しているように、貿易自由化が着実に大衆の支持を失いつつあるという点である。新世代の急進派にとって、貿易をめぐる政治は、民衆や世界全体への配慮を欠いたまま、既得権益団体に有利に事が運ぶように説明責任のない交渉者たちによって密室で執り行われていると感じられている。

現在、二〇一六年において、本書のエピローグは世界史の新たな一章の前に置かれる序文に変わりつつあるように見える。GATT（関税及び貿易に関する一般協定）発足の一九四七年に始まり、一九七〇年代から九〇年代のネオリベラリズムの時代を経て持続した貿易自由化の長い時代は、その終焉に達しているように思われる。これは一つには覇権国家アメリカ合衆国の衰退ということが理由としてある。しかしまたかつては自由貿易に大衆の支えと民主の力を与えていた社会と政治の運動にもはや依拠することができなくなったことも理由に挙げられる。二〇〇八年以降、貿易自由化へ向けた数多くの提案への深まる疑念と正面からの反論にわれわれは接するようになっている。そのような計画はもはや少数のアナーキストや環境保護運動家の憎悪を招くというだけではない。懐疑と抵抗が浸透しているのであり、日本も例外ではない。環太平洋パートナーシップ（ＴＰＰ）と環大西洋貿易投資パートナーシップ（ＴＴＩＰ）は、多国籍企業を民主的な監視の外に置き、労働者の権益、健康、環境よりも利益を優先する非民主的な密室の交渉を指し示す符牒になってきている。近年、イギリス、アメリカ合衆国、アジアで勢いを得ているのは、「門戸開放」ではなく、商業の「統制を取り戻す」という国民への公約である。

本書はイギリスの物語であるが、その教訓は、今日の日本をはじめとする世界全体に当てはまる。というのも『フリートレイド・ネイション』の主たる目的が、いかにしてある一つの経済思想が、デモクラシー、平和、福祉を表す大衆向けの政治力にかつてなりおおせたのか、そしていかにしてこの理想像と運動が解体したのかを記述し、説明することにあるからだ。グローバリゼーションがふたたび攻撃にさらされている現下にあって、この歴史はこれまでないほど重要になっている。経済思想はそれ自体で実用に耐えるものではない――成果を上げるためには、より大きな理想とつながり、社会と政治の連帯を勝ちとる必要がある。自由貿易の役割は関税障壁を下げることだけにはとどまらなかった。本書が読者に伝えるように、自由貿易は、かつては世界への開放と交換の美徳といった幅広い意味を表していた――商業だけでなく、文化、社会、倫理に関わるものであったのだ。

ブレグジットはこれまで多様な歴史的現象との関連で語られてきた。アドルフ・ヒトラー、ダンケルクの精神、独立記念日。しかしながら奇妙にも忘れられているのは、近現代イギリスと世界の歴史における決定的な一章、イギリスが自由貿易帝国だった一八四六年から一九三一年までの時期である。イギリスが、今でもよく言われる通り「大貿易国」であった時代に、その商業によって行ってきたことに関する集団的記憶喪失がこれまでつづいている。その歴史を一瞥するならば、有用な見通しが得られるし、行く手に控える大きな難題のありかが突き止められる。

イギリス帝国は、征服、暴力、人種差別を伴っていた。しかし商業に関しては、一八四六年の穀物法撤廃から一九三一年の世界不況までおよそ一世紀にわたり、ヨーロッパと世界各地に対して門戸を開いていた。ブレグジットのキャンペーン中、イギリスの栄光ある過去と「統制を取り戻す」必要については散々聞かされてきた。ではなぜイギリスは、その権力の絶頂にあった際に、商業上の弱者いじめではなく、片務的な自由貿易を選択したのか。「関税改革」と貿易交渉の提案は、一九〇六年、一九一〇年、さらに一九二三年の総選挙で敗北を喫した。

一つの理由は経済である。イギリスはより利潤幅の大きい工業製品を生産するために安価な輸入品に依存していた。シティの権益もまた帝国重視というよりもグローバル志向であった。しかし同じように決定的だったのは、自由貿易支持者が、大衆受けのする強力な物語をもっていた点である。イギリス国民は、飢餓と抑圧から安価な食品と自由へと前進してきたとされた。第一次世界大戦以前の時期にあって、自由貿易は社会改革、民主体制推進、国家は公正中立であるべきという感覚と結びついていた。この観点にしたがえば、自由貿易は主婦（いまだ選挙権をもたなかった）と一般大衆を、既得権益団体とその走狗と化す国家から守るものだった。

「残留」派陣営がもっていたものといえば、経済的議論のみだった。そこには物語も理想像も、ましてや開放という万人向けの便益に関わる大衆受けする議論も欠けていた。経済的議論がいかに強力で適切であってもそれ自体では勝利につながらないということが完全に忘れられていたのだ。さらに緊縮財政という意味づけでは、開放性という大義名分も、ウィンストン・チャーチルとロイド・ジョージがエドワード時代において頼ることができたような社会改革の力を欠いていた。

二〇一六年のブレグジットをめぐる議論においては、チャーチルのことをよく耳にした。彼が熱心な自由貿易支持者で一九〇四年に門戸開放を擁護して保守党から自由党に移ったことは思い出しておくに値する。一九〇四年のマンチェスターでの名演説において、彼は以下のように発言している。「経済の大原則はつねに最後には、当座しのぎの施策に勝るのです。科学は小細工よりも優れています。正義は謀略に勝つのです。自由な輸入は、憎悪に凝り固まった関税と戦っていく。率直であることこそ実際最高の成果を手にする政策なのです（喝采）」。

イギリスが一九三一年に自由貿易を最終的に放棄して「統制を行った」際に、帝国自治領、スカンジナビア諸国、ポーランド、アルゼンチンと数多くの貿易協定を結んだその結果は、よくてもごくわずか、悪ければ目も当てられなかった。たとえばポーランドとの交渉は百回以上会合を重ねたが、商務省によれば、五〇万ポンド分のイギリス製品より少ない成果しか得られなかった。イギリスは対アルゼンチンにおいては比較的大きな進展を見せたが、それも単に世界の牛肉市場が崩壊してアルゼンチンにはほとんど手持ちの札がない有様だったからだ。イギリスが現在よりも強力であった時代でさえも、想像されるよりもはるかに小さな統制力しかもっていなかったのだ。

二〇一六年六月二三日は分水嶺であるが、イギリスがまったく海図のないまま海に出るということにはならない。保守党は、貿易をめぐって内部の意見が対立することにかけては無比の実績を有している。移動の自由というEUの大原則を受け容れることもなければ、イギリスにとってヨーロッパの単一市場への参入を確保するのは難しいという点を強調するのが、イギリスとヨーロッパにおけるこれまでの論調であった。しかし注目に値する第二の緊張があり、すなわちそれは「統制を取り戻す」という志向と民主性を回復するという公約との間の緊張である。

EUがデモクラシーの欠落に悩まされ、改革を必要としている点は異論がないだろう。この単一市場は内部では自由であるが、外部には保護主義的なのである。しかし貿易に関して統制を取り戻すことがそのまま民主的であるのではない。多くの場合、それは逆の効果を生ずる。貿易協定に付きものであるのは、妥結点の模索、条件の擦り合わせ、優遇が得られる者もあり犠牲を強いられる者もありという状況である。最も有利な協定を得るのは誰なのかをめぐって、ロビー団体と既得権益団体が闘争を繰り広げることになる。勝ち抜くのは誰なのか。海外施設に依存する漁業者や航空宇宙業界なのか、自動車製造業者や薬品会社なのか、それとも農家や科学者なのか。

誰もが勝者になるのではない——業界団体の権益に対置される公益を決め、それを守ることになるのは誰なのか。貿易交渉は、開かれたデモクラシーという特徴をもつ分野ではない——それは密室で行われるものであり、その相手がつねに民主的であるとはかぎらない。大西洋横断貿易投資パートナーシップ協定（TTIP）は、そのような理由で多くの批判を招いてきた。TTIPは、イギリスが諸国との条約交渉に入るとしたら生じることに比べれば、まだ気楽なものだったとして思い起こされるであろう。ここにイギリスの有権者もイギリス国家も一一〇年前に貿易交渉を放棄した主たる理由がある。政府方針が組織された権益団体のフットボールのようになったとすれば、イギリス議会の正統性と民主体制は苦痛を強いられることになろう。自由貿易は社会的葛藤を最小化していたのだ。

そしてタンゴを踊るためには二人が必要だということを思い出しておこう。確かに、イギリスは中国と独自の協定を締結するかもしれない。しかし、アメリカ、日本、そしてその他の友好国についてはどうだろうか。非常に多くの特恵を認めるだけになる可能性がある。特恵を万国に拡張適用するのであれば、無意味になる。貿易協定は、貿易戦争と国際摩擦にいたる傾向がある。かといって自由貿易がつねに最良であるということも、積極的な貿易政策が必ず悪だということも意味しない。庇護の下でいわゆる「幼稚産業」を育成することは可能だが、代償が生じる。とりわけ長期間にわたる開発戦略が必要なのだが、誰もそれをもっているようには思われない。

本書が扱う歴史の一章は、現代にとって根本的な教訓を提示する。ブレグジットは、経済上の費用と便益に関わるだけではない。経済と政治は手を携えて進んでいる。ＴＰＰとＴＴＩＰをめぐる議論のように、ブレグジットをめぐる議論においても、各々の新規の貿易政策が、デモクラシー、公正性、透明性の要請にどのように応えているのかを公衆は知る権利をもっているのである。

日本語版刊行に際して感謝を捧げるのは、内容をよく理解して精密な翻訳作業を行ってくれた田中裕介であり、また出版に向けて助力を惜しまなかった新広記にも感謝したい。担当編集者である永田透にも謝意を表する。

二〇一六年七月　フランク・トレントマン

ロンドンにて

謝辞

開放および自由交換、支援および庇護、いずれがよく一国の発展に資するのかというのは、歴史上もっとも古くからある議論の一つである。本書の執筆にあたり双方に恵まれた私は幸運であった。

学問上の意見交換の広大なネットワークを通して、考察の枠組み、発想の刺激、論述の手がかりを私は手に入れることができた。出発点から運がよかったのは、傑出した研究者集団の激励を得られたからであり、以下の方々の支援と個々の仕事は、私自身が研究を進めるにあたって大きな導きとなった。Peter Clarke, Tony Howe, Charles Maier, David Starkey, John Turner に感謝する。本書の種が蒔かれたのは、おそらく私が育った「世界への門」と呼ばれるハンブルクにおいてである。より直接的には本書は、大西洋を跨いだいくつもの交流の産物である。プリンストン大学とバークベック・コレッジは、発想を刺激し支援を与えてくれるすばらしい本拠であった。知的な生産物は社会的な生き物であり、本書の多くは、上記二つの稀有な職場での過去と現在の同僚に負っている。Sue Marchand, Jeremy Adelman, Shel Garon, Mark Mazower, Joanna Bourke, Lucy Riall は、「自由貿易」の物語が帯びているより大きな歴史の意義を探究する作業を進める手助けをしてくれるとともに、イギリス史においてありきたりである専門性の強い領域に私が内向しようとするのを折に触れて押しとどめてくれた。二〇〇二年に、ビーレフェルト大学に訪問教授として招聘されて比較的新鮮な空気を深く吸い込むことのできた私は、Gerhard Haupt とその同僚の方々と共同で政治史の新しい方向性を探究する機会を得た。ケンブリッジ大学のキングス・コレッジの歴史学・経済学センターもまた私に特別研究員の地位を与えてくれたのであり、とりわけダイレクターであった Emma Rothschild と Gareth Stedman Jones に感謝する。さらに商業、権力、社会秩序の長大な歴史を考察するに際して、James Livesey, Patrick O'Brien, Steve Pincus, Donald Winch といった古い時代を専門とする友人にして研究者から多大なる刺激を受けてきた。多年にわたり，私は三人の卓越した知識人Martin Daunton, David Feldman, John Hallの叡智と助言に触れる特権を得てきた。彼らとともに私が衷心からの感謝を捧げるのは，最終原稿を読み，つねに的確な質問を投げかけてくれた私の担当者David Godwinである。

いくつもの研究補助金と特別研究員待遇が，若輩研究者の幼稚産業にかけがえのない援助を与えてくれた。リヴァーヒューム財団，スコラディ財団・ロンドン大学歴史研究所，イギリス学士院に感謝する。経済社会研究協議会提供の少額補助金を用いて行った地図の作成に，専門家としての技量を発揮してくれたCatherine D'altonに私が寄せる謝意は，等しく以下の方々にも捧げられる。Jon Wilsonは図版の編集に助力を惜しまず，Alan Forthは私のコンピュータの手助けにつねに駆けつけてくれ，Stefan SchwarzkopfとVanessa Taylorは調査の援助を行ってくれた。最近では，ESRC–AHRC消費文化研究プログラムの責任者として私が積み重ねたのは，さらなる多額の負債，社会科学・芸術・人文学との新たな接触を促す多くの刺激，そしてとりわけStefanie Nixonから得られた貴重な事務的支援であった。私はまたMatthew Cotton, Christopher Wheeler,オックスフォード大学出版局の校閲者をはじめとする皆様に，そして索引を作成してくださったLaura Bevirに感謝する。同じように深甚なる謝意を捧げたいのは，調査にあたって私に手を貸してくださった多くの文書館員と図書館員の皆様であり，図版の複製の許可をいただいた方々と団体に対してである。

本書を構成する各部分は，最初はセミナーや国際学会で発表されたものであり，個別のお名前は省略させていただくが私が感謝しなければならないのは，ケンブリッジ大学，ハーヴァード大学，ロンドン大学歴史研究所，ニューカッスル大学，オックスフォード大学，ゲッティンゲン大学，ベルリンの比較ヨーロッパ史研究センターおよびフンボルト大学，英米歴史家会議，コブデン生誕二百年記念学会，北米イギリス研究学会といった各所で，私が考えをまとめるのに力を貸してくださった組織者，コメンテイター，聴衆の皆様である。草稿への助言やその他の助力を惜しまなかった以下の多くの友人と同僚，Mark Bevir, Eugenio Biagini, Kevin Cramer, Jim Cronin, James Epstein, Tony Grafton, Catherine Hall, Peter Hall, Peter Hennessy, Matthew Hilton, Peter Lake, Peter Marsh, Susan Pedersen, Andrew Porter, Barry Supple, Miles Taylor, Duncan Tanner, Philip Williamson, James Vernonにもまた感謝する。

幸福感と愛情に満ち溢れている活発な子供たちOscarとJuliaは、本書とその著者に必要なエネルギーと集中力を与えてくれた。Lumpiは、イギリスが古典的な非関税障壁であった検疫制度を改革して以降、国際的自由貿易の恩恵をふたたび享受することになった最初の犬のうちの一匹であり、大西洋の両岸で散歩する際に新鮮な発想を得るのに大いに頼りにした。犬の移住に関して力を貸していただいたRoland KlempそしてRobert CrewsとMargaret Senaに感謝を申し述べたい。しかし私の最後の感謝の言葉が捧げられる妻Lizza Ruddickは、愛情あふれるパートナーにして母親であり、著述家にとってはたいへんありがたい知性と編集能力を有している。愛情と感謝とともに、本書は彼女に献げられる。

二〇〇七年四月　フランク・トレントマン

ロンドンにて

『フリートレイド・ネイション』目次

凡例　本文中の〔　〕内は訳者による註。

序章　自由貿易と政治文化

一九〇四年六月初めのこと、一万人の人びとがロンドン北部のアレクサンドラ・パレスに集まった。リチャード・コブデンの生誕百年を祝うとともに、イギリスには自由貿易国《フリートレイド・ネイション》としてのグローバルな使命があるという確信を示すことが目的であった。六〇年前、織物製造業者であったコブデンは、保護貿易を掲げた穀物法の撤廃運動を成功に導いた。いまやイギリスは、自由貿易を主唱する世界でただ一つの国、ひたひたと押し寄せる関税支持の波の中で孤島と化していた。国内でさえも、関税支持者は運動を活発化させていた。この「北の高台にある宮殿」での大規模集会では、二〇世紀を形成することになる二人の未来の政治的指導者がまみえることになった。ロイド・ジョージとウィンストン・チャーチルである。参加者はといえば、自由保守両党の代議士、平和協会の会員だけでなく、各種女性団体、協同組合消費者運動の会員、労働者、政治活動家を含んでおり、会場の外に人が溢れ出す状況だった。ドクター・クリフォード教会の聖歌隊が聖歌「ゴッド・セイヴ・ザ・ピープル」を唄い出すと、集まった人びとはいま危機に瀕しているのが何であるのかを悟った。「われわれは岐路に立っているのです」と叫んだのは、自由党の指導者で後に首相に就任するヘンリー・キャンベル＝バナマンである。「一つの道は、広くて安易な道、これは『保護』に、徴兵制に、自由な制度を単なる名目だけのものにしてしまうことにつながるのであります。……そしてもう一つの道を行けば、自由はもっと確かなものになり、国内では公平が実現し、平和と友好の条約を諸国と結ぶことになり、その自然な流れで、軍備の抑制、縮減となって、われわれの商業を圧迫し貧しい人たちを苦しめている税金が軽くなるのです」。夕闇が濃くなると、キャンベル＝バナマンは三百人の運動指導者を含む親衛隊に囲まれて退場した。[1]

イギリスは世界に自由貿易をもたらした。自由貿易は近代イギリスにあってはほとんど国民の信条といってよいものになっており、議会の自由に匹敵する重要性をもっていた。一八四六年の穀物法撤廃がリベラルな貿易政策への転機となったが、一九世紀後半から二〇世紀初頭にかけて、自由貿易はまぎれもなく国民全体に共有される文化となって、あらゆる階級と地域に広まり、老若男女だれをも動かし、政党の枠をも取り払った。アレクサンドラ・パレスの集会は、強力な大衆運動へと盛り上がった自由貿易による未曾有の動員の一幕である。無数の集会において、自由貿易は、若きウィンストン・チャーチルのようなリベラル保守とピョートル・クロポトキンのようなアナーキストを、アルフレッド・モンドのような産業界の大物と労働者、国際主義者、消費者を糾合した。自由貿易のイギリスは、国内外で保護貿易による挑戦を防ぐという以上の働きを示した。ジョゼフ・チェンバレンの帝国関税改革運動に対する闘い、いわゆるエドワード時代の政治において大きく問題になった「財政論議」は自由貿易に新たな活力と意味を吹き込んだ。自由貿易は政治的想像力の中核を占めており、国柄を決定し、政治の議論の枠組みを作った。安価な食品と開かれた市場の擁護は、自由貿易のおかげでイギリスに展開した活発な市民社会というわかりやすい物語に、帝国ドイツのような保護貿易国の軍事偏重の方針とは対比される自由の国民的物語に接続された。

世界全体を視野に入れれば、自由貿易は、平和と進歩を広めることに関わるイギリスの使命であった。国内に目を移せば、既得権益に対して「清潔な政治」を守ることであった。選挙権のない人びと、とくに女性は、一種の国民の権利として自由貿易運動に参加した。自由貿易によって、そのような人びとは政治的権利のある国民になったのだ。道徳的営みとして広く認められていた自由貿易は、社会のあらゆる成員の公共心を涵養し、国際的な信用と理解をもたらし、市場を文明化する手段、つまりイギリスを物質主義と偏見の悪から防ぐための手段として捉えられていた。関税は、単に金銭的利益だけではなく、イギリス人の国民性と市民社会の存続を脅かしたのである。多くの人びとにとって、まさに「公共心の清廉さと強さ」がそれにかかっていたのであり、若きバートランド・ラッセルが述べたように、関税が勝利を収めることを思うと「喉を掻き切らんばかりの気持ちになった」(2)。自由貿易は、新たなアイデンティティと権益の感覚、すなわち「市民消費者」という新たな感覚を創り出したのである。有権者としての国民と並んで、自由貿易が掲げた理想的な消費者像とは、人びとが分け隔てなく活発に営む生活の結びつきを促進し、他人の安定的幸福について思いをめぐらせる買い物客として、商業社会の倫理性を重視するような人間である。歴史上はじめて消費者が、国益を代表するものとして表立って認知されたのだ。

本書は、いかにして自由貿易が、イギリスにおける民主文化と国民性のかけがえのない核をなすようになったのか、いかにしてそれが第一次世界大戦中そして戦後に失われたのかをめぐるものである。本書はわれわれ自身の社会を含むあらゆる人間社会にとっての難問、すなわち開放と保護の二者択一の問題に関する歴史的考察を提供する。われわれは開放された商業社会で生活し、世界の他の地域と自由に交換を行うことで利益を手にすべきなのだろうか。世界中のあらゆる物品と市場に自由かつ平等にアクセスすべきなのか、それともグローバルな圧力に対して共同体を守る権利を保持すべきなのか。自分自身と世界は、安価な物品を自由に入手することによって潤うのか、それとも安価であることは安定的幸福を脅かすのか。このような問いは、経済だけでなく倫理にも関わっている。そしてそれらは国際秩序の問題を、国内の民主制と福祉の問題につなげることになる。近年、とりわけ一九八〇年代末に共産主義体制が崩壊して以降、グローバリゼーションの新たな波によって、このような問題は、新たな重要性と緊急性を帯びることになっている。しかし世界経済の一部としての貿易の役割は前代未聞であり、「世界貿易機構」（ＷＴＯ）のような新たな組織が出来上がってきているということはあろうが、グローバリゼーションをめぐる現在の議論の核心にある問題は長い歴史を有しているのである。自由貿易をめぐる闘いが絶頂に達したのは、一九世紀末と二〇世紀初頭であり、イギリス以外の場所ではなかった。

しかしながら、最初期のグローバリゼーションのうねりと現在のものとの間には大きな違いがあり、これが本書の中心をなす関心事となる。今日とは異なり、自由貿易は当時のイギリスにあって人気の入場券であった。人びとは、民主、平和、繁栄の要石としての自由貿易を擁護するために群れ集った。本書が語るのは、いかに自由貿易がこの民主文化の構築を果たし、そしていかにそれが四散したのかの物語である。消費者、実業家、政治家、国際主義者、女性、労働者が登場する本書は、いかに彼らがグローバリゼーションの難題を切り抜けて道を進もうとしたのかを検証する。これらすべての人びとが金銭的な利害関心をもっていたのはもちろんだが、本書が示すように、彼らの世界経済に対する見方は、デモクラシー、社会正義、国際理解、国民性をめぐる熱い考えと強く結びついていた。

エドワード時代は、大衆向け政治経済《ポリティカル・エコノミー》が絶頂に達した時期であった。第一次世界大戦以前の十年の間に、自由貿易は大衆に政治教育を施した。知識がいまだおおよそ地域限定であった時代において、市民社会、経済的利益に対する、そして世界における自国の使命と役割に対するイギリス人の見方を形成した。演劇、幻燈上映会、展示会を通して、自由貿易は津々浦々の人びとを娯しませ、教え諭していた。自由貿易は子供向けの本にも、青少年の議論団体にも登場した。街は何平方マイル分にも及ぶポスターで覆われた。政治経済が、商業性と結びついた大衆政治の需要に適合したのだ。自由貿易が駆動力となった活力の盛り上がりと政治議論の高まりにはどうしても気をそそられてしまう。一つの団体だけで、一九一〇年の二つの選挙の間に五千を超える集会を開催した。自由貿易が政治の現場だったのだ。それはどこにでもあった。海辺の保養地の旅行客、観光客さえも自由貿易の意見、運動、娯楽に巻き込まれることになった。

第一次世界大戦から一九二〇年代への流れの中で、この政治文化は四散し、二度と回復することはなかった。自由貿易の問題に関する非難を、保護貿易論者の思惑や経済不況に向けたくもなってくる。だがこれが間違いだと論じるのが本書なのだ。近現代史において、自由貿易の帰趨は、既得権益団体やグローバリゼーションの進行の中でなすすべがなかった一握りの意見団体によってのみ決せられるものではなかった。それは単に制度の開放の問題でも、圧力団体による政策決定過程への関与ということでもなかった。近現代の民主制において、問題となるのは、自由貿易そのものがもつ文化と政治の力であり、その大衆の感情につけ入り、支援を引き出す力である。いかにして自由貿易がその力を失い、いかにして自由貿易国に編み込まれていた政治意見と社会団体が解きほぐされたのかが、この物語の中心となる。

一九二九年から一九三一年にかけての世界大恐慌と選挙戦が自由貿易を危地に追い込んだのだが、結局その衰退はすでに進行していたのだ。精神と知性の底流に認められる長い期間にわたる瓦解があったのであり、それは第一次世界大戦まで遡ることは可能であろう。元自由貿易支持者たちは、国内政治と国際関係における新たな難問だけではなく、経済運営という新たな圧迫に直面したのである。戦争によって、消費者の権利から国際統治までの問題をめぐって議論が沸騰した。多くの思想家、社会運動、政治家が、商業、消費、市民社会の関係の再編成に着手した。国家が消費者の利益を守ることに関してより積極的な役割を果たす方向に彼らが進み、貿易の規制と調整の方に舵を切ると、以前の自由貿易の理想は幅広く訴える魅力を失った。私は自由貿易を独立した経済事象として扱うのではなく、自由貿易の物語をこの大きな政治の変容の歴史の方に差し戻すよう配慮した。自由貿易を、犠牲として、不運な脇役として扱う傾向がある。しかし自由貿易支持者は、フリートレイド・ネイションの創成とその倒壊の双方において積極的な役割を果たした。商業をめぐる議論においては、多くの元自由貿易支持者は新たな根城へと移り、新国際主義を、新たな社会民主的な消費の政策を展開していった。一九三一年の自由貿易の公式の死に先立っていたのは、あるいはその段取りをつけていたともいえるのは、政治観における自由貿易の後退なのである。

ここにこそ、グローバリゼーションをめぐるわれわれの現在の関心に照らして浮上する『フリートレイド・ネイション』の主たる意義がある。本書が語ろうとするのは、（大文字の）「自由貿易」が、すなわちかつて商業を市民性、消費、市民社会の思想に結びつけることに成功していた一つの営みが、（小文字の）自由貿易に、それでもおそらくはまだリベラルな学者、専門家にとっては正当な貿易理論や政策目標ではあるけれども、広く大衆の支持を集めることはもはやないものにいかにして落ちぶれたのかをめぐる物語である。

近現代世界における自由貿易の歴史は、大まかに言えば、四つの段階に分けることができる。一七世紀後半と一八世紀においては、強国の礎として経済ナショナリズムに重心を置く体制としての重商主義への批判が高まった。フランシス・ハチソンとアダム・スミスの手によって、この批判は、自由貿易を道徳的に捉える見方に発展した。経済に関わる見解が──すなわち妨害されない交換が分業を促し、資源の最大限の有効活用を可能にすることで、万人の資産水準を向上させるという見解が──より幅広い啓蒙のプロジェクトに結びつくようになったのだ。自由貿易は、貴族の支配と独占の弊害に終止符を打ち、代わって一人一人の個人と各国民のより高度な精神の発展を助長する。商業の恵みは──その穏和な精神は──戦争と敵対心を焚き付ける荒ぶる感情を和らげることになる。(3)

一八一五年のナポレオン戦争の終結から一八七〇年代が第二の段階であり、進展する貿易の自由化によって特徴づけられる。自由化がとりわけ顕著だったのはイギリスであり、一八二〇年代にウィリアム・ハスキソンがその一連の予算案で先鞭をつけ、一八四六年のロバート・ピールによる穀物法撤廃、航海法廃止、一八六〇年のグラッドストンの自由貿易予算でその勝利が確実なものとなった。保護から自由貿易への切り替えを容易にしたのは、一八四〇年代の中流階級の反穀物法同盟によるロビー活動であり、自由貿易を神の計画と捉える福音主義の考え方の影響であった。政治家にとって自由貿易は、ホイッグもリベラルも共有する大方針となっていた。(4) しかし一九世紀半ばの自由貿易への傾斜は、全ヨーロッパ的な現象であった。一八五一年の万国博覧会によって、自由貿易の素晴らしさが喧伝され、ヨーロッパ大陸全体に、国境を超えてそれを受け容れるよう刺激がもたらされたのだ。支持と組織の点では、反穀物法同盟が大陸の同志たちを圧倒してはいるが、自由貿易は、ハンブルクからボルドー、ミラノにいたるまでヨーロッパ中のリベラルな中流階級の団体と改革派の貴族階級の間に支持を見出していた。一八六〇年のコブデン＝シュヴァリエ条約は、このリベラルな情勢の外交上の到達点である。この英仏条約は、二国間合意であったが、その最恵国条項によって、ヨーロッパ一円に通商条約のネットワークを拡げる元となった。最恵国条項は、それに合意した二国にとって、この両国が第三国に与えたいかなる便宜的条件も自動的に互いに適用されるとするものであり、結局はどの国も貿易に関して他国よりも不利な条件を抱えるということには行き着かないのである。たとえばフランスとイタリアの間で妥結したいかなる優遇措置も、イギリスのような他の条約締結国に自動的に与えられることになる。(5)

一九世紀後半は新たな現実を突きつけた。大不況に続いて、新たな重商主義が勃興して、経済的帝国主義とより利益重視の攻撃的な政治が求められるようになった。(6) 一八七〇年代末以降、各国政府は低率の関税を放棄した。それ以前のリベラルな空気が霧消して、保守と保護の雰囲気が、各地で取って代わっていた――ただしイギリスを除いて。この第三段階において、国際的な協調は破れて、政策、思想、より一般的には文化という点で激しい分裂が生じる。大陸では、とりわけ富国強兵を財政的に支えるために各国が関税を用いた。(7) イギリス帝国では、オーストラリアやカナダといった白人定住植民地が、保護貿易の大勢に従った。他国がその関税体制を強化し精密化する一方で、イギリスは純粋な片務的自由貿易を行うことにとどまりつづけた。一九〇三年に財政論議がイギリスを直撃した時分に、保守党の首相アーサー・バルフォアが抱いていたイメージとしては「孤島の自由貿易」の時代ということになる。

イギリスの自由貿易は、工業と農業のいずれの部門でもそれを支援するために輸入品に差別を行う関税が皆無だったということを意味していた。関税は純粋に政府の歳入となった。保護貿易の効果を排除するために、関税はつねに同種の国産品への物品税と組み合わされていた。イギリスは、他国の保護貿易政策とは無縁に自由貿易を貫いた。当時最強の帝国で最大の経済力を誇っていたが、関税交渉に関わることなく、またある国が与えた特恵が、同様に特恵を与え返す諸国にのみ拡張適用されるという互恵主義を選択することもなかった。さらにエドワード時代のイギリスにおける自由貿易は、契約関係であるよりも、その以前の思想と社会の基礎を、真に大衆のものである民主文化へと拡大していた。

第一次世界大戦と戦間期において、この第三段階は終焉を迎える。イギリスにおける自由貿易は、その擬似宗教ともいえる教理としての資格を失う。他国と同様に、それは数多ある政策の一つ、深遠な文化的エネルギーと宗教的忠誠心を触発するのではなく、調整と修正が施され、附則やその他の法律の条文によって補足される経済的手段の一つとなった。必要であれば、放棄される可能性もあった。

最終段階である第四段階は、一九三〇年代から現代までにいたる時期である。この時期、大文字の「自由貿易」は、小文字の自由貿易に収縮した。多国間相互自由貿易主義《マルチラテラリズム》と非差別の原則が、一九四四年のブレトンウッズ会議以降の第二次世界大戦後の国際秩序を形成してきた。一方で自由貿易が見つけられる場所といえば、せいぜい経済理論の無味乾燥な研究書のページか、一九四七年以降は「関税および貿易に関する一般協定」（GATT）、一九九四年以降はその発展組織の「世界貿易機構」（WTO）のそれぞれ傘の下での国際規約および交渉対象としての関税縮減に関する外交上の契約文書の細則かといったところである。民衆の共感と大衆の支援は今では「フェアトレイド」の方にあり、強大な競争相手に対して開発途上国に庇護を与えることに好意的で、自由貿易はグローバルな資本と説明責任を負わないテクノクラートの用具として公然と疑いの目で見られている。

本書の核心をなすのは、第三段階である。一九世紀後半と二〇世紀前半のイギリスの自由貿易は、同時代の各国社会やそれ以前それ以後の展開とただ程度において異なるというものではなかった。種類において違っていたのである。明らかに、上述した四つの段階は、厳密な区分けではない。歴史はそのような窮屈なものではない。それらの段階において、思想の潮流、社会の運動、政治の変動は重なり合う。いくつかの展開は持続し、いくつかの展開は修正を被り、また別の展開は断ち切られる。このようにして、たとえば一七八〇年代と一七九〇年代の英仏におけるトム・ペインとアントワーヌ＝ニコラ・ド・コンドルセの著作にすでにみられるアダム・スミスのラディカルな読み替えが視野に入ってくる。コンドルセは、貿易の自由という進歩的美徳に対するスミスの信念を、商業社会への移行期において全国民に基本的社会保障を確保するための政府干渉への加担によって補足した。(8) この見解は、フランス革命に対する反動の犠牲となった。イギリスでは、それに代わって、通商の自由は社会を安定させる神の御業として機能するという、より保守色の強い福音主義の世界観が支配的となった。(9)

異なる思想的視角からみれば、今日でも純粋な自由貿易を擁護しつづけるネオ＝リバタリアンのグループが現存していると指摘することが可能だ。しかし、このような事例は、正面に据えられる歴史的問題が何であるかに変更を迫りはしない。ヴィクトリア時代とエドワード時代のイギリスにあって、なぜ自由貿易は中心にあったのか、そしてなぜ衰退したのか。これから検討するように、この中心化は何気ない雰囲気から生じたものではなかったし、過去の思想の単なる経済上の反射ないしは反響というのでもない。

それゆえ真の問題は、いかにして自由貿易は、これほど圧倒的な支援を擁し、まさに他でもないこの歴史的環境にあって一つの擬似宗教になりおおせたのかということになる。大半の研究者は、ヴィクトリア時代中期、とりわけ一八四六年の穀物法撤廃に焦点を集中してきた。しかしエドワード時代の自由貿易は、一つの別個の問題であり、この二つの時期の違いを視野に収めることが肝要になる。「反穀物法同盟」（ＡＣＬＬ）はこれまで比類ない注目を集めてきた。一つにはそれは、そのロビー集団としての先駆的役割を反映するもので、とりわけ政治学者と経済学者を触発して、公共選択のモデルを検証するように促してきた。しかしこの団体は、民主的な大衆文化を制することはなかった。穀物法撤廃は、前民主的体制においてロバート・ピールが画策したものである。(10) 反穀物法同盟それ自体大半が中流階級であり、ブルジョワ利害専一の集団であるとして疑いの眼差しで見られていた。いくつかの都市には存在していた大衆組織は、どこにおいてもチャーティストとの闘争にはるかに重きを置いていた。都市労働者を勧誘する試みは挫折した一方で、農業労働者は自由貿易が低収入と失業を招くのではないかと怖れていた。大半の支部は、ランカシャーとヨークシャーの工業都市に集中していたが、ウェールズを含む全地域では、事実上自由貿易は影響力をもたなかった[11]。

自由貿易の強烈な伝播力はまた、エドワード時代のイギリスを他の輸出主導型経済の国とは異種の国と化し、国際貿易への国の関与を主要経済要因として挙げる説明の限界を際立たせた。保護貿易の失墜に異論の余地はなかった。イギリスは、いかなる関税も助成金もない純粋な自由貿易の国である。この基本的姿勢こそがイギリスに独自の位置を与え、またわれわれの関心を惹きつけるのである。たとえばデンマークとスペインは、イギリスよりもGNPに占める輸出のパーセンテージが高い社会である（イギリスの一七パーセントに比べて二八パーセントと二四パーセント）。それでもこの両国は工業製品に対して関税をかけている（デンマークの場合は一四パーセント）[12]。戦後に自由貿易の衣鉢を継いでいると思われることの多いアメリカではあるが、一九六二年にはいまだ一二パーセントの関税を保持しており、その食品援助計画を通じて小麦の余剰生産分の輸出を助成し、対抗手段としての関税、反ダンピング関税、非関税障壁など諸々の手段に依存しつづけてきた――こうした振る舞いに、第一次世界大戦以前の平均的な自由貿易支持のイギリス人はたじろぐことだろう。自由貿易政策が現在はいとも簡単に助成金や非関税障壁と組み合わされて和らげられているのは、いかに自由貿易が以前の思想的な高みから失墜したのかをよく示している。

「フェア」な貿易とは何か、自由貿易が本当に「自由」なのか、というのは現在まで熱心に論じられてきた疑問である。それらの意味は時を経て推移し、そこには大衆政治における推移も伴っていた。本書はこれらの矛盾し合う語が、いかに人びとの考えのなかで意味と効力を変じてきたのかを考えてみる試みである。公平貿易《フェアトレイド》は、本書で扱うこの歴史の時期に、イギリスに自由に流入する安価な輸入品に対して、自分たちの商売を守ろうとしたイギリスの生産者の運動として最初に登場した。彼らの言い分では、他国は、生産者が安価な労働力の恩恵を受け関税障壁の庇護の下で経営しているという点で、公平な取引をしていないのである。第一次世界大戦以前の十年におけるその主要な引き継ぎ手であった「関税改革」は、公平性の帝国的意味に関わっていた――イギリス帝国の構成員に特恵を与え、イギリス製品にかける関税を低くする意思のない外国に対して関税を用いることを求めた。逆に、今日のフェアトレイドは、コスタリカの小規模コーヒー農園主やセネガルの綿花農場主といった遠方の開発途上国の生産業者を自発的に援助する先進国の消費者に関わるものである。フェアトレイドは、生産業者に「適正価格」を支払う商品のための許可制のロゴであって、大方の読者はこの考え方になじみがあるだろうし、フェアトレイドのコーヒーを味わったり、フェアトレイドのバナナを食したりしたことがあるだろう[13]。貿易の公正を擁護する社会運動において、フェアトレイドは、開発途上国が現地の生産者を支援し、より強力な競争相手と貿易の自由化から保護することを意味している。逆に、フェアトレイドは安定と公正を促すのではなく、過剰な商品によってすでに溢れかえっている市場にとどまるように方向づけることで貧しい生産業者の苦境を悪化させているだけだと多くの経済学者は論じている[14]。ジョゼフ・スティグリッツを筆頭とする先進的な経済学者は、貿易を自由かつ公平なものとするような国際的な改革を提唱している。より自由な貿易、とりわけ先進国における非関税障壁の撤廃は、貧しい国に自由貿易の分け前に与れる機会を与えるように設計される一連の開発促進構想と関連づけられることになろう[15]。

一世紀前のイギリスの自由貿易支持者にとって、公平と自由は、まったく同一のものであった。彼らにとって自由貿易とは、社会におけるあらゆる集団が平等に扱われて、そこには特定の産業や業者に与えられる贔屓はいっさいなかった。同様にしてイギリスはあらゆる外国を平等に扱った。第二次世界大戦後の多国間のブレトンウッズ体制とは対照的に、イギリスの自由貿易体制は片務的であった。諸国が関税障壁を構築しようと、自国の産業を助成しようと、商品をダンピングしようとお構いなしに門戸を開放しつづけた。本書を通じて私は歴史の登場人物たちが熱い闘争を繰り広げたその言葉を用いている。「関税改革」は保護貿易の政綱にとって、「自由貿易」は門戸を開くことを断固として主張し、どんなささいなものでもいっさいの関税に反対した人びとにとって、そのような言葉であった。

貿易、商業政策、権益団体の政治活動について書かれてきた文献が多大であるにもかかわらず、エドワード時代の自由貿易の政治文化とその衰滅は、歴史家からも社会科学者からもほとんど注目されてこなかった。これは、とりわけ純経済的視点から奇妙である。その当時の自由貿易の政治活動が示した強大な規模と盛り上がりは、自由化が貿易と成長に対して与えたごくささやかな効果と不釣り合いである。事実、ヨーロッパにおける産業の成長とＧＮＰは、低率関税のヴィクトリア時代中期よりも、一八九〇年から一九一三年の保護貿易の時代の方が急速な伸びを見せた。イギリスの綿やフランスの絹といったごくわずかな産業が、一八六〇年の英仏条約に端を発する二国間の貿易協定によって潤ったのではあるが、全体としてその効果は微々たるものであった。一八六〇年代から七〇年代の貿易自由化も、一九四五年以後の多国間のGATTとその後継組織WTOも貿易の形態にいっさい影響を及ぼさなかったと最近の一部の経済学者は論じている。[16] それならばいったいなぜイギリス人は騒ぎを起こしたのか。

われわれが扱う時代のイギリスの自由貿易の重要性を否定する歴史家はまずいないが、これは持続的な注目に結びつかなかったし、ましてや説明が行われることもなかった。関心の中心は、議員による政治に置かれていた。すなわち一九〇六年、一九一〇年、一九二三年の総選挙に向けた政党による政略であり、そこでは保護貿易推進運動は挫折したが、一九三一年に国民政府が成立すると、一般関税が導入された。一八四六年以降のお題目としての自由貿易をホイッグとリベラルの政治家たちがいかに占有したのかを跡づけたアンソニー・ハウを例外として、[17] 大半の歴史家はその力を自明のものとして捉える傾向にあった。歴史家は代わりにその関心を、保護貿易陣営の反対活動とそれが保守党に与えた壊滅的な影響に向けてきた。それゆえにわれわれは政党指導者の政略、帝国全体、社会全体に次第に拡大する関税改革の綱領、その支持者たちへの細緻な考察を手にしてはいるのだが、[18] 結局はディレンマが残される。自由貿易の勝利がなければ、世界の他の地域と同様に、保護貿易がイギリスでも勝利を収めていただろう。その当時のありとあらゆる社会は保護貿易の圧力を生じており、そしてそれは現在まで続いている。イギリスにおいて特異であり説明を要するのは、そのような圧力が大衆による自由貿易の軍勢に撥ね返されたという点である。エドワード時代の自由貿易は、政治学者が集団参加へのコストと称するものを超えていた。消費者と大衆は、より濃密な権益集団に制圧されたのではなかった。自由貿易はきわめて多様な集団を動員し、一つの国民の大義の活性化に寄与することとなった。それは一つの政治のエネルギーと想像力の歴史的達成であり、歴史の必然でも自然の成り行きでも決してなかった。逆に、デモクラシーの政治は自由貿易にとって困難な領域になってきている。近年アメリカの擁護者たちが認識してきているように、一九四五年以降の貿易自由化の進行が限られているのは、民衆の支持を掘り起こすことの困難から一部生じている[19]。

本書が提供するのは、自由貿易という、そしてより一般的には政治と文化の中の経済に関していかに記述するのかという問題への新たなアプローチである。そこでこれまで主流となってきた三つの主要な説明法を本書の手法と簡潔に対比して述べてみることが有用だろう。第一の説明では、貿易政策が国家権力（「覇権」）の用具として観られる。第二の説明では、グローバル経済と政府への接近に強烈な権益を有する金融と商業に従事する集団の力が強調される（「ジェントルマン資本主義」）。最後に、第三の説明では、有権者と各業界の合理的な権益が中心に置かれる（「公共選択」）。上記は単に学問的モデルというだけではない。この三つの考え方は、グローバリゼーションをめぐる言論をも支えているのであり、そこでは一般受けする批判者たちが、一様に自由貿易を、テクノクラートと制度の権力（ＷＴＯ）か組織化された資本の帰結とみなす一方で、その擁護者たちは自由貿易に対する反発を、既得権益団体あるいは少数ではあるが口うるさい「敗者」に責任を負わせて非難する。こうした説明法は、問題が経済上の費用と便益に終始するならば、特定の集団や業界の位置を解き明かしてくれる点でかなり役立つものだ。それでは説明不可能なのは、民主文化における自由貿易の運命の反転である。それゆえ必要であるのは、貿易を全体としての公共生活の中により幅広く位置づける歴史の手法である。

国際関係を専攻する研究者によって展開されてきた「覇権」モデルでは、貿易は「国益最大化のために行為する国家の権益によって規定されるもの」と見なされる[20]。自由貿易が発生するのは、一九世紀のイギリスや第二次世界大戦後のアメリカのように、開かれた世界秩序を維持するのに必要な賞罰を与える覇権国家が存在している時代である。この説明法は、政府を単に資本主義の権益の用具と見なすのではなく、国家の相対的な自律を認めている点に取り柄がある。しかしこれもまた歴史という点では弱みがある。世界経済において同等の地位を保持している諸国が、多種多様な政策を採用してきているのである。実際、これではなぜイギリス政府が最初に片務的な自由貿易を採用したのか説明がつかない。ヴィクトリア時代中期において、イギリスは比類なき権力を誇っていた。なぜその国が、巨大な国内市場を武器にして、その国富と権力を最大化するためにその競争相手国の関税を廃するように交渉をしなかったのか[21]。イギリスが覇権国家だったとしても、この国は明らかに「覇権」モデルが規定するようには動かなかったのだ。さらに、一八八〇年代と一八九〇年代において、通商条約の相互関係を保持しようとしたフランスの試みを邪魔したのがイギリスの強固な一国主義であった[22]。さらにまた、イギリスがなぜ一九世紀後半の相対的な衰退の時期に入っても、その自由貿易の立場を変更しなかったのかも説明できない。国家というものは、首尾一貫した行動をとるのではない。むしろそれは、国益とは何か、いかにしてそれを保護するのかをめぐってますます活発に交わされる議論の場であった。この議論は、国内では納税者との、海外では外国そして帝国の双方との関係における国家の財政体力を含んでいた。

ここで第二の手法が関係してくる。それによれば、国家の利益は、グローバル経済に関与している強力な集団と直接つながってくる。一世紀前のヨーゼフ・シュンペーターの延長線上で、近年一部の歴史家が「ジェントルマン資本主義」として再発見したものがこれである[23]。この学説の強みは、金融と貿易をイギリス帝国の拡大の中心にふたたび据えている点にある。金融と商業の中心地であるシティが世界経済の運営に具体的に関わり、莫大な富を得てきた事実は周知である。不明瞭なのは、政治のハンドルを握る特定の集団としての「ジェントルマン資本家」にどれほどの重点を置くべきかという点である。商業と金融に携わる人びとの間で、一八四〇年代と一九〇〇年代において、時々認識される以上に貿易政策をめぐっては各々大きく意見が分かれていた。大半の製造業者においてもまたそうである[24]。大衆政治によって、自由貿易が単なる貿易政策ではないということが確かなものとなったが、これはすなわちジェントルマン資本家たちが、自分たちが住まう政治環境よりも幅広い思考と願望によって避けがたく形成される立場にあったということになる。結局は、自由貿易へのイギリスの執着は、覇権国家やシティによってではなく、市民社会における集団の強力な動員によってもたらされたということになる。

最後に挙げる手法を好むのは、大方は経済学者と「公共選択」論者だが、これは有権者と各産業部門の合理的な選択に焦点を絞るものだ。個人の見解と集団の利益は、ここでは経済における彼らの立場によって決定される。生産者、商人、労働者などは、貿易政策を通して自分たちの効用を最大化することを求める合理的な行為者である。この手法に伴う深刻な問題は、利益が思想に優先するものと見なされる点にある。ある一つの経済思想の変動する意味と意義、学識の創造、経済における人間の振る舞いを導く多様な思考と規範を考慮する余地がそこではなくなってしまう。政治は、既存の利益の配分を行う機械的なゲームに還元されることになる[25]。

エドワード時代人は、自由貿易と関税改革の費用と便益を重視していたが、これは単に個人主義に基づく即物的計算だったのではない。これはまた、社会正義、民主文化、平和、国民の過去、文明の未来に対する集団的な見通しによって支えられていた。現代の経済学者は、自分たちの職業の開祖にあたるアルフレッド・マーシャルによって、自由貿易が関税改革を打倒したエドワード時代の選挙の結果を受けて書かれた言葉を思い出すのがよいだろう。「居住地区の差は……関税改革か自由貿易かの国民の権益に一致するものではない[26]」。政治に関する意見交換の中で、生活水準、国益、世界経済についての情報が練り上げられて、イギリス人の個人と集団の権益の感覚が形成されることになっていた。実際、自由貿易文化が、一つのまったく新しい自覚的な権益集団を立ち上げるのに決定的な役割を果たしたのである。それが「消費者」である。この政治文化の外側ではなく、内部で、そしてそれを通じて、権益と貿易政策が決定されたのである。

これらの手法が抱えるあらゆる問題を再説するのは余計なことだろう[27]。二つの共有されている誤謬が強調に値するのは、それらが民主的な自由貿易文化の形成と解体を捉えようとする途次にとくに立ち塞がっているからである。一つ目の誤謬は、自由貿易を自然な選択と見なす傾向である。そこにおいて想定されるのは、人びとが自分たちの合理的な権益を十全に知り尽くして偏狭な権益団体のロビー活動を好む政治体制に邪魔されないかぎりは、社会が自由な貿易によってうまく機能し、正しい道筋をたどって行けるという考えである。これまで貿易理論によって、この自然状態に例外があることは突きとめられてきたが、リベラルな教科書の説明では、大半の人は選択の機会があれば自由貿易を選択するという想定に基づいている点で問題が残っている。また思想としての自由貿易は、このより高次の合理性を反映して、不適当な対抗者を押しのけて現代において貿易理論を着実に完成に近づけていると見なされている[28]。この観点から見れば、イギリスの一連の自由貿易選挙は経済理論の合理性を証するものだ[29]。

二つ目の誤謬は、思想と権益を切り離すことにある。自由貿易が合理的権益の自然な表現として形成され、反対する人びとは偏見、イデオロギー、既得権益の産物として非難される。要するに自由貿易はイデオロギー、感情、文化とは無縁のひからびた計算である。せいぜい思考と文化実践は付随現象であり、より深い即物的関心に対する単なる付け足しである。この両者の弱点は、説明の必要のない常態であるもの（自由貿易）と説明の必要がある偏倚であるもの（保護貿易）に関する判断の指針を、個人主義的経済思考に直観的に頼ることから最終的には生じている。それはまさに探究が必要なものを覆い隠してしまう。エドワード時代のイギリスにおける自由貿易の動員の成功は、近現代の世界における規範ではなく、例外だった。精神と実践において、それは単なる即物的選択というよりも、近現代における他の二つのイデオロギー信仰であり大衆運動であったナショナリズムと社会主義に近かった。

本書は自由貿易の人間史である。人びとを、その思想と価値観を、その感情と偏見を、元の絵図に差し戻す。政治経済の彩色版を提供する。いかにして自由貿易国民が誕生し解体したのかを説明するために、イギリス人を、その貿易の自由に対する信仰と希望を、その失望を跡づける。分析を市場か国家に固定するのではなく、われわれの物語の大半が目を向けるのは、その間の空間、市民社会と大衆政治の空間である。その場所でこそ、民主的な自由貿易文化の勢いと見通しが生まれ、失われたのだ。誤解を避けるために言っておくと、経済や国家の内部での展開が無視されるということではない。そうではないことは、第一次世界大戦が生産者、消費者、そして国家に与えた影響を強調する論述が示すことだろう。しかし、経済の中での人びとの立場、この立場が理解され認識されるやり方、そこから派生する政治観と行動、この三者間にずれがあることを知っておくのは賢明であろう。権益、知識、信念は社会的に創造される。思想、物語、言語の役割に注意を払うことで、即物的な利益に対するある解釈が（別の解釈ではなく）なぜ形成されるのか、そしてそれらがいかにして政治の日常風景において重要になるのかの説明に役立つであろう。といって、人びとがある閉じられた言説の受動的な構築物であるということにはならない。逆である。自由貿易支持者は、政治と経済の思想の形成に際して積極的な役割を果たしたのだ。[30]

この物語の中心には、本書の原著副題を構成する三つのCがある。商業（commerce）、消費（consumption）、市民社会（civil society）。第一次世界大戦前において、自由貿易が延命したのは、この三つのCの新たな重なりの結果である。商業の自由が、市民消費者からなる市民社会に接続するようになったのである。このつながりは、戦時中と戦間期に解かれて、自由貿易の瓦解という結果を招く。

市民社会が自由貿易の物語において枢要な役割を果たすのは、それが国家と国民の間の適切な関係についての考えと、社会運動という政治行動の双方に関わるからだ。ヴィクトリア時代中期における関税の撤廃のおかげで、人びとがかつて抱いていた、国家とは支配階級が搾取を行い、私欲を満たすための道具であるという見方が和らぐことになった。しかしながら、「自由貿易財政」を「市場資本主義を労働者に対して正当化するための技術」とのみ見なすのは単純にすぎるだろう。自由貿易は「労働者階級の政治の相対的な自律性と妥当性を許容した(31)」だけではなく、デモクラシーを積極的に育てる揺籃として見なされるようになったのだ。一九世紀末において、もはやほとんど誰も啓蒙の言語で「市民社会」について あからさまに言及することがなかった一方で、大衆に浸透した自由貿易は、社会的なものを国家と市場から相対的に離れて自律する存在として捉えた。「女性協同組合」、協同組合、労働組合のような集団は、強力な市民社会の苗床としての自由貿易の擁護のために団結したのだ。

商業の自由と市民社会のつながりは、被統治者と統治者の間の信頼、国家がその国民を公平に扱い、特定の権益団体の利得になるように税金や関税を用いることはないという信頼に基づいていた。ここでエドワード時代のリベラル派は、ピールによって着手され、彼の弟子にあたるグラッドストンによって完了した財政改革から生じた絶好の条件、「中立(32)」であるものとしての国家のイメージを受け継いでいたのだ。加えて、このつながりは、規制のない開かれた市場が、社会の分裂と精神の腐敗を拡げるのではなく、市民社会を養成したという見解に基づいていた。自由貿易国民が、海外の農家への信頼の高まりと拡大する消費の世界を背景に構成された点を思い出しておくのは重要だ。世紀末のヨーロッパではこの両者の成長によって、他国への依存と、国民、文化、社会秩序への商業世界による侵蝕に対する不安が生じていた。一八七〇年から一九一四年までは、世界全体を統合する食品制度が成立した時期である。これは貿易政策ではなく海運業の技術的進歩に主に由来する。一八六〇年代後半にニューヨークからリヴァプールに小麦一クォーターを輸送するのに四シリング七と半ペニーだったものが、一九〇二年には一一と半ペニーにまで下落したのである(33)。人びとはいっそう遠隔地の生産者に依存するようになっていた。イギリスの農業労働力は激しく落ち込んだ。一八六〇年代後半には一五〇万人だったのが、第一次世界大戦前夜には一〇〇万人をかろうじて超えるまでになった。これは異常な事態ではなかった。ドイツと低地諸国は、この時期に穀物の純輸入国となった。保護貿易論者は各地で同一の危機感を口にしていた。開放された市場を通して購入されるならば食品は安くなるだろうが、安さには代償がある。国内の生産者を犠牲に捧げ、国外移住と人口減少を通じて国民を弱体化し、社会を海外生産者とグローバル経済に委ねることになるのであり、恐慌と戦争の時期においては大飢饉の怖れさえあった。

政治的にはこれが各国で優勢な議論であった――ただしイギリスを除いては。自由貿易は、このようなナショナリズムに根ざした不安にいかにして対抗しえたのか。一つには、自由貿易が各国間に平和をもたらすという旧来の国際的な倫理を再生することによってである。もう一つには、自由貿易支持者がイギリス人を飢餓と従属から食料と自由へと導いたという国民解放の物語を自作することによってである。関税とより高い自給自足率へと向かう近隣窮乏化の流れに従うよりも、開放された世界で生活するという志向もまた、消費者のより前向きの民主的な態度から生じたものだった。消費者を無視したり、その権益を生産者と国家に従わせたりするのではなく、消費者が、犠牲にされることのない公共の権益集団として誕生したのである。

消費者という新たな市民の人格が、貿易の自由と市民社会との間の協調を進めるためには必要であった。市民消費者が、大衆政治の時代にあって自由貿易にデモクラシーの魅力を与えたのである。消費者という捉え方は、今日の世界ではどこにでもあるので、その歴史がこれほど短いと聞けば驚くことになるかもしれない。男性労働者の三分の一が選挙権をもっておらず、組織的な女性運動が選挙権獲得のために闘争していた時代に[34]、これによって、女性と男性、子供と大人が、全員参加の政治に参入していったのである。人間はもちろんつねにずっと消費してきたのだが、歴史の大半の間は、人びとを「消費者」として（国民とか労働者とか母親などではなく）誰もが考える感覚は生じなかった。一九世紀後半以前では、消費者は、水やガスなどの資源や砂糖などの食品を消費する、すなわちその税を支払う者として非常に狭く定義されていたか、資源を消尽し浪費する非生産者として否定的な意味合いが込められていたのである[35]。

自由貿易は消費者を政治地図の上に定位することになった。急速に拡大するショッピング、娯楽、物質的誘惑といった商業世界、多くの同時代人や文筆家が、公共精神と民主文化を毀損する責任ありとした類の「消費主義」が生じていたにもかかわらず、そのようになった。結局のところ、「安さ」第一の政策を擁護していた自由貿易は、消費行為、物質主義、自己本位の生活のつながりを拡散していった。「必需品」という基本商品に焦点を当てることで、安さはまずもって社会正義の言語になり、消費行為が帯びている自己中心、我欲本位の側面から距離をとることになった。このような観点において、消費者は市民生活の一部となり、単に店で買い物をする客ではなくなった。自由貿易には自分以外の共同体を考慮するように消費者を差し向けることが望まれた。消費は、公共生活からの引きこもりではなく、市民社会への参加と、長期的には、生産の質の向上を促すものだったのである。

世界市場における最安値の商品を入手できるあらゆるイギリス人の権利の象徴として「安いパン」を掲げた自由貿易支持者は、公平と社会的連帯の絵図を描いた。この制度は、全員平等を実現するものではなかったにしろ、社会の最上層と最下層の双方における極端な不平等を抑えるものだという強い確信があった。このような見方にしたがえば、大富豪や資本主義のカルテルも、飢えや社会的無秩序と同様に、海外の保護貿易社会の産物であった。その海軍力とともに、消費者と市民社会の公共の場での結びつきこそが、開かれた市場に対するイギリス人一般の大きな信頼と、他国への依存の受容れを説明するのである。

自由貿易は、私的な振る舞いと選択を公共の正義と行為に転換することで、消費者を政治的国民になることへと後押しした。これに何ら自然な必然性はない。この時代の大半の社会において、消費者は、政治的な様相を呈していたのではなかった。ドイツ帝国においても第一次世界大戦前の時代に生活費をめぐる騒擾が生じたが、リベラルな立場から関税を批判した人びとさえ、消費者を公共の権益の体現者ではなく、一つの独立した権益集団として見ていた。[36]アメリカ合衆国において、消費に関心を向けた最初の思想家の一人であるサイモン・パターンは、利己的な個人はいずれ消滅して社会全体が物量豊富な時代が訪れると考えたが、それでも「非効率な消費」を抑えて社会的均衡と経済的多様性を維持する方策として関税を支持した。[37]戦後日本では、社会運動の中で、生産者と国民の有機的な権益に関する存在として消費者が捉えられ、農作物の自給自足が促進された[38]。さらに最近では、洋の東西で、消費者団体が、自由貿易ではなく、フェアトレイドを掲げて活動している。エドワード時代人がデモクラシーに根ざして市民消費者を顕揚した歴史的な重要性が明瞭になるのは、それを商業社会の元来の捉え方と比べてみるときである。一八世紀において、商業社会の捉え方は、市民社会の捉え方と一体となって展開していったのだが、商人に注目して経済的自己利益の帯びる公共善を賞賛するものだった。そのために自由貿易は、自己中心的な資本主義者の偽善的な手段という非難に対して、民衆中心の政治が幅を効かせた状況で弱くなったのであり、これは、ヴィクトリア時代初期のチャーティスト運動から現代のグローバルな市民社会を目指す運動まで強烈なラディカルの系譜によって突きつけられた非難である。一方で「市民消費者」は、デモクラシーに基づく自由貿易の擁護を、エドワード時代人が構想するように促したのである。

第一次世界大戦は、自由貿易文化における頭文字Cの三者の一体を解体する過程を進めることとなった。一九三一年における自由貿易の終焉は、一時的な敗北でも、単なる世界恐慌の所産でもなかった。これは、第一次世界大戦の中で大きく始動しその後拡大した、より深い現在進行形の瓦解の過程の結果だったのだ。この戦争は、グローバルな貿易と金融の制度を打ち砕き、階級関係を再構築し、新たな形態の社会的身分と集団的記憶を形成した。戦時の困難は、社会、経済、世界の新たな見方を模索するように促した。本書の第二部は、この過程をくぐり抜ける人びとを追いかける。組織化された消費者は、安定した価格での食料の確実な供給に懸念を抱いた。国際主義者は、グローバルな統治と協調に視線を向けつつあった。企業家は、自分たちの商売が市場を取り戻すための活動に関心を集中させた。最終的に問題となるのは、彼らによってもたらされた経済の変化ではなく、いかにこれらの集団がその新しい物質世界を理解し、それを組織しようと試みたのかである。旧型の自由貿易モデルは、懐疑、失望、再考、拒絶の対象となった。選択、安価、競争は魅力を失った。安定と貿易の協調が新たな福音となった。

戦中と戦後の時代、上記の諸集団は政治的立場をまったく異なる方向へと移していった。協同組合と新国際主義者は、多くの進歩的リベラルとともに労働党へと移り、企業家と中流階級はさらに保守党の方へ、といった具合である。しかし、彼らには共通して自由貿易の核心をなす信念への失望があった。国家から離れた市民社会の自律、消費者の権益の砦としての安価、国際関係に平和をもたらし資産と安定的幸福をもたらす商業の力、かつては想定されていたこれらすべてが瓦解したのだ。組織化された消費者は、かつて政治的存在として持ち上げられ、その存在感を発揮していた。市民としての消費者の強調は、物資不足と不当利得を防ぐための強大な国家の規制への要求にたどり着いた。国際的な食品トラストと価格変動は、国家からの助力がなければ、いかに消費者が脆弱であるのかを示した。栄養に関する新たな知識によって、安さを唱和する自由貿易から、万人にとって安定した価格で体によい食品という社会民主主義的な意味合いの濃い言葉への転換が加速した。国家の助力を得ての安定をまたお題目のように唱えた企業家は、単なる不公正な競争に対する防護としてではなく、近代化への近道としての関税に目を向けた。その一方で国際主義者は、世界経済における国家の力を認めていた。彼らは片務的自由貿易ではなく、貿易の協調体制を築き、グローバルなものとローカルなものの間を新たなデモクラシーによって橋渡しする国際組織を考えるようになっていた。

以上の過程は並行して生じ、時に互いに力を与え合っていた。これらがすべて自由貿易の力を減じるのに役割を果たしたとはいえ、同等の重みをもっていたわけではない。市民社会の中で各々の集団がいかに反応したのかが、単なる経済的事実や国家の権益などよりも重要である。自由貿易がかつて第一次世界大戦以前に強力な防壁を築くことができたのは、市民社会の内部からであった。そしてまた一九二九年の秋に世界恐慌が直撃した際に自由貿易が脆くも力を失ったのも、まさに同じことからである。組織された消費者の間に萌した疑念がとりわけ重要である。自由貿易の国際関係の捉え方への批判が、その傷を深くした。深刻な経済上の疑いがあったにもかかわらず、第一次世界大戦以前に自由貿易陣営に、多くの生産者、企業、労働者を等しくとどめていたのが、国際的な平和と秩序に関する思想であったのだ。そのようなゆるやかなつながりが壊れてしまったとき、生産者は易々と貿易の規制と保護へと転じた。一九二〇年代末までに、イギリス国家の一部の部局さえも、的を絞って実効があるように関税を用いることを具体的に考えるようになっていた。商務省の官僚は、いわゆるセーフガード関税を擁護した。しかしながら結局は、自由貿易の瓦解の要因は、産業界や国家ではなく市民社会に求められる。一九三一年から三二年にかけての冬についに導入された一般関税は、産業界のロビー活動や国家主導の所産ではなかった。政治家が舵を取った革命だったが、これが成功したのはあくまでも自由貿易支持者の公衆が戦場から離れたからであった。

本書が扱うのは自由貿易だけにとどまらない。新たな政治史を書くために自由貿易という事例を用いる。いかに政治をめぐる感性と思想がリベラルな秩序からより社会民主的な秩序へと変貌したのかを浮き彫りにするのが、自由貿易の興亡なのである。しかし標準的な政治思想史にこだわることなく、変化する実践、儀式、感情、葛藤に満ちた一つの過程として政治を捉えることに私は関心がある。自由貿易を過剰に正当化したり、その貿易理論としてのゆるぎなさを熱弁したり、合理的な思考法を指摘したりする傾向がこれまであった。しかし自由貿易の中身はといえば、騒乱、娯楽、恐怖と幻想、飛び交うパンとソーセージであり、大衆集会、パレード、上映会、展覧会が伴っていた。結局、本書は、しばしば別の容器に入れられてきた国内の問題とグローバルな問題を再接続する試みである。

一九三二年一月に当時国民政府の財務大臣であったネヴィル・チェンバレンが、父親が三〇年前に緒をつけた関税改革運動の最終勝利として一般関税の導入を讃えたのだが、それは親思いの感情の発露だった。本書から、さらに興味深く大切な物語が伝えられるだろう。何世代にもわたり政治を支配してきた自由貿易と関税改革の闘争は終局を迎えたのだ。政界の周縁で強硬に自説に固執する消えゆく強硬派を除いては、関税も自由貿易ももはや万人が熱中する話題ではなくなっていた。一八世紀以降、商業社会と商業の自由をめぐる考えは、社会政策、国際関係、上記二項の関係の議論の中心でありつづけてきた。自由貿易は多様な文脈で多様な意味を帯びていた。商業中心の市民社会の進歩的な展開という考えに、より安定したキリスト教社会という理想に、民主政治と社会保障に、自由貿易はそれぞれ結びつけられてきたのであり、それはエドワード時代でも同じであった。だが、いかなる形式であれ、貿易の自由は、社会秩序と国際秩序、政体と公衆道徳、さらには物質的豊かさに関して広く議論するための出発点でありつづけてきた。第一次世界大戦中と戦後の自由貿易の失墜は、この近代の想像物としての伝統の歴史的終焉を画している。もちろん人びとは社会正義、富、代議制、国際平和について語りつづけてきた。しかし貿易の自由は、道徳と政治を経済問題に結びつける共通の議論の枠組みではなくなったのだ。公共生活において政治経済は、雇用、消費者の買い物かご、貿易の数値、税金、金融問題など並行して展開する話題へと分散していった。中心で統合する枠組みが消え去ってしまった。

自由貿易の瓦解が示すのは、世界のリベラルな捉え方が次第に組み替えられる経緯である。これによって自由党の衰退への洞察が得られるが、それは近現代の政治への理解に資する豊かな意味をもっている。自由貿易を合理的とする見方は、感情的な保守主義と合理的な自由主義という政治態度における見慣れた対照によって支えられてきた。これは本書で扱う時代の政治の現実からはかけ離れている。自由貿易の思想を売り込むためには政治的マーケティングが必要であるとエドワード時代の活動家と政治家は思っていた。興行術と広告術を彼らがいかに活用したのかをあらためて見直すことで、より一般的な商業社会と「大衆」民主制における政治文化に対する見方が豊かなものになる。コミュニタリアニズムとフランクフルト学派を含む幅広い思想の伝統において、消費行為と市民的義務は、対極にあると捉えられ、ゼロ・サム・ゲームとして固定されていた。[39] そのような見解に則れば、一九世紀末と二〇世紀初頭には、マス・メディアと商業的娯楽の拡大によって、熟議のデモクラシーに対する商業上の様式と強制力による「植民地化」ないしは吸収が生じているように見えた。しかし、実際に自由貿易は、市民消費者という対抗言説を生産して、ショッピング、広告、印刷出版といったコミュニケーションの商業的形態を民主政治の目的に沿って操作していた。

自由貿易の物語はまた、公平と相互義務をめぐるローカルな発想とグローバルな発想の間の変動する流れに光を当てる。市民的義務の歴史は、二〇世紀半ばの福祉国家の影のもと、そして国民国家の伝統を通じてこれまで誇大に記述されてきた。この種の歴史は主として内輪の（ミシェル・フーコーの信奉者ならば「内輪化する」）物語なのだった。そして市民的義務は、投票権、兵役、社会保障、自己の統治といった観点から定められる個人と国家の変動する関係をめぐる武勲詩であった。自由貿易は、第一次世界大戦以前のイギリスを支配していたリベラルな合意の根幹であり、世界に対する開放性を国内での老齢年金と失業手当に結びつけていた。しかしそのような社会改革とその発祥が多大な関心を集めるようになってきた一方で、人びとの生活における自由貿易の役割について知るところははるかに少ない。自由貿易を物語の中心に置き直すことで、この歴史の年表の記載事項も変化する。エドワード時代の政治は、福祉国家が興隆した一九四五年にいたる道筋の里程標であっただけではなかった。開放性、公平性、市民社会、これらをいかに折り合わせるかという問題が再浮上した、グローバリゼーションの時代である現代とも結びつくのである。

民主的包括と社会正義についての議論は、国際秩序とその中でのイギリスの立場に関する議論と重ねて行われてきた。自由貿易は、平和と公平の均整のとれたイメージ、安定した公正な国内秩序と平和と繁栄に満ちた世界秩序の間の倫理的つながりを提起した。市民の所属する自国内と世界内の立場間の関係は、むろん複雑なものであり、実際に貿易の自由がもっていた社会と倫理に関わる多彩な現実の微妙さを棚上げにして、自由貿易の理念を謳い上げてはならない。『後期ヴィクトリア時代のホロコースト』において、マイク・デイヴィスは、帝国の自由貿易政策が一九世紀後半において飢餓と死を拡大し、第三世界を創出するのに力を貸した経緯を鮮烈に示した。(40) このリベラルな貿易体制がもった正確な影響力は、それ以前の時代の貿易関係の公正さと効率性と同じように議論の対象となりうる。しかし明白に、大きくグローバルな影響をもたらした諸政策に関しての支持の物質的根拠と同様に道徳的根拠についてももっと多くのことを知らねばならない。ラディカル、進歩的リベラル、女性運動のような「すばらしい人びと」はどのようにして自由貿易を支持することになったのか。近年になって、帝国と宗主国の社会がいかに緊密に結び合っていたのかについての理解が著しく深まってきている。(41) 自由貿易文化の擁護と瓦解を追うことで、民主的包括とグローバル秩序の思想のせめぎ合いを探究するさらなる方策が見出せるだろう。第一次世界大戦以前、自由貿易論議は、イギリス人が世界の感覚を獲得する主要な回路であった。国際平和と国内の民主制が、自由貿易理念を象徴していた。しかし、一般的に言えば、ローカル側とグローバル側で政治的分業が生じた。市民的義務は、国家にとって内部の問題であった。国際的には、世界全体に富をもたらす平和な関係の仕組みを紡ぎ出すものこそ商業の自由であった。飢餓と戦争は、この観点にしたがえば、悪い統治、穏やかな自然の秩序への人工的介入、東洋的専制か西洋中世支配層の失策の結果なのだった。

一九一四年が過ぎてみると、思想と倫理をめぐってグローバルなものと国内的なものの再編成が生じた。国際主義者が、グローバルな協調のもつ政治観と制度面を発見すると、同様にまた民主制の国内的基礎を再考しなければならなくなっていた。彼らは国民国家を超えて国際統治の新たな形態に目を向ける一方で、同時に、社会の内部での市民性と国民性の混同を疑問視することになった。市民であることの自覚は、ローカルとグローバルの政治の領域を横断して拡大しなければならない。国際的な安定と同じくグローバルな正義への関心が指し示すのは、消費者は遠く離れた生産者を思いやらねばならず、その逆もまたあてはまるということである。これが、一九三〇年代と四〇年代に前面に出た新たな政治的想像力と国際的倫理の根幹部分であり、これが初期の国際組織の理念ばかりでなく協同組合のような社会運動に対するグローバル市民としての理解を形成したのである。飢饉と世界飢餓についての変貌する捉え方が、この変容を解き明かす。飢餓はもはや他国の国内問題によってもたらされる海外の現象ではない。世界の問題なのだ。世界飢餓に立ち向かうことは、共通の政治的課題になった。この観点にしたがって、国内での市民意識が、グローバル市民としての義務を伴うグローバル秩序への所属の感覚と結合した——この義務は公平貿易であって、自由貿易ではない。

二〇〇四年のジュネーヴでの講演で、ＩＭＦの筆頭副専務理事であったアン・クルーガーは成長を促進し貧困を撲滅する貿易自由化を賞賛した。しかし、保護貿易が目立ってはびこっていると彼女は述べる。ＷＴＯの将来構想の成否は、自由貿易がより幅広い支持を掘り起こせるのかにかかっている。クルーガーは近現代イギリスを一つの歴史的事例として掲げた。[42]

貿易とグローバルな市民社会、貧困、社会正義はふたたび政治的課題の前面に躍り出た。これからの数年間で、自由貿易のための広範な基盤がどれだけ再構築されるのかが示されるであろう。ＷＴＯの最新のラウンド交渉であるドーハ・ラウンド交渉は、二〇〇六年に中断した。貿易自由化への圧力の大半の元となったのは政府レベルであり、とくにＥＵとアメリカ合衆国といった先進国の交渉参加者であった一方で、開発途上国は、自国経済を現在以上に開放することに難色を示したのであった。社会全体で見れば、自由貿易支持者は、見当たらないわけではなく、といって目立つほどの数ではない。現在の執筆時点で、もっとも原理主義的な自由貿易支持者は、アメリカとヨーロッパのリバタリアンの組織とアナルコ＝キャピタリズム団体であり、彼らは、ＷＴＯとあらゆる形態の国家干渉を、拡大する「ファシズム」国家の予兆と見なしている。[43] Ｇ８やそれに類する世界の主要国が参集する会議に反対する活動家もまたＷＴＯを唾棄しているが、理由は逆である。多国籍資本の非民主的な手先と考えられているのだ。市民社会と大衆政治の各部門を幅広く見渡してみると、大半の社会改革と消費者運動、環境保護を掲げる進歩的な非政府組織は、自由貿易をただ疑いをもって眺めている。その代わりに、開発途上国に自国の産業を構築する機会を与え、生産者を世界市場から保護する正当な貿易、つまりフェアトレイドを擁護するのである。

本書で展開されるのは、どちらの側が正しいかを判定する経済の論議ではない。代わりに提供されるのは、いかにして過去の人びとが、開放性、デモクラシー、社会正義の均衡をとるという難問に取り組んだのかについての歴史上の見通しである。現行の議論において失われていた重要な要素を取り戻すのが本書である。貿易自由化をめぐる現行の争いのどちらの側にとっても、いかにして一世紀前に自由貿易が民衆的な基盤を構築することができたのか、なぜそれが壊滅したのかを理解することは時宜にかなっている。というのも、商業、消費、市民社会をいかに組み合わせるのかをめぐっての現在の難局の起源がここにあるからだ。

I　フリートレイド・ネイションの構築

プロローグ

一九〇三年三月一四日土曜日の午前八時四五分、サザンプトンのオーシャン埠頭の向こうに、入港する定期船ノルマン号の船体が、靄の中から突如現れた。岸では「イギリス帝国の大政治家」の帰国を歓迎するため、色とりどりに飾られた壇の周りにいくつもの集団が集まっていた。ゆっくりとノルマン号が進み、岸から、隣接する船から大歓声が上がると、ジョゼフ・チェンバレンとその妻が姿を現した。一万六千マイルを越える長旅の後、この植民地大臣は、南アフリカを巡ってようやく帰国したのである。太陽が雲間から現れた。「この動く光景全体が、一瞬で私たちに捉えられた」と『タイムズ』の記者が書いた。「まるでカーテンが持ち上がったかのようだった」[1]。

このカーテンの向こうにあった世界は、イギリスとその帝国にとってどのようなものだったのか。最近の多くの著作物が、第一次世界大戦前の十年を、グローバリゼーションの黄金時代、金本位制と、拡大する文化と商業の交換の国際的なネットワークによって特徴づけられる時代として再発見している。同時代人たちにとっては、見通しははるかに不鮮明であった。ノルマン号の船体とは異なり、イギリスは二〇世紀初頭において、周囲を取り巻く靄から充分に逃れることはできなかった。チェンバレンの秘密外交が一つのきっかけとなった南アフリカでのボーア戦争が、帝国の未来への確信を危ういものにした。「大イギリスとその植民地の揺るぎない一体感をさらに強化」し、「文明の進歩」を加速させ、「われわれの商業」を前進させたとしてチェンバレンの成功を賞賛したのは、彼を歓迎する公式演説なのだからまず構わない。しかし、実際は、通商も、植民地も、文明もすべて疑わしい未来に直面していた。

失業率が、世紀転換期以降着実に上昇して、一九〇四年から五年にかけては、工場労働者では八パーセントを超えていた。賃金が下落する一方で、物価が着実に上昇し、一九〇〇年と一九〇四年の間、四パーセント超までになっていた。輸出品が新興の大工業国との競争を強いられていたイギリスは、次第に海運と海外投資に依存するようになっていた。これらの「見えない輸出」が、イギリスの国際収支の落差を埋めていた。輸入が一般輸出を一億ポンド以上も超過していたのだ。近年の議論を先取りするように、この同時代の人びとは、グローバルな資本輸出が雇用にどのような影響を与えるのかを論じていた。資本は労働力よりも動きやすく、関税障壁を越えて移動して大きな軋轢を惹き起こしてもいた。これによって投資家には所得がもたらされるが、国内の雇用が犠牲になる。この不安をエドワード時代人の立場に則して述べれば、「イギリスは、製造業者ではなく金利生活者の国になっているのか」ということになる。

　国際的な状況は明るいものではなかった。自由貿易イギリスは、商業中心の立場からの数々の難問に直面していた。一八七〇年代以降、いっそう高い貿易障壁、経済帝国主義、関税戦争に向かって世界全体が流動していた。一八九〇年代と一九〇〇年代に実効性の高い保護を行うために比較的低率の関税が導入されたのは、フランス（一八九二年）、イタリア（一八九五年）、ドイツ（一九〇二年）であり、ロシアでも、またアルゼンチンでも、イギリス帝国の白人定住植民地でも次々に導入された。ヨーロッパ大陸では、一八九〇年代に一連の関税戦争が生じた。海外では、アメリカが、カリブ海地域とフィリピンに影響圏を拡大していた。一九〇二年には工業製品への名目関税率はロシアでは驚きの一三一パーセントにも及び、アメリカでは七三パーセント、フランスでは三四パーセント、ドイツでは二五パーセントだった。[2] 一九〇三年二月、ロシアとオーストリア＝ハンガリー帝国は、明白に「戦闘関税」であるものを提起した。つまり交渉と報復を行うためにより高い関税を設定したのである。イギリスは、史上もっとも強力な帝国だったが、この新しい争いに際して拱手傍観していた。片務的自由貿易と厳格な最恵国条項に固執していたイギリスは、諸国を、等しく、つまり優遇も差別もせずに待遇して、もっとも戦闘的な保護貿易政策を採る競争相手にも開かれた市場を提供していた。商業共同体だけでなく外務省の一部でも、イギリスは国際競争の新たな時代に入るのに、片手を後ろで縛られているようなものだという声が上がっていた。さらに、イギリスは縮小していた――国外移住者が、一九〇〇年には七万一八八八人だったのが、一九〇三年には一四万七〇三六人に上昇し、これはヨーロッパの主要競争相手ドイツからの国外移住者よりもはるかに多かった。

イギリス帝国の内側では、白人定住自治領が、国際問題に関して以前より大きな宗主国からの自由を視野に入れていた。カナダはドイツとの関税戦争に巻き込まれたのであり、これは当然ともいえるが、カナダがイギリスに特恵を与えているのが貿易協定違反と見なされたのだった。帝国領をヨークシャーと何ら変わらない帝国の一部と思っていたチェンバレンのような帝国政治家にとって、これは怖じ気をふるう展開であった。ドイツによるカナダからの最恵国待遇の撤回は、帝国の主権の否定、イギリスに対する商業上の戦闘行為と思われたのである。チェンバレンが穀物に対する小規模な関税を用いることを望んだところ、保守党政府は、ボーア戦争の軍事費捻出のために一九〇〇年にこの導入を行ったが、特恵の関係を通して帝国の一体感を高めるという目的もあった。野党自由党の党首キャンベル゠バナマンは、チェンバレンの南アフリカからの帰還が、カエサルのエジプトからの帰還となることを怖れた。しかしイギリスはローマ帝国ではなかった。保守党政府内で自由貿易を奉じるチェンバレンの同僚連が、彼の不在に乗じて辞任を武器にして迫り、帰国すると彼を出し抜いた。一九〇三年四月には穀物関税は撤廃された。

しかし南アフリカから以前より痩せ細り疲れ果てて戻ってきたチェンバレンだが、自らの帝国観に自信をもっており、国内の状況が政治の変化を求めることに関して楽観視していた。一九〇三年五月一五日、彼は帝国の関税改革の必要を訴えかけた――これは半世紀にわたってイギリス政治のあり方を定めていた自由貿易というリベラルな制度に対する宣戦布告であった。支持者たちは、この重大な演説を、ルターがヴィッテンベルクの教会の扉に九五箇条を貼り付けたことに比した。チェンバレンは、イギリス帝国所属地域への特恵待遇として、外国の穀物に二シリングの税を課すことを求めたのである。九月にはチェンバレンは閣外に去り、関税改革運動を開始した。ただちに彼の綱領は包括的な関税政策へと進展し、社会改革のさらなる展開を掲げた。一般関税は、国内産業を保護し、植民地からの農産物輸入には特恵関税を提供し、関税交渉の可能性を示し、高齢年金の財源となるのである。

自由貿易支持者が震撼したのももっともである。イギリスの社会と経済の状況が思わしくないだけなく、自由貿易への公衆の支持が得られるか疑わしかった。他でもないコブデンと自由貿易のお膝元であるマンチェスターを本拠とする自由党選挙担当者が、多くの選挙区で「前例がないほど鈍重な感じで、もはや動かない状態にまでなっている有様」を報告した。選挙演説者を探すのは難しかった。聴衆はきわめて少なく無関心であった。一部は、従来のリベラル路線に即してこの担当者が示唆しているように、ボーア戦争によってもたらされた「戦争熱」の結果であった。「戦争は国民を一様に即物的で野蛮なものにする」。そして野蛮な本能のために、人びとは帝国の保護貿易政策の文化に染まりやすくなっている。しかし、彼が強調するのは、自由貿易はそれ自体の成功の犠牲となったという点である。「肉体労働に従事する賃金労働者階級の生活状況が非常に改善されて、満腹、満足、気楽な気分が横溢して、政治の上では休眠状態に落ち着いている」。帝国主義によって中流階級が堕落して、チェンバレン陣営に流れ着く雲行きを怖れる自由貿易支持者もいた。[3]

理由はどうあれ、一九〇三年から四年にかけての秋と冬に、野党自由党だけでなく政府内の自由貿易支持者は、流れは保護貿易陣営の方にあると認識していた。チェンバレンは、最初はラドロー、次いでルイシャムと立て続けに補欠選挙に勝利していた。自由貿易は保護貿易陣営の選挙運動に圧倒されていると自由党の院内幹事ハーバート・グラッドストンは分析した。[4]重要であったのは、ルイシャムが、中層と下層の労働者階級に人気の、ロンドン南部に拡大しつつあった郊外都市の一つであった点である。当地の多くの有権者は事務員として勤務するかサービス業に従事していたのであり、国内市場向けの商品を生産し、関税を支持することが当然と思われたバーミンガムのような工業地域とはかけ離れた世界だったのである。この郊外選挙区の有権者は、一八八四年の選挙法改正によって、二倍以上に膨れ上がった。リベラルな『デイリー・ニューズ』が、ルイシャムの敗北を、主に「事務職プロレタリアート」によって構成され、自由貿易を蝕んできたこの新たな大衆という要素の帰結であると渋々ながらではあれ見事に説明していた。[5]新しい、より民主的な大衆政治は、古い世代のリベラル政治にとっては未聞の未来に属していた。事務員について言えることは、製造業者や高給の職人についても言えた。ブラナー＆モンド株式会社のジョン・ブラナーのような急進的な実業家は、製造業者の間での不満の高まりに気づいていた。関税改革はロンドンのイーストエンドでも進展を見せたが、造船所と鋳物工場では動きが鈍った。とりわけ報復、つまり保護貿易を行っている外国にお返しをしてそのような国の関税障壁を下げさせるという思いが、人びととの気分の基調にあった。しかし商業と金融に従事する人びとさえ、純粋で片務的な自由貿易の道をひたすら進むという思考を危うく思うようになっていた。ナッティ・ロスチャイルドやアーネスト・カッセルといった大物金融業者は、チェンバレンの提案に惹かれていた。名門出身の元財務大臣ゴッシェン子爵にとって、シティは「危なっかしく」、チェンバレン主義に「深く毒されており」、反ドイツ感情をかすかに示しているように思われた(6)。ドイツ帝国のような外国勢力は、保護貿易による勝利を目指して一丸となっている。財務省では、グラッドストン財政の使徒であったエドワード・ハミルトンというオペラ好きの高級官僚が、チェンバレンが勝者であると感じていた。チェンバレンの運動が「消費階級」の間でさえ進展を見せていると彼は憂慮を示した(7)。

財政論議の嵐が国中を席捲している間、それでも保守党首相アーサー・バルフォアは権力の座にとどまっていた。一九〇五年一一月、チェンバレンが関税改革のマストに自らの旗を付けてから二年半以上が過ぎた頃合いでも、思索力と政治勘を兼ね備えた類い希な能力をもつバルフォアさえなす術がなかった。一九〇五年一二月一日に、エドワード七世は、彼の辞職を受け容れた。自由党が政権復帰し、総選挙が行われた。その時までには関税改革と自由貿易の運勢はまったく逆転していた。一九〇六年の総選挙は、自由貿易側の地滑り的勝利であった。一八三二年以降の選挙における最大の揺り戻しとなった。自由党は議員数を倍増以上の三七七名とした。保守党は大幅に議員数を減らし、わずか一五七議席となった。辞めた首相バルフォアは、彼が長らく議席を占めていたマンチェスター東部の選挙区から消えた。まだ新しい労働党は五三議席、アイルランド国民党は八三議席をそれぞれ得た。投票率は何と八三パーセントにも達したこの選挙の最大の争点は、自由貿易か関税改革かであった。自由貿易が都市の工業地域だけでなく、田園地帯でも支持票を獲得した。

一九〇六年七月、ジョゼフ・チェンバレンが脳卒中で倒れた。しかし一九〇六年総選挙の決定的結果も、彼の不随状態も、財政論議に終止符を打つことはなかった。自由貿易と関税改革の間の闘争は、エドワード時代におけるもっとも熱を帯びた論議の的であった。一九一〇年一月と一九一〇年一二月の総選挙は、自由党の人民予算と貴族院の憲政上の位置づけをめぐって争われたが、自由貿易の問題が重要な要素であった。保護貿易推進者は、関税と引き換えに社会改革を約束した。自由貿易と所得の再配分によって実現可能となる国民保険という新たな公約をリベラル陣営は掲げていた。自由貿易と人民予算が、貴族と保護貿易推進者に敵対して手を結んだのである。一九一〇年の総選挙は、二大政党間の均衡が回復し、両党ともに二七〇議席をわずかに超える結果だったが、自由党は労働党とアイルランド国民党の協力を得て政権にとどまることになった。しかし彼らはここでも自由貿易が創出に成功した決定的な大衆の支持を明るみに出してもいたのである。

当時イギリスを定期的に訪れていた外国人は、自由貿易文化の異例の成功に驚いている。『ゼーノの意識』で精神分析をいちはやく活用したイタリアの小説家イタロ・ズヴェーヴォは、一九〇三年、一九〇八年、そして再度一九一〇年にまとめて数ヵ月、イタリアのペンキ製造業者の販売員として勤務しつつ、ロンドン南部のチャールトンに住んでいた。当初は「失業者を減らし、イギリス製品に国境を閉ざしてきた外国に報復を行うという約束は、熱狂をもって迎えられた」と彼は回想している。関税は勝利を約束されているかに見えた。そこで自由貿易が息を吹きかえした。人びとが政治と経済に熱中していたので「小説は顧みられなかった」。一九一〇年に彼が戻ってきたとき、自由貿易は、微動だにしない大衆の信念、叡智あふれる常識であった。「人びとはまだ考えを決めかねているのだが、関税という発想を、ブーイングを浴びずに口に出すことはできないようだ」とズヴェーヴォは気づいている。「自由貿易がイングランドで廃されることになろうとは思わない。数年前は違うように考えていたのだが」[8]。

イギリスが自由貿易国民となったのは、文化と政治の蓄積のためであり、それらについては続く各章で扱われる。イギリスの政策として自由貿易の例外的な延命は、前例のない規模の物量を、社会的そしてイデオロギー的に活用することによって可能となった。一九〇三年から一〇年の時期、自由貿易は新鮮なエネルギーを解き放って、政治上の交流を拡大するとともに、貿易の自由の意味を豊かなものにした。自由貿易は、市民と消費者の主要言語になっただけでなく、富と商業に関わる問いに向き合っていたのである。デモクラシー、平和、正義、すべてがこれにかかっていた。

第1章　自由貿易物語

我利我利亡者との戦いだ
選挙で決まるは自由か否か
だけどまだ信じようあの昔からの旗
「海の国」には「自由貿易」
「保護」の暗い日々はもう嫌だ
国中モノがなくなって
子供は死ぬより他なくて
男も女も耐えられない
働きたいのに仕事がなくて
生活に耐えていかねばならなくて
救貧院にも逃げ込めなくて
飢えて貧しい人たちも

自由貿易キャンペーン・ソング、一九〇四年(1)

穀物を貯め込む者は民に呪われる。

『旧約聖書』「箴言」第一一章第二六節　自由党代議士チャールズ・フェンウィックによる引用、ノーサンバーランドの炭坑夫の年次ピクニックにて、一九〇三年(2)

消費者は……国民全部だ。

財務省メモランダム、一九〇三年(3)

一九〇九年、自由貿易支持者たちが舞台に躍り出た。自由貿易連合は、少しばかり大向こう受けを狙った発想で、チャールズ・ディケンズの『クリスマス・キャロル』を関税に対する勇壮な戦いを描き出す戯曲に翻案した。[4]「ロンドンと地方の双方ですばらしい興行成績を収めた」[5]この『四〇年代からのメッセージ』は、スクルージに無知で利己的な保護貿易側の代表としての、彼の甥を賢く公共心に富んだ自由貿易支持者としての役を各々割り振ることになった。スクルージが関税改革の計画を税収の基盤を拡大するとして賞賛する一方で、甥の方は「税は人びとが納めるものであって、品物が納めるんじゃない」と述べる。眠りに落ちたスクルージに訪れるのは、リチャード・コブデンの亡霊である。亡霊は手にした鎖を鳴らしながら説明する。「これはイングランドの人びとに隅々まできっちり巻きついていたパン税によって作られた鎖で、苦役の、まあ迫害の、といってもよいが、歳月を経て私が貧しい者たちの拘束された足から外してやったものなのだ」。スクルージはこのような歴史の教訓を忘れていたのだ。彼の我欲は、この国をふたたびこのような「過去の暗黒時代」に沈ませてしまう怖れがある。舞台は暗転する。ここで幻燈が映し出すのは、一八四六年の穀物法撤廃以降の歴史の流れで、浮かび上がる映像には、ロバート・ピールから後の自由貿易支持の財務大臣たち、そして一八五二年のストックポート暴動の際の飢えた家族からベルリンの失業者による現代の暴動までが含まれていた。コブデンの亡霊がスクルージに思い出させるのは、歴史から学ぶのに年老いすぎていることはないという点である。自由貿易は「平和と善意を人びとの間に、国民生活に清らかさ」をもたらす。スクルージは、自らの保護貿易推進の愚かさをすっかり追い払って目覚める。この劇が終幕に近づくと、子供たちが現れてリベラル・キャンペーンの歌を唄う。「保護貿易をやっつけろ、やっつけろ、やっつけろ」。スクルージは子供たちの後に続いて叫ぶと、メリー・クリスマスと声をかけ、子供たちが「税のかからない食卓の待っている家に帰り、イングランドが今でも自由貿易であることを神に感謝するように願うのである」。『四〇年代からのメッセージ』は、新聞、集会、流布本、八〇歳代の人びとの思い出話を駆使した自由貿易のキャンペーンの中で作られた「飢餓の四〇年代」に関するあまたの物語の一つである。自由貿易支持者と保護貿易推進者が織り上げた過去、現在、未来の記述は、貿易政策をめぐるイギリス人の火急の決定に歴史的重要性を付与していた。財政論議の展開にしたがって、保護貿易推進者は次第に未来に目を向け、自由貿易支持者は過去を呼び起こすようになった。貿易政策をめぐる選択が、現代性と国民史の相対立する見方に根ざすようになったのである。

このような物語は、単に支持者を惹きつける手段という域を超えたものだった。政治論議を支配する主要な思想と主体を形成するものでもあったのだ。社会運動は、財源と委員会だけでなく、物語をも必要とする。当時ヨーロッパでもっとも豊かであった社会において、自由貿易支持者は、飢餓と飢饉、パンと砂糖の物語に目を向けたのである。彼らが創作した大衆受けを狙った解放の武勲詩においては、一八四六年の穀物法撤廃が人びとを自由にしたことになる。食料と自由は一つなのだった。これらの物語は、市民社会と民主主義に対するより大きな見方につながっていた。自由貿易は国民生活にとってうるわしい環境を創り出すものだった。消費者が市民になろうとしていた。

飢餓の四〇年代

『飢餓の四〇年代のメッセージ』の作者ヴァイオレット・フローレンス・モンドほど貧困からかけ離れていた人物は、おそらくイギリスにはまずいなかっただろう。モンド夫人がこの戯曲を書いたのは、女性自由貿易連合の誘いがあったからだが、この活動団体はウェールズ語と英語で、舞台、演説、集会、討論会、リーフレットを計画していた。商人の娘であった彼女が結婚した相手、化学産業を代表するリベラルな実業家であったアルフレッド・モンドは、当時はブラナー・モンド株式会社の社長で、将来、帝国化学産業（ＩＣＩ）の設立者となる人物である。モンド家は単なる富豪ではない。大富豪なのであった。アルフレッドの父親ルートヴィヒは、ユダヤ系ドイツ人商人の息子で、一八六〇年代にイギリスに移り住み、大規模な化学会社を設立した。一九〇九年の死去までに驚くべき美術品コレクションを築き上げており、それにはラファエロの『磔刑』、ベリーニの『ピエタ』が含まれていたが、この二作はナショナル・ギャラリーに遺贈された。彼

はまた五千ポンドの年金をこの義理の娘に遺している。(6)

モンド夫人の作品の観衆も、飢饉はおろか飢餓の状況で生活していたのではなかった。エドワード時代のイギリスは、完全平等の社会ではなかったが、とくに貧困な社会でもなかった。今日の読者が、われわれが享受している快適さ、便利さ、公共社会福祉の多くを欠いている社会の有様を見せられて衝撃を受けるのは理解できる。しかしながら、同時代人たちにとって、イギリスは、当時のヨーロッパで最高の生活水準を有する社会として冠絶していた。アメリカとオーストラリアの人びとだけがよりよい暮らしをしていた。二〇世紀初頭のイタリア、スペイン、ロシアを脅かしつづけていた飢饉と大量餓死の循環からイギリスは長い間逃れていた。一八七〇年代以降、生活水準が大幅に改善したのは、とりわけ海運における技術的進歩とグローバルな食品制度の一体化によって可能になった食品の原価の激しい下落のおかげである。一八四六年の穀物法撤廃の後の三〇年の間、ロンドン市民は、四ポンドのパンのために八ペンス以上を払っていた。一八八〇年代末までに、わずか五ペンス半で足りるようになった。(7) 多くの基本商品の物価の下落は労働者階級を著しく潤した。一九〇四年に、商務省による調査では、一九世紀最後の四半世紀に、衣料品の平均価格は五パーセント、労働者階級が好む商品は一五パーセント下落した。(8) ボーア戦争中に導入された穀物関税が価格をどこまで押し上げるのか当時議論が行われたが、ロンドン以外の大都市のほとんどで、一九〇三年春のパンの価格は前年ときっかり同じであった。(9)

もちろん苦境と貧困が根絶されたわけではない。栄養の欠乏に関する社会調査が当時浸透したために、貧困が新たに可視化され、計測、図表化、管理の対象となった。(10) 工場労働者はまだ家計の平均五〇パーセントを食品に費やしていた。(11) この種の調査が明らかにしたのは、国民資産の一般的な増大とは無関係の最貧困の高齢者が目立つ割合で存在するという事実である。国民の一〇パーセントが「著しい」貧困のうちに暮らしていて、さらに別の一八パーセントが「かなりの」貧困状態にあることを告げたのは、シーボーム・ラウントリーによる同時代のヨークの調査である。そして研究者たちは、一八九九年以降実質賃金が微減しているのか、漸増しているのか議論していた。(12) 明らかであるのは、社会のあらゆる集団が同一の流れに乗っていたのではないということだ——衣料産業の女性労働者はエドワード時代において敗者であった一方、鉄鋼業の男性は平均的には得るものが大きかった。しかしヴィクトリア時代末期において、生活実態の全般的改善があったということに異論の余地はない。一九〇〇年におけるイギリス国民は、高い生活水準と、その両親や祖父母が驚くような、肉や砂糖をふんだんに用いた豪勢な食事を楽しんでいたのである。

飢饉の脅威とパンの価格について気にかける必要のなかったヨーロッパの社会があったとすれば、それはイギリスだった。関税改革議論が始まる直前、商務省では、戦時中のパン供給に関する極秘文書において「[パンのような]必需品の価格の大幅な上昇に耐えうる労働者階級の購買力はこれまでかなり過小に見積もられてきた」と結論づけている。基本食品の物価の「大幅な上昇」の場合であっても、多くの割合の労働者階級がぎりぎりの生計に陥るか、餓死にまでいたるかだという申し立てについて「充分な反証」があるとしている。[13] 一九世紀の後半、イギリス人は次第に主食をパンに依存しないようになっていった。[14] 示唆的なのは、この時代、相対的に貧しい社会では、その政治的エネルギーはより高級で高価な食品に集まっており、たとえば多くのドイツ人は肉の高価格に憤激していた。しかし、エドワード時代のイギリスにおいて、未曾有の大規模の国民闘争の動員が生じたのは、飢えに対してであり、「安いパン」の擁護という名の下においてであった。

一九〇二年にはすでに、およそ二万人の人びとがハイドパークにおいて、「パン税」に反対していた。それに続く時期、リベラル陣営とラディカル陣営の合唱に加わったのは、上流階級から労働者階級と女性協同組合の人びとまでであった——義父から受け取っていた金額だけでも年間五千ポンドの収入があったヴァイオレット・モンドから、年収二〇〇ポンドで暮らしていた典型的な熟練労働者の家庭までである。一九〇三年一二月に、自由党党首キャンベル＝バナマンは、ニューポートの群衆に対して、餓死寸前で生活をしている人たちがイギリスには一二〇〇万人存在し、この数字は自由貿易が破棄されるならば膨れ上がるだろうと警告した。ここ最近、飢えは被抑圧者側の新たな政治上の武器になってきており、世界各地で帝国権力に直面した植民地のナショナリストやアナーキストが用いる手段としてハンガー・ストライキがある。一九〇一年のイギリスでは、失業者によるハンガー・マーチがあった。[15] ここに来てリベラル陣営が飢えに目をつけたのは、自由貿易の権力に挑戦するのではなく、それを支持するためであった。飢えと苦しみのイメージと記憶は拡散し、自由貿易をめぐる闘争において主要な物語の縦糸となった。それらはポスター、漫画、タウンホールや学校での幻燈上映において提示され、集会では古参の労働者やラディカル陣営によって言及され、ラディカル陣営の出版物やリベラル陣営による「飢餓の四〇年代」の大衆版において劇画化されていた。

リベラル側にとって、これほどまでの規模で現実に貧困が存在すると指摘することは、危険がなくもない戦略であった。貧困の甦りは、自由貿易の非を示すものではないのかと関税改革支持者たちはすぐさま論じた。しかしリベラル陣営の飢えへのこだわりには、戦略的というだけでなく文化的な魅力があった。チェンバレンの保護貿易主義のカクテルの成分で潜在的にもっとも大衆受けするとともに危険であるのは、その報復への呼びかけであるとリベラル側は認識していた。「公正に」勝負せずに、守られていない社会に安価な輸出品を投げ売りすることでイギリスの開かれた市場を利用してきた保護貿易政策の国にやり返す武器を、関税はイギリスに与えてくれるだろう。南ウェールズから、リベラル側のルイス・「ルールー」・ハーコートは、ダンピングは製鉄工の間に多大な不安を惹き起こしていると警鐘を鳴らした。「この問題をできるかぎりすっきり解決する方向に進んでいただくことを願います」[16]。関税交渉はまた、チェンバレンが掲げる比較的大胆な保護貿易政策と、ユニオニストの首相バルフォアと彼の支持者の保守党員たちが気に入っていた比較的穏健な自由貿易の修正版の間の橋渡しになりうるものだった。関税改革の帝国に関しての訴えの力は限られてくるだろう――「イギリス人は自国の植民地主義を条件付きで受け止めており、自分を抑えるのに『海の向こうの仲間』が引き合いに出されるのに少々うんざりしている」とキャンベル＝バナマンは記している。しかし報復は実に危険であるとリベラル側の指導者も認識していた。報復は

a　輸入は悪であるという植え付けられた誤謬をふくらませる。
b　その自己利益に訴えかけることで商工会議所的な人を捉える。
c　われわれの喧嘩好きにおもねる。
d　無害な妥協という風があり、ジョー〔チェンバレン〕の案は呑めないが、保護貿易論者との決裂は望まない自由貿易支持者には救いである[17]。

ユニオニスト自由貿易支持者の小さいけれども古参揃いの集団があり、およそ五〇名の議員を擁し、議会で決定権を保持していた。この段階でリベラル陣営は彼らを一概に足蹴にはできないと感じていた。食品税と迫り来る飢饉の脅威への注目が政治の風景をきわめて単純化していた。それによって議論が黒か白かの選択に陥ってしまうことが目に見えていた。純粋な自由貿易か、人びとの食生活を脅かす包括的な関税改革か、というように。

続く一〇年間に目の当たりにすることになったのは、「飢餓の四〇年代」の記憶と飢饉のイメージのとどまることがないように見えた氾濫である。リベラル側では自由党本部と選挙区で、飢えの記憶を積極的に追い求めていた。自由党支持者の一部が意識的な試みとして過去に目を向けたのは、「安価な食品でぶくぶくと太り、たぶん過去をすっかり忘れている同時代の民衆」を煽動するためであった。ヴィクトリア時代初期において、飢餓文学という分野が食人行為と、アイルランド人の水準へのイギリス人の転落の恐怖を喚起していた。エドワード時代人が再生させたのは、初期ヴィクトリア時代の「穀物法のうたびと」エベニーザー・エリオットの詩に見られる苦痛、人間の連帯の喪失、死の恐ろしげなイメージであった。「私のベッドを売って夫の棺を買った。……母の指環を質入れしてパンを買い求めた」と彼の詩で未亡人は述べる。[18] 一九〇三年七月のノーザンバーランド坑夫のピクニックの際に、急進派《ラディカル》の新聞『レノルズ』の編集人は、取材で得た話から保護貿易下での窮迫に関する「生々しい絵図」を描き出した。その夏、南ドーセットの集会で、リベラル陣営の古参ウィリアム・ハーコートが自分の話を聞きに来た聴衆の中に、穀物法撤廃の後、同じ金額で以前より三倍も多くのパンを買ったことを回想する老人を見つけた。ハーコートは同じ自由貿易支持者にひたすら安い食べ物に話を絞るよう促した。さもなくば自由貿易のメッセージは、外国人を標的とした叫びに掻き消されてしまう危険にさらされていた。[19]「貧者に永劫の飢えと苦しみが与えられた昔」[20]をチェンバレンの政策が呼び返すであろうという怖れを露わにする老人たちとの交流を、自由貿易支持者たちは宣伝しはじめた。E・O・フォーダム夫人のようなリベラル派の女性は、ロイストンの教室で、農場労働者が「餓死すれすれの状態」にあった保護貿易下の時代について幻燈を用いて講義を行った。ジョージ・ハミルトンのような保守派の無税食品支持者は、インド省に八年勤務した後に一九〇三年に官職から去っていたが、聴衆に対して、ディズレーリの『シビル』を読んで「飢餓の四〇年代」の恐ろしさを思い出すように説いた。「飢餓の四〇年代の真に迫る絵図」が、チオッツァ・マニーの「自由貿易賛成の一〇〇の要点」という演説者に広く活用された虎の巻の目立つ場所を占めている。(21)

自由貿易支持者による歴史の活用は、目新しいことではなかった。一八五三年、アレグザンダー・サマヴィルが、反穀物法同盟を礼賛する歴史から材をとった神秘的な讃歌を書いた。その中で作者が跡づけたのは「イギリスにおける意見、商業行為、文明の自由の先駆者たちの伝記の集成としての歴史」であり、「ワッサ」という「裸族」と「ウォーブ」という食人族からヴィクトリア時代中期のリベラル派にいたるまでの全行程である。(22)コブデン死後一年経った一八六六年設立のコブデン・クラブもまたかつて過去を活用しており、一八八五年の総選挙の際に保護貿易下でのパンの高値に関する一労働者の思い出を、その二年後にはオーガスタス・モングレディアン著『自由貿易運動の歴史』八千部を頒布した。(23)

エドワード時代のキャンペーンは、完全に新しい歴史的な規模の記憶を活用する政治を創出していた。単一の媒体で多大な影響力をもったものを挙げるならば、『飢餓の四〇年代』という過去の苦難についての労働者の回想の集成であり、これはコブデンの娘ジェーン・コブデン・アンウィンが案出し編集を担当した企画であった。『飢餓の四〇年代』に収録の手紙を寄せた年老いた証人たちは、『レノルズ』から『キリスト教世界』にいたるまでの種々の新聞に掲載された、保護貿易下での飢えの思い出を求める広告に応じたのだった。証言と談話が話し言葉で印刷されており、たとえば「ポテト」ではなくて「テイター」といったように地方の会話調に則ることで真実らしさと歴史的直接性の雰囲気が生じている。「編集されたものではない」とコブデン・アンウィンは強調する。「今日の安逸と飽食の時代に生きるわれわれにはほとんど信じ難い」過去の苦しみを生き生きと甦らせているとリベラル陣営の女性活動家は述べた。(24)

「飢餓の四〇年代」の語りは、個人の苦しみを国民のトラウマに変えて、自由貿易支持者たちに一つの大衆運動の歴史を与えた。収録された話が全体として描き出すのは、餓死寸前状態にあってなりふりかまわずに盗みに走り、保護貿易のゆえに永劫去ることのない死の恐怖の中で暮らす人びとの姿である。「当時は生きることが恐ろしいものでした」とイースト・アングリアの農夫の妻は語っている。夜になると男たちは外に出ていって子供たちのためにカブを盗んでくる。男たちはよく「ひとかけらのパンもなく働きに出て……自分で実をとったエンドウ豆やソラ豆を食べて飢えの苦しみを凌がねばならなかった」という回想もある。社会を野蛮化する関税の影響を食事が反映していた。一世紀の間、文明生活の象徴であった白パンが「ごちそう」であった。マーク・ムーアという明らかに八〇歳にはなる男がライ麦パンをぼそぼそした貧しげなものとして、「パンをミルクの皿に入れると、鉛のように底に沈んだものだった」と伝えている。子供たちは「餓死寸前」であり、朝食にスウェーデンカブを食べさせられていた。「紅茶を飲むなどは論外」で、砂糖は贅沢品だった。日曜ごとの豚肉を除けば、肉が手に入ることもなかった。[25]

「飢餓の四〇年代」は、相当な多様性に富み、互いに矛盾さえある個々の回想から統一された集団の物語展開を引き出した。エセックスの八八歳になるルーシー・バックランドのように、自由貿易の確立を「すべての物価が落ち着いた」時として明言した人たちもいる。[26]しかし大半の回想は、一八四六年の穀物法撤廃の後の十年間を扱っており、その一例がエドワード・クックによる飢餓時代のキャベツの芯の食事の思い出である。他の証言者たちは一八四〇年代中盤にはまだ生まれていなかったか、一八五〇年代にいかに「物質的にも気持ちの上でも、貧窮と隣り合わせだったのか」についての思い出を語っている。こうして飢えの記憶化は、穀物法撤廃という年表上に精確に記される事項を超えて、物価高と苦難を保護貿易と大まかに同義とするにいたったのである。この過去の延長において発生した政治的機会を捉えるのに、自由貿易支持者たちは怠りなかった。党の選挙担当者が演説者たちに幻燈上映で見せるように求めたのは「昔の保護貿易時代の餓死必至の物価である……クリミア戦争（一八五三―六年）の時代に言及すると、当時四ポンドの量のパンに払わなければならなかった金額を部屋にいる誰かが思い出すことになるのが普通である[27]」。

イギリス国民の状況の歴史として『飢餓の四〇年代』は疑わしい企図であった。実際には生活費は、穀物法撤廃の前の時期にあたる一八四二年と一八四六年の間に下落していた。主に集められたのはイングランドの地方からの回想だが、イングランド南部、ウェールズ、スコットランドのものはほとんどなかった。飢饉が生じたアイルランドは、興味深いことに、本書においてもさらに広くエドワード時代の自由貿易キャンペーンにおいても目立って取り上げられることはなかった。もちろん一定数の人びとは飢えを経験しただろうが、全般的には、一八四〇年代が一八三〇年代よりも、さらに言えば一八五〇年代と一八六〇年代よりもひどいということはなかった。イングランドでは、一八三八年から四一年にかけての時期がひどかったが、一八二一年以降の数十年における消費水準の全般的改善の中での一時的低下であった[28]。その当時、実際、自由貿易を先頭に立って唱導していたトマス・チャーマーズが、一八四五年から七年にかけてのアイルランド飢饉を、人びとが「ありとあらゆる種類の、乱痴気でさえあった贅沢放題」を享楽していたイングランドの「浮かれ騒ぎと大盤振る舞い」と対比していた[29]。経済史家ウィリアム・カニンガムのようなエドワード時代の関税改革論者が、穀物法撤廃後のクリミア戦争時および続く七〇年代にパンの価格は高値を維持していたこと、そしてそれ以後の価格の急落は、財政政策ではなくグローバルな海運と輸送の革命と関連づけなければならない点を指摘しても聞く耳はもたれなかった[30]。

歴史としての欠陥は数々あったとしても『飢餓の四〇年代』は過去の大衆向け物語としては成功し、自由貿易はイギリス国民を抑圧と従属から解放したことになったのだった。締め括りの章では、労働党のF・J・ショウが、ブロム・ヴィリアーズの筆名で、決定的な進歩についての代表的な解釈を示した。フランス革命戦争から穀物法撤廃まで、イギリスは、「艱難辛苦の状態」にあった。しかし自由貿易が、「民衆」を飢餓の時代から解放しただけではない。それは従属の数世紀に終焉をもたらしたのだ。宗教改革によって強制への下降する循環がはじまり、救貧法にいたって「庶民」から自由と民主的組織が奪われた。自由貿易は聖書で説かれていた調和の勝利であるとヴィリアーズは読者に説く。これこそが民衆を「エジプトの束縛」から解き放ったのだ[31]。

この民衆の解放の物語は、貧民が支配を克服するという昔の急進派の語りを彷彿させる。この物語は、大衆向けのグラッドストン流のリベラリズムの中心に据えられていた自由の進展における「民衆」の役割をさらに精緻なものにした[32]。中流階級の自由貿易支持者と労働者階級の急進派との間にかつて存在した対立点と衝突点は、この大衆向けの自由を讃える物語からはきれいに拭い去られている。多くのチャーティストと初期の労働組合員は貿易を、人びとが満ち足りているさなかに飢餓を呼び込む悪の根源と見なしていた[33]。こうした別様の急進派が示した道筋は「飢餓の四〇年代」では消滅していた。歴史の記憶には、個人の思い出と同様に選択的な脱落が伴うのである。

政治の言説に『飢餓の四〇年代』の与えた影響は甚大である。『飢餓の四〇年代』は一九〇五年に刊行された「民衆版」が一九〇六年には版を重ねたが、これは六ペンスだった。一九一〇年の総選挙に際して刊行された縮約版はわずか一ペニーだった。一九一二年までにこの一ペニー版は一一万部売れ、さらに革装版は十万部売れた。出版者フィッシャー・アンウィンの「寛容さ」が大量流通に拍車をかけた――この出版者とコブデン・クラブは、一九一二年から一三年にかけて一五万部を無料配布したのだ[34]。本書からの抜粋が講演や講義で多用され、時には、F・C・グールドの漫画「古きよき時代」を元にした幻燈のスライドと組み合わされた。ライギットのセントラル・ホールでは、一九〇五年一〇月にフリーマン・トマス夫人が演説し、「コブデン・アンウィン夫人編集の本から選び出した貧困と苦難の事例に」直接依拠しつつ、「保護貿易に対する反論に力を入れた」。この講演には「あたたかい拍手が送られた[35]」。「リチャード・コブデンとその時代」や「飢餓の四〇年代」に関する公開講義が、リベラル陣営の巡回公演、とりわけ女性リベラル協会によって組織された講演の要であった[36]。自由貿易連合と北イングランド自由貿易協会は、「保護貿易下のイングランド」での飢餓、失業、児童労働の程度を示すリーフレットを配布した。彼らは女性参政権論者であり政治経済の教育者でもあったハリエット・マーティノーや歴史家スペンサー・ウォルポールの手になるヴィクトリア時代のイングランドの歴史を選び出して使用し、ホイッグのT・B・マコーリーとアイルランド・ナショナリストのダニエル・オコンネルの演説を引用した[37]。部数という点でリベラル派の日刊紙を代表する『デイリー・ニューズ』、急進派の『レノルズ』、『ウェストミンスター・ガジェット』、そしてリベラル派の雑誌とリーフレットが、大衆の前につねに八〇歳代の人びとの回想を提示していたのであり、それを地方紙と政党の選挙担当者が補っていた[38]。

自由貿易支持者が過去を占有していたのではないが、関税の下での野蛮な状況の暗黒時代が大衆向きに強烈に表現されたものは、関税改革論者が入り込む余地を著しく狭めていた。「飢餓の四〇年代」という自由貿易支持者の恐ろしげなイメージに対抗する珍しい試みは、J・W・ウェルズフォードのフランス革命についての幻燈講演であり、これは「女性ユニオニストおよび関税改革協会」によって巡回が行われた。ウェルズフォードは一九〇九年に、数ヵ月の闘病の末死去したので、サクソン時代からのイングランドの歴史を語る『イングランドの強さ』という研究を完成させることは叶わなかった。彼の「恐怖の支配」についての講演は、自由貿易が危険な外国起源であることを解き明かすもので、その補助として用いられた四五枚の幻燈スライドは、一七八九年のパリ市民の暴動の支配、一七九三年の王の処刑と労働者たちの虐殺に光を当てるものだった。聴衆はこのように語りかけられる。「今宵諸君に見せたいのは、いかに自由貿易がフランスを劣化させて、イギリスが、フランスに比べれば人口が少ないにもかかわらず、トラファルガーとワーテルローで勝利し、そして海洋の制覇と世界帝国の地位を手に入れることができたかである」。ここでは、自由貿易は「フランスの社会主義の狂気」の産物で、「イギリスを偉大な国家とした……イギリスの貧民の労働を保護するための旧来のイギリスの処置」と対比されて立ち現れる。それは国民の力を削ぐ過程を通過して「略奪性の社会主義」、アナーキー、暴力にいたるのである。[39]

W・J・アシュレイ、W・カニンガム、W・A・S・ヒューインズは、歴史学派経済学の重鎮だった。個人の動機、需要と供給に力点を置く経済学という新たな学問の普遍的な原理に対して、彼らは経済を政治制度、道徳、権力の展開と複雑にからみあった歴史的成長の産物として把握した。現行の物価について議論するのではなく、指針として諸国民の興亡に目を向けた。とりわけ一七世紀末と一八世紀におけるオランダの没落は、国力が富のために犠牲となっている時期に生じることについての警告であった。オランダは生産と保護に力を入れるべきであったところ、自由貿易に向かってしまったのだ。そしてイギリスの富も市場の力ではなくして、旧来の国家の拡大と帝国の所産なのではないか。政治の教訓は単純なものである。イギリスが没落を避けようとするならば、その偉大さの基礎となったかつての帝国統合の手法に回帰する必要があるのだ。[40]

しかしながら大衆向けの政治と言説において、関税改革はたいてい未来をとり過去を回避した。未来のディストピアであり、忍び寄ってくる深淵こそが、保護貿易推進側のイメージと演説を触発していた。現在の問題を将来に投影することで、それらが組織立った問題のように見えてくるのだった。今日は一つの産業の、明日は帝国全体の喪失というように。たとえば典型的なポスターに描かれているのは、眠るイギリスの労働者で、その背後を通って一人の移民が国に忍び込んでくる様子であり、「これは現在の状況ではない。だが問題は、いつまで手を拱いているのか、どこまで耐えきれるのか」[41]との警告が記されている。

関税改革運動は、保護貿易を未来像と結びつけた。保護貿易の現代性は、自動車、この速度と完成の新時代の象徴に表されている。ポストモダニストの一部が考えているように、同時代人たちは「崇高な不動性」を経験していたのではなくて、この新しい移動する機械と、身体と感覚に強烈に作用する関係を結んでいたことを報告している。[42] 関税改革推進者たちは、自由貿易の普遍的で無時間的な原則を揶揄するのに現代の自動車を用いた。新しい移動手段が反映するのは、自由貿易の時代遅れの政治経済学から最先端の保護貿易主義への移行なのである。ある多色刷りの関税改革ポスターでは、ブリタニアの「一八四六年の自由貿易馬車」が、自動車「保護貿易」に圧倒されており、後者にはアンクル・サム、ドイツ人将校、その他外国人たちが繁栄への道中楽しげに乗車している（口絵1）。「ここは私ひとりでさびしいわ」とブリタニアは不満を洩らすが、続く「だけどもうすぐ他の人たちも加わるはず」という科白は、すべてのヨーロッパの国々も五年以内に自由貿易の採用という点でイギリスに追随するであろうという一八四六年のコブデンの予言を揶揄している。一九一〇年一二月の総選挙に際しては、従者に扮した保守党員が、肩輿を抱えてマンチェスターの街路を練り歩いたが、そこに付されていたのは「コブデン時代にはこのように投票に行った。いまやこののんびりしたペースを変えるべきだ[43]」という言葉だった。エドワード時代の選挙における保守党による最初の自動車の大量使用は、有権者を選挙に連れてゆく手段であるだけではなく、より幅広い現代性を表す象徴的なパフォーマンスの一部でもあったのだった。

自由貿易支持者は、未来の予言者として過去を巧みに提示することで当時の政治を制した。過去の飢えの記憶は、集団の苦しみと華々しい解放を喚起するよすがとなったが、同時にまたいかに歴史の進歩が脆いものであるのか示してもいた。歴史はいかなる時においても逆行するものであろう。多様な図像には、「飢饉」の種を播くチェンバレン、あるいは砂漠で骸骨たちに悩まされるコプト人を描き出して警戒を呼びかけるものがあった。[44]『レノルズ・ニューズ』が、一九〇四年にロイヤル・アカデミーに展示された動物画家ジョン・チャールズ・ドールマンによる死神、狼、鴉のいる陰鬱な雪景色を転用した「トーリー主義の亡霊」という政治的寓意画では、死神である保護貿易が「奴隷制」「戦争」「徴兵制」を導いている（図1）[45]。たとえばパンの公正な価格のために戦う女性たちが一世紀前に用いていた、忌まわしい飢饉というイメージのような、昔の「道徳経済」と従来は結びつけられてきた飢饉の図像法を、懺悔服をまとった忌まわしいヨーロッパにおけるもっ

図 1　「飢饉」――奴隷制、戦争、徴兵、混乱を惹き起こす「保護貿易」の亡霊。1904 年の急進派の漫画。

とも豊かでリベラルな市場社会が用いたのである。[46] 何度もリベラル陣営とラディカル陣営は、関税改革は「文明という時計の針を逆に回すものである」と警告したが、これは自由思想を掲げていたリベラル派の指導者J・M・ロバートソンの言葉である。[47] 民衆が「保護貿易の下で餓死する」時が訪れるという説明は、歴史は繰り返すという恐怖を聴衆に与えた。[48] ジェーン・コブデン・アンウィンは、自らの編集したオーラル・ヒストリーを「イングランドを飢餓の四〇年代に戻そうとする保護貿易推進者による無理無体な運動に対する効果的な解毒剤」であると考えていた。[49]

この歴史が回帰しうるという感覚に演説と政治劇が根ざしていたことは、たとえば、『四〇年代からのメッセージ』が初期ヴィクトリア時代イギリスにおける暴動と飢饉を同時代の保護貿易下のドイツにおける暴動と苦難と並べていることからもわかる。[50] 一九一〇年一月の総選挙でリベラル派が保護貿易推進者に勝利したグレート・グリムズビー選挙区では、「戻るのですか。飢餓の四〇年代を思い出そう」という単純なスローガンが、リチャード・コブデンの胸像の脇に掲示されていた。[51]

このように国民の飢えの物語を民衆がふたたび語り出したことで、最近の心理学者が「想起バイアス」と名づけているものが強められていると論じることができよう。「想起バイアス」とは人びとが過去の思い出を現在の関心に合わせて修正してしまうことによって生じる、回想による歪曲を指す。[52] それは確かに、有権者の中でももっとも浮動する層と思われる部分、つまり農業地区の労働者を保護貿易陣営が取り込むのを防ぐのに効果的だった。農場労働者は一九世紀末のヨーロッパにおいて保護貿易主義の第一の標的であった――関税がもたらす高額の生活費の相殺が可能な雇用の維持と高賃金の見込みを、国内市場の保護が提示したのである。ドイツにおける保護貿易は、単に「鉄とライ麦」、大産業家と大土地所有者の結託ではなく、小さな農業共同体からも支持を得たのである[53]。イギリスでは、飢餓の集合的記憶が、地方での記憶に強いバイアスをかけ、労働者を保護貿易に対抗するように導いた。たとえばサフォーク北東地区のような地方において、一九一〇年の総選挙で足踏み状態だったことに保守党は愕然とした。農場労働者の票を取り込む見込みに関する保守党の調査では、明瞭な答えが出ていた。「植民地特恵が最終的に彼らの益になることを信じさせることはできない」。「カブを食べた」という彼らの先祖の記憶はあまりにも強固だったのだ。一人の回答者がうまくまとめている。地方の労働者は「植民地特恵を理解できないし、しようとも思わない。『飢餓の四〇年代』は確かに戻ってくるのだ[54]」。

市民社会

自由貿易はイギリスの過去についてまとまった見方を作り出した。包摂と承認を求めて戦う社会運動、とくに協同組合そして急進派とリベラル派の女性運動にとって、これらの物語はより深い重要性を帯びていた。「飢餓の四〇年代」は、自由の展開における自分たちの主役としての役割に対する理解の一部になったのである。彼ら彼女ら自身の成長と自律が、貿易の自由と市民社会の積極的な関係の証拠となった。自由貿易によって、多様な社会集団が息をつき、国家の干渉や特権集団の抑圧を排して成長することができると考えられたのである。

過去半世紀の間に、イギリスそして他のヨーロッパ社会において協同組合の著しい衰退があったが、かつてはこの運動が強力で規模が大きかったことを思い返す価値はある。世紀転換期において、一七〇〇万人を超えるイギリス人が、一四三九の非営利小売業協同団体に属していた。第一次世界大戦の時期までに、会員は三〇〇万人を超えていた[55]。会員はとくに北西と北東の工業地域に集中しており、労働者階級の中でも暮らし向きがよい層が圧倒的であった。一八八三年に設立された女性協同組合は、一九〇六年の総選挙の時期までに、最大の独立女性組織としての立場を得ていた。イングランド卸売協同組合連合会（CWS）は世界最大の会社組織の一つであった。リーヴァーの石鹸帝国や化学産業大手のブラナー・モンドよりも資本の点で立ち勝っていた[56]。大半の会員が協同組合運動に参加した際に関心をもっていたのが、直接的な政治行動ではなく、利益還付金で、これは協同組合が先鞭をつけた現在の顧客ロイヤルティ制度のようなものである。当初この運動には党派性はなかったが、第一次世界大戦の際に労働党と提携することにはなった。それでもこのような政治参加の形式上の定義が誤解を招くのは、協同組合が提供していたのが、自由貿易再生へと直接影響を及ぼした日常生活の政治の世界だからである。

「無税の朝食」が協同組合の中心にあった。一九〇二年に卸売協同組合連合会は、食品税として一二〇万ポンドを納めたが、これは総売上高の一六パーセントに当たる。砂糖税だけでおよそ五〇万ポンドだった[57]。しかしながら、年次大会での形式的な宣言を超えて、食品への課税に対する政治的闘争へと会員たちがどれほどの精力を費やしたのかについては必ずしも明瞭ではない。女性協同組合が一九〇一年に提案された砂糖税への反対行動を促した際に、協同組合会議の議会委員会はそれに反対することを勧告した。一九〇二年の穀物と砂糖への課税に加盟団体が反対することを求める声明は、失望するような結果に終わった——一五〇〇の加盟団体のうち五〇そこそこしか応じることはなかったのである。「問題が何であれ団体の大多数が行動を起こさなかったのは明らかだ」と委員会は結論づけた[58]。

チェンバレンの関税改革の挑戦は、まったく異なる反応を惹き起こした。それが激しい行動を招いたことによってよく理解できるのは、自由貿易の下での市民社会を協同組合がどのように捉えていたのかということ、そして彼らがカリスマ的存在であったチェンバレンを、疑い、さらには憎悪の眼差しで見ていたことである。当初、協同組合員の一部は、コブデン・クラブや自由貿易連合といったリベラル派の組織と組むことに不安を表明した。「コブデン・クラブは、チェンバレン氏と同じように資本主義の既得権益を代表している」とある協同組合員が一九〇四年の大会で述べている[59]。自由貿易の下での進歩を言祝ぐのではなく、貧困、失業、住居難の中でいまだ暮らしている無数の人びとを重視すべきではないか。過去に協同組合員は、「競争の悪」と自由貿易のモットーである「最安値の市場で購入して最高値の市場で販売する」に結びつく「貪欲の汚らわしさ」を糾弾していた。[60] 一九〇四年の協同組合大会では、西ロンドンのプロパート師が、「自由貿易」か「保護貿易」かというリベラルな選択に巻き込まれることへの警戒を呼びかけた。彼は問いかける。「なぜ自由貿易が言及されるやすぐに興奮する必要があるだろうか。労働組合員である多くの協同組合員は揺るがず保護貿易を求めていたのではなかったか」。

しかしながらこのような発言は、自由貿易擁護の大衆動員の中にただちに埋もれてしまった。議会委員会は、コブデン・クラブとの、さらにはユニオニスト無税食品同盟との協同を支持した。ヘンリー・ヴィヴィアンやJ・C・グレイのような指導的立場にあった協同組合員もまた、自由貿易団体と結び、活動的ではあったが物議をかもすことも多かったコブデン・クラブの幹事ハロルド・コックスとの共闘の斡旋者として動いた。コックスは自身の協同農場経営の実験によって、通常のリベラル派の政治家よりも仲介役として受け容れやすい体質を備えていた。「リベラル派の組織に近いとあれば見向きもしない協同組合団体とわれわれの接触を保つのに彼は役立ってきた」とコブデン・クラブの会長でコックス批判者の一人であったロード・ウェルビィさえ認めていた。[61] 一九〇三年秋には、カーディフからニューカッスルまでの地方でデモと集会を共同組織した。このような地方集会には、協同組合団体から三千人超の派遣委員が総計一六〇万人を超える会員を代表して参加した。個別の団体は所有の会館を自由貿易の会合に開放し、印刷費用の便宜を図り、文書の流布に助力したが、もっとも重要なのは「特恵関税に反対する労働者階級指導者の国民抗議」であり、これには主要な労働組合と労働者組織の代表者が軒並み署名していた。

協同組合運動においては、自由貿易と保護貿易の戦いは、そのまさに自律と存在意義をかけて生きるか死ぬかの争いの様相をただちに帯びることになった。この見方が依拠するのは、チャーティスト運動の時代の急進派とリベラル派の以前の（頻繁に武力対立となった）敵対関係に、一八六〇年代以降、交代して現れた大衆向けのリベラル同盟である。ジョージ・ホリオークほどこの融和を体現する人物もいない。一九〇六年に死ぬまで国中の壇上から、一八三二年の第一次選挙法改正と一八四六年の穀物法撤廃の回想を伝えつづけた男である。一八一七年に印刷業と角製ボタン製造業を営む父のもとに生まれ、一八四〇年代に無神論とオーウェン流社会主義に転向すると、国家や教会からの干渉を排した思想の自由を訴えるヴィクトリア時代の代表的活動家となった。叩き上げの予言者であったホリオークは、協同と提携に関するもっとも有力な論客であった。同時代の急進派リベラルの精髄を体現していた彼は、国内では選挙法改革を、国外ではガリバルディのような共和派ナショナリストを支援した。彼はガリバルディが昔よく休んでいた庭園の押し花を集めた。[62] 自由貿易は、ホリオークのようなラディカルを大衆向けリベラリズムへと合流させる力になった。象徴的なのは、一八八四年にコブデン・クラブが最初に彼を名誉会員に選んだことだが、同じ年に、国民リベラル・クラブは、まだ彼を拒絶する方を選び、これはコブデンとグラッドストンの伝記作家であった彼の支援者ジョン・モーリーを大いに失望させた。最終的には一八九三年に選出されている。[63]

すでに一八九七年に、コブデン・クラブの年次大会で、「自分の労働者階級との交流から知るかぎり」、自由貿易は危うく、新たな支持者を募り、人びと、「とくに若い世代」に保護貿易の危険を喚起する必要があるとホリオークは説いていた。[64] それゆえ一九〇三年にチェンバレンが関税キャンペーンを始めると、当時、民主主義同盟の会長であったホリオークは、民衆の支持を集めることに熱心であったリベラル陣営にとって、自ずと最初に頼るべき人物となっていた。『デイリー・ニューズ』の記者で後にリベラル派の週刊誌『ネイション』の編集人となるH・W・マシンガムが『労働と保護貿易』という書物を企画し、ホリオークに「貴殿が観察した自由貿易以前のイングランドの労働者階級の状況とそれ以降の変化」について寄稿を求めた。しかしながら、ホリオークは「賃金上昇による購買力の増大」を主題としたお決まりの短文を書くのではなく、ラディカル陣営の集合的記憶を扱った作品を寄せたが、それはまた急進派の刊行物で連載されていた。[65]

ホリオークの「保護貿易の時代」という文章は、自発的な団体と自由が穀物法撤廃と直接結びつくようになった市民社会の凝縮した歴史を提示する。自由貿易以前は、労働者は奴隷で、資本主義によって搾取され、自前の組織を作る余地も、自己と自律を展開する機会も与えられていなかった。一七世紀と一八世紀におけるクラブと団体の最盛期――一八一五年までに全人口の八パーセント以上が、いくつかの女性友愛団体も含む友愛団体に所属していた[66]――はデモクラシーと社会的自由の出発点としての自由貿易のこの物語からは完全に抹消されている。自由貿易こそが社会組織の自律を可能にし、それによって労働者が「尊重されるべき権利と重視されるべき権益」をもっているという認識が生じたのである、とホリオークは書いている。[67]

要するに、自由貿易は、富だけをもたらしたのではない。それは「自由の領域」を拡大したのであり、そのイメージはエドワード時代の選挙運動においてロイド・ジョージが多用することになる。[68] それは協同組合運動の存在意義と記憶の中核となった。穀物法撤廃が表すのは、「国民の進歩の始まり」であり、このとき協同組合、労働運動、友愛団体が、社会的自立、連帯、信頼の形成を開始したのである。「飢餓の四〇年代」は協同組合運動の成功物語に塗り替えられた。[69]

この見方にしたがえば、自由貿易と市民社会が手を携えて進んだことになるのは、自由貿易が国家と社会集団あるいは権益団体との間の距離を保証したからである。自由貿易は、土地貴族と高利貸しへの攻撃に結びつけられた。国家には、共同体の気風と福祉を表現したり増進したりすることは求められない。これは自治的な社会制度の仕事なのである。ホリオークは上記の見解を協同組合運動の中で幅広く反復された一つの定式においてきちんと表現している。協同組合は「誰の財産も奪わなかったし、儲けを追い求めなかった。……政治家に厄介もかけなかった……秩序を覆すこともなかった……便宜も求めなかったし、怠け者と関係をもたなかった、そして勤勉な者との信頼を裏切らなかった。つまり自助、自活なのである」。[70] 社会闘争ではなく、寛容と信頼を促進した。倹約組織と労働者階級の貯蓄の進展は、労働者階級の自助を促すという点で自由貿易の成功を証明するものと見なされたのである。[71]

女性（と三分の一の男性）がいまだ選挙権を欠いている時代に、自由貿易は以前ならば政治から排除されていたそのような集団にとって民主文化とのつながりを創り出したのである。一九〇三年十一月にマンチェスターの自由貿易会館にて、自由貿易の名の下で行われたこれまで「最大で最高のデモ」とされたもので、女性協同組合副会長であり、女性自由貿易連合の休みを知らない演説者であったベリー夫人は、満場の聴衆に向けて「協同組合と自由貿易は一緒にはじまり、そして揃って成功の歩みを進めてきた」と述べた。[72] 国家干渉の不在のために、多様な社会集団が独自の組織を進展させ、団体に最終的に市民権を与えることになる大衆受けする才能を獲得することができた。

協同組合員ロザリンド・ナッシュは、自由貿易を擁護するにあたり、協同組合員主婦としての立場からこの民主的な自己把握を捉えた。貧困家庭の苦しい家計を強調し、協同組合のパン屋と製粉所を賞賛した後、彼女はデモクラシーの問題に目を向ける。

協同こそが実際、生きたデモクラシーなのであり、経済的な実績とは別に、投票行為が求めるデモクラシーの性質の訓練場なのである。その性質とは、公平性、忍耐、自信、時と場所を心得た行動と判断を行う能力である。民主制国家にとってこの上なく価値ある運動とは、国民を構成する大衆にあらゆる経済的発展の分け前を少しでも保証して、政府と自治体のサービスを通して、そして貧困家庭の救済活動の拡充、生活の幅と質や国家が個人にもたらす品格の磨き上げの拡充ももちろん通して、継続的に生じる利益を充分還元する運動なのではないだろうか。[73]

協同組合は、女性を一斉に各々の家庭での孤立から公共生活へと引き出した。『アメリカのデモクラシー』にあるトクヴィルの有名なイメージを借りるならば、協同組合が「デモクラシーの育児所」なのであった。

共同体を強化し、資本主義を道徳化するに際しての協同組合の役割は、ジョン・スチュアート・ミルのような先進的なリベラルから、D・G・リッチーとL・T・ホブハウス（短期間自由貿易連合の幹事を務めた）のようなヴィクトリア時代末期からエドワード時代にかけて活動していた観念論者と「ニュー・リベラル」までの間をつなぐ目立つ線の一つである。有機体としての社会という学説に依拠した上記の尖鋭な思想家たちは、個人主義と自由放任のリベラリズムを、利己的、野蛮で、「現代の」学問、道徳、政治から外れていると攻撃した。個人と国家を対立する力と見なすことのない、この社会の有機的な捉え方はその自然な相互依存を強調した。協同組合と労働組合は、市民が互いへの義務に対する認識をより深める共同体と社会倫理の強い感覚を生じるにあたり欠かせない場となった。リッチーのように単に、個人間の競争が思想間の競争に代わったという考えもあった。疑念と階級対立は、社会調和に代わった。相互扶助が経済の基盤になったのだ。社会が利己的な競争の泥沼から、協同、信頼、道徳を基盤としたより高次の有機的共同体へと進化したという先進的な解釈が幅広い意味をもったのは、政治、そして政策に対してである。国家が安全と秩序を保証する夜警以上のものとなった。国家が経済に介入して、無駄を根絶したり、共同体全体の福祉と善徳を、たとえば累進課税、土地改革、産業公営化などを通じて増進したりすることができるのであり、もちろんそうすべきである。実際、多くのニュー・リベラルにとって、国家は無縁の存在ではなくなった。それは単に社会の政治的結合であり、共同体の枠組みなのだ[74]。

エドワード時代の社会改革に対する「ニュー・リベラル」の貢献として多くがなされた。それでも自由貿易支持のキャンペーン──特定の社会改革への煽動よりもはるかに幅広く大衆に浸透した──では、旧来の急進派とリベラル派の政治観が支配的でありつづけた。確かに、一九一〇年の人民予算をめぐる争いでは、社会改革が自由貿易に接ぎ木された。片方の手で子供たちに向けて安い砂糖をもち、もう片方の手で老夫婦に年金を掲げるアスキスの姿が、多色刷りのポスターに描かれた[75]。しかし自由貿易の主体は、ニュー・リベラリズムの基盤の上に立ってはいなかった。第一次世界大戦以前の大衆に浸透した自由貿易は、国家と社会の有機的な融合ではなく、国家から離れた社会集団という理想に依拠しつづけてきた。社会保険に関する政治においてさえ、自発的な連合体が、昔からの国家中心の制度設計よりも重要でありつづけたのだった。

ご婦人とお子さまへのお願い

自由貿易は政治的包摂の仮想空間を提供した──保護貿易の税金を排することによって主婦の権益を守るかたわらで、完全な市民権からは排除されていた人びとに用意されたある種の自由な市民の養成過程であった。しかし自由貿易運動に参加したすべての女性が、市民候補という役割に満足していたのではなかった。中流階級の女性たちは、すでにヴィクトリア時代初期の反穀物法同盟の有力な支援団体であり、布教団体よろしく資金調達のためのバザールやティーパーティーを組織し、戸別訪問して入会を募っていた。二千名の女性が、一八四五年、ロンドンのハノーヴァー・スクエアの部屋に集まった。彼女たちは、党派や商業の利害を超えて、「女性の勤め」という道徳と人道に関わる力を反穀物法同盟に付与する大きな役割を果したのである[76]。エドワード時代のキャンペーンにおいてさらに顕著な役割を演じることになる女性たちは、中流階級と上流階級だけでなく、労働者階級の支持をも恃み、演説会や講演会を組織し、草の根の組織作り、票集め、文書配りに助力を惜しまなかったのである。

一八三二年の第一次選挙法改正の後で流布した、「清純」で政治に無関心という自らのイメージをかなぐり捨てた女性たちは、市民としての認知を求めて、主婦であり納税する消費者である役割にいまや目覚めたのであった。関税の提案に他の集団よりも敏感に反応したのが、女性たちであった。当然反応したのは「買い物かごをもった女性」だからであると女性協同組合がその労働者階級の会員たちを想定したが、議論はあらゆる階級の女性にも拡がった。女性リベラル協会の運動戦略は、あらゆる集会において「選挙権のない女性の食品が課税されるという不公平に注意を喚起する」ことだった[77]。多くのリベラル派の女性たちにとっては、自由貿易支持は、女性参政権支持を伴うものであり、それを求めるものでさえあった。自由党は女性に参政権を付与することで力を得ようとしているとカロライン・トレヴェリアンは論じた[78]。女性はいかに保護貿易による税金が自分たちに影響を与えるのかをよく理解しているのである。女性は「国民全体の主婦」である[79]。女性は「財務大臣」であるとは、女性国民リベラル協会の一九〇九年の年次大会での言である[80]。「これほどまでに女性に訴えかけた選挙がなかったのは、女性たちがいつも買物をしている国民だからである」とレディ・ノーマンは、一九一〇年一月の総選挙期間中、南ウルヴァーハンプトンの聴衆に語った。男たちは「稼ぎ手といわれますが、得てくるのはパンではありません。男性方が得た金と銀のかけらを、女性がその勤めとして食品、燃料、衣服に換えるのでありまして、このすべてが家庭の幸福を形作っているのです[81]」。

家庭と家族生活が自由貿易と関税改革の象徴的な戦場として浮上した。しかしながら、一つならずの政党が家庭の崩壊の怖れを巧みに活用した。関税改革論者は、自由貿易以後に残った「貧困、飢渇、不潔」に根ざした漫画、ポスター、芝居を全面展開し、がらんとした部屋で独り不在の夫のシャツを蠟燭の灯の下で繕う疲れ果てた女性の姿を示した（図2参照[82]）。

女性による演劇で関税改革論者が芝居にしたのは「家なし娘」、「職人嬢」、夫が失業と国外移住に直面している「農夫夫人」の苦境であり、「貿易を全部自由にさせて自分がお金持ちになるから」と言って友人「自由貿易嬢」への愛を告白

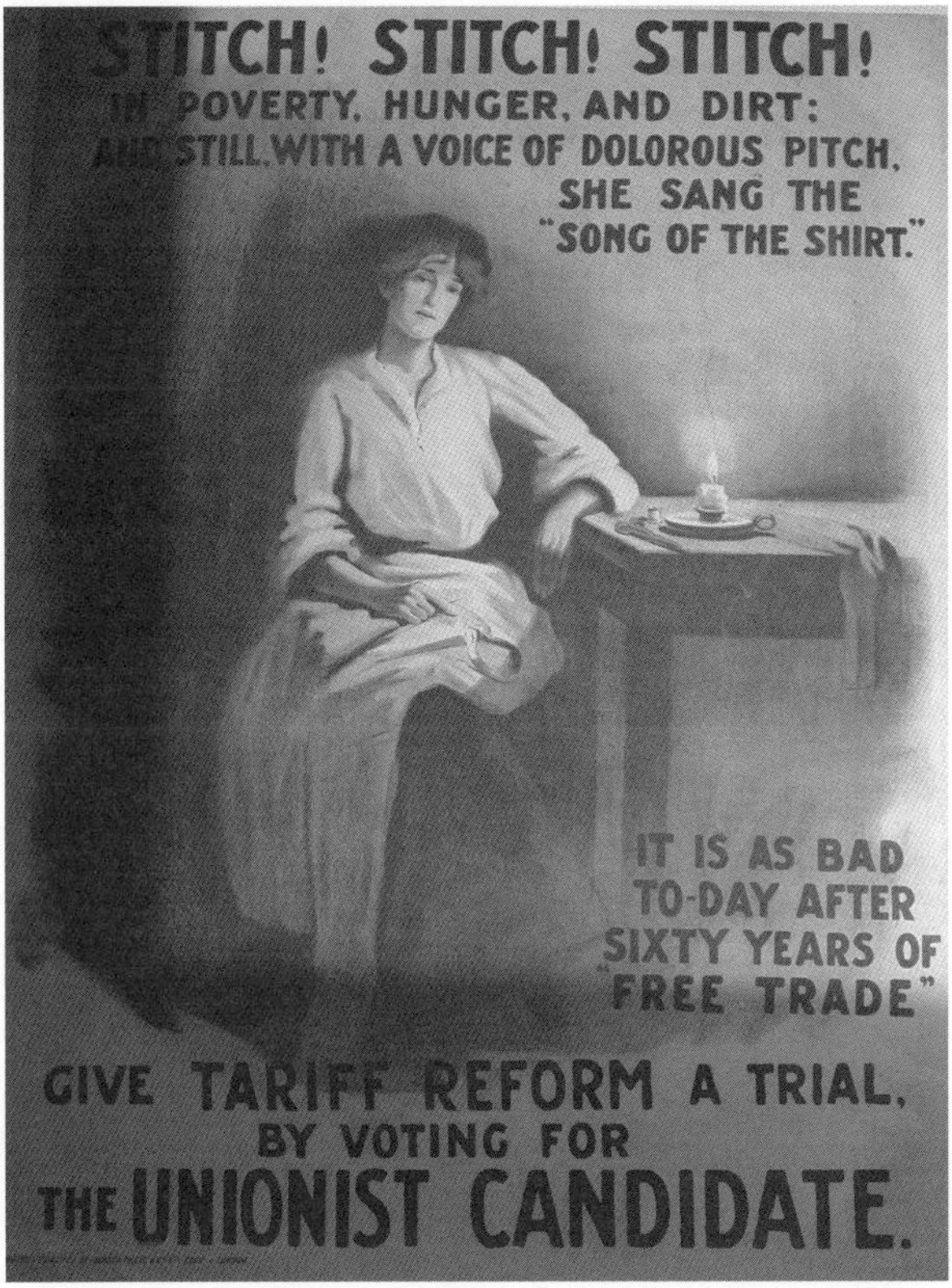

図2　「飢餓の40年代」と自由貿易の下での進歩という神話に関税改革は立ち向かった。保守陣営のポスター、1905年頃。

するドイツ人「外人娘」の悪影響からいかに彼女たちがブリタニアを救ったのかの経緯である。[83] 大衆保守主義のあからさまに男性中心の文化を考えれば、甲斐性なし、つまり一人前の男として家族を養う男性の能力の喪失が、保護貿易のプロパガンダで主要なテーマとなったのも頷ける。[84] 安価な輸入品の犠牲となった、ぼろぼろの靴とシャツのイギリスの労働者が、何もない台所のテーブルで泣いている妻と子供たちに絶望をもたらす「門戸開放」の通風を感じている姿がポスターに描かれている（口絵2）[85]。関税改革は打ち拉がれたイギリスの労働者の背筋を伸ばしてくれるのであり、そこにはパイプも、出勤を見送ってくれる陽気な妻と子供も欠けてはいないのだ。[86] 一方での資本と労働力の輸出に対する保護貿易側の警告と、もう一方での劣った人材である外国人の流入の脅威が、否応なく男性労働者を舞台の中央に据えた。「われわれが

TO THE WORKING MEN OF ENGLAND.
THE MAN WE IMPORT.
THE MAN WE EXPORT.

図３　「自由貿易はイギリス国民の民族としての強さを減損する」。保護貿易側の漫画、1904年。

輸入する男」と「われわれが輸出する男」の対比が反ユダヤ主義を利用する一方で、同時にイギリス人の尊厳と慈愛の感覚に訴えたのである（図３）。「国籍を問わず、苦しんでいる人はつねに助けてあげなければならない」と付記された文章には書かれている。しかし「不公正な外国との競争」は失業、賃金低下、国外移住に結びつくのだ。[87] 鮮烈な赤色の「妻の訴え」を記したポスターもある（口絵３）。関税改革を支持して国内の男の仕事を守ろうと有権者に呼びかけたポスターでは、ジョン・ブルが、自由貿易の廃墟となったイギリスを離れて、生き生きとした活況に沸く新世界に向かう大西洋横断船をなすすべなく見送っている。

　ヴィクトリア時代初期においては、両者の役割は逆だったのであり、反穀物法同盟が、中流階級女性に対して、関税こそが家族をばらばらに引き裂くと警告していた。関税によって「夫は不安と苦悩を抱え込み、息子や兄弟はオーストラリアやカナダに行かざるをえなくなる」。家庭内領域の状況は、長いあいだ文明とキリスト教徒としての生活の指標でありつづけてきた。安定した家族生活は市民社会の基礎であり、社会生活の自由への言及は関税によって絶望に追い込まれた家族という対照的なイメージと難なく結びついていた。家族の地位と体面を脅かすものとして、「家庭教師やお針子」として娘が働きに出たり、「毎日の家庭生活の快適さを深く損なう苦しく悩ましげな節約」を妻が行わざるをえなかったりする以上のことはない(88)。

エドワード時代までに、中流階級の体面に関わるこのような初期の自由貿易側による憂慮は、文明が尽きる果てで生活する貧困家庭の極度に悲惨なイメージに置き換わっていた。贅沢品ではなく「必需品」が中心に据えられて象徴となったのは、安価なパンと砂糖であり、社会の中での最弱者集団にとってのこれらの確保である。つまり貧しい女性と子供にとってである。頬がこけてげっそりやつれた母親が赤ん坊とパンのひとかけらを手にしている図像は、時に裕福な高利貸しや貴族と直接対比されて、自由貿易側の社会的不正の表象として常套となっており、まさにそのようなロバート・モーリーの「飢餓の四〇年代」の描写は、国民リベラル・クラブの第一等を獲得した（口絵4）(89)。リベラル陣営の活動家にとって「保護貿易の古きよき時代」の回想はとりわけ母親と子供の苦痛を生々しく蘇らせるものであった。「この不如意状態を読むたびに、パンを求める子供たちの叫びとそれを与えることのできない母親のうめきを耳にするような心地がする」とベリー夫人は一九〇四年にリベラル派の女性の集会で語った(90)。

「土曜日の夜」という戯曲では、二つの家族が「関税改革の夢」を経験する――これは「気が利いていて娯楽性も高い」一幕物の芝居であり、お決まりの講演と歌が続いた後では「聴衆の大好評を博した」。食卓には紅茶とケーキがあり、陽気な子供たちが笑いさざめいている幸福な職人の家庭はもはやない。代わりにジェーンという石工の妻は質素な服でやつれ果てており、財布は空なので子供たちに新しいブーツを買ってあげることもできない。関税は結婚と家族生活に直接の脅威を与えた。彼女の友人、ジョージとミリーはそれぞれ男性服飾品商人と女性服仕立職人で、愛しあっており、自由貿易下では商売が繁盛していたが、関税改革の下では一転悲しげで苦しんでいる。食品価格の上昇は、顧客がジョージの店でカラーやレースを買う余裕がないということを意味するのだった。二人の結婚の計画は崩れ去る(91)。

すべての子供たちは関税改革の犠牲であり、貧困家庭だけでなく暮らし向きがよい家庭もそうであった。保守派の男たちが藪の中で、きちんとした服装の赤頭巾ちゃんを待ち伏せして、彼女の靴、服、パンに課税しようとしている様子を描いた多色刷りポスターがある（口絵5）。しかしとりわけ保守派は、貧困層が手に入れることのできる数少ない愉しみに税をかけようとしていると『レノルズ』においてある運動指導者が指摘した。「スラム街の子供がパンに塗る糖蜜に税がかけられようとしている」[92]。リベラル派は一八七五年に砂糖税を廃止した。一九〇一年に保守派が砂糖税を復活する時までに、一人当たり年間九〇ポンドもの砂糖を消費していた――フランス人やドイツ人の三倍の量である。この消費者権益団体には、製菓産業の砂糖消費工場も含まれる。砂糖はゆりかごから墓場まで万人の必需品となっていた。それは「優良な栄養食品」であり、とくに牛乳を手に入れることができない家族にとって「もっとも大切な代替物」である[93]。「乳児の最初の悦びであり、老人の最後の慰めなのである」と砂糖税反対者は強調した[94]。「二日酔い」という典型的なリベラル派のリーフレットでは、値上がりで菓子が与えられず泣き騒ぐ子供たちを罵倒するジョン・ブルをにらむブル夫人が描かれた。孤児にはまったく頓着せずに、砂糖税を上げようとする保守派を容赦なく描き出す図像もある[95]。

国民適性と栄養不足の児童についての懸念が高まった時期に、自由貿易は、学校給食と母子保護をもっと幅広く提供することで、家族と子供の生活を整備改善するより一般的なリベラルな計画に取り組んだのである。「貧困」は、ヴィクトリア時代末期の社会改革家にとって自己存在証明に関わる計画としてはっきりと魅力的に映るようになっていた。それは慈善快楽主義の新たな形態を示したのであり、抑圧された性的欲望の捌け口にさえなっていた。慈善は「ある種の情念」であるとアメリカの小説家ヘンリー・ジェイムズは的確に述べている[96]。文明の周縁かまったくそれを超えた場所に生息する異国の蛮族のように貧困層を見なす社会がここにある。スラム街の生活に取材したあまたの物語と調査記録が呈示したのが、「老いも若きもほとんど裸族のような恐るべき光景」であり、その貧困と堕落は彼らを社会生活から遠ざけている[97]。「イースト・ロンドンで飢えた子供たちを見て、その十万人の児童が空腹のまま朝の授業に行くことを思った上で、課税が正当な処置とするのはねじ曲がった判断ではなかろうか」と一人のリベラルは問いかけた[98]。

このような不安は、調査者と改革家の大人だけでなく、子供たちの想像力をも捉えた。一九七〇年代初めにあるオーラル・ヒストリー調査の企画があって、生き残りのエドワード時代人たちが調査を受けた。この記録から得られるのは、自由貿易が子供たちに、その選挙時の興奮に与えた衝撃の感覚、日常生活での政治への参加であり、自由貿易が子供たちの記憶に残した痕跡である。エリザベス・イードは、当時およそ十歳で、オックスフォードシャーの貧困家庭の七人兄弟姉妹の第四子であった。「わたしは大柄な女子だった」と彼女は七〇年後に回想した。彼女が知りたかったのは「自由貿易と保護貿易が一体何なのかということで、学校である女の子が言ったのは、自分はどちらかと言うとトーリーが嫌い、彼らは食べ物が、おいしい食べ物が買えるから、ということ。そして、わたしたち貧しい人たちには、高すぎるから、自由貿易になれば、カラントやサルタナ・レーズンが安く手に入るのよとその女の子が言ったわ[99]」。この二人の少女は、フック・ノートンにいっさんに駈けていって、選挙結果を知ると、大声を上げて喜んだ。

食品への課税は国民を文明から野蛮と社会騒擾へと押しやることになる。自由貿易支持者が強く信じていたのは、穀物税が浮浪者数と窃盗件数の増加を招いたということだったが、これはかなり問題含みの短絡であり、経済学者W・J・アシュレイのような関税改革の専門家から当時強く否定された[100]。これが勇み足ではあれ、問題であるのは、自由貿易支持者が、関税がたとえ穏当なものであっても、社会の絆を断ち切ることについて強固な、強迫的でさえある見解を保持していた点である。保護貿易は家庭生活、道徳、市民社会の基礎を掘り崩してしまう。聖書の参照、キリスト教徒の祈り、とくに「主の祈り」と「山上の垂訓」が、国教会教徒と非国教会教徒の双方の共感を呼んだ。党派的な政治問題というよりも道徳問題として、このようにして自由貿易は支持の分厚さを増していったのだった。リンカーン主教が、名前だけは自由党寄りであったが自由貿易連合に喜んで加わった。「私は党派的な目的を公然と示すいかなる団体にも組合にも加わろうとは思わないが、道徳上、社会上、何が重要なのかの問題について立場を明らかにする義務があると思っている。……貧者のパンに税金をかけようとするのは道徳的にも社会的も間違っている[101]」。

政治の清潔さ

私人の利得は公共の恩恵――一八世紀初めのマンディヴィルの『蜂の寓話』から今日にいたるまで、リベラルな伝統においては、市場の見えない手によって、個人の動機はいかなるものであろうとも、私的な利得が公共の恩恵をもたらすと論じられてきた。戦前期における自由貿易の擁護が拠って立っていたのは、個人の道徳と公共の道徳とが互いに強め合うというまた一つ別の世界観であった。この観点にしたがえば、自由貿易は、私的なものと公的なものとの間の境界を保持したということになる。それは国家の力を私的な家庭から変わらず遠ざけていた。「強盗を許すな」という叫びが印刷されたあるリベラル派のポスターでは、関税改革の手が窓越しに伸びて家庭の戸棚から食品を奪おうとしている（口絵6）[102]。自由貿易もまた私的な利得から政府を遠ざけ、「政治の清潔さ」を保っていた。当時有数の憲法学者であったA・V・ダイシーにとって、「保護貿易の最悪の危険」はまさにそれが「公共の利得と私人の利得の混同を招く」点にあった[103]。自由貿易は、理想化されているとしても互いに好都合な取り決めを設定していた。つまり政治が商業から除かれ、商業は政治から除かれるのであった。

抽象的な世界にあっては、「全知全能を備えた政府」が関税を公共の恩恵のために用いるというような特殊な状況を思い描くことができるのかもしれないが、現実の世界においては、関税はつねに政治を腐敗させた[104]。貿易理論だけではなく、このような政治の把握が、A・C・ピグー、エドウィン・カナン、F・Y・エッジワースといった卓越した経済学者の一団を創り出したのであり、エッジワースが一九〇三年八月に国民に対して警告を発した対象は「保護貿易がもちこもうとしている悪である――これは政治における清潔さの喪失、汚職と腐敗にまみれた権力を行使する人びとに与えられる不公正な特権であり、『邪悪な権益』の伸張である」[105]。

しかし自由貿易は、関税の腐敗した影響力を回避する以上のことを行った。その無私と公平が積極的に、個人の道徳と公共の道徳を養成したのである。ベリー夫人はリベラル派の女性たちに語る。「国民の偉大さはその資産によるのではなく、健康な身体、健全な精神、人民の清潔な道徳によるのです」。以上を高めるのに大きな力を尽くした自由貿易のために、「イングランドの男性と女性は、他国と比較して自国の政治とその清潔さに誇りをもっているのです」[106]。

関税という挑戦は、流動状態にある政治制度の中枢神経を直撃した。有権者層は、一八六七年と一八八四年の選挙法改正を受けて大幅に拡大し、大半の都市と地方の労働者を含むようになっていた。全男性の三分の二以上が選挙権をもっていた。自由党や保守党といった古くからある政党は、中央集権化へと向かい、「党議員総会《コーカス》」を設置した。国民リベラル連盟は一八七七年に誕生した。労働党のような新党が地平上に出現した。メディア、組織、金集め——これらのすべての力が政治において重要性を増していた。中央の党組織による地方の掌握は完全からはほど遠かったが、高まる中央の力は確かに不安を高めていた。

選挙制度と政治体制の個別の違いはあったとしても、ヨーロッパとアメリカを通して、これまで以上に都市化、産業化が進み、移動性が高まった社会によって特徴づけられる現代における政治の変質に関する自己分析が行われていた。アングロ＝サクソン流のリベラルな政治のモデルは、現代の大衆社会に通用するのだろうか。政党組織の強化が必然的に意味するのは、選挙民に対する代議士の支配とも捉えられる——ドイツの社会学者ロベルト・ミヒェルスの言葉によれば「寡頭体制による鉄の支配」である。イギリス自由党の幹部でもあった歴史家ジェイムズ・ブライスにとっては、政党は新たな社会集団と新たな権益の代表を可能にする必要悪であった。一八八〇年代と一八九〇年代のイギリスとアメリカ合衆国の政治の動向を直接観察していたロシア人モイセイ・オストロゴルスキーは、「政治における個性の縮減と形式主義の拡大」というもっとも有名な説明として残っている言葉を残した。人びとは民主制の状態へと解放されたところで、ただちに奴隷になり、党議員総会、党幹部、黒幕、煽動者に操られているのではないか。中流階級は

臆病なため大衆に向き合うことができず、管理装置を使って間接操作することを好む。大衆には単純な真実を見せずに、自己愛と虚栄心の満足というエサのみを提供することで、中流階級は、その最良の部分の大半に無力感と嫌悪感を与え、独立労働党の偏狭だけれども素朴な狂信に、ユートピア商売人と集団主義煽動屋の乱雑な思想に身を投じるまでにさせるのだ。[107]

理性に基づくリベラルな政治は、狂信と無力の混合の犠牲になったように思われる。

もちろん誰もがこのような悲観的な説明に同意したわけではなかった。グレイアム・ウォーラスのようなリベラルな知

識人は、合理的な個人が合理的なデモクラシーを可能にするというようなことはかつてなかったとか、あるいは現代における民衆は、ギュスターヴ・ル・ボンがその大衆心理学の理論において示したように、指導者によって容易に操作されるような群れの意識の下層に溶け込んでいるとかいった説を排した。政党は感情と忠誠心を涵養するとウォーラスは論じた。政治は「自由理性」といった時代遅れの考えを追い求めるのではなく、人間本性が備えている感情面を認識するならば、もっとうまくいくのである。[108]

チェンバレンと関税改革は、このような市民生活の崩壊をめぐって増大していた恐怖の避雷針となった。自由党政府の地方自治庁長官で閣僚ポストに就いた最初の労働者でもあるジョン・バーンズは、一九〇九年にリベラルな『デイリー・ニューズ』のガーディナーと「真剣な会話」を交わした。彼が嘆いたのは「市民生活の低俗化、貴族のアメリカ化、政治の即物化」であった。[109] 同様にヒュー・セシルのような年配の保守党政治家にとって、特定の問題ではなく関税改革論者の「政治に向き合う態度全体が許せなかった」――煽動宣伝、見世物政治、地方選挙区の軽視。[110] マーガレット・サッチャーの登場まで、この精力的で雄弁なリベラル・ユニオニストの指導者ジョゼフ・チェンバレンほど、熱狂と憎悪という両極端が入り交じった反応を招いたイギリス政治家は絶えて現れなかった。スクリュー製造業者からバーミンガム市長へ、そして植民地大臣へといったチェンバレンの立身が新しい政治のスタイルを象徴していた。髭を生やした急進派の時代に、彼は無髭の若々しい容貌をもちこんだのである。そして彼の本拠地バーミンガムから、個人組織の基礎と支持者大衆を築き上げた。かつてないメディア露出の対象として、チェンバレンは拡大する政治の大衆市場における有名人となり、この現象は片眼鏡をかけボタンホールに蘭を付けたその特徴的な姿を印刷したエドワード時代の無数の絵はがきに見事に反映されている。

支持者にとっては、「ジョー親父」はイギリスがかつて持ちえた最高の政治家だった。敵にとっては、民衆煽動家で誇大妄想狂という危険な新種の最悪の例だった。チェンバレンは、一八八六年にアイルランド自治法案をめぐって決裂するまでグラッドストン率いる自由党と行を共にしていた。彼は自身のリベラル・ユニオニストとしての権力基盤を拡げようとして、保守党との連立を選んだため、深い傷を負い、いかがわしいイメージを得ることになった。彼は「狂信的な山師だ」と言ったのは若きジョン・メイナード・ケインズで、彼はケンブリッジ自由貿易連合の幹事として財政論議のあいだ政治の洗礼を受けたのだった。[111] 自由党のロバート・スペンサーは、「J・チェンバレンの演説の調子が呈する胡散臭さと低俗さには本当にうんざり」して、「国民生活の堕落」について心配することになっていた。[112] チェンバレンの政治の全体のスタイルは、生活の水準を低下させた——「愛国主義そのものよりもさらに致命的な悪だ」とキャンベル＝バナマンが感じたのは、それが「効果において常習性があった」からだった。[113]「三エーカーと一頭の牛」という以前のラディカルな土地改革計画にしても、金を産出するトランスヴァール共和国とオレンジ自由国の併合にしても、今また関税改革の下での雇用の増加の約束にしても、いつも変わらぬチェンバレンであった。彼は「卑俗、強欲、その他下劣な俗情につけこむのだ……そして愚者の愚昧と悪人の悪徳を利用して、健全、賢明、冷静な人びとを圧倒するのである[114]」。

企業家としての前歴はプラスにはならなかった。地方出身の成り上がりと見られただけではなく、新しい企業家のスタイルで政治を浸食しているのではないかと思われたのである。一八六〇年代末期以降の自由党政府の閣僚の長い系譜を振り返ったショウ・ルフェーヴルは、チェンバレンが「中央政界にはまったく不向きだということは明らかだ」とボーア戦争のまっただ中に記した。「スクリュー製造業で競争相手を出し抜いて独占を確立したのと同じやり口でゲームを続けているのである。チェンバレンには言葉の綾というものがない[115]」。

チェンバレンがボーア戦争直後に関税改革に取り組んだことで、戦争、保護貿易主義、寡頭体制の間には必然的なつながりがあるとする急進派による積年の分析が当たっていたことになる。戦争の続行で行わざるをえない増税を、指導者層は庶民に押しつけるのである。保護貿易主義と帝国主義は、反動と独占の党の自然な反応である。このようなラディカルな診断を当時行って広く読まれたのは、ジャーナリストであったJ・A・ホブソンの『帝国主義』であり、そこで彼はボーア戦争を招いた、財政への配慮、愛国主義の報道、帝国主義政策の間のつながりを明るみに出している。当時チェンバレンは、一八九五年のトランスヴァールでの戦争の幕を切って落とした侵攻の出発点となった基地をセシル・ローズの配下に提供したのではないかという疑いを広く（正当にも）もたれていた。今度は、関税改革運動が、海外での帝国主義侵略に対する国内での自動的な続編として現れたのである。保護貿易と老齢年金を組み合わせた提供が、愛国主義に買収を混ぜ合わせた。ハロルド・コックスがすべての自由貿易支持者に語りかけて、開かれた真摯な討論の代わりに「公約を行うことで選挙民を腐敗させ、恥知らずな買収によって選挙区を堕落させる政治屋の陰謀」を導き入れるのが関税改革なのだと警戒を呼びかけた[116]。要するに、チェンバレンは、政治という高貴なる技芸を、階級と社会経済的利権の容赦ない奪い合いに化す危険を帯びているのである。

関税改革はまた（交渉関税などの）課税案件の統括を庶民院から政府に移すことで行政と下院の間の権力の均衡を揺るがせるものだった。しかしながら、一九〇三年段階で政府内もしくはバルフォア内閣の閣内に多くの支持を獲得できなかったチェンバレンの失敗を、強い保護貿易国家と弱い自由貿易国家という見解の間の単純な衝突と見るのは間違っている。むしろそれは、何が強い国家であるのかをめぐる多様な捉え方の間の衝突だったのである。その一方には、自由貿易に対するグラッドストン的見解と均衡予算を堅持する財務省があった。その幹部にとっては、財務省は国家の守護者であり、国民の目にその権威が公平、公正、適正なものとして映っていることから力を得ているのだった。自由貿易は国家権力を制限すると同時に、それはまた私益によって国家が乗っ取られることを防ぎ、腐敗の生じる余地をなくし、税金の使途を明確化することによって、できるかぎり実効的であることを保証するものだった。この見方にしたがえば、自由貿易は統治者と被統治者の間の信頼にとって欠かせないものとなる。余剰が欠損と同様に危険なものであるのは、「無駄な支出への大いなる誘惑」を生じるからである[117]。課税の第一目的が収入の底上げでなければならないというのが大原則である。他のいかなる税制も、権益団体が国家からさらに大きなものを引き出そうとする雪崩現象を発生させるだろう。一九〇二年の穀物税の際に当初そうしたように、財務省が新しい課税を支持するのは、それが道徳的規律の枠組みでもあるからだ。国民は戦費について考える必要がある[118]。チェンバレンが穀物税を植民地特恵の制度へと拡大する提案を行うと、財務省はその立場を頑として譲らず、税の撤廃を貫徹した。

関税改革は、国家の及ぶ範囲と揮う権力の拡大を狙う政府と官邸の集団においても大した支持を得ることはできなかった。アーサー・バルフォア首相にとって、国家とは、その時に生きている個人の集積よりも大きな何ものかであった。国家の権益は資産の創造を超えており、もはや自由貿易という不変の原則への固執によって適切に支えられるものではなくなっている[119]。外務省と商務省では、ランズダウン卿と首相の弟ジェラルド・バルフォアが財政改革を好意的に眺めており、チェンバレンの辞任後もそれを変えなかった。適度な収入関税は、歳入増加以外の目的で課税を行う権力と自由を政府に取り戻すに違いない。それによって行政による外務と商務への介入の余地を拡げ、報復いわば反ダンピング政策を可能にすることだろう。財務省幹部とは異なり、関税庁上層部は一三〇〇万ポンドまで税収基盤を拡大する計画実現に腐心しており、イギリスの食料自給力を高め、植民地特恵を与える小規模な食品税と贅沢品に対する民主的な税として絹布税を構想していた[120]。

チェンバレンの計画に伴う問題は、それが政府を強化するのではなく、弱体化する怖れがある点であった。一般関税導入は、庶民院が党派権益と内部抗争で収拾がつかなくなることを意味する。政府内はロビー団体で溢れかえり、策定した案の遂行に困難が生じるだろう。ドイツでは一九〇四年に新たな関税を成立させるに際して国会の会期をまるまる費やすことになり、その成立も議会のクーデタに近い手法で果たされたのだとジェラルド・バルフォアは指摘した[121]。

最終的にチェンバレンの関税改革とランズダウンおよびバルフォア兄弟との間を隔てる溝を作り出したのは、特殊な権益の保護という点であった。昔からの自由貿易の原理を見直す必要があることについてはランズダウンも賛成した。「状況が許すかぎり、外国との良好な関係を保ち、われらが植民地を満足させたいし、新たな財源を確保したい。しかしそれは高率の関税を全面的に導入することではないし、労働者階級を腐敗させる新税導入の過程を用いて急進派を出し抜く試みを行うことでもない[122]」。産業の保護と、社会的公正と国家的正統への配慮の間の調整をつけることは不可能であったのだ。一九〇五年十一月、辞任一ヵ月前にアーサー・バルフォアはもう一度なぜかを明言した。歳入が増大したとしても、産業関税は製造業者を利する代わりに、たとえば農作物購入者を犠牲にする。もちろん政府としては関税を導入する過程で税率を軽減することができればよいのだが、これは「社会の各々の階級を見返りで買収するジョー〔チェンバレン〕のやり口に近いもの」になってしまう[123]。彼にはその道を行くつもりはなかった。

自由貿易と清潔な政治の重なりは、財産と我欲に対抗するより一般的な道徳的聖戦につながった。これが最近では自由貿易政策と物質主義と企業権益のつながりになってきているのだとすると、両義的にして反物質主義的でさえあるエドワード時代の自由貿易の資産に対する自己認識は驚きを誘うかもしれない。自由党の指導者キャンベル＝バナマンによれば「万事に関してわれわれには三つの大敵がいる。一つ目は、国民全体と個人の双方における物質的繁栄への専心、二つ目は、あらゆる形態のスポーツとギャンブルの愛好、三つ目は無気力」[124]。保護貿易主義は、三つすべてを悪化させるのである――国民の自己利益に訴えかけ、関税交渉を通じて国益の問題にある種のギャンブル精神を持ち込み、そうして社会生活からの乖離を加速するのである。

チェンバレンとの戦闘において、自由貿易支持者は、道徳的に高い場所を占めることに成功し、代わって保護貿易推進者にそのイメージが付着することになった利己的な物質主義とのつながりから身をかわすことができたのだった。チェンバレンの関税提案は「人間の利己心への怪しげな見境ない訴えかけ」であるとウェールズ出身の急進派の新星ロイド・ジョージが一九〇四年に新改革クラブの面々に語り、満場の喝采を浴びた。「チェンバレン氏は普遍的横領の原理で社会を再編することを提案しています。時代を捉えているようにみえる強欲の精神を、選挙目的で煽り立てている。……チェンバレン氏のスローガンはこうです。『自由はどうでもいい！　強欲王万歳！』」[125]　一九〇三年一二月に反保護貿易人民同盟が設立された時、自由貿易の民主的な雰囲気は、関税改革を支持する「パークレーンの大富豪」と「理事会を操る黒幕」という典型とわかりやすく対比されていた[126]。

対照的に、自由貿易は、商業社会における物質主義が帯びる潜在的な過剰傾向を穏やかに是正する力として機能した。それは、倹約、自立、市民精神を促進したのである。競争は、国民所得だけでなく、自立した市民の道徳性をも高めた。自由貿易支持者の説明によれば、「競争がわれわれの利己心に対して、蒸気に対する蒸気機関の自動制御装置のように機能して、それを絶えず変動する社会の要請に応じて規制する。制御装置（競争）を取り除くならば、蒸気（利己心）はたちまち身体としての政治体に衝撃を与えて粉々にするだろう」[127]。規制を欠いた利己心は、狂乱を突き動かす力である。それゆえ関税は社会における窃盗と蛮人の要素を増大する。不況の産業と貧民にとっては、アヘンのように中毒性と依存性をもつだろう。ロイド・ジョージによれば、国民全体を乞食にするのだ。「本物の政策は、手を引いて導いた上で自由を与え、背筋を伸ばしてまっすぐ歩くようにすること、つまり乞食ではなく、一人前の人間にすることである」[128]。関税はまた快楽三昧のライフスタイルを助長するというのが穏やかならぬ論点であったのは、たとえば保守党のロバート・セシルのような政治家は、「夜遊び」と「怠惰」を外国との競争よりもはるかに大きな国民への危険と見なしていたからだ。[129]

国際レベルでもまた、自由貿易は、貪欲と搾取ではなく、調和を促進すると考えられた。優しい恵みとしての商業という一八世紀流の捉え方を受け継いだ自由貿易支持者は、貿易が偏見と憎悪を和らげて、より平和的で市民にふさわしい行為を導き入れると論じた。啓蒙主義の思想家たちが、市民的交流の雰囲気を広める平和的人物像としての商人に主に注目した一方で、この時代のリベラル派は社会体制全体において機能する市民養成の力を見据えていた。穀物法に反対するヴィクトリア時代初期の運動によって表された世界は、「神の手で多様化され、各々の土がその生産物を、各々の地がその用途を有している」ため、人びとは互いに交易するのであった。[130] エドワード時代人は、この神の計画におけるイギリスの特殊な役割にとどまりつづけた。一九〇三年アバディーンでの大規模デモにおいて、ロイド・ジョージは語った。「イギリス人の使命は、われわれの国民市場を通して、協調の殿堂へとすべての国が足を踏み入れる道を開くことです」。反対に、チェンバレンの関税提案は、「邪悪な感情の昂り」であり、「国際社会に嫉妬、憤慨、羨望、激怒、貪欲」を掻き立てる。[131]

保護貿易のアメリカにおける過剰な物質主義と国民生活の堕落に直接触れることによって、この道徳的メッセージが強化された。大衆志向の急進派はリベラル派の実業家と組んでアメリカの富による悪徳を糾弾した。チェンバレンの妻メアリーはアメリカ人であり、彼女の母方は、ボストン・ブラーミンに属するピーボディ家とモルガン家といった銀行家一族とつながっていた。アメリカは、関税によって歯止めのない物質主義が自ずと生じることの証拠であった。自由貿易制度における実質利益と社会的不平等については視界から消えていた。アメリカの高い生活水準もまた視野に入っていなかった。

自由貿易は多くの場合、昔の文化からの決定的な断絶で、「道徳経済」を「近代的な」市場経済学に置き換えるものと見なされてきた。[132] 実際には、昔の道徳重視の伝統に新たな生の猶予を与えたのである。自由貿易支持者は、正当な利益という考え方を喚起した。関税改革主義者に問題があるのは、彼らが「経常利益」に満足していないということである。一九〇四年にスコットランドのパースで、ロイド・ジョージは群衆に次のように語った。「彼らは大富豪になろうとしているのです[133]」。アメリカの高利貸し一族、ロックフェラーとカーネギーは、いまや悪人としての先達である土地所有貴族に肩を並べている。搾取と不平等は、間違った財政政策から生じるのであって、商業そのものからではない。アメリカは、組織化された資本主義権益集団によって運営される新種の「金融政治」の見本市のようになっていた。それ自体関税が自動的に産み落とした企業合同と企業同盟の結果として公共道徳と統治の失墜が生じたとされた。J・A・ホブソンのような少数の自由貿易支持者が、資本主義組織の新たな形態を単に関税政策に遡って跡づけることに反対し、それらの組織は競争から合同へのより幅広い移行の一部であると指摘した。たとえば、スタンダード石油株式会社やカーネギー鉄鋼株式会社の場合において、金融業者がその支配力を交通と工業に拡大することができたのは鉄道のおかげであった[134]。しかしそのような声は孤立しており、関税を「企業合同の産みの母親」で「独占の育ての母親」とする大合唱に掻き消されてしまった[135]。

総選挙中の漫画と幻燈スライドには、目隠しされたジョン・ブルが、海に突き出た「保護貿易」という板の上を歩かされて、一方で足下の海には「独占」鮫がぐるぐる泳いでいるというものがある[136]。有権者に配られたリーフレットには「アメリカからの声」、アメリカの知事たちからの短い報告が掲載されていて、そこには「自由貿易は企業合同からの自由を意味する」という確信が記されていた――これはチェンバレンの弟アーサーの立場でもあったので、関税改革論者は大いに困惑した[137]。『スペクテイター』の編集人セント・ルー・ストレイチーが在カナダのグレイ伯爵から定期的に受け取っていた最新記事には、いかに保護貿易がアメリカ合衆国の共和党を「傲岸な大資産の誇示と恥を知らない政治的腐敗」で汚してきたのかが記されてあった[138]。この大共和国には、ヒュー・ベルに訴えかけるものは何一つなかった。「大富豪の群れなどいらない。……何が何でも富を追い求める国民など願い下げだ」との言葉は、貧しい自由貿易支持者のものではまさになかったのである[139]。

一九〇八年八月にロンドンで開催された国際自由貿易会議においてアメリカの関税の悪影響について、ニューヨーク市民フランクリン・パースが印象的な話を伝えた。その後彼はユニオニスト自由貿易派のクラブをいくつも回った。自由貿易支持者たちは、いかにアメリカの関税法がトラスト、「寄生者」、腐敗の跋扈に帰結したのかに関する彼の報告を重視した。クローマー卿は、パースの報告が全イギリス国民に読まれることを願い、それは大衆向けプロパガンダに広く引用された。関税のために、倹約、正直、勤勉といった「平凡な美徳」が時代遅れになってしまったとパースは論じた。「狂騒、投機、無節操の精神」がアメリカの若者を蝕んでいる。[140] 利己的な思惑が政府を捉えてしまっている。ストレイチーにとって、アメリカは「物質主義の誘惑がもたらす致命的な危険」の証明であった。[141]

このようなアメリカ物質主義叩きが何ら異常なものでもないのは、二〇世紀における反アメリカニズムのグローバルな展開が繰り返し示してきたことだからである。興味を惹くのは、この批判が発せられたのが、社会主義陣営でもナショナリズム陣営でもなく、また世界経済の周縁からでもなく、大帝国でありグローバル経済の中心だったところからという点である。アメリカ資本主義批判は自由貿易に人間の顔を付与した。アメリカ資本主義は、大財産、社会的不平等、帝国主義的搾取をもたらすというそれ自体の役割を偽装してきた。アメリカ資本主義があったからこそ、社会改革家で婦人参政権活動家であったパトリック＝ローレンスが「自由な男女を資本主義の支配下にさらに確実に置く」大きな陰謀の一部として関税改革を攻撃することが可能となった。[142] 植民地からの声を付け加えるならば、後にインド国民会議総裁になるブップエンドラナス・バスーが、一九一一年のコブデン・クラブ年次晩餐会席上でインドを忘れないでいてくれたことを感謝した。「資本家階級に属するのではないわれわれは、アメリカが大資本家たちによって搾取されるのと同じようにインドが搾取されることを望みません」[143]。繊維産業がずっと自由貿易に破壊されてきた植民地から発せられた異例の応援だった。

アメリカの富と腐敗の物語ということになれば、ユニオニスト自由貿易派がとくに熱心な聴衆であった。一九〇三年秋にバルフォアが政権を去ったのち、デヴォンシャー公爵とバルフォア・オブ・バーレイ卿が関税反対闘争のユニオニストの小集団を率いた——とはいえ、「率いた」という言葉は、不決断、非戦闘、無行動の歳月を指すのには不適当な積極的な印象を与えるかもしれない。このユニオニスト自由貿易クラブは、大衆政治が過熱する時代におけるジェントルマンのクラブであったが、大半の会員はそのままで続けることを望んだ。この小集団が大衆の支持と強靭な組織を得るために欠いていたものを、政治の全般的堕落に関する情熱的な思い込みで到底埋め合わせることはできなかった。一六八八年の名誉革命の達成は脅かされ、その穏健さによって党派と私益を超越している自分たちのような自立した男たちによってかろうじて守られていると考えていた。議会演説と記事において、『エディンバラ・レヴュー』の編集人アーサー・エリオットは、代議士の質の低下と庶民院における理念と実務の崩壊を痛罵した。[144]

植民地総督を務めたエジプトから帰任したばかりのクローマー卿にとって、保護貿易政策は「われわれの社会生活に起こりうる民主化」、大衆と私益の支配を意味していた。[145] ロバート・セシルのような旧エリート層の構成員は、政党ではなく、選挙区を代表していることに自恃の念を抱いていた。このような穏健派を標的にして選挙区から駆逐するという関税改革推進派の戦略は、「全選挙各々の独立」という根幹を直撃した。これは「違憲」であり、「真の代議制」と議会主権が基づく原理を否定するものであった——一九〇九年のユニオニスト自由貿易クラブにおいて、クローマーは推進派を「政治の切り裂きジャック」であるとなじった。[146] 議会は、国民の意思を体現したり、「高潔な」人びとの慎重な理性が機能する余地を与えたりするのではなく、内閣の施策と私益を推し進めるための単なる用具になりつつあった。ゴッシェン子爵は、元財務大臣（在任一八八七—九二年）で民主主義と平等主義との対戦において自由放任を死守した人物でもあり、一九〇七年の逝去は、道徳、真実、理想的な民衆への挺身が私益と党派を抑制していた黄金時代への郷愁の噴出の機会となった。チャールズ一世やジェイムズ二世のような絶対主義者さえ自由党と保守党ほど多大な権力を揮っていたことはないのではないかという公然たる問いかけも聞かれた。[147]

このように議会政治を理想化する見方は、当初は自由貿易に有利に働いた。しかしながら自由党が一九〇九年から一九一一年まで政権復帰して社会改革と累進課税を貿易の自由と結びつけると、この清潔な政治への固執はたやすく自由貿易を掲げる政府にとって逆風となった。ユニオニスト自由貿易派は、打倒関税が最優先でありつづけた一派と、最大の悪を自由党政府の国家「社会主義」であるとした声が大きい一派とに分裂した。自由党自由貿易内閣を、自由の擁護がいまや犠牲として求めていたのは、その老齢年金と失業手当の政策によって、関税改革よりも悪いものになっていたからである。「このロイド・ジョージとウィンストン［チャーチル］がのさばる政府を取り除く」ことが最優先になったとストレイチーは一九〇九年にハロルド・コックスに対して語ったのだが、このコックスは無所属を決意していた。「略奪性の社会主義に恥も節操もない民衆煽動が加わったものが、関税改革より悪なのかどうにもわからない」。「保護貿易の前に乗り越えなければならない溝や垣根などの障害が山ほど」まだあるけれども、増大する国家歳出と干渉によって拡がる腐敗と「規律喪失」はすでに浸透している[148]。社会改革が自由貿易とその個人と共同体の道徳に与える麗しい影響を蝕みつつあった。増税とありとあらゆる集団と権益団体による国家への陳情の加速の悪循環が生じ、それが遅かれ早かれ、自由貿易そのものを抹殺するだろう。自由党政府は依存という危険な文化を醸成し、自身および国家に対する個人の義務の感覚を脅かしたのである。貧困状態は公的扶助に値する問題ではなく、犯罪と見なされるべきだと一九一〇年にダイシーは書いた。貧困状態とは、「国家に対して一人の個人として十全な義務の遂行ができない状態」に等しい[149]。コックスのような人にとって、自立自存の重要性は、戦後「不適者」を根絶する優生計画への支持に発展するほどであった。熟練工と中流階級は出生率を下げた一方で、貧困層は急速に増加し、社会の他の部分にスラム街の子供を重荷として押しつけ、国民を弱体化している状況があったのだ[150]。

政治的には、個人の自由の擁護者による保守的な運動は完全な失敗であった。自由党政府は駆逐されなかったし、国家拡大と福祉重視の長期の傾向は押しとどめられることはなかった。一九〇六年の総選挙ですでに、四八名のユニオニスト自由貿易派の有力政治家は、わずか一八名になり、一九一〇年一月の総選挙で壊滅した[151]。唯一ヒュー・セシルだけが、オックスフォード大学選挙区で対抗馬もなく議席に踏みとどまった。コックスはプレストンで最下位に沈み、二度と議会に戻ってくることはなかった。ピールやベンティンクのような生き延びた無税食品派は、関税改革論者のように動かずにじっと耐えることで生き延びた。ユニオニスト自由貿易クラブは解体した。しかし思想の上では、二〇世紀が進むにしたがって決定的な意味になってくる最小限国家という自由貿易のリバタリアン的定義が結晶化するのにこの集団は大きな役割を果たしたのである。

市民消費者

公共道徳、社会正義、市民精神――精神と物質への配慮をともに維持するのが「消費者」である。同時代人にとって、消費者は公共の権益を具現するようになっていた。自由貿易は史上初めて消費者の権利に関する法案へといたった。それは消費者を既得権益と不公平課税に対して守ったのである。顧客としてだけでなく市民としての消費者に注意を向けることで、自由貿易の擁護は、現代政治の地図上に「消費者」を確かに位置づけた。共有される権益への所属の感覚を獲得した消費者はその声が聞き届けられ、その権益が一般の認知を受けるのが当然となったのである。運動の展開にしたがって、普遍的な人間の権益としての消費者の擁護が高まった。「関税改革は消費者を考慮すべき人間であるとはつねに捉えはしない」と一九一〇年春に「自由貿易という常識」に関する記事中には述べられている。「皆すべて消費者である。その大半は、生産者にはなりえず自分に頼っている消費者を抱えている――女性と子供である」。関税改革は「自分たち生産者」には恩恵を約束するだろうが、根本的には「消費者としての自身と家族を犠牲として」というのが通常なのだ。[152]

もちろん、人間は歴史を通してずっと商品と資源を消費してきた。しかしこのことは人間が自らを、共通の権利と利益の感覚を備えた「消費者」として、自らを（そして他者を）自然に見なすようになるということを意味しない。一七世紀と一八世紀には、ヨーロッパと北アメリカはもちろんアジア諸地域においても、商業生活、商品、贅沢品、買物の激増が見られた。人びとは買物をし、国民生活に対する贅沢品の影響について議論した。アダム・スミスが『諸国民の富』（一七七六年）において、消費の位置――「あらゆる生産の唯一の目的」――に照明を当てたが、彼および後続する数世代の経済学者たちは消費者については驚くほどわずかしか語っていない。商人と商業、実業家と農業が、一九世紀における関心の焦点であったのだ。消費者が取り上げられる場合は、生産者と地主というより大きな国益に従属する党派的権益として扱われ、その無駄が多い非生産的な行為が糾弾されるばかりだった。一八二〇年代における消費者についての希少な考察は、初期の協同組合員ウィリアム・トムソンによるもので、その低評価をきっちり捉えていた。「消費者（猿かはたまた国王か主教か）は稼ぎもないのに果物をむさぼり食うのである」[153]。

ヴィクトリア時代中期と後期において、ロンドンのような都市は、クレモーン・ガーデンにある舞踏場やハロッズやホワイトリーのようなウェストエンドの新興の百貨店から、ミュージックホールの大衆娯楽と遊興の世界まで、消費に沸き立つ中心地となった。このような場所は女性のための公共空間を開設する多くの試みを行っており、この意味で市民生活の領域を拡大したのである[154]。同時期に、ジェヴォンズやマーシャルのような経済学者は「合理的な」個人としての消費者の最大化する行為を経済分析の核心に据えた。いわゆる「限界革命」が、個人の選択による「効用」――快楽や苦痛――の測定を数学と心理学を用いて行うことで周知の自由主義経済学の基礎を築いたのである。

しかしながら重要なのは、言論において消費者としての訴えかけを次第に強めることになる快楽中心の買物客や合理的な経済人としての個人ではない。むしろ「消費者」は、倫理、共同体、市民生活をめぐる問題に関わる政治的領域において成熟したのである。一九世紀初頭における奴隷労働に依拠する砂糖に対する不買運動は、消費者の人間としての感性と社会的責任にあからさまに訴えかけるものであった。消費者はまたヴィクトリア時代中期と後期における課税と代議制をめぐる局地戦において力を誇示するようになり、それがとくに見られるガスと水道をめぐる闘争では、最初の消費者擁護同盟の設立につながった[155]。

自由貿易の達成は、公益、国益団体としての消費者によるはるかに一般化された言語を創出したことだった。消費者は市民に結びつき、大衆民主主義政治の時代における新たな支持基盤をリベラル政治に付与したのである。初期ヴィクトリア時代の穀物法反対運動とエドワード時代自由貿易の言語を比較するならば、この両者を隔てる距離は明らかである。消費者はごくわずかの箇所であれリチャード・コブデンの演説においてすでに登場していたけれども、主として砂糖のような特殊な輸入品に対する税を納める人間としてであった。一八七〇年代と一八八〇年代において、フランスの自由貿易論者フレデリック・バスティアの『経済的詭弁』と『国民経済論集』の流布版が、人間性の具現としての消費者という考え方をイングランドにおいて広めるのに一役買った[156]。こうしてグラッドストンは商人共同体の権益を、「消費者、すなわち世界を代表する」として示した[157]。しかしながら、グラッドストンの大部な日記は何らかの指標ではあるとしても、そのような言及はまだきわめて稀であった。対照的に、エドワード時代までに、消費者は偏在しており、正統性のある全体としての公益を指し示す幅広い概念になっていた。

リベラル派による国民の「必需品」への重視は、食品税の犠牲としての消費者を直接の対象とする広範な運動を創り出した。[158]消費者の言語がとりわけ関心を払ったのは、政治の公論の場において直接発する声をもたない人びと――貧民、女性、子供であった。それはまた個々の権益によって分裂した保護貿易の共同体と対比される統一された訴えかけを有していた。あるポスターにおいて比べられているのは、繁盛している自由貿易ショップとチェンバレンの閑散としている関税改革ショップであり、買物かごを持った典型的な労働者階級の協同組合員女性が身なりのよい中流階級婦人と並んでいる姿が描かれている（口絵7）。重要であるのは、貧しい子供と母親の苦しみへの配慮があるにもかかわらず、消費者への訴えは、中流階級男性にも開かれていた点である。一九〇九年の一枚のリーフレットが示すのは、黒いシルクハットをかぶった裕福な中流階級消費者が店の外で関税の影響が手袋と靴に現れるのではないかと思い惑っている場面である（図4）。

世紀転換期イギリスにおいて自由貿易によって作られた消費者の民主的なイメージは、当時のヨーロッパおよびアメリカと興味深い対照をなしている。大西洋を挟んで拡がる「買い手」同盟のネットワークにおいて、中流階級の女性と男性が、その倫理的配慮によって労働者階級「生産者」の状況を改善する「消費者」と自らを見なしていたのである。ドイツ帝国において、消費者は偏狭な権益集団と見なされていた。保護貿易に対するリベラルな批判さえ、事務員の特殊性に根ざした陳情団として見られ、他のブルジョワ支援者を排除してしまう怖れのある言葉を避けたのである。[159]対照的に、イギリスでは、自由貿易は、選挙権をもたない男女から国民全体まで消費者の言語を拡大したのである。

一般権益集団としての消費者が政治体制の内部でもっとも大きな支援を受けていたのは、財務省においてであった。それは過剰な課税と既得権益の影響から国家と国民を守るという財務省の自己認識に完全に合致したのだった。自由貿易と財務省支配と消費者権益は互いに補い合うのである。財務官エドワード・ハミルトンにとって、自由貿易は時代を画する権力の移行なのであった。「保護貿易の時代、生産者は消費者よりも強かった。近年では消費者の方が強いし、これからもそのままだろう[160]」。消費者代表議員が存在しない時代においてはもちろん正式な消費者権利や規制は存在しないが、自

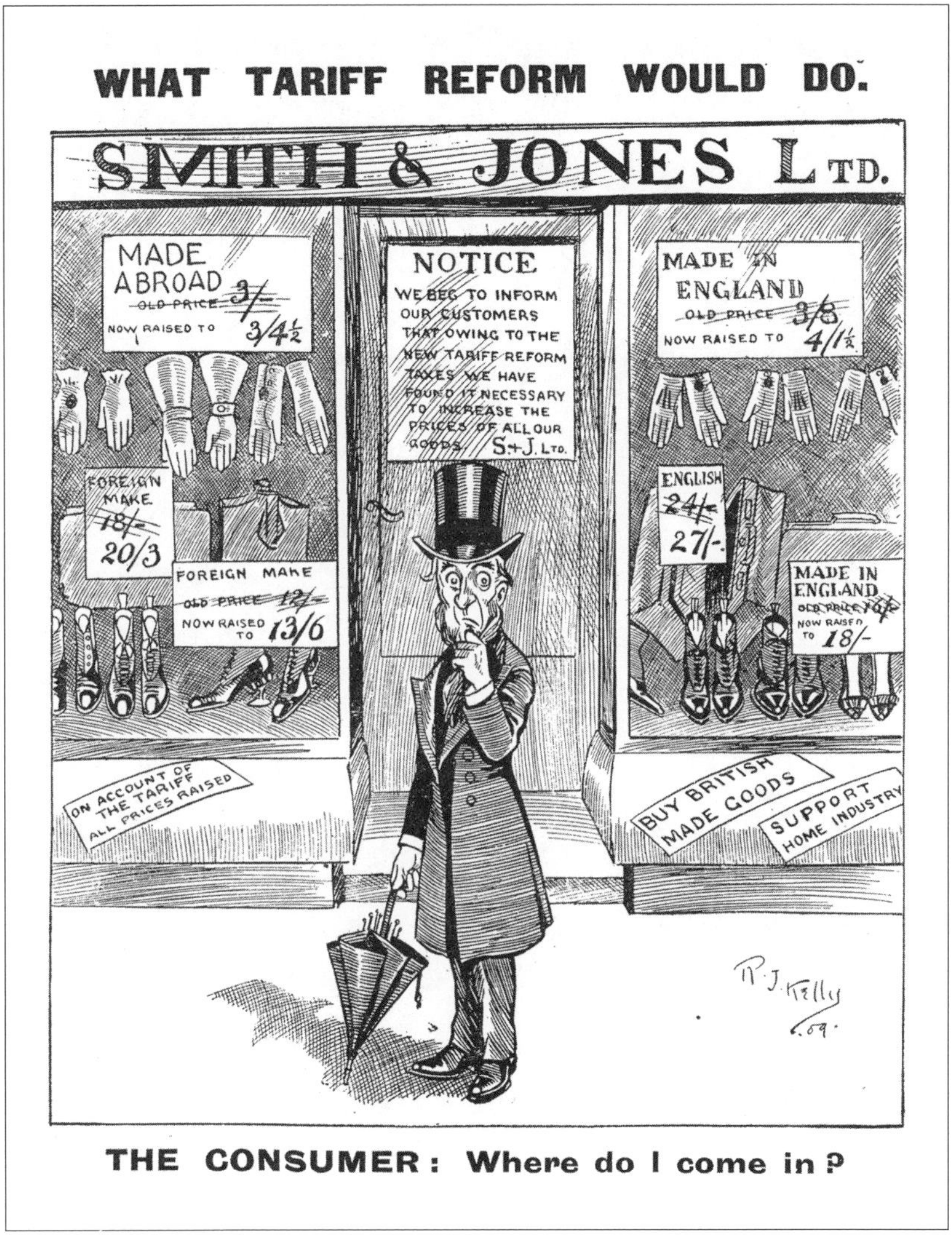

図４　一人の裕福な男性が関税の効果をめぐって思い悩んでいるのは、1909 年の自由貿易連合のリーフレット。関税はすべての輸入原材料の価格を上げるために、外国製品だけでなくイギリス産製品の値段を引き上げた。

由貿易が実質上の消費者への権力付与の形態として機能したのである。財務省は、使用者と購買者の多様な団体を区分しなかった。消費者は直接税納税者と対比される間接税納税者として一括りにされた。グラッドストンの表現にしたがえば「魅力的な二人姉妹」としての両税の間の均衡もしくは公平は、最大限の考慮に値した。特恵関税がイギリスの消費者に不公平な負担を強いるのは、それが植民地の生産者寄りであるからだ[161]。消費者の短期の利益と長期の利益が喰い違うということがありうると保守陣営は指摘したが無駄だった。関税庁のG・ライダーと保護貿易派経済学者のウィリアム・ヒューインズが、自由貿易への反対理由として、長期的に見れば消費者もまた拡大する植民地市場から恩恵を受けるという点を挙げたことはある[162]。実際の自由貿易は消費者を公平には扱わなかった。食品税は高級食材よりも基本食品に、鮭よりも砂糖にかけられた。貧困家庭の方が中流階級よりも家計の大きな割合を食品税に割いていたということをこれは意味する[163]。財務省にとって問題として残ったのは、関税が、間接税と直接税との間の公平な均衡を崩して、国庫を潤している以上に消費者を苦境に陥れているという責めに国家をさらすのではないかという点であった。国家の利益と消費者公衆の利益は相互補完していたのである。

このもの言わぬ多数派としての消費者という見方はまた、いわゆる新古典派経済学者を自由貿易側に固くつなぎとめることになった。彼らは、個人としての消費者の選好に関する新たな数学的分析よりも、アダム・スミスの重みある重商主義批判の方に目を向けたのである。「経済学者が反生産者の立場で消費者の側に通常立っているという旧来の伝統には形式上の誤りがある」とアルフレッド・マーシャルは認識していた。「なぜならば誰もが生産者であるか生産者に依存しているかであり、同時に誰もが消費者であるからだ」。それでも「この伝統が実際の現実にある程度即していたのは、ある特定の産業の製品を消費するもの言わぬ多数者と、優遇を求める少数の発言者との間の均衡を公平にとることを経済学者は見据えてきたからである」と彼は思っていた[164]。

自由貿易支持者による消費者と「安さ」への二重の執着は、市場の円滑な機能よりさえも優先されていた。ヴィクトリア時代末期における砂糖は、最近のバターの過剰生産と農業助成金と同じことになっていた。一八七〇年代以降、中央ヨーロッパと東ヨーロッパの諸国は、農業助成金と輸出報奨金のかなり精緻な体系を通して、テンサイ砂糖産業を発展させせてきた。世界の砂糖産業を苦しめた過剰な生産と流通は、とくにイギリス帝国のカリブ海地域の生産者に打撃を与えた。消費者が価格の下落によって恩恵を受けた一方、生産者は変動と混乱に直面した。自由貿易支持者は、一九〇二年のブリュッセル砂糖協定のような、助成金を削減することで市場の安定化を図る国際協定に熱心に反対した[165]。イギリスの消費者は助成金を受けた安価な砂糖の輸出から恩恵を受ける権利を有している――外国政府が輸出報奨金を用いたいのであれば、そこには容喙するいわれはないのである。自由貿易は自由な輸入を意味したのであり、自由な市場のグローバルな拡散を意味したのではなかった。

これはまた、新旧リベラル派と財務省が共有していた、ダンピングという難題への対応であった。この問題は、いかに消費者の権益が、個人の買物客だけでなく、諸産業を包摂するのかという疑問を呈している。外国人が、鉄鋼や砂糖のように、余剰在庫を「投げ売り」するならば、それは喜ぶべきことであって眉をひそめることではないと自由貿易支持者は考えた。関税改革論者にしたがって、イギリス人の競争相手を追い払うよりも「ダンピング」はよいことで、国民の購買力を高め、破格の輸入品を手にしたイギリスの産業はそれを、たとえば鉄鋼やジャムなど世界市場に向けて競争力の高い商品に加工する。このような政策の背後にある企業合同や企業連合は、最初は保護貿易に起因する一過性の症候のように思われるかもしれないが、「ダンピング」やそれに関連する市場の力への介入を規制するのではなく消費者第一とすることに怖れを抱く必要はない[166]。最近EUの、さらに一般的には自由貿易の評判を損なってきた二重目的の手法と正反対である。イギリスは、他国に市場を開くよう強制する一方でヨーロッパからの砂糖や農作物に対して報奨金と価格保証で国内をがっちり固めることはせずに、他国には各国の制度に任せて、独自に市場を外国の助成金つきの輸入品に対して開いてきた。

当時のリベラル派は、消費者最優先を訴えた。「消費者に配慮すれば、生産者は自らに配慮するようになるでしょう」と自由貿易派の女性たちは聴衆に喚起した[167]。コックスにとって、消費者優先は「人間本性にひそむ不変の事実」に深く根ざしていた。「消費者が命令を下して、生産者はそれに従うだけなのです」。いかなる「政策」もこれを変えることはできない[168]。だがこの特権的な地位は個人としての消費者に限られるものではない。ヴィクトリア時代において、商店主と小企業経営者は、たとえば店舗照明のためのガス供給に関して、消費者としての権益を守るために結びつく要素をもっていた。

自由貿易支持者は、消費者権益をもっと幅広く産業消費者を含むまで拡大したのである。アルフレッド・モンドが、アルカリ産業の観点から自由貿易を擁護した際に「イギリスの消費者」を持ち上げたのは、「結局最重要の人間」であるからだった。染料、漂白剤、塩化アルカリを商業用でも個人用でも使用する者はみな輸入関税に苦しむことになる。[169] 自由貿易支持者は消費者と生産者を対置することで、国民と自己利益第一の金持ちの小集団の対立を想定していたのである。「戦っているのは生産者と消費者だ」とユニオニスト無税食品派の指導者ジェイムズ・オブ・ヘレフォード卿は一九一〇年のデモ参加者に語った。「自分は、あらゆる状況の下で、進んで消費者陣営につくだろう」。消費者の「数が多いというだけではなく……生産者、いわば生産者階級は財産を代表しており、自分がそこにあえて加わるつもりはない」。[170] 強調点は「生産者階級」にあった。

関税改革論者が自らを位置づける方向に熱心に動いた国民連合を結んだ生産者権益は、いかなる価格でも安さに利益を見出す消費者の自由貿易陣営に対峙していた。『ナショナル・レヴュー』の熱血編集人リオポルド・マクスは、コブデンの本当の教えを実行したのは、コブデン派ではなく、保護貿易論者であるとまで一九〇四年に述べた。この見方によれば、コブデンはまず何よりも自由輸出論者であり、国益は「生産業の繁栄」にあるとした実際的な人物であった。リベラル派こそがこの伝統を「自由輸入論者」という狂信的な一派へとねじ曲げ、いっさいを消費と廉価へと従属させたのだ。関税改革がこの国に取り戻そうとしている生産の体系においては、「買うという目的のために買う」という浪費重視の自由貿易政策とは異なり、「売るという目的のために買う」ことになるのだ。[171]

しかしイギリスは輸入食品と同様に大きく、輸入された原材料と半製品にも依存しており、自由貿易支持者は、製造業者もまた消費者だと反応した。コブデンの伝記作者ジョン・モーリーのような旧リベラル派は、自由貿易が依拠する「大原則」を聴衆に説いた。「最大の利益は、消費する民衆のそれであるが、これは完全に、この国の生産者全体の利益と両立します」[172]。次世代のリベラル派は工場経営者もまた消費者だと強調した。チャーチルは一九〇四年にマンチェスターの自由貿易同盟の発足集会で次のように述べた。この「大消費者」はその原材料費をこれまで以上に支払わなければならないだろうし、競争力と自立性を失うだろう。「小製造業者は、アメリカやドイツのように身売りし、大きなシンジケートに吸収されるでしょう――もはや自身が社長であり独立しているということがなくなり、大企業結合体の雇い人になるのです[173]」。

一八世紀以降、正直、陽気で、牛肉を食するジョン・ブルが、イギリスの力と自由の象徴となってきた。自由貿易下の消費者の理想は、対照的に、慎ましく、パンなどの基本商品の入手を心配し、満ち足りている男というだけでなく、責任感ある主婦なのである。「飢餓の四〇年代」の物語は、昔のイギリス人を、飢えていて、根を食べる抑圧されたフランス人と変わらない存在として示したが、自由貿易下の進歩は、快活で満腹したジョン・ブルの方には向かわなかった。トーリー党が最初にとめどない大衆消費の形態を、男らしさ、スポーツ、飲酒に夢中になる「美菓と美酒」保守主義として利用した[174]。この積極的形態は、一九世紀後半の多くの都市での真面目な非国教会的リベラル文化への対抗手段であって、現在もそうありつづけている。しかし対抗する消費者の政治言語を創り出すことには失敗した。関税改革側によるもっとも重要な国および帝国の権益団体としての「生産者」の重視は、まったく異なる消費者の政治史でありえたものを廃棄した。保護貿易推進者は関税が雇用と実質賃金を増大させると論じた一方で、自由貿易派による「安さ」信仰に対する彼らの弾劾は、時折の宴会を自由に楽しむ真のイングランド人への昔からの保守派による礼賛を片隅に追いやったのである。ダムフリースのローズフィールド・ツイード工場のチャータリス氏のような関税改革派の雇用主は、一九〇三年十二月の例年の懇親会で、労働者たちに対して「君たちは消費者であるより前に生産者であること、生産者としての権益は消費者としての権益をはるかに上回るのだということを忘れないでいてほしい」と語りかけた[175]。選ぶことのできる安価な商品と自由は、労働者にとって悪であり、国にとっても悪である。「自由貿易とは安さを意味する、とくに安い労働力、安い人件費だ」と一九一〇年一月に関税改革同盟は有権者に語った[176]。保守派の「消費者」は死産した――そして第二次世界大戦後の配給に対する闘争まで目立った政治的発言者を見出すことはないだろう。

代わりに「消費者」は自由貿易派の独占となる。自由貿易支持者は、贅沢、利己心、公共生活の消滅ではなく、自立した性格、公共道徳、社会的責任と結びついた消費者を創り出した。労働者階級のギャンブル行為、浪費、借金をめぐって道徳的恐慌が存在する状況で、商業上の市場だけでなく政治上の市場で安心して個人に選択を任せられるかという懸念をエリート階級と中流階級が抱いていた時代に、これはたいへんな達成だった。それが依拠していたのは、多様な消費形態の間の違いであって、画一的、中立的に用いられた「需要」を喚起することでも、無際限の選択や消費者快楽主義に肩入れすることでもなかった。道徳的に疑わしく、社会的には無責任である派手な私的行為に対して、まともな消費者を擁護したのが自由貿易なのである。チェンバレンの案こそが、リベラル派によって「山師と遊び人」そしてより一般的には「貴婦人と『名士』」への訴えかけとして描き出された(177)。

絶頂に達した市場社会が呈する社会的にも道徳的にも混沌とした世界から消費者市民と自由貿易がとった距離は、「市民消費者」の神聖化にまで達したが、それはとくに急進派知識人J・A・ホブソンの著作に見られる。真に異端的な思想家であったホブソンは、ニュー・リベラリズムのもっとも聡明で多産な発言者の一人として現れた。彼は商業による蓄財に対するラスキンの倫理的立場からの批判という良薬を「過少消費」に関する物議をかもした分析と組み合わせる。現代の機械時代は、無駄な過剰生産を加速させ、乱暴な経済循環を稼働させたと彼は論じる。過剰投資と社会の消費能力との間には懸隔が生じている。富が再配分されて消費が押し上げられないかぎり、資本主義社会は自壊するしかない。関税は二重に危険である。経済的には、関税は、富をさらに貧困層から富裕層に移すことによって、消費不足による危機を悪化させる。文化的な影響も劣らずに憂慮すべきものだ。改革されない資本主義は、人間精神の商業化、官僚化、規格化を推し進めるとホブソンは断言する。それは社会の有機的な紐帯を断ち切り、個人を共同体から、家族を労働から、家を労働から引き離すのだ。ミュージックホール、買物、安っぽい煽情的なメディアは「反社会的感情」を拡散し、個人間の道徳的一体感の絆を弱化する(178)。市民社会は大衆社会によって一掃されるだろう。

この抑制を失った現代性の指標は、「刺激剤と薬物、劣悪な読み物、芸術、娯楽、売春婦と下働きによる奉仕」の増大である。広告と「生存価値」のない商品の流通は着実に、健全で創造的な余暇への自然な本能を弱めている。これがとくに当てはまる下層中流階級と労働者階級にあっては「新たな欲望の受容力が増大し、そこには欲望を満足させる様態について関心をもって選択する際の知性による抑制が伴わないのだ」。さらに悪いのは、旧来の社会秩序とその貴族階級のエリートがもっていた「野蛮な価値観の基準」を移し替えている点だ。現代の娯楽は、商業スポーツに代表されるように、有閑階級を猿真似する「下層娯楽階級」を成立させるにいたってしまった。この階級は「同性の者同士の大騒ぎと滅茶苦茶な礼儀作法」を見せつけ「競馬場の、クラブの喫煙室の、華やかなミュージックホールのライフスタイルを取り込んでいる」。この新しい快楽経済のとりこになっているのは、「放浪者、浮浪者、不法侵入者、その他住所不定者、日雇い労働者、本職と素人双方の泥棒、売春婦、路上販売者、与太者、ヒモ、その他寄食者」である。商業的娯楽は階級の垣根を低めたが、「目に見える何らかの人間性の向上」があるかというと、それよりも社会的倫理と国際的連帯に与えられた損害の方が大きい。社会的配慮よりも個人的快楽が優先されているのだ。見栄が正直に、迷信が理性に取って代わった。盲従が生じている。白人優位の帝国主義的感情と、西洋は娯楽、植民地は労働といった人種差別的な世界の分割を助長している。[179]

ホブソンの批判は、所々思い込みが強いと思われるとしても、大西洋の両側における消費中心の現代性に関して広まっていた不安をよく捉えている。ホブソンが意見を交換したアメリカ人ソースティン・ヴェブレンはその独創性にあふれた『有閑階級の理論』によって「顕示的消費」によって生じる社会的浪費を批判したが、これはル・ボンの大衆心理学の発想とも交錯している。社会は消費の「高度な」形式を涵養することによって再生する。「人間の進歩におけるすべてが正しい『消費』の本質に対する認識の深まりに依拠していることが気づかれるようになるだろう」とホブソンは一八九七年の『現代資本主義の進化』において記した。[180] ホブソンにとって、自由貿易とニュー・リベラリズムの結びつきは、生産が単純自然にその需要を創り出すと考えていた以前の自由主義経済学者の生産者偏重の害悪を一掃すると思われた。規格化された大量生産によって次第に鈍麻する消費者に代わって、自由貿易と富の再配分は国民を教化し、消費の質を向上することになるのである。

その仕事は、受け身の消費者から積極的な市民に人びとを変えることであり、ホブソンの言葉では「市民消費者」を養成することであった。「高度な」消費は、労働と娯楽を再統合する。心から商品を楽しむためには、その使い方を知らなければならない。「絵画の真の鑑賞者は、訓練と研究を通じて相当程度は芸術家にならなければならない。すぐれた食通はある種料理人でなければならない」。庭園仕事、絵画制作、読書、大工仕事が消費の質を向上させるのである。

この見方には、ジェンダーによる労働分割が明瞭に存在する。工場での時間は、「良妻」「賢母」「主婦」の地位とは両立しない。質重視の消費の促進は、「女性」の世話向きの性質を家庭に送り返すだろうとホブソンも考えていた。一般的に言えば、「機械の精神」が「個人の考え、気持ち、行い」に交代する。自由貿易は、この市民と文化の再生の試みにとっては絶好の環境なのだ。物質的な機会を与えるだけでなく、人びとがその隣人関係において利害感覚を獲得するという市民社会の光景を誘い出すだろう。市民消費者は、生活の質に対する関心を明瞭に高めている。これには消費材を生産する労働者の状況への関心が含まれるのであり、次第に資本主義社会の社会と倫理に関わる水準は向上している。競争的な市場における利己心は、「協同関係における寛容な張り合い」に変容するだろう。ホブソンは最終的にこのモデルを国際関係の水準にまで拡大適用している。「消費を通じてこそ商業がもつ協調重視の性質と価値が実現する。生産は分割し、消費は統合する」(181)。

イギリスでは、自由貿易が思想と価値観の体系を構築し、忠誠心と執着心を触発することとできたが、これは他国においてナショナリズムと社会主義によって触発されたものと似ている。自由貿易の復活の成功は、単一の思想体系に基づいていたのではない——ある集団が協同する社会の絆を志向した一方で、別の集団は競争する個人によって成り立つリベラルな市場社会で充分満足していた。むしろ、自由貿易文化の力が由来しているのは、公益に関して、国民性に関して何が正統な政治なのか、何がそうでないのかをめぐって共有される一連の大前提を築き上げるにあたっての柔軟性である。この共通了解は、上からの命令発信ではなく、下からの意見提示によって形成された。政治的熟議の独立と既得権益からの議会政治の自律といった旧リベラル派の政治理念を、自由貿易が再利用することができたのは、それらを保護貿易派の高利貸しと大富豪といった現代版の敵との対決に適用することによってである。しかし成功はまた大衆の忠誠心を可能にした新たな集団のあり方の独創的な推進にも由来する。「飢餓の四〇年代」は進化する民主文化における国民の包摂に関する一つの語りであった。軍事的勝利や眠る中世の王などがヨーロッパ大陸の新たに統一を達成した諸国にとってもったのと同じ意味を、穀物法の撤廃は多くのイギリス人にとってもったのである。自由貿易は国内の統一の武勲詩なのであった。

あらゆる建国物語と同じように、実際の過去についてよりも一つの社会が有する思考の内的な体系についてそれが明らかにするものの方がはるかに興味深い。自由貿易のイギリスは、社会の両極化、不平等、搾取から無縁ではなかった――無縁ではないどころではなかった。しかしその市民社会への明確な見通しとその消費者という新たな公共の言語が、包摂と正統の感覚を付与し、それによって、富と利己的な資本主義へと自由貿易を単純に結びつける今日広く行われている捉え方を回避することができた。公平と公正が消費者を焦点とすることになった。自由貿易は、安さを確かなものにすることによって、国民、とりわけ以前は政治から排除されていた貧民、女性、子供のような集団にとっての基本商品の適正価格を保証したのである。「ここでの貧しい人びとの自由貿易の捉え方は、われわれにとっての陪審裁判と同じだ」と一九一二年にある保守派の人物がヨークシャーにおいて結論づけている。「すなわち、絶対的な基本権利として、可能なかぎり安い食品を買うということがある」[182]。自由貿易派の消費者は、資本主義のより強く社会的責任を備えた形態を想像するよすがであり、それは社会的正義と公共道徳への配慮を、輸入貿易と消費産業の物質的利害と折り合わせた形態である。市場の美徳に関わるというよりも、市民社会において大事な信頼に関わるものとして、そして開かれた経済において繁栄し、市民精神を備えた消費者を育て、保護貿易社会と結びつく忌まわしい物質崇拝と自己中心を回避する力に関わるものとして、自由貿易文化があったのだ。

第2章　パンとサーカス

この時代、啓蒙の普及は大衆にまで到達した。

アルフレッド・モンド、産業資本家・自由党政治家、一九一二年[1]

ブランチさんに一票を、犬を食べなくてすむように。

エンフィールドの自由党候補者が犬を歩く政治広告として使用することで、保護貿易ドイツの犬肉消費の物語を活用した、一九一〇年一月[2]

誰も何百万もの数字が出てくる統計でものは考えないし、グラフで考えるのも学生だけだから、普通の人が考えるのを助けるために、対照表や画像を使わなくてはならない。

G・ウォレス・カーター、自由貿易連合事務局長、プロパガンダの原理についての発言、一九一〇年[3]

混乱は金曜日から始まった。ロンドンから少し西に行ったバッキンガムシャー南部の小都市ハイ・ウィッカムの中心を、一九一〇年一月総選挙で投票するため最後の集団が通過したとき、騒乱が起こった。自由貿易と関税改革の各々の支持者の叫び合いと揉み合いの中で、突然石が投げられ、自動車の窓が打ち砕かれた。街の時計が八時を打ったそのとき「群衆の一部」が、保護貿易派の候補アルフレッド・クリップスの事務所となっていたペニー・バザールを攻撃し、窓をいくつも壊した。警官隊が群衆を押し戻したが、それも長くは続かなかった。自由貿易支持者たちは「ダンプ、ダンプ、ダンプ」という雄叫びを上げながら、オックスフォード・ストリートで武器を構えていた。保護貿易論者たちは一週間前にこの場所に「不当安売店《ダンプ・ショップ》」を開店し、店のショウウィンドウには真面目なイギリス人の仕事を奪う安価な外国製品が並べられていた。すでに自由貿易支持者はダンプ・ショップに警告を発しており、保護貿易派の方はスパーリング警察署長の助言にしたがって店を板張りで防備していた。抑えのきかない群衆は、板張りを打ち壊し、窓を叩いていた。無力な警官が隣の店の方へと追いやられていた。さらにいくつも石が飛んだ。警官隊は街路で「乱暴な若者の一団」と戦いつづけた。警官の方では警棒を手にとったが、「暴徒」を激昂させただけだった。群衆はダンプ・ショップに最後の攻撃を仕掛けた。圧倒された警察署長は配下を退却させ、店をその運命に委ねた。(4)

数分間で、ダンプ・ショップは、窓、ガス設備、陳列品など、上から下まで破壊されつくした。投げられた石は、翌日、店の中から運び出すのに手押し車一台では足りなかった。大歓声とともに、襲撃者たちは、店の商品を通りに投げ出した。「椅子は舗道で粉々に砕かれ、多くの見物人がその破片を町の基幹産業に加えられた『侮辱』と彼らが述べるものの記念として持ち帰った」と地方紙の記者が報告している。ハイ・ウィカッムは家具商売の中心地であった。一人の女性はカーペットと取っ組み合い、他の女性たちはベッドを持ち去った。しかし大半の商品は街路に積み上げられて、火矢などの手段を用いて火がつけられた。オルダーマン・バーチ市長がついに現場に到着したとき、火勢は拡大して、隣家が危ない状況にまでなったので、消防隊を呼ばなければならなかった。

金曜日は、来るべき一連の出来事の序章にすぎなかった。一九一〇年一月二一日の騒擾ののち、一九名の当地の警官隊は、七名の騎馬警官を含むバックス警察管区からの八〇名によって増強された。土曜日には全警官隊がギルドホール前面で行進を展開する中で、開票が行われ、選挙結果が発表された。関税改革派のクリップスが当選し、一九〇六年の自由貿易側の勝利を覆した。街は静かだった――夜の八時三〇分頃までは。暴動を最初に引き起こしたのは何だったのか、誰によってだったのかをめぐる目撃者の談話や後の法廷での証言は喰い違っているが、全証言が一致しているのは、それが拡大した速さである。いくつもの集団が、地方の保護貿易推進者の家を襲撃し、多くの窓を打ち砕いた。パブが閉店する一一時には、群衆は六千人を超えるまでに膨れ上がり、リベラル派賛歌を唄い、次第に疲弊してきた警官隊に立ち向かった。警官隊の間近にいた地方紙の記者は、暴動の予感が濃厚に立ちこめるようになっていたのは確かだ。真夜中一二時には、前夜の出来事の再来を怖れ、警察署長に説得された市長がついに暴動法を読み上げ、解散するように人びとに求めたが、ふたたび「ダンプ、ダンプ、ダンプ」の大合唱が群衆から沸き起こっていた。

その土曜日の夜、ハイ・ウィッカムの大半の人びとは、状況の深刻さを認識していなかったし、暴動法の朗読を聞くこともできなかった。突然、群衆が解散して十分後、二列に整列した警官隊が、警棒を引き抜き、群衆に突進した。多くの報告記事を誇張された作り話として否定することになる地方紙記者さえ、起こったことの重大さは疑いえなかった。「ウィッカムという古い自治都市の通りがこれまで目撃したこともないような凄まじい光景だった」。市長は「怒気をはらんだ群れ」に取り巻かれた。「数人の女性は彼の面前で実際に唾を吐きかけた」。警官隊は群衆に「容赦なく」打ちかかった。無辜の人びとが踏み倒され、意識を失って伸びている間に、警官隊は群衆を街の外れまで追いかけていった。日曜の午前一時三〇分過ぎに、警官隊が最終的に引き上げ、ハイ・ウィッカムの街からは人の姿は消え、三〇人を超える怪我人がフレック医師とベル医師という地方医の手当てに委ねられた。

つづく数日間は、衝突の激しさについての証言が相次いだ。街中に飛び散った血の痕跡が残っていた。手を三角巾で吊って頭には包帯を巻いた若者たちが街を歩いていた。十日後、ハイ・ウィッカム市民は住民集会に押し寄せ、暴動法を読み上げた決定を非難した。「恥を知れ」といった怒号の中で、多くの人びとは警官隊の不要な暴力を糾弾した。「悪魔」が解き放たれたように、男を、女を、子供さえをも打ちのめしたのだ。暴動法の読み上げは、「先祖たちが多くの富と血であがなってきた」イングランドの自由を踏みにじるものである。「われわれはロシアにいるのか、古きよきイングランドにいるのではないのか」とジェイムズ・ホランド議長は問いを投げかけた。

保守派のダンプ・ショップが最初に襲撃に遭い、群衆が「ダンプ、ダンプ、ダンプ」という唱和によって膨れ上がったのは偶然ではない。選挙区としてのハイ・ウィッカムはドーナツのようだった。町を取り囲む地域は、保守的傾向をもつ住宅地域であった。しかしながら町そのものは、リベラル派の中核をもっていた。一九〇六年にリベラル派が議席を得る前は、この選挙区はずっと保守派の牙城であり、一九一〇年一月に揺り戻しが生じ、二五五六票の多数で関税改革論者を選出したのだった。町の中心にダンプ・ショップを開店させる保守派の決定に関しては激しい議論が繰り広げられた。多くのリベラル派の人びとにとっては、これは計画的な挑発だった。外国産商品との競合に直面しているこの地方の椅子製造産業で働く多くの人にとってはなおさら、ダンピングされた安価な商品の陳列は、傷口に塩を擦り込まれるようなものであった。関税改革推進派が考えていたように、自由貿易の輸入品の社会的費用を示すというよりも、誇り高きイギリスの職人気質を嘲罵するものと捉えられたのだ。ダンプ・ショップは「雄牛の赤い布を示すようなものだった」とはフォーワード地方議会議員の言である。

一方で保守派は政治的表現の権利を主張し、賠償を請求した。保守派の店主が最終的に得たのは、三度に及ぶ損害に対してわずか五二ポンドであった。ダンプ・ショップは新奇ではあれ「完全に正当な由緒ある政治表現」であると彼らは主張した。「誰の常識をも傷つけるようなものを帯びていない。国内で作った方がよいのではあろう、無関税の日用品の単なる陳列である」。いずれにせよ、彼らは逐一の段階で法律を遵守しており、投票日前には警察の指導通り店を板囲いで防備さえしているのである。「ダンプ・ショップが掻き立てた敵意は、それが有権者をいわゆる自由貿易という誤謬から引き離すことに成功したからこそ生じたのだ」と関税改革推進派の指導者は、地方紙の記者に語った。関税改革推進派は、一九〇六年の総選挙での保守陣営の事務所の襲撃を思い起こして「その攻撃的なポスターと文書から判断すれば、敵側の気持ちを斟酌することがいっさいない」自由貿易を支持する急進派に真正面から非難を浴びせた。

ダンプ・ショップの襲撃の背後にいた煽動者については特定されることがなかった。警察裁判所での一連の聴取でわかったのは、この暴動は、保護貿易側のプロパガンダに対して民衆側に自然に鬱積していった怒りからおそらく生じたのだろうということである。通りで保守党支持者に対してからんだ人びとは泥酔していた。他は一五歳から一八歳までの若者である。しかしながら、石などを投げて公序を乱し財産の破壊の責任を問われたのは、きちんとした労働者と小企業経営者だった。その一人であるフレデリック・ジェイムズという、当地の椅子職人は、「チェシャ・チーズ」という男とともに、他の男たちを誘い、金槌とバールで武装して、ダンプ・ショップを襲撃した。ジェイムズは、罰金一ポンドか一四日間の収監という軽微な処置だったが、治安判事は、彼が職場を出るときにたまたまポケットに金槌を入れたのは信じ難いと思っていた。運送業者ウィリアム・ホスキンズは、ダンプ・ショップの外での暴動に少しばかり確かに加わったが、その時店は粉々に破壊されて、その商品は街路で焼かれていた。その時しらふではあったが興奮していたホスキンズは、荷馬車とポニーで猛スピード――ある警官によれば一六マイルを下らない――を出して、三度にわたって群衆の中を通過し消防隊のバトラー隊長を薙ぎ倒し、警官隊の行動を邪魔したという罪が問われた。それは警察を助けるためによかれと思ってした行動だとホスキンズが詭弁を弄すると、裁判所には失笑が沸き起こった。ホスキンズの罰金は一ポンド四シリング六ペンスだった。[5]

一九一〇年一月のウィッカムの暴動が示すのは、自由貿易と関税改革の間の闘争で解き放たれた情動とエネルギーである。ハイ・ウィッカムの騒乱は例外ではなかったかもしれないが――ドロイトウィッチのような他のいくつかの都市でも暴動が生じた[6]――当地の出来事は、現実に現れた政治のコミュニケーションのもつ文化、物質そしてもちろん身体が交錯するダイナミクスを明瞭に示した。自由貿易はヒトとモノを動きに、事物が有する意味と表象をめぐる闘争に投げ入れたのである。ここで生じた激しい感情は、今日の貿易自由化の擁護団体の理性化と制度化が進んだ環境においては失われている。熱狂的な興奮、感情に基づく政治、そしてもちろん都市騒乱と破壊行為は、自由貿易とグローバリゼーションに対立する運動に結びつけられてきた。しかしながら、歴史的には、自由貿易の理性的な環境と、その批判側の興奮と熱狂に満ちたイデオロギーという単純な分割がいつも存在したわけではない。過去において自由貿易は、経済上の費用と便益の冷静な計算からはほど遠く、温かい血の流れる生物だった。グローバリゼーションの影響を具体化する商品をショウウィンドウに並べるという、政治を伝達する新たな手法を、旧来の大衆抗議運動に結びつけたのがウィッカムだったのだ。

ハイ・ウィッカムにおいて生じたことは、自由貿易の成功をその卓越した経済的理性思考と即物的計算の観点から説明していた従来の説明と喰い違う。リベラル派の経済学者にとって、自由貿易の力はその卓越した貿易理論に根ざしていた[7]。リベラル派の歴史家にとっても、自由貿易の成功は、その理性思考が際立っているとともに優越していると想定される形式をとった点に結びつけられてきた。この観点にしたがえば、自由貿易という学問的に優越した大義の側についたという点で、リベラリズムは公共の会合における理性的な議論の文化を促進したことになる。自由貿易支持者が勝利を収めたのは、参加条件を規定することができ、関税改革論者に彼らの大義を「正々堂々と」示すように求め、保護貿易計画の欠陥と矛盾を露呈させたからであった[8]。要するに、二つの政治文化の分割線を想像する傾向がこれまであったのだ。しらふの熟議と学問的真実（つまり自由貿易リベラリズム）、対するはビール、偏見、感情過多（大衆保守主義）。ハイ・ウィッカムでの出来事が私たちに示してくれるのは、この両者はペアを組んで、大衆政治という同じピッチで試合をしており、試合の展開にしたがって、互いに反応し、観察し、競い合っているという見方である。

ウィッカムでの暴動は、実際において、すなわち日常生活の政治と公共生活の中で自由貿易がどのように見えていたのかを、経済学の教科書の折目正しいページを超えて問いかけることへの誘いである。現在も過去も大半の人びとにとって、「経済」は、たいていの経済学者や歴史家が認めているよりはるかに融通無碍な謎である。第一次世界大戦の前夜、財務官僚でもあった経済学者ラルフ・ホートリーは長文の「保護貿易主義論」を執筆し、自由貿易支持者と関税改革推進者をともに彼らの呪文を大衆化、単純化したとして批判した。それでもホートリーは「思想家は王ではない」と認識する良識を有していた。実際の政治は、学問的探究とは異なる論理をたどるのである。「筋道は政治論議においては無用である……選挙民や平均的政治家が理解するにはあまりに洗練されすぎているのであれば[9]」。無知は大衆の側だけだったのではない。財務省では、頑固な自由貿易支持者フランシス・モワットが、チェンバレンの提案をめぐって政権危機が生じた一九〇三年に文字通り絶望状態にあった。閣僚の半数は経済学の基本も理解できていないように感じられたのである。[10]

しかし貿易政策をめぐっての分裂が露呈させた、次第に程度を増した暴力性は、単なる無知だけから生じたものではなかった。保護貿易推進者と自由貿易支持者は異なる出発点を有しており、異なる問いを追いかけていたのだ。自由貿易支持者は、貿易の量と価値の絶対的増大を指摘した一方で、保護貿易推進者は風潮と程度を憂慮していた――貿易障壁と助成金に守られて次第に自給率を増してきていた外国の競争相手と相対的に比較した場合のイギリス貿易の漸進的衰退である。後者にとって、未来は帝国と国内の市場にあり、それらを育成するためには海外貿易の割合は犠牲にするに値した。リベラル派は自由な輸入を資産の国内流入と見なしていた。保護貿易推進者は輸入品がイギリス人の仕事を奪い、資本と労働力の国外流出につながることを懸念していた。たとえば、一九〇三年の選挙運動の最中に、エブヴェール鉄鋼石炭会社は、安価な外国の競合商品のあおりを受けて、複数の工場を閉鎖したため、三千人が失職した。リベラル派にとっては、これは競合による調整の望ましい自然な過程の一部にすぎず、効率性が貿易から得られたのであり、これによって他のイギリス企業が厳しい世界市場で競合を続けるのに必要な安い原材料を得ることができるのだ。対照的に、保護貿易推進者には、来るべき職のない未来の恐ろしげな兆候なのだった。

一九〇六年の総選挙と一九一〇年の総選挙に先立った賃金の下落は、旧来のリベラル派の政策に固執する大義名分であったのか、それともそれを棄てる大義名分であったのか。一九一一年には一八九九年に比べて食品の原価が一五パーセント上昇した一方で、賃金の上昇は平均わずか六パーセントだった。[11] これは自由貿易の失敗の証拠なのか、それともかつてよりもそれが不可欠であることの証拠なのか。自由貿易支持者はただちにチェンバレンの呈示する数字に批判を加えた――イギリスの衰退という彼の把握は、一八七二年と一九〇二年という異常な年に基づいている。一方で関税改革推進者は、自由貿易側が用いる手法の疑わしさを強調したのだが、とりわけ多種多様な賃金構造と失業統計に依拠したデータを用いてのドイツとイギリスの労働者環境の比較にそれが見られたのである。リベラル派と歴史家は、以降は貿易の拡大、海運業と海外投資からの収益の増大を自由貿易の優位性の証拠として挙げたが、第一次世界大戦前夜における爆発的増大は、二年間続いた不況と高い失業傾向ののち一九〇九年から一九一〇年の冬に始まったばかりであった。実際、一九一一年まで実質賃金は下落しつづけた。一九一〇年の一月と十二月の二度の選挙で投票に行った国民にとっては、不安定の時代であった。

イギリスの将来についてのこれらの競合する見通しの間に身を置いていたグループにとっては、どちらの陣営の方がまともな議論なのか、何が事実として認定できるのか、そしてもちろんどんな政策を用いるべきなのか、たちどころに自明というわけではなかった。資産は雇用よりも重要なのか。雇用の安定は生活費の増大と引き換えにする価値があるのか。当時の大半のイギリス人にとって、知識は身の回りに関することにとどまり、話題がスポーツでないかぎり、自らの暮らす都市や取り巻く地域を超えることは滅多になかった。[12] 関税改革は統計の数字だけでは打倒することはできないと自由貿易支持者は認識していた。事実とすぐれた議論がそれだけで勝つわけではないのだ。彼らがまた鋭く認識していたのは、自らの計画を伝えるのに関税改革側よりも困難な作業に直面しているという点であった。関税は、特定の産業に対してただちに直接の便益を約束する。それによって強靭で集中的な支援勢力を組織することができた。自由貿易にとって集合的行動を組織するのは難事であった。安価な輸入原料に依拠していた綿織物産業のような貿易を除いては、便益はより拡散的、間接的で、社会全体に波及するものであったからだ。自由貿易は、少数の人を多くではなく、多数の人を少しずつ潤すのであった。

自由貿易支持者は、二つの関連する難問に直面していた。彼らは国民にとって理解できる経済の図絵を作成し、伝達しなければならず、教育であるのと同様に娯楽でもある手法でそれを行う必要があったのだった。政治は別の惑星に棲んでいるわけではない。自由貿易をめぐる戦闘は、競合が満ち溢れつねに変動するコミュニケーションとレジャーの世界において展開したのだ。後期ヴィクトリア時代とエドワード時代は商業的な消費文化の爆発的発展が見られた。尽きることがないように思われた気晴らしと娯楽の数々の機会が提供された。ミュージックホールでの夜遊びや海辺でのバンクホリデーから新しい百貨店での買物まで、数多くの新しいペニーマガジンの購読からスクリーンでの視覚のたくらみの鑑賞まで。互いに競合していたことに加えて、自由貿易と関税改革はまた、公共の空間と時間へのこの商業と技術の視覚的な豊かさを呈する浸透に反応しなければならなかった。今日ではこの拡大する商業空間が投票行為と政治的参加の衰退をもたらしたとして非難されることも多い。しかし歴史的には、これは難題や気晴らしであるとともに、政治への参加の新鮮な機会を提供したのである。

一九〇三年に小規模関税のコストをめぐる議論として始まったものが、一九一〇年には巨大な政治的見世物になっていた。自由貿易と関税改革は、支持者団体を駆使して、無数の会合を組織し、街中の壁に数多くのポスターを貼り、全国津々浦々で絵画展覧会や展示会を催した。衰退とは程遠く、投票率は驚異の数字に達した――一九一〇年一月の総選挙での八七パーセントは、それ以降乗り越えられていない。政治経済を甦らせたのは、新たな感情重視の政治、娯楽と教育を融合し、商業文化との対話に入った政治であった。自由貿易そのものが変化した――そしてその過程で政治の日常生活を変容させたのである。

白パン、黒パン、馬肉

エドワード時代の選挙活動においてもっとも大衆に浸透したアイコンを一つ挙げるならば、自由貿易の「安いパン」である。各地の漫画、ポスター、絵はがきが視覚的に対比させたのは、大きな自由貿易のパンと相対的に小さな「保護貿易のパン」、安い無関税の輸入品で成り立つイギリスの体制と、貿易障壁、高価な食品、飢えによって構成される外の世界である。支持者たちは二つのパンを持ち込んで街路を練り歩き、行進で安いパンに扮する者さえいた。パンが、棒切れやショウウィンドウで掲示され、バッジとして身につけられた。パンは、政治に政治経済を伝達するのに、具体的ではあるけれども柔軟な方法を提供した[13]。パンが消費者の感性を一変させ、生活の基準の新たな指標を与えた。実際の商品が、人民の家計に対する政策の影響を明示するために用いられたのは初めてであったが、この役割は、とくに一九七〇年代におけるヨーロッパ共同体をめぐる議論において政治家が買物かごを用いることで過去数十年間に身近なものとなった。しかしパンは価格の記録物以上のものであった。それは文化、社会、国民性をめぐる広範な思想を表現するものであった。選挙活動が展開するのにしたがって、パンの象徴的使用も展開していった。価格と生活水準をめぐる情報が、イギリスの文明の優越に関するナショナリズム的表象に次第に結びついたのである。

大半のイギリス人はすでに一八世紀後半において白パンを好むようになってきていたが、スコットランドやイングランド北部ではオートミールが一般的であり、またウェールズのいくつかの町でのように海藻で作られた「ラヴァ・パン」をはじめとする独自の製法のパンを二〇世紀初頭まで各地が保持していた。後世の栄養士が何と言おうとも、大半のヴィクトリア時代の人びとと社会改革家は、粗い粒のブラウン系のパンから白パンへの移行は、戸外の重労働から会社や工場での屋内作業への移行に自ずと従っていると信じていた。一九世紀の実験によって明らかになったのは、労働者を粒の粗いパンに戻したら、消化の問題が多発し、意欲と業績の低落につながったということである。[14]世紀転換期までには、パンに代わって肉が労働者階級の食費における最大の支出項目になっていたが（二五から三二パーセント）、パンと小麦粉はそれでもまだ二〇から二五パーセントを占めていた。

政治的象徴としてのパンは、すでに一八四六年の穀物法撤廃にいたる闘争において用いられていた。絵画や陶器で「パンを無税に、商売を自由に」と求める小麦束の中心イメージと併せて、反穀物法同盟は一八四一年にパンを象徴として採用した。『反パン税報知』では異なる大きさの三つのパンが示されて、いかにイギリス人がポーランド人やフランス人よりも満腹感を得ていないかを明らかにしている。いくつかの機会において、同盟はパンを集会の舞台小道具として使いさえしたのであり、大きなポーランドのパン、中くらいのフランスのパン、小さなイギリスのパンを天井から吊り下げた。大きなフランスのパンと小さなイギリスのパンは、チャーティストの集会にも登場した。[15]ブリストルでは一八五二年の選挙の際に、穀物の自由貿易を支持していた保守派が、その西インド諸島における権益のために砂糖に関しては除外したことを揶揄し汚名を与えるためにリベラル派はパンを用いた。大きくて微笑みを絶やさない身なりのよいパン男が、輝かしい自由党候補者たちに壇上で向き合い、その隣には保守党候補のどうしようもなく小さなパンがある。[16]

エドワード時代の選挙運動は、安いパンを中心の象徴に据えた。この簡単で楽しげな省略法が、食品価格に関する常識に訴えかけるとともに、ますます増大し複雑化する経済のデータと議論から単純明解な図像を引き出した。だが皮肉なこ

図5　「堂々たる問いかけ」――この絵はがきで二つのほぼ同じ大きさのパンを示しているジョゼフ・チェンバレンは、1903年のバーミンガムにおけるその政治的妙技を再度演じている。

とに、このアイコンに初めて幅広い関心を惹きつけたのは保護貿易推進陣営の方だった。一九〇三年一一月四日、チェンバレンがバーミンガムの聴衆に対して、ほとんど大きさの変わらない自由貿易パンと保護貿易パンを芝居がかった仕草で見せた場面が、この選挙運動の決定的瞬間の一つとなった。保守側の絵はがきは、チェンバレンによって示された「実際のパン」のイメージをすぐさま掲載した（図5）。チェンバレンの論点は単純である。彼の提案する二シリングは非常に小さいので、実際には大した違いはないということだった。これに対する反応として、『デイリー・ニューズ』はすぐさま政府刊行の最新の『青書』の統計に基づいて独自に二つのパンを焼き、そのロンドンの社屋において、小さな保護貿易パンの隣に大きな自由貿易パンを展示した。それでは、この競合するパンの正確な大きさはどうだったのか。比較のためにはどの要素を考慮すべきなのか――価格か、あるいはまた賃金の違い、もっと一般的に生活環境か。そしてどの統計の数字が信じられるのか。

　リベラル派の漫画家は、自分たちのパンのことをよく理解しているイギリス労働者階級の常識を、関税改革側の抽象的な約束と対比した。「目くらまし」という『ウェストミンスター・ガゼット』にF・C・グールドが描いて影響力をもった漫画が、幻燈講演会、リーフレット、絵はがきに幅広く使用された。ここでは街頭演説するペテン師として登場するチェンバレンは、彼の「あからさまな帝国保護貿易の何倍にも誇張された見世物」として、手に小さなパンをもって、このパンを見るように通りかかった二人の労働者に語りかける。労働者たちはこのまやかしに背を向けて、「わしらはパンを食べたいのであって、見たいんじゃない」とチェンバレンに告げる。[17] チェンバレンの細かな芸当は、広報の失敗に終わった。彼のいかがわしさに関しての大衆の疑いを濃くしたのである。それは自由貿易のアイコンを廃絶するのではなく、社会全体の状況を表象する目的でのパンの幅広い使用を促したのである。

一九世紀後半は、統計的知識と社会調査における革命に入っていた。政府はこれまで以上に精密に経済について多くを知るようになっていたのである。一八九六年に商務省は、数多くの商品の小売物価の指数化を開始した。一九〇三年の政府青書は自由貿易イギリスの状況を保護貿易国家の状況と比較した。この新たな情報という財産が、自由党と保守党という対立者に議論と反駁の素材をかぎりなく供給したが、それはまた大衆政治にとっては大部にすぎ、また詳細にすぎるものであった。大きなパンと小さなパンが、複雑な経済関係を具体化する魅力的な象徴だった。一九〇六年の総選挙でリベラル派が用いたビラに掲載されていた写真には候補者たちとともに二つのパンがあり、ドイツとイギリスにおける賃金、労働時間、物価についての青書からの情報が併載されていた。パンの各々の大きさは、小麦の物価を捉えようとしたものではなく、より一般的に労働者の状況を反映しようとしたものだった。「イングランドにおける熟練労働の半時間で、ドイツにおける熟練労働半時間の三倍の大きさのパンを買うことができる」（口絵8）。物価に関する議論は、購買力と社会状況をめぐる議論へと拡大していた。

比較に関して統計を用いることの利点は何であったとしても――関税改革側で不満に感じていたのは、青書の数字が不公平にもドイツにおける非熟練労働者の高賃金を黙殺していた点、リベラル派の見方では全賃金がパンに費やされると想定されている点であった――自由貿易のパンの方が、保護貿易のパンよりも三倍大きいという視覚的イメージが勝利を収めたのであった。多くの場合、数字はすっかり消え去ってしまうが、パンが残って語りつづけたことは、『デイリー・ニューズ』に掲載されたポスター「ご婦人とお子さまへのお願い」（口絵9）などからもわかる。[18] 一九〇六年ブラッドフォードで、大きなパンに扮した男が、この地区の自由党候補者支持の子供たちの行進の先頭に立っていた。[19] ダドリー・ウォードの「嵐雲が押し寄せる。目覚めよ。子供たちのパンが危機に瀕している」は、おとぎ話に依拠しており、「課税」というナイフで切り取ろうとするチェンバレンの顔をした竜巻から逃げ去る「繁栄」というパンが登場する。多用された家庭のパンの塊のもつ不規則なかたちは、実際の数字と価格に適当にしか依拠しなかった幅広い文化的要請に見合っていた。一方でスライスされたパンのイメージは、経済的差異をより正確に表しうるものでありながら、はるかに稀にしか登場しなかった。[20]

関税改革推進派は、安いパンを議論から除外して、論点を賃金と雇用に移そうとしたが、その過程で、このリベラル派のアイコンの中心性を強化するだけに終わった。「パンの値段が一ファージング上がったようだ」と、ある保守派による絵図では、イギリスの労働者が妻に説明しているのだが、賃金が上昇して他の税が軽減されているから心配することはないのであった。同時に、妻がパンを食卓に出している。[21] 他の保守派の絵はがきで描かれているのは、イギリスのライオンの「明らかに好きなもの」が示す、自由貿易パンよりも「植民地産と国産の小麦のパン」に対する明らかな好みであった。関税改革側の試みは、公衆の視線をパンに集めつづけることに寄与しただけだった。[22]

映画という新しい媒体では、活動写真の開拓者であるルーウィン・フィッツハモンが、強固な保護貿易派の映画監督である――彼の多くの映画に登場する馬は「関税」という名前であった。大きな人気を博した動物映画『ロウヴァーに救われて』（一九〇五年）や『副牧師が本当にしたこと』（一九〇五年）のような社会喜劇で有名な「フィッツ」はまた、セシル・ヘップワースと組んで、保護貿易を擁護する二つの先駆的な政治映画となった『国際物流』（一九〇五年）を製作した。この短編映画では、ジョン・ブルが、醜い自由貿易魔女の魔法から、美しい乙女「フェアトレイド」の魅力によって解放される。しかしここでもまたパンが、スクリーン上で中核に置かれる両義的なイメージである。ジョン・ブルは、大きなパンをもった自由貿易魔女から去り、小さなパンをもった妖精の方へ向かうのである（図6）。[23]

関税改革推進派は独自の政治経済のイメージを開発するのに明らかに失敗した。そのドイツ風の帽子とパイプでそれと

図６　「ジョン・ブル」が、彼の左側の「自由貿易魔女」に対して勝利を収め、右側には「自由貿易妖精」と救われた労働者階級夫婦がいて、全体の光景を「ブリタニア」が見下ろしている。テーブル上には二つのパンが認められる。ルーウィン・フィッツハモン監督、ヘップワース製作による最初期の政治プロパガンダ映画「国際物流」（1905年）のスチール写真。

わかる「投売り商人」、または外国生産者の手先として開かれたイギリス市場に入り込んできたドイツ人商人「シュミット氏」は、保護貿易側が対抗するイメージを展開したもっとも近い例である。しかしこれらさえ、パンの磁力から完全に逃れることはできなかった。関税改革同盟を代表する有能な漫画家ハスキンスンによる漫画は、その苦境を示している。Ｘ線によって大きなパンの中に悪賢いドイツ人「投げ売り商人」が隠れていることが明らかにされる（図７）。別の絵では、イギリスの商人が困難な状況にあるのではないかと海を見渡そうとしているジョン・ブルの双眼鏡をさえぎるものとしてパンが用いられている。[24]

これらの表象はそれぞれ独自の生を展開していった。漫画家と政治家は密着して互いのイメージを追いかけ、互いに競い合い、弱みを探し合っていたのである。そこで大きなパンと小さなパンの対比が、最終的に関税改革推進運動に戻る道を見出したのもおそらく偶然ではない。一八八〇年代以降『パンチ』に政治家の戯画を掲載していたハリー・ファーニスは、そのユーモアに富んだ週刊誌『リカ・ジョーカ』を一八九四年の刊行初日に十四万部売りさばいた肥満体の多産なイラストレイターだが、保守派の週刊誌『国民』に政治漫画を描くようになっていた。ファーニスが描き出すチェンバレンは、まだ同じ大きさのパンを手にしているが、いまや大きなパンの山の上に自信満々で立っており、それを朝日が明るく照らしてい

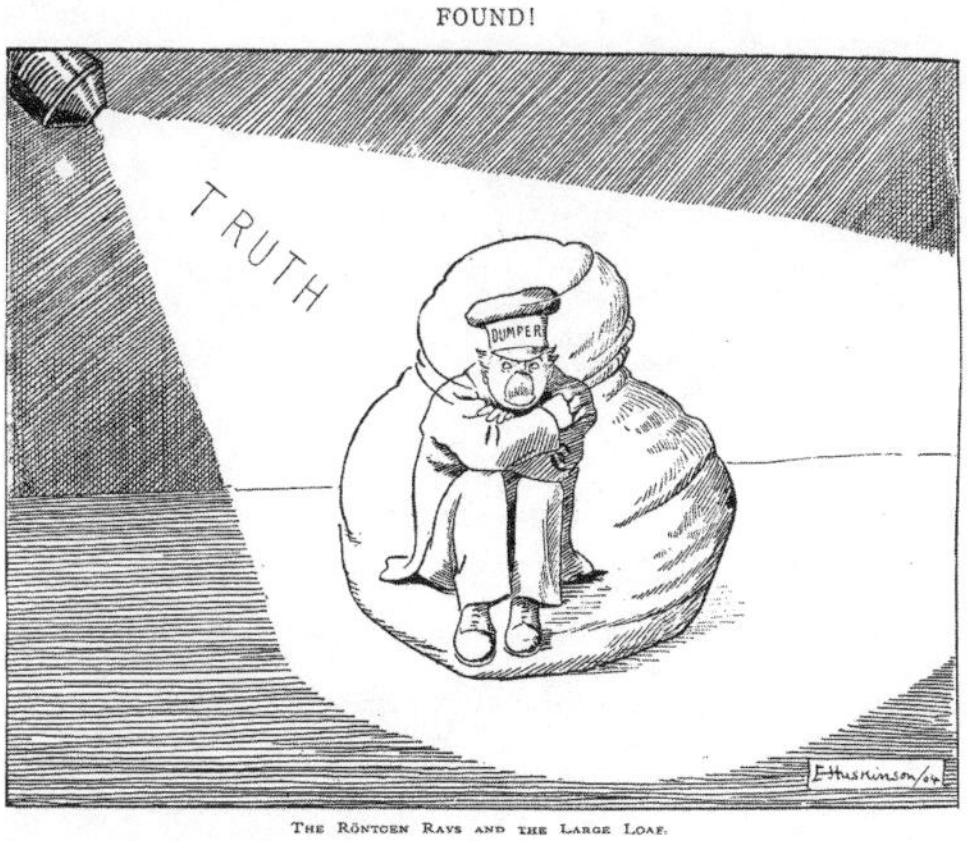

図7　関税改革推進側は、最新の科学技術の助けを借りて、自由貿易パンの中に隠れているドイツ人投げ売り商人の存在を暴露する。保護貿易陣営の漫画、1904年。

る。「もし『ジョー』が勝つならばパンはあふれるだろう」。チェンバレンの隣には、灰色の陰鬱な工場の影を背景として、寂しげなちっぽけなパンが座っていてその看板には次のような言葉がある。「外国人がわれわれの仕事を奪ってイングランドの工場は次々に閉鎖されているので、労働者が買うことのできるパンのすべてがこれです」[25]（図8）。

安いパンは、自由貿易下での繁栄の強力な象徴だった——価格が低く安定しているかぎりは。一九〇八年から一〇年に価格の上昇が始まると、安いパンは困難に陥った。「急進派の安いパンはどこに行ったのだ」と問いかける保守派のポスターでは、自由党の首相アスキスが普通の四ポンド半の分量のパンを六ペンスの高値で提供している[26]。物価が、イデオロギーが深く関わる問題となっていた[27]。これに反応して、自由貿易側のキャンペーンはその焦点を量から質へと移し、自由貿易イギリスの文明生活とドイツの野蛮な状況という次第に際立つ明暗に基づいて展開していった。大きな白い自由貿易パンと小さな白い保護貿易パンにここで加わるのは粗い黒パンであり、典型的には、馬や犬の肉さえ食べることを余儀なくされているドイツ人に関税が強いている人間以下の食物と言われていたものである。

一九〇三年の選挙活動の当初より、リベラル派では黒パンを持ち出して、聴衆を娯しませ、自由貿易の白パンに見られるイギリスの高度な文明を思い出させていた。ルールー・ハーコートが、グラッドストン内閣の最後の財務大臣であった父親に誇らしげに語った。「演説の途中でドイツの黒い

図８　ジョゼフ・チェンバレンの下での豊かな未来には陽光が輝くが、その隣には自由貿易の下での陰惨な現在がある。

ライ麦パンの塊を二つ掲げて、保護貿易の結果ドイツの農民はこうなったと言ったら、そのパンのかけらを手に入れようとその後で大騒ぎだった[28]」。群衆をあおる術を心得ていたロイド・ジョージは聴衆に対して、チェンバレンは「ヨシュアの再来」だが、人びとを導くのは、「ミルクと蜜の流れる地ではなくて、黒パンとドイツ製ソーセージがあふれる地なのです」と語りかけた[29]。急進派とリベラル・ユニオニストは、関税はイギリス人労働者を、保護貿易下のドイツのように馬肉の食事に追い込むのではないかという怖れを口にした。

　馬が大きく浮上したのは、ロンドンのイーストエンドの中心にあるサウス・ハックニーにおける一九〇六年のホレイショ・ボトムリーの選挙活動においてである。ボトムリーは自称「生まれながらの民衆の味方」であり、ホリオークの甥で労働者反砂糖税連合の会長だった。彼はまた有名なスポーツマンで馬をよく知っていた。彼の所有馬ウォーグレイヴが勝馬になったシザーウィッチは、後にアレクサンドル二世になるロシア皇太子に因んで名づけられた、ニューマーケット競馬場で開催される代表的ハンデキャップ競走である。ボトムリーのプロパガンダは、ニューカッスルの州裁判所での最近の聴取における廃馬業者の証言を利用するものだった。最近十ヵ月間でこの業者は、一五〇〇頭の馬を外国の精肉店に売るために輸出したとのことだった。(30)

一九一〇年までに保護貿易下での生活の恐るべき実例がいたるところにあった。イギリス人は、ドイツの馬肉消費を示す数字に圧倒された。ヴロツワフだけで毎日六〇頭の馬が解体処理されて、二万四千人分の食肉になっていたという報告が自由貿易連合のリーフレットで報告された。それに付されたケムニッツの『フォルクスシュティンメ』のようなドイツの新聞から直接とられた写真では、精肉店が栄養的価値があるとして馬肉を宣伝しているのだった。馬肉のステーキとソーセージが黒パンとともに、ヨークやハルからブライトンまで多くの都市の店舗や市場で展示された。自由党予算に反対した貴族院議員たちは関税とともにやって来る馬肉のソーセージを試したいのだと言い放ったロイド・ジョージの機智にあふれた挑発に続いて、リベラル・クラブでは二名の貴族の横にドイツ製ソーセージが並ぶ写真を正面に掲示した。

ドイツで馬に生じていたことを報告する煽情的な記事が、イギリス人にふんだんにふるまわれた。ある荷馬車屋の馬が倒れて死んだときに、ドイツの群衆は屍体を草地に引きずっていき、皮を剝ぐと、たちまちのうちに骨からすべての肉を取り去ってしまい、警察の介入する猶予もなかった。一九一〇年の総選挙では、自由貿易支持者は、ソーセージと母馬のプラカードを掲げて行進した。一九一二年にいたっても、ボルトンの補欠選挙で、リベラル派は「ドイツ人用馬肉」という札をつけた衰弱した子馬を連れて街路を練り歩いた。(31)さらにひどいことに、保護貿易によって飢えたドイツ人は、人類にとって最高の友さえも口に入れているのだ。自由貿易支持者が熱心に流布したドイツ政府の統計によれば、年間七千匹の犬が人間の消費のために殺されている。ロンドン近郊のエンフィールドで、ある自由党候補者が思いついた巧みなアイディアは、自分の犬の首にカードを付けて連れ歩くことだった。そこに書かれたお願いとは「ブランチさんに一票を、犬を食べなくてすむように(32)」。

自由貿易支持者は、その食品を用いた宣伝によって、ドイツとイギリスの対抗関係の炎を煽り立てた――関税改革派はそれに反応して、保守的なドイツの新聞によって表明された怒りを紹介したが、「まずい黒パン、馬肉ソーセージ、犬肉でドイツの労働者が生きているなどというおとぎ話」といった表現に見られる徹頭徹尾のプロパガンダを愛国的語調で伝えているのだった。(33) しかしこれもまた、外国社会をめぐる知識の生産、そして国内における一般聴衆の操作における新たな変動する段階の一部であった。平均的なイギリスの労働者は植民地について、ましてやドイツのような保護貿易国についてほとんど認識をもっていなかった。大西洋の両側の経済ナショナリズムによって復活したアンクル・サムとジョン・ブルといった典型的国民の戯画の伝統を利用したことに加えて、自由貿易をめぐる戦いは、未知の生活と労働の世界をめぐる情報(と偏見)の前代未聞の流通の堰を切ったのである。それは、活字による、そしてまた次第に増える写真を通しての報道の国際的流布を加速し、大衆化したのだった。以前は「未知の土地」であった、デュッセルドルフ、ヴロツワフ、ボホルトといった遠隔地が、イギリス政治の日常生活に入り込んだのである。

新たな種類の研修旅行とともに外国報道のこの波を最初に作ったのは関税改革派だった。一九〇八年秋に、ヨークシャーの新聞の主筆レイナー・ロバーツは、デューズベリーの保守党候補者W・B・ボイド・カーペンターとともに、当地の紡毛織物産業に従事する労働者の小グループのためにドイツ旅行を組織した。一九一〇年の夏までに、保守党は五百人程度のこの「関税視察旅行」の資金を整えた。彼らは帰国すると、ドイツの好ましい生活状況について生き生きした報告を行った。ドイツ人労働者は、立派な邸宅、社会保険、職業紹介所をもっている。ドイツは、保護貿易によって支えられる高賃金と社会福祉という関税改革の社会像の生きた証拠であった。進歩派リベラルは、独自の社会改革計画を有していたが、高失業率の時代にあっては、関税障壁に守られて労働する高賃金のドイツ人という保守派が描き出す像にそれらが対抗しうるのかは明瞭ではなかった。闘争が勃発して初めて、関税改革陣営は、安いパンへの有効な対策を手にしたのである。

自由貿易陣営は、保護貿易の下での生活がディストピアであるという別の絵図を示す必要に迫られていた。彼らはふたたび食品を中心の主題に据えた。外国の報道機関、とりわけドイツとオーストリア＝ハンガリーの社会民主主義新聞から提供される抜粋が、イギリスにおける地方と全国の政治の要になった。自由党の候補者たちは聴衆に向かって、ウィーンで事務員が肉の価格に対して抗議したという新聞記事を読み上げた。『フリー・トレイダー』は、ウィーンでの精肉価格に対する抗議運動の写真を転載した。在ドイツのイギリス総領事フランシス・オッペンハイマーによる関税制度に対する批判的記事が、リーフレット、パンフレット、地方紙を通して流布された[34]。ライムハウスのエドワード・ベイカーのような関税視察旅行から外された者が、この保護貿易側の旅行にひそむ贈収賄と不正について語った。白パンの一塊も見つけるのは難しい、とベイカーは読者に語る。ドイツのソーセージは「牛の食事のために考案されたと聞いて驚いた」[35]。自由貿易独自の調査が最高潮に達したのは、労働党の指導者で将来の首相ラムゼイ・マクドナルドが、デュッセルドルフ、ニュルンベルク、ボホルトを一九一〇年に訪れたときである。一ペニーで売られ広く読まれた一連の新聞記事において、ドイツ人労働者の「真の状況」について報告した。マクドナルドは、ドイツが次第に豊かになっていると認めた。しかしこれは関税が理由ではない。教育、組織、社会改革、とりわけ失業対策に関する有効な制度があるからこそである。ドイツ人は保護貿易がもたらす恐怖の教科書的な事例として登場した。馬肉はどの精肉店でも見つかるだろう。パンを買えばそれは「粗く、重く、味がなかった」。紅茶を買おうとしたが、見つからなかった。「馬肉、犬肉、黒パンに関する話は完全に本当なのだ」とマクドナルドは報告した[36]。

食事、生活環境、文化を、保護貿易の一つの必然的な結果に落とし込むのは無茶だと関税改革側が指摘しても無駄だった。ドイツは国際基準に則れば、低い関税率だったというだけではない。粒の粗いパンはドイツの大半の人びとに浸透しており「ここロンドンでリッツやサヴォイで食事をするのと同じ階級の人びと」にも食されている[37]。それは貧困や関税を反映するものではなかったのである。自由貿易に近い大陸の国オランダもまたライ麦パンを好んでいた。特大の自由貿易パンと小さなドイツのパンの対置のまやかしを指摘するために関税改革派が持ち出した商務省の統計では、一九〇八年のベルリンにおける典型的な家庭用のパンの塊の価格はロンドンと同じで、エディンバラやダブリンよりもずっと低かった。新保守派の新聞に掲載されたドイツ滞在経験のあるイギリス人の手紙では、ライ麦パンの風味と栄養が賞賛されていた。新奇な錠剤を追いかけるイギリス人の熱狂がドイツにはないこと以上に明白な証拠があるだろうか。医学分野の権威的刊行物『ランセット』さえこの議論に引き込まれ、黒パンが飢饉食ではなく、白パンに栄養的に劣るものではないと証明した。アレクサンドラ王妃自らが黒パンを常食にしており、地方のパン屋が保持していた王室御用達を再許可したと保守側では強調した。[38]

馬肉と犬肉の物語の背後にある現実が、自由貿易側の説明よりも複雑なものであるのは驚くべきことではない。精肉価格に対するドイツ人の抗議は、関税の直接的な影響と少なくとも同程度には期待の高まりに関わるものだった。ドイツの精肉価格は、実際、一九〇六年に下落し、イギリスでの馬肉物語が展開して相当時間が経っていた一九一〇年秋まで一定にとどまった。ドイツの生活水準は、一九世紀後半に劇的に改善された。そのために、一九〇〇年以降、各国同様ドイツでも食品の一般価格が上昇しはじめたとき、相対的に窮乏しているという深い感覚が生じたのである。典型的なドイツの労働者は、昼食に肉を食することができるようになった。実際、ドイツの労働者は、公務員と変わらぬ量の肉を食べていた。労働者がさらに高額な高級肉を食べるようになるにしたがい、その価格に敏感になっていった。ケムニッツではいくつかのレストランが犬肉を供していた。しかし馬肉と犬肉の消費は貧困ではなく地方文化を反映しているという点を、一九〇八年のドイツの産業状況の調査において商務省は認識していた。ドイツで殺されていた年間六千から七千頭の犬のほとんどがザクセンとシュレジエンの解体処理場においてであり、後者の地方では大量のポーランド移民が犬肉を結核の特効薬と見なしていたのである。[39] ラインラントのような裕福な地方では、ポーゼンのような貧しい地域の二〇倍以上も多く馬が解体処理されていた。「桜肉」は、フランスとイタリアで、完全に定着した食品であったし、現在もありつづけており、一九八〇年代のハーヴァード大学ファカルティ・クラブでも供されていたが、ここはとくに貧者の大食堂ではないといってよかろう。

しかしながら、正確さには疑問符がつくとしても、自由貿易側のキャンペーンが成功を収めたことに疑いの余地はない。ドイツ人が犬を食べるのは関税のせいだという記事が地方紙に現れると、保守党側ではお手上げ状態で本部に指示を求めた。情報部が演説者たちに示すことができたもっとも「有効な」対策は、「ドイツ人は犬肉や馬肉で生きているわけではない」ということを会合で言いつづけることであった。[40] 自由貿易側が、幅広い国民的類型と文化的感性を活用したのである。生体解剖と動物虐待へのヴィクトリア時代の反対運動が、一つの新しい人間的感情を後に遺していた。[41] 犬は信頼と忠誠心を備えた社会的動物である。ヴィクトリア時代中期のイギリスにおいて、馬肉奨励協会が馬肉の栄養上の美点を宣伝しようとしたが、この運動は、馬肉食がまさしく異教徒、外人の習慣であるという感覚を強めただけに終わった。文明国は、馬も犬も消費しないのであった。確かに、ベルギー人移民が多いカムデンやイーストエンドの貧困地区では、肉屋が馬肉の販売を続けていた。一九一〇年には医務官たちさえ、猫肉が「実際に人間に消費されている可能性がある」と考えていた。[42]しかし大衆レベルでは、外国の食生活の説明は、保護貿易が野蛮な風習であるという見解を補強した。第一次世界大戦中、ドイツの労働者の生活状況が、イギリスの労働者が関税を支示する誘因になっているのではないかに関して商務省の調査が行われ、問われた鉄鋼業労働者組合事務局長P・ウォールズの回答は単純なものだった。「ドイツの労働者の生活水準を論じる必要はないと考えます。われわれはここでいっさい馬肉を用いていないのですから[43]」。

自由貿易はいまや文明のきわめてイギリス的な形態の根底にあるように思われた。自由貿易と関税の違いは、程度の違いではない。経済学者が考えるかもしれないように、保護貿易は、単なる価格の上昇、需給曲線のシフトにつながるだけではない。むしろ、一九〇九年から一〇年にドイツ帰りの自由貿易支持者が繰り返し詳述したように、関税は根本的に異なる文化を創り出していた。そこで紅茶やジャムを見つけるのは不可能だった。「ドイツの労働者階級は、牛肉、羊肉、豚肉の大小構わないローストした骨付き肉の食卓を囲む悦びを知らないのだ。……五〇人に一人もイングランドの平均的な労働者階級の主婦が料理についてもっている知識をもちあわせていない[44]」。

このドイツの「野蛮」に対する全面攻撃は、ドイツを社会保障の領域での師表と見なしていた進歩的リベラル派の面々によっても共有されていた。当時、ドイツ文化を断罪するに際してもっとも熱心だったロイド・ジョージは、ビスマルクの福祉制度に触発された近代化論者として主に名をとどめている。[45]ロイド・ジョージは、全国各地で、ドイツの馬肉話によって支援者の受けをとっていた。「一二ヵ月の黒パン食と肉汁たっぷりの馬肉のランプ・ステーキで、貴族たちは三日もたたずに自由主義予算を通してくれるでしょう」と一九一〇年一月の総選挙の際に彼は有権者に請け合った。[46]自分は「ドイツの海軍力を怖れてはいないし、ドイツの貿易競争力も怖れてもいません。ただ本当に恐いのは、ドイツのソーセージです。（拍手喝采と笑い）……関税改革が、貧困と、われわれにとっては乞食にも気の毒な食べ物へとドイツの国民を追いやったのです。[47]この国がドイツ式の関税を求めるのならば、ドイツ式の賃金……ドイツ式の軍国主義、そしてドイツ式のソーセージも漏れなくついてくるのです」と彼はヨークの集会で語った。[48] 自由貿易は文化的な問いになっていた。ドイツとの明白な対比によって、ここに来てリベラル派はかつて行っていた、無数の飢えに苦しむイギリス人にとって関税が死活問題になるだろうという警告を引き戻さなければならなかった。イギリス人ははるかによい暮らしをしているのである。[49] ドイツの目立つほどの清潔さといった美点の観察は、関税によって生じた権威主義的雰囲気の単なる反映として受け流された。ドイツはただ比較して清潔に見えるだけなのである。現実には、こぎれいな身なりは、警察国家の徴しである。権威への畏怖は、貧困が社会の視界から隠されることを意味する。イギリスでは、対照的に、自由の雰囲気によって、貧者はぼろ服での外出を恥じることはないのである。[50]

聖戦の軍隊

自らの関税改革キャンペーンを「聖戦」と名づけたチェンバレンは、当時の政治の風景に解き放たれることになる熱情とマンパワーを把握していた。一九世紀前半において、奴隷制に反対し、穀物法撤廃に賛成した運動は、新たな圧力集団政治を導き入れていた。エドワード時代の政治は、海軍同盟から単一税支持者まで、独自の多様な陳情団体と圧力団体を送り出していた。しかし自由貿易をめぐる闘争は、完全に異なる規模の動員を促した。一九〇三年一二月のラドローの補欠選挙では、関税改革陣営では、このシュロップシャーの小さな農業選挙区に前代未聞の一八名の選挙担当者を送り込み、勝利を収めた。[51] リベラル派は驚愕した。つづく数年にわたり、関税改革同盟と自由貿易連合は、真の大衆軍隊といえるまでに膨張した。一九〇九年一月と一九一〇年一月の選挙の間、関税改革同盟は、七七六三回の集会を開催し、五千三百万枚のリーフレットとパンフレットを配布し、一六一のダンプ・ショップ、乗合自動車、宣伝部隊を組織した。この選挙だけで、漫画『財政的事実』九〇万部が発送され、一六万六千枚のポスターが印刷された。[52] その主要敵だった自由貿易連合は、一九〇三年段階の小さな委員会から持続的運動を行う巨大組織へと拡大した。一九〇八年までに二九四三回の集会を開催し、一九〇九年までに五千回を超えた。二回の総選挙があった一九一〇年には、一万二四七一回を数えていた。

地方支部の活動が、この運動に規模の感覚を与えていた。ミドルセックスおよび北部・西部ロンドンにおける自由貿易連合支部は、カレドニアン・ロードに中央事務所があり、その他にホーンジー、テディントン、イーリング、ノース・ケンジントン、ウェンブリー、フルハムに事務所があった。ヘンリー・ネトルシップはここで、二九名の演説者、三名のメッセンジャー、一名のタイピスト、二名の使い走りに加えて三二名の無給スタッフを指揮していた。彼らが組織した集会は、一九一〇年一月の総選挙の際、一九〇回を下らなかった。[53] その選挙で国中に送付された印刷物の総量は、一九〇六年と比べて五〇パーセント以上も増加し、六六万部の多色刷り自由貿易図画およびポスターと一〇〇万部の『リベラル讃歌集』が含まれていた。[54]

その煽動は関わった人びとの数の多さにおいて印象的だったが、同様にそれが創り上げた政治マーケティングの新たな形態においても印象的だった。「チェンバレンがどうすればいいのかを私たちに教えてくれている」と、一九〇三年から四年の冬の補欠選挙の前半戦が終わった後で述べたのは、自由党の組織化指導者で院内幹事であったハーバート・グラッドストンである。関税改革同盟は積極的に組織化を進める部隊であり、「無給の人びとを大量に」駆り出している。[55] 自由貿易陣営は、対照的に、統轄本部をもたない運動体のゆるやかな連合として出発した。自由貿易推進の傘の下に集まったのは、排他性の強いホイッグ的なユニオニスト自由貿易クラブから、労働組合指導者と労働党員を結集していたシェリダン・ジョーンズの反保護貿易人民同盟まで、学者色の濃いオックスフォード自由貿易同盟から、党派を超えて自由貿易の演説者を集めることを求めていたミス・バーチが私的に運営していた政党と無関係の自由貿易団体まで、保守党のアーサー・エリオットからL・T・ホブハウスとバートランド・ラッセルのような進歩的リベラル派までである。[56] 多くのエネルギーが浪費されたのは、保守とリベラルのユニオニスト陣営からの人集めの試みであったが、彼らの大半にとって、急進派の面々と同じ壇上に立つと考えることは、関税改革そのものと同じくらい厭わしいものであった。彼らは「日和見の自由貿易支持者」だとエリオットは嘆息した。コブデン・クラブもまた同様に「強烈な煽動」にふさわしくないと考えられていた。[57] それは小さすぎ、会員は高齢で、党派心の強い団体と広く見なされていた。自由党が主体の自由貿易連合とその援軍が、このキャンペーンの主力になった。

自由貿易連合は、一九〇三年夏の誕生から一九一〇年の全盛期までめざましい進化を遂げた。その誕生は単純ではなかった。圧力団体のお決まりの症候を示しており、精力的な組織家同士のエゴのぶつかり合いと優先されるべき戦略に関しての意見分裂があったのだった。自由党における統計の大家であったチオッツァ・マニーは、連合最初の事務局長だった社会学者L・T・ホブハウスの下で働かなければならないことに屈辱を感じていた。ハーバート・グラッドストンやホブハウスのようなリベラル派は、全国の自由貿易団体を使って、活動家の大衆組織を結成することを望んでいた。対照的に、組織委員会の大半は、保護貿易側の雪崩のような攻撃に対応し、いつ何時訪れるかわからない総選挙に備えるための即効性の高いプロパガンダに力を入れたがっていた。[58] 当初、自由貿易連合は、草の根活動家を引き入れることはせず、主にビラ配りと情報収集の事務所として機能していた。一九〇三年のクリスマスまでに、千五百万枚のリーフレットがすでに配布されていた。ルールー・ハーコートは独力で資金を集め、彼の主導で三七名の講師を雇ったが、連合全体はごくわずかの金で運営されていた。一九〇三年の秋に、連合はある過重負担の研究者に、製陶業のような特定の産業に関する情報を準備するよう要請した。[59] 一年後にその資金はほぼ枯渇していた。

一九〇六年総選挙の地滑り的勝利は、自由貿易連合にとっては複雑な意味がある恵みとなった。一方で、それは闘争の力、すなわち資金力を誇示することになったのである。表向き自由貿易支持派は、関税改革側の富豪たちとは対照的に、零細企業経営者や賃金労働者の支持を受けている団体と自己を位置づけていた。しかしながら、多数の小額寄付にもかかわらず、連合の業績の大半が可能になったのは、豊かなリベラル派の経営者からの多額の寄付のおかげであり、たとえばJ・B・ロビンソンの二千ポンドや、一九〇三年夏の石油と土木工事の大立物ウィートマン・ピアソンの千ポンドの寄付があり、後者はその後何度も続く多額の寄付の皮切りにすぎなかった。[60] 有権者を対象とした莫大な量のリーフレットに加えて、連合はまた、候補者と演説者にとって重要な情報源であった。彼らがそこで入手した絶対必要な武器は、最新版の貿易に特化した数値であり、『ABC財政必携』のような簡潔な入門書、『ドイツを見る』などのペニー・ブック、そして『関税改革反対の一〇一の論点』であった。一方で、自由党の勝利が歴史的な規模だったので、安易な満足感が拡がりはじめた。関税改革同盟が一九〇七年に聖戦を再開し、統一党を従えたとき、自由貿易陣営は不意を衝かれたところがあった。関税改革側の戦術はますます苛烈な攻撃性を増していた。統一党の委員会室で仕事をしていた保護貿易推進派は「自由貿易によって仕事をなくした自称『失業者』を大量に雇い入れ」、彼らの提案を多様な選挙区の特定の補強に自由に適用していった[61]。

ここにいたって、自由貿易キャンペーンは変容を遂げはじめていた。一九一〇年の総選挙の時期までは、自由貿易連合およびその補助団体は、四百の支部を有する全国組織に発展しており、「布教奉仕者」の大軍によって支えられていた。すでに選挙がなかった一九〇九年には、連合は五千回以上の集会を開催していたが、これは一九〇八年の二倍の数である[62]。ビラ配りはこれまで以上の量で継続する一方（一九〇九年には千六百万部超のリーフレットとパンフレットが配られた）、政治のスタイルは大衆集会と見世物への参加という新しい形態へと移っていった。娯楽を通じての教育である。この新しい政治世界についてこれまでさほど知られてこなかったのは、後の自由貿易文化の解体が、このような組織の衰退と消滅につながり、それとともに記録が失われてしまったからということがある。幸いにも、記録は、自由貿易連合の主立った補助団体の一つ「国民自由貿易講演・展覧会」を通じて、チャーチル文書の中に埋もれて生き延びた。この重要な一組の史料を用いれば、キャンペーンの規模を再現するだけでなく、さらに重要なのだが、いかに自由貿易が大衆政治の新しいスタイルに組み込まれてきたのかの経緯を観察することができる[63]。

世界は一九〇六年以降根本から変わってしまった、と自由貿易陣営の組織家ウォレス・カーターが、その二年後に述べた。一九〇六年以前、関税改革同盟は平均で六名から一二名の間の数の担当者を補欠選挙の際、選挙区に送り込んでいたが、今では百名である[64]。この野党の規模の大躍進に刺激されて、自由貿易側は、大衆の支持を維持するという問題を重視するようになっていた。ここでもまた自由貿易は、それ自身の成功の犠牲になったと一部いえる。関税をめぐる闘争の中で発生した統計的情報と経済的資料が膨大になったことで、それ自体の矛盾が露呈した。大衆政治の領域では、統計は、ギリシャ神話の多頭のヒドラのようなものであった。一つの頭を切り落としても、また別の頭が現れる。統計によって自由貿易支持者は、関税貿易推進側が下す運命の予言に立ち向かう事実という弾薬を手に入れたが、統計はまた関税貿易側にも、気息奄々の地方産業に次々に国民の注視を集める新たな機会を際限なく提供したのである。自由貿易支持者にとっては、統計は資料の問題を提起したが、またそれ以上のものにもなった。簡単に言えば、高次のコミュニケーションの問題に直面したのだ。自由貿易、経済思想、民主政治の力動的性格の三者間にはすれ違いがあった。経済の知識の世界が、まさにこの当時、複雑化と専門化を深める一方で、政治は、専門家やその筋の権威ではなく、これまで以上に大衆の支持を拠り所にするようになっていた。そしてこの圧力に加えて、マーケティングの問題に直面した自由貿易支持者は、十年の時の経過の中で、結局は同一の基本商品に関して、何度も支持を募らなければならなかった。

このような難問に取り組むに際して、自由貿易キャンペーンは、二つのいくぶんか矛盾する戦略を展開した。一つ目の戦略は、演説者と有権者に、特定の産業に関する短期の統計情報を提供する試みを拡大することであった。一九一〇年一月の総選挙の時期までに、自由貿易連合は、六〇の地方事務所を備えた情報局を立ち上げており、そこでは五〇人を下らない無期雇用の担当者が地方の演説者と作業員に訓練を施していた。国全体は、その産業によっていくつかの地方に分割された。自由貿易連合のスターリング地区担当者R・B・ダックが説明するように、「選挙活動は、演説者が地方産業の状況を把握していれば、さらに目覚ましい効果が上がることになる」。一般の演説者は、「ダンピング」によって損害を被った特定の商業の事例を引用する保護貿易側からの反論や野次になすすべなく立ちすくんでしまっていた。地区分割のおかげで、演説者の地方に関する知識は増え、「キャンプスバーロンの工場が自由貿易によって壊滅したといったような保護貿易側の『おとぎ話』を一蹴することができた」[65]。しかしこのような地方と産業の専門化はまた別の問題をはらんでいた。結局、自由貿易支持者の意義と評価は、関税改革側が好んで取り上げる特定の権益ではなく、公共の権益の側に立って語ることにあったのである。それゆえ選挙活動中、国民の物語と象徴を統合することによる訴えかけを行ったといえる。「国民自由貿易講演・展覧会」という組織、略してNFTLEの活動からは、キャンペーンの特定産業志向の側面よりも一般的なタイプのコミュニケーションの方が重視されていたことがわかる。NFTLEに資金提供していたのは、J・K・ケアードというダンディー有数のジュート繊維加工業者で、当時七〇歳で妻子がいなかった。およそ二千人の従業員を雇い、その成功を自由貿易に負っていたケアードにとって、この大原則に対して「富裕階級」が「かなりの程度異端」と化している事実は深く憂慮すべきことであった[66]。彼はこの運動に一万三千五百ポンド提供したが、この莫大な寄付も、この慈善家の基準では異例に多額ということでもなかった。一九一四年に探検家エドワード・シャッカルトンに、その南極探検への支援として二万四千ポンドの小切手を送り、シャッカルトンは感謝を込めて体長二三フィートのメジロザメにケアードという名をつけた。しかし政治活動の基準では、これは大きな意味をもった。自由貿易連合の運動資金は当時わずかに一万二千ポンドであり、一九一〇年の上半期に二万七千一六八ポンドを費やしていた一方で、関税改革同盟の方は、その年の終わりまでに三万ポンドまで資金力を上げることに成功した[67]。自由貿易運動は「金がないいとこ」のように思われることが多いが、NFTLEのような関連団体の資金力と活動水準を考慮に入れるならば、この図柄は一変するどころか、正反対にさえなる。この組織を運営していたのは、G・ウォレス・カーターという自由貿易連合の事務局長で、院内幹事長の私設秘書を以前に務めていた人物である。カーターが直属していたウィンストン・チャーチルは、一九〇八年にマンチェスターの補欠選挙で有名な惨敗を喫したのちダンディーに避難しており、ケアード資金の有効活用に並々ならぬ関心を抱いていた。

一九一〇年五月と一二月初旬の間に、つまり一九一〇年総選挙の選挙活動は含めないということだが、NFTLEは何と五四六〇回の集会を組織した（口絵10）。このうち特定の業界団体に的を絞ったものはわずか八七回であり、三七回は労働組合と協同組合、六回は農夫クラブと農業団体、八六三回の公開講演は地方の聴衆を相手にしたもので、一〇六回は女性向けだった。最大の分類は、四三六一回の会合と講演で、これは一般聴衆を対象にしていた。三七〇回以上の一般講演が計画中であった。この規模を位置づけるために述べるならば、高名なコンゴ改革キャンペーンは、一九〇六年から七年にかけて、わずか三百講演と四三回の集会のみだった。反穀物法同盟は、その最盛期に一五名の演説者を雇い、八〇〇回の講演を行った。NFTLEがそのキャンペーンを二倍の規模に膨らませることに成功した自由貿易連合は、一二月の選挙期間中それ自体としては小さくない数の二五五八回の集会を開催したが、これは関税改革同盟の二一二七回を上回っていた[68]。別の言い方をすれば、NFTLEは関税改革同盟が以前わがものとしていた比較優位を完全に消し去ってしまったのである。以上の数字が示すように、その新鮮な活動の大半が、特定の団体ではなく一般聴衆の追いかけるところとなり、選挙戦ではなく普段の時期に大半が行われた。

キャンペーンの非常な規模が、新たな世代の志願協力者の徴募と訓練という難問を変質させていた。コブデン・クラブのような団体は過去に懸賞論文を催し、後に『エコノミスト』の編集に携わるF・W・ハーストや経済学者A・C・ピグーのような野心的な若い知識人を惹きつけていた。こういった団体は、その性質上、大衆運動に求められる有能な演説者と組織者を輩出するということはなかった。一九一〇年夏と秋に開催された大規模キャンペーンの一つの目的は、「進歩的な協力者」と「自由貿易活動に継続的に関わる新たな賛助団体」を募ることであったとウォレス・カーターは強調した。聴衆は単なる聴き手ではなく、潜在的な会員なのであった。自由党では、これだという人を探して声をかけるように「めざとい」担当者を集会に派遣した。[69] 海辺の集会が、聴衆の中で関心の高い会員を「ヨーマンの奉仕」に引き込み、資料やポスター配布の手伝いや、さらに好都合な場合は、故郷での自由貿易連合の新たな支部の設立を促した。一九一〇年までに何百もの地方支部のネットワークが出現していた。ヴィクトリア時代初期の反穀物法同盟の活動は、ランカシャー、チエシャー、ヨークシャーといった工業都市に集中していたが、このエドワード時代の運動は真にイギリス的なものであり、その支部はボーンマスやスウォンジーに加えて、ニュー・フォレストのトットンといった小都市、ウィンブリントンというフェンランドの村にもあった。[70]

大衆キャンペーンがもたらしたのは、とくに女性の活動のための新鮮な機会であった。ロンドンでは自由貿易連合の中心的組織者が、有能で魅力的なミス・アイヴィ・プリシャスという、複数の自由党閣僚から迫られた女性であった。「天使の光ともいうべきものを神に与えられた完璧な女性」とは、連合の職員が彼女の結婚に際してワーズワスを引用して褒め称えた言葉である。[71] ミス・マクラーレン・ラムゼイのような女性の演説者と組織者の日程を見れば、活動の集中ぶりが如実にわかる。彼女は一九〇五年一二月初めにニュー・フォレストでの補欠選挙に参加した後、ノース・ドーセットに赴き、十日間で女性リベラル協会（WLA）の新たな支部を三つ立ち上げた。次いで一二月三〇日までラトランドで仕事を続け、リンカーンに行くと一九〇六年一月一五日の投票に備えて委員会室の監督を行い、一月一七日の投票に備えて中部ハートフォードシャーに戻り、月末までカンバーランドと北部ウェストモーランドで月末まで働くため鉄道でカーライル

図9　レディングの補欠選挙期間中、自由貿易支持の演説を行う女性、1913年。

に向かった(72)。一九一〇年には、WLAは一二万人以上の会員を擁していた。ロンドン周辺の諸州では、ミス・イザベル・エドワーズが、一八五〇名の「戦士」のために一〇四の団体を組織し、毎月推定五万二千軒を訪問した(73)。一九〇一年前半において、女性自由貿易連合は、五二の選挙区と六の補欠選挙で活動を行い、別に八六の特別集会を開催し、五〇万枚のリーフレットを配布した(74)。演説者には、ドロシー・ハンターのような教育のある中流階級婦人だけでなく、ジェシー・リチャードソンのような、ある組織者の回想の言葉を借りれば「騒がしい連中とも仲良くやれて、演説の中でユーモアと強い気持ちを織り交ぜる見事なコツを心得ていた、きわめて陽気なタイプの下町娘」もいた（図9参照(75)）。熱狂は子供たちにも降りかかり、しばしば駆り出されて歌を唱った。スタッフォードシャー北部では、子供たちが「小屋を所有して、そこを自分たちの委員会室にして、リベラル讃歌を習い、行進の準備をしていた(76)」。

政治教育のエンジンがかかってトップギアに入った。当初は女性の分析と統計の知識に関して大きな不信感があったが――一九〇三年に、自由貿易派の議員トマス・ラフは女性の聴衆に向かって、「数字というのは女性の皆さんにとってはなじみにくいでしょうから」この話題は難しい、と断ってから典型的な演説を始めている(77)――キャンペーンはすぐさま、自分たちが学生、教師、演説者であることを女性に示すことを可能にした。女性のための懸賞論文がいくつもあった。一九一〇年に、ミルデンホールWLAの名誉幹事ミス・ミュリエル・パーカーが、関税がいかに輸入を減少させるのかを論じた論文で一等になり、賞金二ポンド二シリングを得た。ブラッシーの『進歩の五〇年』のような定評あるイギリスの文書から、アメリカの商船の嘆かわしい状態についての一九〇四年のアメリカ商船委員会でミスター・ロッチが提示した証拠まで、彼女は幅広い資料を引用している。(78)

一九一〇年までに大衆キャンペーンは、教師養成の下部組織を進化させていた。地方のリベラル派組織は、勉強会を立ち上げていた。バーミンガムでは、自由貿易連合のチャールズ・フェローズが、毎週の授業で「(男女混合の)若者」に「原則、結実、倫理そして自由貿易への反対」について教えていた。(79)向上心をもつ「若者」にとっては、自由貿易連合のランカシャーとチェシャーの支部が主催する授業があり、大学の公開講座の経済学講義のカリキュラムに則って設計されていた。すべて真面目で熱心な若者である六〇から二百までの人数の受講生が受講した授業で教えていた中の一人F・バワー・オールコック(MA、オックスフォード大学ペンブルック・コレッジ)は、労働者階級のためのオックスフォードの講座であるラスキン講座の上級公開講座講師を務めていた。受講生は毎週論文を書き、最終論文をマンチェスター委員会に審査のために提出した。(80)一九一〇年九月までに自由貿易連合が推進していた「コテッジから大邸宅まであらゆる家で行われる」個別授業では支援する経験者の講師が単純な目標「現状の問題に詳しくなること」を掲げていた。W・ウィルキンズ(MA)が示した「学習範囲表」は、土地、労働、資本などの基本主題に関する学習計画の概略を示し、フォーセットやカナンの経済入門書などの研究書に近いものから、バスティアの「見えること、見えないこと」などジャーナリズム的なものまで幅広い読書を推奨していた。(81)

「自由貿易の活動意義にとって貴重なのは、五百人の平均的な聴衆よりも、五〇人の学生である」とウォレス・カーターは述べた。男性と女性のための勉強会が、野次をかわし、聴衆を触発する知識と技能を備えた新世代の演説者たちを準備することになった。彼らは多くの場合、自由貿易問題に関わる具体的事項へのその通暁ぶりによって候補者たちを助けた。「われわれは関税改革側の集会を自由貿易側の学生たちによって記録させてきた」とカーターは誇らしげに記した。一九一一年春までにカーターが構想していたのは、一種の自由貿易の国民大学の計画であり、これは二百の脆弱な選挙区に展開する「自由貿易教育授業」の全国組織であって、試験、実演、授賞も併せて考えられていた。一選挙区につき二〇から五〇の学生が、完全な資格を備えた教師から三学期間にわたり隔週であるいは月一回のペースで授業を受ける。ケアードは「大賛成」で喜んで一一四ヵ所の学習センターの資金を出したが、彼はロンドンで八〇ヵ所の開所を望んでいた。一九一一年秋に、自由党議員エリオット・クロシェ＝ウィリアムズがカーターから引き継いで、教科書（G・W・ゴフ『財政一五の誤謬』）頒布に、試験に、金賞、銀賞、銅賞、賞金を提供する懸賞にと次々と手配の腕をふるい、この計画を完成させた。J・M・ロバートソン、フレッド・マディソン、ウェッジウッド大尉、ヘンリー・ヴィヴィアンなど自由貿易陣営の上層部は、開会式の司会を務め、基調講演を行った。[82] どれほどの数の学生がこのような授業に合格し、彼らの背景はどのようなものだったのか。あいにくわれわれにはわからない。しかし、協同組合のような運動の全国規模で拡大したキャンペーンと教育活動と一体になって——自由貿易本とモーリーのコブデン伝が協同組合の図書館と講座の要であった——このような授業が、エドワード時代における政治経済への関心の大衆に幅広く浸透した甦りに一定の役割を果たしていたのであり、この現象は、労働者教育連合によって運営されていた一九一三年の授業の実に五二パーセントが経済学あるいは経済史に関するものだったという事実を説明するものだが、この割合は現在まで漸次下落することになる。[83]

浜辺で

一九一〇年夏の終わり、自由貿易キャンペーンはかつてない規模と力の波に呑み込まれ、通常は政治運動の「シーズンオフ」と見なされていた時季にこれまで政治が触れない領域に突入することになった。大半の海辺のリゾート地は、余暇の政治的中立の空気を守るために町と観光客を党派活動から防ぐ条例を定めていた。一九一〇年七月から九月までの海辺でのキャンペーンは、この未開拓の地を開発した。自由貿易支持者は砂浜と桟橋に入り込み、散策する観光客の注意を惹くという点で、アイスクリーム売り、占い師、ミンストレル歌手と競い合った。[84] 自由貿易支持者はいまや全国で敵と戦っていた、市場の街で、田舎の村で、そして浜辺で。

ウォレス・カーターは、一九〇九年夏にブラックプールとブライトンで数度にわたる海辺の集会の実験を行い、結果「大成功」であったと判断した。[85] 一九一〇年春に、ケアードからの小切手によって、この実験を、講師の一大軍団をイングランド、ウェールズ、スコットランド西部の海辺へと派遣する全国的なキャンペーンへと発展させる機会が得られた。カーターが幸運だったのは、戦略と軍隊風のキャンペーンに関する直感的な理解を有していた自由党の指導者が背後で支えてくれたことである。ウィンストン・チャーチルである[86]。というのもリベラル派の全員が、現代的な政治上のコミュニケーションというカーターの発想に承服していたわけではなかったからだ。一九〇九年にアイヴィ・プレシャスの結婚による引退が差し迫り自由貿易連合の実権を委ねられたあの「嫌らしく使いものにならないカーター」について、モンタギューはアスキスに対して不満を洩らした[87]。ウォレス・カーターは前任者が有していた魅力を欠いていたかもしれないが、政治参加の原則が移り行く感覚は確かにもっていた。カルロヴィ・ヴァリの温泉に向かう途中だったケアードは、カーターの海辺計画をすばらしいと考えたし、チャーチルもまたそうだった。すでに一九一〇年四月末までに、カーターは五〇の海辺の町を選んで、さらに一二の町で集会を開催する許可を得ていた。政治活動が公式に禁じられる場所では、カーターは、海岸沿いを大きなヨットでのクルーズを行う計画を立てたが、デッキには演説者を乗せて、帆には太字で「自由貿易」と大書するつもりであった。一九一〇年五月六日エドワード七世の突然の死さえ、この巨大キャンペーンを押しとどめなかった。六月初めまでにカーターは、五六ヵ所のリゾート地で計画された一五五〇回の集会開催のために、一五五〇ポンドの費用をかけて、六七人の講師を予約した。夏の終わりまでに、八七回のブライトンから五回のワイト島まで、八五回のスコットランド西部から百回超のデヴォンとコーンウォール北部まで、一三四三回以上の講演が催された。この海辺への侵攻が大成功だったので、ヨットの方は余計なものになった（口絵11）[88]。

モアカムではキャンペーンは八月二日に始まった。主導したのはアルフレッド・スミスで、協力者にロンドンのミスター・C・F・ランブルと近郊オルダムのミセス・フレッチャーがいた。当初はこの自由貿易側の演説者たちは、この町の政治集会を禁じる条例を回避するため、越えればモアカムという境界の手前のサンディランズに場所を構えた。二週間「吹きつける風にさらされて聴く側だけでなく話す側にも多大な我慢が必要だったため」、戦術を変更した。八月十五日月曜日の午後、彼らは町議会を無視して、モアカムその地へと移動して古い桟橋の近くで集会を催した。この顚末が地方紙に掲載されて無料の広告となり、翌夕「まずまずの聴衆」に恵まれた。一日後、自由貿易陣営は町の許可を得て、ウィンター・ガーデンの真向かいの浜辺で集会を開催した――「好天の日はいつでも」一日に三回集会を行うのに「すばらしい場所」だった。総計で四五回の集会を開催して、一万五百人の参加者があったとミスター・スミスは算出している[89]。

この「新奇性」の訴えかけは、地方旅行客にも効果をもった。『ランカスター・ガーディアン』によれば、自由貿易陣営の政治の「驚くべき何でもあり戦略」が、興味深くも付け加えられた「多国籍的な」呼び物は、通常は観光客を歓迎するのに「怪しげなカクテルを売りつけることで渇きを癒そうとしたり、手相見が運勢を占ったり、顔を黒塗りにした男の奇怪な道化踊りで満足と興奮を与えたり」している[90]。モアカムは主に（専らというわけでもない）中流階級の行楽地であり、毛織物、綿織物、レース取引に携わる商人たちも訪れていた。ブラックプールのような労働者階級の日帰り旅行客に人気の海辺の町に加えて高級保養地を標的とする決定が意味深い。政治に与える商業娯楽の影響を考察するにあたり、社会生活から個人の快楽の世界に引き下がる「豊かな労働者」に焦点を当てるのがならわしだった。海辺のキャンペーンが示すのは、自由貿易支持者にとって、労働者階級を教育するために、中流階級を政治の領域に引き戻すことが重要だったという点である。中流階級の無力に対するケアードの憤懣は、自由貿易活動家の経験と共鳴している。ウォレス・カーターが、家にいる中流階級有権者に参加させることに次第に困難を感じるようになっていったのは、そこでは「仕事や商売に忙殺されている」からだ。そのような有権者が政治的説得に屈しやすい場所で語りかけるために海辺のキャンペーンが企てられた。ウォレス・カーターがチャーチルに語っている。「平均的な中流階級の男は、すぐに海辺のありきたりの呼び物には飽きてしまうので、ある種の頭の体操として自由貿易の演説に喜んで耳を傾けるでしょう」。「休暇中、その頭は通常よりも受容力が増している状況にあるのです[91]」。選挙区の境界外の人びととして有権者を考えはじめた活動家たちにとって、遊びの感覚があふれ、階級と出身地の境界を越えて人が交じり合う海辺の行楽地は、とりわけ肥沃な土壌を提供していたのだった。

モアカムと同様のことが、イギリス全土の海岸で生じていた。自由貿易支持者たちは、浜辺と遊歩道での売り込み、条例のかいくぐり、競合する娯楽施設からの群衆の引き離しに見事に成功していた。ウェールズ北部では、地方当局は、集会に対する地元民の関心に次第に屈し、演説を許容していたが、政治文書の頒布は禁止していた。ノーフォークの一部においてだけ、地方自治体が禁令を頑として守り、自由貿易陣営の出入りをヤーマスとローストフトに限っていた。マン島だけで自由貿易側は推定三万七五〇〇人の参加を得て四六回の集会を開催したが、当地では比肩する例が思いつかない最大の屋外集会だった。全国で、全体で予定された千五百回の集会のうちの九〇パーセントが開催されて、参加者はおよそ百万人に達した。(92)

この「新奇性」がとくに狙いとして定めたのは、「たいていは屋外集会に参加しない人びと」だった。(93) この事実から、一般的に言えば、自由貿易側が理性、学識、自活力を備えた男性市民という理念からいかに遠く離れていたのかということが伝わる。バザール、舞踏会、コンサートのかたちをとった娯楽は、もちろん政治文化の長年の特徴であった。自由貿易において際立っていたのは、それが自覚的に娯楽と見世物を、政治のコミュニケーションの根幹へと転化したことである。多くの点で、それは過剰に知的なものになった政治行為に対するグレイアム・ウォーラスの警告、政治は本能と衝動から離れてはならないという警告を実践に移した政治のあり方だった。ウォーラスの一九〇八年の『政治における人間本性』がその心に訴えかけた拡大する専門家集団である政治活動担当者は、地方における組織化、調査活動、講演の多くを担い、つねに人びとを参加させる新しい方法を探していた。その専門雑誌『リベラル・エイジェント』は、政治における感情の必要に関してウォーラスを賛意とともに引用している。政党とは「愛され信頼されなければならない」ものである。政党の色と歌は「感情的結びつき」を惹起するために重要である。どのようにして多様性が重要であることを広告主が発見したのかを政治活動担当者が学んだのは、ウォーラスからだった。「われわれの神経系は、繰り返される感情と情動に耐えられないものである」。(94) 海辺のキャンペーンは、理性と感情を混ぜ合わせ、興奮、刺激、集団感情を利用することで支持を獲得することを狙っていた。

海辺の集会は、質問と野次の活発な交錯であり、そこにはしばしば身体のぶつかり合いの空気が漂っていた。「闖入者」による野次と邪魔が広まった。騒乱は関税改革側だけの本分ではなかった。自由貿易支持者の方でもまた、一九〇八年の集会法の下で「騒がしい音声」で政治集会を妨げた廉で罰金を科せられていた。(95)「間違いなく最高の海辺の集会が開催されている」と『フリー・トレイダー』が報じている「サセックス政治の操縦室」ブライトンの浜辺では、両陣営から強烈な野次担当者が演説者を取り巻く「内側の環」を作り、その周囲に「大群衆」が集った[96]。地方の関税改革同盟は、その総員を野次に差し向けた。とくにリベラル派の集会に行くためにハルからスカーブラまで旅行する男たちの一団があった。ウェールズ北部のリルの浜辺では、スタウアブリッジから来た農夫が集会に「非常に興味をもったため、集会に参加しつづけるという明確な目的で休暇を一週間延長した」という記録がある[97]。

野次と言葉の応酬が、教育に娯楽を結びつけた。たとえばモアカムでは、聴衆から野次と笑いがひとしきり続いた後、ミスター・スミスは、輸入は金によって支払われるのであって、自由貿易支持者が熱心に説くように輸出によってではないという主張をまげない紳士を壇上に招いた。そしてそれぞれが十分ずつ交代で話した[98]。こうした言葉のやりとりは、自由貿易支持者にとって、主張に合わせて統計資料を引用したり、輸入が失業の原因となるという保護貿易側の主張に立ち向かったりする新しい機会となった。自由貿易支持者は、保護貿易論者の矛盾と誤謬を衝いて論破することに悦びを覚え、最後には論敵が狼藉と悪罵に陥る経緯を楽しそうに語っている。

しかし自由貿易支持者は、自身大人しくしていたばかりではなかった。彼らもまた集会の「刺激」と「楽しみ」に貢献していた。マン島では、時に二時間半から三時間も続く集会のために、多種多様な浜辺の宗教講話や娯楽施設から人びとの集団を演説者たちが引き離そうとしていた。ある関税改革側の「紳士」が「自由貿易、救貧院、盗み」への万歳三唱を呼びかけると、集会は大混乱に陥った。ただちにこの男に対する「最大の敵意に満ちた行動」が持ち上がった。もしこの関税改革論者が少数の仲間に周りを警護されてホテルに連れ戻されなかったら、「力づくで」海に「落とされていた」だろうと『フリー・トレイダー』は報告した[99]。

こうした集会の記述が示すのは、自由貿易支持者が「新奇性」の魅力に関して率直だったということだけでなく、彼らが大衆の知識の水準を懸念する正当な理由をもっていたということである。もちろん活動家は、自らの立場から自然に、聴衆を無知であるため教育が必要であると表現しているが、講演者と地方紙による報告記事を入念に読むならば、大衆の理解力の限界に対する興味深い洞察がうかがえる。自由貿易の意義を特筆したリーフレットとパンフレットを大量に配布したあとでも、専門家の知識の世界と地方の知識の世界の間には大きな溝があったのだ。ヤーマスで担当者が衝撃を受けたのは「質問の乏しさ、その大半のごく初歩的性格」であった。行楽地全体で「知的な質問」があるところでさえ、「質問者が自由貿易論議に実際には初めて加わっているのだということ」を明示していたと『フリー・トレイダー』は認識していた。[100]『ランカスター・ガーディアン』にとっては、モアカムの集会によって、自由貿易支持者の側に宣伝活動が必要であることを示す充分な証拠が得られた。「これだけ講演と文書で言葉を尽くしても、そして関税改革運動の指導者が過ちを認めているのにもかかわらず、輸入が現金で支払われていると主張する人たちがまだ存在するのは驚くべきことだ」。[101]

一九世紀イギリスにおけるリベラル・デモクラシーの秩序の勝利は、屋外の大衆集会の衰退と規制をより強く受けた政治の形態への移行とともに訪れたと一部の歴史家は論じてきた。[102]逆に、エドワード時代は、エネルギーが再活性化した交流と対面の政治文化の実証になっている。印刷された言葉の、あるいは政府の統計資料の支配力は容易に誇張されてしまう。「パンフレットは人間の個性を代替するには不充分だ」と『リベラル・エイジェント』の編集者は一九一〇年に述べた。民主政治は、集会の重要性を低めたのではなく、高めたのである。「明敏な政治家ならば書類とパンフレットに満足するだろうが、平均的な有権者はそうではない」。庶民は一日の仕事を終えて疲れているので、政治情報を得るのに多くの時間を費やすことはできない。「一日の重労働の終わりに、パンフレットの中身を理解するのに必要な精神的労力は、肉体への負担をもたらす」。「活発な講演者の話に耳を傾けることで気分が引き立つことは間違いない」。言葉はより記憶に残りやすくなる。とりわけ「魅力的な人物の話し言葉」は、政治に積極的に関わってゆく「昂揚」と「勇気」を掻き立てる。「生の声」を活用する重要性を政治活動担当者は強調した。[103]

同時に専門の政治活動担当者の数が増大したのは、大衆集会への新たな注目への対応であるとともに、それを強化する結果になった。「夏の屋外集会がこれまでのところ民衆に政治情報を与える最高の手段である」のは、「とくにリベラル派の集会にいっさい行ったことのない有権者集団」が存在するからであると一自治都市の担当者は考えた。[104]一九〇八年には、コーンウォール南東部で一二七回の屋内集会、一二八回の屋外集会、さらに他の選挙区で一七回の講演を行ったことを記した別の回想もある。関税改革側の講演が行われたら翌週には集会を手配するのが「決まり事」だった。[105]一月四日、一九一〇年の総選挙期間中の一日だけで、四千の政治集会と講演が行われ、その大半は「一年か二年前には人前で語ることなど

思いもしなかった人びとによるものだった」と講演局は示している。(106)

講演者には、個人的魅力、盛り上げる話法、親しみやすさが求められた。また堂々とした話し振りも。個人的経験に依拠する講演者は、経済学者が駆使することが決してできないお墨付きを自由貿易に与えた。闘争の開始時より、関税改革推進側では、「投げ売りされた」商品と失業者があふれる日常生活の現実から乖離した古くさい理論であると自由貿易を嘲笑していた。特徴的に入り組んだ長大な分析を用いて自由貿易を擁護していた当時代表的なリベラル派の経済学者アルフレッド・マーシャル教授が保護貿易側の漫画で揶揄されたのは、講演で輸入は仕事を奪うことはなく、ただ雇用を再調整するのだという「真実」をジョン・ブルに説くその傍らを、仕事を失って、「投げ売り社で販売中の大陸の新商品」を広告するサンドウィッチ・マンで稼ぐしかない労働者の長い列がぞろぞろ通りかかるという構図によってである。(107) 政治の議論においては、経済理論は容易に足かせになった。経済学者自体が分裂しているという事実は役立たなかった。(108) もっとも重要なのは、実践的知識なのである。一九〇九年三月、アスキス首相は、一七〇超の選挙区からの代表が参会した大集会で、自分は「自由貿易の理論に関するパンフレット（笑いと喝采）を作ったことは一度もありません」と自慢げに語った。マントルピースにコブデンの胸像が据えられ、バスティアの書物が机上に広げられている書斎でブラインドを降ろして座っているのが自由貿易支持者というイメージは笑いを誘うものだった。自由貿易支持者は「世間知らずの学者」ではなく、商売、行政、労働の世界に生きる実務家であり、エーヴベリー卿のような銀行家や、ゴッシェン卿とバルフォア・オブ・バーレイ卿のような政治家なのだ。(109) 海辺のキャンペーンは、地方レベルでそのような知識を用いる一つの好機であり、たとえばモアカムでは、演説者は、聴衆として来ていた人びとの経験を証言として話すように促し、他の観光客は織物産業の現状について聴くことができるのであった。

講演者が、「現実の世界」を活写するのに欠かせない役割を果たした。年老いた講演者による過去の苦難の実話は、大衆の記憶にある「飢餓の四〇年代」に正統性を与えるものだった。一八四八年に収監されたマンチェスター・チャーティスト運動の最後の生き残りW・H・チャドウィックの場合は、耳が遠く奇矯な振る舞いが目立ったが――彼はまた明察の人として機能したとはいえ、組織者たちは彼の当てのならなさには振り回された――「『パンをくれるのか、それとも血を見るか』と雄叫びを上げながら街をのし歩く眼をぎらつかせた飢えた男たちの集団といった怒りに満ちた光景」を劇的に切り取る「彼のよく通り響きわたる低音のすばらしい声」の衝撃力を弱めることはなかったとある担当者は後に回想している。[110] 大衆集会は老人にとっては表舞台に立つ絶好の機会であり――時に地方のリベラル派に背中を押されて――その個人的な回想を関税に反対する意義に付け加えた。ごくわずかな実際の知識が大量の理論に匹敵するということを、老人が若者に教えを授けるリベラル側のポスターと物語は指摘することを忘れなかった。グラスゴーの『デイリー・レコード』は、「白髯白髪の老人が、世界の経済のことならば万般通じていると思い込んでいる若者に、自分の『飢餓の四〇年』の経験を語っている」風景について誇らしげに報告している。[111]「政治には詳しかった」自分の祖父が、［ギルドフォードの］マーケット・ストリートに立って、辻説法するのを好んだと、あるエドワード時代人が一九七〇年代に回想している。「飢餓の四〇年代について、その他思い出したことは何でも興奮して語っていました」。何度か、彼は通行の妨げになるからといって警察に強制的に連れ去られた。[112]

一九〇九年から一〇年にかけてのドイツの発見が新たな価値を付与したのは、証言者の実話を通じて保護貿易下の生活の現実を再現することのできる巡回演説者であり、たとえばエドワード・ベイカーのように、保護貿易側の「関税旅行者」の立場を放棄した「『ドイツ旅行』有名人」がいた。ウォレス・カーターは、一九一〇年に四ヵ月の期間で、ドイツ人演説者フランツ・ヴェンデルを、全額前払いで五九ポンド十シリングを支払って雇用さえした。議論の大半が家庭と家族生活の日常の現実をめぐって争われたため、女性講師が重要な役割を果たした。「生涯の大半を大陸で過ごした婦人」キング夫人はイングランド南西部を巡回し、ドイツ生活の「きわめて興味深い話」を展開した。[113] 女性自由貿易連合のアニー・エスプリンはベルリンとパリに派遣されて、キャンペーンのための写真と情報を持ち帰った。そして他の演説者が保護貿易国における家事についての幻燈講演に用いるための注文を、十ポンドで受けた。残念なことにそのような講演は現在残っていない。しかし政治活動担当者たちの報告書によれば、ベルリンやフランクフルトの日常生活についての知識を、デヴォン、サマセット、ウェールズまでの遠方に住むイギリス人にもたらした点で彼らの重要性は疑いない。エスプリンの幻燈講演は、一九一〇年の総選挙において「大人気」を博した。ベイカーは聴衆に「毎晩……実体験のありのままの話」を語り、ドーセット東部において開催されたこれまで最大の屋外集会では大注目を浴びた。[114]

ショウウィンドウの政治

一九〇九年から一〇年においてイギリス中に出現したダンプ・ショップ、自由貿易ショップにおいて、新奇性と正統性が新たな融合を果たした。一九一〇年末には、外国とイギリスの商品と価格を展示するこれらの店は二百軒以上あった（口絵12）。このような陳列の原型は、ダンピング・ヴァンである。ダンピング・ヴァンは、一八九〇年代に保守党の巡回演説者が先鞭を付けた馬の牽くヴァンの自動車版である。[115]車輪付きの店舗として、この店舗は、関税なしで「投げ売りされた」商品の見本を積んで、政治のポスターの横でそれらを陳列した。移動劇場としての役割を果たす箱型自動車もあった。アンクル・サムのような、舞台によって大衆化された国民性を示す衣裳の「外国人」に扮した男に、ジョン・ブルが「イギリス諸島」から追い出される場面が、チャタムとミッドランド地方において見られた。ショウウィンドウは当初より保護貿易側の図像戦術に取り込まれており、店を安価な外国商品で満たしている「ヘル・シュミット」や「フォン・クラウス」の絵ではイギリス労働者が苦しんでいた安価の皺寄せが明示されていた。関税改革のポスターに描き出されていたのは、外国人に仕事を回すよりも自分たちが働きたいとうめきながら通り過ぎる憔悴しきったイギリスの労働者である。ダンプ・ショップは、外国からの輸入品を直接観る者の前に供することで、そのような不安に具体的なかたちを与えていた。それによって、「雇用がなくなるか脅かされていた労働者が自身の検証の視線を、コブデン・クラブによってしばしば捏造された統計へと向けることが可能になった」と保守派の新聞は論じた。[116]

一九一〇年、関税改革推進派は、こういったダンプ・ショップを一六〇店舗以上準備し、チェンバレンのお膝元のバーミンガムからはじめてさらにロンドンへと拡大した。グラスゴーやイーストボーンといった遠方からも活動家がロンドンのオールド・ケント・ロードに来て、店舗とその効果を研究した。ダンプ・ショップはすぐに、ハルからブライトン、プリマスからセント・ヘレンズへと地方都市へ拡がっていった。労働者階級居住区か労働者が出入りする大通りに位置していた店は、外国商品の陳列と自由貿易下での生活費の上昇の証拠を組み合わせた。たとえばシェフィールドのハワード・ストリートのショウウィンドウは、「現在の大きさ」と「四年前の大きさ」のパンとバターを展示していた。ペイントンの店で示されていたのは、アメリカのオーク材、ベルギーのガラス、ドイツの釘で作られた額縁に入れられた「自由貿易」の絵画が並んでいた(117)。

各々の地域の陳列法は多彩であったが、すべてのダンプ・ショップが、全般的な外国製の日用品を、地元産業にとって不安を喚起する商品と並べて展示していた。数社の機械製造業者の本拠地であったコルチェスターでは、通行人は、「アメリカ製」のブーツや「日本製」の茶器セットの隣に、まぐさ切りを見ることになった。ハルでは、地元会社と競合していた(エジプト産の)牛の飼料に用いる綿の実のしめかす(コットン・ケイク)の隣に、国産のブリキ製品とドイツ製の下着が並んでいた。ロンドンのダンプ・ショップの一つウォルワース・ロードの店で、カーペットと金物類に組み合わされていたのは、外国製の窓枠と扉で、この地域の接合工と大工への警告となっていた。ほぼすべての店において目立っていたスウェーデン製の扉と棺が入口で客を迎えて、自由貿易がイギリスの労働者に死をもたらすことを思い出させたのである(口絵13)。一九〇九年において接合工と大工の一〇パーセントが失業していた一方、イギリスは月に三万枚の扉を輸入していたのである。スウェーデン製の四パネル扉はイギリスでは五シリング六ペンスで売られており、これはイギリスの大工が木材だけに払わなければならない金額にほぼ匹敵すると関税改革側では指摘した(118)。自由貿易状況下で、一体どうしたらイギリスの労働者が競合することが可能なのであろうか。

「関税改革側の『ダンプ』ショップが選挙に相当な影響を与えたことは間違いない」と一九一〇年五月にカーターはチャーチルに語った。カーターと同様、チャーチルもその「目をみはるほどの影響」に危機感を覚えていた(119)。ダンプ・ショップは群衆を惹きつけて、自由貿易のコストをめぐる街中での論議を生じさせていたのである。もし人が働き口から放り出されて商品に支払う金もないのだとすれば、安い輸入品の長所は一体何なのだと人びとは問うたのである(120)。驚いた自由貿易支持者は当初は多種多様な戦術によって対応していた。ニュー・ポートとスウォンジーでは、単に視界を遮るために、ダンプ・ショップの前面に自由貿易のポスターを掲げたサンドウィッチ・マンの列を行進させた。ケント州のシッチングボーンでは、スウェーデン製の棺に付けられた価格に疑問を呈したが、ただ腐った卵を投げつけるだけだった。リーズでは、郵政省巡回局の自由貿易寄りの四名の局員が余暇を用いて穀物取引所近くのダンプ・ショップを訪れると、そこに並んでいる商品について次々に本物ではないと指摘し、多くの群衆を惹きつけた。各地で地方の商人が独自の「反ダンプ」ショップを開店した。自由貿易連合の地方事務所には、食品と衣料品の展示をはじめるところがあり、また輸出品の見本や統計資料が並べられるところもあったが、地元の工業製品に集中する場所もあった。一般に開かれている店があれば、フリート・ストリートの店のように、報道陣向けの内々のものもあった。メードストンで自由貿易支持者が開店した店では、ケント産のオーク材とニレ材を用いた「メードストン製」の椅子を展示し、イギリスの産業は自由貿易下で繁栄することを明示した。ブライトンでは、自由貿易連合の職員が展示会を取り仕切り、イギリスの輸出工業製品が、その各々の輸出入の割合が掲示されてその中央を占めていた。「黒パンと馬肉のステーキとソーセージという事例」もあった。[121]

創造性は認められるとしても、このような地方の自発的な反応は、保護貿易側の展開に対する一貫した解決を構成するまでにはいたらなかった。当初のドイツの黒パンと馬肉ソーセージを使っての煽情的な訴えかけは次第に消えつつあった。「もう聞き飽きているし、店には煩わしいものになっている」とウォレス・カーターは認識していた。解決は、イギリスとドイツの消費材を比較する規格化された巡回展示会を組織することでダンプ・ショップを自由貿易の目的に合わせて活用することにあった。規格化された一式の用具は、規模の経済を可能にする。そしてそれは危うい選挙区をとくに標的として中央で練られたメッセージを伝達する。展示会は直前の要請であってもいかなる選挙区にも出張できるようにするのであり、「地方で右往左往する隙はない」とウォレス・カーターは説明した。ケアードはこの発想を気に入った。店は「目抜き通りに構えて、電灯完備で再生音楽設備付き」であることを望んだ。ショウウィンドウは、百貨店のようにウィンドウショッピングの客を惹きつけるため定期的に変える必要がある。チャーチルさえキャンペーンの重点を、講演会から自由貿易ショップに移すことを望んだ。最終的に、ウォレス・カーターは、ウェストエンドのショウウィンドウに金を注ぎ込むことをケアードに思いとどまらせた。[122]家賃が途轍もなく高かった――年間千ポンドにも及び、それは五〇回の規格化された展示会の費用の二倍にもなったのである。

しかしこのウェストエンド重点化へのためらいはまた、政治が商業の世界から学んでいる一方で、独自の性格、要求、行動の様式を備えた一つの明確な領域にとどまるという実際のモデルを反映していた。政治の参加と説得は売買以上のことに関わるのである。それはウィンドウショッピングのようなものではなかった。首都の裕福な市民を顧客としていたオックスフォード・ストリートのセルフリッジとは異なり、自由貿易キャンペーンは、全国の多様な階級出身の膨大な数の有権者に訴えかける必要があった。店は地方都市の大通りに適合する必要がある一方で、ウェストエンドの小売業に見られるめざましい開発にはりあう必要はなかった。自由貿易ショップは、オックスフォードのクイーン・ストリートからグラスゴーのレンフィールド・ストリートまで、ブライトンのグランド・パレイドからハイドという綿工業の町やその他全国の町まで、イギリスの見事な断面図に展開していったのである。

自由貿易ショップは、初期のキャンペーンよりもかなり幅広い消費者層に訴えかけた。安いパンと飢餓という亡霊ではなく、五〇の巡回展示会は、「必需品」を超えて快適な家の装飾品を含める方に向かったのである。店に並んだ品には、豊かな労働者階級と下層中流階級が身にまとったであろう衣料品だけでなく、ブランド品も含まれていた。リー&ペリンのソースやクエーカー・オーツから職人手製の帽子や専門職・聖職者の山高帽までありとあらゆるものがあった。自由貿易連合が、ウォレス・カーターの指示に従って、ベルリンに派遣された代表者は、ドイツの労働者に付き添われて、労働者階級地区に位置するヴェルトハイム百貨店から標準的な物品一式を購入した。これらの商品は、ドイツ政府によるこの小売価格が真正であることの証明書とともに、ロンドン価格の商品の隣に陳列された。オックスフォードでは、クイーン・ストリートの店がクエーカー・オーツをロンドンでは三ペンス、ベルリンでは四と四分の三ペンスで販売していることを示した。ベルリンで買ったスーツは二四シリングを越えていたが、リーズのジョン・バレンの工場で作られたこのスーツは当地ではわずか一七シリング一一ペンスだった。リーズでは、N・G・モリソンはドイツから安値のブランド品をバッグ一杯に詰めて帰国したが、購入品にはネスレのスイス・ミルクの缶、コールマンのマスタード、ケイラーのマーマレードの壜、ハントリー&パーマーの「高級クラックネル・ビスケット」などが含まれていた。「これら並べ立てられた商品はいずれも国民の生存に不可欠というわけではない」と『リーズ・マーキュリー』は認めている。それでも「関税のかけられている国」における価格の一般的傾向を示していた。[123]

パンの価格は一九〇八年から一〇年までの期間上昇したため、「安いパン」は、生活環境は保護貿易国の方がよいという関税改革推進派の主張への安易な反証であることをやめた。自由貿易運動は、かつての飢餓がやってくるという脅しに代えて、いまやミシンや洗濯機からカーペットやカトラリーにいたるまで関税下では高価になるであろう国産商品の長大なリストを提示していた。[124]この以前より多様化し豊かになった消費材の一群がとりわけ重要になったのは、高賃金のアメリカという知識が、英独の二極の対照に介入しはじめたからであった。アメリカの諸都市における生活費に関する商務省の報告書を活用した保護貿易側の宣伝活動は、自由貿易支持者にとっては大きな頭痛の種であった。その報告書によれば、アメリカの労働者はイギリスよりも一三〇パーセント高い賃金を享受している一方で、家賃と食費には五二パーセント高く支払っているのにすぎなかった。[125]イギリスのリベラル派が沈んだ気分になったのは、この報告書が焦点を狭く食品に絞っているため、関税がアメリカ人の懐を寒くしている衣料品など多くの他の商品には触れられていないためだった。あわせてアメリカの消費者のイメージも広まっていった。乳児に与えるパンのひとかけらもない貧しい母親の横に、アメリカ中流階級婦人が登場して、帽子のピン、レースの襟、シルクの下着にかけられた関税を嘆いている。[126]一九一〇年夏にウォレス・カーターはニューヨークに行き、彼の助手ダウディングは、関税があらゆる商品、とくに衣料品に与えた影響を示すための「英米展覧会」を計画しさえした――この計画は、関税改革運動が一九一一年が過ぎる中で解体しはじめてからご破算になった。[127]

展示会はすでに社会生活において定期的に開かれる催しになっていたため、世紀転換期までに、多くの人びとが食傷していた。すでに一八五一年に水晶宮で、自由貿易の優越の誇示としてのイギリス製品の展示を、運動組織者の一部は目にしており、次の十年間に開催された世界博覧会は、自由な交換という理念を流布した。[128]最終的にエドワード時代人がその店舗に展示の技法を取り込んだとき、遊園地とミュージックホールの要素を内包することで観客の関心をつなぎとめた。カンバーウェルにある店では、その「すばらしい物語をまぶした活気ある演説」と「運動選手のような細身と精力」のためにロンドン中で有名だった自由党候補トマス・マクナマラが、薄っぺらなドイツの服を着て登場した――ウォレス・カーターによれば「見事な宣伝術」であり、規格化された展示にシャツとスーツを含める一つの理由になった。「聴衆から選び出した二名に貸した服をイギリスとドイツを表すように着せて、その生活費、賃金、労働時間などの対比を明らかにするのだ[129]」。

自由貿易ショップは、関税改革側の攻撃から安全ではなかった――ブラックバーンでは、関税改革推進者が選挙前日にショウウィンドウを青いペンキで厚く塗った一方、カンバーウェルでは地元の保守派が自由貿易ショップの上の階を占拠して「ラディカルどもは下を見て、笑え」という垂れ幕をかけた[130]。それでも一般的には自由貿易ショップは、娯楽と政治の効果的な組み合わせであった。商品の陳列は批判者を黙らせ、組織者には疑っている人びとを店に連れていき、商品に自由貿易の優越を語らせることが可能になった。商品の製造元や価格について問われると、演説者は仕入れ状を示して「群衆を楽しませた」。W・E・ダウディングによれば、グラスゴーの店は、「もっとも人気のある宣伝手段となった」。地方の組織者は、大都市からの仕事帰りの数多くの人びとを惹きつけるとしてこの展示場を絶賛した。小さな町でこそ「満足する結果が出ている」とする声もあった。観客がこのような見世物から何を得たのかを教えてくれる口頭の証言は私たちには残されてはいない。私たちにわかっているのは、新しい現代的な感性の典型として時に見られる、消費の光景を闊歩するウィンドウショッピングの客としてではなく、政治の聴衆として通行者はこのような店に出入りしたという点である。エクセターでは、店は朝九時から真夜中一二時まで群衆に取り巻かれた。ダービシャー北東部とチェスターフィールドの巡回店の担当者だったJ・ハワード・ウィルソンは、店は「大成功」と明言した。「私からの唯一の批判は、同じ人が長く居座ることである」。人びとの関心はあまりにも大きかったので「ショウウィンドウに近づくことは昼も夜もほとんど不可能であった[131]」。

図像の政治

自由貿易をめぐる戦闘がもたらしたのは、現代政治における最初のマルチメディアによるキャンペーンであった。これまで以上に政治が視覚化され、新旧のテクノロジーが組み合わされた多彩な芸術分野の総動員を通して大衆に流布されたのである。映画の動画活用はまだ初期段階にあった――フィッハモンやヘップワースのような関税改革推進派が実験を行っていたのは、短篇政治映画であり、いわゆるヴィヴァフォン短篇映画であったが、後者は予め録音した音声に合わせて保守派の政治家の身振りを重ねて制作されるものだった。[132] 新たな映画テクノロジーの擁護者は、われらが「旧き友である幻燈、その近い類縁であるキネマトグラフがまだ併せて用いられるのが稀であり、アメリカでも同じである」ことはたいへん遺憾だと考えていた。[133] しかし、新興のテクノロジーの実験を行ったり、既成のテクノロジーに工夫を加えたりすることに関して、エドワード時代が消極的だったことを意味しない。一九〇三年十月のベッドフォード女性リベラル協会の地区茶話会のような典型的な集会では、『自由貿易の原則』に関するすばらしい講演」に続いて、グラモフォンとシネマトグラフがあり――観客は「大いに喜んだ」――国歌斉唱で幕を閉じた。[134] 地方を講演して回っていたW・フォードのような自由党の担当者は、聴衆を惹きつけるという点で歌と新しいテクノロジーの重要性を強調した。自由貿易支持者には、保守派の大きな女性組織であったプリムローズ同盟と同じように、歌を聴き、聴かせる機会がたっぷり恵まれた。一八八〇年代終わりにアメリカの発明家チャールズ・タインターによって開発された初期の口述録音器グラフォフォンのような新たな録音機器の展示が、集会に組み込まれることさえあった。グラフォフォンは唱歌の際だけでなく、話し声を録音しその場で再生できるこの新しいテクノロジーの驚異を誇示するためにも用いられた。[135] 関税改革側と自由貿易側はそれぞれそのヴァンの上にグラモフォンを据え付けることもあった。都市部ではノース・パディントンとエンフィールドで自由貿易側の演説者が家具運搬用ヴァンにスクリーンを設置して選挙区をめぐり、「大群衆を惹きつけ、時に記録的な大規模となる集会の成功を確かなものとした」。[136]

もっとも大衆に浸透し影響力のあった視覚テクノロジーは、幻燈とカラー・ポスターであった。幻燈の起源は一七世紀に遡るが、普及したのはヴィクトリア時代である。それはファンタスマゴリア・ショウ、パノラマ館、布教活動の展示において、娯楽と教育を行った。[137] 一八九〇年代までに、電光を光源とし、わずか二分内に五〇枚のスライドを提示できる自動幻燈機が開発された。これがきっかけとなり、動画の発明者が後に現れた。これはまた政治の大衆市場において活動していた演説者と活動担当者が愛用する媒体ともなった。一八九〇年代にすでに、保守派のプリムローズ同盟が、帝国、海軍、歴史上の大事件のイメージのショウのために幻燈機を用いていた。[138] 自由貿易とともに幻燈は、政治活動のより直接的な武器となった。このわずか「数年の間に、その政治闘争のエンジンとしての可能性が発見されたのだ」と一九〇三年にマンチェスターの自由貿易陣営の組織者J・ウィグリーは記した。「しかし、すべての組織者が心得ているように、選挙に勝つのは、偉大な集会、偉大な演説、偉大な人物によってではなく、有権者大衆を原則にしたがって粘り強く地道に『耕す作業』によってである。そしてこの種の作業において、政治への関心を人びとに与え、初歩的な政治の原理を覚えてもらう手段として幻燈の価値は明らかなのである[139]」。

リベラル側で幻燈を用いた先駆者の一人が、ジェイムズ・マーティンであった。一八九〇年に政治において幻燈を用いる最初の実験を行ったのち、イプスウィッチの担当者であったマーティンは、小さな町村で何百回も上映会を開催し、同志たちには幻燈を使って成功するコツを伝授した。マーティンは学校に掛け合って教室を無料で使用させてもらい、その見返りに無償で児童に幻燈の娯楽を提供していた。彼が児童によく見せた「ディックとそのロバ」のような短篇は、二四枚のスライドで「真率、正直、忍耐」を教えるもので、周知の聖歌と「たっぷりの唱歌」が含まれていた。次いで教師が児童に家に持ち帰るように渡したビラには、さらに五〇枚ものスライドに加えて子供向けの娯楽として「面白おかしいスケッチ」を用いた政治に関する幻燈講演会の告知がなされていた。児童は一様に両親を引っ張って戻ってきた[140]。「大衆に浸透しやすい態勢をとり、その教育に成功するということでは、どんな担当者も幻燈には敵わない」とマーティンは強く感じていた。「他の手段では政治集会の参加に頑として応じないような人びとの参加を可能にしている」。幻燈の使用が見られる自由貿易劇の舞台の一例、仮面劇『四〇年代からのメッセージ』は、影絵芝居、新しい照明技術、コブデンの亡霊の劇的な出現の組み合わせで成り立っており、既成の魅惑的な上演術を借り受けていた。ヴィクトリア時代には、王立科学技術学院のような場所が、幻燈上映を、錯視、影絵芝居、超自然的なものの顕現と組み合わせるショウで観客を魅了していた。喜劇のパノラマ・スライドもまた人気だった。自由貿易幻燈ショウがとくに活用していた画像を提供したのは、当時代表的な漫画家であった『ウェストミンスター・ガゼット』のF・カラザース・グールドで、政治新聞の第一面に絵を描いた最初の漫画家であった。幻燈スライド、ビラ、絵はがきを通じてグールドの漫画は、高級政治の世界と下層政治の世界をつなぎ、『ウェストミンスター・ガゼット』の二万人の読者を政治の大衆市場に接続した。講演者は、グールドのスライドを新聞から各作品一シリング三ペンスで入手することが可能であった（彼の漫画のリーフレットは千部単位で四一シリングからだった）。財政を扱う漫画のより安価な入手は『モーニング・リーダー』を通して可能であり、このリベラル派の半ペニー新聞は八シリング郵送料無料で一二枚組のセットを郵送した。[141]「F・C・Gが絵筆を握るかぎり、リベラル派が遠隔地、僻地であればこそ幻燈を活用できないのだとすれば、好機を失うことなる」と地方の担当者は書いている。[142]『レノルズ』のための漫画もまた田舎では効果抜群で、急進派の新聞の読者は、「スクリーンに投影された画像に古い知己を認めるような思いをもつことが多かった」。[143]

スライドと漫画は、政治上の説得の新たな実際のモデルを構築するのに寄与した。多色刷りの漫画とポスターが大衆受けを狙った自由貿易政治の核心に据えられた。その商業的な印刷とデザインに対置されるのは、手作りの政治用垂れ幕という旧来の伝統に加えて、独自の「女性参政アトリエ」を有していた女性参政権論者が推進した同時代の美術工芸デザイン、手捺染、針仕事である。[144]この幻燈機による多彩なイメージの投影によって、演説者が「眼を通じて心に達する」ことが可能になったのは、人びとが「観る内容によって、聴く内容を考え直すことができるからであり、その一人のイングランド人が考えるようになれば、成功の見込みはある」。[145]象徴と図像は、複雑な現実に親近感を与える。この国民的な講演と展示のキャンペーンを自ら監督していたチャーチルは、「重要ではあるけれども忍耐強くない人間にとっては把握するのが難しい統計の数字を、簡単で魅力的な図表で提示する」のに欠かせないものとして、幻燈スライドと図像を捉えていた。[146]演説者が数値を引用するところでは、たとえばイギリスの貿易の優位性を図解する大小の船舶といった、簡明な「画像を用いた図表」を併用する必要がある。ウォレス・カーターが自由貿易連合の宣伝活動の根幹に据えていた前提は、「誰も何百万もの数字が出てくる統計でものは考えないし、グラフで考えるのも学生だけだから、普通の人が考えるのを助けるために、対照表や画像を使わなくてはならない」[147]という考えだった。幻燈は、対比による提示という手法を強化した。幻燈を用いた講演は、過去と現在、大きなパンと小さなパン、イギリスとドイツの各々の生活環境の間の溝を浮かび上がらせた。全国の教室やタウンホールで、自由貿易連合と女性自由貿易連合は、飢餓の四〇年代と自由貿易下の現代を対比し、進歩を示す簡単な図表を提示する「きわめて教育的な」幻燈上映会を開催していた[148]。自由貿易支持者は、多数の一般演説者のためにJ・M・ロバートソンなどのリベラル派指導者が執筆した標準的な講演案を導入していたが、各講演者には幻燈機操作者を一人付けるべきだとチャーチルは述べた。「講演に説得力だけでなく、視覚的魅力と娯楽性を与えれば、もっと関心が集まるにちがいない[149]」。

自由貿易支持者は、その支部事務所の窓から向かい側の建物の壁に幻燈スライドを投影した。自由貿易ヴァンは、「箱型自動車の最後部に」ぴったり幕を張り、ガス・シリンダーで幻燈内部の光をとって移動上映会を催した。一九一〇年一月に、ミスター・ミッチェルは、サセックスの田舎を箱型自動車で移動し、「時折の悪天候にもかかわらず」一六日で二〇回の上映会を開催した[150]。国民自由貿易講演キャンペーンは、夜間開催も含めて、都市と田舎の双方で大群衆のための政治娯楽を提供した。ロンドン北部では、一九一〇年に、幻燈上映会は「莫大な観衆」を集めた。ヨークシャーでは、村の教室や緑地で開催される八度の「美しく彩られた幻燈講演会」で観客は楽しんだ。デヴォンの小さな市場の町ホニトンでは、スライドは、戸外の集会で十夜にわたり映写された。「大群衆が雨の中、何時間にもわたって鑑賞した」。近くのエクセターでは、「ほぼどんな図像が現れても大喝采となり」、ある担当者の言葉では講師はほとんど必要なかった。「説明する必要はなかった。群衆が自分たちで説明するのだから[151]」。

多色刷りのポスターは、このダイナミックな視覚の政治における次に顕著な形態であった。幻燈上映会と同様に、政治のポスターは、政治と商業の世界が交わる領域において発展した。何人もの広告主が幻燈のスライドを機械工の養成学校やその他類似の施設に無償で貸与して、その見返りに幻燈上映の最後で図像を用いて広告してくれるように求めたのだった[152]。平版印刷による多色刷りは、ヴィクトリア時代中期までには安くなり広まっていたが、写真亜鉛凸版印刷のような新たな技術が、漫画、ビラ、ポスターの生産をさらに押し上げた。たとえばエセックスのモルドンでは、一九〇四年に、一万五千枚のビラが村人の手に渡された。一九一〇年一月の総選挙では、ロンドンからのポスターだけで二百万平方フィー

図10　プリマスのクラレンス・チェンバーズの自由貿易連合事務所、1910年。大量の運動ポスターが貼られ、入口には地方の活動組織者たちがいる。

ト〔およそ一八万五八〇〇平方メートル〕の壁面を覆っているとビラ貼り業者のウォルター・ヒル社では見積もった。ポスターの大きさは、小ぶりのダブル・クラウン版（二〇×三〇インチ）から二四〇×一六〇インチの空間を占める巨大な三二枚版までがあった。候補者がポスターを貼らないことで合意している唯一の選挙区がクルーだった。ポスター貼りが、次第に政治広告の重要な要素として認められるようになっていた（図10）。ポスターは、候補者の名前と主張を「選挙民の前につねに」提示するとともに、「選挙で実にしばしば当落を左右し、また実に頻繁に『大勢に従って浮動する』、あてにならない無関心層の関心を惹きつける」とある担当者が一九〇五年に記している[153]。ジョン・ハッサルやF・C・グールドのような一流の芸術家の多くは、政治の芸術と広告だけでなく商業の芸術と広告に関わった。S・H・ベンソンのような広告会社や、世界の業界最大手のデイヴィッド・アレン&サンズのようなビラ貼り会社が、政治と商業双方の得意先の用を足していた[154]。

政治用と商業用のポスターは、たとえばジョン・ブルや乗合自動車——食品と飲料の新しい会社において広く用いられた——のように、多くのアイコンと参照点を共有していた[155]。しかし、政治のコミュニケーションが商業マーケティングに単に圧倒されていたと考えるのは誤りだろう。芸術家、活動家、観衆は、政治ポスターに、商業用広告とは異なるものを変わらず求めていた。一九〇九年に、政治ポスターへの熱狂のさなか、成功する政治ポスターの要件を定義するのは容易ではないと『デイリー・グラフィック』は述べている。リードやハッサルの手になる「面白おかしいポスター」は目立っていた。一つのポスターで描き出されているのは、イングランド人の商店の勘定台にて長々と会話しているドイツ人とアメリカ人の姿である。「ココであなたは買えるスベテをたくさんのガチョウをそしてもっとたくさんのヒツジをイングランドのような」とドイツ人が言っている[156]。

政治ポスターにおけるイメージと会話の混合の維持は、商業広告を動かす原則とまさに対極であった。一九〇五年に新芸術学校とポスター・デザイン学校（ジョン・ハッサル学校）を設立した「ポスター王」ジョン・ハッサルにとって、商業芸術は、動きつづける新しい社会への対応に関わるものであった。「ポスター芸術家が広告をデザインするのは、読むことのできない人たちに対してではなく、読む時間がない人たちに対してである。乗合自動車、路面電車、地下鉄に乗る人は、文章に説明が任されているポスターの謎を解いている暇はない。一目でメッセージが伝わらなければならないのだ[157]」。ハッサルの黄金律は、ポスターは「画面全体を支配する一色の一刷毛」によって「通行人の眼球をじかに捉えなければならない」というものだった。ハッサルにとって、簡明な政治漫画が商業ポスターの模範であった。しかし多くの政治ポスターは、多くの色を混ぜ合わせ、長大な解説文を付していた。政治ポスターは、流動する現代市民の「束の間の視線」を一つの支配的なイメージが捉えるために図像と文章を取り除くのではなく、さらなる図像と政治的物語を容れるものとして旧知のイメージを用いていた。政治の象徴とポスターは、感情を伴う記憶を視る者に喚起するように制作されていたが、同時にまたスライドやポスターを提示する自由貿易ショップや箱型自動車の周りに彼らが集まった際に立ち止まり、考え、耳を傾けることが想定されていた。市民の視線は、買物客の視線よりも、長くとどまり、深く穿つことが想定されていた。

この時代もっとも成功した政治ポスターは、T・B・ケニントンによる「自由貿易」で、これはデイヴィッド・アレン&サンズ制作の保守陣営側のポスターだった（口絵14）。コールマンのマスタードのような成功した商業広告を支配する鮮やかな色彩の一色の一刷毛とこれほど懸け離れた画像はそうはないだろう。肖像画家王立協会会員で油彩画家王立芸術院の副院長であったケニントンは、上流階級の母子像によって名をなした。一八八九年に彼がロイヤル・アカデミーに出展した「貧困の苦境」は、現在はロンドンのブランズウィック・スクエアのファウンドリング・ホスピタルにかかっている。

ここでは少なくとも花売り娘の赤い唇と黄色の水仙が周囲を取り巻く環境に何らかの色彩と希望を与えている一方で、その保護貿易キャンペーンのポスター「自由貿易」は、絶望状態にある労働者階級の徹底的に陰鬱な茶系の描写である。帽子と道具入れを脇に打ち捨てた労働者ががらんとした部屋の椅子にへたり込み、妻はテーブルに突っ伏し、娘は嬰児を抱えて不満げに大黒柱であるはずの失業者を眺めやっている。テーブルにはテーブルクロスがなく、ティーポットの把手は壊れている。何枚かの布は洗い桶の縁に洗われずにかけられたままだ。この光景は、ミレイらによって一般化した中流階級の家庭の調和というヴィクトリア時代においてなじみ深いイメージを完全に裏返したものだ。ケニントンのこのポスターは、この時代に広く観覧に供され議論を巻き起こした。一九一〇年一月の総選挙に際しては一万一千枚のみが印刷されたが、このイメージは地方紙で、また数えきれないほどのビラと絵はがきにおいて幅広く複製された。ビラではこの絵画の裏面を用いて、輸入、貧困、失業のつながりが言葉で説明された。フィリップ・スノーデンのような社会主義者などは、『自由貿易』は大衆に豊かさをもたらさなかった」という太文字の言葉とともに用いた。[158]

政治的漫画の大胆にして簡素な輪郭ではなく、ケニントンのポスターが強い印象を与えたのは、そのほとんど写真的な性質のためである――関税改革推進派が写真広告の最前線にいて、ドイツの状況や扉のような投げ売り商品の写真を、幻燈上映会やビラにおいて紹介していた。[159] リベラル派がケニントンによる労働者階級家族の肖像に激怒したのは、とりわけ母親に割り当てられた位置に関してだった。「これはイギリスの女性に向けられた情けない侮辱だ」と『カンブリア・デイリー・リーダー』は批判した。「最悪のダメ女であるこの妻は」、夫を元気づけるのではなく「明らかにその苦悩を深める振る舞いをしている」。「家内を整えることも、家族を機転で救うことも、夫に安らぎを与えることもできない妻としても母としても出来損ないであるこの人物が居座る場所がここなのだ――これを家庭と呼ぶのは間違いだろう」。このポスターは、いかに関税改革推進派が民衆の実情に無知であったのかをまさに示していた。「これを壁に貼ってある政党は、単に労働者階級の妻を馬鹿にしているだけである」。[160] さらに議会での議論にも火をつけた。一九一〇年二月二三日、ラムゼイ・マクドナルドは怒りを露わにした。「自由貿易」は「人間的同情にあふれたすばらしいポスターでは」あるが、党議のために失業者の現実の悲惨を利用する保守党の安っぽい戦術である。「この構図はフランスでドイツでも、強調を加えてさらに暗さを増してアメリカでも再現されるものでしょう」と彼は主張した。保守党にはこれを用いる権利はなかった。[161] このポスターは非常に効果的だったので、自由貿易支持者はこれを戯画化して、原画にある家族の頭をバルフォアなど他の関税改革推進派のものに置き換えた。[162]

自由貿易をめぐる闘争が、政治の世界における商業的娯楽と広告の役割を強化したのだとしても、政治が標準的な商品になったり市場論理に追随したりしたというのではない。自由貿易キャンペーンは、業界別に特化された集会に対立する普遍性を、産業部門別ではなく国民全体の大義としての自己表象を帯びており、市場細分化のいかなる戦略とも対置される。規格化された自由貿易講演を送り出すことなどによって、政治活動の中央集権化、流れ作業化を試みはしたが、演説者はそれを無視し、聴衆も自然らしさと本物らしさを好んだ。予め準備された台本にこだわるのではなく、たとえばキング夫人は「たいへん面白い自身の経験」を話した。[163] そこに即興の余地はたくさんあった。舞台に加えて、自由貿易支持者は参加者が各々の産業の扮装をする野外劇を催した。お祭りでは少年が、漫画を元に縫製した関税改革の衣裳で登場し、頭にはパンのかたちの帽子を被っていた。[164] 多くの人びとが子供たちの行進に加わり、地元で集められたポスターや横断幕を掲げた。スターリングでは、食品と玩具への課税への反対が選挙においてもっとも注目を集めた出来事であったと『フリー・トレイダー』は報告している。この動きは「市民の多くにとっては非常な驚きをもって迎えられたが、子供たちは熱狂的に盛り上がった」。[165] 西部の市場町タヴィストックでは、フレッド・フォードが提供した大きなリネンのポスター「食品に課税するトーリーに賛成して老齢年金に反対する！　なぜなのか驚かされるばかりだ」が「たいへんな傑作」として評価されていた。[166] 別のポスターでは、栄養充分で健康な少女と痩せて小柄な少年を対比するネスレのミルクの元のポスターが、自由貿易が健康に与える便益の政治上のメッセージへと変更されていた。[167] 商業的に制作された政治のポスターを操作するのは容易だった。その文章とイメージは政敵によってメッセージを削るように改変されたのであり、これは自由貿易と消費主義への批判の武器に今日ではなっている広告を転覆する技法、広告バスターの早い例である。ブラッドフォードでは、リベラル派の指導者H・H・スペンサーが、ケニントンのポスターから「自由貿易」の文字を外し、代わりに「関税改革」と印刷された紙を貼り付けた廉で、二〇シリングの罰金と訴訟費用の支払いを命じられた。[168]

娯楽の新たなテクノロジーと形態が、第一次世界大戦前の数十年間、市民文化の再形成を行っていた。それらは古い政治空間に入り込んだだけでなく、新しい政治空間を開いたのだ。幻燈、海辺、ショウウィンドウに映画が加わった。たとえば一九〇八年のペッカムでの選挙では、聴衆は、政治演説に加えて、「歌の流れる映像」を楽しんだ。クロノメガフォン・ショウは一夜で四万人の人びとを集めたと推定される。聴衆は「歌の流れる映像」の新奇性を楽しんでいただけではない。「群衆の中には多様な政治熱狂者が散らばり、観客は安いビールと高いパンについての熱い議論に耳を傾けるまたとない状況にいることに気づき、また同時に、ベドウィンの恋歌を唄う馬上のアラブ人にもてなされる一方で、他にいくつも新しい曲、たとえば『ゾイデル海』『ウィリー、もう一度わたしとワルツを』などが聴かれた」[169]。政治はミュージックホールにも浸透した。ロンドンでは「オックスフォード」と「パヴィリオン」がリベラル派を茶化す演し物を提供し、『デイリー・クロニクル』は「悪趣味」で「悪乗り」だと非難した[170]。

商業の世界が政治を模倣することもしばしばだった。自由貿易の投げかける問いの大衆性は、食品会社の広告の注視を惹きつけることにもなり、たとえばボヴリルは、ボヴリルを飲むチェンバレン――「風邪と悪寒からの保護はボヴリルの自由貿易」――や生命力を強めた雄牛の代わりに角を生やしたバルフォアを描いたポスターを制作した（口絵15）。地方の広告会社もまた、政治が巻き起こした熱狂に乗じた金儲けを狙った。幻燈スライドは、とりわけ大きなスクリーン上で、商業と政治の広告を並べて示すことに用いられたが、同時にスライドを動かす担当の二人の操作者の技能が時に追いつかずに、「パーマーのスプリング付き寝台架……が労働者の投票に値する」といった混乱したメッセージで観客を驚かせることにもなった[171]。

自由貿易側の大衆キャンペーンは成功した。選挙政治のレベルでは、保守派への流れには歯止めがかかった。自由貿易を掲げる自由党政府は過半数をかろうじて確保して政権に踏みとどまることができた。一九一〇年一月の総選挙の当選者は、自由党二七四名、労働党四〇名に対して保守党二七二名だった。一九一〇年十二月の総選挙では、自由党二七二名、労働党四二名に対して保守党二七一名だった。自由貿易が唯一の争点だったのではないが、選挙協力者と有権者を駆り立てたのである。一九一〇年一月の総選挙では、南部、ロンドン、そして大半のイングランドの地方部において、関税改革側が躍進した。自由貿易派の活動は、イングランドへの保守主義の侵攻を押しとどめ、とくにイングランド北部における中流階級の支持という牙城を死守し、激戦区およびコーンウォールやノーフォークのような残りのリベラル派支持の地域を標的とするものだった。選挙への影響を精確に測定することは困難ではある――大量の海辺でのキャンペーンが選挙区向けのものではなかったということも大きい。しかし自由貿易運動がとくに活発で地元のリベラル派の暖かい歓迎を受けた場合と、外部からの運動者に対して明瞭に冷ややかだった場合の比較は、活動の度合いと選挙の結果の何らかの相関関係を示していた。

第一に、このキャンペーンが有権者の眼の前にたえず自由貿易という争点をとどめたことが大きいのは、とりわけ保守党が将来の国民投票まで関税を延期すると約束することで貴族院の制度上の問題に重点を移行させようとしたことがあるからだ。活動家は絶対に必要であった追加の人員と能力をもたらしたのだが、一日に何度も演説をこなし、野次に対応し、地方紙に書簡を寄せ、選挙活動を手伝い、加えてこれも重要なことであるが、地方の候補者と担当者に対する関税改革論議に反応しなければならない圧力を軽減していたのである。しかしより一般的には、活動家はリベラル派の有権者を動員したのだが、脆弱な基盤の激戦区ほどそうしたのである。自由貿易支持者がとくに活動的だった場所では、激戦区でいくつも議席を取り戻すのに貢献したのであり、一九一〇年一二月の総選挙では、たとえばコベントリーやクリックレイドのような選挙区では、自由党はそれぞれ五二八票差、一二八票差で勝利を収めている。彼らの尽力がまた報いられたロンドンおよびミッドランド東部では、保守派の優位を覆した。ロンドンで自由党の純増議席は三つだった。他の地域では、一九〇六年の地滑り的勝利で獲得した伝統的に保守が強い地域の議席を守り抜いたが、それはたとえばサマセット北部やラムフォードであり、かなり大きな中流階級層を抱えるこの最大のカウンティ選挙区では、自由党は一九一〇年一月と一二月の総選挙の間に票差を拡げさえしたのである。チェルトナムとラドノーシャーでは新たに議席を獲得し、トッテナムの議席は維持した。ここで地方の自由党員は自由貿易演説者と活動協力者の援助に感謝した。自由貿易活動家が「心暖まる」もてなしと「地元民のたっぷりの手助けと熱い気持ち」を謝したグロスターでは、保護貿易側との票差が四にまで縮まった[172]。

ランカシャーとチェシャーでは物語はかなり異なる。ここでは外部からの援助の申し出は大方断られた。多くの選挙区で、保守派は関税に関する国民投票を誓約し、自由貿易という争点に緊急性はないとしていた。同時に関税改革同盟はその宣伝活動を維持していた。自由貿易は一九一〇年一二月の総選挙ではほぼ無防備であり、保守党は得票率を増やした。ランカストリア東部では三・三パーセント保守党が勝るという結果だった。「このような戦術が採られている場所で自由貿易側が大勢を維持するのは不可能だ」とウォレス・カーターは苛立っていた。「自由貿易側は主張を引っ込めたと思われているのだ[173]」。同様に、自由貿易講義がほとんど受け容れられなかったウェールズの一部でも、地元の自由党員との関係に「心の通うことがまったくなかった」モンゴメリーでも、一二月の選挙で、自由党の議席は失われた。

大衆的な自由貿易の復活がなければ、一九一〇年に保守党は勝利していただろうし、イギリスは何らかの関税制度を採用していたであろう。自由党政府と、国民保険法のような社会改革の計画の存続は、実質的に大衆的な自由貿易に依存していた。しかしながらそのキャンペーンが与えた政治的影響は、選挙の範疇を大きく超えていた。無数の集会と講演が、選挙の争点を、永続するとともにかたちを変えつつあった公共生活の一つの特徴へと移していたのである。政治と商業用見世物との間に新たな異種交配が生じた。自由貿易が生き延びたのは、それが、自己利益や理性に訴えるだけでなく、幅広い種類の娯楽を活用しつつ、多様な感情を動員する術を心得ていたからである。これはある種、その後に生じる政治マーケティングの戦略を指し示してはいる。しかしそれがまた豊かに織り上げつづけた政治文化の多彩なタペストリーは、一七世紀と一八世紀に、その行進、野外劇、辛辣な弁論術、そして暴動に結びついていたのである。

自由貿易をめぐる闘争において、政治経済が、コミュニケーションと娯楽の拡大しつづける手段を通じて民衆に浸透し、公共生活だけでなく個人生活のもっとも日常性と親密性が高い側面へと溢れ出していた。政治絵はがきほどこの事態を典型的に示す媒体はないだろう。一九〇三年の郵便の独占が廃されて以降、絵はがきが大量に出回った。一九一〇年、八億六千六百万のはがきが投函された。ドイツと日本ではじまったこの当初の熱狂は、観光客好みで、愛国心を掻き立てる、時にエロティックなイメージに向けられていた。自由貿易をめぐる闘争がまさにこの政治絵はがきの黄金時代と重なったのである。一九一〇年一月の選挙の際だけで、何百万もの自由貿易と関税改革の絵はがきが印刷された。「音楽はがき」さえ導入された。[174] 多くの絵はがきは、新聞やポスターの漫画の複製であった。大物政治家の姿を載せるものもあったし、地方の候補者を宣伝するものもあった。しかしそのイメージと同様に面白く伝わるのが、同時代の人びととの使い方である。絵はがきに自ら政治意見を書き加えることもあった――「あわれなジョー親父［チェンバレン］」。趣味の収集家としての肥大する欲望を満足させる人たちもいた。しかし絵はがきは、友達や家族にいつ地元の駅に着くのか教えるとか健康状態を訊ねるとか、私的なコミュニケーションの用途で使われていたのである。「月の光のなか遊歩道を散策してみたいとすごく思っていますね」とある女性が別の女性に書いている。「これまではがきを送らなかったからひどい女と思われているはず」。[175] 結局、この二人は散策のために会ったのか。それはわからないし、この絵はがきの表に描かれた大きなパンを好むジョン・ブルの歴史性を帯びた姿について会話を交わしたのかもわからない。わかっているのは、自由貿易はどこにでもあって、公と私の領域を自在に行き交っていたということである。

第3章　グローバル化の不安

時代は偉大な帝国のものであって、卑小な合衆国のものではない。われらの世代にとって問題なのは、偉大な帝国か卑小な合衆国か、どちらに入るのかということだ。

ジョゼフ・チェンバレン、一九〇二年五月一六日(1)

イギリス帝国が一体となっているのは、物質ではなく精神の力によってなのです。帝国は自由と沈黙の中で育ってきました。制限と駄弁によって守られるものではありません。

ウィンストン・チャーチル、一九〇四年二月一九日、マンチェスター、自由貿易同盟の結成式において(2)

自由貿易は、イギリスの土地に固有の頑丈な樹木である。枝が地上を覆い尽くすまでに成長して、あらゆる風土の果実をわれわれにもたらしてくれる。

ウィリアム・アンガス、国民リベラル連盟会長(3)

諸事を自然の成り行きに任せるという自由貿易一派の考え方は、ヨーロッパの他の諸国には並ぶもののないほどの数の埋もれた貧民を創り出してきた。わが国民は故郷の土地から大都会の雑踏の中へと追い立てられて、市場を見つけることができるまで自身の生計のために働く機会を奪われている。自由貿易急進主義の突風が全国を席捲して、われわれの自然のもっとも美しいものをすべて壊してしまった。

ケア・ハーディ、労働党創設者、一九〇九年二月二八日、マンチェスター記念年とは在庫点検の機会である。一九〇四年のリチャード・コブデン生誕百年記念は、エドワード時代人に、グローバリゼーションの新たな現実という観点から彼の遺産を再評価する機会を与えることになった。一九世紀の他の人物とは異なり、コブデンが象徴していたのは、自由貿易の麗しい力がもたらす平和と繁栄の世界秩序というリベラルな世界像であった。しかし大衆の英雄としてのコブデンは、大陸で超人的な偉業において顕彰されているビスマルクやガリバルディといった他の偉人たちと居心地悪そうに並ぶのがつねであった。成人以後のコブデンの人生が、思想、商品、人間の自由な流通が可能となった開かれた国際的雰囲気によって特徴づけられる一方で、一八六五年の死去までに、ナショナリズムが台頭していた。コブデン・クラブによるコブデンの記憶を保存する努力があったとしても、一九世紀末は「国際人」にとっては居心地の悪い時代であった。自由な流通が、パスポートに象徴される国境によって制限されるようになっていたのだ。人間と同じく、商品と政治もである。コブデンの遺産といえば、一八六〇年にシュヴァリエとともに基礎を築いたリベラルな通商条約制度がまず挙がる。経済ナショナリズムの時代にあってそれは速やかに解体していった。今日のグローバリゼーションにおいてと同様に、一九世紀後半に進捗した金融と商品の市場の統合は、ますます錯綜する貿易障壁、助成金、企業連合、独占によって打ち砕かれていた。

一九〇四年のコブデン生誕百年は、単なる慶事ではなく、新たな帝国主義と重商主義の時代にあって、コブデン流のグローバルな企図の擁護であったのだ。すでに見たように、成功した自由貿易の擁護は、デモクラシー、消費者、市民社会に依拠していた。貿易をめぐる闘争においても変わらず、これらは帝国と国際秩序の把握と結びついていた。拘束のないグローバルな交換こそ諸国間の平和と繁栄の絆を紡ぎ出すというコブデン流の世界観を大衆寄りのリベラルと保守的な自由貿易支持者が堅持していたのに対して、それが現在いったい通用するのかと公然と問いかける人びともいた。社会主義者とまだ歴史の浅い労働党の間では、一八四〇年代にコブデン主義者が社会と工場の改革に反対し、チャーティスト運動を攻撃したことが決して忘れられてはいなかった。「コブデン、チャーティズム潰し」というのが、一部での彼の憶えられ方であった。[4] しかしコブデン批判は、彼個人の行動の域を越えて、変動する世界におけるイギリスの位置のより一般的な再評価を促すことにつながっていたのである。「イングランドが世界の工場であるという前提のマンチェスター学派の思想は、対外貿易を構築する時期には拠り所であったが、誤りであった」と率直に言明した労働党の指導者の一人フィリップ・スノーデンは、他の工業化を進める諸国における自給自足への大きな流れを視野に入れていた。[5] 他国が関税障壁に守られて自国の産業の開発を進めるにしたがって、まもなくイギリス製品に残された外国市場は存在しなくなるだろう。必要なのは、自給自足であって、門戸開放ではないのだ。

イギリス政府でも産業界でも、スノーデンほど明快に述べた人間はそれほどいない。しかし、ここでも競合による利点と国際的な労働の分業というリベラルな見方が、地政学に基づいて流動する現実と喰い違いはじめているように見える。ドイツを筆頭とする新たな産業競合国の登場と併せて、アメリカのカリブ海への、ロシアのアジアへの帝国主義的進出が、片務的自由貿易に関して、より一般的には栄光ある孤立というイギリスの外交政策に関して疑念を惹き起こしていた。一八八〇年代、国民公正貿易同盟は「片側自由貿易」と称して攻撃を開始し、一八八七年には、報復つまりは外国の関税に対するお返しに賛成する保守党の決議を勝ち取りさえした。新たな「商業のバルバロッサ」が眠れるアルビオンを襲おうとしている。[6] 一八九八年には労働組合会議が、移民と監獄内「搾取」労働による製品の輸入の反対を、他国が輸出を押し上げるために用いる「不快な報奨金」への攻撃に拡大した。

このような不安は、経済学のみの観点において誇張されてきたかもしれない——イギリスの対独、対米輸出は減退していたが、イギリス市場に対する保護貿易国側からの一斉攻撃はなかったのである。しかし諸国は帝国内関係と国際関係の並行的展開から力を引き出しており、とくに植民地と属国に特恵を適用する新たな関税が有効だったが、これは世紀転換期のアメリカとフランスにおいて制度として完成されたものである。片務的自由貿易と最恵国待遇条項への原理原則にしたがった執着は、関税交渉、経済帝国主義、企業連合の世界にあってはたして有効な政策なのか。経済政策という領野で、イギリスという獅子が牙を見せる時機なのではないか。結局、イギリスはいまだ地球上でもっとも強大な帝国で、世界中で最大の単一市場なのか。

このような問いかけが、新たな地政学の言語によって明言されていた。一八九〇年には、互恵関係のイメージに代わって、ダーウィン的な生存競争に加わる「生存する国」と「死滅する国」について喧しく議論されるようになっていた。このような考え方がヨーロッパ中の政治の隅々にまで行き渡り、権力の中枢の奥深くにまで入り込んでいた。アメリカ、ドイツ、ロシアといった新しい勢力による世界の奪い合いに関するイギリスの怖れは、三つの新興帝国という大陸の思想――いわゆる「三世界帝国理論」――に影響されていた。首相ソールズベリー卿は一八九八年に「死滅する国」の支配をめぐって争う「生存する国」について語った。戦争そのものが最適者の生存を保証するメカニズムとして機能すると論じたのは『社会進化論』のベンジャミン・キッドであり、同書は発売後五年間で二五万部を売り上げた(7)。

当時、自由貿易と関税改革の間の議論を盛り上げていたのは、その議論が国内関係、帝国内関係、グローバルな関係の再編をめぐる戦場であったということである。国の生存闘争と組織化された権力が語られる中で、政治と市場、社会政策と国際政策、国家と企業の間の違いが曖昧になる。関税は物品の流通を調整しただけではなかった。関税は国際権力と帝国強化の武器だった。関税は国家の計画の財源となった。社会の編成、社会内連帯の構築、国力の整備の用具にもなりえた。イギリス以外のヨーロッパ諸国での、一八八〇年代から一九〇〇年代における関税の普及は、単なる商業政策の移行ではなくて、コーポラティズムの政治、組織化された権益集団、社会帝国主義の実験とともに発生した現象である。チェンバレンの関税改革案は、工場と労働者の生産力の統合を行う「挙国一致政治」のイギリス版であった(8)。進んだ関税改革派、W・A・S・ヒューインズとレオ・エイメリーの周辺にいたいわゆる「共同作用クラブ」にとって、帝国がこの案の基軸となっていた。社会の安定と政治の権力はともに帝国の権益の新たな結びつきの構築にかかっていた。この観点において、関税は単なる旧式の重商主義への回帰ではなかった。関税は、新たな「構築的帝国主義」を可能にする現代的な手段なのである。

しかしながら自由貿易をめぐる議論は、グローバリゼーションを受け容れるのか、それともそれから逃れるのかといった単純な二者択一ではなかった。今日と同じく、グローバリゼーションの初期段階において、戦線が単純であることは滅多になかった。自由貿易の支持派と批判派が、国際主義対帝国主義という構図に簡単に収まるわけではなかったのだ。帝国関税同盟と自由貿易国際主義は、意見の大きな振幅の両端を構成する二極にすぎない。帝国と自由貿易は相互排除するものでは決してないのだ。コブデン流国際主義は、自由帝国主義をはじめいくつもの立場から疑問視されていた。イギリス政府、企業共同体、労働運動における多くの集団が、自由貿易を拘束衣と見なした。国際関係に向き合う態度は、物質的利害の直接的な反映ではなかった——まったく違う。それらは国家権力の感覚、帝国への信頼、国際的な倫理によってもまた織り成されるものだったのである。

リボルバーを求めて

「カナダは最大にしてもっとも富裕なわれわれの自治植民地である」とチェンバレンが告げた一九〇三年五月一五日の大演説をもって、関税改革の聖戦は幕を切って落とした。カナダは帝国防衛への貢献ということになれば最後衛であったのかもしれないが——カナダのローリエ首相は一九〇二年の植民地会議において帝国戦争の費用を分担することを拒絶した——チェンバレンによれば、「われわれの通商関係を強化することによって……帝国の一体化を推し進める事業においては最前衛であったのだ(9)」。実際は、カナダは、世界中に自由貿易を広めるというイギリスの使命が自らの帝国内でさえ失敗であった事実を突きつけていた。イギリス、保護領、非白人植民地が自由貿易圏内であったのに対して、カナダとオーストラリアのような自治植民地は強固な保護貿易政策を採っていた。一八五八年のカナダの関税は、イギリスの工業製品に対してすでに二〇パーセント以上に税率を上げていた。一八九七年のフィールディング関税は、とくに綿織物と皮革製品に関して関税をさらに引き上げた。これは未成熟産業に対する保護として用いられる関税の古典的な実例である。同時にカナダは、苛烈な保護貿易の現実を帝国への忠誠の同意と結びつけた。一八九八年にカナダは、宗主国からの輸入品に、二五パーセントの特恵待遇を与えた。一九〇〇年に、これは三三・三三パーセントに引き上げられた。

経済的観点に立てば、得られるものはごくわずかである。しかし政治的にはイギリスの国際上および帝国内の通商制度への疑義のパンドラの函を開けてしまう問題含みの一歩であった。というのもカナダのイギリスへの特恵付与は、イギリスがドイツと取り交わしていた最恵国条項の侵害にあたるからだ。カナダの再考説得に失敗したソールズベリー内閣はドイツとの通商条約の撤回に追い込まれた。ドイツの側では、カナダ市場で対等な処遇の権利を奪われたことについて一連の抗議を行った後、カナダからの輸出品に対して報復措置をとった。一方、カナダの側でも、ドイツ製品に対する追加課税というさらなる制裁でお返しをした。ドイツは、カナダの先例に追随するいかなる植民地に対しても最恵国待遇を停止すると表明した。自由貿易イギリスは、自身の側ではいかなる攻撃にも出なかったが、帝国全域に拡大する関税闘争の展開に直面していた。

カナダ・ドイツ間の関税戦争は、自由貿易と帝国の間の緊張をその核心において捉えている。帝国の力と存続がその有機的一体性に依拠しているという家族としての帝国の把握は、その成員が個別の通商条約を結ぶ各々の国という存在であることを否定するものだった。カナダの寛容さは「他のどの国とも関係ない家族的配慮である。しかし残念なことにドイツは別様に考えたのである」とチェンバレンは主張した。(10)イギリスの専門家が認めていたように、法的には、ドイツが正しかった。一八六五年にプロイセンおよびドイツの関税同盟と結んだイギリスの通商条約は、最恵国待遇に関わるすべての取り決めはイギリス植民地にも拡大して適用されると明言されていた。(11)いけなかったのは、そしてこれはチェンバレンが充分に認識していなかったことだが、通商問題に関わるカナダの前向きな政策は、その国力の発展と主権の獲得を狙ったカナダ自身の野心の現れだったのだ。カナダと連合王国は、それぞれ独自の租税体系を有しており、財政問題は自律していると常々主張してきた。カナダによる特恵付与は、帝国的感情の認容ではあったが、それはまた、一八七六年のカナダの「国民方針」によって出発した帝国自治領にとってのより大きな自律の方向への一歩でもあったのだ。「カナダはカナダ人のためのものだ」というマクドナルドの言葉は、宗主国という父親と植民地という子供たちによって成立する帝国という家族の理念と軋み合うものだった。確かに、イギリス政府側の観点に立てば、ドイツとカナダの間の争議の一つの問題は、カナダが、本国の外務省を通じて交渉するのではなく、その自律を認める機会を利用して直接ドイツ政府と渡り合った点であった。

イギリスにとって、カナダの行動は、一連のディレンマを照射するものだった。植民地と宗主国の未来の関係は疑わしかった。帝国内関係の「国内的性格」へのチェンバレンの強調は、一部は、自治白人居住植民地に遠心的に働く力学への反応ではあった。帝国自治領における関税引き上げは、次第に増大する明確な独自性の感覚と経済的自決への要求を反映していた。なぜカナダが、ヨークシャーの工場主が利益を手にする代わりにカナダの工場を閉鎖に追い込む関税を望まなければならないのか、と一九〇二年のカナダ保守党の指導者ロバート・ボーデンは問いかけた[12]。そして、カナダはますます強大化する隣国アメリカの影響下に入る見通しもあった。ある種の北アメリカ通商圏といった地域的相互関係を求める計画は、帝国の解体を招いた。カナダの特恵待遇が空虚な身振りであるのは、その関税障壁が全体として高くなっており、そのほぼすべてがイギリスの専門とする工業製品に適用されるからだと自由貿易支持者は指摘した[13]。対照的に、帝国改革論者にとっての問題は、直接の便益ではなく、植民地をより緊密な帝国の統一への軌跡へと切り換える歴史的機会を捉えることだった。商業的統一への計画は、この二〇年の間の植民地会議において、結果を出さず浮遊していた。ここでついに実際の一歩が踏み出されたのだ。

カナダの行動は確かに保守党政府に圧力を加えるものであった。数年前に「ドイツ製」商品の氾濫に関して警告を発していたアーネスト・ウィリアムズは、「カナダの犠牲」について書き、カナダは、イギリス政府の同意によって最恵国待遇から外れてきたとさえ（間違って）述べた[14]。悲観論者でなくてもカナダの身振りには動揺せざるをえなかった。一八九七年の春、絹織物産業の大立物ですぐに商務省商業情報局に加わるヘンリー・バーチナフは、イギリスの衰退の怖れを極端な誇張だとして公然と否定した。彼は外国の関税をものともしないイギリス製品の競争力を強調した。しかし七月までにカナダの特恵付与を「発展史の一時代」を画するものと記している。「カナダは最初の動きをとった。宗主国が今度はそれ以上に歩み寄る番だ[15]」。植民地産小麦への特恵待遇というチェンバレンの案も歩み寄りを行うものであった。

カナダ問題はまた、他国に対するイギリスの商業政策に関わる難問の前面に浮上した。自由貿易体制において、海外通商政策と帝国内関係の間のつながりは、実際上、問題にはならなかった。イギリスは諸外国と植民地の間の区別をつけなかったのである。一八六〇年代のヨーロッパ通商条約の相互関係は、最恵国待遇の実践を確立して、「恩恵には恩恵」政策に終焉をもたらしたのである。それが国家介入の必要性を排除したことは、国家の軍事中心の封建的な文化に深い疑念を抱いていたヴィクトリア時代の自由貿易支持者の眼には大きな贈り物と捉えられたのである。最恵国条項が保証したのは、二国間のいかなる優遇処置も自動的にイギリスに拡大適用されるということであった。理論ではそのようになる。保護貿易植民地による特恵待遇の導入と諸外国による報復的関税の使用は、別の現実を指し示すものだった。カナダの農夫と漁師が敵対する大国に罰せられている一方で、他の植民地は帝国的な感情を貿易特恵に転換することに二の足を踏んでいる。イギリス政府が黙って傍観していることはできるのか。

外務省では、ソールズベリーの長男クランボーンが危険を認識していた。「植民地ではわれわれが愛国心を試される機会に反応することはまずないと思われているらしい」と一九〇一年に記している。「植民地ではわれわれが愛国心を試される機会に反応することはまずないと思われているらしい」と一九〇一年に記している。おそらくはもっと前向きに対処する時機が来ているのだ。「イギリスに関税同盟が生じる可能性をドイツは多分に怖れているのだと思います」とクランボーンが、ランズダウン外相に告げている。ドイツが「わが植民地との間の財政上の取り決めが国内的性格であることの理解を拒むならば、われわれに過剰な圧力をかけるべきではない」と警告しておいた方がよいだろう。これは「疑問の余地なく、直面することになる大きな問題だ」とランズダウンは認めたが、まだそれほどでもないと考えていた[16]。

カナダとドイツの間の闘争は、ヴィクトリア時代中期の処置が不充分だったのではないかというより一般的な疑問を凝結させた。一八六五年のドイツとの条約は、絶頂期にあった「マンチェスター学派の迷妄」の結果であり、「帝国統合」の新たな要請に関わるものは何もないとバーチナフは記した。「われわれは商業政策においてためらいが多く、臆病が過ぎた。あたかも独自の戦いができる武器がないかのように、条約の維持にこだわっていた[17]」。帝国の堅固化の障害となる条約のどこに美点があろうか。最恵国待遇政策は、イギリスの商業と帝国の権益を実際救い出したのか。

貿易は、平等な競技場で行われるものではない。参加者は多様な度合いの力をもってやって来る。自由貿易がどの程度まで帝国主義政策であるのかというのは、長い間の議論の主題であった。自由貿易は実際どれくらい「自由」なのか。一九世紀半ばにおいて、後進諸国に対してイギリスのような強大な先進国を優遇するとして自由貿易を批判する風潮が広まったが、これは国民自由主義経済学者フリードリヒ・リストによって普及した批判である。貿易の自由は、自由でも平等でもなく、現存する富と力の不平等を偽装するものである。自由貿易は、他の手段による帝国主義の用具として描き出されることもあった。開かれた市場を強制することで、発展したイギリスの産業と金融上の権益を導き入れて、発展途上の各地の競争相手を排除するものであった。すでに一八四〇年代初頭のアヘン戦争の際に、チャーティストたちは、可能であれば平和裡に、必要があれば武力に頼るという自由貿易の側に立っているとして、反穀物法同盟を攻撃していた。この議論は、二〇世紀半ばの植民地の独立闘争とアメリカの強大な権力の時代において再燃することになる。ギャラハーとロビンソンによる有名な説明によれば、イギリスはヴィクトリア時代中期の反帝国主義的な自由貿易政策から、ヴィクトリア時代後期の帝国主義政策へと転換したのではない。むしろ帝国主義は持続しているのであって、非公式な手法から公式な手法へと運用法が変わっただけなのである[18]。

現在ほとんどの歴史家は、ニュージーランドや香港からナタールやパンジャブまでの場所で認められる、一九世紀半ばにおける帝国主義文化の強大さと拡大ぶりを認識し損なっている。自由貿易と帝国主義権力は、とくにヴィクトリア時代初期において共存しえていた。マンチェスター学派は、公共事業と通信事業を通してインドを発展させる帝国主義政策を支持していた[19]。一八三〇年代から五〇年代においてヨーロッパから中国までを踏破し単独の自由貿易海外宣伝活動を行っていたジョン・バウリングは、高次の「市民」という発想を実現に移すのに帝国の武力を要請することにためらいはなかった。ベンサムの友人の功利主義者で、一二の言語を習い覚えた独学者であるこのバウリングは、「イエス・キリストが自由貿易で、自由貿易がイエス・キリスト」と公然と叫んだため、一八四九年に「恥知らずの偽善者」としてカール・マルクスの攻撃にさらされることになった。バウリングは土地の領有は望まなかった――イギリスはローマの過ちを避けなければならない。しかしそれでも彼は一八五五年に、中国に門戸開放を強いるために海軍を求めた。イギリスに必要とされるのは、中国と日本の「頭脳を、心臓を大胆に直撃することであって、この大帝国の末端を単に弄んでいてはならない」。「われわれはこれまで弄ばれてきた、ずっとじらされてきたのだ[20]」。

しかしながら、より一般的に言えば、「自由貿易の帝国主義」には、まだ確答は見つかっていない。「非公式な」帝国権力を測定することは難事でありつづけている。一九世紀半ばにおいて、ラテンアメリカ、東地中海沿岸、中国のような地域では、イギリスの商人と会社は、支配することはおろか足がかりを見つけることにも困難を感じていた。以上の地域の大半は、見返りの利益が生じる貿易を通して提供するものをほとんどもたなかったのであり、(綿織物の他は) 各地の職人と生産者が驚くほど強大だった。イギリスが、商業の浸透と政治の影響の組み合わせを通して、「自身にもっとも都合がよいようにこれらの経済圏を作り変えるよう指示を下した」という考え方には、議論の余地がある。[21] 一八七〇年代まで、投資家、製造業者、商人は、遠方の市場に大方は無関心で、実業家と国家はともに、政府の介入の限定的な役割を受け容れていた。[22]

自由貿易帝国主義という学説は、一九世紀後半に関しても同様に問題含みである。イギリス帝国と一九四五年以後のアメリカ合衆国のアナロジーは誤解を招くものでありうる。アメリカがそのグローバルな影響力を確保したのは、国際的な制度や多国間の協定を通じてであった(ブレトンウッズ協定、GATT)。それはまた「市場帝国」であり、国家、市民社会、産業界が協同して、流動性の高い階級なき消費社会という市民的理念を輸出した。[23] ヴィクトリア時代的なスタイルの自由貿易は、それとはまったく異なる性質のものだ。一九世紀半ば以降、イギリスの自由貿易支持者は、その片務性を自慢していた。開発途上の社会に貿易の自由を強制してきたと思われる国際組織は、積極的な抵抗を受けた。一八六〇年代の関税解消の動向は、最恵国待遇を第三国にも拡大適用する二国間の条約の帰結であった。コブデンとグラッドストンにとって、この体制に合わせて外務における交渉力を手放すことは、大きな魅力に感じられていた。これによって押し売りと干渉を避けられたのである。[24] 外務省でもまた、片務的な自由貿易は、「ソフト・パワー」という明確な利点を有するものと考えられた。つまりそれによって外国勢力が、保護主義の武力に直面する場合よりも、イギリスの優位性に敏感になる度合いを減ずるとエア・クロウが一九〇七年に外務省の覚書において強調している。[25]

実際、イギリスは、とくにその産業の優位性が圧倒的であった一九世紀半ばにおいて、貿易の好条件を確保するために、その経済の影響力をより攻撃的に用いることで便益を得る可能性があったといってよいだろう。[26] また、一八七〇年代から八〇年代にかけての大不況期に、イギリスが通商条約体制において積極的な役割を演じることを拒んだことが、関税の台頭の一つの理由であったと論じることもできよう。[27] イギリスは「覇者」として行動することを拒み、リベラルな国際秩序のための「公益」の一つとして自由交換を実現するためにその権力を用いた。他国が相互の交渉において貿易の障壁をなくし、それを最恵国条項を通して他の世界全体に拡大することをイギリスは期待していた。一八七〇年代から一九〇〇年代の時期に、この目論みが深刻な計算違いであったことが露呈した。最恵国条項が双務的交渉を残りの世界に拡大するという好循環は、諸外国が次第に「近隣窮乏化政策」を採用するにしたがってますます関税障壁が高くなるという悪循環に転化していた。一八七七年と一八七八年のロシアとイタリアの関税のあとで、ドイツ（一八七九年、一八八七年、一九〇二年）、フランス（一八八二年、一八九二年）、アメリカ（一八九〇年、一八九七年）の保護の強化が続いた。カナダとドイツの関税をめぐる諍いに加えて、ヨーロッパでは、とくにドイツとロシア間（一八九二年―九四年）、フランスとイタリア間（一八八七年―九八年）に、大きな関税戦争があった。

非公式な権力の基準が、武力を用いることなく要求を通す力なのだとすれば、自由貿易イギリスは失格であった。ラテンアメリカ、中国、トルコといったいくつもの開発途上国と結んだ「門戸開放」条約は、多くの場合、武力による圧力を伴った。イギリスは一九世紀後半において、主要貿易相手国や地政学上の競合国から新重商主義戦略を奪うためにほとんど何ほどのこともできなかった。もちろん貿易は平等な競技場ではないが、次第にイギリスは自国が低位に位置する事実を認識するようになっていた。そして一八九〇年代以降、イギリスの自由貿易帝国を支えてきた海軍力の優越が、外国の小型砲艦と潜水艦に脅かされるようになっていた。

カナダとドイツの争いは、植民地省に「単純な最恵国条項の時代が、まだかろうじて過ぎ去っていないとしても終焉を迎えつつある」という感覚を残した。[28] 外務省もまた、従来の手法の見直しをはじめていた。一九〇〇年、外務省商業局長H・G・バーンは、「外国と満足な通商条約を締結することは次第に困難になっている」と明かしている。[29] 問題は三つに分類される。一つには、自由貿易イギリスと保護貿易植民地の双方に適用できる取り決めにいたるのが困難であること。次いで、自由貿易によってイギリスは交渉のテーブルで身動きがとれず、報復を行ったり譲歩を示したりもできないこと。

そしてとりわけ、関税障壁と非関税障壁が拡散していたことである。この問題はもはやその障壁の高さのみではなかった。ドイツ、フランスなど列強は、複雑な区別の仕組みを導入していた。いわゆる最小関税と最大関税によって、多様な関税の税率区分に諸種の物品が分類され、友好国が得をし、敵対国が損をするようになっていた。保護関税と組み合わされた。イギリスにとってのディレンマは、関税交渉に参加する諸国が対象とするのが、自分たちが輸出する物品であり、それがイギリスの輸出においてはさほどの役割を果たしていないことであった。外務省が認識していたように、「たとえイギリスが名目的に最恵国待遇を得たとしても、イギリス以外の国が輸出する特定の商品を優遇するために関税率が固定されるならば、実質上そうならないことが多い(30)」。

輸出報奨金が二番目の脅威であった。古典的な自由貿易の立場では、このような手段を用いる国にとってそれが割高で逆効果となるのは、国際的な分業と全面的効率化と成長から得られる利益を相殺してしまうからであり、長期的にはそのような政策は、財務省が述べるように、「経済法則の否定」に基づいているがゆえに失敗が定められているというものだった(31)。しかしながら外務省の観点では、これはリベラルな迷妄である。「理論上は報奨金と保護の制度は不健全であるのかもしれないが、いくつもの国が、この手段を用いて特大規模の商業上の優越性を次第に獲得してきている事実は無視できない」とバーンは結論づけた。鉄鋼において、アメリカはイギリスを凌駕していた。ロシアもまた前進しつつある。ドイツはヨーロッパ最大の工業国になる寸前まで来ている。その汽船の建造工程の一部は、すでにイギリスより大きかった。イギリスの輸入の過剰と工業製品輸出の乏しさは、「われわれの工業国としての未来の繁栄に関する懸念抜きに見ることができない(32)」。

ヨーロッパ市場から締め出される不安が、アメリカという世界に拡がる新たな帝国勢力の台頭によって強まっていた。スペインを破った二年後にあたる一九〇〇年五月と六月に、アメリカは、新たに領有したキューバとプエルトリコに特恵関税を導入した。ハワイは関税徴収地域として併合し、フィリピンがアメリカの重商主義の次なる標的となっていた。アメリカの植民地政策は、イギリスの海運業の権益にとっては打撃だった。プエルトリコ・アメリカ間の輸送はアメリカ船舶が押さえるところとなったのだ。そしてキューバでは、イギリスが急速にヨーロッパの競合相手に地盤を明け渡すことになっていた。一八九〇年代後半に、イギリスおよびその植民地からのキューバの輸入はわずか五・二パーセント増えただけであった一方で、フランスからの輸入は一五〇パーセント、ドイツからの輸入は一二二パーセント増加していた。

「イギリスの誇りをこれほど傷つける数字は見たことがないし、世界で進行している殺伐とした商業の争いでの現在と未来のわれわれの進歩に関してこれほど悲観的な見解も知らない」と関税庁長官が外務省で語った。[33]

さらにキューバは帝国の貿易において大事な場所を占めていた。リヴァプールのキューバ向けインド米貿易は「すべての米貿易の背骨であり、ビルマを発展させるのにこれ以上のものはない」とランズダウンは閣議で語った。[34] アメリカとキューバの互恵条約はカルカッタとラングーンのようにあまりにも遠い世界と感じられたかもしれない。リヴァプールがその汽船業に関して懸念を抱いたのは、毎年、一五万トンの貨物をキューバに輸送していたからである。イギリスの機械と砂糖の輸出も脅かされた。リヴァプール、ロンドン、マンチェスター、グラスゴー、シェフィールドの商工会議所は、イギリス政府に対して、行動を起こさなければ、貿易の多くが失われてしまうと警告した。この不安視されていた相互条約が一九〇三年に発効すると、イギリス領西インド諸島はアメリカの砂糖市場から締め出されてとくに大打撃を受けた。

自由貿易は無力だった。好きなだけ「大英帝国は意見することはできる」けれども、「何か事を起こす力の伴わない意見というのは何の役にも立たない」[35]。アメリカの政策がとくに刺激したのは、それが最恵国条項の制度全体を突き崩すものであったからだ。イギリスとは異なりアメリカは、条件付きの最恵国待遇を好んだ。アメリカ式の最恵国条項は、交渉で得られたあらゆる便益を残りの世界全体に拡張するのではなく、互恵性に関わる。つまり優遇は交渉に直接関わった当事者国に限定されるのである。もし二国がある特権を取り決めたとするならば、この特権が最恵国条項によって第三国に拡張されるのは、その第三国が引き換えに同等の特権を提供した場合のみである。そしてどちらの当事者国も、相手国が第三国に対する関税を下げることに反対する権利もまた保持する。言い方を変えれば、アメリカ・キューバ間の互恵条約の下では、たとえキューバがイギリス商品に対する関税障壁を低くしたいと望んだとしても、実行すればアメリカから罰則を適用されることになるのだ。それゆえアメリカの政策は、「原則の点で重大な問題」を含んでいると商務省は認識していた。[36] これが危険な前例であるのは、とくにアメリカ版最恵国条項の魔力に囚われていると疑われるカナダにとってである。アメリカは独自の通商体制へと向かっている。一九〇四年には、アメリカはブラジルから特恵待遇を付与されたが、イギリスはブラジルとは通商条約さえも結んでいなかった。[37]

キューバの事例は、いかにこれまで以上の闘争心がイギリスにおいても地歩を得ていたのかを示している。交渉と報復への要求が、国家と産業界の内部で成長していた。商務省では、ヒューバート・ルウェリン・スミスのような進歩的リベラルさえもっと積極的な政策への道を探っていた。一九〇四年にキューバ大統領が既存の関税率をさらに三〇パーセント上げることが認められた際、商務省は、イギリスの自由になる数少ない武器を利用するように外務大臣を説得した。つまり高級タバコと葉巻の関税引き上げという脅しである。(38)

このように一九世紀後半のグローバルな貿易制度の変容は、「自由貿易帝国主義」理論に簡単に適合することはない。イギリス政府の内部では――外務省と商務省だけではなく植民地省においても――他国に対して世界最大の市場に自由に加わることができる見返りとしてイギリスに特権を提供させるためには片務的自由貿易はほとんど役立たないという認識が高まっていた。真正の保護貿易主義への転向者はほとんどいなかった。しかし貿易政策の問題は、国家の役割の見直しを促した。貿易交渉は、関税、そしてそれゆえに歳入と密接に結びつく。国家は、課税を専ら歳入目的に限定することで、自律と中立性を保つべきなのか。あるいは、国家には、外国市場において特定の問題に関する特権を獲得するのに税制を利用することが許されるのか。グラッドストンの下では、片務的自由貿易が、自制する国家を前提として、政府と人民が新たな社会契約を結ぶ助けになった。グラッドストン以後は、これは財務省の支配的見解として維持された。しかしながら政府内の他の部局は、この自己否定の設定を疑いはじめるようになっていた。

イギリス国家にとってのディレンマがおそらくもっともよく明らかになったのは、イギリスに最恵国待遇を与えることさえなかったスペインやポルトガルのような相対的な小国の場合である。一八九一年、スペイン・イギリス間の協定が失効した。新たな最小＝最大関税が発効し、一部の商品については二百パーセントまで関税が上昇した。続く三年の間に、イギリス国家内の亀裂が露わになった。イギリスのワイン関税は、スペインにその関税障壁を低くさせるために用いることが可能な武器としてあった。外務省は財務省に対して、もしスペインが関税を低くするならば、見返りにワイン税を低くすることができるかどうか問い合わせた。財務省は拒んだ。そこで外務省は財務省に関税を上げるという脅しの後押しをしてくれるように頼んだ。これも拒否された。最後に、将来関税を上げないという約束に関して依頼した。またもや財務省は拒絶した。財務省の揺るがない立場は、商務省内の亀裂によって可能となっていた。商務省の一部は、関税条約を、従来の最恵国政策以上に効果的として支持していた。しかし商務省を率いる熱心な自由貿易支持者であったロバート・ギッフェンは、それを一顧だにしようとしなかった。彼は「非降伏」政策において財務省と手を結んだ。関税交渉は「商業上の罪」なのである。最終的に、商務省の方は、高級ワイン税を脅しとして用いることには賛同したが、財務省は拒絶の回答を頑として変えなかった。最終的に、一八九四年に、イギリスは一時的な最恵国待遇を付与する暫定協定を得ることに絞って力を尽くしたが、スペインの関税を下げることには失敗した。(39)

ポルトガルとの関係は、どちらかといえばより苛立ちを誘うものだった。ポルトガルは、一八九二年にイギリスとの通商条約を破棄していた。それ以降、イギリスは公式の最恵国待遇を有しなかっただけではない。ポルトガルは、イギリスからの輸入品に対して他の競合国よりも高率の関税を課したのである。一八九七年にギッフェンが退任した後、商務省は今度は、強硬な態度を求める外務省と組んだ。ポルトガルに振り回されてはならなかった。ポルトガルの特恵待遇の要求は——イギリスが最恵国待遇が欲しければ、ワイン関税を下げるようにイギリスに求めたのである——イギリスの怒りに火をつけた。公平を期すならば、ポルトガルの側で反応したのは、イギリスが、とりわけ高率の関税を度数の高いワインやポートワインにかけていることだったが、これはリベラル派が禁酒運動支持者に認めた条件であった。これは不公平に見える関税の古典的な事例で、実際にこれは特定の原産国を差別するものだった。このような貿易への隠された障壁は、近年ヨーロッパ連合によって繰り返し打ち壊されてきている。しかしながら、当時の公式見解は、イギリスは、自由貿易政策と引き換えに最恵国待遇への「公正な権利」を手にしているというものだった。追加で特定の条件を示すことを「そのような待遇の見返りに行うべきではない」。しかし、一方で商務省は、ポルトガルがイギリスの工業製品に対する関税を引き下げることの代償として、ワイン関税を改定することを望んでいた。イギリスはポルトガルの最良の顧客だった。ワイン貿易はイギリスの飲酒者に依存していた。合意に達することは可能であると思われた。(40)ここでもまた、財務省が、そのような交渉に対して必死に抵抗した。商務省に「交渉能力の修練」を与えるのは危険だった。チェンバレンの関税改革運動は、一九〇五年から六年の冬には、財務省に立場を固守するように促すだけで終わった。自由貿易体制を報復手段に転ずることに関して、新しい自由党政府の財務大臣アスキスにハミルトンは注意を求めた。「現在よりも多くの関税を報復のためにかければこんなにも暮らし向きがよくなる」という「関税改革派からの反撃」にわれわれはさらされているのだ[41]。

より積極的な商業政策へのこのような試みは、国家と企業の間のより一般的な融和の一幕であった。以前の政府の傾向は特定の企業に肩入れしての介入に反対の立場にとどまっていたのだが、国家がその情報と開発の能力の拡大をはじめた。この新たな下部組織が、自由貿易の枠組みを拡張したのだ。植民地省にチェンバレンが着任するとともに、国家が、ウガンダ鉄道に見られるように公債と事業計画の手助けを得て、直接植民地の土地開発へと乗り出した。コブデン流の条約の相互関係の下では、商業上の情報収集はほとんど放棄されていた。一八七〇年代初めまで、商務省商業局は一名の次官補と全日勤務でさえなかった四名の吏員で構成されていた[42]。一八九〇年代には、この風潮は逆転した。商業情報収集が、マンチェスターのような主導的な商工会議所からの圧力も一部作用して、合理化された。国家と商業が、次第に相互浸透することになった。

一九〇〇年五月には、商業情報諮問委員会が商務省に新設されて、産業界の指導者と省庁の幹部が一堂に会した。貿易委員と商務官が、外国と帝国の市場におけるイギリスの貿易の強みを（および多くは弱みも）調査することになった。競合する列強とは異なり、イギリス政府は、積極的に貿易を推進することはなかったし、多くの業者は真正の干渉国家を欲してもいなかった。このような動向の多くが白日の下に曝したのは、在外領事館員における商業の世界に対する、知識の裏づけがない、場当たり的な受け身の対応であった。しかしこの諮問委員会は商業界、商務省、外務省に対して新たな傘を差しかけた。諮問委員会が情報収集の中枢機関となった。それ以上に、ここが貿易政策に関して討議の場所となり、陳情と苦情の捌け口となった。外国の関税制度に関する商業情報は、各地の商工会議所に内々に渡された。見返りに、商工会議所は、「不公平な」待遇、外国の関税と助成金に関する懸念と地域産業への危険について意見を伝えた。

諮問委員会の任命は、それ自体、省別委員会に対して商業条約の再交渉を求める実業界のより野心的な要請を出し抜く試みであった。[43] 一九〇〇年四月に、商工会議所協会は、いくつかの条約の破棄を考慮していた。一八七〇年代後半以降、実業界の一部から、「公平貿易」を求める声が聞かれるようになっていた。最小関税と最大関税の普及には、それ以来、神経を尖らせることになった。世界経済はまるでビリヤード・ゲームのようになっていた。交渉関税がもたらした力学の中で、一国の関税引き上げが一連の関税引き上げを引き起こした。すべての注目が、差し迫ったドイツの新関税に集まっていた。一九〇一年における商業情報は、関税が二五パーセントから百パーセントに引き上げられ、関税表の項目が九百から千四百へとさらに分割される怖れがあると警告した。一九〇一年九月の年次大会では、自由貿易派の銀行家エーヴベリー卿が会長であるにもかかわらず、商工会議所協会は、外務大臣に対して、ドイツ政府が関税を低減するように手段を講じることを求めた。関税戦争についての会話が偏在していた。[44]

大陸の関税障壁が高くなることにとくに影響を受ける産業は――鉄鋼、毛織物、機械など――戦々恐々として、イギリスの輸出品への関税低減を実現するため他国の交渉力にもはや頼れないと感じていた。一九〇四年のスイスとルーマニアの制裁的な高率関税は、ドイツの関税に対する直接の反応であった。多くの商工会議所からは、自分たちの輸出が大打撃を受けると怨嗟の声が上がった。自由貿易が彼らを打ちのめしたのだ。政府が「特権付与か報復実施の見込みを示して」自分たちを支えてくれないかぎり公式の抗議は無意味であった。[45]

チェンバレンと関税改革委員会が学ぶことになるように、大半の貿易は、政治的にも、経済的にも、分断されていた。包括的な保護貿易への支持の心からの声は、チェンバレンのお膝元であるミッドランド地方の金属産業のような強固な牙城を除いては聞こえてこないままだった。マンチェスターを筆頭とする一部の商工会議所は、コブデン主義に大方忠誠を誓っていた。グラスゴーやオルダムでは、外交で外から圧力をかけるよりも、外国の内部でのロビー活動の方が有効だと思われていた。[46] しかし関税改革への反対は、必ずしも自由貿易支持ではなかった。自由貿易に明確に賛意を表していたのは、マンチェスターとニューカッスルの二つの商工会議所にとどまる。大半は、互恵、交渉、報復への道を探っていた。ロンドン商工会議所がこの新しい動向を反映している。リベラル・ユニオニストのエーヴベリーのように、「効果的であるということが判断されれば」、報復を正統的な最後の手段としてのみ受け容れるという立場もあった。大勢はより強硬だった。ロンドン商工会議所の会頭だったJ・イネス・ロジャーズは、最恵国待遇が、イギリスの開かれた市場に「公平な見返りとはならない」と主張し、政府に「特別関税協定」を妥結するように要請した[47]。マンチェスターにおいてさえ、コブデン流合意に走る亀裂が露わになっていた。イギリスにおける四大織物連合体の一つ漂布業者連合は、ポルトガルが静かな外交に耳を傾けない姿勢を維持するならば、報復を考慮するように政府に要請した[48]。

片務的な門戸開放から何らかの「見返り」への意見の推移は、特定の部門や分野に限定されるものではなかった。大半の商工会議所と業界（そして個別の企業さえ）内部は分裂し、一九〇三年までに次第に報復の方向性が強まった。金融と工業の間の、あるいは国際志向の自由貿易部門と国内志向の保護貿易論者との間の亀裂という考え方は、神話であることが明らかになった[49]。金融と工業の双方が、経済的、社会的、文化的に流動し、不定形化していた。たとえば、関税を支持していたアーサー・キーンは、鉄鋼に大きな権益を有していたと同時に、ロンドン・シティ・ミッドランド銀行の頭取であった。海運業ほど、開かれた世界経済から便益を受けていた産業はそれほどないため、アルフレッド・ジョーンズを例外として、海運業が関税改革に反対しつづけたのはもちろんである。同時に、ここでも自由貿易の原液は、重商主義の感情によって薄まりつつあった。アメリカはその沿岸法を拡張して、ニューヨークからホーン岬周りでサンフランシスコに至る船旅をアメリカ船のみが行うことのできる沿岸航海として規定した。海運会議所は、外務省に対して、イギリスの船舶が「次第に世界半周の貿易から締め出されること」がないように申し入れた。イギリスの帝国内沿岸貿易は、帝国の船舶容積トン数を独占することになっていたのである[50]。優秀な輸出産業の綿織物においてさえ、二人自由貿易支持者がいれば、おそらく一人は財政改革論者がいるという状態だった[51]。

シティもまた分裂していた。大西洋両岸の金融において強力な役割を保持していた有数のクリアリング・バンカー、ユニオン銀行のフェリックス・シュスターのように、銀行業にとって、自由貿易の保守は死活問題であると感じていた人びともいた。しかしシュスターやエーヴベリーの傍らでは、エリック・ハンブロやハーバート・ギブズのような傑出したマーチャント・バンカーが、低率の所得税への一歩として穏やかな関税をむしろ志向していた。株式仲買人フェイスフル・ベッグは、自由貿易の下では、最終的に「その船舶をもってイギリスに襲いかかり、イギリスの商業を壊滅に追い込む」

商業上の敵国を作ることになると警告した[52]。マーティンズ銀行の頭取もまた、貿易障壁の世界では、グローバルな金融市場の中心としてのロンドンの未来が、結局イギリスの工業力とその外国の関税を制御する力に依存しなくなるという考えに疑問をもっていた。

全体としては、チェンバレンの一般関税案は、シティの大半の人びとにとっては行き過ぎと思われていた。しかし元イングランド銀行副総裁ジョージ・サンデマンが一九〇三年に簡潔に述べたように、「大方は自由輸入論者ではない自由貿易支持者である[53]」。外国製品を国内市場へ自由に流入させても、イギリス製品が外国市場から締め出されないということにはならない。報復は、自由貿易への一歩として正当化されうる。穏健な財政改革、交渉関税と収入関税の混合には多大な支持があり、一九〇六年にシティ選出の議員になったバルフォアも気に入っていた。一九〇九年のロイド・ジョージの「社会主義的予算」は、収入関税をシティにおいてかなり受け容れやすいものにした。

このような内部分裂の主因は政治であった。貿易政策が、政治の主義主張と党派精神の核心になっていた。政治環境が経済的利害の感覚を形成していたのであって、その逆ではない。これは部分的には党派性の問題でもあるが、また国際関係に関わるより幅広い思想を表してもいた。馬にとっての人参と鞭のようなものを駆使すれば、市場はふたたび開放され、イギリスの業者にとってより平等な競技場が作られることになろうか。それとも報復が、国外では関税戦争に国内では政治の腐敗に帰着するだろうか。

結局は無益に終わったとしても、交渉と報復への要求が示すのは、政府と実業界において自由貿易体制の再編へと向かううねりが高まっていた事態である。それを背景として、バルフォアとランズダウンは互恵性の方へと向かいはじめた。自由貿易をもはや自由輸入を意味しないものとして再定義する試みは、「哲学者が書くロマンス」とか「笑劇」と同じような単なる言葉遊びではない、とチェンバレンが皮肉を込めて記している[54]。互恵性は、チェンバレンの突きつけた難問への単なる反応でも、一九〇三年の政権危機に際してバルフォアが権力維持のために採用した高等政治戦略でもない[55]。新たな貿易政策の要求にはそれそのものの論理があり、第一線の政治家、実業家、官僚は周囲を取り巻く変動する世界へ対応しようとしていたのだ。自由貿易が拘束衣のように感じられはじめていた。

性」を彼らは認めていた。一九〇一年六月に内閣に明確に提示された。「報復の原則を認容するまで財政政策を柔軟化する必要外務省の見解は、一九〇一年六月に内閣に明確に提示された。「報復の原則を認容するまで財政政策を柔軟化する必要

外務省の見解は、一九〇一年六月に内閣に明確に提示された。「報復の原則を認容するまで財政政策を柔軟化する必要性」を彼らは認めていた。ドイツによるカナダの懲罰に際会したとき、自由貿易はイギリスを「無力」にした。より一般的に言えば、自由貿易はイギリスの帝国内立場とグローバルな立場を脅かした。政策の変化がなければ、イギリスは、オーストラリアや他の植民地が帝国特恵を付与しないように導くことになる――クランボーンによれば「これはアメリカの喪失以来最大の失態となるだろう」。そしてフランスのような競合する帝国があって、最恵国待遇の原則をあっさり黙殺して、実質すべてのイギリス植民地を最大関税に従わせている。ここでもまた「われわれの植民地を救う力を失っており、国王直轄植民地の場合には、こうした待遇のわれわれの黙過は、ほとんど信頼を裏切ることであり、われわれの帝国内の立場にとって危険を招く」。外国のトラストもまたイギリスの産業と植民地の生産者にとっては危険になっていた。財務省は、企業合同と企業連合は割に合わず、その重みで滅びる運命にあるとして片づけていた。しかし商務省はもっと実際的な見方をしていた。トラストがそもそも善であるとか悪であるとかということはない。現代の資本主義において定着しており、政府はそれに対応する必要がある。報復は、足並みを揃えた「ダンピング」政策を押しとどめることができよう。「イギリス帝国全体が一致団結して報復行為に出れば……それに立ち向かうほどの資金力は」アメリカのトラストさえないだろう、と外務省では考えていた[56]。

政府では、バルフォア首相とその弟ジェラルドが商務大臣として、「不公平」貿易に対する報復キャンペーンを主導していた。ジェラルド・バルフォアは、五から十パーセントの工業製品関税案を策定した――これは交渉力を手に入れ、ダンピングに立ち向かうには充分であったが、保護障壁としては過小であった。これでは、主に食品と原材料を輸出するアメリカとロシアへの対処において「比較的無力」のままにイギリスをとどめることは彼も認めていた。一方でドイツ、ベルギー、イタリアの場合は、イギリスからの輸出品への譲歩を勝ち得る梃子になるだろう。最恵国条項は帝国特恵と外国の助成金と報奨金に対抗する方策の適用、いわゆる相殺関税を内包するように修正される。関税戦争の見込みさえ織り込み済みである。「報復できる態勢を整え、自国への損害が最小となるようにしたうえでできるだけ激しく強打しなければならない」。このような見方にしたがえば、低率の収入関税が、選択された輸入品への法外な高関税を課する力によって

補完されているかぎり、イギリスは戦闘力を有するのである。[57]

報復が魅力的であったのは、国家の自律を犠牲にすることなく、国家権力を増大することが約束されていたからである。既得権益は生じないだろう――この戦略上の兵器は、長期の保護に耐えるものではないのである。報復はまた低率の収入関税と組み合わされ、急速に増大しつつあった戦争と自衛の費用をまかなう一助になる。[58]そして、イギリスの外交政策全体における方針変更を補完するのである。

片務的な自由貿易から双務的な貿易政策への意見の推移は、「光栄ある孤立」政策から外国との同盟政策への大きな移行と符号していた。一九〇一年以降、ランズダウンは、外交政策に関してソールズベリーの同盟拒否から離れる方向をとった。重要だったのは、外務大臣自らが関税交渉の熱心な擁護者としても活動したことである。一九〇二年、ランズダウンは、ドイツとの同盟案が流れた後、アメリカと協定を結び、また日英同盟を成立させた。同盟はイギリスの海軍力の維持につながり、新たな通商条約はその商業力を守ることが期待された。

カナダとドイツの間の関税をめぐる一幕は、ランズダウンを新たな協定を求めるよう刺激した。ドイツ政府は、他の植民地がカナダの事例に追随するならば、イギリス本国への最恵国待遇を撤回すると当初脅しをかけており、これを外務省は虚勢と称していた。報復の脅しは目くらましであった。[59]イギリス市場がドイツ市場にとって、その逆以上に重要であることがランズダウンにはわかっていた。これが一九〇三年六月一五日、貴族院において、ランズダウンが政府は「リボルバー」で武装せよと公然と呼びかけた出来事の背景である。世界は平和な市場ではないのである。それは西部の荒野のようなものだ。

無法国家にあって誰もがポケットにリボルバーを忍ばせている部屋に入った男の立場にあるのがわれわれといってよいでしょう。丸腰の男は大した待遇では迎えられません。リボルバーを手にする機会があるならば、他の誰よりも大きなリボルバーだと誰にもわかるようにしましょう。そうすれば、私の考えでは、配慮されて好きなようにさせてもらえます。[60]

イギリスの大きな市場は、大きな武器である。この演説は、一部は、内輪で楽しんでもらうためのものではあった。しかし一部は外国の聴き手に向けられてもいたのである。

ドイツにイギリスと新たな通商条約を結ぶ準備があるとランズダウンは承知していた。彼は内閣の承認を得ずに、ドイツ大使とともに、この可能性を高めるための音頭さえとっていた。(61) ロシア、イタリア、オーストリア、スイス、ベルギーとドイツの通商条約はすべて一二ヵ月前の通告で破棄が可能であり、以上の諸国はこのシナリオに備えて、「闘争関税」の用意をしていた。もし関税が全般的に上昇するならば、自由貿易と最恵国条項はイギリスの権益に役立たないだろう。「一般的に言えば、最恵国条項に拘束されるよりも、われわれ独自の通商条約を結ぶ方が手堅い」とランズダウンは閣僚に語った。前向きの政策のためには絶好の機会であった。譲歩を勝ちとるためには、イギリスは報復で脅しをかけ、既存の関税の低減を約束し、近い将来に関税を引き上げないという約束を与えることができるのだ。諸外国がイギリス市場に依存していることを考慮すれば、最終手段さえ成果に結びつくとランズダウンは考えていた。たとえばフランスは、年間一千四百万ポンド相当のイギリスの絹織物、手袋、その他高級品をイギリスに関税なしで輸出していた。一方で、フランスのワインは、他国との競合状態にあった。イギリス側が少しでもフランスのワインに対する関税の引き下げを提案するならば、フランスがイギリスの織物に対する関税を減ずるように促す「望ましい成果をもたらすだろう」とランズダウンは思っていた。(62)

他国との力関係におけるイギリスの立場に対するランズダウンの直観は的外れではなかった。ドイツ政府はイギリス市場の重要性と、反ドイツ感情とともに訪れる復讐への支持の高まりについて充分に認識していた。一九〇二年にイギリスへのドイツの輸出は、九億五千八百万マルクに相当し、これはイギリスからの輸入のおよそ二倍であった。「もしわれわれの関係が悪化するか、関税戦争に突入するかしたら、失うのはイギリスだけでないだろう」と駐英ドイツ大使メッテルニヒは結論づけた。ドイツ帝国宰相フォン・ビューロー伯爵はそれに同意した。(63) しかしながら、報復を支持した保守党閣僚さえ、選挙を経ずにランズダウンにイギリスの貿易政策を見直すことを認めるつもりはなかった。民主主義的期待が高くなっている時代に、行政府が、このような重大な政策変更を、国民の委任なしに導入することは政治的自殺に等しかった。さらにそうした委任はイギリスのリボルバーに多くの弾丸を込めることになるだろう[64]。一九〇五年のバルフォア政権の崩壊と、関税改革と自由貿易という対立陣営への思想的分極化の進行が意味したのは、ルーマニアとの条約を例外として、商業上の交渉の計画が歴史の犠牲になったということである。

甘い力

報復とは、単に「目には目を」の戦略にはとどまらない。自由貿易の真の意味、グローバルな統治、国家主権、消費者と生産者の権益の均衡のとり方など原理原則に関わる根本的問題をそれは伴っていた。砂糖が結晶化させたこうした大きな問題は、「フリートレイド」に対する「フェアトレイド」の今日の擁護者を捉えつづけている問題でもある。貿易の真の自由は自由放任と不干渉に関わるもので、たとえそれが助成金や報奨金によって政策的に安価になった物品の輸入を意味するとしても問題ないのか。あるいはそれは干渉によって、より公平な市場環境を生成し、強者に対して弱者を守ることを可能にするものなのか。

砂糖は一九世紀の間に未曾有の変容を経ることになった。世紀初頭、砂糖は熱帯の生産物だった。世紀末までに、熱帯のサトウキビは、テンサイに凌駕されることになっていた。ナポレオン戦争の終結時にはすでに三百程度のテンサイ砂糖の加工工場がヨーロッパにあったが、一九世紀最後の四半世紀に大きな変動が生じたのは、ロシア、オーストリア＝ハンガリー、ドイツを中心とする温帯に属する諸国が、助成金と輸出報奨金の相当に精緻な制度によって砂糖を増産したからである。一八四〇年の段階では世界総生産の八パーセントに過ぎなかったテンサイ砂糖が、一九〇〇年には世界の砂糖総生産の六五パーセントを占めるまでになっていた。そして次第に、その大部分は輸出向けになっていった。一八七〇年にはドイツのテンサイ砂糖のわずか二六パーセントが輸出されていたのに対して、一九〇〇年には六一パーセントであった[65]。これは食品のグローバリゼーションの歴史的大転回であった――「かつては熱帯地域が生産能力をもっていたものが、温帯農業によって初めて重要な簒奪を被った」[66]。それはまたリベラルな自由貿易体制に難問を突きつけた。

啓蒙思想家によって行われ、ヴィクトリア時代において流布した自由貿易の古典的議論は、各国の特産物の有効な活用を促すために、世界の多様な特質を最大限に利用するというものであった。西インド諸島以上に、安価な砂糖の豊富な生産に適した場所は本来的にはほとんどなかったとはいえる。しかし一八七〇年代から九〇年代において、サトウキビ生産業者は生き残りのために苦闘していた。テンサイ砂糖が、助成金と輸出報奨金に支えられて、強力な競合製品に成長し、世界価格を押し下げたのである。政策によって安価になった砂糖が大量に出回った。一八九〇年代において、原料糖の価格は二〇パーセント以上下落し、精製糖の価格は三〇パーセント下落した。一九〇〇年には、消費者は、一八四一年と同じ値段でおよそ五倍の量の砂糖を購入することができた。熱帯では、バルバドスやジャマイカといった大きな原産島が大打撃を受けた。ここでは適した土壌と安価な労働力が、機械化の進行を遅らせていた――中心となる大小の工場が広く造られるようになったのは、第一次世界大戦後にすぎなかった。一八九〇年代にジャマイカとトリニダードは、輸出量が六〇パーセントも減少した[67]。

サトウキビ砂糖とテンサイ砂糖の運命の明暗は、競合する貿易体制を象徴するようになった。イギリス流の自由貿易は、発展、資産、効率を養成するのではなくて、破壊的な過剰生産と社会の解体を許容してきたという批判がなされた。カリブ海の生産者が没落する一方で、テンサイ砂糖は国家の援助と企業連合によって繁栄した。中央ヨーロッパの政府がテンサイ砂糖を支えたのは、地方エリートを保護することで、地方から都市への人口移動を防ぎ止めるためだった。最初、それはまた、税収の追加になる歓迎すべき財源であった。局面が変化したのは、輸出報奨金の次第に激しさを増す活用と砂糖輸出業者のカルテルの勃興が一八九〇年代に生じたからであった。「自然な」市場競争が世界の砂糖貿易から消滅した。イギリスの消費者が、この輸出報奨金制度の主要な受益者であった。彼らの砂糖の消費は、一八六〇年と一九〇〇年の間に倍増した。いまやイギリスの砂糖輸入の八〇パーセントがテンサイ砂糖となっており、六五パーセントがドイツのみからの輸入であった[68]。その一部は、ジャム、菓子、飲料の製造に回ったが、三分の二は個人消費であった。問題は、このような報奨金付きの輸出が、植民地の生産者、そして帝国商人および砂糖貴族に何をもたらしたのかだけではなく、過剰生産とダンピングの長期にわたる影響が、砂糖の消費者と産業的使用者にとってどのようなものだったのかということでもある。テンサイ砂糖カルテルがカリブ海の競合相手を破産に追いやったとして、次いで彼らはその独占権力を行使して、価格の吊り上げを行おうとしなかったのだろうか。

砂糖が「完璧な実例を提供してくれるのは、われわれがもっとも大事にしている経済理論の一部の根底にひそむ誤謬についてだけでなく消費者も被る被害についてである」と、報奨金制度の苛烈な批判者であり、西インド諸島の大農園主の代弁者であるジョージ・マーティノーは述べた(69)。リベラルな自由貿易支持者は、イギリスの菓子産業にもたらされる廉価な砂糖の便益は、帝国の大農園主への損害を上回ると反論した。しかし難問はさらに大きかった。報奨金制度は、供給過剰、物価変動、そしてとりわけ企業連合を促進した。それがその徴候と解釈された新しい世界秩序では、組織化された資本主義が、国家と市場、内務と外務の自然な分割を消去し、国の主権を危うくするのである。おそらく輸出企業連合は、単にその本社がある国の問題という域を超えていた。グローバル統治における国家のより積極的な役割を新たに求める動きがはじまっていた。そしてそのような探求の中で、イギリスによるその自由貿易体制を変更する意思は決定的となるだろう。

報奨金制度改革への国際的な取り組みは、砂糖助成金そのものとほとんど同じくらい長い歴史を有していた。最初の会議は一八六四年に開催されたが、失敗に終わった。続いて二五年後にロンドン会議が開催され、「違約条項」が合意されたが、庶民院で否決されたため、成果は無に帰した。イギリスはそれまで世界最大の砂糖消費国であり、助成金と報奨金を排除する国際的な試みはすべて、政策的に安価になっている砂糖にイギリスが門戸を開きつづけているかぎり、失敗は定められていた。熱心な自由貿易支持者は、一八八〇年代にそのような国際的な慣習に徹底抗戦していた。相殺関税は最恵国条項違反であるというのが法務官僚の意見だった。大衆志向の自由貿易支持者にとっては、そのような関税は、その原産地や生産手段は関係なく最安値の商品を購入することのできる人民の権利の侵害なのであった。

カルテル結成の進行、輸出報奨金の高騰、そしてグローバルな供給過剰が、イギリスの、そして諸外国の政治感覚を変えはじめていた。報奨金が国際的な解決が必要な国際的な問題であると最初に提起したのは、オランダとベルギーである。

コブデン・クラブの内部においてさえ、貿易を自由化する手段としての国家干渉の方に傾斜する向きがあった。[70] イギリス政府の内部でも、国際協調が支持を集めた。輸出報奨金は統制を失って高騰し、テンサイ砂糖生産国に極度の負担を強いていた。フランスとロシアは様子見を決め込んでいたが、大半の生産国は報奨金制度の終了を望んでいた。それでも、イギリスが開放市場であるかぎり、助成金を放棄するほど愚かな生産国は皆無であろうと外務省では認識していた。競合する諸国は、自国の砂糖の価格を原価より引き下げて売ることで、イギリス市場を捉えることだけを狙っていたのだ。しかしながらイギリスが国際的な貿易協定に加わるならば、フランスとロシアもたちどころにその線に従うと思われた。

一九〇〇年、商工会議所協会は、かつての反対から、報奨金援助砂糖の輸入禁止の支持へと態度を変更した。インドは、イギリスの是認を得て、すべての輸入された報奨金砂糖に差別関税をかけることまでした。条件付きの互恵的最恵国条項を志向していた諸国には、イギリスによる相殺関税が最恵国原則の侵犯とどこまで解釈されうるのか見きわめるのは困難であった。外務省にとっては、禁止もしくは相殺は、「自由貿易の真正の原則に照らして公明正大なもの」であった。[71] イギリスの態度変更は望ましい効果を生じた。フランスが、輸出報奨金を廃止するためのドイツおよびオーストリア＝ハンガリーとの折衝を模索しはじめたのだ。

一連の交渉は順調に進み、その成果である一九〇二年のブリュッセル砂糖協定は、新しい精神の実現を示すものだった。イギリスの閣僚にとって、ブリュッセル協定は、新しい世界に対応する新たな国際文書となった。[72] イギリスは他の九ヵ国とともにグローバル統治の画期的な実験に加わったのだ。加盟国は委員会を組織して、輸出報奨金の調査を行い、違反を裁決することになった。すべての主要なテンサイ砂糖産出国のうち、ロシアとアルゼンチンが加盟を拒絶した。もはやイギリス政府ではなく、ロシアがブリュッセル協定を内政干渉として拒絶したのである。ランズダウンにとっては、ブリュッセルでの交渉は、イギリスがどれだけ交渉力を保持しているのかを誇示することになった。相殺関税を掲げての、ある場面では西インド諸島への助成金の可能性を示してのイギリスの脅しは、交渉に大いに必要な威圧を与えることになった。オーストリア＝ハンガリーが協定に加わる決断を下したのは、イギリス市場を失いたくないからであった。一般協定は輸出報奨金の段階的廃止を打ち出した一方で、イギリスは助成金付与の砂糖の輸入禁止に合意した。[73]

国際的舞台において、ブリュッセルの実験はめざましい成功であった。それぞれ大きく異なる政治と経済の制度を有する十ヵ国の政府を集めて、協同作業を行わせたのである。大半の決定は全会一致であった。[74]諸政府は、より公正な、より均衡のとれた貿易環境を構築した。サトウキビ砂糖の衰退とテンサイ砂糖への依存の高まりは、テンサイ栽培地域における不作の影響を世界市場が受けやすくなることで、価格の乱高下を招来してきた。もはや価格は安定した。危うさを感じていたリベラル派が予言していたように、消費者に皺寄せが生じることもなかった。ブリュッセル協定締結以後の十年間で標準的な砂糖の価格は、それ以前と大して変わらなかった——十シリング一ペニーから十シリング五ペンスへのわずかな値上がりであるが、これは当時の世界の物価の平均的上昇率を下回る。大陸ヨーロッパ人が安価な砂糖への志向を強めたため、報奨金制度への復帰は政治的にはほとんど不可能になった。テンサイ砂糖の生産者は自国の市場で多く販売するようになり、世界市場でのダンピングは減少した。第一次世界大戦前夜において、輸出報奨金の制度いっさいが、ロシアを除くすべての国によって放棄された。ブリュッセル協定はまた、カリブ海の砂糖農園に命綱を投ずることもしている。一九〇四年から一〇年にかけてイギリスの植民地からのサトウキビ砂糖輸入は、ブリュッセル協定直前の時期（一八九七年—一九〇三年）に比べて六〇パーセント増大した。[75]帝国における総生産は微増であったが、アメリカとキューバの間の互恵条約が植民地産砂糖を市場から締め出した際に、ブリュッセル協定によって、植民地のサトウキビ砂糖生産者は他の開かれた市場を確保することができたのである。

それでも国際的成功が、国内の人気に直結したのではなかった。そのためにはイギリスの自由貿易はあまりに原理的、もっといえば狂信的であった。当初よりリベラル派は、物価が上昇し、イギリス人消費者から大金がむしり取られるという暗い予言を流布していた。このような論点の大半は「誇張か短絡で……都合よく選んだ統計資料から導き出した誤謬と矛盾に満ちた結論」、言い換えれば、自由貿易支持者が保護貿易論者の責任を問うていることに依拠していると商務省は認識していた。[76]それでも、すでに見たように、砂糖はその関税に対する実験にとくに敏感に反応する商品であった。「生活の最必需品」の一つと広く見なされており、「無税の朝食」への急進派の要求においてリストの第一に挙がるものだった。「砂糖はわが国民の食品のなかでもっとも基本的なものだ」とハーバート・グラッドストンは聴衆に語った。ブリュッセル協定は、イギリス国民を外国投資家の意のままになるようにしたのだ。[77] 製菓産業のような砂糖消費産業に甚大な傷を負わせるだろう。植民地の人びとの助けにさえならない。それはただイギリス消費者の利益を、「昔からの奴隷酷使の伝統」のある西インド諸島の大農園主の利益に従属させただけなのだと急進派の新聞『レノルズ』は論じている。

イギリスの自由貿易は商業的には国際主義であったが、政治的には孤立主義であった。それは、第二次世界大戦後のアメリカ版自由貿易の、その国際協定と国際組織の対極であった。多くのヴィクトリア時代のリベラル派が帝国主義的な文明化の熱情をもっていたにもかかわらず、イギリスの自由貿易は、生活様式を輸出する同様の使命を拡散することはなかった。これは市民社会とコブデン主義の小さな国際ネットワークに委ねられていた。変化は各々の社会の内部からで外部から生じるべきものではなかった。自由党代議士にとっては、イギリスはブリュッセル協定参加によって、保護貿易諸国を彼ら自身の愚かさから生じる結果から守ってやろうとすることになる。彼らは自身の過ちから自ら学び取らなくてはいけないのである。企業連合と輸出報奨金は、人工的、自滅的で維持は望み得ない。「ドイツ国家がそのような報奨金に支払わなければならなかった金額ほど、自由貿易のすぐれた教訓」がありえるだろうか。[78] なぜイギリスの消費者は、外国が助成金を与えるほど愚かであるというだけの理由で、安価な砂糖から遠ざけられなければならないのか。以上の一連の思考が無視している事実は、ブリュッセル協定がなければ、サトウキビ砂糖生産業者が市場から締め出され、強力な中央ヨーロッパの企業連合に価格の統制が委ねられていたということである。輸出報奨金の廃止によってのみ、平等な競技場が回復されえたのである。

パンと同じことが、砂糖についても言える。自由貿易による消費者保護は、政治体制愛国主義の言語を身にまとっていた。廉価、消費者民主主義、議会主権は一つになった。女性リベラル連盟は、「諸外国の支配下にわれわれの財政問題」を置くとしてブリュッセル協定に対する抗議を行った。[79]『レノルズ』は「外国の企業組合」について語った。リベラル派による宣伝活動において、ブリュッセル協定は「途方もない愚挙」であり、わが国に八百万ポンド超の損失をもたらすだけでなく、課税と自由に関する歴史的原則を侵害するものであった。庶民院の裁決を必要とする課税に代えて、ブリュッセル協定――この「忌まわしい協定」――はイギリスを国際会議によって決定される税に拘束する。「この委員会を構成するのは、ただ一人のイングランド人と九人の外国人である」[80]。ブリュッセル協定に関して、自由党の指導者キャンベル＝バナマンはコブデン・クラブの晩餐会で語った。「われわれは外国の魔女裁判法廷を構成する十分の一の存在に成り下がった」と中世の封建制の亡霊を呼び起こして述べた。国際的な貿易委員会に巻き込まれることは、イギリスを、関税、軍国主義、独裁政治のウィルスにさらすことである。イギリスは代わりに、保護貿易の「終わりなき連鎖に囚われて……もがき苦しむ」国々に囲まれているこの自由と正気の小島にあって離れて独り立っているべきである[81]。

外国市場を開放させたり貿易障壁を低めたりするのに圧力や罰則を用いるという発想いっさいが唾棄すべきものであった。「他国の喉元にわれわれの原理を突きつける目的で、この国の消費者を犠牲にして改革運動を始めるというのはわれわれの流儀ではないように思う」とある批判者は述べている[82]。片務的な自由貿易は、イギリスは自身が最良と思ったことをなすべきで、他国に関しても同じようにさせればいいという厳正な考えに基づいていた。

そこで砂糖が、自由貿易をめぐる闘争のあらゆる陣営にとって強力な先例であった。穏健な改革論者にとっては、砂糖論争は、貿易の平等な条件を確保するために国家がより積極的な役割を果たすという立場を正当化するものだった。砂糖が企業連合の危険と国際的行動の利点を裏づけるものだとすれば、小規模な一般関税は、収入源になることに加えて、安い鉄道料金のような海外の別形態の助成金に対抗しうるのに、なぜこれをも支持しないのかとジェラルド・バルフォアは考えていた[83]。一九〇五年一二月に自由党が政権復帰した後でさえ、これはまさに自由貿易支持者の大多数が怖れていたことだった。彼らにはブリュッセル協定はリベラルなイギリスの良心にとっての汚点として捉えられていたのだ。一九〇八年、政府は妥協を試みた。アスキスは砂糖関税を五〇パーセント引き下げた。イギリスはブリュッセル協定にとどまりつづける意思を示したが、報奨金付きの砂糖に罰則を適用することをやめた。助成金を受けたロシアの砂糖がふたたび自由に流入した。

多くの自由貿易支持者は満足しなかった。反集産主義者にとって、ブリュッセル協定は、国家干渉のあらゆる形態に対して闘争する必要を示していた。一九〇八年にコブデン・クラブは、リベラル政府による協定更新を糾弾した。ストレイチーは自由党政府に、八時間労働法と高齢年金に反対した自由貿易の真の精神をもっと全般的に守り抜くように求めた[84]。

ユニオニスト自由貿易支持者にとっては、砂糖政策は、立法府から行政府への権力の移行に関わる「重大な政治制度上の問い」を呈した。一九〇八年にギブソン・ボウルズが警告したように、閣僚たちは、その権利を行使するだけで、ロシアの港からの砂糖の輸入を制限することができる。「砂糖でそれを行うことが許されるのならば、穀物でも他の何に関しても許されてしまう」[85]。

これらは政治の局外者からの発言であったが、ただちに多数の自由党議員も加わることになった。砂糖の価格は、一九〇八年の上半期に、カリブ海とインドの旱魃を受けて上昇した。一九〇八年七月に、二一〇名の自由党議員が、協定の更新を糾弾する請願書に署名した。一九〇八年七月一五日に、二一〇名の自由党議員の代表団が、庶民院控室でアスキス首相と面会した。この集団は、アルフレッド・モンド、J・M・ロバートソン、H・ヴィヴィアンといった自由貿易運動の指導者を糾合していた。アーネスト・ヴィラーズが代表団を先導して、自由貿易の原則を反古にし、庶民院の権利を侵害したとして政府の責任を問うた。それは「憲法違反」である。同世代を代表する一流の法律家であったアスキスに憲法論争を仕掛けるのはおそらく賢明ではなかった。アスキスは代表団に向かって、政権担当者が王室の条約締結の権利を実務化するのに際して、議会へ行ってその同意を求めるのは慣習に反すると注意した。政策に関して、自由党政府は結局、自由貿易の原則に回帰したのだとアスキスは強調した。この協定へのロシアの支持を可能にするために、イギリスはブリュッセル協定にとどまる決断を下したのだが、ロシアの助成金付き輸出へのいかなる制限をも支持することを拒否したのである[86]。

一九〇八年以降、イギリスは報奨金付き砂糖の輸入が許可されているのにもかかわらず、大陸への砂糖と砂糖製品を輸出する権利を維持することに努めた。実際、この砂糖協定の成功は、最終的にイギリス政府が、独占の回帰を怖れることなしに撤退することを可能にした。ブリュッセル協定は危険な外国連合であるという自由貿易支持者の確信はそれによってほとんど揺るがなかった。大衆向けの自由貿易は、当初より、ブリュッセル協定の破綻を予言していた。その破滅は時間の問題だった。一九一二年にその時がやって来た。テンサイ砂糖の収穫は思わしくなく、価格を上げる必要があった。協定加助成金を受けたロシアの安い砂糖の割当量において大胆な一五〇パーセントの引き上げをイギリス政府は求めた。協定加盟国は拒絶した。イギリスは、原理原則に基づいて安さの擁護に回帰した。自由党政府は外交的解決に向けて努力する代わりに、正式に協定を破棄したのである。

帝国の友人たち

一つの関税同盟を求めてのチェンバレンの運動は、一九世紀後半におけるかなり攻撃的な帝国主義に引き続いて生じたものだった。皮肉なことに、この帝国主義文化は、踏み石というよりも障害物ということが明らかになった。チェンバレンにとって問題だったのは、帝国に対する国際主義の立場からの批判者ではなくて――彼はこれをまったく意に介していなかった――その帝国の権力、歴史、信頼の捉え方において関税改革を容れる余地がなかった数多くの帝国主義者である。現在では自由貿易は、リベラルな商業帝国主義と結びつけられることが多いが、それが歴史において延命するにあたっての帝国の重要性は強調するに値する。自由貿易文化は、物質的利害からは自由で、信頼と道徳によって一体化する帝国という共同体を構想していたのである。一八九〇年代における自治植民地における上昇しつづける関税と特恵待遇の導入を考え合わせると、これは興味深い。「商業の精神」に対する「帝国の精神」という言語は、経済上のナショナリズムと帝国の軍事力という現実によって長らく掻き乱されてきた帝国の調和という理念を下支えしたのである。

チェンバレンの保護貿易主義とリベラル派の原理的な自由貿易側の対応との間での両極化の進行は、ここでもいかなる中間の立場をも奪っていた。かくしてチェンバレンは、「リンプス」、つまりはアスキス、グレイ、ホールデンらの自由帝国主義者たちだけではなく、保守派帝国主義者と帝国支配階級の構成員たちにも向き合わなければならなかったのである。(87) 覚悟を決めたコブデン主義者ではまったくなかった多くの保守派「無税食品支持者」は、報復と収入関税を支持した。チェンバレンの植民地特恵と食品税は、彼らの帝国の連帯の感覚とは折り合わないことが判明したのである。自由貿易は、この反動の受益者であった。自由貿易は、帝国の信頼と愛国主義の言語を吸収し、活用することで、国際主義的な「マンチェスター学派」とか「小イングランド」という非難に対する防備を行ったのである。

関税改革の問題は、イギリス帝国独自の規模と多様性に存していたとも言える。イギリス帝国は、植民地と属領の合成である異種混交体であり、各々が、政治、文化、民族の面でも経済の面でも異なる。カナダ、オーストラリア、南アフリカは保護貿易政策を採用していただけでなく、上記植民地とイギリスの間の貿易の流れはきわめて不均衡であった。将来の帝国自治領は、全輸出品の五分の三をイギリスに送っていたが、イギリスの方ではその輸出品の五分の一を送り出しているだけだった。特恵待遇によって、イギリス市場において、カナダの小麦は、外国産小麦に比べて優位を得ていたが、互恵という点では疑わしかった。外国との競争は、自治植民地におけるイギリスとの貿易において、主たる脅威ではなかった。カナダに対するイギリスの輸出は、実質的に独占であるか、手厚く保護されたカナダの産業との競合に直面するかだった。実際、カナダは、アメリカからの商品（平均一二パーセントの関税）よりも、イギリスからの商品（平均一八パーセントの関税）に対して強く保護貿易を打ち出していた。カナダの特恵は大した効果をもたらしていなかった。

植民地の大臣がイギリスを訪問して、植民地に特恵待遇が可能になるように外国商品に対して小規模な関税を課すように要請したときの――一八八七年に南アフリカのオフミヤーが二パーセントを提案し、一九〇二年の植民地会議でカナダのデニソンは五から一〇パーセントもの率を提示した――イギリス政府の対応は、まともに取り合うものでなく嘲りさえした。「植民地」は現実離れしていて「事情に通じておらず」、「無駄に欲しがるばかりだ」と商務省のギッフェンは記している。イギリスは、植民地ではなく、外国市場に依存しているのだった。植民地特恵の負担は、こうしてイギリスの輸出産業と納税者に一方的に重くのしかかることになるだろう。イギリス人一人当たり、自治植民地の人びとに比べて四倍も多く特恵関税のために支払わなければならないとギッフェンは計算した。これはイギリス人にとっては「際限のない災難」である。特恵については、いかにして植民地経由でイギリスに流入する外国商品が特恵待遇を享受するのを防ぐのかという複雑な技術的問題を提起する。事務組織と産地確認のような監視制度の拡張は、関税庁にとっては悪夢であった。要するに、宗主国と植民地の間の貿易の不均衡は、関税改革が「保護の試みのとりわけ愚かさと誤謬に満ちた形態」であることを示している。[88] エドワード時代の保護貿易主義者は、一八九五年に自由党の植民地大臣リポン卿がすでに植民地に対して明らかにしていたのと同じ論点に向き合うことになった。特恵待遇はあまりにも不平等な犠牲を伴うのだ。

さらに厄介なことに、貿易は、イギリスと自治植民地の間だけではなくて、同じように植民地間でも不均衡であった。砂糖を生産する西インド諸島のような植民地が真の単一生産であったのに対して、南アフリカのような植民地は、鉱物、羊毛、ワインの混合であった。特恵を付与するすべての試みに、以下のような疑問が付きまとう。何に対して特恵を与えるのか。イギリス工業の原材料への課税を除外するということになれば、主要な食品が残る。穀物への関税と植民地特恵は、戦時に備えて外国産小麦への依存度を低くし、忠実な農業後背地を構築したい保護貿易論者には魅力があった。帝国内関係重視の観点からは、極端に意見が分かれた。帝国は、一つの広大な小麦畑ではない。カナダの農家は潤うかもしれないが、インドの米作農家やオーストラリアの羊牧場主はどうだろうか。さらに言えば、帝国全域での多様な関税率はどうなるだろうか。犠牲と便益の双方において相互的である特恵関税体制を構築するのは、無理難題であった。一八八〇年代と一八九〇年代においてかつての帝国特恵と帝国連合の擁護者が失敗したところでチェンバレンはもがいていた。

自治植民地内でも、チェンバレンの関税案に対する反応は賛否両論だった。これは帝国の分裂に関する不安を煽り立てるものでしかなかった。関税改革は、より緊密な帝国連合が「アジアの危険」を抑止することが期待できるニュージーランドのような植民地においては魅力的だった。他の地域では、オーストラリアのディーキンのようなチェンバレン支持の指導者さえ、国内の支持が脆弱であることは認識していた。関税改革は、植民地政府、労働党、産業団体、さらにはオーストラリアの羊牧場主のような主要農業団体にさえ、ほとんど得にならないものだった[89]。アングロ＝サクソン中心の一等国同盟の夢は、フランス系カナダ人定住者を考慮するものではなかった。

植民地において、関税は主要収入源であった――オーストラリアでは九〇パーセントを超えていた。外国商品に対する関税を上げることに関心があったかもしれないが、イギリスからの輸入品に対する関税を下げることに関心はほぼなかった。一九一一年に新たな保守党党首ボナ・ローにカナダのローリエが語ったように、カナダの製造業者が「イギリスの工業製品に対する保護を少しでも和らげることを望む」と考えるのは気狂い沙汰だった[90]。

帝国の観点からは、関税改革は決して、近代化の政策案ではなかった。関税改革の要点は、工業中心地と農業後背地の関係の現状維持を狙うことであり、植民地の開発を援助することではなかった。一九〇三年十月二〇日にニューカッスルでチェンバレンが大聴衆に語ったように、将来植民地が関税を改革するのならば「宗主国にすでに存在する産業と競合するような産業をはじめることを目的としてはならない」のである[91]。チェンバレン支持者は、その後刊行された講演録から当の件を抹消したが、経済発展の階梯を昇ることに熱心な白人居住植民地の実業家の精神からは完全には抹消されなかった。

帝国は、本来、権力と資産の大いなる不平等の体制である。帝国はこれまで重商主義政策の助力を得て、そのような不平等を利用して搾取を行うことをやめはしなかった。この場合において、イギリス帝国をためらわせたものは何だったのか。一つの回答は、関税改革によって生じる代償を検討することである。関税はイギリス人が依存してきた安価な外国産食品の自由な流入に干渉するものであっただろう。カナダがイギリスのアメリカからの輸入を押しのけるほど小麦の増産を行うには四〇年以上かかるだろうと商務省は算定した[92]。イギリスにとって、対外貿易と海外の投資は、帝国との貿易よりも利益の上がるものだった。特恵関税はかなり高くつくものである。しかしながら自由貿易帝国はそれ自体で物入りであり、国内における教育、新たなテクノロジー、インフラへの投資から資金と開発力を奪い、社会の不平等を強化するものであった。費用便益分析から、イギリスは、関税改革なしというだけでなく、いっさい帝国なしであれば上首尾となるのだった[93]。

しかしながら当時の関税改革に対する反対を説明するにあたって、このような歴史の事実に逆らう計算の価値は限定されている。費用はつねに相対的で主観的なものだ。大半の自由貿易支持者は帝国に積極的に関わり、その費用をとりわけ帝国防衛負担として受け容れていた。多くの人びとが帝国連合および、イギリスと植民地を結ぶ蒸気船事業への助成のような他の形態の援助を支持していた。関税改革が避けられたのは、その費用ゆえではなくて、穀物への植民地特恵が、信頼、公平、自由に基づく帝国という競合するモデルと正面衝突したからであった。しかしながら歴史的に観るならば、自由貿易への帝国主義に基づく支持は、自己利益中心の通商に対する倫理的な代替物としての「フェアトレイド」という発想への展開の第一段階と見なしうるのである。

自由貿易は、一八四〇年代と一八五〇年代に成立したときには、多種多様であり、帝国に対するコブデン的批判者、福音主義者、ピール派、ホイッグの支配層エリートなどが共存していた。ホイッグ政府は、自由貿易を、航海法や砂糖特恵といった重商主義の遺物を一掃して改革された帝国へと移し替えた。自由貿易帝国を共通の経済統一体制と見なしたのである。[94] しかし自由貿易の帝国文化は、ホイッグ内閣の大貴族の世界を超えて拡がっていった。ヴィクトリア時代の自由貿易は、プロテスタントのナショナリズムと福音主義の強力な混合を吸収したのである。[95] イギリスはイスラエル、つまり選ばれし国であった。その教化の使命は、自由帝国主義者と帝国批判者の双方にとって一つの信条であった。

一九世紀前半において、自由貿易と奴隷貿易反対運動と伝道協会の間で、思想と参加者はゆるやかに重なっていた。同時にこの人道主義的な共同体は、東インド会社のような旧帝国の側面に対して批判的であり、貿易の自由と「異教者」の改宗を単一の文明化の作業へと融合させたのである。商業は、企画、起業、自律を促し、現地人を迷信、腐敗、依存から解放する。自由貿易は、宣教師たちにとってキリストの仕事を行うために豊かな土壌を提供したのである。[96] 逆に言えば、キリスト教の使命を果たすイギリスの能力は、自由貿易国民としての信頼にかかっていたのだった。急進派の議員で古株の奴隷貿易反対論者であったジョージ・トムソンは、一八四一年のマンチェスターでの諸宗派が参集する会議において、穀物法はイギリスの聖なる務めの放棄だと語って、大喝采を浴びた。聖書を携えた宣教師を「野蛮な国」へと送り込み、その人びとに対して、いかに神が一人一人を見そなわしておられるのかを説き、「今日もわれらに毎日のパンを与えたまえ」と祈るのは善いことだ。しかしもし最終的に現地人が「どれほど恵まれた国からあなたは私のもとにこのようなすばらしい教えをもたらしたのか」と問うたときにどうすればよいのかとトムソンは訊ねる。宣教師はその男にキリスト教が普く行きわたり、「福音がまばゆく輝く国のことを教えるだろう」。この現地人は「まさに天国の手前にある幸福の国だ。わたしもそこにいきたい」と熱狂するだろうが、それも何百万人ものイギリス人が穀物法の下でひもじい思いをしているという驚くべき情報がこの「純朴な改宗者」の耳に届くまでである。国内で自由貿易がなければ、イギリス人は海外の「野蛮人の軽蔑」に接するであろう。[97]

エドワード時代には、それでもまだ、ロイド・ジョージのような商業と神意の「恵み」という旧来の考えを受け継いでいる人びとがいた。ロイド・ジョージは、自由貿易について講演するときには、いかに神がイギリスをこの世界を教化する使命のために選んだのかの称賛を連ねるのがつねであり、ニューマン枢機卿の引用さえしている。

神が、この島々に住まうわが民を、地球上の民から選んで求められておられるのは、この一つの思想の勝利を、すなわち商業における自由、商業を通じての同胞愛、商業を通じての善意という旗旗を掲げることである。もしわれわれにわが祖先がもっていた勇気があるならば、道に沿って上方へと「原野や沼地を越え、絶壁や激流を越え、夜が去るまで」登ってゆく人類を先導する役割を自ら認めようではないか。[98]

しかしながら多くのエドワード時代人にとって、とくに保守党の自由貿易支持者にとって、商業は道徳的に疑わしいものだった。一八五七年のインドのセポイの乱、解放奴隷の経済運営失敗への失望、次第に生物学の形態をとるようになる人種差別が融合して、[99]商業は文明化のための魔力を備えているというかつての楽観論は崩れていた。自由貿易の帝国的意味付けは移行して、それはあたかも金には汚されない、帝国の信頼と感情を保証する道徳的枠組みとして示された。「イギリス帝国が一体となっているのは、物質ではなく精神の力によってなのです。帝国は自由と沈黙の中で育ってきました。制限と駄弁によって守られるものではありません」とウィンストン・チャーチルは一九〇四年の自由貿易同盟の結成式で語った。[100]

もちろん、イギリス帝国は、そのようなものではなかった。それは乱暴、饒舌、貪欲だった。チャーチル自身が帰還したばかりのボーア戦争は、土地、労働力、資源を求めての競争によって大きく過熱した一連の植民地戦争の最新のものというだけであった。しかしチャーチルのこの言は、より深い権益を偽装するための言葉の綾というだけではなかった。それは自由貿易の道徳的観点が、自由貿易に帝国の目的と正統性の感覚を付与したのである。それは議論の目標を、物質的な費用と便益の問題から、帝国の義務と感情へと移行させたのである。そしてこの帝国としての自己認識から、いかにして自由貿易体制が、帝国の多くの地域にそれによってもたらされた混乱と飢饉から身を引き離しえたのかを解く鍵が得られる。「帝国の精神」と「商業の精神」の分離を広く訴えるのに影響力があった自由貿易支持者として真っ先に挙がるのは、ソールズベリー卿の三男であるロバート・セシルである。保守党「無税食品派」を主導していた若手議員のセシルは、父親の道徳的保守主義を、女性参政権と産業協力をはじめ倫理的にも進歩の観点からも望ましい大義に結びつけていた。「商業の精神と帝国の精神は根本的に異なる」とセシルは考えていた。「商業は競争に基づくのであり、商人は自らを富ませ、交渉から最大限を引き出そうとする。自分の座右の銘は『商売は商売』と『勝手に逃げろ、遅れて悪魔に捕まるな』である」。セシルにとって、どんな幅広い社会的価値観も自己利益の追求から生じるのである。「一言でいえば、自己利益は商売の基本である。帝国には致命的だ[101]」。

この観点にしたがえば、商業的な自己利益に訴えていたのは、自由貿易支持者ではなくて、保護貿易推進者であった。帝国の義務と感情といった社会的価値観は、そのような商業上の配慮から守る必要があった。関税改革は、譲歩をわれ先に求める諸植民地からなる市場へと帝国を変えてしまうことによって、帝国の連帯を固めるのではなく、壊してしまう。高率の関税を設定する植民地は低率の関税を設定する植民地よりも大きな譲歩を引き出すことになるという論点はすでに一八九〇年代に商務省によって示されていた[102]。そしてこの新しい交渉の精神が、イギリスとたとえばカナダのような保護貿易政策を採る大きな白人居住植民地の間の絆をさらに弱めることになるとセシルは付け加えている。関税改革論者は、カナダに対して帝国を一つの「事業計画案」として考えるように促している。これは、大いに危惧されているアメリカの影響圏内へのカナダの接近を加速するだけのことだ。

このような「集団の価値観」を物質主義が脅かすことへの懸念は、帝国が自由貿易のもとにまとまってきたのだという広く共有された感覚によって増幅された。関税改革は、一七六〇年代から七〇年代におけるアメリカ植民地における反乱と帝国の半分の喪失にいたった重商主義の過ちを繰り返す怖れがある[103]。リベラルな労働党指導者ジョン・バーンズは、チェンバレンを、「ジョージがアメリカを失って以来帝国がもった最大の敵」と見なした[104]。チェンバレンとともに大臣であった閣僚たちは、気をつけなければ、ボストン湾での茶会という成り行きになってしまうと予言した[105]。

民主的帝国主義者にとっては、関税改革は官僚制と重商主義を結びつける危険があった。関税改革派は、人びとを三人称において考え、関税委員会のような官僚組織に過剰な信を置く「プロイセン風」精神傾向に染まっていると第一次世界大戦中に新国際主義者として頭角を現すことになる若いアルフレッド・ジマーンは記している。保護貿易論者が忘れているのは「航海法とチェンバレン氏の間にはフランス革命があったということだ」。帝国が生き延びるためには、いつの日か「地球全体の愛国主義」へと発展する民主的な帝国愛国主義を共有する自治政体の連合にならなければならない[106]。ケンブリッジ・ユニオンでの演説で、若きジョン・メイナード・ケインズは、チェンバレンの計画を、帝国の精神とは異質な「ナポレオン的」なもので「自由に代えて画一性を……機械のような相互依存をもたらす」と評した。その根本にある帝国の捉え方は完全に間違っているとケインズは論じる。対立しているのは、帝国を「感情によってまとまった、理念の共同体」とする真正の自由貿易の観点と、「統治の共通形態と商業の相互依存」を好む異質な保護貿易の観点であると彼はさらに話を進める[107]。

筋金入りの自由貿易支持者と同じように穏健な財政改革論者にとっても、植民地特権が危険であったのは、カネの問題を帝国に公然ともちこむからであった。植民地特恵は、強化するために導入された当のものを弱化してしまうのだ[108]。宗主国と植民地の関係を不安定化するとともに、さらに悪いことに、宗主国内部の帝国精神を毀損してしまう。帝国特恵に賛同するイギリスにおける民衆の同意はなく、ジェラルド・バルフォアは、一九〇二年に同じ閣僚たちに語った。「結果は、単に植民地をイングランドの政治に戻し、小イングランド主義を再燃させるということになるだけだろう[109]」。自由帝国主義者ローズベリーは、労働者が帝国に敵対するという暗鬱な構図を描いてみせた。

イギリスにとって悪い日——帝国全体にとってはもっと悪い日——が訪れるのは、切り詰めた（課税のため切り詰められた）食事の席についた職人が、家族にこう言うときだろう。「この帝国がなければ、そのためにわれわれがいま重税を課せられているこの帝国の維持がなければ、事態はもっと違ったものになっていただろうになあ[110]」。

急進派の思想は、貿易の自由という人道主義的な計画を厳しく制限していた。アフリカ人は、商業的開発の論理に免疫がない農業民族と見なされていたのだ[111]。信託統治を強調するこの帝国観は、権力とともに生じる義務という旧来の一八世紀的な配慮と重なる。一七八三年、東インド会社の横暴と腐敗を攻撃する有名な演説で、エドマンド・バークは、帝国の権利と特権は、現地社会の便益と引き換えに委ねられる「信託」であると論じた。一世紀以上後に、チェンバレンの新たな重商主義に直面した帝国主義者は、自由と正義の自由貿易帝国の防衛へと集結したのである。

インドは自由貿易帝国において居心地の悪い場所を占めつづけた。一八七七年の飢饉の際には、自由貿易の原理に厳格に則っていたために、余剰の小麦を輸出せざるをえなく、甚大な人的被害を出した(112)。インドの税制は、純粋な自由貿易モデルに反していた。一般関税は一八八二年に廃されたが、予算の穴を埋めるために、一八九四年にイギリスは一般関税を復活させた。この五パーセントのインドの関税は、原理原則を侵害するものであった——工業の原材料への関税であり、多くの商品にとっては、大した収入につながらない割に多大な干渉となるのだった(113)。ランカシャー綿織物団体による陳情によって、その製品に関しては低めの三・五パーセントを維持することができた。同時に、「受益者なし」という自由貿易の原則を守るために、同率の三・五パーセントの消費税をインドの綿織物業者に課した。競技場であるとすれば、これはまさに不平等な競技場であった。

しかしながら自由貿易支持者は、インドの問題を避けるのではなく、活用した。これは政治と経済の自己利益に関わることでもあった。チェンバレンの帝国観は、白人定住植民地が主であった。インドの位置は副次的で不透明だった。一九〇三年の政権危機の際には、ジョージ・ハミルトン卿が、この問題をめぐってインド国務長官を辞任した。重要な点であるが、ハミルトンは、報復の意義に同調しており、自身インドの砂糖に相殺関税をかけたこともあった。しかしながら、イギリスでの関税改革によって、同様にインドから帝国関税を課す権利を奪うことができなくなってしまうと彼は憂慮する。そして、彼が保守派自由貿易支持者の聴衆に語ったように、関税改革は、インドの金融と帝国の株式保有者の利益を深く損なってしまうのである。インドは、自身が輸出するよりもはるかに多くをイギリスから輸入していた。インドはこの貿易赤字を、ドイツ、フランス、ベルギーへ大量輸出することによって埋め合わせていた。一方でイギリスは、これらの諸国からの輸入を、イギリス人のインド株式保有者が受け取る高率の金利によって埋め合わせていた。イギリスの関税、そしてインドおよび他の帝国植民地の輸出に対して想定される外国による報復は、この金融の円環を破壊してしまうだろう。[114]

自由貿易が帯びている、人道に則り物質に囚われない作用への信頼は、イギリスの政策とインドの苦難とのつながりを、大衆志向のリベラル派の目から覆い隠しつづけた。たとえば、一九〇四年に、ブリストルで、グレイ夫人が、リベラル派女性の聴衆のために政治経済の歴史をたどり、インドの飢饉を「正しい原理が放棄されて」自ずと生じた結果だと語った。「わたしたちがお互い支え合っていること」を認識するのが大切であり、それは「軍事、金融、財政などありとあらゆる障壁を打ち破って、繁栄を手に入れることなのです」と彼女は語り終えている。[115]

ランカシャーは、インドの綿織物産業を犠牲にして自由貿易から多大な利益を得ていた工業地帯であったが、関税改革の人道主義の欠如を非難した。一九〇九年七月に、W・A・S・ヒューインズは、三百人の綿糸紡績工、工場主、商人に保護貿易主義を売り込む困難な仕事を抱えてマンチェスターへと赴いた。外国市場への依存や安い原材料の入手はそのままで、関税が、イギリス社会全体の購買力に与える刺激から利益を得ることになるだろうと説いたのだ。[116]反応は予想通りで素早かった。当地の新聞とパンフレットは、この提案の曖昧さについて指摘した。さらにいけないことに「人道主義的側面」が完全に度外視されているのだ。「人間的要素」「あるランカシャーの男の回答」によれば、「ランカシャーをインドの特恵待遇での約束で買収すること」には、「人間的要素」の恐るべき欠落がある。「ランカシャーの綿織物工場主と労働者の優遇のためにインド人に課税するなどと考えるのはきわめて悪辣だと思う」。ヒューインズの講演は、ランカシャー人の「人間的感情」への「侮辱」である。[117]

自由貿易帝国の物質性に囚われない文明化の使命への信念を体現していたのが、ロバート・セシルである。インドでは「全土で飢饉と疫病が猖獗をきわめており、民衆は無知と野蛮に深く沈んでいる」とロバート・セシルは一九一二年に書いた。なすべきことは多いが「われわれはインド全国に秩序と安全を少なくとも確立してきた。われわれはもっとも卑賤な農夫にもイギリスの正義の保護を与えてきたのだ」。それどころかイギリスは「そのような男にたぶん非常に贅沢な教育と啓蒙を恵んできた。そして現在享受することができている政治的自由を与えてきたのだ」。チェンバレンは帝国を事業計画のようにすることで、その根本から理念と目的を除外してしまったのだ。「帝国は自分にとって何の利得になるのか」と市民が問うならば、その回答は人道主義に根ざすものになる。「大いなる機会と大いなる責任[118]」。

チェンバレンの物質的犠牲を求める主張が蹉跌したのは、国内が帝国に無関心だったからではなく、公正という物質性に逆らう理念と広く共有されていた帝国感情にそれが衝突したからである。これは、帝国の商業と社会の現実の否定において力を得ていた理念であったが、自由貿易国民という理想化された歴史に合致するものでもあった。ホイッグ史の要素が、自由と連帯という急進派と保守派の物語に融合したのである。この構図において、イギリス帝国の安定と正統性は、穀物法撤廃後のイギリス国家のそれを映し出していた。公正平等な扱いをよしとする風潮は、イギリス国内と同様に帝国を構成する諸集団間の相互依存の感覚を養成したのである。

結局は帝国の調和を脅かしたのは帝国改革の費用ではなく、不均等な配分であった。植民地特恵は、勝者を敗者と戦わせ、帝国愛を毀損する不信の雰囲気を醸成するだろう。国内における社会と政治を、既得権益と社会の分極化から自由貿易が守ったと考えられるように、弱い属領を犠牲にして力をつける交渉上手の保護貿易植民地を中心として成り立ついくつかの競合するブロックに帝国が解体してしまうのを防ぎ止めるだろう。関税が大富豪と物質主義をもたらすように、金銭と特恵にしつこくこだわることで、正義と公平という帝国の理念を腐敗させるだろう[119]。自由貿易は、国内では社会主義を、帝国では植民地ナショナリズムを撃退した。貧者、母親、子供への配慮が、イギリスの帝国の「子供たち」とインドの農夫に対する信託と庇護の感覚に見合っている。飢餓と暴政からの解放の物語さえ、国内外で互いを補完し合っていた。自由貿易はイギリス国民を「飢餓の四〇年代」と政治的奴隷化から解放した。自由貿易は自らを、腐敗、無知、飢饉の数世紀からインドの農夫を解放する力として考えていたのである。

国際主義者

自由貿易支持者だけが、帝国の擁護者として国際的な商業の美徳を問い直していたのではなかった。進歩的な国際主義者と社会改革論者もまた疑念をもちはじめていた。一九世紀半ばにヨーロッパ中を広く旅行したコブデンは、多様な発展段階にある独立した文明社会をつなぐネットワークを夢想した[120]。諸国が、政治権力に汚されない商業上の交換によって一体になれば、外交政策は不要になるだろう。ニュー・リベラルの旗手であったJ・A・ホブソンによれば、現代社会の様相はかなり異なっている。無数の競合する小企業、商人、消費者の間での商品とサービスの調和的交換という古い構図は、組織化された企業間、諸国間の市場をめぐって激化する衝突によって切り裂かれている。一八九九年に『マンチェスター・ガーディアン』の特派員として南アフリカに赴いたホブソンはそれ以降十年の間に、経済学の正統から離脱するようになっていた。この訪問は、党派的権益の政治権力をめぐる彼の感覚を研ぎすまし、グローバル資本主義の変貌に対する有数の観察者に彼を仕立て上げた。ホブソンが『帝国主義』（一九〇二年）および一連の書物と記事で論じた通り[121]、世界は外国市場に向けての過熱する競争に囚われたいくつもの工業国が支配するものとなっていた。複数の個人によって成り立つコブデンの世界ではなく、大規模合併、企業連合、金融グループが出現し、拡大に向けて狂奔していた。封建制支配層のみが軍国主義的で、実業家は自ずと平和愛好だと考えるのは誤りである。経済権益と政治権力は不可分なのである。

この「新帝国主義」は、国内に起源を有していた。旧リベラル派は、社会間の通商から得られる全体の利益を強調し、社会内の便益の不公正な配分を度外視していた。自由貿易は、集団別権益を排除することはなかった。むしろ収入の不均衡が、国内では「過少消費」を招き、国外では投資家と商人の間での自分たちの「余剰」の資本と商品のためのしばしば危険を伴う新たな場所を求める熱狂に火をつけた。これこそホブソンが帝国主義の「経済的主因」と称して有名になったものだ。「この国の消費大衆が、生産力の逐次の向上に合わせて消費の水準を上げるのだとすれば……商品と資本がその激しい過剰のために市場を求めて帝国主義を用いることはなかっただろう[122]」。

このニュー・リベラリズムの立場からの分析によれば、自由貿易は、多くの旧急進派たちにとってのように万能薬ではもはやない。実際、国際貿易は、組織化された資本の成長とそれに起因する社会と政治の問題を加速させてきた。自由放任と競争は、無駄な過剰生産、激動する景気循環、生産力と消費者利益の拡がる差に結びつくとホブソンは論じた。

完全な自由貿易が、その作用を創出、加速、促進する大きな経済の力とは……資本が大量保有の少数者の集団に自然に集中する傾向……事業部門という集団が大きくなるのにしたがい剝き出しになる敵対心、攻撃的な消費者利益への生産力の次第に増える浪費、自然・社会・経済の原因から発する独占の成長。

自由貿易の側では「このような力の活動を弱める何らの能力をももたず、こうした力の作用がより顕著に目立つようになるのに寄与するのである」。新帝国主義は、西洋諸国において社会民主制が未解決の問題であったことから生じた一つの反応であった。そして逆に、拡大主義政策によって産み出された非民主的な傾向が環流し、国内で集団別権益と非民主的文化を強化するのである。

この悪循環を打ち破るためには、社会改革が必要である。それによって過少消費と過剰貯蓄が回避され、投資家への海外の新たな市場と機会を見つけるように促す力が緩和される。海外での苛烈な競争は、国内での消費と生産の調和と均衡の実現した関係へと切り替わるだろう。

長期的には、この分析は、二〇世紀における自由貿易の文化的地位の消滅の方向を指し示している。[123] しかしホブソンの考えはまた、自由貿易に新たな生命の期間を与えた。自由貿易のプロジェクトがコブデン主義によって完了したのではないと認識したのが、この大きく求められていたリベラル派の自己批判だったのだ。集団別権益、投機的金融、高利貸金業者が、進歩派の運動によって解決が与えられるべき新たな難題であった。ホブソンは、貿易の概念を、ニュー・リベラリズムに特徴的であった有機体として社会という新たな把握に適合させたのである。貿易を合理的な自己利益に還元するのではないこの有機体としての見方は、真の自由貿易を、個人間の物質的取引を超えた水準へと持ち上げたのである。

純粋に経済的観点から、ホブソンは、海外貿易を犠牲にして国内市場の重要性を高めた。国内通商は、「海外貿易よりも、産業の発展の堅固で実質的な土台である」と一八九〇年代末に彼は論じた。それは制御の効かない変動から国を守る。国内通商からの利益が「一重ではなく二重になる」のは、交換から生じる便益が国内に留保されるからだと、彼は異端説風に述べる。[124] 外国市場を求める圧力は「いかなる自然な経済的必要性に基づくものではない」と彼は繰り返し強調した。「イギリスの内部で、生産され、交換され、消費される財の量に自然な限界はなく、ただ存在するのは、自然資源と工業技術の実情によって課される限界のみである」[125]。食品輸入と引き換えに輸出する工業製品の少量の「余剰」を除いて、いったん財がより均等に配分されるならば、大半の通商は活発な国内市場に吸収されるだろう。国内消費は刺激を受けるならば、「生産力」のいかなる上昇にも対応する。この国際から国内への商品と市場の移行がいかにして自由貿易社会に生じるのかについては完全に判明はしていない。財産と趣味を備えた民衆が、高品質で洗練された外国製品を求めないことがあろうか。フランスの衣服やドイツの楽器を購入するイギリス人に何かいけないことがあるのか。国内消費の高い水準は、それ自体、労働の国際分業の便益を無効にはしないだろう。

一九二〇年代末に、ケインズが過少消費という概念を再発見することになるが、ホブソンの議論の意味するところは、すでに当時のコブデン主義者には明瞭だった。老齢の急進主義者で代表的な国際主義者レナード・コートニーは、帝国主義が「無駄でカネのかかる妄想」であると暴き出したホブソンを称賛したが、国際貿易からの利益が小額なので、拡大する国内消費によって容易に置き換わるとする考えには強く異を唱えた。「われわれは皆、他国の商品とサービスの消費も容易に拡大できる」。コートニーの指摘する問題は次のようなものだ。「彼らが引き換えに手にするものを創り出し与えることで、われわれが同じように容易に彼らを満足させることができるのか」。貿易はこれをより可能に近づけた。それは、人間の欲望を満足させる資源のより有効な活用を可能にしたのである。ホブソンの見解が危険な誤謬であるのは、何より「持論の支えになるとして、保護貿易を追い求める人びとに簡単に用いられる」からである[126]。

ホブソンは、ニュー・リベラリズムのプログラムについて国内と国際の優先の間の緊張を解消することはまったくできなかった。一方で彼は開かれた経済の便益を擁護した。他方でいかに規制を欠いた貿易が、集団別権益と資本主義連合体に力を与え、国際摩擦の種を蒔くのか注意を促した。「通常の商業」と「正統性を欠いた投機家による帝国主義商業」という彼の区分は便利だが、一方が始まり他方が終わるのが正確にどこなのかは不明確であった[127]。ある種の関税は、失業、外国の独占、「激烈なダンピング」と戦う力になるとホブソンは認めてさえいる。問題は政治であって、原則ではないのだ。関税は、「賢明さを欠いた官僚の手」にわたれば、「使えない武器」になるだろう[128]。

第一次世界大戦にいたる十年間、ホブソンは次第に、海外貿易と投資の利点を強調するようになったが、これは完全な思想の転向を反映していたのではない[129]。ホブソンは第一に進歩派で、第二に理論家だったのであり、一九〇三年以降に変化したのは、彼の理論的立場ではなく、全体の政治的背景だったのだ。一八九〇年代における投機的金融と貿易への彼の批判が標的にしていたのは、自由党内部の攻撃的な「門戸開放」政策に肩入れする帝国万歳の次第に盛り上がる雰囲気であった。チェンバレンがより危険な敵として現れ、一九〇三年の彼の関税改革宣言は、ホブソンの批判の内包する意味を変えた。関税改革は、自由放任のリベラリズムよりも悪質であった。コブデン主義者は、富の不均等な配分に盲目だったのかもしれないが、保護貿易論者は「過少消費」を悪化させ、国内では軍国主義文化を、海外では帝国主義を公然と鼓吹することになるのだ。

ホブソンは自由貿易それ自体でなく、「通常」で正統的な商業に対置されるその「投機的」で帝国主義的な症候を攻撃したのだ。チェンバレンの運動に接して、彼は自由貿易の真価を強調することになった。社会改革が加わった自由貿易は、貿易と金融を真に「国際的」にするだろう。「余剰」の資本の捌け口を海外に求める作為的な「国民的圧力」によって推し進められるものではないのだ。ここでホブソンは、一八世紀に提起された商業の「恵み」にニュー・リベラリズムの衣裳をまとわせている。貿易は確かに敵対関係と摩擦を喚起するのかもしれないが、それは社会内での基礎となる競合関係によって予め歪められ誤解されているからである。国際社会と植民地の闘争と階級闘争は補い合っているのだ。富のより均等な配分の手助けを借りれば、貿易を純化し、それを通じて高次の理性、社会連帯、平和、人類の進歩といった美徳を伝道することは可能である。実際、貿易がなければ、いかなる社会にあっても、社会改革と民主制樹立の望みは薄い――社会生活よりも集団別権益が優先されてしまうのである。

社会有機体としての人類というこのニュー・リベラルの捉え方は、貿易の自由への関与を弱めるのではなく強めた。もし人間が個人ではなく「社会的存在」であり、社会が有機体であれば、感情と共感は家族と共同体の内部でもっとも強くなることを意味する。自らの生きるグローバリゼーションの時代とともに訪れた食物連鎖の延長と生産者・消費者間に拡がる距離をホブソンは認識していた。貿易はこの距離を埋め、人間の共感と国際的な本能を拡張し、共同体が内輪中心、自国優先、野蛮粗暴に陥ることを防ぐのである。保護貿易政策による経済的損害よりも悪いのは、「人間のつながりの絆の解体が含んでいる道徳と知性における傷害」であると彼はクエーカーのキリスト友会で語った。貿易は、文明と理性の階梯の初めの重要な一段階を提供する。「貿易は、皆同じ人類という感情の最初の火花を散らせることによって多様な土地に住む人びとを一体にして、町や国のより素朴な限界を越えるのである」。貿易は、まずは学問、芸術、道徳においてだが、次第にまた国際的な正義と国際的な制度において「高次の生という共通の目的」に人間を備えさせる。[130] 自由貿易を支える倫理と政治の上での意義は、新旧のリベラル派は社会政策と経済政策に関して抱いていた不満すべてに打ち克つのである。

より一般的には、自由貿易国際主義と平和運動は不可分だった。国際的自由貿易会議と世界平和会議はともに一九〇八年にロンドンで誕生した。コブデン・クラブは、国際自由貿易同盟を推進していた。自由貿易会議では、チャーチルが、女性参政権論者の度重なる妨害と戦いつつ、平和と自由貿易は手を携えて進むと訴えていた。彼はいかに商業が社会間の結びつきを強くするのかを明らかにするためにディドロを引用さえした――「現代世界の主流」という言葉である。[131] 商業がもつ人間的な「恵み」という啓蒙の思想が、大衆向けの自由貿易の間で流通しつづけており、時にそれが新約聖書からの教えによって補強されることもあった。自由貿易は平和を保証するものではないかもしれないが、より平和的な社会を可能にするのである。自由貿易は「善性と善意をもっともよく促進するものの一つだ」とコートニーは強調する。「世界の政治指導者の心に、現在諸国を自国限定の権益の奴隷にしている卑小な嫉妬に代えて、相互交流というより幅広い考え方を植え付けることができれば、国際関係を掻き乱す小競り合いは消滅するだろう」。[132]

すべての自由貿易支持者が平和運動の参加者ではなかったが、平和活動家は一様に自由貿易の熱烈な支持者であった。宗教色のない理性平和協会の会長J・M・ロバートソンは、自由貿易の倫理の強力な擁護者であり、バートランド・ラッセルもまたそうであった。コートニーは世界平和会議の会長で、一九〇八年に成立した諸平和団体の連合である国民平和協議会の会長でもあった。その事務局長がH・G・ペリスで、彼はコブデン・クラブの元事務局長であった。ホブソンとホブハウスは、一八九〇年代後半の国際平和調停協会の時代以来のペリスの旧友だった。[133]

大衆向け自由貿易の復活は、しかしながら、コブデン的な不干渉の原則への加担を必ずしも意味しなかった。社会内での個人主義に対するニュー・リベラリズムからの批判は、国際関係へと拡張された。相互依存の世界においては、諸国の自律というのは時代遅れである。自由な交換が、人類の精神と物質の水準を向上させるグローバルな共同プロジェクトなのであった。植民地の人びとは自閉して、自分たちの資源に残りの世界の諸国が伸ばす手を払いのける権利はもたないとホブソンは論じる。未来は、自由放任や帝国支配にはなく、国際統治にあるのだ。国際統治によって、「文明列強」はグローバルな資源に平等に手を伸ばすと同時に、商業上の「専制」という閉鎖的形態から「下層民族」を守るのである。[134] ホブソンは、世界経済の外部の場所を占めつつあった「文明列強」に対してはまだ同じことを要求してはいなかった。

国際主義の物語は、第一次世界大戦直前の一つの急転回とともに終結した。ノーマン・エンジェルのベストセラー『大いなる幻影』（一九一〇年）によって触発された運動であるエンジェリズムが、経済上の自己利益の恵みの力という古いコブデン的観点を再構成した。[135] 現代の金融とコミュニケーションのますます厚くなるグローバルな関係を指摘するエンジェルは、戦争は（不可能ではないにしても）非合理になっていると説く。グローバル化した世界において、貿易を自由にする、すなわち経済征服のために戦争を仕掛けるといった旧来の重商主義の戦略はもはや通用しない。征服者も被征服者も破滅するだけだ。ハーバート・スペンサーの社会進化の思想をリベラル個人主義に接続するエンジェルは、人間の進化という生物としての直線を提示する。経済の交換は一様に、平和的感情を生じ、国際紛争を除去するのである。問題は経済的権益ではなく、そのような考えが「現実」の権益に遅れをとっていることである。フランスでドレフュス事件について報道したりアメリカで農家の関税支持と自由貿易における「自然な」権益との喰い違いを目撃したりした海外での若い頃の体験によって、エンジェルは、解決を求めて「心理政治」に目を向けるようになった。[136] 平和は、民衆と政治家の双方にグローバリゼーションについての教育を求める――外交政策はいまだ「蒸気機関車も蒸気船も発明されておらず、国際貿易がほとんど始まってもいなかった時代に遡る原則にしたがって枠組みが決まっている」と彼は批判する。[137] 一九一三年には、エンジェルの福音を広めるために五〇以上のクラブ、勉強会、交流事業が存在した。[138]

　進歩的な自由貿易支持者と平和活動家は、自己利益を肯定するエンジェルの訴えかけを疑わしく見ていた。同じように平和への強い道徳的関わりなくして、経済的動機だけで、危機の時代にあって戦争を喰い止めることは可能なのか。ペリス、ホブソン、急進派社会主義者H・N・ブレイルスフォードは、戦争は国民には損であるが、国民内部の権力者集団には益をもたらすと指摘した(139)。エンジェルは、「安く購入、高く売却」というコブデンの理念の擁護に集中した。「誰かの利益への配慮が道徳に反するなどという前提いっさいに私は断固として挑戦する」。道徳は、集団の利益や自己犠牲に基づくのではない。個人がより大きな意識を手に入れ、その堂々たる自己利益と「理想の動機」が啓発されるにしたがって、道徳は進展する(140)。エンジェリズムの普及によって、第一次世界大戦直前においてもまだいかに旧式の自由貿易が活発で魅力的な部分を有していたのか知ることができる。

労働党の世界

労働運動、そして左派において、チェンバレンの関税改革への反対は、ためらうことなく事実上全員一致であった。一九〇三年五月と六月において、ケア・ハーディ、ラムゼイ・マクドナルド、その他労働党の指導者たちが、社会主義者エドワード・カーペンターから、旧来のオーウェン主義者ジョージ・ホリオークまでに及んだデモクラシーの隊列に加わり、全員がチェンバレンの計画を不公平、実行不可能、非民主的と糾弾した。九月、労働組合の指導者たちが、ほとんど一人の男に対する抗議に加わった。関税は国内産業を強化することによって高賃金につながるというチェンバレンの考えは、大きな収益が上がってもよりよい賃金に自動的に結びつくとは思っていなかった労働党指導者にとっては無意味だった。技術者連合会のジョージ・バーンズは、この考えを「ゴミ」として唾棄した(141)。労働組合関税改革協会への支持は、一握りの異端的な労働党員に限られており、たとえばその一人ヘンリー・ヘンシ[illegible]オールは、一九〇九年、ストックポートにおいて独立労働党から追放された人物で、あとはガラスや製紙などごく少数の傍流産業関係者だった(142)。

しかし関税改革への反対は、自由貿易への支持と等しいわけではなかった。保護貿易論者は、必然的に、労働党をコブデン・クラブの雇われ人として一蹴したが、後世の歴史家もまた、同傾向のリベラル派と労働党員の間の和気藹々のつながりを描き出した。チェンバレンは単に「イギリス労働党指導者の眠れる自由貿易原理のすべて」を目覚めさせてしまったのだ[143]。実際、多くの労働党指導者は、そのような原則への信仰の危機を経験し、それに代わるものを積極的に探し求めていた。

労働党指導者は、二つの強力な政治的対立者の間で機略を駆使しなければならなかった。生活費の上昇と帝国主義の推進を理由に関税改革に反対するのは、簡単だった。しかし労働党は、設立されて三年そこその新しい政党であり、国民最低賃金と労働権の提案によって社会主義的政党としての信任を確立することを求めていた。自由貿易下での貧困と苦難を強調することもまた重要であった。「自由貿易は資本主義のかけ声、保護貿易は大土地所有貴族のかけ声」と貿易労働連合会議ではまとめていた。労働党の義務は「国民の繁栄、労働者階級の繁栄は、より根深い経済の原因に依拠している」と示すことだった[144]。労働党はただちに関税問題を、社会主義の改革のみが改善することのできる貧困と失業という真の問題から関心をそらす「まやかし」だと断じた。これは見事な言い回しではあったが、現実世界では、チェンバレンとその敵であるリベラル派が、二大陣営として政治の輪郭を形成していた。この意味において、労働党と社会主義者のグループが同じ位置にいると気づかされたバルフォア率いる保守派は、財政改革運動が拡がるにつれて他人が支配する政治ゲームの流れへの対応を強いられていたのである。

すでに一八八〇年代に急進派自由貿易の看板には罅割れが生じていた。農業労働組合員と鉄道員が大衆のリベラルな感情を吸収する一方で、他の人びとは、低賃金と対になるとして安価な輸入品への旧来の攻撃を復活させていた。失業が輸入された「搾取労働商品」と非熟練外国人労働者の流入への恐怖を増大させた。一八八六年に保護貿易派の公平貿易支持者が、トラファルガー・スクエアでの有名な「赤旗」集会でそのような不安を積極的に活用しようとしていた。このデモ活動の後に投獄された労働党殉教者の一人ヘンリー・チャンピオンが同年に強調している。「自由貿易といわれるものの下では……世界市場が労働力が最安価の国を贔屓することになるのは、何の疑いもない[145]」。イギリスの労働者はただちにイタリア人並みの低賃金を受け容れなければ、失業に直面することになる。自由貿易に対する批判は、ロンドン東部の港湾地区やスラム街に住む非熟練の貧民の領分では必ずしもなかった。熟練機械工もまた保護貿易賛成の声を発していた[146]。労働組合会議さえ、一八九八年に外国の報奨金に対して「自分の身を護る」必要を認めていた[147]。食品税に対する反対は、搾取労働商品に罰則を課すことを除外するものではなく、これはエドワード時代の労働党から頻繁に出された要求であった。

労働運動に参加していた大多数にとって、自由貿易は関税よりも度合いが低い悪であったが、議論がそこで終わることはまずなかった。たとえば、一九〇四年四月に、労働運動、友愛組合、協同組合の会員が西ロンドンで一堂に会した。自由労働派（リブ・ラブ）の指導者フレッド・マディソンは、生活費を上昇させ、国際的衝突を促すことを理由に特恵関税を攻撃した。白熱した議論が展開し、資本主義批判と協同組合を基盤とした公共所有への要求という結論にいたった。この集会は「赤旗」の歓びに満ちた合唱で幕を閉じた。[148]

ハーディ、スノーデン、ジョン・ペイトンのような独立労働党の指導者にとっては、関税問題は、第一に自分たちの明瞭な社会主義の大義を提示し、自由貿易に内在する限界を説明する機会であった。ペイトンの回想によれば、関税改革集会は、社会主義の宣伝活動にとってはまたとない機会であった。地方の関税改革論者たちは、最初に野次った後は、自ら身を退いて労働党の活動家たちが聴衆に向かって演説するのをそのままにするのがつねだった。[149] 彼らの指摘によれば、自由貿易は、生活状況の向上につながったのではなく、実質賃金の低下をもたらした。物価が上昇し、国民所得における労働が占める割合が縮小する時代にあって、これは強力な議論であった。党機関紙『労働運動指導者』は、『飢餓の四〇年代』と国民の進歩を遡ればコブデンの勝利に至り着くという発想を嘲笑した。[150] ハーディがホブソンばりに論じたのは、自由貿易資本主義は、過少消費と市場を求める狂奔を招くという点である。まもなく「各国は自国製品の消費へと次第に舞い戻っていくだろう」と彼は一九〇三年に予言した。関税は、貪欲を促進するとともに生活必需品を自ら調達するという、商業を通すよりもよい手段から労働者を遠ざけることによる、資本主義による最後の絶望的抵抗であった。[151]

自由な貿易と開かれた世界経済は持続不可能である。これが労働党の立場の要約であり、これを完全に共有していた一人であるスノーデンは、最初の二度の労働党政府において財務大臣を務めた際に彼の指針となり、彼の歴史的名声を飾った（また貶めもした）強固なグラッドストン主義からいまだこの時点ではかなり距離があった。エドワード時代に彼が予言したのは「世界全体の傾向としては、製造業は、原材料が確保できる場所に落ち着くということ。各国は天然資源の開発に尽力しなければならない。これがわれわれが採用しなければならない新しい政策である」[152]という点であった。この世界像は陰鬱なものだった。貿易は各国の資源を絞り尽くす。需要は本質的に限定されている。「これ以上の生産拡大が可能な工業製品産業はこの国には一つとしてない」。工業製品の輸出は「せいぜいあと二〇年ほどの生命」であろう[153]。

イギリス労働党の指導者は、マルクス主義者ではなかったが、一八四八年の自由貿易に関するマルクスの有名な演説の含みがそこにはあった。資本の蓄積は生産力を上昇させるが、これは資本の集中を加速するとマルクスは説明した。生産のペースが需要を引き離しはじめるのだ。生産資本が大きくなるのにしたがい、労働者間の競争ははげしくなる。必然的に自由貿易は賃金の引き下げを促す。しかしながら、イギリス労働党員は、マルクスとは異なり、変化を弁証法ではなく進化として捉えていた。資本主義がより効率的な生産部門へと進化するにしたがい、カルテルとトラストが出現する。この過程は社会主義の到来を準備する。自由貿易は、イギリスをトラストから遠ざけることはなかったのだ[154]。

ここにはまたアナーキスト公爵ピョートル・クロポトキンの意見の反響がある。スノーデンは、一八八九年にアバディーンでクロポトキンに出会っており、その著作『田園・工場・仕事場』の内容を吸収した。社会主義者は剽窃に無頓着だった。将来の社会安定は、工業と農業の分化ではなく、一体化を求める。土地改革は単なる社会正義の問題以上のものであり、国民の存続の前提条件である。「国民の救済の唯一の可能性は、土地を国有化し、わが国民を自存自立の国民にすることである」とスノーデンは主張した[155]。

労働党は現代性に関して両面的な対応をとっていた。マクドナルドが一九〇七年に、労働党の帝国に関する公式見解を発表した際、特恵制度は「帝国という緊密な織物を、商業精神のおぞましい建造物――アメリカ合衆国の摩天楼のような――に変えてしまうのであり、このような建造物が時の試練に耐えることはない」と述べている[156]。このようなグローバリゼーションに関わる不安はイギリス労働党を、リベラル派だけでなく、大陸の同志たちからも引き離すことになったのであり、修正主義の社会民主主義者エドゥアルト・ベルンシュタインは、世界市場は無際限だと考えていたのだ。

貧困化、過剰生産、国家と帝国の対立するブロックへの差し迫った世界分割は、左派陣営では幅広く予言されていた。H・M・ハインドマンと社会民主連盟は、イギリスの商業体制は「終了した」と感じていた。「イギリスが、アフリカや

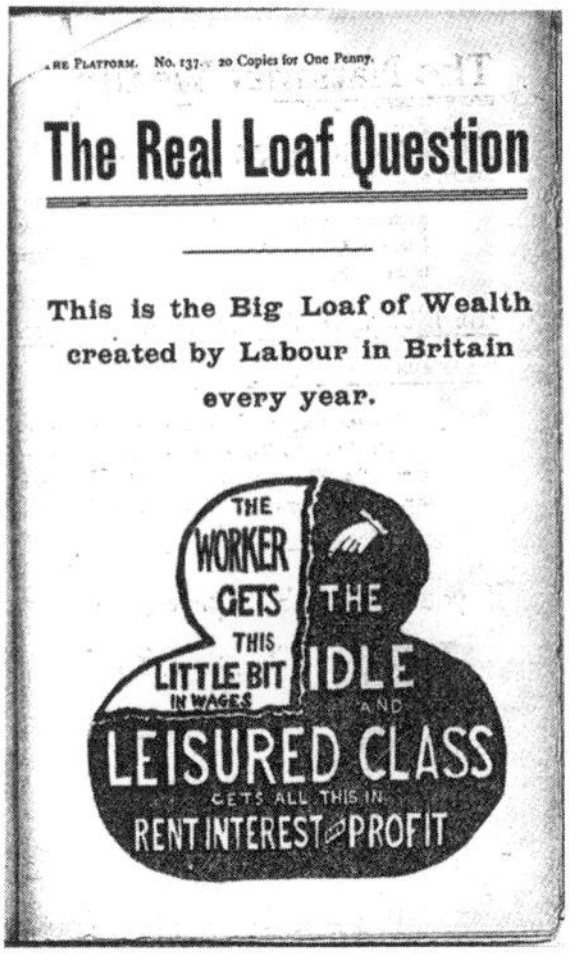

図11　大きなパンは社会的不平等を表すために用いられた。1904年の労働党のリーフレット。

アジアの、関税のありなしを問わず、現在まさに生産の段階に入っている諸国との競争の中で優越性を維持することは不可能である」[157]。

公共の消費者権益を取り上げたリベラル派の訴えかけは、労働党、社会民主連盟、『クラリオン』に拠る社会主義者たちには何の効果もなかった。「安さ」は、消費者の権益に含まれるのかもしれないが、すべての消費者が生産者であるわけではない。百万部という当時最大の売り上げを誇る左派機関誌『クラリオン』は、安さの崇拝が、社会全体の浪費と安価な労働力を招くと何度も警告した。消費者権益とは、国を喰らい尽くす投資家と金利生活者の寄生性権益の偽装である。諸種のパンフレットと記事において、R・B・サザーズは、旧来の国民的図像表現を駆使して「飢餓という傷、失業という鬱血、配当金という腫瘍、社交界名士という腫れ物」で動けないジョン・ブルを訪問する「社会主義という医師」を示した[158]。独立労働党は、安いパンを金利生活者のごまかしとして戯画化した。労働者が「財という大きなパン」を作り出すのだが、そのかけらしか受け取れないのに対して、地代と利潤としてその大半は「無産有閑階級」へとわたってしまう（図11参照）。マクドナルドのような労働党指導者は、生産者利益は消費者利益と衝突すると強調した。生産者利益が先に来る。もちろん労働党の政策は「最良の市場で購入すること」だが、「最良という考え方には、市場で売られる商品が生産される状況への配慮が含まれる」[159]。輸入品が劣悪な「搾取労働」の環境で生産されているとするならば、輸入を禁ずることも含めて貿易に干渉することは正当である。

　フェビアン主義者は、このような貿易に対する宿命論的な捉え方に与することはなかったが、最低賃金およびその他の社会改革なき自由貿易は、イギリスと世界を、衰退、非効率、搾取という負のスパイラルに巻き込むと論じた。資本は労働力が最安価の場所どこへでも移動する。一八九七年にすでに『産業民主主義』においてウェッブ夫妻は予言していた。「各々の共同体が最良のことの遂行に尽力している世界ではなく、各々の共同体がその成員を最下層に貶めることを行っている世界としてわれわれは捉えねばならない」[160]。

　チェンバレンの関税改革運動は、フェビアン協会を分裂させた。報奨金と輸送特恵を帝国の貿易を発展させその資源を開発するための公認の手段として位置づけた多数派報告に対する抗議として協会から去ったグレイアム・ウォーラスのような人物もいた。帝国の組織と国際的な介入に関してさほどこだわりのなかったジョージ・バーナード・ショウのような人びとは「特恵社会主義」を求める運動を行った。ショウは、一九〇〇年に帝国に関するフェビアン協会の報告書を作成し、その制度が「文明世界」の商業権益の妨げになっている場合は、中国のような他国に介入する権利を肯定した。「バークベック［コレッジ］での試験に備えて［コブデン主義者の］ヘンリー・フォーセットに良い成績をつけてもらうようにどの世論にも応じる」ということでいまや彼はシドニー・ウェッブを非難していた[161]。チェンバレンが「思いついたのは根本的に正しい考えなのだが、実現不可能な制度を持ち出すことで、無知と軽率をさらけ出して駄目にしてしまった」とベアトリス・ウェッブは日記に記している[162]。それでも彼女は、一九一〇年まで保守的な関税を社会改革と結びつける希望をもっていた。

　このような友好関係は労働党には考えられなかった。世界が商業上の自殺に走っているという分析が広く共有されていたにもかかわらず、労働党は、『クラリオン』、社会民主連盟、大半のフェビアン主義者とは根本的に異なる政治の道を進んだ。ハーディのイメージにしたがえば「自らの子供を貪り喰らっていまや自身の臓器を食べて生存するしかないような、寓話の怪物のごとき商業主義」を攻撃するというのは一つある[163]。それと自由貿易運動を怠けて保護貿易推進派に勝利を許すことで、社会改革を危険にさらすことは別のことなのだ。すでに一九〇六年の労働党と自由党の間の「進歩提携」以前に、労働党幹部は、自由貿易活動に対して共感的中立の路線を選択していた。労働党は補欠選挙において自由党候補者を公式に支援することや、自由貿易同盟のような団体から要請のあった演説者を派遣したりすることを拒んではいたが、個別の演説者が自由貿易同盟の壇上に登ることを妨げはしなかった。一九〇五年にスノーデンはいくつもの同盟の集会に出席している。一九〇五年の労働党大会では、そのような関与は公式には党規違反だったが、実際にはやむことがなかった。

対照的に、社会民主連盟は、より対立的な「階級闘争」戦略を追求した。個人の生きてきた軌跡によって、その人の役割が決まる。ハインドマンはトーリーの政治的背景を有する社会主義者であり、帝国と防衛をめぐって、コブデン・クラブとその事務局長ハロルド・コックスと長きにわたる闘争を行った。また明らかに、労働党とニュー・リベラルの間での社会改革をめぐる進歩的友好関係が、政治経済観をめぐる違いを相殺することになっていた。しかし究極的には、労働党と社会主義左派を反対方向に導いたのは、国際主義とナショナリズムという衝突する倫理であった。

労働党指導者にとっては、自由貿易派帝国主義者と同様に、倫理は経済より優先されるべきものだった。彼らは費用と便益をめぐる経済学の計算を正面から持ち出すことはなく、政治的伝統と国際的道徳を指針としていた。ハーディとマクドナルドは著名な平和活動家であった。一九〇三年に彼らは労働者の一団を率いてパリに赴き、英仏友好と人類の国際的同胞愛を促進しようとした。マクドナルドは、国際平和調停連合の支援者であり、ハーディは、一九一〇年に、武力放棄の運動を組織した[164]。彼らの資本主義の過剰生産に関する分析がどんなものであったとしても、ロバートソン、ペリス、ホブソン、ハーストといった自由貿易支持のリベラル派国際主義への架け橋を構築したのは、この心情の修正主義であったのだ。ハインドマンと社会民主連盟、あるいはブラッチフォードと『クラリオン』の場合とは異なり、政治と経済のナショナリズムとの融合は生じなかった。「ある一つの国は、自国の経済発展のための充分な捌け口を獲得するために、邪魔をする国に対して戦争を仕掛けざるをえないこともある」というハインドマンの主張は、労働党指導者にとっては虫酸の走るものだった[165]。スノーデンさえ、平和主義者ではまったくなく、ドイツの侵攻は軍事費の拡大のためには望ましいという意見を一九一三年に吐いている[166]。

商人は、国内では、寄生する非生産者として非難されているが、グローバルな領域ということでは、旧来の国際主義の感情が輝き出す。一九〇三年に労働党員が、商業上の利得への欲望という低劣と思われる動機から行動しているとしてコブデンを非難した際、ハーディは彼の擁護に回った。貿易は、人間の交流の「最高と考えられる形態」ではないにしても、「物事があるがままにわれわれに向けて開示される一つの形態」なのである。彼はモンテスキューやコブデンその人以上に麗しく商業の「恵み」の絵図を描いてみせた。商人は「よりすばらしい時代を広める偉大なる伝道師であり、商品の荷物とともに堂々と行き来して、諸国民に、国同士の間の相互依存という喫緊の教えを授けるのである」。

商業上の争いが激しくなったとしても、やがて訪れる時期にあって、各々の側に育ちはじめる気持ちとして、はげしい交渉の下では、双方に人間的要素があり、それが信仰、皮膚の色、言葉といった表面の違いにもかかわらず、滲み出るようになると、人間と人間の間を隔てていた壁は壊れて、共通の人間性という水が混じり合いはじめるように感じられるのだ。(167)

ヨーロッパ中で、労働運動がグローバリゼーションおよび新たな重商主義体制と関係をもつようになっていた。一方で安い穀物が、他方で市場を求める帝国主義と保護貿易主義の争いが、関税問題を、労働党の存在意義とその政府、農業支配層、工業生産者に対する戦略における中心課題としたのである。一八八〇年代半ばに、ベルギー労働党（ＰＯＢ）が、自由貿易に方針転換した。地方の民衆の支持を背景に第一次世界大戦の終わりまで統治していたカトリック政府にとっては、食品の自由貿易と工業製品の自由貿易はそれぞれ別のことだった。ベルギー政府は工業製品に対して平均九パーセントの関税を維持していた。ベルギー労働党は、ヴァンデルヴェルデの指導の下、さらに前進することを望んだ。変化によって損害を被った人びとにとっての社会保障制度に成長を組み合わせた開かれた経済である。(168)ドイツでは、大衆志向の社会民主党が分裂した。一八九〇年代後半以降、農作物への関税と生活費の上昇に対する民衆運動が盛り上がっていた。すでに一九〇二年には社会民主党が、「飢餓関税」反対の署名三百万人分を携えた請願運動を組織していた。高額な肉の価格に対する反対運動が、強固な自由貿易文化を創り出すことはなかったが、保護貿易政策には制限がかけられた。マクドナルドをよく知っていたベルンシュタインのような修正主義者は、自由貿易国際主義を贔屓にしていた。マックス・シッペルのように、産業の保護と帝国の拡大に関して縛られるのを好まない人びともいた。[169]

イギリスの労働党に関して際立っていたのは、擦り切れてしまったコブデン主義でも、輸出志向の国においてグローバリゼーションと社会安定が手を携えて進んでいるという単純な認識でもなかった。労働党の指導者は、グローバリゼーションに対する深い疑念を抱いており、世界秩序が敵対するブロックへと今にも解体することをむろん怖れていた。大衆志向のリベラル派以上に彼らは、カルテルとトラストが資本主義秩序を変えていることを認識していた。彼らを際立たせていたのは、急進派文化の幅広い支持をあてにすることができた倫理的国際主義であった。労働党に関するかぎり自由貿易はこの国際主義という軸足にのみ次第に依拠するようになっていたが、それでもそれは強力で健康な足であった。

チェンバレンは、自由貿易にもたらされた最高の恵みだった。世紀転換期において、開かれた平和なグローバル貿易制度への信頼はじりじりと失われていた。国家と新たな社会運動の内部で、工業と商業の諸分野で、外国の関税、トラスト、助成金への対応としてより融通の効く制度への探求が生じていた。自由貿易の時代は命数が尽きかけているように見えた。両得を示す提案が、双方の領域にとって最良であった。国家は海外での市場を確保するために積極的に行動するが、国民の食品には手を触れない。チェンバレンの関税改革運動は、このお膳立てを完全に覆してしまった。関税改革が政治の世界を両極化したのだ。一方の帝国特恵付きの完全な一般関税への要求、他方の大衆向けの自由貿易の安いパンが、第三の道である穏健な改革と思想の空間を排除したのである。政治の選択が囲い込まれ、その柵が中間地帯を分断していた。交渉関税をもてあそぶ政治家と実業家、そしてより大きな自立自存を夢見る労働党員が一つの側に同居することを強いられていた。バルフォアの問題は、彼が一本の足で両側に立とうとしたことにある。自由貿易には、一部国際主義者である支持者もいたが、その存続をイギリスのグローバリゼーションの採用を示すものとみなすのは誤りだろう。自由貿易は、帝国主義的感情と旧来の急進的国際主義を並存させるその幅広さからその強みを引き出していた。倫理感覚が経済学よりも重要だったのだ。

Ⅱ　フリートレイド・ネイションの解体

プロローグ

一九一三年、歴史は自由貿易の側に味方しているように思われた。この年は「世界中の自由貿易運動にとって、コブデン・クラブの歴史に刻まれたいかなる年よりも満足できるものだった」とその会員には伝えられた。(1) 国内では、ボナ・ローが一九一二年一二月の保守党綱領から食品税を削除したとき、帝国関税改革は公式に敗北を容認した。エドワード時代の経済活況は絶頂に達していた。国際的にも、風向きはリベラル派にとって良好だった。オランダでは、関税は国民投票で否決され、アメリカはアンダーウッド関税を採用し、貿易障壁をこの五〇年でもっとも低い水準に下げた。ドイツとオーストリアでは、人びとが農作物に対する関税と高価な食品価格に対して街頭での抗議行動に出ていた。ついにコブデンの予言は実現したのだ。他国がイギリスの文明と発展の水準に接近しはじめるのにしたがい、その自由貿易の先導に従うようになっていた。(2)

一年後、世界は戦争に入る。一九一八年に平和が回復したとき、グローバルな貿易体制は壊滅していた。ヨーロッパの政治と商業の光景は変容していた。大陸の帝国の解体によって、多数の新興国家が生じていた。商品は、七千マイル延長された関税障壁を越えなければならなかった。新旧の諸国いずれにとっても、戦争は、自国の経済の運命を統御することの重要性を教えてくれた。通商条約はより短くより複雑になり、交渉力を高めることになっていた。戦争開始時に世界に冠たる商業国であり債権国であったイギリスは、戦争終結時には貧しく弱くなっていた。海外資産は現金化され戦費に充てられた。海外市場は、西洋と東洋の新興大国、アメリカと日本の手中に落ちていた。

戦争は、イギリスの社会と政治の基盤を揺るがせた。リベラル派は一体となって戦争に入り、そのとき自由貿易と社会改革が両立した計画への信仰は揺るぎないものだった。戦争から離れたときは分裂し、国柄、原則、政治に関して離散の状態であった。公式には、諸政党は「関税休戦」に同意し、戦争協力の目的のために貿易をめぐる大思想の対立は棚上げにされた。しかし、必然的に、戦争は、自由貿易国民に対して圧迫を与えた。ヴィクトリア時代とエドワード時代のリベラル派と急進派は、自由貿易をデモクラシーと平和の担い手として掲げていた。いまや貿易相手国は、互いに交戦状態にあった。消費者にとっては、戦争は物資欠乏とインフレーションをもたらし、それとともに、社会正義の手段としての「安さ」という自由貿易の理念をめぐって疑問が生じていた。一方で、生産者と国家は、個別の小企業と自由な取引に基づく競争中心の制度の限界に直面していた。平和が戻ったとき、国家は経済統制からは手を引くことになっていたが、戦争以前の信念と前提の広範囲にわたる崩壊は持続した。自由貿易国民を創出した商業、市民社会、消費のつながりには綻びが生じていた。

第4章　分裂する消費者

もちろん戦争中であることは知っています。息子、兄弟、夫を、王様のために戦うように送り出したのですから。……しかし同じように知っているのは、悪徳業者に右から左へと盗られていること、右手で恵んでくれた戦時一時金を、左手で半ペニーも残らないように強奪されていることです。子供たちが戦時食のために汚らしい瘡蓋に苦しんでいるのも知っています。……食品の流通の公正さの見せかけでもあれば納得したでしょう。だけど政府は、三年半経って、国民の食品の問題に取り組むのに失敗したのですから、今こそ声を上げて、軍隊を編成し装備する際に駆使するのと同じ速さと完璧さを、食品の公正な流通体制を組織するためにもすぐにでも用いてくれるよう要求しようではありませんか。

エレノア・カデフォード、サルフォードの女性、一九一八年一月(1)

自由貿易と競争の自由の時代は……過ぎ去って二度と戻らない。業者間の競争はもはや消費者への実際の保護とは見なされえない。

チャールズ・マッカーディ、食品省政務次官、ノーサンプトンでの演説、一九二〇年二月二四日(2)

帝国のリンゴを毎日一個食べればずっと快調。

保守派の女性雑誌、一九二五年七月(3)

戦争終結からまだ一年も経たない一九一九年九月二一日日曜日に、無数の男性、女性、子供がロンドンのハイドパークに集結した。彼らは遊び目的ではなく、物価上昇に対する抗議のためにやって来たのだ。昼食時、労働者と協同組合商人からなる十の行進が、楽団、横断幕、笛、太鼓とともにこの市街区一帯から出発した。運動参加者の数の推計は、十万人から二五万人まで幅があった。労働党の『デイリー・ヘラルド』など五〇万といった数字を出したところさえあった。季節外れの「寒冷な」空気にもかかわらず、これは二〇世紀が始まって以来、最大規模のデモとなった。この行進は四〇分かけてトラファルガー・スクエアに入った。ハイドパークでは、十の演壇で六〇人の演説者が、高価格、不当利得者、資本主義トラストを攻撃した。その一人であった労働党議員のジャック・ジョーンズは、参加者に向かって一緒に「資本主義の棺桶に釘を打ち込み、それにふさわしい葬式を出してやろうではないか」と呼びかけた。ボブ・ウィリアムズという別の演説者は、人びとに国際社会主義革命に万歳三唱するように求めて、「その声の力の厚みを伝える大群衆の反応」を呼び起こした。

群衆は、食品の価格、とりわけミルクの価格に腹を立てていた。労働党の中心的な女性組織者であったマリオン・フィリップスは、最近の価格高騰を罵倒した。他のどんな食品よりも、ミルクが、現行の制度の不正を指し示すようになっていた。女性協同組合のバートン夫人が、ミルクの悪徳商人が跋扈する日々の現実について口に出した。業者が勝手に価格を釣り上げて、国民からもっとも必要な食品を奪っているのだ。この大衆デモが最高潮に達したのは、午後五時一五分に十の演壇から同時に読み上げられた、資本主義トラストと不当利得者に対する闘争を求める一連の共同決議においてである。自由市場は凋落した。規制と政府の統制が、トラストの魔の手から民衆を逃れさせるだろう。(4)

イギリスに革命が起こることはなく、ヨーロッパの他の地域を荒廃させた極端な窮乏化からは免れた。それにもかかわらず、バルセロナ、パリ、ベルリンと同様に、ロンドンとグラスゴーでも、食品をめぐる抗議運動と消費者の政治行動は生じていた。戦争は消費者の権利と義務をめぐる問題のパンドラの函を開けてしまったのだ。インフレーションと物資不足、市場不信と悪徳業者が、大衆経済学の集中授業を課すことになったのだ。イギリスはドイツとその同盟国を打ちのめした正統性に関する絶体絶命の危機を何とか免れたとはいえ、戦争は大衆自由貿易の基盤にまだ亀裂を入れていたのである。

開戦時より、消費は、イギリスでは敵対諸国とは異なる扱いがなされていた。イギリスは自由貿易国として宣戦布告を行った。ドイツやオーストリア＝ハンガリーにおいては、政府がただちに消費者を探し当て、配給の促進と無駄の撲滅のための委員会に組織したのに対して、イギリス国家は消費者を市場と市民社会を代表する存在として捉えていた。戦争の遂行にあたって、消費者に公的地位を付与することには懐疑的だったのである。しかし戦争はただちに生産不足とインフレーションを招き、公正性に関する問いが爆発的に拡がった。忠実な愛国的消費者は食品に権利を有するのか、そうだとすればどの程度、どの価格でということになるのか。そして「公正」価格と割当を決定する権利と権力は誰が保持しているのか。

戦争前半期の経済運営の手法における違いが、イギリスとドイツを、後半期における期待と摩擦の対照的な循環に導くことになった。ドイツは初期の段階で、需要に基づいた公平を実現するために配給を導入した。しかしこの平等主義の願望はまた、一九一六年から一八年にかけて闇市と飢餓が拡大し、怒りの矛先がただちにその約束を果たし得なかった体制そのものに向けられる結果をもたらしたのである。ドイツ国家が崩壊したのは、社会正義への期待をもたせておきながらそれを叶えることができないとわかってしまったからなのである[5]。一方で、イギリスは配給に抵抗した。イギリス国家は、労働者と消費者からの食品統制の要求を一顧だにしなかった。戦争開始当初二年間は、この自由放任政策は広く怨嗟の的であったとはいえよう。しかしながら戦争が三年目そして四年目に入ると――とくに一九一七年二月にドイツが無差別の潜水艦攻撃を再開して以降――物価の上昇と不安的な食品供給のために、消費者無視が次第に危険になっていった。

一九一九年九月のハイドパークのデモにおいてミルクが関心の中心であったのは偶然ではない。ミルクは栄養と健康な母子に関わるものだが、それ以上のものに関わっていた。それは安い白パンの後を継ぐ液体であり、経済の機能と、国家と市民社会との関係における消費者の位置を照射するものだった。[6] 悪徳商人と物資不足が、消費者について新しい社会民主的観点をもたらした。安い値段と開かれた市場に代わって、この新たな観点は、民主的な受給権、公正価格、規制された安定的な供給と価格の方を向いていたのである。公正が安価よりも重要であるというのは、帝国主義保守派の中流階級女性中心で、社会性と思想性においてかなり入り組んでいた消費者運動をまた惹きつけた標語である。食品を買うことは、帝国の兄弟姉妹への配慮の表現であるべきなのだ。対立する保守派モデルにおける市民消費者は支持基盤を拡大し、帝国のためになるショッピング以外の国家規制と闘争しつつも、帝国のためのショッピングを行っていた。

行列を作る

労働運動は開戦時より、食品の政府統制を求めていた。七月危機の間、労働党指導者たちは揃って戦時緊急労働者国民会議に加わり、戦争の脅威に対して一斉に声を上げていた。最終的に百名以上の代表者が一九一四年八月五日に一堂に会したとき、戦争が勃発した。国民会議は、労働党、労働組合、女性労働同盟、協同組合の各々の指導者たちを糾合した。すでに最初の会議の際に、搾取に対して国民を保護する消費者協議会の立ち上げ、最大価格の設定、食品の購入と流通の政府引き受けを求める声が上がっていた。一ヵ月後の一九一四年九月には、国全体の小麦供給の国家管理を訴えた。貨物輸送の国家統制、ミルクの自治体統制、育児中母親への無料ミルクに対する要求がすぐに後に続いた。[7]

国民会議は、戦争遂行に賛成して愛国的支持を表現することと労働者階級の男女を政策の結果から保護することとの間で難しい均衡をとらなければならなかった。否応なくこの国のための活動のゆえに政府を動かす力は削がれ、政府の方は、戦争最初の二年、労働運動と協同組合運動を度外視していた。大衆の雰囲気も同様に鈍かった。食品統制を求める国民的運動は、一九一五年一月と二月のブラッドフォードからカーディフまでの大都市において無反応に直面していた。国民会議の取り組みに「国民は少しも関心を払っていない」とある協同組合員は憮然として認めた。[8]

一九一六年と一九一七年が過ぎる中でこの流れは一変した。開戦当初四ヵ月の価格の上昇は比較的緩やか（一六パーセント）だったので、多くの人びとはこれを超過労働によって補っていた。しかし食品価格の上昇は止まらなかった。一九一六年夏には、戦争以前の価格の一六一パーセントにも達していた。一年後には二〇四パーセントにも上昇した。牛肉、パン、バター、ミルクのイギリスの価格は、一九一四年と一九一七年の間に、オーストリアを除いて他のいかなる国よりも急激に上昇した[9]。大半の食品に関して、一九一七年から一八年の冬の後、ゆるやかな価格上昇は続き、一九二〇年には最高頂に達した（二九一パーセント）。

政府の当初の対応は、任意制と愛国的犠牲に訴えかけるというものだった。一九一四年十月にすでに国民食品経済同盟が、無駄を根絶する目的で結成されていた。ロンドンでは、八〇名程度の講演者が、ロンドン市議会と協力して、学童に対してもっとゆっくり食べることによって食物から多くを引き出す方法を教えていた。政府は節倹運動を支援していた。倹約と食品尊重を宣伝する映画が、財務省と食品省のために制作された。初代の食品統制長官ダヴンポート卿は「自主配給」という計画を開始した。一九一七年春にこの運動は「国民の断食」を目指して開始された。イギリス人は、パンを二五パーセント少なく食べることにした王に倣って、全国民の消費量を四分の一削るように求められた。そのような英雄的な犠牲は「自主配給」の誉れを示す徽章にふさわしい。当初の反応は非常に熱狂的だったので、軍需省は、稀少金属供給の確保に踏み出さなければならないほどだった。徽章が「非常に小さな蝶ネクタイ」に代わり、紫のリボンが女性に「適している」ものとされた。一九一八年二月には、食品省は、平均五百万人が毎週食品問題に関する映画と幻燈を観ていると算定していた。家政学の講師たちが国中を巡回し、三千人程度の仲間の教師に教育を施した。アーサー・ヤップの国民安全同盟は、全国の食品流通に関する運動を行い、三百万人以上の会員に訴えかけた[10]。

上記の数字は印象的だが、その実効性はそれほどでもなかった。王立協会の食品委員会の専門家は絶望していた。公式の「自主配給」は、栄養の基本を無視しており、必要なカロリーの半分しか確保できなかったのだ[11]。それはまた大半の労働者階級が直面していた日々の拘束とは無縁だった。ミルク、紅茶、バターといった基本食品を入手する際に小銭を気にしなければならない人びとにとって、パンの量を減らして魚と肉を多く食べるようにという料理の教示と勧告は、ほとんど意味がなかった。大半の人びとにとっては、「社会階級が上」の人から節約法を教えられるのは「一種の侮辱」と感じられたのである。[12]

政府の当初の反応は、食品の統制を拡大し、最大価格を導入することで消費者と生産者をともにとりこむことであった。一九一四年八月に、砂糖の売買を行いその供給を規制する最初の委員会を設置した。しかし、一九一六年の最後の数ヵ月は、さらに多くが実行に移された。十月には、小麦と小麦粉の購入、販売、流通の権限に関わる懸念に対応する組織として、小麦委員会を設立した。一九一六年のミルク価格法令でさらに需要と供給の原則に介入した。

一九一七年には、政府は、かつての配給への反対と一定距離の原則を翻し、あまつさえ組織化された消費者を保護する対処を行わなければならなかった。インフレーション、物資不足、不安はもはや見て見ぬふりはできなかった。肉、紅茶、ベーコン、チーズが品薄になっていた。一九一六年八月におけるリヴァプールのオールド・パッジー・ストリート・スタディアムでの「怪物的抵抗集会」は、新たな攻撃的な調子を伝えていた。「労働者たちよ。大挙して集まれ、女房も連れて来い[13]」。

店の前で順番待ちの行列がはじまって、肝心の軍需品製造労働を阻害していた。男も女も食品統制のための運動を開始していた。ハダースフィールドのような町では、「法外な食品スキャンダル」というビラが、一九一七年五月に出回った。同月に、コヴェントリーの労働者は、食品不足のために作業を停止した。食品価格が戦争遂行を妨げる懸念が生じていた。食品の高価格と不平等な流通が一九一七年夏の軋轢の主因であると産業問題調査委員が報告した。一九一七年八月には、ロンドンからヨークやプリマスまで大半の大都市でデモが見られた。その一部は乱暴なものだった。シェフィールドでは女性たちが店を襲撃する構えを見せた。労働者デモの言語もまた不穏なものとなった。主要な労働者団体によって組織された、一九一七年一二月における国民の食品供給についての会議が「非常に真剣に」政府に警告したのは、「組織された労働者が、食品供給を確保する重要な機能に関する政府の非効率に大人しく耐えることはなく、いわんや民間の商品業者や富裕階級への優遇など言語道断」ということだった。[14] マンチェスターでは、一九一八年一月に、軍需工場で働く男女が数時間にわたり労働を停止し、全員の食品の平等な入手を保障する配給を求めた。ヴィッカーズの工場では、労働者は、家族の買物を助けるために午前中の仕事に出てこなかった。ブライトンでは、鉄道作業員、女性、子供が千人で地元の食品委員会の前でデモを行い、食品供給が増えないならば、仕事を停止すると訴えた。

食品を求めての行列は、勝利を求めて働く道の妨げになっていた。[15] 労働者階級の人びとが、白昼堂々の窃盗の犠牲であるという認識が高まっていた。いったいなぜ労働者階級居住地区でのみ行列は拡大するのか。蛇のような悪徳商人と独占業者は、あまねく共有されるイメージとなった。兵士たちが国内戦線において裏切られているように見えた。「兵士が生命の危機にさらされているときに、その奥さんを独占業者が奪っている」と『デイリー・シチズン』のリーフレットは要約している。[16]

不安を抑えるために消費者にもっと働きかけなければならないと政府は認識していた。エドワード時代の自由貿易の復活が、急進派リベラルと協同組合員を堅固な中核としてなされたものだったとするならば、戦争初期において、自由党主導の連立政府と組織された消費者運動の間の懸隔が拡がっていた。協同組合は小売業の十パーセントを占め、会員は三百万人を数えた。にもかかわらず、政府は、食品問題の対処にあたってこの巨大組織に依存することを拒絶した。さらに悪いことに、政府は、一般超過利得税に協同組合も含めた。これは非営利社会事業体としての存在意義を真っ向から否定するだけではなく、たいへんな出費を強いたのである――一九一六年と一九一七年には百万ポンド近くまでに達した。[17] 一九一七年初めに食品省が協同組合の代表者を入れずに設置されたのももっともである。その夏の終わりには、地方の食品委員会が、流通、小売業者登録の問題に対処し、中央の政策を地方の現実に適用するために導入された。このような食品委員会が最終的には二千も設置された――食品省の歴史で「最重要の単一の政策決定であった」とイギリスの配給計画の設計者ウィリアム・ベヴァリッジは述懐することになる。[18] しかし当初、協同組合員は同じようにこの地方組織からも除外されていた。

これは衝突の道筋であった。グラスゴー近郊のある地方協同組合の広告は「議会は皆さんを救うのを拒否している。キニング・パーク協同組合にいま加わって自分を救いましょう」と会員を募った。[19] 次第に多くの人びとがそのようにせざるえなくなっていた。協同組合運動は戦時中に急成長して、三百万から四百万人の会員を数えるまでになっていた。そして、自由貿易の叡智を棄てて、国家はもはや中立的ではないと結論づけられた。協同組合員は自分たちの権益を守るために政治上の代表者を必要とした。協同組合党の誕生である。

一九一七年六月に、食品省を率いる第二代食品統制長官にロンザ卿が任命され、新たな路線が採用された。ロンザ卿は着任時より人民の味方を自認していた。多くは「食品雑貨店の息子」という庶民として誕生した背景に由来する――彼はウェールズの商店主の一七人の子供（生存はわずか五名）の第一五子であり、勢力ある炭鉱主に上りつめ労働組合の権利の強力な擁護者になった。ロンザは、悪徳業者に関して盛り上がる怒りを打ち消すための宣伝活動に着手した。不当利得が広まっているという大衆の思い込みは、国家の正統性を傷つけていたのである。食品問題の主因は悪徳業者ではなく、世界的な物資不足と高価な輸送費にあると一九一七年九月にロンザは説明した。それは政府の管理を超えているのだ。解決法は私企業を接収して、あらゆる利得を抹消することではなく、価格を固定し、合理的な利得のみ許容することによって、消費者を保護することである。

ロンザはまた、商品省を国家の主翼に化した。職員の数は十倍になった。統制は順調に増加した。一九一七年春に、生産を押し上げる取り組みの一環として、農園主と農業労働者に価格と賃金の保証を与えた。九月には、五千万ポンドの小麦助成金の支援を受けて、九ペンスのパンが導入された。同月には食肉価格の統制が行われた。戦争終結までに、イギリスで消費される全食品の九四パーセントが、最大価格設定の適用を受けた[20]。「利益を横取りする中間業者はほとんど撃退された」と食品省は宣言した[21]。違反者に対する罰金は、この年の終わりには二倍になったのであり、飼い犬の朝食にパンとミルクを与えて五ポンドの罰金が課せられたミス・カロライン・スティッフのような無責任な市民に対する強硬姿勢を食品省は宣伝した。一九一七年六月と一九一八年四月の間に、不当利得と虚偽申告の廉で七千件の起訴があり、有罪判決は六千件であった[22]。

一九一七年末までに、政府は、強硬な態度表明を行う消費者を政府の役職につけることで次第に封じ込める道を探っていた。消費者はもはや食品状況の単なる犠牲者ではなく、その解決の一部なのである。「根本的な事実」は、「生産組織を動かす力になっているのは消費者であり、それゆえどこまで価格の上昇が抑制され、現存の商品供給が公正に配分されるのかは、大方その消費者個人にゆだねられる」と食品省は強調した。しかしながら政府はそれを単に自発的な行為に委ねるのではなく、組織された消費者権益がなしうる貢献を認識した。かつてのあまたの冷遇を忘れたかのように、政府はこれから協同組合と提携し進んで行くとロンザは宣言した。彼らが「消費者権益を代表している」以上、その取り込みは最優先であった[23]。

一九一八年一月に、政府は消費者協議会を設立することによって、この対協同組合戦略を制度化した。協同組合会議から六名、労働組合議会と戦争労働者緊急議会から六名、女性の産業団体から三名という構成であった。女性の代表としては、マリオン・フィリップスと女性協同組合のM・コットレル夫人というバーミンガム市議会議員で卸売協同組合連合会の最初の女性会長だった人物も含まれていた。上記の男女たちが名を連ねて六百万人の会員を擁する運動を代表することになった。加えて、「非組織消費者」を代表する三名がおり、その中に保守派の女性参政権論者でソールズベリー卿の娘だったセルボーン伯爵夫人がいた。公式には単なる諮問機関だった消費者協議会だが、食品省を全国の消費者団体と労働者団体につなぐ重要な役割を果たした。その任務は、価格と物資不足を調査し、政府の諮問に答えることであった。その代わりに消費者協議会は、政府の食品政策に大いに必要とされていた正統性の感覚を与えることになった。配給、固定価格、統制が生じた場合、消費者はその責任を共有させられることになったのである。

組織された消費者は、この新しい役割に両面的な対応を行った。一九一四年以来、労働党と協同組合は、消費者権益の代表としての地位を争っていた。港湾労働者組合のような強力な労働組合さえ消費者同盟に呼びかけを行っていた。ロンザにとってこの協議会の目的の一つは、供給と価格の改善は不可能であることを人びとに説くことで、政府批判をかわすことなのではないかといまや労働運動の関係者の多くは（正当にも）疑っていた。炭坑夫組合の指導者で強硬な反戦活動家であったロバート・スマイリー、協同組合員H・J・メイがともに食品統制長官着任へのロイド・ジョージの誘いを蹴ったのは、まさに政府方針に巻き込まれるのを嫌ったからだった。彼らは悪徳業者を縛り首にし、民間商人を排除する権限だったら望んだのかもしれないが、単に価格を固定し、それを国民に向けて正当化するというだけなのである。消費者協議会は、ある種の毒杯であった。労働者国民会議は「火が燃え広がった後で呼ばれてほとんど絶望的な仕事に直面する消火隊のようなものだ」という感想をもった[24]。国民交通労働者連盟のロバート・ウィリアムズは、逡巡しつつ任命を受諾したが、この協議会は過去の失敗を覆い隠す政府の「煙幕」でしかないと感じていた[25]。しかしまた、政府の方針転回を危険なほど遅いと感じつつも、協議会を、消費者という監視人をついに設置し、政策を統制と公正価格へと向ける機会として捉えた人びともいた。このグループに含まれるのは、労働党の食品統制長官で消費者協議会の議長を務めたJ・R・クラインス、協同組合員、フィリップスのような労働党の女性たちであった[26]。

消費者協議会が最初の会合をもった一九一七年から一八年の冬は、まさに行列と食料品に対する完全な統制への要求が最高潮に達していた。一九一七年から一八年の冬は、未曾有の行列が全国で出現した——一九一八年の一月末と二月には毎週土曜日に五〇万人以上が行列に並んだのである[27]。ブリストルでは、卸売協同組合連合会が、義務配給の要求を行った。「まともな女性」は暴動を起こすのではなく、穏便に怒りを表明するように求められた。バタシーの会議では、労働党、労働組合、協同組合が政府に対してただちに全生活必需品の統制を行うように要請した[28]。

発足時より、消費者協議会は、単に政府方針の代弁者ではないことを明らかにしていた。ロンザは彼らを励ました。この食品統制長官は、最初の会議において協議会に対して、古いリベラルな原則は通用しないと語った。「そのために国民経済は店ざらしにされたのです」。「自由競争には三年間機会があったのです」。しかしそれがもたらしたのは物価上昇と物資不足でしかなかった[29]。食肉の配給が最終的に導入されたのは、ロンドンでは一九一八年二月であり、全国に拡大したのは四月であった。六月には一般食品配給制度が発足した。行列は消えた。価格の急騰は抑制された。しかしこの新しい消費者協議会は、短期の物質的改善では満足しなかった。その限定された諮問の権限から最大限の効果を引き出すべく、利得、価格、流通の調査に着手し、より大きな国家統制を求めたのである。当座の危機は去ったが、消費者の新しい知識と政治上の野心はともに去りはしなかった。

液体政治

一九一八年一月、『協同組合通信』を開いた読者が知ったのは、「世界食料不足の到来」、自国の土地で生い育った食物で生存することができない国の「国民生活が凋落する」新しい時代であった。商人が協同組合に対抗して一体化しうるということを戦争が示した。「国民の経済改善のために、その社会改善のために、その教育のために、悪徳商人と外交特権階級のくびきからの解放のために」、消費者は組織としてまとまり、「民衆の日々の糧のための戦い」を議会へと持ち込まなければならない。[30]

他の何にも増して、感情を揺さぶり、公正さと消費者の権利に関する次第に白熱する議論に関して大衆に言葉を与えたのは「ミルク飢饉」であった。消費者協議会は、ミルクの価格、流通、中間利得を調査することを通して消費者の憤懣の新たな捌け口を提供した。この行動への呼びかけに、一九一八年の出来事は、食品不足という日々の苦痛に満ちた現実を加えた。ミルクが労働者階級居住区であまりにも高価で入手困難であると消費者が苦情を申し立てるのは正しかったと報告された。ミルクが品薄、高値、粗悪であるのは、市場が混沌としていたからだ。「安いパン」が戦争前に社会的公平と包摂というリベラルな観点を象徴するものだったとすれば、このたびはミルク危機が、規制を欠いた取引が不公平と排除に行き着くということを示したのだった。ミルク危機は、戦争前に支配的だった市場と通商のリベラルな全制度に影を投げかけたのである。

ミルクの供給、流通、価格における深刻な問題は、戦時中に急速に悪化して、一九一七年から一八年の冬と一九一八年から一九年の冬に「ミルク飢饉」として絶頂に達した。パリやデン・ハーグのような都市もまた戦時中にミルクの欠乏を経験したが、[31]イギリスの状況はとくに陰鬱だった。一九一九年冬のさなか、イギリスは通常よりも二五パーセント少ないミルクで対処しなければならなかったが、一九一八年と比べても一五パーセントの少なさだった。イギリスの牛は一九世紀末と二〇世紀初頭の人口増への対応に失敗していた。開戦時までに、イギリスにはおよそ二八〇万頭の乳牛しかおらず、これは一人当たりではヨーロッパ列強に比べて少ない。

戦時政策が事態を悪化させた。戦争の初期段階における政府の市場への信頼は、壊滅的な結果をもたらした。乳牛の群れは時間をかけて飼育する必要がある。一九一五年の初産牛の多くにとって、市場の「見えない手」は致命的な効率をもって機能した。酪農場主は、食肉価格の高騰を受けて、将来のミルク生産に投資するのではなく、その初産牛を解体処理して食肉として売りさばいたのだ。『国家統制』では、イギリスで牛肉のために養育された牛の数は戦時中に二〇万頭にまで増加した一方で、乳牛の数は少なくとも八万頭まで落ち込んだと記した。[32] 食品省の数字はより楽観的で、乳牛は十万頭に増加したとさえ示している。しかし最終的に問題であるのは、牛の数ではなくて、どれだけのミルクが採れるかなのだ。これが急速に落ち込んでいた。乳牛は干し草がなければ生きられないが、軍隊に徴発されてしまっていた。輸送は人員と軍需品の移送中心で、飼料を輸入する余地はなかった。亜麻仁と綿の実の供給は五〇パーセント下落した。酪農場主は熟練の牧場労働者なしで経営せねばならず、牧場での作業を手伝ったことのある人ならばよく知っているように、正しく搾乳するためには手慣れた腕が必要なのである。戦前の平均的な年には、牛乳は一二億三千万ガロンの生産があった。一九一八年にはこれがわずか九億五千五百万ガロンに落ち込んでいた。[33]

不平等な流通のために、大半の貧しい労働者階級消費者にはこの品薄が「飢饉」にまでなった。陸軍病院と軍需品工場でのミルクの消費の増大によって、住宅街に届けられる手桶のミルクはいっそう一層少なくなった。加えて、チーズ、チョコレート、練乳の生産者などの産業消費者の需要もあった。政府はついにクリームとチョコレートの販売を制限し、またチーズと練乳の生産を大幅に削減した。そのようにしても九億五千五百万ガロンの総生産量のうち六億四千五百万ガロンが飲料に残るのみだった。第一に牛がミルクを搾り出す量が減る冬場には、一人頭一日四分の一パイントにさえ満たない量が残るだけだった。

社会性と地域性が作用してきわめて不均等であった流通経路のために、多くの人びとが四分の一パイントよりかなり少ない量しか入手できなかった。この問題は、単に牛乳運搬車のミルクの運搬料が少なくなったということだけでなく、国の多くの地域では運搬経路がきわめて少なかったということである。地方の食品統制委員会によれば、インヴァネスの住民は、一日一人頭〇・一〇パイントの消費しかなく、一方でロンドン市民はこの三倍も多く享受していた。戦時の物資欠乏が既存の格差をさらに悪化させた。平均的なイギリス人はアメリカ人、カナダ人、フランス人、デンマーク人よりミルクの消費量が少なかった――ニューヨーク市民とパリ市民は、一日一人頭半パイント以上を飲んでいたが、これはロンドン市民の二倍にあたる。さらに衝撃的なのは、階級ごとの格差である。ニューヨークでは、貧困地区での消費は、富裕層居住区よりも四〇パーセント多い。ヴィクトリア時代初期のイギリスでは、熟練労働者が、ジェントリ階層よりも多くミルクを飲んでいた。二〇世紀初頭では、この逆が正しかった。たとえばブラッドフォードの住民は、一日におよそ一万四千五〇〇ガロンを飲んでいた。この三分の二はいまだ市内で生産されていた。しかし二二パーセントの家庭はまったくミルクを飲まず、この地区における「異常な栄養不足、乳幼児疾病、不慮の死」を招いていると当地の厚生委員会は判断した。[34] ミルクの制度は、生死に関わる居住地域差別であった。供給不足の地域はまた乳幼児死亡率の高い地域であったのだ。[35]

一九一七年四月、政府は、ミルクの供給を増やし、全国の隅々まで行きわたることを保証するために、アスター卿を委員長とする委員会を組織した。冬が近づくと、火急の「ミルク飢饉」に対する抗議は捨て置けないほどはげしくなっていた。ウィンズフォードではミルクがないため、当地のミルク協会は政府によって設定された最大価格で食品委員会に供給することを拒絶した。グラスゴーでは大量のミルクがあったが、大半の消費者は購入できなかった。他の場所では、生産者と小売業者がミルクを、一ガロンにつき一シリング四ペンスという最大価格以上の値段で販売し罰せられた。地方の食品統制委員会はすでに貧困地区に優先権を与える権限を有していた。いまや地方議会が、貧しい乳幼児、子供、母親のためのミルク助成金を設けるように政府に圧力を加えていた。庶民院では、労働党代議士が、ミルクをまったく入手できない労働者階級居住区について指摘した。議会での質問があったのは、最高の乳牛を購入して「肥え太らせてから高値で食肉解体業者に売り捌くために」その牛を酪農場主に売り戻すことを拒むロンドンの乳製品販売業者についてである。[36] アスター委員会の二番目の臨時報告書が発表されて、多くの人びとが疑っていたことが確認された。既存の流通制度は、莫大な無駄を生じていたのである。

政府は板挟みになった。酪農場主に牛を牛肉用に売却するのではなく搾乳用に飼いつづけさせる唯一の手段は、ミルクの価格を上げることであった。酪農場主は、高値で売れないのであれば、乳牛を殺すしかないと訴えた[37]――この訴えがとりわけ有効であった冬場は、乳牛の三七パーセントは泌乳が止まるが、これは夏場の二倍もの数になる。一九一七年一一月に、食品統制官は、一ガロンにつき二シリング八ペンスの最大価格を導入した――平時価格の二倍以上である。翌年にはさらに三シリング四ペンスに上昇した。しかしながら行き過ぎた価格上昇は、消費者の反乱と政府公認の不当所得の責任追求の危険があった。政府がこの綱渡りを成功させるためには、この価格政策に民主的正統性の色合いを与える必要があった。消費者協議会はこの綱渡り行為のかけがえのない部分になった。この機関には、価格設定と流通を含むミルク状況の調査の権限が与えられていたのである。

他のどの場所よりも、ロンドンがこの市場の混沌を象徴するようになった。一方で、数多くの小売業者が同一地区で競合することによって、市中のある地区ではミルクが無駄になっていると消費者協議会は認識していた。その一方、一九一五年に設立された企業連合体「連合乳業」による流通の統合化の取り組みは、巨大独占事業体が消費者を搾取するのではないかという不安を招いた。ミルクは乳牛から消費者のもとに届くまで長い行程を経るため、高価格と低品質となり、輸送中に容易に酸化してしまう。いったん都市に入ると、集中的に処理されるのではなく、処理のために分散した場所へ運送される。この非集中的な処理と販売のために、ボトル詰めと殺菌作業において、フランス、ドイツ、アメリカから大きく遅れをとっていたのだ。消費者協議会によれば、イギリスでは、殺菌作業が、貧弱な処理と無秩序を覆い隠すための「煙幕」として主に機能していた。地方の医療官が戦前の取り組みを再開し、協議会に対して、民衆のミルクを汚染している「大量の牛糞その他の汚物」について報告した。[38]

アスター委員会はすでに無駄に着目し、戦時統制を肯定する報告を行っていた。消費者協議会はさらに進んでいた。協議会が提案していたのは、恒久的統制、ミルク取引業の政府接収であり、より清潔なミルクを促進するための格付け、集中化した流通、国営のミルク清浄工場、貧民・乳幼児・母親のためのミルク助成金の導入であった。[39] 政府の政策は、これらの要求を実現する道半ばであった。ミルク統制局が設置され、生産者権益代表者とともに、消費者協議会のコットレル夫人も加わった。統制局は、輸送用ミルク缶の改良から輸送の簡素化まで流通のあらゆる側面に目を配った。一九一八年、政府はミルク卸売業全体の接収の手前まで来たのである。

トラストと自由

平和の到来は、統制への動きに歯止めをかけた。確かに、一部の改革は推進された。たとえばミルクの格付けは、純粋で健康なミルクを推進するために導入された。一九一八年と一九一九年の母子ミルク法令は、児童と育児中・妊娠中の母親に、無料もしくは原価以下でミルクを供給する権限を地方自治体に拡大するものであった――一八ヵ月以下の乳児には一日一・五パイント、一八ヵ月から五歳時までの幼児には一日一パイント、育児中の母親には地方医務官が適切と認めた分量を支給することになったのである。しかしこれは一つの前進ではあったが、消費者協議会が要請した完全な需給統制と公正価格は欠落していた。母子法令は、単に寛大な法整備であった。納税者の血税を安価なミルクへの助成に注ぎ込む地方自治体の権限に消費者はまだ翻弄されていたのだ。(40)

消費者が次第に、非効率、未整備、不衛生な商業制度の犠牲者として見られるようになってはいたが、受け身で黙ったままということはまったくなかった。地方での行動が、協議会の調査結果に力を与えた。一九一八年一一月に、チャーツィーの主婦たちが「静かなストライキ」を組織して、高価格に対する抗議として一週間、フレッシュ・ミルクの購入を拒否した。ステインズでは、女性たちがある日にミルクを大量に購入し、次の日にまったく購入しないことで、「悪徳業者」の計画を混乱させる「攪乱ストライキ」を開始した。両都市において、この戦略は有効だった。業者は、ミルクの価格を一クォート一シリングから十ペンスへと下げた。

これは新種の大衆消費者政治であった。ボイコットとバイコットは、大西洋の両岸において戦前、主に中流階級消費者団体の間で選択された武器であった。いまやそれらが草の根運動の手段となったのだ。大衆デモがあった。女性協同組合は、ミルクの高価格に対する抗議活動を全国で組織した。その五〇の支部は、ミルクの価格と供給に関する何らかの形態の直接行動をとった。「ミルク業者が配達を拒んだ場合」はさらに踏み込んで、自分たちでミルクの流通に関わることもあった。ロンドンでは、チャリング・クロスでデモがあった。ブリストルでは、千人の女性が市庁舎へと行進して、「安いミルクが欲しい」「赤ちゃんに恵みを」と叫んだ。(41)

しかしミルクは、単に女性と子供にとっての問題ではなかった。退役水兵軍人全国連盟が、ミルクの高価格に対する抗議に加わって声を発した。(42)消費者協議会による調査結果は、消費者権利、社会正義、政治的正統性に関する根本的な疑問を提起したのである。たとえば一九一九年九月に、イングランド南西部の食品委員会の代表者は、エクセターで政策について議論するために会合をもった。エクセター市長であるジェイムズ・オーウェンは、議会と政治家が耳を傾けていると思われる唯一の発言者である生産者よりも、消費者と小売業者にもっと発言権を与えるべきだと論じた。トーキーのウィンター博士は比喩に頼って、政治家とオレンジを比べている。「政治家は絞れば絞るほど出してくるだろう。しかしオレンジとは違って、自分たちから出すのではなく、さらに共同体に課税することによって共同体の権利を絞り出すのだ」。価格を精査した消費者協議会調査団の調査結果を、自分たちはみな「消費者として」知る権利があると主張して、彼は喝采を博した。「ミルクは基本商品であり、正統的に認められる数字を超えて価格を設定するのは悪辣だ」。集会は価格上昇を非難して終結した(43)。南ウェールズでは、「たいへんな騒ぎ」がミルクの高価格によって惹き起こされ、一九一九年一二月には感情があまりにも「盛り上がった」ため、生産者に対する低価格を強制する独立した権限が与えられなければ南ウェールズの食品委員会は総辞職すると通告した(44)。

一九一九年一一月に、食品省政務次官で規制強化を志向する自由党ロイド・ジョージ派の一員チャールズ・マッカーディは、議会において不快な質疑に際会した。ミルクは飢える子供たちにではなく豚に与えられているというのだ(45)。このような飽食のさなかでの飢餓のイメージは、二〇世紀において世界の飢えを語る主流の手法となる。そこには、需要と供給、過剰生産と過少消費をめぐる倫理面と経済面の齟齬が捉えられていた。物資欠乏、高価格、流通危機はもはや短期の庇護的な介入によって即座に修正できるような一時的な故障とは思えなかった。それらは商業世界に内在しているように思われたのである。規制と消費者への権限付与が唯一の回答だった。ここに、旧来の「道徳経済」との重要な違いがある。ミルクは食品制度のより大胆な改革のための踏み石だった。一九一九年から二〇年には、消費者協議会は、すべての基本食料品の購入と流通の民主的な統制を要求していた。消費者はもはや自由貿易では保護できなかった。政府において直接声を発する代表者を求めた。

消費者代表と統制を求めるこういった計画のすべては、食品省の存続にかかっていた。戦争が終わって一年後、政府は、食品省を廃する計画を公表した。対して消費者協議会は同省を強化し恒久化することを求めた。食品の輸入と輸出をめぐる統制力と食品を購入する権限をもっている一つの省だけで「国内と国際の悪徳食品トラスト」の影響を排するのに充分であろう。これは単なる経済論議ではなかった。政府機構に関する報告書において、ホールデン卿は、政府が大衆の信任をつなぎとめようとするならば、諮問機関を利用する必要があると力説した。消費者協議会はもう一歩踏み込んだ。「消費者協議会の路線に則って一つの民主的な選任団体を維持することが不可欠である」と論じたのである。「共同体全体にとって害をなす特殊権益に好意的な政策を抑制する」それが唯一の方途である。[46]

消費者協議会の労働党最初の委員長を務めたクラインスにとっては、協議会は民主革命の一環であった。消費者は生産者のように容易に自身を保護することはできないが、大半の人びとは生産者であるよりも消費者であるのだ。リベラルな代議民主制という現存の制度では、「その義務が大多数の民衆の要望に応えることである代議士」が「消費者」の権利を適切な観点でつねに取り上げてはこなかった。「現在と未来の政府は……秘密業務の度合いを段々と減らしていかなければならない」とクラインスは主張する。[47] 消費者協議会は、より民主的な透明性と説明責任への第一歩である。一九一八年七月にクラインスはロンザの後を継いで食品統制長官に就任して、政府統制と消費者代表という福音を説きつづけた。その年の九月にグローヴナー・ハウスで開催された五回目の労働党大会での演説において、食品省が民主主義の原則を実践することを目的としている明らかな証拠として協議会を示した。一つにはこれは昨今のミルク価格上昇への憤懣を抑えるための言葉の綾ではあった。しかしそれはまた、民主制と積極的な市民権が消費者代表を必要としているという心からの思いを反映していた。「民主的な政府は、被統治側を、統治者に明確に接触させなければならない」。消費者協議会のような組織は、「国内問題に個人的に関与しなければならないという欲望として被統治側の願望に」表現を与えるのである。[48]

組織された消費者は同意した。『協同組合会報』は、食品券を「再建の手段」として賞賛し、労働者はその民主化の性質を受け容れるだろうと予言した。「大富豪」だけが戦前の制度への回帰を願っている。食品券は、あらゆる市民にとっての「好みのままの食事」を意味し、国民を次第に民主的状況へと導くのである。[49]

そこでミルクをめぐる摩擦が、受給資格について、「基本的」食料品にとっての「公正価格」が何であるのかを決める権利を有するのは誰なのかについて深刻な問いを提起した。協同組合運動は「食品統制者としての女性」に訴えかけた。この運動は、『村落労働者』というハモンド夫妻の大衆社会史に依拠して、女性たちが流れを捉えて価格調整のための民衆会議を形成した一七九五年のもののような昔の食品危機を、消費者に思い起こさせた。しかし集団行動への呼びかけは現在ではさらに先に進んだ。ミルクがこれほど多くの注目を集めたのは、調査によって悪徳業者がはびこっていることが示されたからである。ミルクは国内商品であり、高価格に関してドイツの潜水艦、高額の輸送費、外国市場に責任をなすりつけていた政府のプロパガンダを無効にするのだ――上記三要素が「国民を鎮めるのに役立つ三つの特効薬」とは、労働党、協同組合、労働組合の連合体であるロンドン食品監視委員会の言葉である。不当利得は商店経営者にはとどまらなかった。それは全国の朝食の食卓に影を投げかけた。協同組合酪農場は、販売価格と卸売業者の中間利得が高すぎると指摘した。ロンドン食品監視委員会が問いかける。「どんな証拠に基づいて、ミルク価格の百パーセントの上昇が正当化できると決断されたのか。結局は『合法化された不当利益』となったのである」。政府は「忠実な市民からの要求」に試練を与えている。「価格固定の委員会がその職務において公的性格を帯びること、協同組合と労働運動があらゆる統制と統治の機関に関して多数派を代表させること、以上を要求するようになるまで、そして必要ならば直接行動によって強制するようになるまで」どこまで国民は待つことになるのだろうか[51]。

こういったことはいっさい起こらなかった。不当利得禁止法が一九一九年に成立したが、これは調査の権限を設定しただけだった。消費者協議会が要求した最大価格設定、利得の固定、中間業者の排除の権限はまったく欠落していた。ミルクに関しては、恒久的な国家干渉はなかった。イギリスの手法は、とくにドイツと比べた場合、穏健であった。イギリスでは、一九一九年に、食品の不当利得で二万一六九八件の起訴があったが、これには動物の非合法購入と不法解体が含まれていた。戦時中のドイツでは、有罪判決の数はほぼ五〇万に達し、三九二八件の入監があった[52]。それでも不当利得に対して盛り上がる憤懣は、戦間期の消費者の精神に長く残る深刻な傷を与え、これは一九二〇年以後価格が下落しても消えなかった。「公正価格」への要求は、「富の徴発」や資本課税を通しての収入の再配分への要求と結びつくようになっていた。高額課税によって、不当利得者が不公正に消費者の懐から摑み出したものを還すことが確かになるのである。

不当利得者に対する攻撃は、企業合同と企業連合の増大する力への恐怖と重なるようになっていた。戦前において、リベラル派と急進派は、企業合同と企業連合からイギリスを守る役割を自由貿易に託していた。戦争によってこの目論みが浅はかであったことが明瞭になった。ここでもミルクが実例になった。一九一五年にロンドンの三大卸売商人が連合乳業を形成した。翌年末には、その資本額は百万ポンドであった。一九二〇年には四七〇の店舗とロンドン市場の七五パーセントを掌中に収めていた[53]。アメリカが統制していた精肉トラストは、さらにグローバルな水準で同様の脅威を与えていた。この精肉トラストはイギリスへの輸入牛肉の六〇パーセント以上を自由にしていたのだ。イギリスの消費者がこのような国際食品トラストに囚われてしまうことを怖れた消費者協議会は、一九一九年夏に、政府が統制を拡大しなければ一斉辞職するとの構えさえ見せた[54]。

トラストの力強さと根強さのために自由貿易の信頼性は失われていった。企業結合と企業合同が自由貿易の国に生じるならば、自由な交換はもはや「安価」を保証しないのである。自由貿易は消費者を保護するのではなく、強力なトラストの餌食にしてしまう。協同組合の出版物の女性向けのページでは、アメリカ連邦通商委員会の精肉トラストについての調査結果が議論されている。「私たち女性はこの悪の制度の事実上無力な犠牲となって、この巨大トラスト独占の魔手に」捉えられているのだった[55]。「開かれた市場」とはまやかしの表現である。これほど多くの供給が多様な企業合同と企業同盟の利得で統制されているのに、「開かれた」市場でありえようか、と一九一九年に『協同組合通信』は問いかけている[56]。一九一九年七月の『協同組合通信』の一面記事で、協同組合会議の議会委員長で消費者協議会での任務によってナイト爵を受けたT・W・アレンが読者に語ったのは、「戦前の商売の状況に戻るなどと語るのは『砂上の楼閣』である」。商人間の競争はもはや消費者を保護するものではなかった。「その代わりに、存在を次第に明らかにし、共同体への公然たる脅威になっている大きな通商組織」を強化するだけなのである[57]。

戦後にトラスト調査委員会の委員長を務めた連立派自由党員のチャールズ・マッカーディは、とくにアメリカの企業合同と不当利得業者に関して増大する不安に同調していた。一九一九年夏の消費者協議会において語ったように、大半のイギリス人は講和条件よりも物価上昇に関心があると彼は認識していた。「大多数の人びとは、ドイツ皇帝が悪徳業者を縛り首にしてくれるならば、進んでこのまま勝手にやらせておいただろう」。しかしながら「本当に大きい加害者は」、小規模な不当利得業者ではなくて、大トラストである。追加の一ペニーを課す地方の魚屋は、組織されたトラストに比べれば

「大海の一滴」である。このようなトラストが「自由競争の経済時代を終焉に導いた」。どんな政策を政府が選ぼうと関係ない。「価格の統制は間違いなくもはや自由競争には委ねられておらず、こうした商業組織によって統制されている」。イギリスは「世界諸国間で一種の駆け込み場」、トラストを取り締まろうとしない唯一の大国であるとマッカーディは論じる。もしイギリスが消費者大衆を搾取から保護しようとするならば、アメリカ、カナダ、オーストラリアの先例に倣う必要がある。ヘンリー八世の治世に目を向けるマッカーディは、買占と独占を禁じる中世の法制を廃棄したことを嘆くのだが、その一八四〇年代にまさにイギリスは自由貿易を擁したのである。「この法律を再施行するのが望ましい」(「そうだ、そうだ」の声[58])。

世界の食料不足への不安が、この警世の調子を強めていた。休戦から一年後、マッカーディは、単に食品輸入に対して門戸を開いたままにしているだけでは、イギリスの食品供給の問題を解決できないと警告した。アメリカ合衆国、南アメリカ、その他イギリス帝国の資源提供地域は、われわれの「将来の需要」のためには不充分である。「自由貿易と自由放任の政策でわれわれが切り抜けられると考えるのは間違いである。切り抜けられはしないだろう」。ヨーロッパの家畜は、三分の一にまで減少したのであり、アメリカ合衆国には食肉の輸出を開始することが求められている。「食肉輸入を求める激戦」が生じるだろう。食肉トラストは「投機的悪徳商法」を排さなければならない。「高価格は悪であるが、急速に物価が上下する価格の乱高下は、われわれの国民生活にとってはさらに悪い影響をもたらすであろう[59]」。これは奇矯な予言ではなく、食品省の公式声明の一部である。安定した価格と確実な供給が、安さよりも重要なのである。

組織された消費者は、自分たちがもはや自由貿易によっては保護されないことには同意していた。同意していなかったのは、何がそれに代わるのかという点だった。消費者協議会は三つの方向性に分かれていた。主流は、国家統制をトラストによる統制に代わる唯一効果的な民主的手段として受け止めていた。一九二〇年一月の労働党大会は食品省を「政府のもっとも役に立つ機関」として賞賛した。これを廃して、「国民の食品を企業合同、企業連合、不当利得業者の管理、統制、操作の意のままにさせるのは、この国に革命を惹き起こすことになろう」。統制がなければ、「わたしたちが舞い戻ってしまうのは、食品供給に関する戦前の混沌ではなく、さらに悪い無限の混沌である」とマリオン・フィリップスは予言した[60]。協議会の大方が求めたのは、すべての基本食品、食品輸入、価格の恒久的な統制であった。これは協同組合取引の設定の拡大であり、戦時中の国際統制の実験の継続であった。一九一九年初めにパリでの連合国間の協同組合会議で卸売連合会のゴーライトリーが語ったように、「自分は保護貿易もそうだが……マンチェスター学派が心底いやなのだ[61]」。

しかしながら二番目のグループにとっては、国家統制は市民社会という旧来の民主的伝統を脅かすものだった。これがとくにあてはまる女性協同組合は、労働者階級と下層中流階級の消費者を代表する団体で、民主的フェミニズムの最前線にあった。この団体はとくに自治と市民社会を国家から引き離しておくことに強いこだわりをもっていた。消費者の便益のためには政府組織に自己監視の役割を委ねることはできないとホノラ・エンフィールドは論じた。反動政党が地方政治を意のままにするようになったら誰が消費者を守ることができるのか。産業側の行動の時期に、反動的な地方議会は、国民の意向に反してミルクと石炭の統制を行なうことにさえなるだろう。全面的な国民統制が地方のそれよりもいっそう悪いのは、「絶対反抗不可能」なものと化した「政府」に、選挙と国民生活において権力を濫用させるようにするからだ。市民社会精神を具現した協同組合の人びとの意に沿うのは、公有化でも国有化でもなく、協同組合運動の自立的な成長である。

この時代には協同組合による経済の接収というのは、今日ほど非現実的なものではなかった。第一次世界大戦によって会員数は急増し、一九一三年の二九〇万人――イギリス人の十人に一人――から一九二〇年の四五〇万人になった。協同組合のミルク販売は急成長し、一九一〇年の国内市場の一パーセントから一九二五年の六パーセント、そして一九三九年には驚きの二六パーセントにも達した。食品類の五分の一は協同組合の手にあった。レスターでは、一九二〇年代初頭において協同組合がミルク販売の四〇パーセントを統制し、ダービーでは六〇パーセントにも達した[62]。このように協同組合共和国の到来に関して前向きでいられる充分な理由があったのだ。一九二一年まで三〇年にわたり女性協同組合を率いたマーガレット・ルウェリン・デイヴィスは、戦争によって、生産と国家主義に対する消費と協同の優越が証明されたと考えた。「戦争の効果は消費者をかつてありえなかった地位に押し上げ、人びとの注意を協同に向けた」。協同組合において、不当利得は不可能である。ここにおいて「消費者は社会経済における正当な位置に落ち着いたのである」。消費者は共同体である。消費は真正な権限の場所である。「買物かごの権限は、織機や投票の権限よりも大きい」。そして消費は文明を野蛮から区別する。国家間の協調ではなく、国際的な協同を通してこそ、新しい文明は成立するのだ[63]。

この国家に対する疑いは、多元的共存の強烈な感覚に基づいていた。「資本主義でも社会主義でも」いかなる種類の社会であっても、人びとは複数の身分を有するとホノラ・エンフィールドは説明する。「他の個人との関係では市民である。労働との関係では生産者である。食品、衣服、その他商品との関係では消費者である。学習との関係では学生である、など。同じ個人が、市民としてあることを、消費者として別のことを、生産者としてさらに別のことを望むのである」。こうしたあらゆる「生活の側面」に国家権力を及ぼすことは、自由を窒息させる。「個人の自由と少数派の権利は、そして政治とは関わりのない生活の側面であるならば多数派の願望さえも、すべてその時にもっとも強大ないかなる権益に対しても犠牲を強いられる」。これは戦争のような危機の時代には避けがたいのかもしれないが、一般的には、国家と社会の二元論こそが、「各個人にとってもっとも広がりと自由のある生活を、そして共同体の進歩の最高の可能性を確保する」と約束するのだ[64]。

統制に対する憤りが集中していたのは、事業体としての協同組合の中核であった卸売協同組合連合会においてである。政府統制が、営利会社に対するのと同じように卸売連合会の日常業務に大幅介入していた。組織化された資本との闘争を生き抜くことを望むならば、国家を受け容れる必要があると説く卸売業者がアレンのように一部存在した。しかし国家統制が協同組合活動の邪魔になるのだとすればどうなのか、と他の業者は問いかけた。脱統制によって、開かれた市場で購入する自由と企業合同と企業連合に正面から対立する機会を自分たちはふたたび取り戻すであろう。この見解においては、国家という鎧はまさに拘束であった。これが多数派の見解だったが、一九一九年一二月の協同組合大会を切り抜けたのもかろうじてであった。

国内での脱統制の圧力と国際的な統制の解体は、こうした立場を直接の対決に引き込むこととなった。政府統制の「無駄」と「非効率」に反対する声のなかで、販売業者たちは消費者協議会を密室集団として攻撃した。後に、一九一九年から二〇年に、政府統制に対する反対運動が加速したときに、『タイムズ』のような批判的な媒体は、消費者協議会を「秘教団体」として、ただ自分たちを代表するというだけのロンドンの協同組合員と社会主義者の寄せ集め、「思い上がった先走り組」で、「少数の無知蒙昧の輩の小煩い趣味」にすぎないとしてこき下ろした[65]。これは強烈な言葉遣いだったが、公平ではない。消費者協議会は、イギリス史における消費者代表のもっとも大衆的、民主的な会議であり、全体で六百万世帯を代表していた。深刻にして陰鬱な『スタティスト』は、協議会を「国民大衆の権益を正しく代表する」と述べている[66]。

マンチェスター商工会議所は、協議会が他の業者を犠牲にして協同組合に独占権を与え、「イギリスの商業がこれまでの見事な運営を支えていた商業の自由の原則」を破壊することになると批判した[67]。連合国間の協調機構の崩壊はさらに国内統制への大義名分を損なっていた。協同組合中央委員会はいまやこの運動の輸出貿易の側面を支持して、恒久的な食品省には反対した。資本主義社会にあって、政府統制は、「既得権益団体とその監督省庁に対する力を強化する一方で、協同組合事業を圧迫する」[68]。一九一九年から二〇年にかけての消費者協議会に対する政府の待遇は、資本主義の陰謀というそのような発想をあおるものだった。一九一九年八月に協議会はロイド・ジョージに代表者を送って、食品省を恒久的組織にするように説いた。半年後、彼らはまだ返答を待っていた。食品省は内閣に代表者さえいなかった。国家統制は次第に「ごまかし」で「単なる失政」として退けられるようになっていた[69]。結局、おそらくはデモクラシーの将来は、協同組合による統制とともにあるのだ。

決着がつけられたのは一九二〇年二月一九日であるが、この日消費者協議会が、ウェストミンスターでその会員組織の代表者たちと面会した。古参の社会主義者ハインドマンが議長を務めた。彼が最初に言及したのは、フランスの社会主義者フーリエがすでに一世紀前に競争はつねに独占に帰結すると見通していたという故事だった。協議会の大半は、現在進行している統制と国家の一部局による消費者の保護を繰り返し要求した。卸売協同組合連合会のギャラカーは、この多数派の思考法に耐えられなかった。それは国家統制の実際の効果とは全然別なのである。

われわれはアイルランドでバターを製造しています。だが自身のバターを使うことが許されていません。ミルクをバターやチーズに加工するために乳製品製造所をいくつか接収しましたが、「バターやチーズは要らない、ミルクはミルクとして売らなければならない」と言われています。結果、莫大な損害を被ったのです。

政府統制は協同組合取引相互間に新たな仲介業者を導き入れ、この御用中間業者は、協同組合が誕生時より戦ってきた悪徳中間業者に劣らず無駄を生じていた。ミルクの統制は「高価なミルク」を意味した。「この線に沿ってずっと進むことは間違いなく不可能でしょう」。

ギャラカーは戦前を混沌として語ったとしてマリオン・フィリップスを弾劾した。「戦前の食品流通よりうまくなされていたものがあるとは思いません」。一九一九年一月まで食品統制長官を務めた労働党代議士のクラインス、マリオン・フィリップスの擁護に回った。イギリスは企業合同と企業連合の新しい時代に入ったのである。このような組織と高い価格こそが、国民の心情に革命の原理と極度の不満を広めたのだ。統制と物価調整の持続はこれまで以上に喫緊である。ミルクが示しているのは、統制が「これから多年にわたり……どれだけよい仕事を行うのか」である。(70)

フレッド・ブラムリーほど、この卸売協同組合連合会の思考法に憤った人物もいなかった。ブラムリーは、労働組合会議の議会委員会の代表であった。「消費者協同組合員」として語るブラムリーは、ギャラカーの「金儲け第一発言」に激怒した。どうして卸売連合会は、最近設立されたイギリス産業連盟の側につくのか。利益を最大限上げるために統制を脱するというのは、生産者の見解であって、消費者の見解ではない。他の発言者たちも、「消費者の見解」ではなく「仕入担当者の見解」を採るギャラカーに反対している。戦前の状況に戻ることができるなどと考える「愚者の楽園」に住んでいる輩がいる、と労働党代議士のジャック・ジョーンズは論じた。労働者はまた消費者なのだ。協同組合員ワトキンスは、協議会員の戦争の教訓を思い起こさせる。「供給と原材料が原産地の諸国の少数者の掌中に着実に移っていったのを見ました。貿易と商業の構造が根こそぎ変わってしまったのです」。「食品省を維持すること」が最重要であり、「この協議会は食品の供給を確保し、公平に食品を流通させる権限を負わなければならず、そしてこの流通は公平な価格といったものにおいて行われることになります」。

最終的に消費者協議会の八名のメンバーが統制に賛成し、三名が反対だった。労働者団体と協同組合が一方の側を構成し、卸売連合会と協同組合会議の議会委員会がもう一方の側に立っていた。女性協同組合は棄権した。協同組合の主翼の卸売業の支持撤回が、消費者協議会と統制側にとってはとどめの一撃であった。政府は統制の篝火を消さずにいたが、ミルクは一九二〇年一月に脱統制化され、一九二〇年十月にパンの助成金が終了し、穀物生産の価格援助は一九二一年に打ち切られた。一九二一年一月四日には消費者協議会の頑強な擁護者さえ、その歴史的使命は終わったと観念した。彼らは総辞職したのである。消費者を保護する民主的な食品省という構想は四散した。三ヵ月後、食品省は解体された。最初、戦争は新たな水準の消費者動員を惹き起こしたが、最後には消費者を分裂させたのである。産業界や政府からの外部圧力と同じくらい、この内部分裂が、新たな形態の消費者代表の政治権限にとどめをさしたのである。

栄養価

ミルク統制と公正価格を求める運動は、食品の価値観の変容に依拠していた。戦前、自由貿易文化は、白パンを自由と公正の象徴と見なしていた。安いパンは、保護貿易国家を襲った飢饉と蚕風に対してイギリス国民を守護するものであった。一九二〇年代に、新たな栄養の政治が、安さ、白さ、文明のリベラルな三位一体に挑んでいた。この挑戦は二つの重なる段階において生じた。科学的知識とビタミンに対する大衆の意識が安い白パンを揺るがせる一方で、ミルクが「基本食品」に格上げされた。ヴィクトリア時代とエドワード時代において自由貿易の大衆への訴えかけに欠かせなかった「必需品」についての言葉が、ここで市場と安さのリベラルな擁護から、民衆の健康へのより社会民主的な重視に移行したのである。市民であることは、国家が公正な価格で提供する「基本」食品を入手できることを意味する。言い換えれば、安さはもはや栄養不足を押しとどめ得なかったのである。

自由貿易側の安価信仰は、パン、砂糖、ジャガイモからなるイギリスの主食と適合する。第一次世界大戦以前、平均的な労働者階級の男性は収入の五〇から六〇パーセントの間の金額を食費に割き、週におよそ七ポンドのパンを食べていた。

戦争によって存在する選択の幅が狭まり、また質も低下した。労働者階級家族の砂糖、バター、チーズ、肉の消費量が減り、パンとジャガイモ、そして程度は限定されているがミルクにより大きく依存するようになった。乳幼児死亡率は低下したといえる一方で、年長の児童の状況はおそらく悪化し、くる病が増加した。[71]

一八八〇年代以降、食品改革運動家は白パンを国民の適性を脅かすものとして非難した。小麦粉は漂白によって汚染されており、栄養素は、穀粒が製粉の抽出作業で廃棄されて失われてしまう。強烈な活力に満ちた民族に必要なのはブラウンブレッドであると彼らは主張した。ブラウンブレッドは歯を強くし、神経の調子をよくする。一九一一年に、ノースクリフ発行の半ペニーの『デイリー・メール』という関税改革側の新聞は、ブラウンブレッド運動を支援した。しかしこのような運動は、白パン、自由、快適という大衆に深く根づいたつながりの前に崩れ去った。ブラウンブレッドは貧困と汚濁を象徴するもので、これは『英国医学ジャーナル』も認めていた。[72]

戦争と戦後の時期に、ブラウンブレッドは上昇気流に乗り、次第に白パンという文化資本を減殺していった。これは食事内容の変化への対応であったと一部はいえる。イギリス人は新しい朝食としてパンよりもシリアルを多く食べるようになっていった。そして食費全体の一部としてシリアルの費用は少ない。商業の発達がブラウンブレッドの再ブランド化を支え、かつての汚濁および貧困との結びつきは薄れていった。ここで主要な役割を果たしたホービスが、広告活動とブランド化されたパン焼き型にも助けられて、「全粒粉」パンに「人間の力」という新しいイメージを与えた。[73]

とりわけ国家の力と消費者キャンペーンの融合が、安い白パンに代えてブラウンブレッドを推進した。戦前は、パンおよび食品改革同盟の訴えかけに聞く耳をもつ者はいなかった。輸送危機がすべてを変えた。パン危機に対する政府の処置は、配給よりも希釈であった。過去において、小麦の穀粒は製粉過程で廃棄され、消費者の腹に収まる道をたどるのではなく、「くず」として豚や牛に与えられていた。一九一六年から一七年の冬に、政府は小麦の抽出を拡大し、小麦から小麦粉への製粉の抽出率を七〇パーセントから七八パーセントに上げた。一九一八年初めには、穀粒の九二パーセントが用いられていた。白パンで育った国民に、戦時パンが賛否両論を巻き起こしたのは意外ではない。苦情を申し立てる消費者もいた。自分の卵巣嚢腫は戦時パンが原因なのか訊ねた入院患者さえいた。[74] しかしまたブラウンブレッドへの科学と愛国の側面からの擁護は、自由貿易パンの大衆人気を奪いはじめたのである。

戦争最後の年、王立協会の食品戦時委員会は「特別パン」の実験に着手した。これは抽出率八〇から九〇パーセントの小麦粉に少量のトウモロコシと米を加えて製られた。入念な監視試験において、化学者、実験助手、子供、結核患者からなる集団に二ヵ月間「淡黄」と「薄茶」のパンが与えられた。毎朝、被験者の顔が観察された。結果は驚くべきものだった。子供たちさえ大量のパンを見事に消化したのだった。実際、「いくつかの症例で、その使用によって健康が改善されたと思われる」。この「パンを誰もが美味であると言明し、誰も飽きたという苦情を、委員会メンバーが危惧したように発することはなかった」。大小問わず消化機能に障害があった患者はブラウンブレッドを大いに好み、今後も入手できるように求めた。もちろん、「ウェストライディング化学」の六一人の社員は、ブラウンブレッドを礼賛する陳情書を作成した。「大きな恵みが得られる」全粒粉パンを将来もっと入手できるように彼らは求めたのであり、一方で「有害物質を含んでいると確信している通常の小麦粉の使用を望まない」と述べている[75]。

パンおよび食品改革同盟は、この実験を、白パンを危険食品のブラックリストに掲載する運動を前進させるために用いた。新しい栄養知識が、旧来の粗悪な混ぜ物への不安に接ぎ木されたのである。自由貿易は、市民消費者の力弱い守護者でしかないように見えた。国家は未来の市民を保護する必要があると一九一九年と一九二〇年に同盟はロイド・ジョージ連立政府に申し入れた。小麦穀粒はリン酸カルシウムを含むのであり、この歯と骨の主要構成分は国家規制がなければ失われてしまうと同盟は説明している。

この新しい栄養の政治展開において、協同組合は主導的な役割を果たした。女性協同組合は、一九二〇年代に「食品純度」促進の運動をはじめた。協同組合製粉工場の漂白されない小麦粉は、皮膚炎の原因となる「無節操なパン屋」が用いる漂白された劣悪な小麦粉と対比された。基本的な栄養学の知識によって、消費者は、一九一二年に最初に発見されたビタミンを知った。白く純化された小麦粉が欠いているビタミンは胚芽と穀皮に含まれており、とくにビタミンBは、神経系の発達を助けるために「神経病対処ビタミン」として広く知られた。『食品の栄養価』と『食品の純度』についての指南本において、フローレンス・ランソンは、全粒粉のスコーン、そしてブラウンブレッドとバターと併せて食するピーナッツを用いたサラダのレシピを主婦に提供している。「ヘルメス」や「スター」といった協同組合の全粒小麦粉はヨウ素とビタミンを含んでおり、これは「少量で人間の食事に大きな重要性をもつことが最近発見された栄養素の一つである」と彼女は説明した。彼女の助言は、「くる病対処」のビタミンAのために全粒粉パンをもっと食べるようにというものだった。[76]

戦争末期、食品省は「白パンの消滅」を布告して「われわれの多くが黒っぽいパンの味を好むようになっており……もう一度まともにで白パンに向かうならば、風味に乏しいことに気づかれるだろう」と予言した。[77] これはかなり楽観的な予想であった。戦争が終結すると、大半のイギリス人は白パンに戻ったのである。わずかな人びと、とくに年金生活者と教育と財産に恵まれている集団がブラウンブレッドを多く食べており、一九七〇年代初頭まで、白パンはいまだイギリスのパン消費の八〇パーセントを占めていたのである。一九〇〇年は九五パーセントであった。しかしながら変化したものは、安い白パンの象徴的地位であった。もはやそれは安易に公衆の利益の具体物として掲げられることはなくなった。ロンドンの職人の妻ウィルソン夫人が、一九二五年に食品物価に関する王立委員会において語ったように、自分は安い白パンを食べて、ブラウンブレッドは「子供たちにとって栄養価が高いと思っており、純化された白パンの量を少なくすれば、さらによいのではないかと感じている」。[78] 個人の習慣と公共の価値が分裂していた。世界恐慌が一九二九年に襲った際に、残存していた自由貿易擁護者は、自分たちのもっとも貴重なアイコンが失われてしまったと認識した。女性協同組合員は「パン」への公共の関心を掻き立てるのがどれだけ困難になっているのかを告白した。[79]

近現代の政治的記憶における白パンの場所を引き継ぐことになる単一の食品はなかったとしても、清潔なミルクがそれに近いところまで来た。それは社会的市民性の象徴となったのである。母親のミルクは、肥沃と豊穣と長きにわたって結びついていた。ミルクは、それが不死の象徴であったケルト民族からサンスクリットの叙事詩ラーマーヤナにいたるまで幅広い文化的環境において、神の美酒と見なされていた。古代とキリスト教の物語において、聖なる母による授乳は、選出と知識を象徴していた。聖ベルナルドゥス（ベルナール）は聖母マリアの母乳を受けることで、キリストと兄弟になった。あいにく牛乳は清潔でも豊穣でもなかった。イギリスの家族はディレンマに直面した。牛乳は高価であった――そして多くの労働者階級地域では稀少もしくは入手不可能であった。それほど高価だったので健康相談所では母親に対して乳児が成長するまで母乳を与えつづけるように助言していた[80]。さらに悪いことに大半のミルクは不潔で病原菌が潜んでおり、結核を蔓延させることも稀ではなかった。ミルクを買えないことは成長と発達を阻害し、飲むことは死を招いた。原乳を好むイギリス人特有の嗜好が事態を悪化させた。ミルクを家庭で煮沸する海外では危険度は低かった[81]。イギリスでは乳幼児死亡率の五〇パーセントが不適切な飲食に起因すると示した同時代の資料もある。医学専門誌『ランセット』では、一八八一年から一八九六年までの伝染病の総計九五の発生原因を汚染されたミルクに帰している。結核菌ミルクが、この時代有数の殺人効果をもっていた――健康改革活動家は「ヴェールをまとった嬰児殺し」とか無辜なる者の虐殺者と語っていた――もっとも牛の感染によって生じる人間の結核の発生率は誇張されうる[82]。

ミルクが安全ではないと最初に言明したのは、一九世紀後半の医学博士たちと医務官たちである。牛結核は、感染性であり遺伝性ではないことが判明した。研究によって牛が感染源であり、桿菌が種の障壁を跳び越えることが明らかになったのである。新しい科学的知識が複数の社会の間で流通しており、国の枠組みが超えられる真の機会となった。イギリスの改革活動家にとって、アメリカ東海岸の都市が指針となった。一九〇九年、イーストウッド博士が、ミルクの統制と供給の改善を研究するために地方自治局によってアメリカに派遣された。清潔なミルクを認可する最初の取り組みは、一八九二年にニューアークの医療ミルク委員会によって開始されていたのである。ニューヨークでは、一八八九年の段階ですでに乳幼児ミルク貯蔵所が設置されており、一九一一年には都市内全域にミルク販売所を設け、健全なミルクと健康知識を消費者に提供していた。一年後、ニューヨークは格付けを導入し、細菌数が基準値よりも低く乳児の飲用に適しているミルク（格付けA）から調理用途のみのミルク（格付けC）までの分類を行った。一九一三年にロンドンで開催された乳幼児死亡率に関する会議などの国際会議は、このような国境を越えた知識普及に便宜を図った。

スカンジナビアと大陸の諸国とは異なり、自由貿易イギリスは、規制に抵抗した。いくつかの個別の都市は、桿菌の流行を抑え込むための対策を行ったが、概して政府は検査への出費や工場の近代化には消極的であった。農業陳情団は、小さかったが、変化に熱烈に反対した。牛結核ではない牛を導入し、感染した牛に検疫を施した酪農場主に追加の料金を進んで払う消費者もあまりいなかった。導入された検査の権限も滅多に用いられず、この問題はミルク販売業の小店舗の広範に拡がるネットワークから解決の協力をえられてはいなかった。一八九九年に検疫官を任命しているのは、わずか三八の地方自治体にすぎなかった。牛結核感染ミルクの販売を禁じる法律は、一九一三年に初めて国会で審議されたが、戦争の勃発のために棚上げにされた。アメリカ、フランス、スウェーデンに比べて、イギリスでは検査と殺菌の進捗は遅かった。乳製品販売業者と国家の協同はなかったし、牛結核を撲滅するための政府助成金もなかった。農業局にとっては、ミルク問題は、国家の責任の範疇ではなく、商業上の危険の一つであったのだ[83]。

しかしながら、この失望を招く記録は、ミルクに関する大衆の無関心をもまた反映している。議論が主に戦わされたのは、公衆衛生の空間であり、医師、獣医、医務官、酪農場主が呼び集められた。女性協同組合の即物的な運動は、大衆政治と医療論議をつなぐ数少ない環の一つである。一九一三年に女性協同組合は、国民保険法に母親の便益を盛り込むための戦いに勝利した。妊娠中と出産後の母親の状況を改善するための運動において、安価で清潔なミルクの容易な入手は、中心の役割を果たすことになった。一九一四年には地方自治体の補助金が、母親への全国的援助のために導入された。

消費者の権限を麻痺させ、消費者の権利、市場、社会正義をめぐるより広範な議論に火をつけたのは戦争であった。母親と乳児は国民の資産として認識された。一九一五年、女性協同組合は、労働者階級の母親が直面している恐るべき状況を暴露して民衆と政府を一驚させた。生々しい私信において明らかにされていたのは、新鮮なミルク、食品、援助の欠如で、それは自ずから堕胎、疾病、死と結びついていた[84]。

一九一五年、国民清浄ミルク連合会が設立された。その議長に就任した精力的なウィルフレッド・バックリーは、イギリスとアメリカの基準の大きな懸隔を指摘した。ロンドンのミルクは、ニューヨークの最低格付けのミルクと比べてさえ十倍の細菌を含んでいると彼は消費者協議会において述べた。地方自治体がミルク販売の監視をはじめて以降シンシナティの乳幼児死亡率の劇的な低下は、対策の有効性を指し示していた。対照的にイギリスでは、一九一六年と一九一七年のサンプル調査が衝撃をもたらした。ロンドンの病院と学校に供給されるミルクの四分の一もアメリカの最低基準を通過しないであろうとのことだった。あるロンドンの自治区では、厚生省が百のサンプルのうち九九は肥料の痕跡を含んでいると判定した[85]。

幻燈講演、パンフレット、映画は、この基本食品の不衛生な実態を報告した。国民清浄ミルク連合会は、ミルクの冷却、密封、貯蔵に関して実演を行った。国民はミルクの見た目と味だけでなく、栄養面を評価しなければならないとこの団体は主張した。会長のプランケット卿は、企業に対してミルクをギリシャ風デザインのもっと魅力的な壜で提供するように求め、「女性たちにはシャンパンのボトルをテーブルに供する際に用いるようなカバーをデザインし、それによりこの実用的な飲料に芸術的喜びを与えるように求めた[86]」。アメリカからは、現代のミルク加工処理を説明する映画を輸入した。終戦直後には、バックリーは「詰めかけた聴衆」に汚染されたミルクの危険について講演した。ポスター、スライド、映画が科学と統計を簡素な視覚的形態に転換した。「清浄ミルク映画」が、戦後の時期に労働党大会にて鑑賞された。「バクテリア」のポスターは、ミルクが牛から消費者へと渡される過程での汚染の危険のわかりやすい図解であり、悪名高い「小さなミルクボーイが、誰かの目の前で、ポケットのハンカチからミルクを注意深く絞り出している」姿にそれが集約されている[87]。

ミルク販売の政府接収への戦時キャンペーンが最終的に頓挫したにもかかわらず、その教育の取り組みは、新たな食品の政治文化に痕跡を残した。消費者協議会にとって、疾病と汚濁の知識は、食品制度の混濁した性質のさらなる証拠であった。ミルク供給の統制は――戦前ではリヴァプール大学の細菌学者ジェイムズ・ビーティーのようなごく少数の改革者の要求であった――消費者政治の呪文となった。協議会のミルク委員会は、殺菌、冷却、密封のより効率的な制度を求めた。検査官と医務官は、いかに無規制のミルク販売が消費者を犠牲にしているのかの証拠を進んで提供した。ノッティンガムでは、大量のミルクが、「大量の牛糞およびその他の汚物」とともに届いた。他の地域でも、ミルク運搬車は汚れて錆びついていた[88]。エディンバラ女性市民連合のような市民団体は、女性医師の代表団を食品委員長のもとに派遣し、ミルク販売の政府接収を求めて、消費者教育と疾病からの消費者保護を訴えた[89]。

一九二〇年代には、協同組合運動が、新たな栄養学の知識と消費者の社会的権利の接続を求めつづけていた。人びとは、女性協同組合が力説するように、「食品としてのミルクの価値」を認識する必要があるのだ[90]。ミルクは通常の飲料ではなく基本食品であり、骨を作るビタミンA、「神経障害」対策となるビタミンB、壊血病を防ぐビタミンCを含んでいる。一九二三年のミルク法令は、四段階のミルク格付けを導入しており、正しい方向への第一歩であるが、衛生手段はいまだ立ち後れている。ある協同組合の実験では、ミルクから除去された廃物を一二羽の雌鳥に与えると「二四時間以内に八羽が死んだ」とのことである。協同組合のミルク運動は、より大きな消費者権限につながる踏み石であることが目指されていた。それは悪徳業者を排すると同時に品質と生産力を底上げすることになろう。一九二五年までに二八の協同組合がすでに殺菌設備を導入していた。一九三〇年までにすべてのミルクの四分の一が、殺菌処理つまりは熱処理がなされていた。清潔さを促進するために白衣と帽子を導入したり、清潔に保たれたミルク運搬車と仔馬を競争させて賞金を出したりする地方自治体もあった。

この新しいビタミンをめぐる栄養学の知識と市場と悪徳業者に対する批判が一体となって、ミルクに安いパンのそれとはかなり異なる公共の地位を与えることになった。人びとは基本食品としてのミルクに対する権利を有していただけでなく、価格が品質に従うようになっていたのだ。ビタミンの発見によって、食品の価格は、もはや社会の経済的安定の指標ではなくなった。厚生省によれば、一クォートのミルクは一ポンドの赤身牛肉や十個の卵とほぼ同等の価値になった。[91] 自由貿易はかつて消費者に、食品の価格を安く維持することによって、「必需品」に対する公平な入手を約束したのだった。ここで問題になったのは、食品にいくらかかるのかではなく、そこに何が含まれているのかであった。

このすべてが「必需品」としての食品を、市場で売買される他の商品とは異なる、水のような公共物に近いものにした。マリオン・フィリップスは次のように述べる。「清潔な水が国民の必需品であるのと同じように、清潔なミルクもそうなのだ」。[92] 一九二〇年代までに、飢餓によって死ぬのは、雷に打たれて死ぬのと同じ程度の蓋然性になっていた。ビタミンと「汚染」食品の知識がなしたのは、関心を飢餓から隠された飢え、すなわち栄養不足に移行させたことだった。戦前のリベラル派の図像表現の中核にあった母子に対する訴えかけには、いまや社会民主的表現が与えられた。「乳児は何を欲しがっているのか。健康な母親、強い身体、清潔なミルク、遊ぶための庭」と労働党のリーフレットでは表現している。[93]

権利と社会サービスについてのこの新しい社会民主政治が最終的に姿を現すのは第二次世界大戦中であるが、このとき福祉ミルクはすべてのミルク消費の二〇パーセントを占めるようになっていた。しかし価値観と感性におけるこの移行は、一九四六年に労働党政府によって全国的な無料学校ミルクの導入のはるか以前より着実に進行していたのである。一九三一年までに、五〇万人の就学児童が、無料のミルクを受け取っていた[94]。同様に重要であるのは、第一次世界大戦と終戦直後の時期が、基本の「栄養価」を得る資格が誰にもあるという感覚を広めていたことである。清潔な食品と物価統制が、戦間期の労働党と協同組合運動の目的であった。一八ヵ月以下の子供は、一日に一・五パイントのミルク、年長の子供は一パイントのミルクを必要とすると一九二〇年に厚生省は記している。ミルクは「偉大な身体形成物」として知られるようになった[95]。一九二六年から七年のスコットランドの学校でのミルク消費と児童の成長についてのジョン・ボイド・オアの有名な研究をはじめとする実験が、栄養不足への新たな認識にお墨付きを与えた。一九二〇年代におけるイギリスの実際の消費は、理想とはほど遠いままとどまっていた。平均的なイギリス人は一日にミルクをまだ四分の一パイント程度しか飲んでおらず、多くの工業地域では、わずか十分の一パイントであった。混入食品が一九三〇年代にいたるまで問題でありつづけた。しかし最低栄養基準が普及するのは一九三〇年代における国際連盟によってであるが、この時点でそれは根を下ろしていたのである。

この安いパンから清潔なミルクへの移行は、政治の様式と象徴からなる文化全体を一変した。すでに見たように、白パンが、デモ、ポスター、展示会において、イギリスの自由と文明の象徴として、振りかざされ、投げつけられ、思い描かれていた。第一次世界大戦後はその中核的な役割を取り戻すことはなかった。その代わりに新しい表象の様式が登場し、ミルクの健康と美容に資する性質を喧伝した。協同組合のミルク運動に並行して、とりわけ国民ミルク宣伝協議会が、この新しい「基本食品」のイメージを促進した。一九二〇年二月に設立されたこの協議会は、ミルク生産者、酪農園主、医務官、そして国民清浄ミルク連合会を糾合していた。この団体はミルキング・ショートホーンを「汎用牛」として称揚したが、これはまた皇太子愛顧の品種でもあった。学校のミルクにも強い要求を出した。その広告はミルクを、子供と女性だけでなく男性にも重要な力の源泉として再ブランド化した――「労働者はミルクを必要としている」とそのポスターは主張しており、またミルクは女性の美貌を保つ助けになった（口絵16）。一九二四年のイギリス帝国博覧会を訪れた子供たち

図12　YWCAによる公演でのビタミン「食品妖精たち」、ケント、1925年。

は『もっとミルクを飲もう』パズルを受け取った。工場には、ミルク週間、健康週間、ミルク・クラブの宣伝活動があった。この業界は需要を伸ばすためにアイスクリームの促進もはじめた。一九二四年八月と一九二五年八月の間に、協議会は、二五万の聴衆に二六一四回の講演会を催し、ほぼ百万枚のリーフレットを配布した。漫画映画さえ導入した。このすべては単なる商業宣伝活動ではなかった。ミルク週間は大衆の間に、ミルクは国民的必需品である、国家はそれを消費する市民の面倒を見なければならないという感覚を強化した。ミルクは「イギリスの背骨」であった。

食品を表象する新たな方法が登場していた。白パンと黒パンに変わって、食品はいまやその化学成分によって示されるようになっていた。国民ミルク宣伝協議会が、アメリカから着想を借りて、一九二八年のロンドン市長就任披露行列に加わったが、その装飾車は、四頭の馬「サフォーク・パンチ」に牽かれ、巨大なミルク壜を掲げていた。その周りには「フード・フェアリー」「ヴァイオレット・ビタミン」「ピーター・プロテイン」に扮装した子供たちが従っていた（図12参照）[96]。

底流

政治は、すべての舟を同じ速度で同じ方向へと導く運河ではない。潮の満ち引きが、逆流がある。一九二三年の総選挙は自由貿易支持者に、衰退の潮流を転回させたのではないかとの淡い期待を抱かせた。一九二三年十月、保守党首相スタンリー・ボールドウィンは、早期の選挙を行うことを決めて、関税問題に集中した。保護貿易は自身の権威を強化し、失業の時代にあった労働者階級有権者に前向きなメッセージを送り、保守党を引き締め、ロイド・ジョージの連立派自由党員と連立派保守党員との連携を引き裂くと彼は考えたのである。それは誤りだった。彼の突然の動きは、ロイド・ジョージとアスキス派リベラルを結びつけ、セシル、デヴォンシャー、ダービーのような関税に批判的であった保守派幹部を遠ざけた。[97] 保守派にとっては、選挙は災厄だった。八八議席を失い、庶民院の保守党議席はわずか二五八にとどまったが、それは一九六六年総選挙にかろうじて譲るだけの低記録だった。労働党は四七議席を加えて、一九一議席で第二政党に躍り出た。再結集した自由党もまた四三議席を、とくに地方と郊外において加えて、一五八名の議員からなるまずまずの議会集団となった。この保守党の負け具合に接して、自由党は一九二三年を自由貿易の「驚異の年」と見なした。[98] しかし選挙の運勢はあてにならないもので、自由党の票は一九二四年と一九二九年に崩れ去った。

明らかに、一九二三年は、関税改革に反対する強力な投票があったが、それはいったいどこまでいまだ自由貿易に賛成する票であったのか。一九二三年の出来事は、一過性の渦巻きでしかなかったのだ。リベラル再結合の表面の下では、自由貿易への大衆の信仰を洗い流す底流が途切れていなかった。自由党と協同組合と労働党の候補者の間の選挙戦が明らかにしたのは、自由貿易という旧来の全方位的な理念と、その戦後世界における位置についてのより曖昧な把握の間に拡がる裂け目である。たとえばシェフィールドのヒルズボロ地区では、自由党のE・ウッドヘッドが、労働党の支持を受けていた協同組合党の有力候補者A・V・アレグザンダーに対して、筋金入りの自由貿易支持者として対決を挑んだ。新聞社社主で元は国際的なラグビー選手であったウッドヘッドにとって、自由貿易は「単なる健全な経済以上のものを示している。それは道徳問題、深刻で現実的な道徳問題なのである」。それは「神聖」なのだ。アレグザンダーもまた、物価を上昇させ、大富豪を産み出し、国際的緊張を招いたとして保護貿易を攻撃した。しかし、失業と高価格の世界において、自由貿易はもはや万能薬ではないとアレグザンダーは反論する。協同組合側からの「無税の朝食」への呼びかけは今や「自由党は政権をとった時点よりも高い食品税を課している」という不満と対になっていた。自由貿易と保護貿易は「まやかしの争点」である。必要なのは公共事業と資産課税である。[99]アレグザンダーは六七一八という圧倒的多数の票を集めて勝利した。ウッドヘッドは次々点という惨敗であった。

もっとも激烈な選挙戦の一つが展開したペイズリーでは、元首相である自由党のアスキスと、労働党と協同組合党の候補J・M・ビガーとの二度目の激突となった。一九一八年総選挙に敗れた後、アスキスは、一九二〇年にペイズリーの補欠選挙に勝利して庶民院の議席を回復していた。今、一九二三年一二月に、この二人の男はふたたび相まみえたのである。アスキスは、一九〇三年に関税改革反対運動の前線に立ち、今回も、真正の誇りをもって、二〇年前にチェンバレンに対抗して行ったのと同じ自由貿易の初歩に関する演説をボールドウィンに対抗して行った。

しかしながら、リベラル派を自由貿易の不変不動の真理の徴しとして感激させたものは、新しい世代の急進派にとっては、失業と貧しい住環境という新たな現実から遊離した黴臭い政策のように思われたのである。時勢は変わった、と労働党の演説者はまとめたのであり、アスキスの演説は、政治からきっぱり退場するべき時代遅れのリベラルの典型なのであった。リベラルな自由貿易は無罪ではなかった。問題の一端でもあった。ビガーが聴衆に思い出すように訴えかけたのは、「自由貿易政策によって、この国に、とくに労働者階級にもたらされた結果」についてである。「今日、自由貿易の下で、この国がいまだ経験したことがないような失業という異常な時代に暮らしているのです」。自由貿易は「劣った民衆を、いわば究極的には劣った国」を創り出してきたのだ。子供たちの五五パーセントは「何らかの障害を抱えていて、五パーセントはくる病である」。関税を批判するだけではもはや不充分だった。「アスキス氏は……自由貿易が現在行い、過去に行ってきた以上のことをなぜなしえなかったのかその理由を明言しなければならない」[100]。別の演説者であるスコットランド荷馬車貨物自動車運転手組合のジョン・エリオットは次のようにまとめた。「過去八〇年間、自分たちは自由貿易の下で生きてきたが、そのすべての戦争、この時代のすべての失業、自分たちが被ったすべての苦難、これが自由貿易の名の下に生じたのだ」[101]。ビガーらはまたアスキスと自由党一派を、高い食品関税を導入することで自由貿易制度を不純なものにしたとして糾弾した。民衆の食べ物に干渉しないというのは、いっさい税をかけないことである。欠けていたのは、人びとに仕事を、よりよい住環境を、恥ずかしくない生活水準を与えるもっと積極的な政策である。

最終的にはアスキスが勝利したが、薄氷であり、ビガーの七九七七票に対して九七二三票であった。アスキスは、地元の労働党の内部分裂から漁夫の利を得たのだが、それが決定要因だったのかは議論の余地がある。ビガーは借地人追い立てに関するその強硬な態度で左派の票を逃した――住宅問題はその他の地域同様にペイズリーでも焦眉の問題であった――一方で、対抗馬となった労働党候補者Ｄ・Ｄ・コーマックは、借地人の権利擁護に実績のある弁護士で、この選挙戦に加わり、一七四六票を得た。左翼コーマックの参戦がなければおそらく保守党は候補者を立てなかっただろうが、そうなった場合は、ビガーと直接対決するアスキスは、多くの保守党の反社会主義有権者の票を集めていただろう。(102)

しかしながら結局問題であるのは、この選挙が人民の友である二つの政党の評判の明確な逆転を告げ知らせたということである。自由党は死んではいなかった。たとえばその女性団体は拡大した。しかし彼らは、社会主義および保守主義との戦いを誓う体制側の政党になっていたのである。自由貿易を求める声はこのとき政府の無駄と重税に対する非難とつながっていた。失業、住宅、衛生を前面に押し出したのは、労働党と協同組合党だったのである。ビガーとは異なり、アスキスは失業者の代表とは面会することさえせず、全階級に関係ある一般的な事柄と見なしたものについてのみ語ることを好んだ。リベラル派の言葉遣いは、次第に自由貿易を日常生活の問題からの遊離のように思わせることになっていた。十ヵ月後の次の総選挙では、この旧式の自由党指導者は敗北を喫することになる。

このような場面は、全国の多くの選挙区で演じられた。協同組合党と労働党の支持者は次第に自由貿易に対して複雑な対応を見せるようになっていった。いまだに関税はイギリスを「飢餓の四〇年代」にふたたび沈めてしまうと繰り返していた人びともいる。(103)しかし自由貿易の失敗という言葉も広く交わされるようになっていった。キングス・ノートンでは、協同組合加入家族の支援者バートン夫人と、「富裕な社長未亡人」でチョコレート会社の遺産を継いだカドベリー夫人が、自由党からの出馬をめぐって争いとなった。『協同組合会報』によれば、関税改革は失業に対する正解ではないが、また社会を、「最低限まで賃金を引きずり下ろした」市場の力に委ねることもできない。(104)高水準の実質賃金の原因として自由貿易に対する信仰はもはやそこにはなかった。

多くの労働党候補者は、その選挙演説で自由貿易に言及することさえなく、代わりに、失業、公共事業計画、公衆衛生について語った。労働党代議士ロバート・マレイは、一九二三年はじめに「赤旗」を歌った後に続いた庶民院内での小競り合いに巻き込まれた。演説者が休会を宣したのち、保守党議員に議事日程票で殴られたマレイが応戦して陸軍次官ウォルター・ギネスに殴りかかったため、議長の面前で揉み合いになり、この二人の男はマクドナルドおよび同僚の労働党代議士たちによって引き離された。[105] マレイは、多くの選挙区で議論ではもはや自由貿易という「古臭い争点」は問題にならないと記している。「トゥイードルダムが『保護貿易』と言ったので、トゥイードルディーは『自由貿易』と言っている」と労働組合の機関誌はシェフィールドで有権者に語っている。この地元の労働党候補者にとって「この争点は、まったく意味をなさない」。「保護貿易は事態を悪化させるだろう。かといって自由貿易が好転させることもできない」。[106]

悪徳業者に対する憤激は、保護貿易推進者——まだ利己的な大富豪として括られていた——に対する絶好の攻撃手段を提供したのだが、その一部はここでまた自由貿易という標的を狙った。シェフィールドの通商労働協議会会長E・G・ロウリンソンは、労働組合員とその妻たちに、労働党に投票するように訴えた。「現行の制度の下では、自由貿易と保護貿易によって労働者は割を食ってしまうと私は考えています」——「おそらくよりひどいのは後者だと思いますが」と彼は付け加えるが、それでも自由貿易は奪うのであった。自由貿易の下では労働者と消費者は、高い生活費と高い失業率という二重の重荷を背負う。議会では、ジャック・ジョーンズが、自由貿易と関税改革という二人の盗賊の間で十字架にかけられる「労働者というキリスト」になるなと語った。[107]

一九二三年に設立され、コブデン・クラブが運営していた「一般自由貿易推進国際会議」を、多くの協同組合団体が支持したが、次第に距離を置くようになっていた。協同組合運動に携わる誰もが商業に対する「人工的な障壁」の撤去を強く求めて、一部は選挙用唱歌「自由貿易と国民と同盟」の合唱に喜んで加わりもした。しかしながら、貿易規制を擁護し、自由貿易の負の副作用を公然と疑問視する人びともいたのである。ハーセント夫人のような協議会委員を務めた女性協同組合の幹部は、大衆向けの選挙演説「戦争に対する戦争」において、いかに国際貿易と金融がつねに戦争にいたるのかを説明した。[108]『協同組合会報』の漫画は、自由貿易を保護貿易と大して変わらない「ニセ医者の治療」と称した。[109]

一九二三年の選挙では、協同組合有権者は、他のどんな条件よりもこの競争的制度の撤廃を優先するように求められた。

自由貿易は、国際協調同盟の枠組みの中では安全な政策なのかもしれない。しかしながら、現在のリベラルな偽装をまとった自由貿易は、国際的摩擦を激しくすることにしかならない。選挙特集版で有権者に伝えられたのは「貿易における競争は、ドイツとの戦争の原因である」という言葉だった[110]。

高い生活費に対する憤激は、一九二三年選挙での関税の敗北の後も一向に衰えを知らなかった。一九二〇年以降、政府は金本位制復活を目的として、デフレ計画を進めていた。一九二〇年一一月における一九一四年の三倍の水準という絶頂から、一九二二年二月における一・五倍をわずかに越える水準まで物価は急速に下落していた。工業生産者に対しては不利になるデフレはイングランド郊外に住む専門職および商業に携わる中流階級の好意を得るために仕組まれたのかもしれないが[111]、それは消費者を満足させることはできなかった。物価の急下降も高賃金も、生活費が単に高いという感覚を払拭することはなかった。一九二〇年代、自由貿易は、消費者が日常生活において直面する組み込まれた強奪とは無関係であるように次第に思われてきたのだった。

一九二四年一一月のボールドウィンの政権復帰は、政策の全体の方向性を変えることにはほとんどならなかった。デフレは持続し、一九二五年にイギリスは、戦前の四・八六ドルという金平価で金本位制に復帰した。陶器、エナメル製品、自動車のタイヤといったわずかな商品の小規模な貿易は保護関税の便益を得たが、食品や鉄鋼などの主要輸入品への一般関税はいっさい除外された。ボールドウィンは、先任者と同様に、トラストと不当利得業者に対する強硬手段は控えて、諮問機関という形態での弥縫策を提供するのみにとどめたのである。

一九二五年にボールドウィンによって任命された食品協議会は、会社の会計の開示を求め、不当利得業者を罰する権限を帯びていなかった。この機関は物価の統制もできなかった。それはただ高収益と量目不足を調査し、その発見を公表するだけだった。パン販売におけるように物価が高すぎるところでは、消費者にそのように告げられるが、それに即しての行動については消費者に委ねられていた。主体が官僚の組織であったのだ。この組織には消費者は不在といってよかった。しかしその社会における強烈な存在感は、消費者が公正価格を求める権利を有しており、自由貿易がもはや自ずと安い食品をもたらすのではないという考えを裏づけていた。一九二五年の秋に、食品協議会は、パンの高価格を調査して、サンドウィッチ用パンの価格引き下げに着手した。一年後、ミルクの値段（一クォート六ペンスではなく七ペンス）も不当に高いという認識が生じた。ロンドンの牛肉価格の調査において、五〇から七〇パーセントの純益が常態となっていることが暴き出された。別の報告書では、ミルクの七〇パーセントが量目をごまかして販売されていることが明らかにされた。紅茶のような多くの商品において、卸売価格の下落が消費者物価に反映していないことを調査が示した。

一九二五年の食品価格に関する王立委員会は同様に、消費者が、小麦の物価循環の影響をいかに被っているのかを示した。一九二一年と一九二四年の間に世界の小麦価格は投機と過剰生産のために低下していた。次いで、一九二四年から五年の時期には、価格は上昇した。パン製造業者と小規模小売店は、消費者を犠牲にして巨利を得たと批判者はその責任を指摘した――価格と収益が、通常よりもおよそ一〇パーセント高かったと判断されるのである。(112) イギリスの消費者は年間五〇〇から七〇〇ポンドの間の金額を、卸売市場と輸入港で売られているのと同じ食品の価格に上乗せして支払っていると、自由党から労働党に鞍替えしたばかりのクリストファー・アディソンが指摘した。組織化された取引業者による物価安定化の試みも、この問題を増幅するだけだった。(113) 公式の自由貿易にもかかわらず、安いパンはなかった。代わりに必要とされたのは、食品の価格を安定させ、商業を組織化する制度であり、たとえばカナダの小麦貯蔵やデンマークのミルク調査会を模範とした帝国と国家による大量買い上げである。

公正価格と安定価格という標語は、労働者女性による急速に盛り上がった大衆運動によって取り上げられた。一九一八年には女性がついに選挙権を獲得した。労働党の女性部は、一九二三年の一二万人の党員から、その四年後には三〇万人に膨れ上がった。その多くが、消費者協議会において責務を果たしたマリオン・フィリップスの迫力と手腕の賜物だった。大半の地方の労働党集会では、今では女性たちが最大の集団であった。労働党の従来の男性中心の文化と現実政治に取り込まれるのにしたがって、労働者階級のフェミニズムは柔軟化した。産児制限と家族手当の要求は取り下げられた。(114) しかしそれがすべての構図ではない。労働者女性は、自由貿易と競争的市場を、一貫した強烈な批判にさらしたのである。労働党機関紙と『働く女性』のような女性雑誌において、デフレの一九二〇年代を通して、彼女たちは、消費者の不利益になるように共謀しているとして、精肉販売者、パン販売者、ミルク販売者を非難した。(115) 自由貿易は悪徳業者と投機筋による「主婦と共同体からの強奪」を防ぎえなかったとある女性は一九二八年に述べた[116]。消費者は、悪徳業者を罰することのできる法的権限をもった食品協議会を必要としているのだ。

国際的にもまた、国家干渉への流れが生じていた。女性労働者は、国際的なトラストと無規制の商業を、無駄と飢饉にいたるものとして攻撃した。リベラルもトーリーもともに、人間の必要よりも利潤を優先する非キリスト教的な商業制度を支援しているとして断罪された。無規制の貿易は、国際的な企業結合による食品の無差別破壊を促した。「悪徳業者」を排除する最善の方法は、消費者と生産者を近づけることである。古びた自由貿易讃歌の合唱に代わって、女性労働者の会議でつねに求められたのは、帝国自治領や他の生産国からの大量買い上げであり、国民小麦局の設置であり、また希少な資源を調整する国際組織であった[117]。

帝国と選択

しかしながら、安さと開かれた市場を掲げる旧来のリベラルな自由貿易文化を滅ぼしたのは、進歩的な政治意識だけではなかった。自由貿易は、両極の政治的立場のどちらもから圧迫を受けていた。戦前においては、市民消費者が大衆向けリベラリズムを占有していた。一九二〇年代において、消費者政治は流動化し、政党は新しい女性票を奪い合った。保守党は自らの対抗者となる帝国の消費者を育てはじめた。新たに選挙権を得た保守派の主婦にとって、ショッピングが帝国の市民意識の試金石となった。

戦間期の帝国産品ショッピングと「イギリス産購入」運動は政治文化を一変し、その余波は二〇世紀の間ずっと及ぶことになる。リベラルな両親から市民消費者を取り上げて保守の血統を与えることを保守陣営は行ったのである。保守側にとってこれは大々的な改造作業だった。一八八〇年代の自由貿易運動からチェンバレンの関税改革運動まで、保守党は生産者の代弁者であった。「不公平な」競争に対する保護が必要だったのは生産者なのであった。国外移住を強いられていたのは失業した男性労働者であった。表立って扱われるところでも、消費者は受け身の依存者として扱われていた。一九二〇年代の消費者帝国主義は、このバランスを作り変えた。消費者はもはや二流の市民として扱われなかった。買物かごをもった主婦は、夫の、そして帝国全体の幸福の鍵を握っていた。関税への要求を補完していたのは、消費者による選択が帯びる新鮮な魅力である。消費者帝国主義は、消費者に賢明な選択をさせる教育を施すことに関わっていた。私たちは、自立した消費者と選択への強調をサッチャリズムに結びつけたり、第二次世界大戦後の配給反対運動にその源泉を求めたりする傾向があるが、[118] この移行は一九二〇年代に進んでいたのだ。

消費者ナショナリズムの痕跡はすでに第一次世界大戦以前より目に入るようになっていた。一九一一年三月、「全イギリス産商品購入週間」にイギリスと植民地の商品がロンドンで並べられた。イギリスの他の地域で営業する商店主の一部もこれに追随した。しかしこれは、大衆および業界の支援をほとんど受けない小売店主の団体によって組織されたはかない孤立した取り組みだった。ウェストエンドの多くの会社が、そのような週間を開催することが端的に不可能と考えたのは、イギリス産商品が自分たちの売り上げのごくわずかの部分でしかなかったからだ。詐欺まじりの広告だと思った向きもあった。保守派の関税改革推進者が加わらなかったのが大きかった。この催しは繰り返されなかった。[119]

保守派主導の愛国消費主義を動員したのは戦争だった。最初、これはイギリス女性愛国同盟の企画で上流階級が主導しており、その支援者には、マーチ伯爵夫人、レディ・ナンバーンホルム未亡人、レディ・コワンといった面々が挙げられる。一九〇八年に設立されたこの同盟の当初の使命は、国民に対して故国防衛の必要を説き、子供たちに義務と自己犠牲の感覚を教えこむことであった。その初期の集会は、国民衛生と海軍力への国民の関心を掻き立てることを狙っていた。射撃クラブを推奨し、少年たちを訓練艦「ウォースパイト」に送り込んだ。戦争がこの団体の活動領域を消費とリサイクルへと拡大した。家庭用砂糖が欠乏したとき、同盟はデコレーションケーキや高級菓子への砂糖の使用に反対する運動を展開した。国民廃品回収協議会と協力して、軍需品や衣服の貴重な廃棄品を救い出し、また倹約を教える経済的料理の実演会を催した。戦争クラブでシャツを縫製する女性のために素材の配給も行ったが、これは「満足な結果」とはならず、陸軍の衣服部門との接触は途絶えた。[120]

戦後は、健全な帝国消費を促すための運動を持続した。アメリカ大衆文化の害毒に対して警告を発した。四千館ほどの映画館で、イギリス人青年たちが、アメリカ映画という危険な「教材」とそこに描かれた「目をむくようなさかさまの人生」を観せられているのであり、そこでは「半分男の衣裳で半分女の衣裳の男が舞台裏で、高齢のジェントルマンに口づけられる」という場面をもつ映画もある。必要であるのは、この腐敗に歯止めをかけるためにイギリスの芸術家たちによって創出される帝国映画とイギリス史である。それがなければ、「若い世代」は「その人生の指針を全般的にアメリカ風道徳観とアメリカ風生活観に求めることになるだろう」[121]。この種の文化保護主義が、一九二七年の映画割当への道を用意することになった。一部のエドワード時代のリベラル派——とくに有名だったのは、妻が戦後女性愛国同盟の指導者だったヘンリー・コワンという実業家だが——にとっては、同盟は、自由貿易から保守主義への移行における一歩であった。一九二二年、国民自由党員として敗北した彼は、関税を支持し、一九二三年に保守党代議士になった。

一九二二年に同盟は、五月二四日の「帝国の日」を記念して最初の「帝国ショッピング週間」を開始した。数年の間に、帝国ショッピングは大衆運動へと急成長した。帝国野外劇、農産物屋台店、帝国晩餐、プディング・コンペがあった。幻燈講演と移動映画車両が、オーストラリアのサルタナ・レーズンとニュージーランドの蜂蜜を広告した。幼い帝国主義者たちは、帝国食品雑貨店の模型で遊んでいた。全国で消費者は「イギリス産購入」を促されたが、これは国産だけでなく植民地産も意味していた。ゴムのスタンプには「イギリス産商品を買って、失業と税金をなくそう」という文字があった[122]。一九三〇年には、帝国ショッピング週間の数はイギリスだけで二百回を超え、さらに催しはカナダ、ジャマイカ、トリニダード、オーストラリアでも開かれた。

帝国ショッピングと「イギリス産購入」運動は、帝国マーケティング局による広報に依拠していた。一九二三年総選挙での敗北によって、関税は実践政治の領域を踏み超えていった。マーケティング局は、保守党内の帝国保護貿易推進派への小さな妥協として、一九二五年に設置されたもので、帝国自治領長官であり強固な関税改革派であったレオ・エイメリーが主導していた。帝国特恵に関わる公的権限をもたなかったマーケティング局は、代わりに広告とマスコミュニケーションに目を向けた。一九二九年に世界恐慌が直撃する以前の一二ヵ月間、二四三八回の講演を主催して、五〇万人の聴衆を動員した。無数のポスターを掲示し、専門家の助力を得て、都市での夜間広告から一九二七年のバドミントンのウェンブリー杯ファイナルでの巨大横断幕の掲示まで、新しい広告技術の大半を駆使した。二万五千以上の学校が帝国図書を受け容れた。推定千二百万人が、一九三一年に千の映画館で上映されたイギリス産商品購入へのマクドナルド首相の特別なお願いを視聴した。[123] 小売業者もまたより組織化された支援を提供することで最終的に説得された。国民通商会議は、一九二五年末にイギリス産商品購入運動に加わり、マーケティング局とともに、ショウウィンドウでの飾りつけで地方の商人を援助した。

同様に、さらに重要ではないとしても、草の根運動の広がりがあった。一九二〇年代が進むなかで、帝国消費主義は、保守的中流階級女性の広範に拡大した層の日常生活の一部になった。その中軸をなす「女性ユニオニスト団体」は、一九二八年には百万人の会員を擁していた。対照的に、国民リベラル連盟は女性会員が七万人をわずかに超える程度と衰退していた。保守派の女性誌『家庭と政治』は、二〇万部という驚くべき発行部数に達した。[124] 主婦がこの運動の歩兵であり、帝国ケーキ・コンペを開催し、商店主には帝国商品を仕入れてそのように特筆して販売するように依頼し、「驚きの帝国箱」を宣伝した――これは桃、カラント、紅茶、米に加えて、蜂蜜、鮭、スパゲティ、砂糖、パイナップルのスライス、レーズン、プルーンが入った五シリングの箱である。[125] 一九二五年四月と一九二六年四月の間だけで、このような箱が四八〇七個、イングランドとウェールズのあらゆる地域に配送された。[126] このような女性たちは、女性愛国同盟をロンドンの社交シーズンの延長のようにしていた上流社会とは異なる世界に住んでいた。その保守主義は、フィンチェリー、バーンリー、オックスフォードといった中流階級郊外地区と地方中流層のものであり、ドーチェスターでの帝国昼餐やハイドパーク・ホテルの入場者限定の舞踏会のものではなかった。彼女たちのような中流階級主婦を、料理展示会、帝国レシピ、帝国プディング・コンペは標的としていたのである。これは実地に即した帝国消費者政治であり、協同組合文化への保守派中流階級による対抗であった。

彼女たちの帝国消費主義によって、都市の娯楽と新商品が、郊外と地方のイングランドの市民生活にもたらされたのである。一九二四年から五年にかけてウェンブリーで開催された大規模な帝国博覧会において、帝国商品は娯楽場に整然と並べられた。「コニー・アイランドおよび以前のイギリスの博覧会の娯楽部門すべてが集まったものよりも大きく刺激

図13　ヨークシャーの帝国産品売店、1925年。

的」であるが「けばけばしく安っぽい」ことはないと保守派の女性紙は付け加えている。[127] 推定三千万人が、ウェンブリーで「ミニチュアの帝国」を見た。「産業の殿堂」で主婦が学ぶことができたのは「ニュージーランドの冷凍肉を解凍したり、オーストラリアのドライフルーツを漬け込んで美味な夏の料理を作ったりする正しい方法であり、多くの他の興味深いヒントがあるおかげで、帝国料理と帝国食品を自身の家庭での調理法に導入してみようという気にさせられるのであった」。[128] 新しいガス調理技術に触れることもできた。保守派の女性たちはこのような実演をウェンブリーからイングランドの他の地域にもたらし、帝国紅茶を子供と家族に供し、ドライフルーツの調理法と肉の解凍法を実演し、ジャマイカのバナナと南アフリカの砂糖漬けサクランボで作ったバナナ・ゼリーなどの帝国メニューのレシピを流布した。

オーストラリアのサルタナなど「イギリス人定住者」が生産した原材料からより大きなプラム・プディングを作る際限ないように見えた競争があった。帝国クリスマス・プディングは、「安いパン」の保守派主婦版である。帝国消費主義は、かつてエドワード時代の財政論議の中で切り開かれていた政治空間を、そのバザール、幻燈上映、食品のショウウィンドウ政治によって、急速に引き継ぐようになっていた。一部の保守派の帝国祭と帝国展示会は小規模で、たとえば、ウォンテージとドリフィールドでの製品

図14　ミス・L・V・ハットン、「帝国商品」の衣裳で参加して入賞した保守派の帝国支持女性、1926年。

展示会や、アルレスフォードの地元の食品雑貨店の援助でできた帝国屋台店がある（図13参照）。大規模な活動としては、一九二六年八月二八日のバーンリーでの大実演会と祭典があり、これは一万人の大人と二千五百人の子供を集めて、「帝国産商品購入」山車を売り物にしていた[129]。帝国マーケティング局のポスターに加えて、地元での工夫も大いになされた。ロンドン北部のフィンチェリーのミス・L・V・サットンという工夫好きの保守派女性は、帝国製品の衣裳で着飾りさえして、カルメン・ミランダの蠱惑的な魅力に匹敵するとまではおそらく言えなかったが、十分にすばらしく最優秀賞を三度獲得した（図14参照）[130]。

戦前と同様に、政治と娯楽が一体であることも多かった。通常のショウウィンドウ陳列、演説、ガイド本に加えて、一九二七年一一月のウォルサムストウでの帝国ショッピング週間では、体重当てゲーム大会が開催され、街中に現れて贈り物と映画チケットを配る「ミステリー・マン」が登場した。商店主は「現物賞品」を提供した。子供たちには、大きなコンテストの入賞を目指して学業の時間に帝国エッセイの作文を奨励された。地方の温泉場では、その共同体に属する千人以上が帝国唱歌を一緒になって唄った。彼らの指揮をとったT・P・ラトクリフ氏は、「白のフランネル」を着て登場し、「すぐさま群衆を盛り上げる」のであった。カーニバル・ダンスや帝国舞踏会もあって、南アフリカ貿易庁長官が最優秀帝国衣裳に「美麗な駝鳥の羽根の扇」を進呈した[131]。

オックスフォードで一九二七年の帝国の日を祝ったのは、多彩な帝国自治領の屋台店であり、「エモーショナルブランディング」と今日言われるものを先取りするようなやり方で商品と生産者を個人向けに仕立て上げていた。帝国自治領から来た白人農園主と商品が関心を集めた。カナダの屋台店はパン、小麦、穀物を展示した。オーストラリアはドライフルーツとともに缶詰食品であった。ケニヤはコーヒーを淹れる実演を行い「試供品のコーヒーは大いに賞味された」。しかし現地の製品もまた並べられた。インドからは、食品だけでなく、真鍮と銅の製品があり、アフリカからは手工芸品、ビーズ、装身具があった。これは半世紀後に発生する国際的なフェアトレイド運動の帝国における先駆けであった。[132]だがより一般的に捉えるならば、帝国生産者への配慮は、カナダとケニヤの白人農園主を援助するものであって、インドの農夫やカリブ海のサトウキビ労働者を援助するものではなかった。「イギリス産購入」運動は、倫理的消費主義の進化に帝国というひねりを加えることになった。一八九〇年代と一九〇〇年代に中流階級消費者団体が、大西洋の両岸で叢生し、その購買力を駆使して都市労働者の社会状況を向上させた。一九二〇年代には、その焦点は、帝国自治領におけるアングロ＝サクソンの血のつながりを保持することにあった。

帝国製品を買うことは、帝国への配慮の行為であり、家庭での母親の配慮の義務の延長である。真に保守的な消費者は利己的ではなく、どのように互恵が生じるのかわきまえていた、と一九二四年に将来首相になるネヴィル・チェンバレンの妻アンは強調した。「南アフリカの白人すべて」が、イギリス製品を三ポンド五シリング一一ペンス相当購入するが、アメリカ人はわずか十シリング九ペンスしか購入しない。「われわれはすべてをとって何も与えないというのか」。明らかに違う。「帝国奉仕という考え方は、女性にこそまさに訴えかけるのであって、『帝国は自分にとって何の役に立つのか』といった質問の身勝手な鈍感さとは縁がない」[133]。保守陣営が指摘しつづけたように、イギリスは外国からの輸入が三分の二以上であるにもかかわらず、帝国自治領のイギリスからの輸入は均衡を失して多い。イギリスの消費者は、国内と白人定住植民地において、生産者を救う権限をもっている。平均的なイギリス人は年間百個のリンゴを食べるが、そのうち二七個のみ帝国産で、二五個がイギリス産だが、アメリカ産は三八個である。カナダのリンゴを購入することで、イギリスの消費者が好循環を始動させ、帝国自治領住民の購買力が増して、代わりにより多くのイギリス製品を注文することになる。一九二八年に、帝国マーケティング局は、帝国に商品を輸出している五百以上の会社に一万枚のポスターを送ったが、注文数を増やそうとするならば、その労働者に対して妻たちを促して帝国商品を購入するように説くものだった。[134]

もちろん帝国商品はお値打ち価格だと論じる保守派の主婦もいたが、最終的には、価格ではなく、連帯の問題なのだ。帝国生産物計画は、「わが国の女性に帝国の建設者になってもらうこと」、「その買物かごでの実際の援助を通じて帝国との絆の感覚を彼女たちに与えること」を求めていた。[135]新聞と移動講演で、主婦に対して強調されたのは、イギリスの生産者、地方の退役軍人、何千マイルも彼方のカナダやオーストラリアに住む女性たちとつながっている絆についてである。保守陣営の「無線」箱型自動車は、帝国自治領で生まれ育った演説者たちを全国に運んだ。ラジオとグラモフォン番組の合間に、彼らは帝国での生活の経験談を直接語りかけた。主婦がまたその勤めについて知識を仕入れた話を届けてくれる「帝国熱狂者」の一人、南アフリカのR・H・ゴドウィン夫人は、「どんな馬も横乗りでもまたがってでも乗りこなし、銃もピストルも使い、オランダ語、カフィア語、フランス語、英語を話す……そしてそのイングランド愛と帝国愛は強烈だった[136]」。

帝国商品が、キリスト教の清潔さと人種の言語を吸収していた。帝国の産物は純粋で清潔である。地中海産物は汚れている。報告書は消費者に「甘く、清潔で、入念に密封されたオーストラリアと南アフリカのドライフルーツ」と語っている。対照的にトルコのサルタナ・レーズンが「汚い」のは「バスケットを抱えて行ったり来たりする裸足の労働者が果物を自由に踏みつけるからである」。「この茶色の肌の男は非常に汚い。足は間違いなく長いこと洗っていない[137]」。

人種差別の考えが、帝国が国際的摩擦に対する解決となるという希望と対になるとも論じられた。帝国の経済を伸張することが、人種間、民族間の関係を改善することになるとの意見もあった。帝国ショッピングは、平和と善意の源泉としての自由貿易という外套をまといさえしたのである。たとえば、一九二七年に、ウォルサムストウでは、帝国ショッピング週間の平和と繁栄に対する貢献が大いに喧伝された。

帝国産商品を買うウォルサムストウの主婦たちは、海を越えた親類縁者に仕事を見つけてあげていて、そうすることで彼らは大英帝国製の商品を購入する金銭を得ている。帝国ショッピング週間は、帝国の外側の諸国への敵意を吹き込むものではない。むしろ帝国の購買力の増大によって、帝国に属する諸国民が、大戦の衝撃のための目眩にいまだ襲われている世界のさほど恵まれていない地域に援助の手を差し伸べることができるようになるのだ[138]。

この帝国消費のスペクタクルを、保護貿易政策の亜流と大して変わらないと考えるのは間違っているだろう。確かにそれは政策への直接の影響はなかった。ボールドウィンは、自由貿易支持者であった財務大臣チャーチルに、エイメリーとその帝国マーケティング局をしっかり統御するように言い含めていた[139]。この当時の研究の示すところでは、この運動が主に影響を与えたのは、物価がさほど大きな問題ではない中流階級消費者であった。しかし、よりグローバルな文脈において見るならば、より興味深い構図が立ち現れる。「イギリス産購入」運動は、世界中の多様な動向が消費者ナショナリズムに転じた歴史の運動の一部である。中国では国産品運動があった。インドではスワデーシー運動がイギリスの衣料品をボイコットし、地元企業を優先した[140]。これらすべてに共通しているのは、公式の国家権力に対する政治的代替物としての消費の活用である。消費は柔軟な用具であり、イギリスでのように非公式の帝国主義の形態としても駆使されるし、インドでのように帝国権力に立ち向かう人びとが用い、さらに中国でのように完全な支配者の欠如を埋め合わせる模索にも使われる。イギリスの保守派の主婦の例が示すように、消費者ナショナリズムを反帝国主義と等号で結ぶのは誤りであるだろう。

可能なときはいつでも帝国商品を用いた消費者の一人が、食品協議会の主婦代表であったエイダ・ウィルソン夫人である。ウィルソンの家庭は、保守派の理想を集約していた。『家庭と政治』の記事によれば、「静かな通りの奥にある快適な家」で、ティーテーブルには、「ウィルソン夫人手製のおいしいミルクロール、ジャム、フルーツケーキが並んでいるのは、彼女が料理とジャム作りを全部自分でこなすからである」。つねに買物客であると同時に生産者であるこの女性消費者は、自身の技能を用いて市場で購入した食品と織物を、すぐれた立派なものへと変えている。彼女は「全部自分で洗濯と掃除」をこなしさえしており、後悔のため息をつくのは、休息したり針仕事をしたりする自分だけの余暇の時間を食品協議会の仕事のために犠牲にしなければならないからであった。「フロックを作るのではなく、買わなくてはならないなんて[141]」。

ウィルソン夫人は、価格を下げて競争市場を作り出す能力をもっている消費者にして有能かつ精励する主婦のモデルとして掲げられた。政府は商売に立ち入ってはならない。政府の統制は無駄と民主的説明無責任をもたらした。政府がパンを原価よりも下回る価格で販売して、納税者に一億五千万ポンドの損失を与えたというのが、戦時の教訓だったとウィルソンは語る。国家が行わなければならないことは、情報を提供し、違反者に監視の目を光らせることで詐欺と戦うことに尽きる。消費者が公益のよりよい守護者なのである。結局、ある店で価格が高すぎるのならば、消費者は他の場所で購入すればいいのである。「個人的には、価格を下げる最良の方法は、その商品をボイコットし、一定の期間完全にそれなしでやっていくことだと思っています、オーストラリアの主婦がやっているように」。主婦は買い物に「細心の注意を払い」価格を比較し、自分が買う商品の性質について多くを学ばなければならない。[142]

この種の合理性によって、ボールドウィンと保守党は、一九二三年の選挙大敗北の後で自らを消費者の友として再定位することができた。それによってまた彼らが保護貿易推進の生産者権益と結びつくことや、保護関税の費用を消費者に回すことから逃れることになった。

ボールドウィンの食品協議会は制度として脆弱であったのかもしれないし、左派からの皮肉と絶望の入り交じった反応を受けもしたが、保守的な主婦の観点からはきわめて魅力的だった。悪徳業者が土地固有のものではないかぎり、政府が干渉するいわれはないと彼女らは論じる。一九二五年の金本位制復帰とそれが求めたデフレ計画は、産業を傷つけたのかもしれないが、また物価を押し下げたのである。労働党政権下では、紅茶と砂糖の価格は上昇していたが、一九二五年に砂糖税を引き下げたのはボールドウィン政権なのであると保守派の女性たちは指摘した。急進派の敵から昔のスローガンを拝借した彼女たちは、「われわれの無税の朝食の食卓」について語りはじめさえした。[143]砂糖税を下げ、紅茶税を廃したことに加えて、一九二九年の選挙前にボールドウィンが力説したのは、保守党政府はこれまで十パーセントの生活費の下落を監督してきたのであり、これは保険加入の賃金労働者だけで購買力の年間一億六千万ポンド増加に相当するということであった。[144]この時点で失業していた百万人にとって、より安い商品はほとんど慰めにならなかったが、大多数の勤労者および年金生活者にとっては、生活水準の大幅な改善を意味したのである。自由貿易はもはや安さの占有権を保持していなかった。

保守陣営が、買物客を有権者へとつなげる民主的なイメージを取り込みはじめたのであるが、これは戦前においては進歩的な女性の政治戦略の中核にあったものだった。レオ・エイメリーが一九二九年にある女性集会で語ったように、「労働の真の雇用主は最終的には購買客であり、一つ一つの購入において、雇用が始まることになる場所をいずれにせよ明確に決定する票を投じていることになる」。アダム・スミスであってもこれ以上適切に述べられないだろう。もちろん、とエイメリーはつづける、選挙での投票以上のものであり「刻々と決定的な影響を及ぼすのである」[145]。

保守派の保護貿易主義は、リベラルな消費者と保護貿易推進の生産者の政治の混合になりつつあった。エイメリーが帝国関税を強く求め続ける一方で、保守主義はまたリベラルな市場中心という消費者の観点を吸収しはじめていた。この観点においては、消費者と生産者の間で権益の衝突は必然的に発生しない。その自発的な優遇を通して、国内でも植民地でも、消費者は生産者を支えることになるだろう。そして消費者が不当利得業者を押しとどめる権利をもち、競争経済の円滑な運営を保証したのである。

この新たな力点によって、保守陣営は、一方で政府規制に反対する消費者大衆の擁護者としての明確な態度を打ち出すことができたのだ。この保守派の選択が代わりに排除したのは、労働党の消費者協議会に加えて、国家と消費者団体の間の進歩的な反独占同盟であり、この顕著な例が発生した一九三〇年代半ばのアメリカでは、物価統制の制度を、「公正」価格を実施するために主婦を動員する運動に組み合わせることをニューディール政策実施に際して行っていたのだった[146]。

権限を帯びた消費者というこの保守派の理想像は、最終的に現代のマーケティングに信を置くことから力を得た。戦前において、自由貿易と関税改革の視覚的政治戦略はすでに広告主を有効活用していた。一九二〇年代は、より緊密な、より自覚的な連携を生じたのである。一九二六年に商品商標法が成立し、イギリス産と帝国産の商品を外国産商品と区別することになった。国産品と植民地産品のブランディングが、消費者と生産者をともに潤すことになると保守側では考えていた。より安定した国内市場は、国内生産者にとって販売代理店への参加と費用の削減を、これまでよりも容易にするであろう。これは消費者にとってはより安い商品になる[147]。帝国商品購入キャンペーンは、実践と哲学において、現代のマーケティングを厳密に踏まえていたのである。若い世代の広告専門職にとっては、帝国マーケティング運動は、その正統性を得るための輝かしい機会であった。保守派にとっては、帝国マーケティング局の限られた権限を最大限に活用する好機であった。エイメリーは広告を「社会事業」として述べている。「広告は、全国に平等に拡大すべき生活の全様式における新たな思想、新たな快楽、新たな改革を可能にした」。

このような言葉遣いには、広告業界の聴衆に取り入るための意図が部分的には見える。しかしそれはまた、消費者と生産者がともに経済的成長の果実を享受する社会という真に保守的な捉え方を表現してもいた。第一次世界大戦中と戦後における悪徳業者への攻撃と政府統制の要求は、無駄の原因にして高価格の元凶としての中間業者、広告業者、流通業者への長きにわたる急進派による批判によって成立している部分もあった。対照的に、エイメリーは、その社会的有用性を主張した。広告は廉価な広報という民主文化の基礎を可能にした。より直接的には、「自らの評判を自らがブランド化する商品に」賭けることによって、「現代の広告業者」はその商品の価値の個人的保証を行っているのである。これによって、生産者と、製造者の印刷された語を信用することを経験によって学んできた消費者の間の「善意」という基礎が築かれる。広告が商品の原価に付加されると考えるのは誤りである。それは信頼を創り出し、流通の速度と効率性を高め、消費者がその需要を満たす際に手の届く手段を教えたのである。[148] ある意味で、広告業者は、生産者と消費者の間を媒介する役割を引き受けたのであり、これは啓蒙時代初期と自由思想において中核をなした商人の役割と類比可能だ。

この保守的観点では、「必需品」「安いパン」そして飢餓の制圧を訴えた自由貿易側の当初の立場よりも、高度な社会的水準において消費が捉えられた。それでもこれは選択と安さに関しての一つの保守的観点であった――選択とより高い生活水準の約束が、おそらく直接の標的としたのは、貧民ではなく中流階級であり、必要というよりも快適という観点から表現された一方で、それでも選択するという捉え方は消費者に力を付与するものであった。

自由貿易は消費者を一つの政治的主体として構成した。もちろん第一次世界大戦以前は、自由貿易は実質的に消費者を所有していた。自由貿易、安さ、市民精神を備えた消費者は、分ち難く見えた。一九二九年、世界恐慌の前夜には、それらは分散していた。協同組合と同じく労働党でも、進歩派の政治において、戦争は再検討の十年の呼び水となった。自由貿易は消費者を企業連合と独占から守ることに失敗したと思われたのである。必要なのは、価格統制と規制であり、自由な交換ではないのだ。組織された消費者が国家を発見した。栄養学の知識と社会的市民権への要求が、自由貿易と市民消費者の間の溝を拡げた。ヴィクトリア時代とエドワード時代の「安いパン」は、安定した公正価格で全市民に提供される衛生的で清潔なミルクにその役割を奪われた。同時に保守派は、帝国市民としての消費者を掲げての訴えかけを葛藤を抱えつつ展開した。この過程は、政治的あるいは経済的であるのと同じくらい文化的である。白パンと馬肉ソーセージの図像表現、海辺の講演、ショウウィンドウの政治を駆使した自由貿易の代わりに、保守的消費者、いわばクリスマス・プディングと帝国ショッピング週間からなる新しいより帝国的な風景が出現した。自由貿易はもはや消費者大衆の支持をあてにすることはできなかった。

第5章　見える手

防衛は富裕よりはるかに重要であるのだから、航海法はイングランドのあらゆる商業法規の中でもっとも肝要なものだろう。

アダム・スミス『国富論』一七七六年[1]

自由貿易は……将来に向けての平和の真の錨である。

J・M・ロバートソン[2]、自由党代議士、庶民院、一九一八年八月八日

規制、調整、管理を受けない経済活動は、混沌を意味する。なぜならコブデンの考えはおくとして、私益の無差別の衝突が、自動的に公共善にいたることはありえないからだ。

アルフレッド・ジマーン[3]『スペクテイター』一九二九年一一月二三日

一九一八年九月の最後の週末、イギリス戦時体制の構想を委ねられていた専門家の小集団が、「移行期」に備えるためホワイトホールからオックスフォードへと仕事場を移した。時間の猶予はなかった。先週、連合国軍はマケドニアとパレスチナでの戦闘を勝利に導いた。西部戦線では、フランドルでドイツ軍がイギリスの戦車部隊のために退却を余儀なくされた。同盟国軍は崩壊しつつあった。イギリスの官僚たちがベリオル・コレッジにて連合国間の経済政策の将来について考えをめぐらせているときに、ドイツのヒンデンブルク参謀総長、ルーデンドルフ参謀次長は政府に即時休戦を申し入れるように働きかけていた。

オックスフォード会議は、一つの世代の進歩的知識人の最高の頭脳を結集していた。全員がイギリス戦時政府に召喚された。財務省の経済専門家ジョン・メイナード・ケインズの傍らに並んでいたのは、古代史の専門家で外務省の顧問を務める社会改革家アルフレッド・E・ジマーン、復興省の仕事をしていた多産な時事評論家であり社会思想家であったC・ドライル・バーンズ、連合国側の原料調達の調整を担当しており、一九二〇年代には労働党左派の卓越した代弁者となったE・F・ワイズ、食品省のE・M・H・ロイド。一九一五年秋以降の連合国間の組織の成長を顧みて、彼らは満場一致の結論に達した。「経済政策における各国の自立という旧来の理論は、一連の出来事の力によって無効になった」。「完全な自由貿易という観点」はもはや通用しない。自由貿易への拙速な回帰は混乱をもたらす。市場は長期的にはむろん立ち直るのだろうが、ケインズが後に有名な言葉として残したように、長期的にはわれわれはみな死んでいるのだ。当面、「全面的なストライキと社会混乱」と「ヨーロッパの複数の国での革命」があるだろう。競争は、ヨーロッパ中の人びとを国際的なカルテルの餌食として捧げてしまう。

未来は国際統制の側にあった。戦争は、輸送、食品、原料の連合国間の統制をもたらしていた。もしこれらの要素が「まとまりのある全体へと論理的に発展」しなかったとしても、戦後世界の青写真を提供することだろう。この新しい国際機構の一部は、移行期に際して協調を提供するだろうし、他の一部は「状況がふたたび常態に戻った移行期以後の時代」に際して恒久的に維持されるべきである。「諸政府自身が手配する国際統制が、国際的資本主義者のシンジケートよりよくないと言えるのかどうか……考慮に値する」と彼らは結んでいる。(4)

翌週この話題に立ち戻ったとき、議論は現実の出来事に追い抜かれてしまっていた。一九一八年十月四日の夜、マックス・フォン・バーデン大公が宰相を務めるドイツ政府はウィルソン大統領に対して即時休戦を申し入れたのだった。ようやく戦争の終結が見えてきた。当面は、戦後の国際協調の一般原則は、いかにして敵の船舶と通商を連合国側の統制下に置くのかという実際的な関心のために脇に置かれることになった。しかしながら大問題が残った。見える手が補完する、さらには市場の見えざる手の代わりを果たす必要のある新しい経済秩序は現れているのか。

「総力戦」の文脈において、これはグローバルな議論であったが、自由貿易国として戦争に参加した大国にとっては特別な意義を帯びていた。この議論は部分的には技術的なものであり、イギリス、その帝国、そしてその同盟国の国益増進の最適の方策に関わるものであった。イギリスは帝国とその同盟国に特恵待遇を与えるべきなのか、そうだとしても、どの商品に、どれだけの期間、どのような助成、禁止であり、ことによると関税同盟に訴えることになるのか。保護する必要がある主要原料と基幹産業はあるのか。根底には、変動する世界、政府と商業の適切な関係、そしてもちろん国民主権と市民権の本質についての根本的な問題が横たわっていた。かくして戦争は、自由貿易世界観にとっての一連の難問全体を開示したのである。もっとも簡単に述べるならば、問題は次のようになる。貿易を各々自己の便益を求める個人間で行われる交換として見るのは正当なのか、それとも戦争および国家安全保障と結びつく政治的企図なのか。後者であるとするならば、国際的な調和を築くものとして商業を信頼するコブデン流の志向は、解決であるよりも問題の一部なのか。

イギリスの政治の風景を規定してきた自由貿易と関税改革の間の分裂を戦争が突然無効にしたのではない。両陣営ともに、来るべき貿易戦争に備えて一九一五年から一六年にかけて古びた標語とスローガンを配備した。戦時中でさえ、自由貿易は、倫理と平和への取り組みとして、大衆の支持を得ようと努めていた。しかしそれはかつての結びつきの単なる再演とはならなかった。議論の用語が変化し、自由貿易の国際主義と保守派の保護貿易との間の旧来の分裂は乗り越えられてしまった。一部の自由貿易支持者は取り残され、別の一部は新たな国際主義を追求する流れに乗った。

オックスフォード会議に参加した男たちは、大衆向け知識人と国際派官僚を中心とする新たな進歩派の世代の指導者として登場した。彼らは二つの大戦の時代の国際関係に関する新たな観点を形成し、大衆に広めることになる。彼らにとって、自由貿易は次第に素朴、陋習、見当外れでさえあるもののように思われてきた。単なる商業ではなくて、政治制度が重要なのである。組織化された国家と企業合同、物資不足と景気循環の世界にあって、貿易調整の権限を有する国際機関のみが、市場と原料をめぐって拡大する摩擦を緩和することができるのだ。新国際主義者たちは国際連盟の方を向いており、のちに国際連合になるものの土台作りを進めていた。しかしこれは純然たる世界主義の物語ではない。帝国と民族が彼らの思想の枠組みを形成しており、それは彼ら以前の多くの自由貿易支持者の場合と同じことだった。一部にとっては、イギリス帝国は、グローバル統治の雛形だったのだ。

自由貿易の将来は、デモクラシーと国民国家の将来と結びついていた。第一次世界大戦中、徴兵と国家権力をめぐる葛藤が、リベラル派を分極化し、個人主義者と、有機的共同体の一部と人びとを見なす一派が分かれることになった。(5) 国際主義の議論が、リベラル文化の解体を加速させた。戦前においては、自由貿易が、新旧のリベラルをその社会哲学の違いにもかかわらず一緒にしていた。市場も個別の国民国家もそれ自体では扱うことのできない、グローバルな新しい難問として、移民、稀少資源をめぐる国際摩擦、国際的資本の権力などを戦争が突きつけたのである。市民は無力だった。議会民主制そのものがその荷に耐えられず、市民の関心から遠ざかっているように見えたのである。ローカルなものとグローバルなものは遊離していた。新たな国際主義はその懸隔に架橋し、自分たちの生活を形成するグローバルな秩序に市民たちをふたたびつなぐための試みであった。貿易を調整する「見える手」の探求はまた、新たな民主文化の模索でもあったのだった。

防衛は富裕よりも重要であるというアダム・スミスの言葉ほど、第一次世界大戦中のイギリスにおいて広く引用された格言はあまりない。保守派の著述家たちがエドワード時代のキャンペーンにおいて達成できなかったことを戦争はほとんど一晩で達成したのである。スミスは、古典的リベラルとしてではなく、通商と財産が、国家の安全保障と権力の次に位置するということを知っていた人物として称揚された。一九一六年七月には、自由貿易連合の事務局長にとどまっていたアルフレッド・モンドさえ、リベラル派の同志をその考え方が「柔軟性を欠いて」いて、スミスの明察を捉え損ねているとして非難した。「血は金よりも濃い」。生き延びるためには、イギリスは防衛と開発の国策を採用する必要があるとモンドは論じた。これは利己的な保護主義とは異なる。各々の利益を追求する個人間のものとしてのみ貿易を考えるのは愚かである。戦争が示したのは、いかにドイツが貿易を支配の武器として用いてきたのかだった。[6] 貿易は権力と闘争を伴う。富を支える国という基礎に対するアダム・スミスの認識に立ち返ったとして、自由貿易支持者は何ら恥じることはないとJ・S・ニコルソン教授は説く。[7]

戦争の初期段階より、ドイツの「平和的侵攻」をめぐって高まる警戒感は、自由貿易を守勢に立たせていた。イギリスでは、染料、亜鉛、光学器械など主要物資の不足は、ドイツの攻撃的計画の証拠として受け取られた。ドイツは、戦争に備えて貿易政策とメタルゲゼルシャフトのような会社を用い、敵を締め上げ、競争相手国の市場を制圧しているかのように見えた。ドイツにとって貿易は、他の手段で行う戦争なのだった。歴史家は長いこと、ドイツが貿易を支配するために戦争に赴いたことを否定してきたが、同時代人にはこのフン族の平和的侵攻は事実だった。リベラル派と保守派の意見が喰い違ったのは、ドイツが貿易を戦争と支配の目的のために用いたのか否かではなく、それへの適切な対応策についてであった。

一九一五年五月に成立したアスキスの連立内閣は、自由貿易対保護主義という問題を回避する曲芸めいた試みであった。「関税休戦」は連立内閣の戦争遂行にとっては必須だった。ボナ・ローもアスキスと同じくこれを熟知していた。問題は指導者たちでなく、戦闘部隊だった。保護貿易推進圧力団体は、ボナ・ローが自由党閣僚の側に寝返ったと察知し、一九一五年の夏と秋に関税実施へ圧力をかけはじめた。一方で、政府外の自由貿易支持者は、連立内閣を自由貿易支持者の口封じをする一方で、関税改革推進論者を野放しにする保護貿易側の陰謀と見ていた。自由党の閣僚たちは、保護貿易という思想の危険な影響にさらされ、あまつさえ純粋な自由貿易を率先して解体しているようにも思われたのである。『モーニング・ポスト』は、保護貿易側による攻撃の調子を定めた。一九一五年八月六日のその記事によれば、自由貿易の下で、イギリス人は戦争が単に武力に関わるだけでなく、工業と商業にもまた関わるのだということを忘れていた。戦争の最初の年、この教訓を学び直すのはつらかったが、新しい国民の合意が成立した。「自由貿易政党はもはやこの国には存在しない」。いまイギリスが必要としているのは、帝国と同盟国には優遇条項を設定する一方で、ドイツに対しては戦争が継続する場合月ごとに五パーセント税率を上げる二階建ての関税である。(8) ドイツはすでに将来の関税戦争の計画を策定しており、イギリスは対応を迫られている。北海からペルシャ湾まで拡がる経済帝国の計画が、一九一五年六月のウィーン会議において枢軸国によって示されていた。重要なのは、かつて関税を批判していたドイツ人フリードリヒ・ナウマンが、今「中央ヨーロッパ」運動を率いていることである。軍事戦争の後の貿易戦争への動員がすでに始まっていたのである。

イギリスでは、政治と産業界は熱心に提携を進めた。一九一五年九月には、自由貿易制度との最初の公式の決別が生じ、自由党の財務大臣レジナルド・マッケンナが三三パーセントの関税を自動車、楽器、その他の奢侈品に課した。三ヵ月後、パリのイギリス商工会議所のジョン・ピルターが、中立国と敵対国に対して高率関税を課す、帝国と同盟国とで結ぶ関税同盟を提起した。古参の関税改革推進派ヒューインズは、フランス商工会議所会長アルフレッド・デュシェと組んで、戦後の支配権を確立するための連合国による経済連合を要求した。次々に自由貿易の砦は陥落しはじめ、最初はカーディフ商工会議所、次にレスター、スウォンジー、ブラッドフォードという具合だった。一九一六年二月、マンチェスター商工会議所さえ自由貿易側の役員を追い出した。ボナ・ローの無為に業を煮やした保護貿易推進派は、連合企業委員会を結成して保守党大臣に行動を起こすよう圧力をかけた。ドイツを打ち据える、各所で激しく打ち据えることがイギリスには必要だという感情が全国で高まっていた。(9)

リベラル派は好戦的な雰囲気に取り巻かれていた。あるエディンバラのリベラルが『マンチェスター・ガーディアン』

の編集人Ｃ・Ｐ・スコットに対して打ち明けたのは、自由貿易のスコットランドにおいてさえ、「戦後、ドイツが以前と同じ条件で関係を結ぶという考え」を人びとは嫌っているということだった。「われわれの原材料を保護したいという欲望と、植民地の欲望が顧慮されなければならないという感情」がある。自由党員がイースト・ファイフに献金募集のため赴いたとき、「喜んで寄付するが、戦後ドイツに関して自由貿易はいけない。さもないと出さないよ」と遠慮なしに言われたとのことであった。[10] 庶民院では、自由党の商務大臣ウォルター・ランシマンがその合唱に加わっていた。「われわれの目的は、戦争が終わった時ドイツが頭をもたげず、同じ行動には出ないという点を確認することである」[11]。

結局は、貿易戦争が政策日程に上がったのは、国内ではなくフランスからの圧力のためだった。一九一五年末、フランスがもう一度戦争の冬を生き延びられるか疑わしかった。フランスはドイツと単独講和を締結する選択さえしかねないと憂慮されていた。フランスの商務大臣エティエンヌ・クレマンテルは、経済上の攻撃を要求した。クレマンテルは教養人だった――若き日には画家になろうと思っていたこともある。彼は植民地大臣も務めており、より攻撃的な貿易政策に魅力を感じていた。戦場でドイツを打ち負かすことができないのだとすれば、おそらくは貿易戦争で屈従させることは可能だろう。連合国側の経済圏がドイツの締めつけからフランスを守り、戦後のフランスの復興にイギリスを噛ませるようにしてもらいたい。しかしながら関税同盟は、イギリス政府が忌み嫌うものだった。フランス側が経済会議の開催を申し入れた際、アスキスとグレイは態度保留をした。マッケンナは完全反対だった。しかしフランス政府支援のために何らかの手は打たねばならなかった。一九一六年二月一五日に、ドイツ軍はヴェルダン攻略を開始した。翌日、イギリス政府は連合国会議開催を応諾した。

六月一四日から一七日のパリ会議は、連合国の連帯を見せつける機会として計画された。イギリスとフランスは一体となって、ドイツの「中央ヨーロッパ」を粉砕する準備ができている。イギリス政府にとって、経済というよりもむしろ政治に関わるものだった。自由貿易に何らかの重大な修正を加えるよりも、脆弱な連合を安定化させるために尽力すべきであった。クレマンテルではなく、ランシマンとイギリス商務省が、パリ決議の立案者として現れた。船主の息子で非のうちどころのない自由貿易支持の実績をもっていたリベラルのランシマンは、すでに一九一六年二月はじめにノーザンバーランドのチャット・ヒルでクレマンテルと会談をもっていた。この二人の男は、戦後、ドイツへの依存を回避するために連合国側の資源を統合するという大筋については合意したが、この合意の真価は、関税同盟や関税への言及がいっさい欠落していることにあった。[12] この瞬間から、ランシマンこそが、主要決議を策定する責任を負ったのである――外務省にさえ相談することなく。何よりもパリ合意は、商務省の進化した態度を反映していた。

連合国関税同盟への主な反対意見は、それが必然的にイギリスと中立国との貿易を傷つけるというものだった。より多くのドイツ商品がイギリスと連合国から弾き出されるならば、当然、中立国市場に流れ込む動きが生じる。オランダとスウェーデンをドイツ陣営へと追いやることになるだろう。それはまた、中立のアメリカがイギリスを尻目に急速に勢力拡大しつつあるアジアとラテンアメリカにおいて、イギリスの地位をさらに引き下げる怖れもあった。イギリスの資本と開発によって発展したアルゼンチンを例にとってみよう。アルゼンチンには帝国自治領特恵を付与する好適の基盤があったのかもしれないが、「この特恵がロシアの穀物に拡大適用されるべきとくに確たる理由はない」と商務省は強調した。アメリカの野心から見れば、イギリスの対アルゼンチン貿易を弱めるためには、「禁じ手はない」という点が重要だった。[13] 連合国ロシアの穀物にアメリカの穀物に対する特恵を与えるならば、イギリスの輸入品に対するアメリカによる報復を惹起する危険があったのだ。

ランシマンは、少しでも関税という言葉が出ると聞く耳をもたなかった。「わが国の消費者が……ドイツ製品から引き出す利点をすべて奪ってしまう」という点が関税のすべてなのだ。[14] 同様に、安価なドイツ原料に依存しているイギリスの輸出産業を傷つけ、またイギリス製品を中立国市場において不利な状態に置くことになる。これは古典的な自由貿易の考え方だった。関税支持者は、ランシマンに対して、イギリスの最大の弱みは、「ドイツの商品襲撃」に対する国内市場の脆弱性であるという点を忘れないように説いた。ランシマンはこれを撥ねつけた。ドイツが戦後イギリスに商品の「投げ売り」をする立場にあるとは思えないのだった。

パリ会議の一ヵ月前、ランシマンはクレマンテルに対して国家規制には自分は何であれ反対だと述べた。[15] 戦後、貿易と産業は、できるかぎり早急に自立する必要があった。移行対策は短期のものでなければならなかった。いずれにせよ、クレマンテルさえ認識していたように、すべての連合国が戦後、ドイツに対する包括的計画に加わってくれるのか心もとなかった。イタリアとロシアはイギリスとフランスと軍事連合国にはなるだろうが、その経済は戦前、ドイツに強く依存していた。ロシアはその穀物の主要市場としてのドイツから切り離されることに利を認めなかった。日本もまた煮え切らなかった。イギリス商務省の古参ルウェリン・スミスがパリに赴いたが、「具体性のある実際の成果はほとんど」期待していなかった。(16)

パリ会議はこのような分裂を裏づける格好になった。ランシマンは体調不良のため、イギリス代表団を指揮することができなかったが、激烈な帝国主義者であるオーストラリアの首相W・H・ヒューズが、イギリスが策定した決議案検討作業でいかなる修正の示唆にも徹底抗戦した。提案された敵艦の排除については緩和されたが、それ以外イギリスはすべての自前の案を押し通した。二つの政策がとりわけ商務省にとって重要であった。一つは、戦後ドイツから最恵国待遇を撤回するという連合国間の合意である。これは重要な自由貿易原則の侵害であったが、貿易戦争への前向きの一歩というよりは、予防的な受け身の対策という趣が濃かった。どの連合国もドイツと個別の関税条約を結ばないことになった。ロシアとイタリアは工程表作成に入ることを拒み、そのために五年間禁止という提案はパリ会議では反故になった。それでも最恵国待遇の停止は、ヴェルサイユ条約にその痕跡を残すことになる。二番目の政策はより建設的なものだった。連合国は、戦後世界における防衛と安全保障にとって重要な化学薬品その他の製品などの主要原料を保護することで合意した。商務省にとって、これは「実際的な観点からはあらゆる決議の中で最重要なもの」だった。国内的には、商務省は、染料、亜鉛、光学ガラスの輸入を禁じる方向に傾いたが、より大きな自立自存を追求するその方策については完全に各々の連合国に委ねられた。(17)

パリで連合国が合意したのは、勧告のみであった。諸国が扱ったのは連合国と敵との関係であって、イギリスの貿易政策ではなく、さらには連合国の政策一般ではなかった。関税への踏み込みはなかった。連合国はお互いを支え合うこと、基本原料に関して互いにドイツから離れることで合意したが、どのような具体的な政策を採用するのかその決定は各国の判断に委ねられたことをイギリス側の交渉参加者たちは確認した。

包括的な連合国の戦略として、パリ提案が軌道に乗るということはなかった。イギリスでは、貿易政策の精査のためにアスキスによって設立されたバルフォア・オブ・バーレイ委員会は、大略において基幹産業保護とダンピング禁止に賛成する報告書を提出した。同時に、連合国が協同できるのかどうかきわめて疑わしかった。ロシア、イタリア、日本が頑強であった。ロシアは自国の国益と衝突するパリ提案の方策すべての適用を改変することを主張した。イタリアは、ドイツ市場の喪失を埋め合わせるような新しい市場を連合国が見つけ出してきた場合にのみ参加すると態度を明らかにした。同盟国がその中立国との協約を廃棄するとは考えられなかった。バルフォア・オブ・バーレイが結論としているように、「政治的な利害で結びついた一時的な共同体は、当然にも恒久的な性格を持つことが意図されている商業政策にとっての安定的基盤を必ずしも提供することにはならない」のである。(18)

一九一七年四月六日にアメリカが参戦し、その政治的共同体の様相は一夜にして変わってしまった。戦争勃発以来、アメリカは、ヨーロッパが敵対しあう経済圏に分裂することを憂慮していた。パリ決議はワシントンに警告のベルを響かせた。連邦議会は大統領に対して、必要時には連合国に対して報復を行う権限を付与した。アメリカがドイツに宣戦布告する時には、パリ決議の見通しは霞んでいた。一九一七年四月三日、イギリスの戦時内閣が、パリ決議の有効性に「重大な疑念」を表明したのは、それがドイツ政府に、ドイツ国民の抵抗を硬化させるプロパガンダの材料を与えるということが大きかった。(19)パリ会議の際に、イギリスの代表団は、ドイツが戦後に貿易戦争を継続し、連合国市場に安価な商品を「投げ売り」するとは考えにくいと思っていた。一九一七年春にはそれは不可能のように思われた。アメリカの参戦が、パリの取り組みにとどめをさすことになった。パリは無意味化した。クレマンテルは秋に事態打開を狙い、平和を受け容れるか通商上の罰則の適用を受けるかの選択をドイツに強いる経済作戦に、ウィルソンを引き込む模索を行った。ウィルソンは経済戦争には関心がなく、差別を排除することで平和の礎を築くことに関心を抱いた。貿易条件の平等は、彼の一四箇条の平和原則の三番目であった。(20)

振り返ってみれば、パリ決議が当初から見込みがなかったとするのはたやすい。しかしながら同時代人にとって、それは重大な段階だったのだ。パリはその狙いにおいて曖昧だった。資源を蓄え、戦争持続に関してドイツを罰する計画に加えて、連合国は、移行期とそれ以後に適用される決議を採択したのである。問題はこの決議があまりに幅広く、全陣営の希望と恐怖を裏づけていたことにある。強固な関税改革派にとっては、一般関税という壁の最初に置かれた煉瓦であり、特恵待遇の原則を樹立するものであった。ヒューインズはこれを「現代世界においてこれまでもたれた最重要の協議」と喧伝した[21]。対照的にスノーデンにとっては、パリは「この国の将来の安定にとって、国際関係の将来にとって、世界平和の将来にとって致命的なものになるだろう[22]」。保守派をはじめとする人びとにとっては、パリ決議はまったく理解するのが困難な代物だった[23]。アスキスは、八月二日まで政府声明の発表を避けた。パリ決議は、自由貿易原則のいかなる侵害も含むものではないと彼は最終的に主張した。

自由貿易支持者にとっては、パリ会議は、一般関税を制度化する陰謀と彼らが見ていたものの進行における決定的な一幕だった。マッケンナ関税、パリ会議と来て、イギリス帝国外の市場へのパーム核油の輸出へ政府が課税し、一九一七年三月にはインドに綿花関税を上げさせた。これらの政策すべてを貫く内的なつながりがある。マッケンナは英貨を支え、自動車と楽器の輸入を削減することにより、輸送の幅を確保しようと望んだ。インドの綿花関税の三・五パーセントから七・五パーセントへの上昇は、一部は国債償還のための財政対策であった。インドは戦費のために一億ポンドを供出することに同意した。しかしながら、強固な自由貿易支持者にとっては、これらはすべてホブソンが一九一六年夏に「新たな保護貿易方針」と喝破したものに資するのであった。

ホブソンはパリ会議の際に自由党を離党した。自由貿易原則を毀損しているのはまさに自由党なのである。これらのすべての政策を遂行したのは自由党閣僚であり、管轄していたのは、アスキスから一九一六年一二月のロイド・ジョージにいたるまで自由党の首相なのであった。これが保守党によって導入されていたならば、おそらくはもっと強硬な反対に直面したことだろう。自由党は政治の雰囲気を毒したのである。パリ会議は、自由党の動向が呈する分裂状態の拡大を示した重要な局面であり、徴兵と戦争運営をめぐる議論と一体になって、アスキスの凋落と一九一六年一二月ロイド・ジョージの下での新しい連立政権への道を整えた。

パリ会議が自由党を分裂させた一方で、自由貿易陣営の残党にとっては、再結集のまたとない刺激を与えた。「関税休戦」という自粛期間が開けて、自由貿易はまた表舞台に戻ってきたのだ。一九一六年四月六日に、高齢の鉄鋼工場主ヒュー・ベルが、最近になってマンチェスター商工会議所から追い出された自由貿易支持者の役員、「マンチェスターの殉教者たち」のために晩餐会を主催した。続く二ヵ月の間、『マンチェスター・ガーディアン』はホブソンらによる一連の新たな保護貿易主義を攻撃する記事を掲載し、それは一九一六年七月六日の自由貿易宣言にまでいたる。その翌日、四月に自由貿易連合の会長職を引き継いでいたボーシャン卿が、自由貿易擁護のための議会委員会を結成した。パリ会議はまたコブデン・クラブと自由貿易連合を眠りから目覚めさせたのだった。[24]

国会では、自由貿易擁護は、ジョン・サイモンとフィリップ・スノーデンに主導されていた。その年初めに徴兵をめぐって内務省を辞職していたサイモンは、自由貿易擁護の自由党側からの議論を展開した。自由貿易はイギリスの戦争の取り組みにとって不可欠である。保護貿易政策を採る他の連合国はすべて財政破綻に直面しているが、イギリスは敵国に対抗するために三億ポンドという巨額の金を支出することが可能である。パリ決議は商業上の自殺である。イギリス人がドイツ製品を買うことをやめれば、ドイツの権益と同じくらいイギリスの権益を傷つけることになる。世界市場において、イギリスの業者がドイツの工場に対抗することがいっそう難しくなるだろう。確かに、ドイツを屈服させねばならないのだが、それはあくまでも戦場で打ち負かすことによって達成するのだ。[25]

労働党陣営からは、スノーデンがアスキス政権の攻撃に参加した。アスキスがまだ譲っていないのは政権の座だけだった。スノーデンは彼に退場を求める。パリ会議は、スノーデンがかつて自由貿易に関してつけていた留保をすべて脇に押しやった。彼はかつてないほど熱烈な自由貿易支持者になっていた。連合国関係はもろく、長くは保てない。戦後の競合は激しいものになり、産業はより高い負荷ではなくより低い負荷を必要としている。とりわけパリ決議は将来の平和を危うくするものだ。それは「憎悪の嵐」を解き放ち、「憎悪と敵愾心が永遠に続くという考え」に国際関係を従わせるだろう。[26]

地方では、パリ提案は、リベラル派、急進派の団体からの抗議の波をもたらした。これらはいずれも、エドワード時代の大衆を巻き込んだ運動に比肩すべくもなかったが、コブデン・クラブ、女性リベラル協会、民主統制連合による小規模キャンペーンは、自由貿易という植物が一部ではいかにしぶとく根を深く張っているのかを見せつけた。戦争は苛烈な気候をもたらしたが、自由貿易という感情を根絶やしにはしなかったのである。

根本的な反対意見を発したのは民主統制連合だった。民主統制連合は、急進派国際主義の最高最良の人物たちの牙城であり、E・D・モレルからエンジェル、コートニー、ホブソンまでをも含んでいた。その創設者C・P・トレヴェリアンは、宣戦布告の際に自由党政権から離脱し、最終的には労働党に参加した。開戦当初より、民主統制連合は、政府の外国政策に反対し、永遠平和を強く求めていた。関税と反動という双子の悪の徹底した排除という典型的な急進派の立場である。「帝国主義、徴兵、関税に緊密なつながりがあるのは、諸国間の平和、自由貿易、善意に自然なつながりがあるのとまさに同じである(27)」。

一九一六年の春と夏に、民主統制連合は、バーミンガムやボルトンからウォリントンやレスターまで多くの市町で貿易戦争反対の集会を開催した。一部のこうした議論は、ハムステッド倫理原則議論協会などのクエーカーと人道主義団体に受け容れられた。十万人の会員を擁する強力なグラスゴー通商協議会など、パリ決議に反対する労働者組織からの支援もあった。労働組合会議は、九月に自由貿易に賛同したが、苦役労働商品を排除することは強く求めた。ハマスミスとチズウィックでは記録的な数の聴衆がホブソンの演説に聴き入った(28)。撃ち合いの戦争の後の経済戦争は、将来の国際連盟という民主統制連合の計画を脅かした。パリ会議への反対運動によって、民主統制連合は四つの大原則に五つ目を付加することになった。「イギリスの政策は、世界各国の自由な通商関係を促進し、門戸開放原則の維持と拡大の方向に向かうものであらねばならない(29)」。

より伝統的なリベラル陣営では、ヒュー・ベルと自由思想家J・M・ロバートソンが、自由貿易擁護を主導した。彼らが行動を共にしたボーシャンは自由貿易連合の新会長で、F・W・ハーストは一九一七年に『エコノミスト』の編集の仕事を棄てて、関税と国家干渉からイギリスを救うための戦いに身を投じた。政治経済の基本原則は、時代に左右されないとベルは訴えた――戦争はそれを変えなかった。輸出は輸入と帳尻が合う。すべての他の諸国は戦争によって既存の税制を放棄することを余儀なくされた。自由貿易イギリスだけが財政的に健全である。基幹産業を保護するという語りさえ誇張されている。大半の基幹産業はきわめて小さいのだ――イギリスは戦前千九百万ポンド相当の染料を輸入していたにすぎない。多くの競争力のある取引を犠牲にしてわずかな小規模産業を大事にするというのは愚かしいにもほどがある、とベルは論じている。[30] ハーストがさらに危惧していたのは、パリ決議が、金融業の中心をシティからコペンハーゲンとチューリヒに移動させてしまうのではないかという点であった。[31]

倫理と経済が大衆向けキャンペーンにおいては変わらず一体化しており、貿易の互恵的性質、その相互便益、その平和と文明への貢献についてのなじみある議論が繰り広げられた。ロバートソンは「好戦的気質」を商業上の問題に適用することに反対した。「私はドイツ製品を買いたくない」という波及する感情は了解可能ではある。自分もフン族の残忍性からは目をそむけてしまう。問題は、パリ提案が極度に曖昧模糊で、自己矛盾を呈していることである。ごくわずかの個人が貿易戦争から利を得るのかもしれないが、イギリスは全体としては害を被る。イギリスがドイツを壊滅させたとしてベルギーとセルビアの安全を保障することはどのようにして可能なのか。確かに、ドイツは野蛮である――「人種的エゴイストの危険な集団」だとロバートソンも認める。しかし彼らをより文明的な存在にすることが火急に求められているのであり、この緩やかな過程は貿易と民主制の成長を必要とする。[32] 実際、ドイツの将来は自由貿易とともにあるとロバートソンは確信していた。戦争はドイツ国民に一つの教訓を与えたのだ。彼らは専制的な抑圧を排除しつつあり、リベラリズムの光に向かって歩みを進めている。イギリスは彼らがユンカーから解き放たれるように手を差し伸べるべきであり、軍事支配の腕に押し戻してはならないというロバートソンの警告の言葉は予言的である。このような状況での関税は自殺行為である。「関税の支配するイギリスに対する自由貿易のドイツという構図は、イギリスの商業的倒壊を意味する」。[33]

戦前と同じように、この信義の大衆の側の擁護者として行動したのはとくにリベラル派の女性だった。たとえば、ロバートソンのパンフレット『戦後の財政政策』は、七万に及ぶ強力な女性リベラル連盟の各支部に、シラバスと勉強会立ち上げの要請とともに送付された。一九一七年六月に、連盟はコブデン・クラブからロバートソンとF・J・ショウを迎えてさらなる行動に関して協議した。ショウにとっては、連盟の会報は、女性たちに、新たな保護貿易の危険を説くためには格好の場であった。「自由貿易は輝かしい成功を収めてきた」とショウは叫ぶ。それは真正の愛国的政策なのだ。それによってイギリスは、金融力を備えた無比の立場を得たのであり、保護貿易の同盟国と帝国自治領を援助することが可能となった。実際に「自由貿易は、世界をプロイセンの軍国主義から救うのに大きな役割を果たしたのである」[34]。関税は将来の平和の機会を潰してしまう。また国内では平和を脅かす。ショウは、リベラルな主婦に、ナポレオン戦争の後に続いたパン暴動と革命の脅威を示して、平時に戦時価格を維持することが何を意味するのかを説明した。

リベラルな女性たち自身が企画した国際貿易に関する地方集会については詳らかにしないが、出来事の経過日時をたどれば、一九一六年と一七年に講演会が集中しているのがわかる。リベラル派の女性のなかでもっとも活動的だったのは、ミス・マクラーレン・ラムゼイと、C・P・トレヴェリアンの妻カロライン・トレヴェリアンである。この二人は、シッティングボーンからノーサンプトンまでの町で「戦後の国際貿易関係」についての集会を企画した。マクラーレン・ラムゼイは、自分の講義で、ショウがコブデン・クラブのために作成した「われわれは戦後ドイツと貿易すべきか」に関してのリーフレットを配布した[35]。リベラルな女性たちもまたインドの綿関税に対して抗議した。彼女たちは「自由貿易の原則の固守」を再確認し、「その国内通商と国際貿易への実際の適用が、われわれの国益と消費者の幸福にとって不可欠」という確信を訴えた[36]。

パリ決議に対する反動は、大衆向け自由貿易の復活の始まりのように見えたが、単なる瞬間音でしかなかったことが判明する。一九一八年と一九一九年までに国際貿易は、リベラルな女性の集会の毎週の話題からはほぼ消えていた。アスキス内閣とは異なり、ロイド・ジョージ首班によるボナ・ローとの連立内閣は、植民地特恵の原則を含むいくつかの選択された保護貿易政策の受け容れを呑むことになったが、ロイド・ジョージは新たな食品税を回避することに腐心していた。一九一八年の総選挙で、ロイド・ジョージと自由党連立派は、反ダンピング政策への支持を誓い、直後に基幹産業保護のための関税を導入した。自由貿易支持側の大衆抗議集会は開かれなかった。自由貿易連合は、いまだ職員を抱え数千ポンドの財源を有していたが、一九一九年にボーシャンがマッケンナに告げたように、「現在、この問題に関して大した関心は寄せられていないのではと懸念する」[37]。二年後、自由貿易連合は「小規模団体に縮小して、その最良の日々は過ぎ去ってしまった」[38]という同情的な観察が残されている。戦後の自由貿易国際会議開催の呼びかけが、オランダ、スイス、オーストリアからで、イギリスからではなかったのが事態をよく物語っている。コブデン・クラブからは会員が失われた。現存する会員名簿を見ると一九二一年から二年にかけての会員の大量脱会が確認できる。多くの自由党連立派は、自由貿易から、選択的な緊急輸入制限、助成金、より積極的な国家を支持する構えに移っていった。

リベラル派は、一九二三年の総選挙を戦うために再糾合したが、下降のスパイラルを逆転させることはできなかった。一九二八年にあるリベラルは、「コブデン・クラブはほぼ機能停止状態であり」、もはや自由貿易の母国よりも海外での方がよく知られている。[39] 世代間ギャップが拡がっていた。かつてはグラッドストンからJ・S・ミル、そして若きチェンバレンまでが含まれる第一級の政治家と経済学者の出身母体であったコブデン・クラブは新鮮な血を入れることが困難になっていた。最先端の若い思想家や野心的な政治家は他を見ていた。同世代においてもっとも影響力のあったリベラル派経済学者ジョン・メイナード・ケインズは一九二四年に退会した。[40]

一九一六年一二月に政権を引き継いだロイド・ジョージを、アスキス支持者は許さなかった。ロイド・ジョージによる植民地特恵の原則的支持と保護関税の導入は、自由党独立派にとっては、ロイド・ジョージと自由党連立派が信用ならないということを確信させるものだった。自由貿易の問題は、ロイド・ジョージ一派の危険な国家主義気質がもたらすより一般的な懸念から注目をそらすための避雷針であった。独立派の大多数にとって、その自由貿易の良心にしたがえば、連立派を自由党の仲間として受け入れるのは不可能であった。[41] ロイド・ジョージがしつこく指摘したように、ロイド・ジョージ攻撃は、最初にリベラルな清潔さを汚したのが、アスキスの協力者ランシマンとマッケンナであったという事実から視線をそらすために便利なのだった。ダウニング・ストリートから体よく追い出されてからのアスキスは、自由貿易運動を率いるだけの見識も精力ももはや取り戻すことはできなかった。インド綿関税が導入されたとき、彼は運動を率いることを嫌がった。一九一七年に自由貿易連合による直接行動への訴えかけをボーシャンが行った際は、彼はランシマンとマッケンナによって外された。

不満が鬱積していたコブデン主義者の新たな会報『コモン・センス』におけるハーストの論説は、そのディレンマの感覚をよく表していた。ロイド・ジョージとアスキス、どちらを選んでも大差ないとハーストは論じる。ロイド・ジョージは保護貿易推進派の意を迎えようとしている。しかしアスキスも同断である。「この建前リベラル派の古株の親玉」に頼ることができないのは、保護貿易側の同僚を喜ばせ政権にとどまるために、「官職と称号へのあさましい欲求」の中でリベラリズムの核心を犠牲にしたのが彼だからである。[42]一九一八年一月に、交渉されていた和平推進の政権（ランズダウン首班案）をハーストが構想した際、アスキスやその一派を含めることはなから考えていなかった。もちろんこの書類上のみの内閣は、完全な空想だったが、主要閣僚に元大法官ロアバン卿と典型的な船主で政府統制批判者だったリチャード・ホルトを配したランズダウン政権の構想は、いかに自由貿易信奉者が事情に疎かったのかを示している。真正の自由貿易思想の保持者で一廉の人物の枯渇ぶりが露わになっているのである。自由貿易はまだ沈没していなかったとしても、有能な総舵手を欠いたままいっそう荒れ狂う海を漂流していたのだった。

この指導者不在の根本的原因として、政治の現実からの深刻な乖離があった。ハースト、ベル、ホルトにとって、その大義は、国家の浪費と介入に対する闘争であった。無税の輸入は官僚統制を打破する一つの方法であった。貿易への介入の背後には、社会主義が現れる。このような懸念はすでに一九一四年以前に普及していたが、ロシア革命と労働党の成長が彼らにまったく新しい意味を提示していた。ハーストとその僚友たちにとって、自由貿易と社会改革を組み合わせることとは、悪魔と食卓を共にすることであった。自由貿易のための戦いは、あらゆる形態の国家支援に対する戦いでなければならなかった。ランシマンのようなリベラル派は、この戦後の反国家主義の陣営に加わった。

この思考の筋道は、哲学の原理以上のものに関わっていた。そこには信頼と社会連携を志向する意味がひそんでいた。一部の集団は健全な金融と自由な交換を擁護するために信頼に値し、それ以外の集団は信頼に値しない。グラッドストンの功績は、政府の役割に関して中流階級と労働者階級の間の信頼を構築するために自由貿易を用いたことにあった。ゴードン・ハーヴェイは、ロッチデールというコブデンの旧選挙区選出の自由党代議士だった。ハーヴェイにとって、戦争と労働党の勃興がこの絆を断ち切った。「労働者に対する持論」は、彼らは「保護貿易が『民間雇用主』の側に立つと思っているかぎりでのみ自由貿易支持者である」というものだった。「労働党の一般党員は、共同体のあらゆる集団の中でおそらくもっとも狭量である」。「『外国人は出ていってくれ』というのが、労働者大衆の多くが本音を吐く際に口にする決まり文句である[43]」。

「節倹」賛成と、国家排除賛成の運動は、一九二九年の世界恐慌の大きな後押しを受けることになるが、多くの旧リベラル派はすでに第一次世界大戦終了までの段階でこの路線に切り換えていた。産業の衰退と失業の時代にあって、この反国家主義の姿勢は、新たな大衆向き自由貿易運動にとって魅力的な集合場とは映らなかった。一方で中流階級の有権者の間では、それは単に、社会主義と国家破綻への危機感を高めるものだった。このような懸念が拡大するにしたがって、自由貿易は、支出削減よりも重要性を失っているように思われた。

自由貿易は、自由放任のリバタリアン一派をつねに惹きつけてきたが、その戦前の成功は、決して何らか一つの定義に寄りかかるものではなかった。その力は、社会階級と政治流派を超えて支持を集めることを可能にした急進、進歩、保守の多様な意味合いに由来していた。いまやその意味と支持のネットワークが収縮しつつあったのだ。関税を拒否しつづけた多くの急進派は、他の形態の貿易規制は歓迎した。もっとも明確な断裂は、食品の国家貿易の擁護者として登場したクリストファー・アディソンとチオッツァ・マニーら進歩派との間に生じた。アディソンはロイド・ジョージ内閣の厚生大臣であったが、一九二三年に労働党に加わることになる。チオッツァ・マニーは戦前の自由貿易運動の統計担当者だった。金融と数値で彼は身を立てた。貿易と金融に基づいて語る資格を備えているという点で彼を超える議員はまずいなかったので、自由貿易連合の宣伝者としての報酬によって一九一〇年の困難な時期を彼は乗り越えることができた。一九一六年八月、パリ提案をめぐる国会論戦において、時代遅れの自由貿易思想を抱える旧リベラルの同志たちにマニーは反旗を翻した。「ある商品がどんな時期にも輸入されるのであれば、それがその輸入を続けるべき理由になるとか、輸入という事実そのものがそれを輸入すべきであるという証明になっているとか述べる自由貿易支持者には私は断然不同意である」。イギリスは自由貿易支持者が人びとにそう思わせているほどには財政的に盤石ではない。スウェーデンの磁石発電機、アメリカの機械、オランダのマーガリンの支払いにイギリスは四苦八苦している。イギリスはこのような産業を海外に委ねてしまうべきではなかったのだ。自身を「現代の自由貿易支持者」として位置づけるマニーは、国家が、国と帝国の資源を開発し、基幹産業の支援や農業の政府統制から帝国資源の調整まで幅広い政策を断行することを求める[44]。

自由貿易がどこまで「自由」なのか、それがどこまで平和のために寄与するのかに関して疑念が次第に高まりつつあった。貿易戦争に反対する人びとは、一様に関税は悪という否定的見解をもっていたが、ここで商業そのものが融和と平和の精神をもっていることへの不同意が生じていたのだ。ロバートソンのような自由貿易支持者は、貿易が紛争の火種になりうる、多くの国にとって貿易は政治権力と独立に関わるといった指摘に答えるのに苦慮していた。貿易は「戦争ではない。貿易は戦争の否定である。貿易は戦争反対としての人間の文明の礎である」とただ繰り返すより手がなかった。[45] 民主統制連合に属する多くの人びとにとっては、これは明るい展望とはほど遠かった。よい事例となるのが、ケンブリッジ使徒会員で国際連盟創設に尽くした知識人ゴールズワージー・ロウズ・ディキンソンである。グラッドストン主義者の父親によって育てられたディキンソンはまず社会主義者のトーリーになることで反抗し、次いでフェビアン主義に引き寄せられた。「ゴージー」と友人たちに呼ばれたこの男は、ハイデルベルクでハイネの原書を辞書と首っ引きで読むことでドイツ語を独習した。ドイツ文化と密接なつながりがあった多くのヴィクトリア時代人にとってと同様に、戦争の勃発はディキンソンにとっては個人的な悲劇であった。将来の戦争を防ぐための運動に身を投じ、民主統制連合の有力会員となった。彼はその広く読まれた著作『ヨーロッパのアナーキー』（一九一六年）において、戦争の原因をアナーキーに陥った国家制度に帰している。そして『戦後の経済戦争』についての民主統制連合のパンフレットを執筆したのがこのディキンソンであった――これは十万部以上流布した。[46]

ロバートソンと同様に、ディキンソンもパリ決議は経済政策以上のものだとして警戒を呼びかけた。それは「文明の将来全体」を脅かすものだ。ドイツに「狂犬」国家の役を振るのは、「平和の持続」を壊すことにつながる。ある国が戦争を使って別の国から通商を奪うことができると考えるのは愚かしい。ここまではエンジェルの思想を感じさせる戦前の標準的な議論であった。しかし彼はさらに踏み込んでいる。「貿易と商業は、現代の世界で行われているように行われるのだとすれば、それが競合を求めるという点でつねに摩擦の元になる」。諸国が普遍的な自由貿易を支持すると想定するのは「ユートピア的」である。問題は保護貿易そのものではない。代わりにディキンソンが目を向けるより小さな公分母は、差別的関税の撤廃である。諸国は外国に対して自国の産業を保護する権利を有している。国際摩擦の根源にあるのは差別であり、とくに帝国がその植民地市場を囲い込んだり特恵待遇を与えたりする場合である。この問題に対する解決は、「不公正」な行為を違法とする規則を具備した国際組織である。ディキンソンが構想した国際組織は、違反者に罰するに際して商品ボイコットの対象とする権力を保持したもので、これは政治が触れない領域として商業を捉える見解を自明視する自由貿易支持者には異質、さらに唾棄すべき発想であった。

ホブソンにとって、パリ決議は、旧来の「保護貿易と帝国主義と軍国主義の権益」のまた一つの例にすぎなかった。彼は「小麦、綿花、材木、石油、銅の公平な流通」を保証する国際連盟に目を向けるようになっていた[47]。自由貿易の融和の機能は、民主統制連合のモレルらにも同じく疑問視されていた。貿易は企業結合が原産国の業者を潰さないために調整する必要がある。その装置の自己作用に委ねれば、ヨーロッパ諸国が我先に原材料の支配権獲得に狂奔したように、貿易は植民地民族の搾取に行き着くのである。これがコンゴの教訓である[48]。

この調整の肯定は、政治的により現実に即した保護貿易観を伴っていた。ディキンソンは保護貿易を一緒くたに断罪するのではなくて、諸国、とりわけ中国、トルコ、ペルシャなどの「開発途上国」は、「自らの社会秩序とはそぐわない、公正性を欠いた貪欲な」搾取のいかなる形態からも社会を保護する権利があると考える[49]。これは普遍的な自由貿易のイギリス版というよりも、アメリカ流の「門戸開放」に近いものだった。ウィルソンの三番目の主張は、低率関税国、高率関税国を問わない貿易条件の完全な平等だった。市場への平等な参入への要求は、保護貿易政策を採る新興の列強国から発せられていたのが重要である。一九一九年のパリ講和会議が、貿易障壁の撤廃を検討することはいっさいなかった。ウィルソンの目的は、ディキンソンによって酷評されたような差別的な政策を廃止することだった。この新たな国際主義の下で、市場は完全に自由なのではなく、国際的な規則と制度によって規制されているのであった。

新秩序

一九一九年四月にロアバン卿は「コブデンの古い教理が私の精神構造の一部になっていて、振り払おうと思ってもなかなかそうもできない」と吐露している。(50) 穀物法撤廃の一八四六年に誕生したロアバンは、ハーストによる平和、経費節減、改革のための影の内閣の閣僚名簿にその名前があった。戦時中、国によって駆り出された大半の若者は、そのリベラルな遺産という家屋を改装することに関して良心のとがめをまず覚えなかった。一部の精神の家具は置き直され、それ以外のガラクタはもはや用途がないとのことでさっぱり廃棄された。思想の領域と国際関係の世界の双方において、新秩序が出現した。国家と市民社会において思想の気候変動が生じた。その過程で、自由貿易の将来は、自由党代議士と急進派評論家の単なる議論の題材ではなくなった。それはまた実際に戦争を運営している人びと、官僚、専門家の顧問、多くの進歩的傾向の知識人を巻き込み、彼らはその教えを戦後秩序に応用しようと試みたのだった。最初は、船舶輸送の停滞にいかに対処すべきかといった実際的な問題が支配していたが、やがてグローバルな統治というより野心的な見解が形成された。貿易と政治の間に距離を置くのではなく、この二つは結び合わされた。政治文化の焦点としての自由貿易にとっての問題は、自由党がそれに関心を向けることをやめたことではなかった。むしろ、その外部で公共の議論が急速に推移し、政治、貿易、制度の大きな見取り図が書き換えられていた。

一九一七年の船舶危機が、新秩序へと向かう決定的な契機となった。一九一七年春に、ドイツは潜水艦作戦を再開した。四月だけで、三七三隻のイギリス、連合国、中立国の船舶が撃沈され、総計では八〇万トン超が海の藻屑となった。秋までに、戦争によって、世界の船舶のうち一七〇〇万トンが失われた。イギリス、フランス、イタリアは、自由にできる一つの商用船団を共有していたが、その戦前の力の四分の一を失っていた。

一九一七年一一月末に、連合国は、残存した船舶をより効率的に調整して配置する計画に関して合意した。食料と原材料に関する国家計画もまた、それらを輸送する余力の縮減に合わせて調節された。二つの連合国間組織が設立された。一つは、連合国海上運送協議会（ＡＭＴＣ）である。これは連合国政府の閣僚によって構成されていた。それとあわせて設立されたのが、連合国海上運送実行機関（ＡＭＴＥ）であり、スタッフは高級官僚であった。連合国はすでに一般必需品の計画立案に役立て、各国の船舶を連合国全体の最大の便益となるように用いるために、一九一七年の初めに小麦に関する実行機関を設置していた。この連合国の海上輸送に関わる組織は、この共同作業を、船舶輸送全般に、つまり貿易の対象となるあらゆる商品と原料に拡大した。これは国際協調への道筋の一つの里程標となった。

この協議会と実行機関は、行政と精神の革命を表していた。終戦時まで、これらの組織は世界の海上輸送の九〇パーセントを統制下に収めていた。ベルギー救済計画を監督し、連合国間の食料と原材料の流通を調整した。イタリアやイギリスが食品や石炭を必要とする場合、どの船舶がそれを輸送するのに最適なのかを決定するのは、各国政府ではなく、協議会であった。提携はもはや共同計算を意味していた。重要であるのは、もっともよく連合国全体の目標を叶えることであり、それぞれの船舶がどんな国旗を掲げているかではなかった。国家統制と市場の力は同時に棚上げにされた。国家主権の原則との根本的な断絶があり、それはどこよりも船舶輸送の大半を支配していた国、つまりイギリスにとってそうであった。一九一八年九月のオックスフォードでの戦時体制専門家の会合で、この移行が認識されていた。イギリスはかつて自国の輸入を統制していたが、「いまや全ての連合国が、あらゆる商品に平等な分け前を主張していた」[51]。

この新しい組織は、戦後秩序の原型を示していた。オックスフォードの専門家たちにとっては、「あらゆる将来の国際組織の萌芽」であった[52]。協議会は経済最高決定機関を促進し、そこにアメリカ合衆国も完全に取り込むことが期待されていた。ロバート・セシル外務次官は経済封鎖の責任者で国際連盟の熱心な支持者として頭角を現していた。一九一八年八月の段階ですでに彼は連合国の資源の共同計算を提言していた。一九一八年一一月一三日、休戦の二日後にはイギリス政府はそのような発想をヨーロッパの再建の問題へと拡張し、基本商品を流通させるための全般的な経済協議会設立の提案を行った[53]。そのような希望はアメリカの反対によって打ち消された。アメリカは戦時体制をできるかぎり早く取り潰すことを望んでいた。海上運送協議会は一九一九年四月に廃され、短命だった経済最高決定機関に統合された。海上運送実行機関は一年後に生命を終えた。

しかしながらイギリスの国際主義者たちにとって、この二つの組織は、決定的な体験、新たな国際秩序の種子でありつづけた。連合国間の統制は、国民国家の危機に対する自然な対応と思われた。連合国海上運送協議会と実行機関は、複雑な国際問題を扱うには中央集権と制度拡張が進みすぎた国民国家の間の協調のモデルを提供したのである。カーネギー国際平和基金のための船舶統制についての著作においてアーサー・ソルターが展開した見解である。ソルター自身がこの実行機関の議長を務め、戦後は新世界秩序の柱石としての協調の伝道者になった。国際主義者たちにとって、ソルターの著作は基本書となった[54]。それは単に願望をつづった思想の提案ではなくて、堅固な実践に根ざした見解なのであった。

ソルターによれば、この新しい国際組織の精神は、形式上国家主権を侵さない超国家的権力を樹立することにあった。海上輸送協議会は何ら独立した行政権を有してはいなかった。むしろ国際と国内の領域が重なり合っていた。閣僚は、国際組織に片足を入れ、もう片足を各国政府に入れていた。これによって国際的な決定にいたることが可能になり、次いで各国政府の承認を得るという手順が踏まれた。「これで各国政府の権威を解体することなく、その行動を統制するという問題に解決をつけることができた」とソルターは述べた[55]。

しかしこれは行政的解決以上のものであった。各国の専門家と閣僚は「内部からつながりあっていた[56]」。そのような国際組織で同席し共通の問題に対処することによって、特定の国の自己中心的な利害を超えた、国際的な視野から世界を眺め渡す決定を下すことを習い覚えていったのである。ベルギー救済計画と連合国の食料計画が示すのは、いかに国際協調が、主権国民国家が自力では対処しきれない問題に対応していたのかである。ソルターが目を向ける前方には「どんな大臣も前もって関係諸国との協議なしに他国の貿易に影響を与える関税を策定することができない」時代である。大臣は「その議論が開示される全世界の前で」説明可能な根拠に基づいてその関税を、国際的な協議会に対して擁護しなければならない[57]。国際組織はいつか国際市民による検証を受けることになるだろう。

「調整」が、国際関係の新たな範例となった。それは国際主義者に、自己規定と民主的正統性の新たな感覚を与えた。戦争と国際連盟制度が、国際的な行政官、顧問、知識人の新たな交流関係を構築した。アーサー・ソルター、アルフレッド・ジマーン、E・F・ワイズ、E・M・H・ロイドが、この新世代の代表者だった。戦後、彼らの経歴は分散していった。ソルターはジュネーヴに移り、国際連盟の経済金融部門の責任者となった。ジマーンは、国際連盟のための外務省メモランダムを準備した後、国際問題研究所（チャタム・ハウス）の設立に協力し、国際連盟の知的協力機関の代表に就任した。一九四五年の後は、その後進であるＵＮＥＳＣＯ（国際連合教育科学文化機関）を指導したが、国際連合の上級職からは排除された。ワイズは左派的傾向を強め、一九二三年のモスクワ旅行の後はソヴィエトの輸出計画研究のため官職から退くと、独立労働党に拠り国際貿易に関する傑出した論客として台頭した。最後にロイドは、最初、食品省から国際連盟の経済金融部門へ、次いで帝国マーケティング局へと移り、一九四〇年代には国際組織へと舞い戻り、バルカン半島での連合国救済復興機関の活動の指揮をとった。

上記の男たちは一つの政党を形成したのではないが、核となる信念を共有していた。戦争は国民国家の制度と中央政府の病理の進行によってもたらされるというものだ。国民国家が過剰に肥大したのである。ソルターの言葉にしたがえば、国民国家は「過剰集中」に苦しんでいる。危険なほど異常に敏感な制御中枢のために神経症的な自己破壊に陥っているのだ。大半の問題は国民国家を超えている。「国民の議会によって充分に扱えるような問題の領域は相対的に軽く狭くなっていることを国が認識するようになることが肝要である」とロイドが一九二二年に『ネイション』の読者に語っている[58]。世界が必要としているのは、自国中心の見解のしがらみから脱した人びとが勤務する国際協調の新制度である。要するに、自分たち自身のような新種の国際人が必要なのだ。これは官僚組織の自国第一の存在根拠以上のものである。新国際主義者は、世界国家の擁護を行わない。ソルターの言葉では、国際協調は「脱中央化の大いなる取り組み」なのである。これは、戦争と混沌を招き寄せた権力の過剰集中の解毒剤である。協調は「過剰な権力が極度に集中する数少ない中心から権力を移し、世界の諸国民の一般的な願望と意志の基礎の上に大胆に幅広く据えることになる」[59]。協調によって統治の国際機構と各地の市民社会とが直接につながる。これが、国際連盟が約束することである。

協調の理想像をさらに強烈にしているのは、新たな経済秩序を形成する潜在的な力である。新国際主義者は経済ナショナリズムを唾棄するが、対処法として自由貿易を支持することはもはやない。戦争が示したのは、とくに国民の生存に不可欠である資源の入手が問題になると貿易がいかに紛糾を招くのかということであった。これは経済封鎖の教訓であり、とくにジマーンがその著作と講演、とりわけ戦争最後の年に刊行された『対ドイツ戦における経済的武器』において展開した主題である。経済封鎖によって「資本主義経済と財政論議の古い目印がもはや埋もれていて見えない状況に政治家は向き合うこと」を余儀なくされていると、一九一七年にバーミンガムで労働者団体にジマーンは語った[60]。政府が石炭のような基本的な原材料を市場の力学に委ねることは望ましくない。石油のような他の資源はすでにスタンダード石油や英蘭石油連合のような強力な会社の手中に落ちているのだ。

「戦争は割に合わない」というのが、エンジェルとエドワード時代の国際主義者たちの信条であった。経済封鎖は、商売から政治を除外するという発想が大いなる幻影だったことを暴き出した。「戦争がよくない商売だという事実から引き出される真の教訓は、政府は商売に触れて火傷するのを怖れて避けるべきではなくて、政府が世界平和を維持するために計算された精神をもって商売に入っていくべきだということである」とジマーンは続ける。[61] ブレイルスフォードが国際連盟懸賞論文で述べたように、「中央ヨーロッパ」とパリ決議は、「正しい原理の間違った適用なのである」。[62] 商業は協調の国際機構によって支持、時に抑制さえされなければならない。新国際主義者たちはこのような教えをもとに組織の構築を模索した。ケインズが、一九一九年の『平和の経済的帰結』において提起している連盟の援助を受けた地域関税連合は、ドイツ、ポーランド、委任統治領、元ハプスブルクおよびトルコ帝国の諸国家までを覆うもので、ナウマンの「中央ヨーロッパ」にかなり近接した計画である。[63]

労働者団体において、新しい手法をもっとも強力に推進していたのはレナード・ウルフであった。自由貿易は「主として否定的な政策」であった。それは関税に反対するものであったが、国際協調を創造するために示すべき肯定的なものはほとんどもっていなかった。この責務は、干渉政策と国際組織を必要としている。戦争の連合国間組織が道筋を示した。この組織によって「競合という通常の法則と国際対立の理論」が招来する金銭、食料、船舶、金融への破滅的な狂奔が回避され、それらは国民の必要に応じて、「また一国の経済力は他の諸国すべてにとっての益であるという原則に基づいて」割り当てられる。ウルフが求めたのは、信用を維持して物資を公正に割り当て、協同の経路を通じて必要に応じ食料を流通させる国際連盟の経済協議会である。[64]

このような発想は、イギリスの自由貿易計画の核心を捉えるものだった。ただしこの計画は、片務性と国家主権の強固な擁護に基づくものであった。イギリスがその貿易政策において行うことは、イギリスの仕事であり、他国が行うことは他国の仕事である。政府は国際貿易に干渉しないが、それを相互が潤うように取り計らう商人に任せていた。対照的に、新国際主義者に関しては、片務的な自由貿易は、解答ではなく問題の一部になっていた。

イギリスの権益が栄光ある孤立に存するなどと豪語するのは愚かしい、と一九一九年夏にワイズは論じた。ワイズは、イギリス食品統制長官代理として国際連盟の経済最高協議会に派遣されていた。生活費が急上昇しつつあるフランスやイタリアなどの他のヨーロッパ諸国における不安定は、避けがたく国際的な反響を呼び起こす。このような問題は、個別の国民国家の能力を超えているため、国際協調が求められるのだ。ヨーロッパの社会がロシアに倣って革命への道を踏襲したくなかったら、政治の秩序と社会の安定は国際協調にかかっている。ワイズは、経済組織を監督し最高決定協議会に対して直接責任を負う閣僚によって構成される経済協議会を国際連盟に設けるように提案を行った(65)。ロイドはさらに進み、国際的独占とガソリン、石油、石炭、その他の主要原材料の規制を求めた(66)。

戦前、進歩派は、コブデンの自由貿易観を自由放任リベラリズムという非難から引き離すことに大体において成功していた。いまや彼の国際観に対する批判が、社会関係に対する彼の個人主義的な見解に対するかつてのニュー・リベラルの立場からの批判を上回ろうとしていた。戦争に入って半年が経過した時期に、オックスフォードの理論家アーネスト・ベイカーが『イングランドの政治思想』において結論づけた。「生に対するコブデン流の解釈は、道徳的というよりも経済的である。すべてが個人の経済的感情に関わらされている。国内では抑圧されている階級のために、国外では苦闘を続ける大義のために介入するという国の義務に対する顧慮がほとんど見られない(67)」。リベラル派のジャーナリストであったハロルド・ライトも同じ年に同様に、進歩派のレインボー・サークルの機関紙で、コブデン流の非干渉がふたたび有効な戦略となることがあるかどうかと声高に疑問を呈している。この続行した議論において、「貿易の平和的影響というのはおそらく妄想の類いであって、貿易は実際は現在の戦争の一要因なのである」という意見が発せられた(68)。

一九一六年に刊行された『国際関係研究序説』が、新国際主義者の基本図書となった。この国際経済関係の議論を行ったのは、アーサー・グリーンウッドである。戦後、グリーンウッドは政治活動に参入し、最後には労働党の厚生大臣、党の副党首に登り詰めた。当時、彼は国際関係研究協議会の幹事であり、復興省の官僚だった。グリーンウッドは、国際関係に関する斬新な語り口を提供した。貿易と平和の間には自動的なつながりはない。歴史に即するならば、経済的自立が時に平和を促し、また別の時には、とくに鉄、銅、石油、ゴムなどの原材料をめぐって「国際的な騒擾と敵意の原因」となってきた。片務的な自由貿易は、一種のグローバルな階級政治である。それによって自由が制限される弱者は、「攻撃の恐怖に圧迫されており、自足した国民としての生活よりもいっそう複雑で充実した世界市民としての生活に充分に関わることがおよそできないのである」[69]。

グリーンウッドによれば、根本問題は、現代世界において経済と政治の力の分岐が生じている点にある。経済はより大きな相互依存へと向かっている――これを現在の私たちはグローバリゼーションと称する。しかし政治的統合への並行する動向は見当たらない。政治は、国および帝国の単位に囚われているのだ。経済のグローバリゼーションの速度を上回っている。自由貿易プラス帝国海軍力というイギリスの選択も外国の保護貿易政策も商業と金融の相互依存の世界を平和的に展開することはできない。代わりにグリーンウッドが目を向けるのは、政治制度がグローバル経済と足並を揃えており、国際政治組織の指導の下で重要な資源に対する国際統制が行われている世界である。「経済国際主義は……それが人類の大きな利益の下に政治的に統制されている時にのみ世界において真の役割を果たすことになる」[70]。

これが新たな世界観であった。グリーンウッドとジマーンは共に、一九一七年十月と一九一八年一二月の間に『アシニーアム』において匿名で発表された国際主義についての長文の連載論考においてそれを具体化して公表した。この連載は自由貿易国際主義への正面攻撃だった。経験によって、貿易の恵みとなる影響に対する「二つの大きな信念」が覆された。関税障壁の撤廃が世界平和にいたることはなかった。世界の他の諸国が、イギリスの自由貿易の範例に追随することはなかった。自由貿易理論は政治的現実に相即していないのである。「若い諸国は」意識的に経済ナショナリズムを掲げている。スワデーシーとポーランドのボイコットの背後にひそむ感情は注視しなければならない。保護貿易政策が生じる要因は、無知とか既得権益とか外国企業との競争から自国の産業を守るための利己的な計画なのではない。イギリスの帝国自治領の事例が示すように、それは自国の社会発展の統御と誘導にもっとも便利な手段を提供するために人気を博したのである。本当の脅威はもはや保護貿易政策ではなく、コブデンのようなヴィクトリア時代人の「短慮」であり「浅薄」な精神傾向である。政治は国際経済関係の中に取り込まれねばならず、除外されるべきではないのだ。将来の世界秩序が依存する、連合国間の協議会に基づいた国際組織は、共通の利益を守り、「意識的な公共事業」が「個人の野心と私益の追求」に置き換わるという国際主義に対するより政治的な見解を促すのである。[71]

少数者にとっては、コブデンは、第一次世界大戦後の列強外交に対する闘争における魅力的なモデルでありつづけていた。大いに注目に値するのは、コブデンの教えを復活させる二つの企画である。一九一九年にホブソンが刊行した『リチャード・コブデン――国際人』と一九二六年にW・H・ダウソンが刊行した『リチャード・コブデンと外交政策』である。[72]ホブソンはコブデンを何よりもまず国際主義者として再定位することで、進歩派政治にとっての彼の有効期限を延長すること――「その国際的な業績を大きく強調することによって近年支配的であった狭量な誤解からコブデンの記憶を救出すること」――を試みたのだった。[73]コブデンの真髄は、自由放任のコブデン主義のために覆い隠されてきたと彼は論じる。ダウソンにとって、コブデンの国際主義は、戦後の外交政策立案者への攻撃の原型を示してくれている。非干渉主義が一九二〇年代の最善の戦略であるのは、コブデンの時代と変わらない。その優越性は時代を超えているのである。

長きにわたって歴史家が魅了されてきたのはホブソンその人と、帝国主義批判と過少消費の分析を融合させることでラディカルの伝統を復興しようとする、つねに思想的に一貫していたのではないが執念深い彼の取り組みである。[74]同時代人はさほど動かされはしなかった。一九一九年『アシニーアム』にグリーンウッドが書いているように、コブデンはもちろん「偉人」だが「『国際人』ではなかった」。彼の個人主義の精神傾向を、その外交政策と自由貿易への見解から切り離そうとするのは愚かだ。両者は一体なのである。コブデンの国際主義は、そのデモクラシーへの想像力と同様に欠陥がある。パーマストンの砲艦外交に対する彼の嫌悪は、単に「個人主義的な内政政策の反映」であった。「経済デモクラシーは彼の思考の範囲外にとどまり、国際デモクラシーは彼が把握できない概念であった」。[75]『ジャーナル・オブ・ポリティカル・エコノミー』も同様にホブソンを攻め立てた。本書の欠陥はその表題に集約されている。「コブデンが健在であったとしても、国際協調の現行の積極的な喧伝に彼が同調するという示唆をこの文字列から大して読み取ることはできない」。[76]

ダウソンも同様の運命に遭った。彼はイギリスとフランスの外交政策を悪魔のように扱ったとして攻撃された。チャタム・ハウスは、第一次世界大戦以降の国際関係の現実が見えていないこの非干渉主義の提案に接して、彼のヴィクトリア時代中期の政治観の表明を素朴で偏見に満ちていると考えた[77]。ダウソンは「その読者をコブデンの実り豊かな研究からその賛美者への単なる不信へと転じさせた」として、『エコノミック・ジャーナル』は批判した[78]。レナード・ウルフは主たる反対意見を次のようにまとめた。「ダウソン氏の意味での完全な非干渉政策は、栄光ある孤立の政策となるだろうが、国際連盟加盟国であることと矛盾しているだけだ[79]」。

コブデンは次第に時代遅れで通用しないどころか、国際デモクラシーにとっては危険と見なされるようになってきていた。たとえば一九二七年には、『ネイション』がコブデンを自由放任と低率関税に賛成するだけだったという非難から守ったが、すぐさま彼の国際主義の欠陥を露わにするだけに終わった。コブデンが間違っていると歴史が証明していた。「国際商業の伸張は、戦争のために行われるのではないとしても、残念なことに平和に寄与することはほとんどなかったのである」。利益の全般的な調和というコブデンの原理は、それらの間の多くの摩擦の原因に目をつぶっていた。彼の非干渉主義はパーマストン外交への有効な「抵抗」だったのかもしれないが、国際政治には「何らの解決策にも」ならなかった。「われわれが平和を確保しようとするならば、平和を組織しなければならないのであり、国際連盟は、そのような取り組みを示している[80]」。

マンチェスターとモスクワの間

安さと交換の自由ではなく、安定と協調が新たな合い言葉だった。すでに戦争終結に向かって、ロイドは貿易規制を構成する積み木を集めはじめていた。戦後の食料供給の不安定さに関して懸念を抱きつつ、彼は古い正統に真っ向から挑戦した。輸出を調整する国際組織は民間の企画力と自発力を殺してしまうという標準的なリベラルな反対意見に対してロイドが提示した「回答は――安全を保証することによって、生産者の企画力と自発力を養成する」というものだった。進歩を阻害し方法を規格化しかねないという批判に対するロイドの「回答は――投機と不安定の排除によって、流通の科学が発展する」というものだった。要するに、消費者さえも貿易規制から便益を得るのだった。それは通常の供給を保証し、生活費を安定させるのである。

ここには、ロイドが一九二〇年代に、その著作『安定化』（一九二三年）と『国家統制の実験』（一九二四年）において流布しはじめることになる議論が凝縮して示されている。このような発想は一部、独立労働党とその「生活賃金政策」へと直接流れ込んでいる[81]。しかしまたとくに彼の『ネイション』『ニュー・ステイツマン』『ニュー・リパブリック』への寄稿を通して広く大衆へ普及することになった。ロイドは不安定な状況を背景として執筆していた。世界経済は生産力の下落と循環的な価格によって苦しんでいた。一九二二年には、六つの主要綿花生産国が、一九一三年に比べて三分の一以下の輸出量しかなかった。この病弊を「盲目的な経済の力」に委ねるのは狂気の沙汰であった。それは底辺に向けて突き進む諸国と諸階級の「貧困競争」にいたるであろう[82]。同時代のカッセルらの批判者と同様に、ロイドは極端なデフレと賃金を下げる取り組みを社会騒擾への確かな道として非難した。しかし通貨の安定は好ましかったが、彼の目にはそれも充分とは見えなかった。為替の不安定の根本には、国内の購買力の不安定があり、つまりそれは財政赤字であり政府が紙幣発行によってかろうじて持ちこたえていることを意味している。その幾分かは、減税を可能にする軍縮と、一九二〇年のブリュッセルの国際会議で禁止されたことであったが、中央銀行による金の購売力の規制によって緩和される可能性はあった。しかし同様に重要であるのは、小麦の貯蔵や購買の計画などの国際的な行動を通して物価を安定させることであった。

ロイドにとって、戦争は、協調の成果を実証してくれた。「現在よりも貧困、失業、窮乏、犯罪が少なかった」。連合国の統制が機能したのだ。現在それを平時において拡張する必要がある。戦後は、経済不況に引き続いてインフレが生じた。投機と悪徳商法が蔓延した。貿易は「世界中を席捲し、その後に廃墟と貧困を残す一連の商業の竜巻と化した[83]」。不安定、失業、賃金闘争をもたらしたことに加えて、このような景気循環は民主的な文化を破壊した。政治が過熱した。ある年に生産者が高賃金に対する処置を要求すれば、次の年に消費者が政府に物価の引き下げを要請する。変動が各地で「文明生活の基礎」を脅かしていた。

この変動のシステミックな危機に対する診断が、自由貿易の正統にとっては重い一撃であった。安さが大衆志向の自由貿易支持者の主要な売りであった。それは消費者を潤し、生産者には競争力と効率を求めつづけるものだった。しかし安さが不健全な景気循環のただの半面にすぎず、その後はインフレと投機が起こるのだとしたらどうだろうか。過去において、自由貿易支持者は、安定を求める保護貿易側の要求を、単なる少数の生産者の既得権益を潤すだけとして排除し、安価な輸入品と開放された市場におけるすべての消費者の権益を重視することが可能であった。ロイドの著作が斬新だったのは、消費者もまた安定に関心があると明示したからである。消費者と生産者はともに同じ海上を漂っている。両者ともに、大波によって座礁するのではなく、円滑な航海を行うことに関心がある。『安定化』は以下のような副題を有している。『生産者と消費者にとっての経済政策』。物価安定は「不景気の時代に対する必須の保証」なのであった[84]。安定した価格が、生産者が計画と生産を行う助けになり、時を経て生産性を高めることになる。それはとくに農家をグローバル市場価格における深刻な読み違いと激しい変動から守ることになるだろう。農家が急に小麦の栽培から牛の育成へと転換することはできないのである。しかし消費者もまた等しく便益を得る。安定が全般的に物価を押し下げるという直接の意味においてではない――ロイドはそうなることを疑っていた。むしろ安定化によって、インフレ・スパイラル、そしてそれに続く社会の解体と賃金引き下げへの圧力から大衆が保護されるのである。「パンの費用の上昇によって引き起こされる摩擦と不満は、続いて生じる価格下落の便益によって軽くなったり埋め合わされたりすることはない[85]」。言い換えれば、安さという福音は幻想なのである。

ここには商業への異なる見解があるが、新しい見解と古い見解の間の対照は単なる思想に関わるものではない。それは国際政治に関わる実践的な意味合いを帯びているのだが、それがもっともよくわかるのは一九二六年から二七年の世界貿易を増大させるための競合する戦略においてである。一九二〇年代半ばは相対的には安定の時期であった。一九二五年までにヨーロッパの食料生産は戦前の水準に復帰した。世界の原材料生産はそれを上回りさえした。低迷していたのは世界貿易であり、とくにヨーロッパの貿易であった――一九一三年にヨーロッパは世界貿易の五六パーセントを占めていたが、一九二六年は四八パーセントだった。一九二〇年と一九二二年のブリュッセルとジェノバの国際金融会議を受けて、政府、銀行、国際連盟はインフレを統御しようと懸命に取り組んでいた。しかし貿易障壁が強固だということが次第に明らかになってきた。とくに中央ヨーロッパでの戦後の数多くの新国家の成立が、経済ナショナリズムの風土を醸成し、同時代人が貿易の近隣窮乏化政策と呼んだものが人気を得ていた。通商条約は次第に短期化し――十年を越えていた戦前と比較して、平均一年にも満たなかった――交渉関税が普及するようになった。たとえば一九一〇年のフランスの関税は、最小と最大の関税の幅が五〇パーセントであった。戦後は多くの物品に関して四〇〇パーセントになった。[86] ほとんどの国で関税水準は上昇した――保護関税を有していたイギリスも例外ではなかった。ドイツでは関税は、一九二七年に、戦前に比べて二二パーセント上昇し、イタリアでは一二パーセント、ブルガリアではほぼ三〇〇パーセントであった。むしろ上記が控えめな数値であるといえるのは、収入関税を含めているため、真に保護貿易主義方針に則った関税の衝撃が薄らいでいるからである。[87]

貿易自由化のための戦略の一つが、コブデンの著作から一ページを取り出して、海外における自由貿易の福音を説き、国内からの保護貿易主義に立ち向かうリベラルな意見に依拠することであった。一八四六年の穀物法撤廃の後にコブデンはヨーロッパ中を駆け巡り自由貿易の福音を伝道した。今この一九二六年においては、ジョージ・ペイッシュが、コブデン・クラブ会長ヒュー・ベルと自由貿易支持の銀行家ヘンリー・ベルに促されて、また新たにヨーロッパへの伝道に乗り出していた。ペイッシュは金融ジャーナリストでロイド・ジョージの顧問であった。一九一七年にイギリスの閣僚間で回覧されたメモランダムにおいて、国内安定を実現する政治のためには、間接税の上昇を排し、他のヨーロッパ諸国が自由貿易へと向かうようにすることが避けえないと彼は断じた。

実際には反対のことが生じた。中央ヨーロッパでは、民主制が圧力団体政治をもたらし、保護貿易への要請に、相当に屈しやすくなった。国内ではペイッシュの自由党員として議席を得る試みは挫折した。一九二〇年代初頭には、潮流を作ろうとする若干のコブデン主義者の動きがあった。一九二一年には、自由貿易会議がアムステルダムにて開催された。二年後には、一般自由貿易促進国際委員会が設立された。これはウェッジウッド・ベン、ヒュー・ベル、F・J・ショウといったコブデン・クラブの指導者たちによって運営される団体で、大陸ヨーロッパとアメリカ合衆国の自由貿易団体から準会員を得ていた。この委員会は、協同組合の支援を受けて、世界各国に向けてすべての保護関税を自主的に撤廃するように訴えかけた――その効果はほとんどなかった。[88]

ペイッシュは活動を続けた。一九二六年に彼はヨーロッパへと出立し、パリからローマ、ブカレストからローマへと経巡った。ローマではムッソリーニに自由貿易委員会を結成するように説いた。考慮しましょうという礼節を守った答えが得られただけだった。ベオグラードでの会議もまた成果がなかった。ハンガリーでは、小さなコブデン・クラブが生き延びており、プラハには新しい自由貿易同盟があり、表敬訪問の意味はあったが、ドイツでは「現実政治」としての自由貿易の限界が明らかになった。ドイツの首相は、ドイツには賠償支払いという財政圧力があることをペイッシュに思い出させた。ポーランドと出張の最終目的地であったスカンジナビアでは、ペイッシュはまったく政府に自由貿易への関心を掻き立てることができなかった。全体として、この出張は失敗だった。「私の訪問の成果は、実際皆無である」と彼は従容と認めるしかなかった[89]。

対照的に新国際主義者は、貿易を調整するための国際統治に目を向けていた。貿易自由化は、一九二七年のジュネーヴでの世界経済会議の最優先議題であった。二七ヵ国が、その推奨に合意した。イギリス帝国からの代表団の一部は、関税は国内政策の問題であり、国際合意の問題ではないとする従来のイギリスの見解から離脱する意思を示した。ウォルター・レイトンは、関税は国際的な注目が必要な国際問題であるというフランスの見解に賛同した。関税が国際関係を脅かすのだとすれば、国際組織が関税を監視し干渉するべきなのだ[90]。

一九二七年の会議の成果は限定されていた。多くの通商条約の期間が延長され、少ない関税は果てしない修正に服することになった。しかしながら現実の貿易自由化はうやむやなものとなった。フランスとイギリスは最恵国待遇の適切な解釈をめぐって対立した。フランスは条件付き最恵国条項と互恵性を強く求め、イギリスは完全な無条件を支持した。高い貿易障壁の世界において、個別の国に率先垂範し自国の関税を下げるように求めるのは困難だった。アメリカは自国の生産者をヨーロッパの競争相手から守るために周りに高い関税障壁をめぐらせていたが、同時にヨーロッパ市場への参入を推し進めていた。大半の国が、アメリカのような高関税の国に自動的に無条件に完全な最恵国待遇を拡張することの不利益は悟っていた。一九二〇年代終わりには充分に明白になったように、関税障壁を低くするための集団的行動は、大半の国が関税を諸々の商品との比較検討の上で策定している事実によって相当に複雑化していた。各国は、別の領域で利を得ることなく、ある領域で譲歩を呑むことは望まないのだった。

このような見返りを求める精神傾向は、自由貿易の理念にもっとも近い国イギリスにとってはいまだに嫌悪の対象だった。商務省は、互恵保証に関わることや、染色産業保護のような、わずかな武器としてある関税放棄の検討に入ることを全面的に拒絶した。(91) この原理原則に基づいた交渉の拒否はまた、双務性への進歩の前に立ちはだかる最大の障害の一つであった。フランスの交渉者ダニエル・セルイは、無条件の最恵国条項は関税障壁の上昇に貢献したとさえ論じた。規模において不利を被っている小国は、大きな競争相手の関税と同様に高い関税を設定することを強いられるのである。(92) セルイが指摘するように、イギリスの近隣の保護貿易国家にとって、「門戸閉鎖を門戸開放」と引き換えるというのは単に無意味であった。(93)

ジュネーヴ会議は、しかしながら貿易自由化を実行に移すことには失敗した一方で、商業外交の領域の理念上の拡大をもまた示した。国際的な企業結合と企業合同には、貿易安定化への協力が求められた。世界経済会議は、国際的なカルテルを既得権益保持者とか関税悪用者として否定するのではなく、その建設的な潜在能力を強調した。

カルテルはそれ自体として「善でも悪でも」ないと最終報告書は述べている。それはその「精神」によるのである。多くの場合、カルテルは通商の助けとなる。非経済的な競争を抑制する役割を果たし、産業活動の変動から生じる悪を撃退する能力が備わっている。(94) 大資本は政府が失敗するところで成功するだろう。もちろんそれに万人が同意したわけではなかった。カッセルは、カルテルを助長すれば、世界は独占企業の意のままになるのではないかという懸念を隠さなかった。それでも新たな国際的意見の大勢は明らかだった。国際連盟では、ソルター、アレグザンダー・ラヴデイ、ピエトロ・ストッパーニが、善へ向かう力として産業協約に積極的であった。戦後は、企業連合と企業合同を悪しき関税体制の人工的産物とするエドワード時代の捉え方を維持するのは難しくなっていた。企業同士の結合は存在しつづけてきたのだ。追い払うことができないのだとすれば、国際主義の企画に結びつけておくべきであった。

この転換は、部分的には、片務的な自由貿易が挫折したという現実主義の冷静な感覚から生じていた。しかし国際主義者はまた、戦間期を特徴づけていた「合理化」の全般的魅惑に囚われていた。産業協約は規格化を促進し、無駄を排除する。彼らは情報を交換し、購買行為を集中管理し、原材料から完成品への生産工程を流れ作業化することで価格を引き下げた。合理化は、連合国間統制が残した場所を取り上げた。それは国境を越えて需給を調整し、世界経済という船を座礁させる荒波を鎮めたのだった。ジュネーヴ会議に向けての準備期間に、生産者合意に関する調査によって、カルテルが物価の安定と失業の軽減に寄与し、消費者と生産者をともに潤しているという新国際主義者の把握の正しさが確かめられた。[95]アメリカの精肉トラストの手中にあった精肉取引に関して真実であったことは、より一般的に企業合同と企業連合に関して真実であった。このような世界において「関税と自由貿易はともに重要ではない」とロイドは論じている。問題はもはや民間のトラストに賛成するか反対するかではない。その潜在的な便益は明らかだ。「トラストを統制することはできるが、混沌を統制することはできない」とロイドは一九二二年に『ネイション』に書いた。問題はいかにしてトラストを公共の権益のために機能させるのかだった。民間のトラストは「無数の無責任な株主によって所有され、少数の強力なトラスト幹部によって統制されるべきなのか、それとも生産者と消費者の権益を代表する事務的な結合体によって所有され、帝国を構成する政府によって財政的に保証を受けた愛国的な企業人によって運営されるべきなのか[96]」。

新国際主義者にとって、眼前の仕事は、産業協約がもたらすあらゆる便益を取り込むことだった。それらは世界経済が次第に自覚的になっていることの徴候として歓迎される。これは国際連盟の組織内のメッセージであったが、またそれは国際連盟連合のような国際主義者による新たな社会運動に向けて広く喧伝された。「アメリカのトラスト運動の初期に生じた災禍の大半が他の諸国に訪れることを防ぐ」歴史的機会を得ているのが、この運動を導いている国際連盟だと一九二七年にジュネーヴの国際関係研究所の夏期学校でソルターは述べた。[97]戦争によって分割された世界において、国際的なカルテルは敵対し合う集団をまとめ上げる。フォーディズムは大きな市場を必要とした――これはアメリカが得て、ヨーロッパが得なかったものだ。一九二〇年と一九二二年におけるブリュッセルとジェノバの会議における保護貿易縮減の取り組みは失敗に終わった。代わりに国家分裂化は、一九二〇年代にオーストリアとハンガリーによって提起されたもののような産業と市場の合意によって克服されるであろう。同時に、生産者と商人は、自らを単なる資本主義者以上の存在として見なす必要がある。国際連盟における見解は、生産は「義務を伴うが、生産工場の所有者、労働者、地主、資本主義者に対してではなく、公衆に対してである」[98]。

この国際主義者とカルテルの歩み寄りは、アメリカにおける強硬な反トラスト立法を支配していたものとは異なる手法を要請することになった。一九二七年のジュネーヴ会議は産業協約に正当な法的資格を与えること、国際連盟にその国際的機能の監視の権限を認めることを推奨した。公共事業は透明性を前提とする一方で、容赦ない迫害は、対照的に秘密を生じる。一九二七年に国際連盟になされた報告にあった「世界の経済成長は、政治と社会の成長を追い越してきている」という見解に、労働党と労働組合会議は同意した。労働党は、「世界の諸国民」の利益に配慮してトラストを統制する国際組織を要求した。国際連盟は、裁判所となって、自国民が不当に扱われていると諸国が考える事例を調査し、政府と経済組織の間で裁定を下すべきである[99]。カルテルが「一般世界経済協議会における重要な構成要素」となることをソルターは望んだ[100]。

これはもはや正統的な自由貿易の企図ではなかった。関税が合理的で、ダンピングを止めたり生活水準を守ったりなどの社会目的に即して導入されていれば、ソルターは問題視しなかった。諸国は自国の経済を守る権利を有するのだ。国際主義者は経済ナショナリズムに反対するのではなく、それに合わせて作業する方法を学ばなければならなかった。問題が生じるのは、関税制度が、国益に即した見解ではなく、既得権益側からの要求の声を聴く姿勢で設計され、過剰と混沌を招いたときである。カルテルは貿易を安定化させることにより、関税がもたらす最悪の影響、とくに関税悪用業者を除外するだろう。国際的なカルテルは政治家を、特定利益団体のロビー活動から守るのである。関税障壁は貿易規制によって低くなるだろう。これは社会主義ではないし、もはやヴィクトリア時代の自由貿易支持者によって擁護されたグローバルな競争市場でもない。ジュネーヴは、地理的にも思想的にもマンチェスターとモスクワの中間に位置するのだと国際連盟の金融部門の代表であるラヴデイは正確に指摘した。「完全な自由ではなく、『より自由な貿易』」を信じたのである[101]。

ジマーンの世界

貿易論議は無味乾燥で技術的に聞こえるかもしれないが、今日のフェアトレイドをめぐる論議においてと同様に、幅広い民主的な運動の一部を形成している点に留意することは大切だ。新国際主義者は、自らを市民の再生とグローバルな平和という二重の企図を追求する存在と見なしていた。彼らの見解では、自由貿易はその両方に失敗した。大企業と政府の間の緊密な関係の時代において、最小限の政治という観点は時代遅れだった。自由貿易は、政治を国際関係から除外することを試み、解放された諸民族による国民国家間のグローバルな調和を商業が実現するように求めたのだった。この見解にしたがえば、自由貿易と国民国家は共生するべきものであった。第一次世界大戦によって両者は瓦解した。新国際主義者はそのリベラルな遺産からの自覚的な断絶を行い、市民意識、商業、国民性の再定義の作業に着手した。そこで自由貿易は、貿易と外交という場における特定の問題に直面しただけではなかった。それはまた、軍国主義的ナショナリズムを予見することも国際的なアナーキーを抑制することもできなかったリベラリズムの失敗とのつながりに苦しんでいたのである。

新国際主義者にとって、貿易は新民主秩序の探求の一部であった。この運動の最前線に立っていた男の一人が、アルフレッド・エックハルト・ジマーンである。今日ではほとんど忘れられている彼の一九二〇年代における業績は膨大である。この時代のジャーナリストたちは彼を「理想の首相」と称した。[102] 確かに、ジマーンは完全に独創的な思想家ではなかった——そのような知識人はほとんどいないが。しかしながら彼が具備していたのは、弟子のアルフレッド・トインビーの言葉を借りれば、強力な「気を集めるアンテナ」であり、[103] 主要な意見の流れを取り上げてそれを幅広い聴衆に送り届けるのが彼だった。イギリス、ヨーロッパ、アメリカにおける彼の講演、著作、活動は、第一次世界大戦中と戦後において変動する民主精神への非常に透徹した洞察を与えてくれる。

ヨーロッパと両大西洋岸の世論を誘導すること、国際的改革者と社会運動にとっての仲介者として行動すること、特定の国民文化や民族集団の一員としてではなくある国の市民である意味を考察することにおいて、生育環境と教育からして、新国際主義者の中で彼ほど適した資質を備えていた人物はまずいなかった。ロンドンからわずか数マイル離れているだけのイングランドの典型的な衛星都市サービトンで一八七九年に、ジマーンは生まれた。母親の家系はユグノーであり、東インドと中国で取引を行う商人であった父親は、ドイツ統一後にイギリスに移住して国教会に改宗したリベラルなユダヤ系ドイツ人の一家出身であった。ヨーロッパ諸語に堪能であったジマーンは、当時ギリシャ研究の中心であったオックスフォード大学のニュー・コレッジに、最初は学生として後にフェロウとして通った。一九一一年の『ギリシャ連邦』によって彼がその世代有数の有能かつ広く読まれる古代史家としての名声を確立したこの時代、古代の帝国がイギリス帝国の将来を映し出す人気あるプリズムであった。現在では一握りの専門家以外にはほとんど忘れられているこの著作は、同時代に大きな衝撃を与えた。アメリカの著作家ルイス・マムフォードは、同書をエマソンの『日記』やプラトンの『共和国』と並べている。ジマーンは「わが青春時代の英雄の一人」であった。[104]『ギリシャ連邦』は富と帝国の拡大が市民社会に何をもたらすかを示している。同時代人と同じく、ジマーンの帝国への関心は、社会改革への関心と補い合っていた――彼は労働者教育組織であるトインビー・ホールの活動に、そしてアメリカにおけるセツルメント運動の創始者ジェーン・アダムズを通して、大西洋両岸の社会改革家たちの広範なネットワークに積極的に関与した。

古代史と哲学が、市民精神と帝国についての議論のためには有用な分野だったが、第一次世界大戦の影響によって、ジマーンの古典学者としての経歴が終わり、新国際主義者としての名声が広まりはじめる。ジマーンは最初復興省に務めたが、一九一八年に外務省の諜報局に異動した。最初期からの国際連盟の提唱者であったジマーンは、一九二〇年に、チャタム・ハウスとして知られる国際問題研究所の創設メンバーとなった。十年後には、オックスフォード大学の最初の国際関係学モンタギュー・バートン教授となった。しかしながらジマーンの経歴はつねに学問世界よりも公的領域が多くを占め、イギリスに関わる以上に、ヨーロッパと大西洋両岸に関わるものであった。一九二〇年代後半は、パリを拠点とする国際連盟知的協力研究所の副所長を務め、ジュネーヴで国際関係を教える夏期学校を運営した。このすべてを、著作と新聞記事の執筆およびウェールズの労働者階級の聴衆からニューヨークの市民団体まで万人のための講義からなる精力的な業務日程の間を縫って行った。

ジマーンを突き動かす関心は、市民精神は国民性から引き離さなければならないという点を示すことにあった。文明が悪性のナショナリズムと文化グローバリゼーションという二つの悪から逃れるためには、この両者は重要であり、ともに活性化しなければならない。しかし国民国家における政治上の所属資格と文化的な自己把握を混同することは害悪をもたらすだけであった。ジマーンにとって、国民性に対するリベラル派の固定観念は、その自由貿易信仰と同じ欠陥を呈するものであった。普遍的な自由貿易に対するコブデンとブライトの信念と、その国民という大義に関する「熱狂」は、「自己利益という同一の哲学」に基づいているとジマーンは論じる。自由貿易の下で個別の商人がその自己利益を追求することで国全体を潤すのと同様に、独立国によって構成される世界において「各国が自国の利益を追求し、その利益の計算が自由貿易政策の採用を決定する」ことを信じた。彼らは「経済国」を、よく知られた「経済人」の補完として見なしたのだ[105]。国がそのように行動することはまずない。国際関係においては、権力と自立が多くの場合、物量の豊富よりも大きな問題となるのだ。

それはまた市民としての人びとに対する狭い物質中心の捉え方であった。ジマーンにとって、コブデン、マルクス、スペンサーは、近代史において最大の一つの袋小路を築いてしまった。彼らは「運動の輝きなき進歩の理論を、日常生活の出来事への関心なき社会の理論を、人間存在への関心なき人類の理論」を推進したのである[106]。ジマーンは「旧式の社会主義者と旧式の自由主義者」の双方に説く。「一八四〇年代以来の符牒」を捨て去って、「新しい運動の力に加わることであり、この運動は、マルクスとコブデンを置き去りにしてマッツィーニのより幅広くより本当の予言の趣のある福音へと向かうもので、これまで二世代の間別々の水路を通っていた社会と国民の流れを統合することになろう[107]」。厳密に言えば、「引き金を引いたのは」ドイツ皇帝であった。しかし究極的には、「自己利益という哲学」をもった商業資本主義が、「戦争を実現可能とした利己心と支配欲の雰囲気」を形成したのである、とジマーンは主張する[108]。

ジマーンの代替案の展開においては、三つの部分が補い合っている。最初は市民生活そのものに関わる。市民精神は、物質主義から守られた、共通の社会的動機という精神基盤に根ざしていなければならない。二番目の部分は、集合的な記憶と自己認識の形態であるが、政治的共同体とは別のものとしての国民性への健全な眼差しである。最後に、国際関係の領域があり、そこでは脱中央化した協調の形態が、過重負担の国民国家の上下に新たなつながりを構成して、国際組織を社会運動につなげている。

商業生活をもう一度、社会倫理に従属させる必要がある。ジマーンは大きな歴史の物語にひるむ人物ではなく、現代社会が埋めなければならない分裂の契機を遠く古代ギリシャまで遡って認めている。『ギリシャ連邦』において彼は、一方の自由と市民生活、他方の進歩と財産、この両者の大きな分岐を鮮やかに描き出す。ジマーンによれば、五世紀前半は、アテナイ市民にとっては「偉大なる半世紀」であった。社会的義務感と同胞意識が開花した。ジマーンの手にかかると、アテナイ社会は、理想主義の絵筆で有機体的共同体の絵図を描き出すための画布となる。(109)「政治と道徳が、完全なる国家における完全なる市民という共通の理念に向かって手を携えて前進してきた。人間の生活におけるあらゆるものがその道沿いにあるかと思われた。『自由、法律、進歩。真と美。知識と美徳。人間性と宗教』」。現代社会はこの古代のモデルと比べれば色あせて見える。「より多くを求めるわれわれの鈍感な物欲」、「ヨットや自動車」を欲しがる贅沢病とは無縁のアテナイ市民が財産を求めるのは、より高度な文明、「洗練度と多面性をきわめ努力を愛する社会」を構築するためである。ペロポネソス戦争がこの有機的統一体を破壊し、自由および共同体を財産および帝国から分離したのだ。

第一次世界大戦の勃発は、この説明に予言的な様相を与えた。ジマーンは、市民精神という古典的な理念をドイツに対する宣伝戦において使用する機会を捉えた。この観点にしたがえば、戦争は土地と市場よりもはるかに大きなものに関わるのである。これは、二つの敵対する文明と統治の形態の間の、「文化《クルトゥール》」と連邦の間の激突なのであった。イギリス人はギリシャ人の末裔である。アリストテレスにとってと同様に彼らにとって、国家は共同体を意味していた、とジマーンはラスキン・コレッジにて労働者階級の集団に語った。国家は別々の種のようなものではなくて、政党、社会運動、クリケット・クラブと同種のものである。簡単に言えば「あらゆる人間の結びつきのなかで最高のもの」である。イギリス人は人間同士が結びつく生活というギリシャの伝統を引き継いだのである。ジマーンが焦点を当てる労働者階級は、商業精神に富んだ中流階級とは異なり、教会、協同組合、労働組合との「結びつきの本能と習慣」を生き生きと保っていた——「工場さえ時にある種のコレッジである」と彼は考える。これはロマン主義的な構図で、市民社会の進化における商人、専門職、小売店主の役割が除外されているが、経済と民主政治を今一度結びつけるより大きな目標に寄与しているのだ。物質生活はそのものとしては社会の結びつきの一部門である。これは統治における進歩がすべて関わること、すなわち

「隣人に対する義務の深化と拡張」であった。[110]それなしでは財産の追求は、帝国主義、そして国家と文明の最終的崩落につながるのである。

イギリス人が現代世界のギリシャ人だったとすれば、ドイツ人はローマ人であった。プロイセン主義は共同体を「軍事と経済の単位に、兵舎と大規模農園に変えたのであり、そこで社会生活と政府は参謀本部に従属したのである」。[111]倫理と人間同士がつながる生活が、政治から排除された。ドイツ「文化」とは「国家の産物」であった。国家のために国家によって養成されたのである。そのためにかなり危険なことになっている。「その市民における精神的行為の避けがたい萎縮は、それに対応する市民の精神的自由の衰退を意味している」。対してイギリスは連邦である。強力な国家と強力な社会組織が相互に支え合い、精神の交流によって一体となっている。ドイツにおける「文化」とは異なり、イギリスでは「教育は現在、同胞であること、市民であることに根ざしている」。人間同士のつながりに依拠した政府は、市民精神と社会奉仕を涵養し、イギリスが極端なナショナリズムにも利己的な物質主義にも陥らないようにする機会を与えている。[112]

戦争の熱狂のさなかにドイツ移民の息子から発せられたこのような愛国的な叫びは意外には思われないかもしれないが、実際、彼は自身の民族的出自をほとんど隠すことはしていなかった――むしろその逆である。彼はドイツの権威主義的政治を一刀両断したあと間髪入れず、「自分が血脈と伝統でつながっている遺産に負っている債務」を堂々と認めている。成人に達して「自分が性質の深いところではイギリス人ではない」ということを認識した。[113]ジマーンは自身を市民精神と国民性が一致している必要はないことを示す生きた証拠であると表現している。反ドイツの暴動と「フン族の暴虐」の氾濫の時代にあって、これは勇気のいることだった。これはまたジマーンと新国際主義者にとっての「国民性」の重要性を反映していた。

新国際主義者は、世界主義者ではなかった。一九一七年に『アトランティック・マンスリー』にバートランド・ラッセルが記したように、彼らは「あらゆる文明国の人びととの細密で多岐にわたる接触によって際立ったものすべてを失ってしまった旅行添乗員、寝台車担当係などの」世界主義を望んではいない。[114]真の国際主義は、自国に対する愛情に上乗せされるものである。過去においてナショナリズムを誤謬に満ちた危険なものとしたのは、その政治的な野心であるとジマーンは考える。国民国家は普遍的な解放と自由ではなく、多くの場合、不寛容と迫害をもたらした。国民、国家、そして民主的代議制は、ジョン・スチュアート・ミルが考えたようには同一の範囲に重なるものではない。巨大組織の世界にあって、小国は「消え去った過去の遺産」である。一九世紀のリベラル派は、国民性の本質について誤解していた。国民性とは精神の力であり、国民に「性格」と共同の過去へのつながりを与えるのである。それは政治的解放の手段ではない。

ジマーンのミル攻撃は、コブデン排撃と同様に、新国際主義者たちがそのリベラルな父祖との断絶を求めたその自覚的な遣り口をあからさまに示している。ミルの国民性に対する考えは、公正に見れば、ジマーンやさらに近年の論評者が認めるよりはニュアンスに富んだものである。共通の国民性と共通の言語が安定した民主制にとって必要とミルは考えてはいなかった。彼は文明の進歩を単に、後進的な少数集団を吸収する活発な多数集団の物語と捉えてもいなかった。またロシアのような大きな国民が拡大することを望まなかった。別の文脈では、フランス系カナダ人の立場のように、国民性による同化よりも、国の政治制度への献身に好意的であった(115)。

ジマーンがミルに取り組む中で目を向けたのは、ミルの最初期の批判者であったアクトン卿であり、彼は一八六二年にすでに国民国家を、潜在的に最悪の「歴史における後退」として記述していた。しかしジマーンはさらに先に進む。アクトンにとって、国民性は、人間進化において本能が強く支配する下層の段階にある先祖返りの自己把握であった。それは文明が進展するにしたがって後退することになろう。ジマーンにとっては、対照的に、国民性は、現代性に関して重要でなくなるどころかますます重要になっている。国民性が「呼び起こすのは、貴重な記憶の、消え去った父祖と知友の、旧習の、尊崇の、故郷の雰囲気であり、前後に拡がっている記憶から失われている世代の間の橋渡しとしての人生という短い期間の感覚」である。それは人間性と自尊心を教えてくれる学校である。

グローバリゼーションは、この精神の貯蔵をよりいっそう重要なものとした。アメリカ合衆国やイギリス帝国のような多民族集合体においてこそ、グローバリゼーションと移住の複合的圧力がきわめて顕著となり、多様性と統合の問題に対する解決が閃くことになる。対照的に、ヨーロッパは、「息が詰まるような小世界」である——「諸大陸の中でもっとも遅れている」。もっとも成功した実験としてアメリカに魅了されている点でヴィクトリア時代の帝国主義者とジマーンは共通している。J・R・シーリーのような大英連邦の支持者にとって、アメリカは、古代の帝国が解答を与えることに失敗した問題に正解を見つけていた。すなわち、いかにして自由を失うことなく領土を拡張するのか[116]。

しかしアメリカ訪問によって、ジマーンは集団移住が及ぼす非人間的効力についての強烈な感覚を得ることになった。エリス・アイランドに到着した移民の「悲哀、困惑、そして絶望的な無知」と彼は回想している。彼らにとってアメリカは「地上の楽園」と映っていたが、それが「抽象的な理想にすぎなかった」のは、「その理想像を自身の生活の織物に編み込んでいく知識も能力も持ち合わせていなかった」からだ。文化的な隠れ家であり自尊心と自立心の源でもある国民性をもたない「素朴な」農民は、「アメリカの産業主義のスチームローラー」に対抗する術をもたず、「慈悲なき大企業の安価な労働力」にされてしまう[117]。ジマーンは新たな国民共同体を支持したが、最終的に関心を寄せたのは、食事、儀式、記憶に関して国民ごとに異なるやり方を保持することであり、言語や地域の自律に基づく集団の権利を確立することではなかった[118]。政治上の共同体において、イギリス人がトーストを好む一方でギリシャ移民がオリーヴを食するとしたら危険は生じない。多民族共同体が、個々の人間の水準で、世界主義的資本主義を抑制するのは、協調が、国際関係の水準で貿易を抑制するのと同じである。国民性は「弱小の発展途上の国民の手に、物質的進歩というゴリアテに立ち向かう投石器」を与える[119]。商品の自由な流通は、コブデンとその仲間たちには調和する世界において人びとを結びつけるとして喧伝されたが、今や人間性を破壊し、文化的な独自性を「単調な世界主義」へと混ぜ込んでしまうのである。

世界主義に関するこのような不安は、民族、階級、帝国に関する考え方に依拠していた。醜い西洋の衣服および貧しい解釈を受けた西洋の思想と伝統的文化を引き換えにしてしまったレヴァントにおける「精神の腐敗」を、ジマーンは指摘する。しかしながら世界主義と国民性の対立は、東洋やアメリカ合衆国に局限されるものではない。その成員が「自然な」文化の住まいを放棄したあらゆる社会は危機に瀕している。イギリスもまた根拠不在に苦しんでいる。階級は、国民と同様に、特徴的な思考のパターンをもっているとジマーンは論じる。個人が服を取り替えるようにその思考のパターンを変えようとするならば、本当の人格を失ってしまう。オックスフォードの雰囲気を身につけた労働者階級の奨学金少年は、この点で、「ロシア人ゲットー出身でニュー・イングランドの作法と習慣を真似した野心的なボストンのユダヤ人の若者や、マコーレイやミルの簡便な文句と意見を取り上げる目端のきくベンガル人の学生」と変わらない。スノッブと同様に、世界主義者は贋物なのだ。自分自身ではないものになろうとすることによって「力を失ったサムソンのようになり、高貴な目的をもってはいるが、それを遂行する力をもたない――救いようのない愚者」で、「寄生虫」、「元の自分の青ざめた亡霊」である。[120]

世界主義と同化に代わる解決は、多民族共同体である。マレイやジマーンなどのリベラルにとっては、戦争は、民族と政治の信頼の危機を招くものであった。[121] 植民地の人びとは、白人の帝国に楯突こうとしている。ヨーロッパはもはや政治の重力の異論の余地なき中心ではないのである。このリベラルな回答は、民族自決の原則を拡張するものではなかった――民族に根ざした発想はこれよりもかなり深いものである。主権は白人の「大人」の諸国のみに許される。むしろ回答は帝国と西洋の多民族国家を精神的に格上げし、それらを民族間の調和を可能にする有機体として提示することであった。元奴隷たちの政治的統合を肯定すると同時にその民族文化の特異性を認めるアメリカの論評家をジマーンは賞賛する、ジマーンにとって、アメリカは政治的な坩堝であって、文化的な坩堝ではなかった。「国民性に、アメリカが奴隷の末裔をアメリカ市民社会に統合する際に頼ったのだとしたら、それはまたわれわれイギリス人が帝国内の原住民族を扱うのに際して助けになるだろう」と一九一五年の社会事業組合において語った。[122] イギリス帝国は原住民族を商業とイギリス化した文化にさらしていた。総体的に、この「無規制の接触と統合を欠いた教育の過程」は、「進歩の女神がその誘惑の手を彼らにかける以前にそうであったような若々しく頑健な野蛮人や異教徒の代わりに、哀れなほど軟弱で無愛想な人格、文明の悲惨な見本」を残した。[123] もちろん、ヨーロッパの到来以前の正統的文化の黄金時代という図柄は歴史的には意味をなさない。しかしその当時は、ジマーンがその非政治的な国民性という理念を、「間接統治」と信託統治への移行と結びついていた帝国への同時代の批評と重ねる助けになったのだった。帝国という「白人の責務」を学ぶ学校は間違っていたのだ。帝国の使命は、「後進的な」民族をイギリス化して宗主国の文明水準に引き上げることではなく、その中央において文化的多様性を保存し深化させることなのである。これによって、文化と商業のグローバリゼーションの病弊に対するその文化制度の免疫力を高めることになるだろう。

イギリス化と商業の力とのつながりから脱皮した帝国は、新たな国際秩序の萌芽となる。第一次世界大戦は、ジマーンの言葉を借りれば、「第三イギリス帝国」を創り出した。一八世紀の最初の重商主義帝国や一九世紀の二番目の帝国とは異なり、ジマーンにとって第三イギリス帝国は、協調と相互奉仕に依拠する真正の連邦なのである。これは、国際連盟が発生する土壌を予見し準備した。信託統治の原則、議論の平和的解決、国際警察力の行使、これらすべてがイギリス帝国の内部で開拓されていたのだった。戦争の圧力の下で、帝国は中央統制から離脱しはじめた。白人居住自治領は、一九一七年に戦時帝国閣議への、三年後には国際連盟への参加が許され、一九二六年には最終的に同等の地位を獲得したのだった。「国際連盟は、イギリス連邦にとっては『機械仕掛けの神』であった」とジマーンは語った。(124)

連邦は、ジマーンがより大きな歴史を導いてきた論理と見なした、協調の精神、相互依存、脱中央の政治から成る小宇宙であった。第三イギリス帝国は、もはや孤立しているのでも自足しているのでもなかった。他国同様に、諸国からなるグローバル社会に依存しているのである。帝国は、国際連盟によって乗り越えられた。帝国を構成する諸国に、明確に帝国に関わる権益はまず残されていないという点に、ジマーンは一九二〇年代末には確信を抱くようになっていた。権益は国際的なものになったのだ。これがまさに帝国が、成立してまもない国際連盟の制度と活動の拡大に太刀打ちできなかった理由である。「イギリス帝国の諸民族が協調を望まないということではなく、彼らにとってとくに協調して行うようなことはないのだ」。第三帝国は「国際連盟によって保護された協調体制」に依存したのであった。(125)

商業と世界主義への批評と並行して生じた、国家と国民の関係の解きほぐしは、必然的に、第一次世界大戦後の時代において自由貿易がその価値の大半を失ったということを意味していた。たとえばジマーンは、外国の「ダンピング」に対して国産品を守ることを求める小国に何の問題もないと思っていた。(126) 主要原材料の重要性への注目がとくに、自由貿易国としてのイギリスの自己イメージに大きな傷を与えていた。「最大の貿易国が最重要の油田の一つ［ビルマ］を支配する権益を有していて、その帝国自治領の二つと貴重なリン鉱床の所有権を共有している——その染料企業結合への支配権は言うまでもない――世界は、コブデンの意味での自由貿易へと向かう世界ではない」とジマーンは認識していた。[127]

新国際主義者たちはウィルソンに同意していた。国際的な緊張の主因は、保護貿易ではなく、敵と味方とで差別する関税なのであった。戦争を惹き起こしたのは、排他的市場への欲望に他ならない。そのために、たとえ寡少であっても帝国特恵は受け容れがたいものとなる。平和を維持するためには、先進国間の自由貿易は、その属国の門戸開放よりも重要性は低いのである。

戦前の議論の両極の激しい対立は和らげられた。一方に貿易の自由があり、他方に帝国関税改革あるという鮮明な二項の選択はもはやなかった。国際貿易の協調の正しい種類について議論は進められていた。新国際主義者は、自身の目的のために保守派の書物から文章を借用することに何らためらいもなかった。たとえば一九二五年に、ジマーンは、『デイリー・ヘラルド』でボールドウィンの保護政策について議論した。単にまた一つの保護貿易派の策略としてあっさり捨て去るのではなく、基幹産業の科学的統制に関してそれが有している建設的潜在性を強調している。進歩派の手にかかれば、緊急輸入制限は、外国貿易の国際統制の一部となりうるのである。平和と市民社会の力としての商業の場所に取って代わったのが、協調と世論であったのだ。

ジマーンやソルターのような新国際主義者は、世界政府の計画には反対した。そのために国際連盟は「衝突する国益を調整する操縦室」となった。[128]必要なのは世界政府ではなく、諸国政府が内部でつながり、市民社会の団体に開かれている国際組織なのだ。グローバリゼーションは、中央集権の自足した単位に基づく政治制度を破壊し、「相互依存的な集団からなる世界」と「配分された権力の制度」を作り出した。旧秩序にとって「主権」だったものが、新秩序にとっては「協調」となった。[129]「主権が内側に向かい、『外国人』に対して武力を行使する」のに対して、「協調は外側に向かい、異質な『外国的』であったものを、広く認められる共通の便益のための協同作業の要素へと転換するのである」。[130]

この制度はもはや政府の指示によってではなく、思考と感情の自由な流れによって機能する。国際連盟は、この世論を送り届けるためには魅力的な枠組みである。中央集権化された国民国家の水準の上層と下層において、国際連盟は世論をつなげることになる。その失敗すべてを措くとしても、国際連盟は、福祉と人権に関する議論を拡大した非政府団体の集まりを創出することに成功したのだ[131]。新国際主義者たちにとっては、これは民主制の更新への第一歩であった。中央集権国家には市民の声は届かないようになっていた。商業資本主義は、人びとに公共の生活ではなく個人の生活に関心を向けるように仕向けていた。「本当に効率的な国際統治機関を設けたいのならば、自発的な国際団体から立ち上げるべきだというのは、どの段階においても自発的な結びつきが諸政府の機能を監視することになるからである」とジマーンは一九三一年にイギリス協同組合会議において述べている[132]。

第一次世界大戦は、貿易と金融のグローバルな体制を破壊した。一九二〇年代を、世界恐慌と一九三〇年代の世界を決定する経済ナショナリズムへの準備期間として主に否定的な言葉で記述する誘惑に駆られはする。しかし戦争の影響はすべて破壊的なものではなかった。高まる関税障壁と近隣窮乏化政策と並んで、戦後には、新たに再活性化した国際主義が勃興したのである。それは、国際関係における政治的なものの再発見を促した。リベラル派と進歩派は、商業の自律的な機能に依拠する代わりに、グローバリゼーションを管理し、貿易を調整する方法に目を向けた。このような発想はそもそも戦時中の国家の内部で地歩を固めたのである。平和が回復され連合国間の統制が廃されたとき、新国際主義者は、この発想を世論の領域に、国際連盟に移したのである。商業と平和という旧来のコブデン的理念は次第に場所を失っていった。この新国際主義は、市場と国民国家の双方への批評であった。商業のなすがままに任せることが危険な変動と社会の解体を招き、人びとを国際的なトラストの生け贄にしてしまう。国民国家もまた過剰な責務を負っていたのだ。新たな国際組織はグローバルな展開を規制することを求める。新たなグローバル市民社会の思想の種が蒔かれたのである。

第6章　利益喪失

私見では、抽象的な原理は、すばらしい召使だが非常に悪い主人だ。

バルフォア・オブ・バーレイ[1]、商業・工業政策委員会委員長、一九一六年七月

政治の問題は私にはわかりません。関税改革や他の名で呼びたくはないのです。それを普通のやり方で見たらいいのではないかと思っています。

F・D・ムーア[2]、毛織衣料品輸出業者、一九一六年十月

輸出産業における賃金は、競争で固定されているとしても、世界各地の類似の労働に支払われている賃金によって間違いなく統制されている。熟練の野蛮人が、文明化されたイギリス人労働者の生活状況を決定しているのだ……文明は、自己保存のために、この制度を破壊するように編成されねばならない。イギリスは今、地上の楽園か地上の地獄かを選択しなければならないのだ。

ジョン・ウィートリー、元労働大臣、一九二七年[3]

「体質に深く根ざしたトーリー主義にもかかわらず、私は一途な自由貿易支持者だったが、現在五里霧中の状態にある」とミルトン・S・シャープは、一九一六年の夏に商務省のある委員会にて吐露した。企業人も多くの同時代人たちと同様だった。戦争が強固な信念を揺さぶったのである。定評のあった真理がその権威を失い、新たな原則への探求がはじまった。「戦後、私はまた小さな子供に戻ったつもりで自分の勉強をやり直そうとしている。財政問題に関して私が抱いているどんな見解も、それに関する意見を表明するに際して私にいっさい影響を及ぼさない」[4]。

シャープが代表的な企業家であった織物産業は典型的な輸出業種であり、その富は自由貿易と開かれた世界経済に結びついていた。彼が会長を務めたブラッドフォード染色業者協会は、一八九八年に結成され、ヨークシャーのその地域における大量の綿布染色を統制し、ランカシャー最大規模の染色工場をいくつか所有していた。戦争前夜において、この協会は五百万ポンド超の資本と四一ヵ所の支部を有し、ドイツとアメリカに工場をもっていた。シャープとその仲間の工場は、世界で織られた綿織物を染色していた。

戦争は、その信念だけではなくその企業活動にも衝撃をもたらした。戦前、自由貿易は輸出産業に安さと選択を保証していた。個人としての消費者と同様に、産業消費者も、世界市場が提供することになっていた最安価の輸入品を得ることを前提とすることができた。そうした輸入品には加工が施された上で輸出されて利益を生じたのだった。シャープのような企業家にとっては、戦争はこの流れとそれに基づいていた経済的計算を停止させたのである。織物染色には、綿織物だけでなく、染料と化学薬品が必要とされる。染料は、綿織物産業の「血液」であった[5]。一九一三年に、染料の四分の三がドイツから輸入されていた。戦争勃発の一年後には、その恐るべき比率は一パーセント以下に落ち込んだ。その染料の三分の二に関しては、ブラッドフォードはイギリス国内の業者に目を向けざるをえなかった。スイスがそれ以外の三分の一を提供した。イギリス産染料が増産されはしたが、可能な色彩の幅が著しく縮減した。その六五パーセントがカーキであるとシャープは嘆息した。このために売り上げを維持することが困難になった外国市場では、競争相手が、イギリスの戦時問題を利用することに関して素早かった。戦争が仮に明日終結したとしても、協会は入手できる染料からその注文の六〇パーセントに応じることができるだけであろうとシャープは試算している。

戦争はイギリスの産業全体に同種の難題を投げかけた。外国産食品への依存が消費者にもたらすものは、化学薬品、磁石発電機、科学用品などの「主要」製品への依存が生産者にもたらすものと等しいのだった。外国から安価な化学薬品を輸入することは短期的には有効だが、長期的にはまともな化学産業や熟練した科学者をまったくもたないことになるのだとすればいかがなものであろうか。

このディレンマは、次の、劣らず重要な、イギリス経済の国際的方向性に関わるディレンマに結びつく。ヴィクトリア時代とエドワード時代のイギリスは、世界に冠たる貿易と債権の国であった。戦争はこれを一変させた。多くの輸出市場が、とくにラテンアメリカ、インド、アジアにおいて、永遠にアメリカと日本という競争相手に奪われることになった。戦前にすでに侵略を受けてはいたが、投資、運送、保険などからのイギリスの莫大な収益はそれを充分に補っていた。ここで戦争がまたイギリスのグローバルな金融覇権国としての地位を奪い去ったのだ。イギリスの海外資産の十分の一が戦費のために現金化された。

このような問題の一部は、イギリスの手の及ぶ範囲を越えていた。全体的にもっとも国際的な精神を備えた経済であったイギリス経済にとって、グローバル経済への衝撃はどんなものでも必然的に直撃を受けるのである。グローバリゼーションの戦前の段階において世界貿易が劇的に拡大したことには、得失双方があったといえる。綿織物、鉄鋼、船舶建造といった大きな中心産業へのイギリスの偏った依存を加速させた――このすべての産業部門において次位の工業国が急速に追いついてきていたのである。戦争は、船舶建造といった重工業の生産力をいっそう高めた。だが戦争が終結したときには、平時の需要のためには単に規模が大きすぎた。石炭から石油へのグローバルな転回は、イギリスの問題を増幅させた。自動車や電気製品などの新産業は、斜陽産業から放出された労働力と資本を吸収するにはまだ小さすぎた。一九二五年の金本位制への復帰は、事態を悪化させただけだった。もちろんそれまでどこまでスターリング・ポンドがどれほど割高になっているのかについては熱心に議論されていたが、一ポンド四・八六ドルという戦前のレートへの固執は、産業をさらに圧迫する高金利政策を伴っていた。大量失業が一九二〇年代の決定的特徴になっており、失業率は一〇パーセント前後からなかなか動かなかった――同時代の人びとはこれを「不治の一〇〇万人」と称した。[6]

しかしながら、金融と「ジェントルマン資本主義」のみを非難するのは間違っているだろう。産業は自身が内に抱える弱点によって苦しんでいた。エドワード時代の好況の際には、このような旧来の輸出貿易はまだ順調であり、利益を出し、職を提供し、外国市場を開拓していた。成功は満足感をもたらしていたが、それはとくに中心産業に顕著だった。「イギリスの欠陥」のリストは長いものになる。ドイツとアメリカの工場によく通じていたある鉄鋼販売業者の言葉によれば、そのリストに数えられるのは「産業の勇猛心の欠如、金銭問題での狭量さ、教育の貧弱な水準、ワンマン経営理論、生産者間の協調の欠落、不充分な圧延機」であり、すべてが貧弱な労使関係につながる。[7] 以上の欠陥は、克服不可能なものでも遺伝性のものでもない。ミルトン・シャープが言うように「ドイツ人気質が染料生産の超人性に結びついている」と信じる理由はない。[8]

シャープのような同時代人にとって、それゆえ戦争は経済の本質、世界におけるイギリスの立場、国家の役割について深刻な問題を提起した。苦しむ患者にとっては、自由貿易は回復のためにまだ最良の薬なのか、それとも中毒性の毒薬なのか。どのような社会を、どの程度開放されていることをイギリスは望むべきなのか。政府は何らかの貿易と開発を支援すべきなのか、それとも市場の力を信頼する方がよいのか。このような問いの一部は、安さと協調を対置した際の費用と便益をめぐる国際主義者と消費者の間での議論と並行していた。しかし上記の問いは、存続を求めて苦闘する、経営者と労働者双方を含む生産者にはとりわけ切実であった。

戦前の自由貿易の擁護は、産業と金融の双肩にかかってはいなかった。最終的には、それは民主文化の達成であった。それでも資本と労働力はその役割を果たしていた。自由貿易に対する労働者の支援は、エドワード時代に、綿織物のような輸出産業において堅固でありつづけた。すでに見たように、経営者の方は分裂を呈していた。貿易業者、輸出業者、金融業者の一部は交渉関税をもてあそんでさえいたが、真正の帝国関税導入の見込みに結局はひるんだ多くの人びとは関税改革から遠ざかっていた。政治的には自由貿易は、その民主的な評判、その平和の理念、その市民社会とのつながりによって好評を得ていた。しかしそれはまた経済上の提案であり、それを支持するためには経済上の大義が必要だった。戦前、自由貿易は議論において優位を占めつづけた。相互交換と自由輸入の便益に賛成する側は、船舶と綿織物の輸出の増大を指摘することができた。安価な輸入品の自由な獲得は、国の資産を最大化するのであった。国際金融制度が機能しており、イギリスはその中心にあってその利益をわがものとしていた。

この議論は統計以上のものに関わっていた。ある一つの社会に現代性を与え成功へと導くものに関わっていたのである。この観点からすれば、自由貿易は個別企業と私的所有と手を携えて進んでいた。それは機能する市場社会を象徴していたのである。国民の資産と個人の自由は分かち難かった。政治においてと同様に、商業においても、自由貿易は、互いに強化しあう思想と権益の関係の網によってまとめ上げられていたのだ。この経済文化は、失業、産業の衰退、激動する世界経済の圧迫を受けてどこまでもちこたえることになるのだろうか。

企業家精神

イギリス商業制度の全般的見直しとなるものに関して戦時中に証言を残した無数の企業家の一人がミルトン・シャープであった。このような証言は企業家精神の変化に関して興味深い洞察を与えてくれる。一九一六年に商務省は、織物産業から鉄鋼、船舶建造まですべての主要な商業と工業に関して一群の委員会を設立した。その年の六月のパリの連合国経済会議の後で、政府は、バルフォア・オブ・バーレイ卿を委員長に据えて、商業と工業の政策に関して助言する上部委員会を加えて設置した。(9) 自由貿易支持者は彼の就任を安堵のため息をもって迎えただろう。バルフォア・オブ・バーレイは、その妥協知らずの自由貿易支持の姿勢で一九〇三年九月の政権危機の際には解任にまでいたった保守党の閣僚であったのだった。彼はただちにリベラル派からあらゆる幻想を奪い去った。「特殊な財政原則へと不適当にも固執していると私を責める向きがあるようだ」と彼は、一九一六年七月二五日の最初の会議において語った。そうだとすれば彼らは間違っている。自由貿易と関税改革という古くさい教理は脇にのける必要がある。新たに見つめなおさなければならないのは、どの産業が国の将来の安全のために不可欠なのか、貿易を復活させるためにはどうすれば最善なのか、帝国の資源をどのように開発すればよいのか、である。[10]

バルフォア・オブ・バーレイ委員会は、新たな商業政策のための青写真を作ることができなかった。委員会メンバーであった古参の関税改革論者ヒューインズは帝国関税の再度の導入を模索したが、議題から外された。大半の委員にとって、自由貿易はもはや充分によいものではなかったが、かといって一般関税では行き過ぎなのであった。彼らは、既得権益団体に対していかに公衆を守るのかに腐心しつづけた。「いかなる保護的関税の導入も消費者搾取を目的とした企業結合の形成にはずみを与える」点が、つねにバルフォア・オブ・バーレイの主たる懸念の一つであった。[11] 両者ともに財政論議にふたたび火を付けるのを望まなかったためにアスキスとロイド・ジョージの連立政権のいずれからも明確な指示がないまま、この委員会は政治的煉獄に陥ってしまった。

バルフォア・オブ・バーレイと貿易委員会が成功したのは、貿易、敵対する企業モデル、政府の将来の役割に関する着想と情報を検証、討議、試験する場を実業界に提供した点であった。商業についての会話の新たなスタイルが発展した。貿易業者と産業資本家の大多数にとって、それは自由貿易と帝国的関税改革の古い教理を説くような発言がない会話であった。

ごく少数が頑固な自由貿易支持者でありつづけていた。忠誠心の孤立地帯がとくに集中していたのは船舶建造と綿織物の産業で、生産費用を上げるいかなる関税にも反対していた。上質綿布紡績業者協会とキャリコ捺染業者協会という二大企業結合が怖れていたのは、ドイツの染料のような敵国からの輸入品にさえ何らかの制限をかければ、競争相手がさらに外国市場からも自分たちを追い出す機会を与える自殺行為になってしまうことであった。敵国は戦前に上質紡績業者のおよそ四〇パーセントを占めていた。[12] 自由貿易の意義をふたたび情熱的に表明したのは、ブラッドフォード東部選出の自由党代議士ウィリアム・プリーストリーであり、彼自身が綿織物、絹織物、毛織物製品の製造業者と販売業者であった。ブラッドフォードの紡績業者が保護されるのであれば、自分はルーベやランスで糸を買おうとはしないだろう。自社の商品原価は上昇して、高値をつけて市場から締め出されることになろう。イギリスのような小さな島にとっては、関税は間違った方向への一歩である。イギリスは実際アメリカではないのだ。地理が重要である。「大西洋を土地に変えることができるのであれば、それが現在のアメリカ東部の諸州にとっての偉大な西部と同じ位置関係の存在にわれわれにとってはなり、二〇〇年間保護の下で充分やっていけただろう。しかしわれわれは人口過密である。われわれの国は小さい。加工貿易で生きていかねばならないのである」。関税はまた雑草のようにはびこる傾向がある。「二年か三年の間に」便益をもたらす貿易を選び出すのが「かなり賢明なのかもしれないが」、「種を蒔けば植物は生長し、それが大きくなればなるほど、われわれは弱くなるのである」[13]。戦後できるかぎり早く敵国との貿易を再開して私益を追求することを恥知らずにも強調する業者もいたが、デューズベリーの毛織物製造業者マーク・オールドロイドほどそれをはっきり明言した人物はほとんどいなかった。彼がドイツを締め上げるよりもその幸福と繁栄を望むのは、そうなればドイツの賠償金支払いが可能になり、その資産によって自身が潤うからであった。「ドイツの商業の繁栄が世界の脅威であったとは思わない――それは利得であったのだ」。ドイツとの取引は、自分自身の利益になった。「私に有利な条件で彼らと取引することを拒むのだとすれば、自分の顔が気に入らないからといって鼻を切り落とすようなことになってしまう」[14]。

しかし意見の一般的な推移は、まったく別の方向に向かった。もっとも典型的な輸出産業さえ、いまや選択的な保護の意義を訴えていたのだ。プリーストリー自身がダンピングと戦い、基幹産業を保護する構えをとっていた[15]。企業家たちは次々に宗旨変えを表明した。毛織物産業においては、女性服貿易が保護関税を求めて、男性用品が交渉関税を求めた。J・E・ショウはハリファックス近郊の紡毛織物と梳毛織物の製造会社の取締役会会長であった。戦前は、この会社のすべての役員が自由貿易に賛成であった。戦争は「事の全貌を一変させた」[16]。ロンドン商工会議所では、織物部門が関税賛成の強固な立場をとった。カーペット、ジュート、レース、絹織物の製造業者と販売業者がこれに続いた。綿織物と絹織物の下着を製造するノッティンガムの会社、ドリューリー&エドワーズ株式会社のR・エドワーズは、リベラルな環境からの企業家の離脱の典型となっている。

人生ずっとリベラルであり、自由貿易に大賛成であったが、この二年間に学んだことを踏まえて、最高の国益は、自国の産業を発展させ、できるだけ自国の工場から求められるすべてのものを獲得することであると今は考えている。[17]

鋳鉄管製造業者連合に所属するサウス・シールズ選出の自由党代議士セシル・コクリンは「坩堝」の中にあるものとして自分の意見を適切に述べた。[18]証言を残している数多くの企業家たちのなかでただ一人の証人が、交換の自由の意義が強く琴線に触れたとしている。絹織物と綿織物の紡績会社リスター株式会社の代表取締役であったW・ワトソンは、外国市場へ参入する唯一の道として自由貿易に賛成し関税を拒絶した。しかしながらワトソンが認めているように、これは単に彼の個人的見解であり、彼の会社の会長や他の取締役たちの見解ではなかった。[19]

電気製品と鉄鋼はさらに先を行き、長期間、すなわち復興期間以後の保護関税を要求した。電気製品業界は、電気製品に対する一五パーセントから、ドイツで大量生産されていたタングステン電球のような部品に対する五〇パーセントまでの関税を望んだ。全国軽量鋳物製造業者連合は一九一三年に五〇〇万ポンド以上の総生産高を誇っていた。この四分の一強が輸出されていた。戦前は会員の五〇パーセント以上が自由貿易支持者であり、とくにスコットランドで顕著であった。一九一六年の終わりに、ある証言者が、この協会で唯一の生き残りの自由貿易支持者を知っていると打ち明けている。[20]鉄鋼部門の金網などの業者も同じ物語を語っている。[21]化学業界ではウィリアム・パースが自由貿易を放棄して、選択された産業の保護貿易を支持した。[22]

一九一七年に、最初の生産者の統一組織であるイギリス産業連盟が、商業政策について加盟企業と団体の調査を行った。結果は明快だった。一九一五年から一六年にかけて表明された多くの地方商工会議所による保護貿易賛同を受けて、どこまで実業界の意見が動いていたのかをそれは強く示していた。回答を寄せた三五二社と五六団体のうち、九六パーセントが、貿易障壁の形態も含めたイギリスの経済制度の変更を望んでいた。[23]

この感情が愛国主義とドイツへの敵意によって尖鋭化していたことは意外ではない。機器類の製造業者にして輸入者であったアルフレッド・ハーバートにとって、ドイツに対抗する保護貿易は「多くの問題の中で最重要事項」であった。関税は自身の輸入業務に影響を及ぼすだろうが――彼はドイツに支社をおいてさえいた――「ドイツの競争力にまた翻弄されるよりは」五〇パーセント収益が下がった方がまだましであると彼は考える。関税なしにはイギリスの鉄鋼販売業が破壊されると彼は強く信じていた。ドイツには「戦争が終わった今ずっと行ってきたことのツケを支払ってもらわねばならない。関税はドイツに影響を及ぼす手段である――その財布とその胃袋を狙って。それらこそこの国の体質にあってただ二つの急所なのだ」[24]。ジョン・コルビーは服飾品の製造と販売を行う会社の社長であった。過去においては「非常に頑固な自由貿易支持者」であったが、織物販売業の多数に和して、ドイツ製品がイギリスに流入するのを止めるために何もなされないのだとしたら、ドイツがかつて以上に深刻な競争相手として再浮上するという確信を強めていた。「それゆえ私は彼らを、一年か二年かいずれにせよ、このような表現をお許しいただきたいが、商売上の奴隷にしなければならないと思う」。高率の関税は危険かもしれないが、敵国だけでなく中立国にも課す穏健な収入関税であるならば何ら問題ないとコルビーは考える。このような方法をとれば、イギリスは競合国がイギリス市場から稼ぎ出した利益の幾分かを埋め合わせることができると彼は論じているが、確かにリベラルな経済学ではいかがわしい提案とされるものではあった[25]。

帝国の連帯を強めるべきであるという意見がいくつか提示されて互いに補い合っていた。ハーバートが望んだのは、帝国自治領、インド、連合国以外の世界全体に対する輸入関税である。これは自分の財布には痛いかもしれないが「帝国をまとめ上げるすばらしい機会であるし、これ以上のそのための方途は思いつかない」[26]。おそらくかなり興味深いのは、そのような感情が稀少だったということである。食品関税は、帝国特恵の制度を進展させるためにはきわめて重要だが、企業家の構想には実質上不在であった。企業家は既存の関税に特恵を与える可能性は考慮していたが、ヒューインズのような古参の関税改革論者を除いては、食品への関税と帝国経済統合はほとんど支持を集めることはなかった。戦時の議論が何より帝国ではなく産業の保護貿易に関わるものだったのだ。ここで焦点が当てられたのは、ドイツとともに、アメリカ合衆国、日本、中立の競合国であった。帝国自治領さえ含められていた。関税の提案が、友好国との自由貿易を意味することはまずなかった。典型的には、下着製造業者エドワーズは、メリヤス類の輸入に関して、中立国には一五パーセント、ドイツ製品には二五パーセントの関税とともに、帝国と連合国から輸入される製品に一〇パーセントの関税を望んだのである。[27]

自由貿易はかつてナショナリズムの感情を延命させてきたが、それによって栄えさえした時もあった。さらに深刻な問題は、経済が自由貿易の予言したようには動かないという感情が高まってきたことだった。三つの展開が目についた。「基幹産業」へのイギリスの依存、戦略的なダンピング、結同と統合の経済的利点である。新たな実業の知識を産み出し、選択、競争、自由輸入への古い信仰に関する留保を導き入れたのが、それらの議論であった。エドワード時代の財政論議は、自由貿易と関税改革の純粋な対位法に基づいて展開していた。いまやその議論は異なる調性へと移行し、古い音符を新たにミキシングされたハーモニーへと融合させたのである。

国民の安全保障にとっての基幹産業が重要であるというのが戦争の第一の直接的な教訓であった。敵国からの供給を失ったイギリスは、合成染料、科学用品、光学ガラス、タングステン、磁石発電機といった軍事と経済の防衛にとって重要な原材料、工場、専門技術を欠いている事態に直面した。これらの大半はそれ自体小規模産業だったが、多くの大規模産業にとって決定的な重要性をもっていた。その大半において、イギリスはドイツの供給にほぼ完全に依存していたのだった。たとえば、磁石発電機は、軍事用、販売用の内燃機関の発動に欠かせなかった。戦前、イギリスは年間二七万台前後の磁石発電機の需要があった。このなかでわずか一一四〇台のみがイギリス産で、それも小規模で簡素な型が中心だった。残りの大半がドイツからの輸入であった。イギリスはまさにボッシュの独占の掌中にあった。[28] 第一次世界大戦は、鉄鋼に関して戦われた。硬鋼がタングステンを（金属粉末とフェロタングステンの双方で）必要なのは、硬鋼を用いたトゥイストドリル、フライス、エンジンバルブの現代の製作技術において必要な硬度と磁力を得ることができるからであった。一九一六年に、イギリスはそのようなタングステン鋼を八千トン使用した。ここで問題は、イギリスが主要な原材料を統制できないという点にはなかった――タングステンはウォルフラム石から得られるが、世界で知られている鉱床のおよそ半分はイギリス帝国のビルマその他の地域にあった。むしろウォルフラム石からタングステン粉末への加工が、ドイツに統制されていたのだ。戦争勃発時点において、イギリスには三ヵ月分そこそこの備蓄しかなかった。[29]

いかにしてイギリスがこの困難を乗り越えたのかは込み入った物語であり、その詳細は本書の範疇を越えている――一九一五年に、政府が主導して自らの染料を生産する産業消費者の集まりを設立した。イギリス染料株式会社は、政府からの低金利融資と研究費支給を得て発足した。一九一六年には、九つほどの工場がタングステン生産のために稼働しており、政府からの資金提供はなかったが、この事業が「単に戦時の間に合わせではなく」恒久化のために国家の援助を受けることになるという明確な了解に基づいていた。(30) この保護貿易の最初の子供たちがただちに戦後も庇護を維持するように政府に強く働きかけたのも意外ではない。保護がなければ、このような新規事業が、既成の競争相手をしのぐことも投資家を惹きつけることも望みえなかったのである。

これは古典的な幼稚産業保護論である。これは、自由貿易支持者と関税改革論者の双方にとって、ゴールポストを動かすことであった。多くの場合において、このような主要材料の産業消費者は自らの供給者になった。たとえばＭ・Ｌ磁石発電機企業連合のリスターがこの産業に参入したのは、自社工場で農業用エンジンを製作していたからであった。このような内的なつながりが、消費者の搾取に関する旧来の自由貿易の警告を無効にしていた。リスターとその仲間の磁石発電機製造業者に関しては「消費者の保護がもっともよく保たれるのは、この産業への資本投資を促すことによってであり」、安いドイツとアメリカの製品に門戸を開放することによってではない。(31) 少数の企業家たちは強固な自由貿易の立場に頑固にしがみついており、染色のような基幹産業は自分の足で立っていなければならないと主張していた。(32) しかしながら戦争によって何らかのかたちの援助を受け容れる心づもりになっていたのが大多数であった。問題はここで、もっとも効果的な方法――報奨金か関税か――そして使用者の権益を保護する手段に関してになっており、政府の援助そのものの是非に関してではなくなっていた。

「基本」あるいは「基幹」産業が潜在的に保護に値すると広く認められて、各種産業による特別な地位を求めての競争が開始された。総力戦においては、織物生産、船舶建造、炭鉱など実質的にすべての産業が基本的であるというのは、アルフレッド・モンドが委員会において指摘した通りである。一方で鉄鋼産業全体を含めることを主張する声があれば、他方では国益にとって重要なのは一握りの産業だとする声もあった。結局は、より限定された定義が勝利を収めた。元自由貿易支持者と関税改革論者の間の政治的妥協として、ロイド・ジョージは、一九一八年総選挙において緊急輸入制限に連立政権を加担させた。大規模産業を保護することは、チャーチルのような自由党連立派と保守党連立派にとっていまだ抵抗があった。しかしながら彼らももはや対象を絞り込んだ保護貿易に関してためらいはなかった。一九二一年の緊急輸入制限法は、光学レンズから合成染料や磁石発電機にいたるまでの小規模基幹産業の長いリスト掲載品目に関して、三三と三分の一パーセントの関税を導入するものであった。

緊急輸入制限は真の保護貿易推進者が求めていたものには満たなかったが、それでも将来の見通しにおける重大な転換を刻み込んだ。エドワード時代の議論においては、焦点はすべて製品に集中していた。関税改革論者は工業製品への関税を望んでいたのである。自由貿易支持者はそのような関税は不可能であると突っぱねた。ある産業の完成品は、別の産業の原材料となるのだ。このような観点から論じるならば、原材料への関税は政治的には望ましいものではなかった。基幹産業に関する議論がいまや負けの議論を勝ちの議論に変えていた。加工産業の原材料の保護は、損失ではなく利得になった。戦前の関税委員会において証言を行った代表的な針金製造業者ピーター・ライランズのような先進的な産業資本家が、この潮目の変化を捉えていた。「自社製品の保護を望ましいと考えるのではなく、われわれの産業の基礎を保護することを望みたい。私もこの業界内で意見交換した人びともみな、それが生命線であり、戦争が産業の基礎を確保することの必要性を教えてくれたという見解をとっているようだ[33]」。自由貿易はすでに生産者と共有するその強力な論点を一つ失っていた。道は最終製造業者とその材料供給者との間の新たな連帯の方へと開かれていたのである。

基幹産業の運命は、自由貿易支持者の姿勢をぐらつかせた二番目の問題と密接に関わっていた。すなわちダンピングである。ドイツによる基本化学薬品、タングステン、磁石発電機の掌握が、製造、科学、研究、開発の望ましい統合の結果の一つであった点についてはほとんど議論はなされなかった。一九一三年段階でドイツは化学薬品の分野を主導し、一億二千万ポンド産業であり一八万人の労働者を擁していた。イギリスでは対照的にただ一つの大学が有機化学の教授職を設けているだけだった（マンチェスター）。後にバルフォア宣言に貢献することになるシオニスト運動の指導者にして化学者のハイム・ヴァイツマンは、一九〇五年にマンチェスターに到着したが、その実験室は「薄汚い地下室で明らかに何ヵ月も使用された形跡がなかった[34]」。このような格差は、ヴィクトリア時代末期の「効率」運動以降はイギリスでも認識されていた。しかし今では企業家と商務省もまた、イギリスの産業に苛烈な環境をもたらすダンピングを非難していた。磁石発電機の製造業者が、既成のドイツとアメリカの競合会社が、自分たちを潰すために可能なあらゆることを行い、戦後のイギリス市場をふたたび手に入れることを怖れていたことは不思議ではない。彼らは輸入品の氾濫に対する保護を求めたのだ。[35]

「ダンピング」をけなすのは簡単だが、それが何であるのか合意に達するのはかなり難しい。ダンピングは、観る人の視点に左右される。もしその商品が輸入国の基準で、あるいは外国の生産者の基準で判断して安ければ「ダンピング」されているということになるのか。原価よりも安く売られている商品、あるいは低賃金や劣悪な労働環境など他の利点のために安くなっているだけの商品がそれに該当するのか。ダンピング業者とされるのは悪い競合相手であり、決して自分自身ではないという傾向がある。それでも、一九一六年の織物委員会であるイギリスの綿織物販売業者が指摘した通りであった。ランカシャーは有数の大ダンピング地域であった。[36] 三つの考え方が優勢になっていた。最初は戦略的ダンピングへの懸念である。たとえばこれが生じていたタングステンの場合は、戦前に市場に参入しようとしたイギリスの生産者の萌芽的な取り組みをドイツ企業が摘み取ってしまっていた。別の怖れは制度的なダンピングに関するものであり、すなわち安い労働力、低い税負担、通貨安など「不公平な」利点によって便益を得ている外国の生産者からの安価な輸入品の定期的な流入が問題になる。これがおそらくドイツのダンピング業者を描き出したエドワード時代の戯画と、今日まで残る正当な仕事と賃金を脅かす「苦役労働輸入品」への畏怖の両方にもっとも近い。最後に三番目のタイプがある。ここで安価な輸出品は、競合相手を打ちのめすための意図的な戦略の一部ではなく、高い国内価格が低い輸出価格を支えているという二重価格を反映している。

戦前において、自由輸入の擁護は、自由貿易の教理に基づいており交渉の余地なき部分であった。このために砂糖における輸出報奨金を排除する取り組みが立ち消えになった。安価な輸入品は、産業消費者と個人消費者をともに潤し、国民の資産を最大化する。ダンピングはよいものなのだ。外国が鋼製シャフトのような輸出品の価格を政策的に下げるために報奨金を支払っている場合、イギリスが介入するのが愚かであるのは、イギリスの製造業者が自社の機械や蒸気機関車をより廉価で生産、輸出できるからである。製品の安さと費用はすべて相対的なものなのだ。各国には各国の賃金の水準、社会の状況、環境の特性がある。労働者が国内よりも低賃金だからという理由で安っぽい外国製品のダンピングを禁じるならば、国内の製造業者は潤うのかもしれないが、社会全体には害をなすのである。貿易の流れを自由に任せることで、各国が最大の比較優位となるような貿易を追求するのであり、これが一九世紀前半のトレンズとリカード以降の貿易理論の核となる法則である。

企業家と政治家が何らか特定のダンピングの定義に囚われることはなかったが——それらの定義は重なり合うものである——安い輸入品への自由貿易に基づく擁護からの離脱の動きは、全面的に明瞭に認められた。バルフォア・オブ・バーレイ委員会では、このとき七〇歳代の鉄鋼業界の大物ヒュー・ベルが今一度自由貿易擁護の論陣を張った。戦後もし大量の商品がイギリス市場に流入するのならば、それは単にそれが「買い手の便益」になるからである(37)。しかしベルは明白に少数派であった——彼が占めるべき場所は「委員会ではなく博物館」であると保護貿易側の『モーニング・ポスト』は容赦なく書き立てた(38)。

右派、左派、中道、商人、輸入業者をすべて含む以前の自由貿易支持者は、反ダンピング政策を求めていた。「自由貿易支持者としての過去の意見は措くとして」、ロンドンの商人チャールズ・ヘンリーは、ダンピングの損害がその利得を上回っていると今ははっきり認識していた。他の誰でもなく自由貿易連合の事務局長アルフレッド・モンドが、ダンピングの集団的費用を指摘した。わずかな業者は潤うのかもしれないが、国民経済は駄目になる。船舶建造業者ハロルド・レイルトン・ディクソンは、敵国だけでなく、諸外国からのダンピングを防止するための段階的な輸入関税を提唱した。船舶建造業者がいまだ鉄鋼の一般関税に反対であるのは理解可能だが、利益度外視の価格によるドイツのシャフトと鍛造品の定期的な流入に自らの産業が脆弱であったと認識していた。ドイツの製造業者は「自分たちの取り分、そして自分たちの労働を削り、時に原材料費と人件費の一部によって割安分を埋め合わせている(39)」。

自由貿易は美しい理論であり、ピーター・ライランズの言葉によれば、「たいへんすぐれた理論だが、人間の狡知が持ちこまれるならば、全体に混乱が行き渡ることになる」。国際貿易は資源の自然な割り当てから流れ出すのではなく、人間の介入によって操縦される。開発は国家の行動と組織された企業活動によって導かれる。ドイツは、理論上は、ある種の産業にはあまり適合していなかったのかもしれないが、実際は保護貿易とダンピングの力を借りて、そうした産業の構築に成功してきたのである。ライランズは自らの語っているものについてよく知っていた。一九〇六年に彼は、金網協会のドイツ側の交渉相手であるドイツ金網製造業者協会と、ダンピングを防ぐための価格と割当量の協定に調印していた。二者は価格戦争を止めること、大半の他のヨーロッパ市場において互いに投げ売りは行わないことで合意した。いかなる違反も、その注文の正味送り状価格の三分の一までの罰金が課せられることになった。[40] これは、エドワード時代にドイツのカルテルによるダンピングを抑制するためにイギリス企業が結んだ価格と市場占有率に関する、増加しつつあった協定の一つであった。

本質において、ライランズの論点は、自由貿易に対するナショナリズムの立場からの批判者——もっとも有名なのは『経済学の国民的体系』におけるフリードリヒ・リストだが——が一世紀の間論じてきたことであるのはもちろんである。[41] しかしこの議論は、自国の幼稚産業を育成し、経済発展の梯子に足を掛けようとする産業後発国のためになされてきた。イギリスは第一等の産業国であり、第二世代ないしは第三世代に属しているのではなかった。ライランズとその仲間たち——産業資本家だけでなく多くの商人——は、保護とダンピングは先進産業さえも潤すのではないかと考えていた。それは、時を重ねていっても健全さを保たせるようにするある種の成熟産業保護なのであった。保護貿易は避難場所を与えることによってダンピングを可能にする。しかしながらダンピングへと駆り立てるのは、競争相手を排除したいという欲望ではなく、必要性である。ダンピングによってドイツのカルテルは、海外からの受注が落ち込んでも操業を停止することなく工場をフル稼働しつづけることができた。全体としてみれば、ダンピングはより大きな生産性と規模の経済を産み出したのである。製造能力の著しい成長がダンピングを要求した。それゆえ販売は、市場によってではなく製造機械によって部分的には決定されるのである。国内市場はできるかぎり多く通常価格で吸収する。そこで過剰生産分は低価格で海外市場に出荷される。ダンピングは弱さの徴しであるよりも、成長と生産性の秘訣なのであった。

そのモデルは、一九〇四年に設立されたドイツの鉄鋼シンジケート「製鋼連合」であった。他のいかなる組織よりもこのドイツのカルテルが、生産性、企業結合、ダンピングの力学にイギリス人の目を開かせた。一九一六年にこの連合に関して内々の証言を残した一人がウルヴァーハンプトン波型鋼板社のJ・H・パースである。パース以上にこのドイツのカルテルの詳細に通じている人間はまずいなかった。イギリスに帰国する以前、彼はドルトムントの「合同工業」と合併したルクセンブルクのディフェルダンジ工業で勤務していた。三年間、製鋼連合の輸出部門でイギリス駐在員として働いた。一九〇七年には輸出部門の責任者となった。当初、連合は観賞用植物、金の延棒、レールのような準工業製品の価格変動を防止するために設立された。しかしまもなくこのカルテルは触手を拡げる。輸出報奨金を提供し、注文を共同管理し、国内市場を組織し、その取引の範囲を海外に拡大した。ドイツの生産者は、イギリスの会社が支払ったもののトンマイルあたりで四〇パーセントを貪っていた。とりわけ製鋼連合は企業結合を促進した。会社は垂直統合し、その統制の下で生産の各段階を吸収した。パースによれば、オランダとベルギーの鉄道からリベートを獲得するのにカルテルとしての力を発揮した。ティッセンは炭鉱、溶鉱炉、製鉄所、圧延工場を所有し、汽船の船隊さえ有していた。[42]

エドワード時代の議論においては、機能性、機敏性、機動性に欠けると貶されていた企業結合、企業連合、企業連盟がここで将来の生産秩序の要として立ち現れたのだ。戦前は、同族企業による自立した経営という企業理念を備えた会社所有の風習が、競争を基軸とした共通の精神風土の核心にあった。大半の保護貿易推進者さえ自分たちの会社を秩序立てる必要はほとんど認めていなかった。彼らが求めていたのは、自衛であって近代化ではなかった。「企業結合は生産において何らかの効率につながるとは思えません」と一九〇四年にある製鉄会社は述べている。[43] イギリスの会社は効率的なのだ。必要なのは不公平な競争に対する保護である。外国の「関税はそれ自体が、われわれの生産が卓越していることの証である。世界中でわれわれと対等に張り合えるような国は一つとしてないのだ」とチェンバレンの関税委員会の委員はうそぶいた。[44]

戦争がそのような高慢を打ち砕いた。個人主義ではなく企業結合が合い言葉になった。「平均的なドイツ人は、商業の意味でだけ述べれば、強烈な実業への関心という点で類を見ないイギリス人には劣るが、結果としては個人の努力は組織化された協同作業に太刀打ちできない」とパースは断を下している。[45] 産業資本家は、その不満の一部を、充分な支援を提供してくれない銀行と国家にぶつけた。しかし業界内部の無駄や製造業者の「絶望的な個人主義」への真摯な反省もあった[46]。この論点を強く示したのが、バルフォア・オブ・バーレイ委員会に属する絹織物業者で自由貿易に対する長年の批判者であったバーチナフであった。イギリスは過剰な個人主義に苦しんできた。ランカシャーはランカシャーと戦っていた。ランカシャーはイングランド中部地方と戦っていた。両者は鉄道と戦っていた。組織化された競争の世界ではこれはもはや充分正しいとはいえない。国民に襲いかかる害悪の大半は、「われわれの狭い視野に、各人が自身の計画を育み、結合を避けるという事実に」由来する。企業結合こそ業界が生き延びるための唯一の方策、「政府の干渉を回避するための唯一の方策なのだ[47]」。

綿織物産業を一部の例外として、戦争によって、企業結合賛成の大合唱が生じた。「競争が無駄になってきている」ということが、新たなイギリス産業連盟の会合で繰り返し言及された[48]。企業家は、「連合」のようなドイツのシンジケートを、自由貿易の競争的な個人主義と、アメリカ鉄鋼組合のような過剰資本、過剰集中のアメリカの巨大企業体の中間の道と見なすようになっていた。蒸気機関製造者協会やボイラー製造業者協会などの新たな商業団体が叢生した。資源の計画指導を行う必要があった政府がこの傾向に拍車をかけたが、それはまた企業家精神の変化からも生じていた。H・ピリングは、上記二つの団体の設立に尽力したマンチェスターのボイラーとエンジンの製造会社の社長であり、次のように説明した。「われわれはずっと拡散しているガス分子のようなものであったが、ここで溶解し結合しなければならない」。この二つの団体は、一つは価格の維持、一つは同業者間での信頼と「友好関係の構築に向けて努めるものであり、そうなれば難題が生じた際にも、共に前を見て進み、何をなすべきかを考えることができるのであり、万人向けの業界が存在しない時代に各社が工場をフル稼働させようということもなくなる」。ボイラー製造業者協会はまだ最低価格の固定や輸出貿易の統制を行っていなかったが、国内受注の共同調整を導入していた。「注文を受けたどの会社もそれを共有した上で配分することで、驚くほど安定した効果がこれまで出てきたのである[49]」。

関税はもはや単なる防御の武器ではなく、産業再編のための前提条件であった。安定した市場は、資源の共有の第一段階になる。鉄鋼委員会にとって、注文を配分し企業結合を促す共通の販売組織を形成する必要が産業資本家にはあることを意味していた。この先には、より統合された現代的な製造工場とより安価な大量生産が待っているだろう。商務省では、国家がいかにして海外市場開拓のための企業結合成立に助力するのかの検討に入っていた[50]。組織化された業界という新しい光景においては、同族会社と個人主導は次第に場違いに見えるようになっていた。イギリスのシーメンス発電機工業の社長が述べたように、旧式の企業家は「自分の仕事で生計を立て、おそらくは豊かに暮らし、自動車を保有し、劇場に通い、子供の面倒を見るなどといったことを行って、自分の父親世代が必要としなかった新商品十万ポンド分突然投げ売りして荒稼ぎしようとはあまり思わないだろう」。対照的に、株式会社を運営するのは専門の経営者で、その商売全体にとって何が最善であるのかに関する長期的な視点を保持し、近代化に必要な安定性に関心を集める。「たとえば裏で発電機を作って業界を駄目にする鉄器商人のような三〇人から四〇人程度とのささいな競争は望まない。値段をつけるのは小物であって大物ではない。公衆は独占なき強力な企業体によってより多くの益を得るのである[51]」。

消費者にとってと同様に、生産者にとっても企業連合と企業結合の普及は、自由貿易の後光の重要な部分を掻き消していた。安さはもはや美徳ではなかった。それは一時的なものであり、次いで高価格と経済混乱が生じるのだ。長期の安定が、安価に輸入された鉄製品や化学薬品の一時的な利得を上回ったのである。産業の議論は、新国際主義者と食品価格の安定を求める組織された消費者によって行われた議論に対応していた。

自由貿易をカルテルに対する保険契約として示すのも同じく困難であった。消費者と国際主義者が精肉企業連合とミルク企業結合を求めたのとまさに同じように、生産者は企業結合が各所で発生していることを認識していた。鉄鋼商人H・J・スケルトンはその誤謬を的確にまとめている。「そのような障壁の裏側で企業同盟や企業連合の制度が成長するがゆえに保護関税の制度を導入しないといった議論を通常の自由貿易支持者が展開しても意味がない。この国の諸種の業界の既存の環境の下で企業同盟と企業連合はすでに無数だからである」。いずれにせよ、アメリカやドイツのような保護貿易国における統合された産業の規模の経済のために、「『自由貿易』が低価格を保証すると取り繕うのはもはや無意味になった[52]」。

戦争が企業結合と企業連合へと向かう運動を加速させた一方で、また平和の最後の時期において最初に明らかになったより大きな垂直統合への動向も強化した。ライランズのような生産者が、根底からの産業の保護、原材料段階から製品までの生産の流れ作業化を説いたのは偶然ではない。ライランズは、エドワード時代イギリスの大企業合併の背後にある一つの駆動力であった。彼の金網製造企業は、ピアソン&ノウルズの製鉄・石炭会社と合併しており、戦争直前には自社での鉄鋼生産を開始していた。

企業結合、安定、合理化――これらが新しい企業政治の合い言葉であった。新しい組織が形成された。その筆頭に挙げられる一九一六年成立のイギリス産業連盟は、ライランズが共同設立者となったが、ともに設立者となったのが大物企業家であった「貿易の闘士」のダドリー・ドッカーであり、代表的な車両製造会社を経営するとともに、ヴィッカーズからミッドランド銀行までの幅広い事業体のコングロマリットに君臨していた。このような男たちにとって、保護貿易はチェンバレンの運動におけるよりもはるかに大きく、「生産性の政治」の中核を構成していたのであり、この見解は二〇世紀半ばのアメリカ合衆国において絶頂に達する。[53] 彼らから見れば、関税は大きな国内市場を保証し、投資を促す規模の経済を実現する一方で、より大きな生産性、より大きな規模、そしてより安定した雇用につながるのである。産業の平和は生産性にかかっていた。

生産者中心の観点を維持することと、それを政治の現実に転換することとは別事であった。戦後の時期において、保護貿易の方向への譲歩は限られたものでしかなかった。政府はマッケンナ関税を維持して自動車産業に庇護を与える（これは財務省には若干の歳入をもたらした）とともに染料の実効性のある保護を続行した。しかしながら輸入品を規制する全体の制度は頓挫した。一九一九年に、史上もっとも杜撰に原案作成された輸入品・輸出品規制法案は、官僚統制であり反デモクラシーの陰謀であるという声のために葬られた。二年後の緊急輸入制限法は分散保護とでも呼ぶべきものであった。何千もの「基幹」品目がここで保護された。それはまたダンピングに対する措置を含んでいた――「異常な」輸出と通貨切下げの双方に対抗するものだった。これは一九世紀半ば以降のイギリスを支配していた純粋な自由貿易の立場からの離脱であった。それは戦時中に前景化した新しい観点をいくつも反映していた。全体的には、これらの政策は、一九二〇年代のイギリスの貿易の三パーセント程度にも影響を与えるものではなかった。変化がどれほど大きかったか小さかったかは、観る人の視点による。生き延びていた強硬な自由貿易支持者にとっては、これは原理原則に対する危険な革命的侵犯であった。大半の企業家と保護貿易推進者にとっては、望んでいたものをはるかに下回っていた。

なぜ実業界における自由貿易感情の衰退が、もっと手応えのある成果をもたらさなかったのか。部分的な回答は、政党政治に求めることができる。ロイド・ジョージとボナ・ローは、基幹産業の保護と反ダンピングを中心として、保守党と自由党連立派の間で統一戦線を築こうとしていた。鉄鋼のような大産業は、この妥協には含まれず、一九二三年総選挙でのボールドウィンの敗北によって、残りの一九二〇年代の間、保護には適さないことが確実になった。何らかの保護貿易の措置を講じることもまた実際に難しかった。ダンピング反対を叫ぶのは簡単だが、それを証明すること、それについて何か手を打つことはかなり困難であった。戦後ドイツがダンピングの時機に備えて供給品を大量に積み上げているという噂がはげしく誇張された。実際その一部は、海外の買い手を惹きつけようとするドイツの商人によって計画的に広められた。[54]イギリスの諜報が予言していたように、ドイツが戦争を終わらせたのは、基本商品と熟練労働の欠乏のためであって、その豊富のためではないのだ。

企業家たちはまた、海外の多様な反ダンピング政策の個別の利点について一致を見なかった。多くの電気製品と織物の企業が視線を注いでいたアメリカは、禁輸政策を実施しており、これは制度的なダンピングを止めるのには優れているように見受けられた。しかしながらモンドや鉄鋼業者スコビィ゠スミスのような人びとは、ダンピングされた商品には関税を最高率である一五パーセントまで上げるというカナダ方式を気に入っていた。一九〇七年のカナダ関税法は、ダンピングの定義を、国内消費で売られる同種の商品の「公平な市場価格」より低い価格で商品を売ることとしていた。これはまた商務省も好んだ解釈である。それでも商務省が認めていたように、カナダの一般関税の仕組みをもたず、カナダの反ダンピング政策を実施するのはかなり手を焼くだろう。千人を越える追加の関税官を必要とするかもしれなかった。[55]

結局、緊急輸入制限政策の反ダンピング措置は、諸説入り乱れていた。その生産費用以下で販売された商品のダンピングを標的にする立場があった。また通貨ダンピングに目をつける立場もあった。すなわちイギリスの生産者が、通貨安の恩恵を受けた外国の競合会社によって不当に不利益を被っている場合である。潜在的には大きな保護貿易への前進があった。実際の成果は乏しかった。多くの元自由貿易支持者はその原則を緩めたが、それもある範囲でということでしかなかった。ロイド・ジョージは、自衛手段としての反ダンピング政策を策定しようと懸命に努めた。安価なドイツ商品を追い払うことは「関税としてではなく、かなり異常な嵐から生じる洪水を防ぐ壁として」理解すべきである[56]。自由党連立派の半分は公然と反旗を翻し、ダンピングが起こっている事実の責任をイギリスの製造業者に帰そうとした。この分裂が、一九二二年十月のロイド・ジョージ連立内閣の終焉につながった[57]。ウィンストン・チャーチルとエドウィン・モンタギューは常態のダンピングに対処し、基幹産業を保護することは問題なしとしたが、商取引が崩壊して苦しんでいる諸国からの商品の流入を妨害することには反対した。割安のドイツ製品を締め出すのは逆効果である。ドイツは輸出市場がなかったらどのようにして賠償金を支払い、イギリス製品を購入する金を稼ぎ出すというのか。チャーチルによれば、ダンピングはまた「労働者の無駄な需要」に望ましい規律の効果を及ぼし、イギリスの賃金を押し下げるのに一役買うであろう[58]。

イギリスの反ダンピング政策は、満たされなかった保護貿易主義の憂鬱な記録となった。商務省は、反ダンピングの主要条項の下で九件の申し立てを受理した。それらがすべて却下された一つの理由は、オランダからのガラス壜の場合のように、輸入品が生産コストより廉価で販売されていることを示す書類が付されていなかったためであり、その他は自明の件を立証することもできなかったためである。通貨ダンピングに対する保護はさらに困難であった。通貨は短期間で、多くの場合突然に下落するのだが、有効であるためには関税は苦しむ産業に長期の保証を与えなければならない。さらに一九二三年までに、かつての敵国だけではなくて、フランスとベルギーでもまた商取引が崩壊していた。結局、対策はドイツとチェコスロヴァキアからのいくつかの害をなす商品を排除するだけにとどまった。布製手袋、ガスマントル、室内用のガラス製電燈、ホーロー製品である。連合国に関しては、この政策はないものとされた。一九二三年初めに、イギリスのレース産業は、一五パーセントの失業率に苦しんでいた。前年だけでその輸出は三分の二まで落ち込んだ。ノッティンガムの製造業者が国内市場を守ろうとしたレースはフランス、ベルギー、イタリアからのもので、これらすべての競合国からの輸出品は、通貨安の恩恵を被って急増していた。閣内では、エイメリーのような熱心な関税改革論者が、ベルギーとイタリアとの協約を打ち切って、「この法律をもっと自由に広く適用できるようになること」を望んだ。一九二三年には、これは政治ではなく幻想であった。フランスはイギリスとの公然の争いを避けるだろうとの読みが外務省にはあった――フランスはドイツのルール地方を占領したばかりなのだ。判断を委ねられた商務省は、フランスのレースが反ダンピング政策に服した場合、最恵国待遇を撤回するのではないかと懸念していた。生じるかもしれない損失は、一つのイギリスの斜陽産業に生じる不確かな短期の便益をはるかに上回っていた。[59]

保護貿易の遅々たる歩みは、企業政治の新たな局面を反映していた。イギリスでは、戦争が大陸風のコーポラティズム政治を確立することはなかった。[60] コーポラティズムを指向する思想と制度の条件が欠けていたのである。イギリス産業連盟の展開が示すように、自らを自立した政治的権力として組織立てようとした企業家はまずいなかった。議会政治に異を唱えようとか、ましてやそれを乗り越えようといった意欲をもってはいなかった。一九一七年六月には、結成一年になるイギリス産業連盟は、八〇から四〇〇を越えるまでに加盟社数を増やしていた。当初は重工業、兵器産業が支配的だったが、すべての産業部門に拡大していた。この急成長はただちに組織の性格の問題を惹き起こしていた。ドッカーは、ベルギーの商工最高議会を大まかに模範とした「実業議会」を求めた。ライランズなどは連盟が、産業資本家の政党のようになってしまうことを望まなかった。もしそれが産業界を代表する意見団体になってしまったら、間違いなく連盟は、少数の自由貿易支持者を加えなければならなくなるだろう。内部分裂を怖れた連盟は、関税問題には沈黙の立場をとった。しかしながらこれは加盟資格をめぐる懸念にはとどまらない。もちろん保護貿易の何らかの政策への圧倒的支持があったかぎり、関税賛成の意見表明は加入社数を増やしたであろう。自由貿易支持者は、時々声を上げる目立たない少数派でしかなくなり、おそらく全体の四分の一も切っていただろう。[61]

最終的に、イギリス産業連盟は二つの点に囚われていた。民主政治の法則についての認識と、関税は思想ではなく実業の問題だという感覚である。この二つは補い合っていた。新しい企業政治は、政府と実業界の棲み分けを維持することに関わっていた。政策が企業家に直接影響を与えるところでは政府はその話に直接耳を傾けるが、その問題には手を下さない。その目的は、戦前の自由党の社会政策と租税政策および戦中の政府干渉への回帰を防ぎ止めることであった。企業家の方では、貿易と産業が「ある種の政治的遊具」になり下がることを警戒していた。[62] 代わりに実業の方では、政策は政党と議会に委ねようということになる。

一九一八年の総選挙では、イギリス連邦連合党が独自の運動を展開し、一八名の「精鋭部隊」を庶民院に送り込むことに成功したが、このような政治的組織化への直接の取り組みは短命に終わった[63]。実際、政策が他の集団に有利に働くということはあったが、複数の既成政党が存在する多元的な民主文化の中での政治的成功は、階級と職業を横断する幅広い訴えかけを行えるか否かにかかっている。実業界の指導者たちはこれを理解し、受け容れていた。イギリス産業連盟にとって、戦後に保護貿易推進運動を行うことは我田引水に思われたであろう。産業の緊張の時代にあって、それは裏目に出たと思われるのである。これがおそらくは、政治文化における自由貿易のかなり間接的ではあるが長く残る遺産の一つである。清潔な政治という理念が、組織化された権益団体への疑いを残したのである。関税は国民の支持を必要としており、裏口から押し通すわけにはいかなかった。ドッカーのような保護貿易論者でさえ、一九二三年におけるボールドウィンによる関税の要求という知恵に疑念を抱いた。それは間違いなく「実業界に不信、疑念、不安」を掻き立てると彼は仲間の実業界の指導者たちに語った[64]。

戦争は、大方の企業家にこれまで以上に政党政治家への不信を与えることになった。重税、劣悪な特許法、産業政策、どれをとっても実業界を知らない政治家の失策であった。ブラッドフォードの染色業者シャープが政治家への軽侮を露わにしたとき、大多数の代弁をしていたのである。「政党は問わず、すべての政権がたった一つのことしか考えていない。すなわち票集めだ[65]」。過去の問題は、政治家が貿易政策に関わるすべての主題をイデオロギー信仰の対象にしてしまってきたということにある。

この批判は両面の効果があり、自由貿易とともに関税改革をも損なうものだった。貿易をめぐる議論は、思想の高みから地面に引きずり降ろさないといけない。チェンバレンの関税改革運動は、自称聖戦だった。戦後のより穏健な目標は、「緊急輸入制限」だった。通商連合と国際的カルテル合意の普及は、すでに熱をある程度、関税政治から奪っていた――市場占有率、共同管理、価格合意は、すべて企業家たちが手配した代替の保護貿易政策であった。「現在において十年前のように関税改革について何らかの騒ぎを目にすることがない理由の一斑は」、このような企業連合が業界を堅固なものとしたからであり「海外からの際限のない競争を断ち切るために強硬手段を辞さず、時に脅迫まがいのこともあえて行ったのである」と一九一六年にケーブル製造業者協会の事務局長が説明した[66]。政治が実業を取り逃がしたという一般的な感触があり、それも了解可能だ。帝国と食品関税への執着のために、関税改革運動は、緊急輸入制限をめぐる妥協を得る機会が失われることに手を貸したのである。代わって「関税改革は能力のある人びとによって解決されるべきものであり、もはや政党政治の問題ではないのである」と、資本金一億ポンドを擁するイギリス技術者団体協会は主張した。実業界は「政党政治の要素とは無縁な」自前の大臣を必要としていると連合は空しく論じてはいる[67]。一九二一年には関税改革同盟が資本と会員数の不足のため、生を終えた。帝国産業協会が後継として設立されたが、関税改革の思想的エネルギーを再び帯びることはできなかった。貿易政策は実業の提案になっていたのである。

真正の政策変更は、結局のところ、穏健で選択的である。長期的に見ていっそう重要であるのは、そのような変化を可能にした古い世界観と政治環境の分解である。一九二〇年代初めまでに、自由貿易は、弱々しくほとんど口に出されることのない少数派の見解に縮小していた。何らかの緊急輸入制限を求める流れが生じていた。緊急輸入制限政策に対して本格的な反対はほとんどなかった。マンチェスター商工会議所の理事会さえ一九二一年に緊急輸入制限を却下した際に票数は一二対一一と薄氷であったが、代わりに助成金を導入することとなった[68]。綿織物産業を例外として、抵抗はほとんど専ら直接影響のある商人からであった。上質綿織物紡績業者は報復とドイツ市場の喪失（ザクセンの手袋製造業者は、ランカシャーで紡績された糸を用いた）を怖れて布製手袋への関税に反対したが、彼らはもはや他の形態の国家支援を拒絶することはなかった[69]。

企業に関する限り、自由貿易はまだ完全には終焉していなかったが、熱意はもはや失われていた。自由貿易批判者間における統一戦線の不在と一九二三年総選挙でのボールドウィン敗北によって最後の一息をつくことができたが、その擁護者は払底していた。大半の企業家は、鉄鋼販売業者H・J・スケルトンのように、中道を選ぶ時代がやって来たと考えていた。「私の考えでは、保護貿易は五〇年時代遅れで、自由貿易はおそらく二五年時代遅れである。どちらでもないものが求められている――何らかの変種であるといってもよい、いっさいの自由貿易の立場を譲ることなく、保護貿易国が有している利点を得ることができるものだ[70]」。

パンと鋤

食料と農業が労働党にとってもつ重みは、原材料が企業にとってもつ重みに匹敵していた。国内農業と食品輸入の規制が一九二〇年代の労働党にとって次第に重要になっていたことには一見したところ驚かれるかもしれない。結局イギリスの農業部門は小規模なのであった。一八七〇年代にはすでに農業人口はわずか五人の男性中一人の割合であった。自由貿易の下で、安価な外国産食品が国内に流入するのにしたがって次第に多くの耕地が耕作されないようになっていった。第一次世界大戦直前には、国内農業は、イギリスの小麦と小麦粉の供給総量のわずか二一パーセントを占めるのみであった[71]。農業の急激な落ち込みが、イギリスにおいて自由貿易を強化したと長い間、政治学者と歴史家は論じてきた。それは大陸においては顕著であった農業保護陳情団体の力を減じ、同時に安価な食品に関心を有する都市消費者の数を激増させた。工業製品を輸出し食品を輸入する社会においては、開かれた経済は自ずと労働者の権益と一致するように思われる。しかし耕地の消滅はまた根本的に異質の反応を惹起する可能性があった。一部にとっては、イギリスがもはや食料を自給できないという事実は恐るべきものであり、国際貿易へのイギリスの依存を改めて食品輸入を規制する必要性がこれまで以上に大きくなった。農業問題を解決することからはほど遠かった自由貿易は事態を悪化させ、この問題を政治の中央に押し戻した。

世界大戦の余波の中で、景気の劇的な上昇と下降があったとされ、イギリス産業が輸出市場を喪失していたこの時期に、どちらの見方がそれだけで正しいと判断できるものではなかった。もちろん一九二〇年代の労働党は、両者の受け皿になろうとしていた。これは労働党のディレンマだった。関税反対派は、少なくとも世界不況までは、共通の言論の場を設けつづけていたが、食品と貿易への積極政策がどのようなものとなるのかに関しての高まる緊張を覆い隠すことはできなかった。企業家にとってと同様に、多くの労働党員にとっても、自由貿易は基盤を失い存在を希薄化してきているように見えていた。

労働党は戦時より公式には自由貿易に加担する大衆政党としての姿を見せていた。多くの指導者は社会主義者になる以前は国際主義者であった。エドワード時代において、彼らの国際主義は、保護と特恵を受け容れがたいものにしていた。関税が標準的な急進派の言語によって否定されるのは、国際平和と国際交流の成長を阻害し、イギリスの輸出産業に損害を与え、そして不公平であるからだった。「諸国は各国の経済の繁栄と商業の進展によって害を被ることは決してないと信じている」と、一九一八年時点での復興への労働党の見解を記した『労働党と新社会秩序』は主張している。「逆に実際にはそれによって互いに豊かになる」[72]。「経済学のきわめて明確な教えをもはや無視することはできない」。流通した戦時中の悪徳業者のイメージは、社会的不正の感覚を強めた。戦争は借金の山を残し、政府はその重荷を労働者と女性に転嫁することをはじめたように見えた。労働党の指導者たちにとっては、マッケンナ関税、緊急輸入制限、わずかな既存の食品税の優先は、政府の姑息さの証明であった。「彼らは保護を手にしてきているが、公正、直接、堂々としたやり方ではなく、この国に保護を与えるいかなる開かれた取り組みよりもはるかに陰険な、こそこそとした裏口の手段だ」と一九一九年にスノーデンは党の代表者会議で語った[73]。

労働党は、一九一九年に自由貿易連合との共同キャンペーンに加わることは拒んだとしても、コブデン主義者と明白に近接した立場にあった。ホブソンやウルフのようなラディカルな国際主義者が、党の貿易諮問委員会に名を連ねていた。確かに、一九一九年に労働党はコブデン・クラブの事務局長F・J・ショウに十ポンドを支払って『関税と労働者』についての党の公式の立場について文章を作成してもらっていた。ショウの出自は一八九〇年代の社会主義にあったが、古典的なリベラルを不安にさせたであろうようなものは労働党のパンフレットにはほとんどなかった。品物は品物によって支払われる。輸入は善であり悪ではない。一八七七年から一九一二年まで、輸入が低調だった時期、失業率は高かった。自由貿易は失業の治療薬ではないが、保護貿易国ではそれはもっと悪かったのである。関税は国際摩擦を惹き起こした。対照的に、自由貿易を通して、平和と安定は手に手を携えて前進するのである。「労働運動の直接の正当な目的は、国民大衆にとっての生活水準の改善である」。生活水準の向上は、それ自体が目的であるが、仮説としては、イギリスの貿易と資産への介入を正当化するものであろう。[74] しかしながら実際の世界においては、保護貿易はそのような手段を提供していない。それによってイギリスから中立国の市場が失われ、国民の購買力を下げているのである。

党幹部の中で、この社会民主制にリベラルな国際性を加えた体制のもっとも頑強な擁護者と見られていたのがフィリップ・スノーデンであった。戦争によって、国際貿易の機能に関する彼の曖昧な態度に終止符が打たれた。自由貿易、平和、公正、福祉は分かちがたいものなのだ。一九二四年と一九二九年から三一年まで最初二回の労働党政権の財務大臣であったスノーデンは、労働党のグラッドストンであり、財政の本道を脅かす次々に現れる難題にいっそう敢然と立ち向かっていた。そのライトモティーフは、歳入目的の課税ということに尽きる。史上最初の労働党予算は、「無税の朝食の食卓」という急進派の公約を全面否定していた。スノーデンは、砂糖、紅茶、タバコ、コーヒーへの関税を廃止した。マッケナ関税もまた追い払われた。一九二四年一一月に保守党が政権復帰するとそれらはまた戻ってくることになる。

しかしながらスノーデンは貿易政策をもっていたわけではない。彼の強固な自由貿易防御は、政党内部からの絶え間ない攻撃の連続を押しとどめることはできなかった。労働党政権は農業助成金を導入し、また染色産業の保護を持続しただけでなく、より幅広く「生活賃金」と輸入協議会を求める声が労働党左派から拡大していった。

労働党が一九二四年一月に政権の座についたのは、長引く農業危機のまっただ中であった。公式には、経済恐慌は一九二九年十月二九日の黒い木曜日に始まったとされるが、穀物農家にとっては、すでに早く一九二一年から二二年にかけての物価下落とともに訪れていた。穀物生産法の廃止された一九二一年夏以降は、イギリスの農場はまた市場に翻弄されていた。世界市場には廉価の小麦と食材が溢れていた。イギリスの消費者にとっては、これは安く食品が手に入ることを意味する。イギリスの農家にとってみれば、すでに高い人件費に苦しんでいたところに、作農は損失を出す選択であることを意味した。戦時中は、政府が農家に穀作を奨励したので、耕作面積は十パーセント上昇した。いまや市場は反対の信号を発していた。穀物から家畜への転換である。一九一八年には、一二四〇万エーカーの土地が耕作されていた。一九二九年には、それは一千万以下に落ち込んだ——一九一三年に比べてさえ百万エーカー少ないのである。この急速な衰退が伝えるのは、田舎の貧困、農業労働者の失業、荒廃した建造物、担保物件の差し押さえ、放棄された農地である。[75]

これが短命に終わった最初の労働党政権の数少ない達成の一つ、テンサイ砂糖助成金の背景であった。テンサイ砂糖は一九世紀の驚異の作物であった。イギリスは、ヨーロッパ列強の中で多種多様な報奨金によってテンサイ砂糖産業を育成していない唯一の国であった。テンサイは多目的な作物である。それはサトウキビ砂糖の代替になり、テンサイ砂糖工場のかたちで田園地方に産業基盤を提供する。工場から排出される屑は家畜の飼料として用いられる。それはまた有用な清耕作物でもあった。農地に戻せば、その葉は次の輪作で栽培される小麦や大麦の収穫量を高める。そしてその栽培は科学的探究と開発に密接に結びついていた。

すべての農業部門の中でテンサイ砂糖を助成金の対象として労働党が選択した点は注目に値する。というのも砂糖問題が自由貿易をめぐる思想闘争における焦点の一つだったからだ。諸外国が、安価で豊富なカリブ海のサトウキビ砂糖と競争するための政策的産業の発展に納税者の貴重な金銭を費やす態勢をとっているならば、それは間違っている。イギリスにとって自由貿易の原則はそのような特殊な奨励金を排除する。引き続いた戦争と不況と景況が、この議論を転倒してしまった。イギリスはヨーロッパで名立たる甘党国民であり、競合国とは異なり、消費に充分な量の砂糖を国内生産でまかなえないのだった。もしイギリスが独自のテンサイ砂糖産業を進展させていれば、戦中の砂糖不足など生じなかっただろうという議論が起こっていた。ノーフォークのカントレにあった地方でただ一つの鳴り物入りのテンサイ砂糖工場が頓挫した後、ロイド・ジョージ連立政権は一九一九年にノッティンガムのケラムでの新規事業に政府資金を注ぎ込んだ。一九二一年から二二年の冬にいったん価格が降下しはじめると、投資を集め、新しい産業を育成するのが困難になった。

一九二四年における労働党の砂糖問題に対する回答は、ヤヌスの双面の様相を呈していた。一方の側は自由貿易の方を向いていた。スノーデンは砂糖関税を引き下げた。別の側ではテンサイ砂糖農家に助成金を与えていた。「無税の朝食の食卓」はもはや隠された課金と一体になっていた。保守党が庶民院において「保護貿易」の叫びとともに彼の政策を歓呼して迎えたのも不思議ではない。[76] 古典的な自由貿易の立場では、差別を排するために、輸入品への関税は同種商品への対応する物品税と組み合わせられていなければならなかった。それがない場合、関税は単なる歳入目的とはならず、国内産業に保護を与えることになってしまう。スノーデンのディレンマは、テンサイ砂糖がそのような物品税から除外されてきたことにあった。それゆえスノーデンが砂糖への一般関税を下げた際に、彼はまたイギリスのテンサイ砂糖生産業者が享受していたこの比較的好条件を減殺したのである。実際、税に関する優遇をハンドレッドウェイト当たり二五シリングから一一シリングまで引き下げた。エドワード時代の自由貿易支持者であればそこでとどまり、無競争の数少ない企業の既得権益に対して消費者大衆の権益を擁護するということになっただろう。スノーデンは当初の逡巡ののち、そこにとどまらなかった。彼は失われた優遇を埋め合わせるために助成金――ハンドレッドウェイト当たり一九シリング――と次の十年にわたる産業支援の約束を与えたのである。

砂糖法の成立は一九二五年であり、この政策を見届けることになったのは保守党である。しかしこれは最初の労働党政権が産み落とした子供である。労働党にとって、テンサイ砂糖は、農場労働者と小自作農にともに希望を与え、とくにイースト・アングリアにおける土地からの逃散と作農の衰退を食い止めるものだった。最近自由党から鞍替えしたばかりでノーフォークの選挙区民の動向を懸念していた、労働党の農業大臣ノエル・バクストンは、一九二四年五月の閣議で従来の自由貿易の立場から発せられる反対意見を斥けた。「なぜ砂糖産業が通常の条件の下で自立できないかと問われるかもしれない」。この産業は、「突出して保守主義の勝る別の産業、すなわち新たな技術水準が導入されるべきである農業」を改革できるかどうかにかかっているというのが彼の回答だった。政府だけが進歩と投資に必要な基盤を提供することができるのだ。「オランダの実例が示すように、援助は自由貿易産業への道なのである」[77]。自由貿易はここで、出発点ではなく、最終成果になっている。

世界恐慌が直撃するまでに、テンサイ砂糖産業は、一九二〇年代初めの流産した単独の実験から、一五倍の増加である三五万エーカー近くの生産高を誇る一八の工場を備えた重要部門へと成長していた。ジャガイモ三エーカーごとに、二エーカーの生育中のテンサイがあることになる。イギリスの砂糖消費の四分の一が国内産のテンサイ砂糖に由来するものだった。その大半が小自作農であった四万人ほどの生産者がその耕作に携わっていた。一年のうち三ヵ月間、三万人の臨時労働者に季節限定の雇用がもたらされた。工場群はさらに八千五百人の労働者を雇い入れた[78]。基幹産業の保護のように、砂糖助成金は自由貿易原則の重大な侵害であった。それはまた莫大な出費を伴っていた。一九二四年と一九二九年の間に、政府は千二百万ポンドの助成金を支出し、実質的に工場には無償でそのテンサイ砂糖を与えることになった。これはイースト・アングリアのための小規模の共通農業政策といったものだった。消費者を不当に苦しめる間接税である、直球の関税よりも助成金は不公平ではなかった。しかしそれは、ある産業が競争可能な水準に達するまで公金を用いて育成する事業に国家を加担させることだった。

公式には、労働党は、一九二〇年代を通して関税に激しく反対しつづけた。一九二三年の選挙マニフェストでは関税は以下のように攻撃されている。

文明社会がその基礎とする商品とサービスの自由な交換を阻害するものである。不当利得、物質主義、自己中心を助長し、国民の生活を毒し、政治の腐敗を招き、企業合合と独占を促し、民衆を貧困化する。労働者の頭脳と技術で得られた世界の資産の配分における不平等を固定する。(79)

これは教科書通りのラディカルな意見だ。しかしながら関税に対する否定的議論であるのはここまでである。どの程度まで貿易の自由はまた、積極的な企図として魅力を与えつづけることになるのか。党内左派である独立労働党において、次第に声高になっていた集団が「われらの時代の社会主義」を達成するために、自由貿易を越えて貿易統制と輸入協議会へと目を向けはじめていた。

一九二〇年代半ばは、独立労働党の黄金時代であった。その加入者は五万人を超え、『ニュー・リーダー』は部数の上昇によって、その時代においてもっとも影響力のある進歩派雑誌の一つにのし上がった。その後援した候補者のうち四五名が、一九二三年の総選挙で国会に戻ってきた。マクドナルドやスノーデンのような戦前の指導者に加えて、最初の労働党内閣には、独立労働党員として、厚生大臣にジョン・ウィートリーと労働大臣にフレッド・ジョウィットが就任したが、この二人の熱烈な社会主義者は、国王から印綬を受ける際にシルクハットとモーニングの着用を拒んだ。クレメント・アトリーをはじめとする次世代は軽い役職に就いた。しかし独立労働党は、その数以上に、頭脳に関わっていた。それは、多種多様な労働者階級と社会主義者の環境の合成であった労働党の舵取りを模索していた、早い段階での「社会主義シンクタンク」であった。[80]

イギリスの輸出貿易の将来に関する疑念が、過去の政党パンフレットにおける定番であった。労働党が政権の座につくことによって、この貿易に関する議論に新たな政治の文脈が与えられた。労働党は、単なる会議上の決議ではなく、政策を求めていた。これこそが独立労働党が与えようとしたものであり、一九二六年の「生活賃金」の原案にそれはかなり顕著である。

無規制の自由貿易に関しての異論が独立労働党の各所から発せられたが、そのすべてが収束した見解は、イギリスは国際経済に翻弄されるにはあまりにも大きく、自国の資源と将来を統制するにはあまりにも小さいという点であった。救済のために世界経済とヨーロッパの回復に目を向ける傾向は、問題の一部であって、解答ではなかった。すでに一九二二年総選挙の際に自由貿易を批判していたレッド・クライドサイダー〔スコットランドの労働者中心の急進派〕であったジョン・ウィートリーが、一九二三年の独立労働党大会において、イギリスの問題の原因を海外に求める輩を罵倒した。そう、フランスのルール地方占領は罰せられなければならないと彼は同意する。しかし「ヨーロッパの廃墟状態が、イギリスの失業と悲惨に関して責任があると考えるのは間違っている。原因は、イギリスの競争中心の資本主義である。敵は海を越えたところにはいないのだ。敵はここ国内にいる」。イギリスが海外から商品を得られないということではない――「その倉庫は品物で一杯である」。問題は「労働者の財布に関わる購買力の不足」なのである。自由貿易は、反社会主義的である。誰もがウィートリーに賛同したわけではなかった。ある老齢のランカシャーの綿織物労働者と港湾都市カーディフ近郊アベルカノンから来たウェールズの代表参加者が、世界の貧困について指摘し、国内志向の度合いの強い政策が回答であるのかと疑念を表明した。[81] しかし流れは激動する世界経済へのイギリスの依存を軽くする計画の方に向かっていた。

海外と同様にイギリスにおいても、社会主義者にとって、戦争は貿易規制の実地訓練であった。独立労働党の農業委員会委員長アーネスト・ハンターは、ソルターのような新国際主義者と大量購入の実験を賞賛する学習課程を運営した。[82] 戦時中の物資不足は「飢餓の四〇年代」および前進する自由という歴史的記憶を押しのけることになった。将来首相となるクレメント・アトリーは一八四六年をある搾取者の一団から別の搾取者への単なる移行として描き出した。それは安い労働力をめぐるもので、民主的な解放ではなかった(83)。

とりわけ戦争が、イギリスの外国食品への危うい依存を浮き彫りにした。一九二三年総選挙直前に刊行された「パンと鋤」において、『ニュー・リーダー』の敏腕編集人H・N・ブレイルスフォードは、農業の変化と貿易の規制の間のつながりを強調している。ヴィクトリア時代とエドワード時代のイギリスは「過度に工業化した社会」となり、煤煙の下の狭小な通りで子供を育てる一方で、その食料の半分を輸入していた。工業と輸出への集中は歯止めがなかった。この「危険な」事態への回帰はありえない。「綿織物を輸出し小麦を輸入する単純な計画は、どんな国もその経済をそれに基づいて構築しかねないもっとも危険な制度のように思われはじめている」。

イギリスが国内ですべての食料を自給する必要がないことをブレイルスフォードは受け容れる。孤立は目指すところではない。「国際協調への信念」を彼は再度肯定する。しかし「市場のアナーキー」が、イギリスの農家を、もっと効率的で近代的なオランダの隣人たちのようになる方向に刺激するとは考えにくい。実業界の指導者や新国際主義者のように、ブレイルスフォードは、市場の変動を近代化への主たる障害と診断する。それは製粉業者を賭博師に変えてしまう。農家は長期の投資によって失望を味わう。「こうして変動はアナーキーを意味するのだ。そのために生産量を減らしてしまう。農家の収入も減る。消費者の払う費用が高くなるのだ」。企業家が企業結合に目を向けるところで、ブレイルスフォードは、小麦、精肉、ミルクなどの主要食料品の卸売から着手する国営化を提案するのである(84)。

これは一九二四年に独立労働党によって採用された「農業の社会主義政策」になった。輸入は戦時中のように国家統制される。輸入協議会は、海外の農家と長期の契約を結び、備蓄を形成する。基本食品と原材料が国際統制される時代がやって来るだろう。「しばらくの間は、国を基盤としてやっていかなければならない」。注目されるのは、戦時統制の個人的経験を有する国際主義者の一人であったE・F・ワイズが、輸入協議会の左派の闘士として登場したことで、そのような計画は非現実的だという批判を浴びても怯まなかった。ワイズにとってアメリカとロシアの農家へのイギリスの依存は、もはや自由輸入を活用する理由ではなくて、それを規制する理由なのだった。「われわれの小麦供給の四分の三は輸入でまかなわなければならないが、このような状況下でイギリスの農家は、防御も把握もできない世界の力に左右されている」とワイズは一九二四年の独立労働党大会で語った。関税や一般助成金は問題外である――労働党は「都市住民の乏しい資産から金銭を引き出すことはできない」。解決策は輸入協議会である。それは農家と消費者の双方に長期の便益が生じるように物価の安定を図るのである。(85)

ブレイルスフォードは、ホブソンやワイズと協力して、一九二六年の間に「生活賃金」計画にそのような発想を発展させた。この計画は、長年にわたり「過少消費」を強調してきたホブソンへの同意で始まる。国内の購買力不足が「失業のもっとも有力な原因の一つ」として認められている。しかしここから「生活賃金」は新しい方向に進む。過剰生産が根本の原因であって、過少消費と過剰貯蓄ではないのだ。完全な解決はいくつもの根本的な変化を必要とする。国民所得の再分配、賃上げ、基本商品とサービスの増産である。

労働運動に携わったほとんど誰も、このような一般的な目的に関して細かく議論しようとはしなかった。「生活賃金」を際立たせているのは、「われわれの時代の社会主義」への道を整備する細緻な段階的政策に集中した点である。何よりも景気循環の廃棄であり、少なくともそれを「無害でほとんど気づかれない揺れ」にまで抑え込むことが優先された。金融政策は物価を安定させるだろうが、その「主たる手段」は輸入協議会である。それによって、生活賃金の実質価値が維持されることが望まれる。「生活賃金に含まれるのはいわゆる『生活価格』である」(86)。市場から食品と原材料を除外することは物価を安定させ、再編のために好都合な環境を作り出す。それは、中間業者、不当利得業者、インフレによる物価高騰から消費者を守るとともに、突然の景気循環と賃金への直撃から労働者を守るのである。

国民購買局という発想には、それに対する帝国の支援者が存在した。オーストラリアの首相スタンリー・ブルースは、ブレイルスフォードには喜ばしいことに、一九二三年の帝国会議において、イギリスの消費者と帝国自治領の農家の利益を長期の将来契約を通じて結ぶ方法としてこれを捉えた。(87) より直接的には、この考えの先駆者は、ロイドのようなその影響力が一貫して明白であった新国際主義者である。(88) 社会民主主義者は、新国際主義の基本思想を一部吸収していたのである。

しかしながら同時に「生活賃金」はまた国内貿易に目を向け、国際貿易からは目をそらした。「もし石炭から石油を抽出でき、国土においてバター、チーズ、精肉を増産できたら、輸入が少なくなるので、それゆえに輸出を減らす必要があるる」。綿織物のような一部の純粋輸出産業は、中間業者を外すことによって安い原材料を届ける輸入協議会の援助を受けるであろう。しかしながら、「全部ではなくてもほとんどの『輸出』業者は、海外市場のためだけに業務があるのではない。そこでわれわれの政策は国内市場を拡大し、総生産高を増やし、各々の商品にかかる一般費用を削減するものとなる」[89]。ここには国内の購買力を高めることに焦点を当てる、不況と失業に対処する新たな発想がある。ケインズの巧妙な手腕によって、それは一九三〇年代における新たな正統思想になるが、ただし異なる方法と理論を伴っていた。興味深いのは、またそれが生産力第一の企業家の発言とまったく異なるものではなかった点である。経済は原材料の統制からはじめて根底から秩序立てられなければならなかった。それはまた、規模の経済と産業再編を可能にするために、庇護の枠組みを必要とした。

「生活賃金」が政府の政策になることはありえないことだった。対立する環境、伝統、個性を抱えていた労働党は、社会主義一派では掌握しきれない複雑な構成を呈していた。マクドナルドが個人的にブレイルスフォードを嫌っていたこともよい効果を及ぼさなかった――「腰が定まらない」ようになったと思われていたのである[90]。「生活賃金」は労働党首脳部とその社会変化に対するより進化論的なアプローチにとって一つの難題であった。政治指導者がよりよい貿易と金融の政策を導入するだけで、社会主義が今すぐにでも樹立できることをそれは示唆していたのである。マクドナルドとスノーデンにとっては、これは政治権力の現実とも世界経済の錯雑とも関係ない、ユートピア志向の知識人の無責任な戯言であった。労働党は大量失業と一九二六年のゼネストの挫折のため苦境にあった。ここで両者が対立したり案を実験したりする余裕はなかった。この緊張は克服することができなかった。一九二七年にスノーデンは独立労働党から脱け、マクドナルドも三年後に続いた。マクドナルドが一九二九年に再度組閣した際には、独立労働党員を誰一人呼び戻すことはしなかった。

それでも独立労働党は、貿易規制の種を蒔くことには成功した。世界恐慌の直前において、労働運動内には、自由貿易の単なる擁護を越えた一連の積極的な政策が存在した。独立労働党の頽勢にもかかわらず、レナード・ウルフからハロルド・ラスキまで多くの労働党員が、その政策には魅力を感じるようになっていた。(91) 植民地との長期の契約を通じた輸入食品の大量買い上げは、関税改革論者の好んだ特恵への代替案となっていた。実際それは、労働党が示さなければならなかった実効的な代替案の数少ない中の一つであった。労働組合、労働党、労働者女性会議では「生産者には安定した物価を、消費者には公正な物価を」というのが今では輸入協議会に対する標準的な要求になっていた。(92) 食品物価王立委員会の労働党委員は、大量買い上げを推奨した。一九二九年総選挙の際の労働党綱領『労働と土地』には輸入協議会が関わっていた。食品税は引き下げと撤廃の必要があり、労働者階級の家族を搾取と不当利得から保護する唯一の手段は国による大量買い上げである。急進的な「無税の朝食の食卓」は自由な取引なしに可能であるだろう。

自由放任の終焉

政府にとって最少の統治が最高の統治である。一八世紀以降この金言が、自由放任へと向かう趨勢の核心にはあった。国家に掣肘されない個人の主導が、財産と自由を形成する。ジョン・メイナード・ケインズが一九二六年にその論文「自由放任の終焉」において認識していたように、集団行動への懐疑は、経済にとどまらない、思想と意見の広大な世界――天賦の自由という信念、ダーウィニズム、金銭愛など――に根ざしていた。もちろんジョン・スチュアート・ミル、J・E・ケアンズ、アルフレッド・マーシャルは、自由放任を非科学的として攻撃し、私益の追求と社会の権益が衝突する領域に視線を注いだ。「それでも最良の経済学者たちのこの押し付けがましくない慎重な態度は、個人主義的な自由放任が、自分たちの教えるべきものであり、また実際に教えているものであるという通常の意見に立ち勝ることはなかった」。(93)

社会は調和へと向かう既定の傾向を持っていると考えられていた。社会がその個別の構成員に、自分が適切と思われる金銭、時間、方向性で自由に行動するように任せることでその調和はもっともよく達成される。政府やその他の組織体による援助や干渉は、どのような意図のものであれ、この調和へ向かう力を阻害するのである。

しかしこの調和のモデルが間違っていたとしたらどうだろうか。とりわけ一九二〇年代のイギリスにおいて、賃金が「硬直」し、産業の競争を誘発するように引き下げることができなかったとしたらどうだろうか。ケインズは、自由貿易、この「自由放任原理のもっとも熱烈な表現」を放擲する態勢をまだとれていなかった。それでも彼はこの原理の核をなす思想に切り込むことに余念がなかった。この仕事の一部が専門の論文として発表されたものとしては、とくに『貨幣改革論』(一九二三年)とイギリスの金本位制復帰に対するその批判がある。しかしながら彼はまたいかに社会が機能するのか、社会をよりよく機能させるためにはどうすべきなのかに関する新しい理解を進めていた。自己利益はつねに公益と合致するわけではないし、また必ずしも公明正大であるのでもないとケインズは指摘する。「自然の」力に物事を委ねるならば、物価変動がもたらす大惨事など、壊滅的な社会的費用が生じるだろう。リベラルな制度は管理と維持を求めるのである。これは私人と集団の間の適切な均衡関係を変動させた。私人の企図は、社会の「教導」によって補完されねばならず、諸問題は個人の行動の域を超えて管理されなければならないのである。ケインズは三つの側面を強調している。すなわち、融資と通貨の中央統制、貯蓄と海外投資の均衡、人口政策である。まさにいかにして「叡智ある判断という調整済みの行為」が上記三つの難しい領域において発生するのかに関しては、ケインズは不明確なままである。しかしながら明確であるのは、市場と私的な個人が、もはや社会の知的な秩序化の独占を主張することはできないという点であった。

ケインズの考察が思い出させてくれるのは、経済の教訓の盛衰は、それらを育成し維持する思考法と価値観という幅広い環境に位置づける必要があるということである。ケインズ自身の「新たな一連の確信」は、まだ自由貿易からの離脱を含意はしていなかった。自由貿易と金本位制が、自動的な調整に関する誤った信頼を共有していると指摘するのは一九三〇年代に入ってからである。(94) しかし自由貿易に対する彼一個人の批判は、貿易の自由を支えていた暗黙の想定の多くから離れていた思想の雰囲気の一般的な推移を反映している。

一九二〇年代は今日では、イギリスにとって高くついた金本位制への復帰と「財務省見解」という強固な権威によって主に記憶されている。しかしながら、戦時統制の「篝火」に続いて、国家はまた貿易と金融におけるその役割を、税金、助成金、財政支援を多用しつつ拡張していた。基幹産業の保護と並行して、国家は染色産業の保護を続行していた。選択はもはや染色産業の効果的保護と傑出したドイツのカルテル「利益団体」との市場占有調整の間にあった。綿織物産業の使用者側は前者を嫌ったが、政治的観点からは、後者の悪の方が大きかった。イギリス政府は染料組合の取引の大きな割合を占めており、ドイツのカルテルとの連携に入るとは思われなかった。一九二四年、このカルテルとの協定を拒否し、結果的に保護であったものを拡張する役割が労働党政権に回ってきた[95]。一年後、保守党政権は二千三百万ポンドの助成金を苦闘する石炭産業を与えた。国家はまた海外市場において認定されたリスクを引き受けることで業者を支援した。緩慢な当初の応募状況といくらかの制度変更の後、一九二八年から九年にかけて輸出信用担保計画の下、四百万ポンド超が担保された[96]。

それ自体としては上記の政策はどれもとくに大きなものではなかったし、大量失業への特効薬となったのでもない。全体としてこれらは、より積極的な国家への動向を指し示したのである。商務省はこの新しい雰囲気に順応した。選択された保護が受け容れられたどころか、擁護されたのである。将来の戦争においてどの品目が「枢要」となるのかわからないゆえに緊急輸入制限は無意味だとする自由貿易陣営の批判は黙殺された。国には「理の通らない警告」を無視する義務がある。商務省は、酒石酸やクエン酸といった当時イギリスで生産されなかった品目を含めた。緊急輸入制限政策は将来を見据えた産業政策だったのである。とくに枢要となる品目は変化するかもしれないが、化学産業の将来の重要性には疑問の余地がなかった。緊急輸入制限政策は、産業の効率化、研究、開発にとって不可欠の「莫大な国民資産」を守るのである。商務省は、企業が保護以降に価格を引き上げたという主張を取り上げなかった[97]。

自由貿易の観点からは、これはまぎれもない異端であった。保護貿易は自己充足的予言となった。それは衰退産業のために要請されたのだが、保護のかげで繁栄する業種にとっての報償としてもまた正当化されたのだ。防衛政策は、新たな産業構築のより包括的な政策へと転換されていた。一般的には、一九二〇年代半ばに彼らの「枢要」な地位の更新のために産業が現れたとき官僚と学者は緊急輸入制限の延命を全面的に支持した。幼稚産業の保護は残りつづけることになった。

国家にとって、歳入が保護にさらなる魅力を与えていた。国債が累積する時代において、関税は国家に絶対必要な歳入をもたらした。これがとくにいえるのは、自動車とピアノへのマッケンナ関税の場合である。これらは一九一五年に、一つは船舶輸送の空間を確保するため、一つは追加の歳入をもたらし若干の保護を与えるために、臨時政策として導入された。当然のことながら、ハーバート・オースチンとウィリアム・モリスといった自動車製造業者は、この政策が平時にも行われることに激しく抵抗した。労働党政権は、一九二四年に一時停止したが、歳入増加の必要のため、その翌年に保守党政権によって即座の再導入のための道が整えられることとなった。

国債が、戦時の臨時政策を恒久的な財務政策としたのだ。これは既存の関税を引き下げる妨げになった。もちろん新たな関税の正当化に用いられうるものだった。財務大臣となっていたチャーチルは、問答無用で一般保護貿易に反対の立場をとり続けていたが、歳入増加のためにいくつかの関税を用いることに逡巡はなかった。国債が七五億四千五百万ポンドにまで膨らんだ時代に、マッケンナ関税がもたらしたのは、年間およそ三百万ポンドであった。チャーチルは一九二五年の庶民院での予算演説において自由貿易の原則を破ることを冗談と化して大笑いをとった。マッケンナ関税が「旨味だという人もいれば、攻撃目標だという人もいるでしょうが、私には歳入なのです」。彼はその「財政健全化」を、天然絹と人造絹への新たな関税をもって完成させ、年間五六〇万ポンドの追加増収とした。もちろんこれらの関税には保護貿易の効果があった。しかしながらチャーチルが理解していたように、絹のストッキングはパンではなかった。消費者はそれを絶対必要としていたのではなく、買わなければならなかったとしても、多少の追加の料金を支払うのは困難ではなかったのだ。チャーチルはこれを奢侈抑止税として弁護した(98)。

チャーチルは消費者から受け取ったものを、中間額と高額の所得税納税者に、大幅な控除として還元した。スノーデンは、一九二五年の予算を「金持ち予算」として非難した。戦前、各党は適正な直間比率について議論するようになっていた。いまや膨らむ国債と労働党の台頭が、階級分裂を尖鋭化し、イギリス政治のリベラルな中間層を侵蝕していた。この過程は、自由貿易に関する資産保有中流階級の圏域に深く影響を及ぼした(99)。社会主義と高額所得税よりも関税の方がまし、というのが彼らの新たな信念だった。

一九二〇年代末において失業率の高止まりと社会保障費の支出増が、収入関税への動きを加速したが、この徴候はすでに一〇年代に認められた。一九二三年の総選挙で関税が敗北を喫した際においても、リベラルな圏域に亀裂が現れていた。

「戦争に起因する浪費をただちに修復するものなどないが、関税改革は現下の困難の一時緩和をしてくれる感はある」というのは、リーズのリベラル連盟元幹事の事務弁護士ハロルド・クロフォードの言葉である。[100] 社会主義的な「資産税」という亡霊が、多くの中流階級リベラルを、保守党、関税その他すべてへの投票に駆り立てた。リーズでは初めて自由党議員が一人も国会に戻ってくることができなかった。

この時代のうそ寒い経済の気候が、さらに実業界における自由貿易支持の意見を侵蝕した。一九二〇年代はイングランドの天候のようであるとは、バーミンガム商工会議所会長のギルバート・ヴァイルの言葉である。時折晴れ間はあるが、他は陰鬱な曇り空だ。[101] 衰退は、新旧双方の産業に影響を与えた。手痛い打撃を受けたのは鉄鋼である。一九二五年に失業率は二五パーセントに達したが、これは全国平均の二倍であった。この産業は、立ち後れた技術、とくに時代遅れの溶鉱炉に加えて、イギリス市場を席捲する海外生産者の増大する生産力にも足を引っ張られていた。戦前のイギリスの鉄鋼の輸出高はその輸入高をおよそ三百万トン上回っていた。一九二〇年代末には、これは百万トン以下に下落していた。一九二四年のイギリスの銑鉄の生産量は、一九一三年に比べて二九パーセント落ち込んだ。鋼はまだましだったが、ここでも工場の稼働率はわずか七〇パーセントであった。[102]

自由貿易は、一九世紀最後の四半世紀の大不況の際や、チェンバレンの関税改革運動を発生させた二〇世紀最初の時期といった過去の経済の悪天候を生き延びてきた。そこでは、デモクラシー、社会正義、安さ、そしてイギリスの文明化の使命などとの幅広い結びつきが、保護貿易への圧力を抑え込んできた。そのような支持の信念が退潮し、次第に多くの企業家たちが、とくに鉄鋼産業において、当初の留保の態度を棄てて、関税を表立って求めるようになっていた。

政策の観点からのみ判定するならば、保護貿易を求める鉄鋼産業の運動は敗退だった。鉄鋼産業の保護は他の大半の産業に重大な影響を与えただろうし、緊急輸入制限を一般的保護貿易の用具として用いないというボールドウィンの公約を裏切ることになっていただろう。同時にそれはいかに多くの産業消費者が自由貿易の問題に柔軟になっていたのかを明らかにしている。機械と電動機の業者のような重度の鉄鋼使用者は、一九二八年の鉄鋼業界の再度の緊急輸入制限申請を支援した。シェフィールド商工会議所の票決は一対一一であった。イギリス商工会議所協会もまた中立の立場を棄てて、公然と緊急輸入制限の拡大を唱えた。保護への抵抗は、海外からの安い半完成品の鉄鋼に依存していた鋼の受託圧延業者に限定されていた。この業者においてさえ関税と輸出助成金を求める声が上がっていた[103]。多くの船主もリベラル船団から離れて、政府に対してイギリスの港湾に停泊する外国籍の船舶に報復として倍のトン税を課すように求めていた。商務大臣カンリフ＝リスターが一九二五年十月に閣僚たちに述べたように「自由貿易の良心は便利な順応性をつけてきている」[104]。

労働運動においては反乱の徴候が目立ちはじめてもいた。過去において、自由貿易は、安い食品と高い賃金という魅力的な計画を提供していた。それは世界経済がイギリスに提供しなければならないもの、その逆方向のものを最大限活用する開放性を通しての繁栄を約束していた。国際的な分業を通して豊かさは最大化されるであろう。労働者階級消費者はすでにこのモデルの消費の側面を批判し、自由貿易が実際に低い物価を保証するのか問うていた。大量失業という動かしがたい事実が、生産側からの批判を加えていた。

一九二五年のイギリスの金本位制への復帰が自由貿易への反応を尖鋭化した。自由貿易モデルは、柔軟性、すなわち労働力と資本が雇用の生産性の低い水路から高い水路へと円滑に流れることを想定していた。実際には経済は「停滞」していた。賃金が一九二〇年の物価の下落と連動することはなかった。失業も一九二六年のゼネストにおける労働党の挫折もこのパイプ詰まりを改善しなかった。外国市場を再度捉えるためには、きわめて柔軟な労働力市場が前提となると経済史家はこれまで確認してきた[105]。労働運動の一部には、国内市場がここでグローバル経済に代わる魅力的な対象になっていた。信用と国内需要を確保することで、海外貿易の喪失は償われる。労働党の新参者オズワルド・モーズリーは輸出貿易という「物神崇拝」を公然と攻撃し、国内需要を押し上げるための信用拡大の政策案を提唱した[106]。地元の労働党によって支持された彼の「バーミンガム提案」はいまだ関税を取り上げてはいなかったが、独立労働党の「生活賃金」と同様に、物価安定と投機筋による商品買い占め防止のための輸入協議会を含んでいた。モーズリーは「金本位制社会主義者」を軽侮していた。よき社会主義者は、共同体を遠方の力に翻弄されるがままに任せるのではなく、統制を行うのであった。

帝国の方に視線を向ける者もあった。一九二五年に労働党代議士二〇名が帝国特恵に賛成投票した。トム・ジョンストンのようなレッド・クライドサイダーは帝国を打ち砕くのではなく、強化し社会主義化することを望んでいた。一匹狼の代議士ヘイドン・ゲストの周囲にいた一握りの帝国主義労働党員さえ、保護貿易推進の業界圧力団体である帝国産業協会に探りを入れていた。[107] その不調に終わった交渉は一般保護貿易がいまだ障害であることを示したとしても、それはまた、輸入禁止や非関税特恵など、受け容れやすくなっている代替政策に幅があることを示唆した。

最大の試練は、大中心産業そのもの、とくに鉄鋼と毛織物から突きつけられた。労働組合幹部はすでに戦時中に自由貿易に対して柔軟な姿勢を打ち出していた。たとえば一九一六年から一七年にかけての貿易政策論議において、九〇万人の労働者を代表する組合、機械製造・船舶建造業者労働組合のジョン・ヒルは、鉄鋼への関税に反対したが、劣悪な条件の下で生産された輸入品の停止を求めた。戦前「苦役労働」は主としてここイギリスの貧しい労働者の状況を指していた。一九二〇年代において、それは国際的な次元を獲得し、労働運動においては、企業政治で演じられる「ダンピング」の役割を演じるようになっていた。鉄鋼業界の労働組合指導者にとって重要なのは、ベルリンとパリの実質賃金が、ロンドンに比べてそれぞれわずか六二パーセントと七一パーセントにすぎなかったことである。イギリスはおそらくは太刀打ちできない。一九二九年、鉄鋼労働組合のアーサー・ピューは、庶民院議員たちに対して、低賃金国からの輸入品を禁止する手続きをすぐにとるように迫った。そうすれば十万人の雇用が生じると彼は論じた。[108]

自由貿易にとっては、これは壊滅的な転回であった。結局、イギリスは高賃金経済なのである。他の大半の諸国は定義上「低賃金」競合国となる。リベラルな枠組みでは、貿易は互いに利益を生じる。安い労働力によって作られた商品を締め出すことは、イギリス全体を傷つける。貿易は比較優位に関わるものであったのだ。理論において重要なのは、各国の生産費用ではなくて、諸国が多様な商品を生産するのがいかに相対的に容易であるのかである。鉄鋼労働者が海外の「苦役労働」製品に対する保護を正当に求めることができるのであれば、大半の他の業者もまた求めることができるのである。

協同組合運動さえ、この種の考え方に免疫がなかった。「ヨーロッパの賃金水準がわが国と均等でないならば、どうして同等の条件での競争にわれわれが臨むことができよう」と、卸売協同組合連合会の傑出した理事トマス・アレンは一九二五年に問いかけた。「消費者としての熱烈な自由貿易支持者は、自らの産業と生活水準が脅かされる場合、必然的に生産者として厳格な保護貿易推進者になる」。そしてこれに間違った点はない。アレンにとって、イギリスにおいて賃金を押し下げる移民の安い労働力と海外の安い労働力によって生産された安価な輸入品とに違いはないのであった。「保護貿易は社会主義の必然的結果であり、自由貿易は個人主義の必然的結果である」。労働党は新たな視点を必要としていた。「関税ありの高価格に加えて高賃金、雇用の安定、良好な社会環境、全般的により便利な生活、これが試みるに値するか否か考慮すべき時期である」。スコットランドの協同組合卸売業者ギャラハーのような自由貿易支持者にとって、答えは依然として「否」であった。対照的にアレンは、帝国特恵ありの一般関税に目を向けていた。[109]

一九二〇年代後半までに毛織物とレースの労働者は、製鋼業界の同志たちと同じ道を歩む決意を固めていた。毛織物は、二五万人の労働者を抱える主要産業であった。その中核は、リベラルな非国教徒の中心地帯ヨークシャーのウェスト・ライディングにあった。ブラッドフォードは、あらゆる点で自由貿易文化の開かれたグローバルな雰囲気の典型であった。「どうしようもなくヨークシャーであり田舎である」一方、二〇世紀初めにおいてイングランドの地方都市中有数の世界に開かれた都市であった。「その郊外はフランクフォート〔アメリカ合衆国ケンタッキー州〕とライプツィヒまで拡がっている」とJ・B・プリーストリーは回想している。[110]一九二〇年代において、それは内向きに変わりはじめていた。毛織物輸出は衰退しつつあった。一九二五年において、織機の五〇パーセントは稼働していなかった。輸出市場の喪失は製造業者を自ずと国内市場へと向けたが、ここでもまた、この業界は、安いドイツ、イタリア、フランスからの輸入品との激化する競合に直面していた。大半の雇用主は、一九二三年にすでに自由貿易を放棄していた。工場主たちは、ヨークシャー自由協議会に絶望して去っていった。ブラッドフォードの大多数は緊急輸入制限を求めていた。労働組合員は当初、関税は利己的な雇用主の方針として反対していた。一九二八年までには、その抵抗は和らいでいた。[111]正義、平和、人民の力を具現する体系へと自由貿易を高めた旧来の倫理と社会の全面的支援はなく、自由貿易は経済上の費用と便益の問題に還元されていた。

一九二八年一一月、ブラッドフォードとハダースフィールドという紡毛織物地帯で失業率は三〇パーセントになった。雇用主にとって、選択は簡単であった。関税の力を借りて、賃金を下げるか、価格を上げるかである。賃金協定はすでに解消されていた。一切の自由貿易支持の感情を払拭した低賃金の脅威は、毛織物労働者の間から去っていた。一九二八年一二月に緊急輸入制限の新たな推進運動は進捗したが、この時は労働組合の支持があった。関税提案は、女性の衣料品産業を支援することに眼目があった。翌年の保守党政権の崩壊のみが、毛織物に対する関税を押しとどめた。商務省のヒューバート・ルウェリン・スミスのような一徹なリベラルさえもこのたびは支援に回っていた。時給換算でイギリスの四分の一から半分程度賃金が低いドイツやフランスといった諸国と競争することは不可能であった。(112)

緊急輸入制限の経済への影響は不透明であった。一九二五年から一九二八年の間に、四九の業界が基幹産業として緊急輸入制限を申請したが、採用されたのは九つであった。大半の緊急輸入制限の適用を受けた産業は、梱包・包装用紙や半透明陶器といった小規模なもので、政府統計において独立の扱いを受けていないため、保護された部門を保護されなかった部門と比較することはできない。包装紙労働者が高賃金を享受していたこと、ガスマントルの生産が上向いたことについては証拠がある。(113)緊急輸入制限が物価と雇用に与えた作用についての証拠は入り乱れている。たとえば布製手袋の価格は下落したが、当時一九二〇年代半ばには物価の全般的低下があったのだ。カトラリー業界において、一九二六年の夏に雇用は三万五千を超えるまでに伸びたが、その上昇の大方はこの業界が保護を受ける以前に始まっていたのである。レース産業では、緊急輸入制限が雇用の喪失をとどめることができなかった。(114)

目に見える成長が実現したのは自動車産業であった。エドワード時代の自動車産業は小企業が乱立する業界の典型であり、戦時中は強く非難されていた。一九一三年には一九八の異なるモデルが製造されていた。戦後、マッケンナ関税によって庇護されたこの業界は、集中、合理化、成長を遂げた。オースチン社はオースチン・セヴンという大衆車を一連の流れ作業で製造した。オースチンの生産性は五倍に増加した。全体では、イギリス企業は一九二九年に一八万台の自動車を生産しており、これは戦前の五倍以上で二五万人以上の雇用を創出した。自動車産業は関税のために、他でよりも、とくにアメリカの競合企業と比べて効率的でないと自由貿易支持者は論じた。しかし比較は同等のもので行う必要がある。オースチンとモリスはフォードよりも小さな国内市場しかなかった。こうした企業はフランスの製造業者と比べて、各々の輸出業績を問うた方が公平である。それによってより好都合な構図が得られる。保護は規模の経済を後退させてはいなかった。フラン安にもかかわらず、イギリス車はフランス車を輸出において上回っていたのである。(115)

図15　「自由党に投票して税金を追い払おう」。デヴォンポート、1923年の総選挙キャンペーンの際の自由党四輪車。

さらに重要であるのは、緊急輸入制限の政治的影響である。エドワード時代の自由貿易運動において、安いパンは効果的な要求の声を上げさせ、問題となっている精神と物質の世界をつなぐアイコンとなった。一九二三年の選挙において、ボールドウィンは、リベラル派に、またもや食品税への恐怖をあおる機会を与えることになった（図15参照）。緊急輸入制限はこの政治の象徴作用の領域を変えてしまった。それは保護貿易の議論を、特殊な産業に関する、無限に時間を費消するかのような専門性の度合いがますます高くなる検証作業へと細分化したのである。製陶業界の申請だけで委員会の審議に一三六時間が費やされ、速記録は二五〇〇ページに及んだ[116]。関税問題は、公衆政治の屋外から、専門家が審議を繰り広げる奥まった部屋へと移動したのである。個人の消費者が代表されることもなかった。

商品は文化的価値を有するが、各々で異なっている。リベラル派がセーフガード関税を攻撃した際に用いた反対意見の武器は、食品の保護貿易を標的にしたときのものと同じであった。関税は物価を上昇させ、資産と雇用を縮減する。しかし包装紙や半透明陶器よりもパンの方が気持ちを高めるのが容易だった。緊急輸入制限は、コートのボタンから布製手袋まで幅のある小物の消費者を直撃した。自動車へのマッケンナ関税と人造絹の保護のような他の関税は、大多数にとってはいまだ奢侈品である商品に関わっていた。これらを、デモクラシー、文明、国の偉大さに関する精神的なドラマに織り込むことは難しかっ

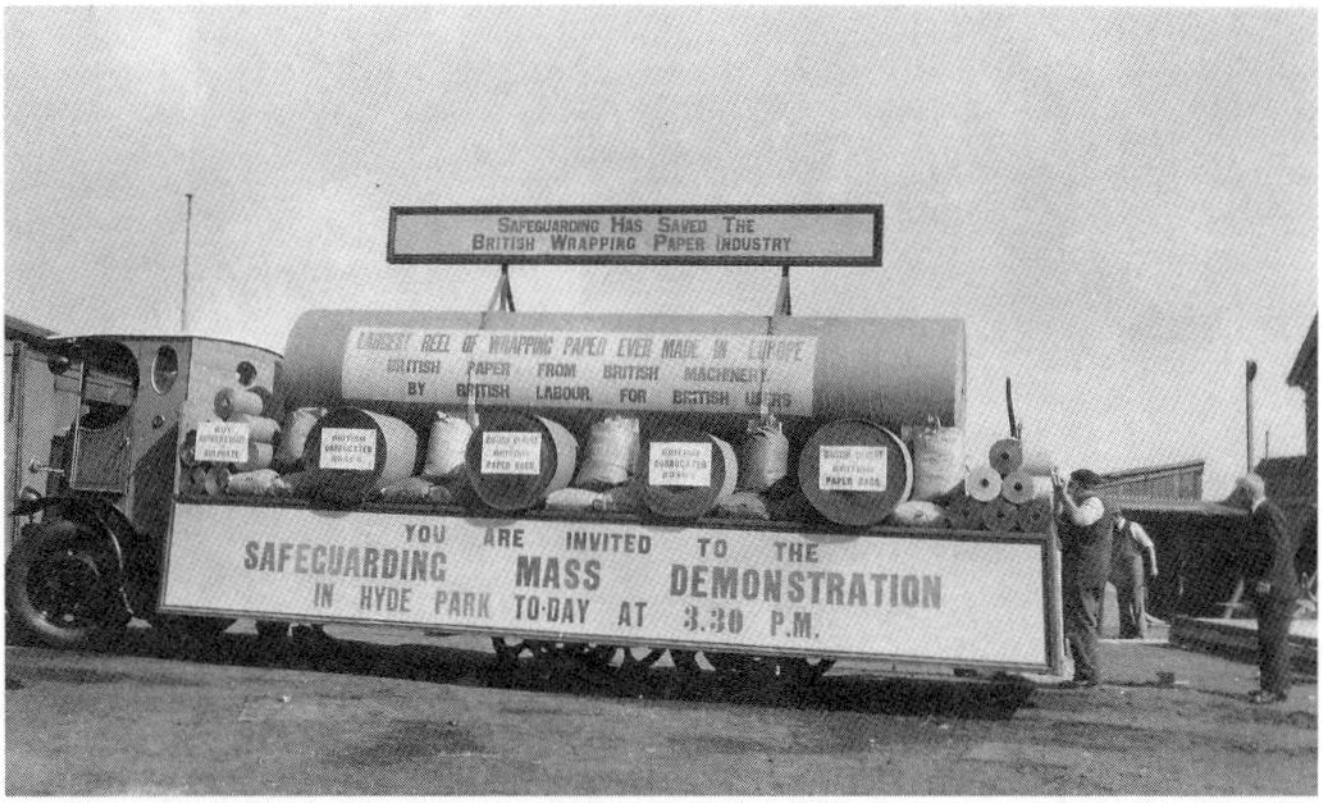

図16 「ヨーロッパで作られたこれまで最大の包装紙のリール」。イギリス製の紙袋と波型紙箱を装備した緊急輸入制限宣伝車（セーフガーディング・ヴァン）が、ハイドパークでの関税推進のデモへの参加を呼びかけている、1928年頃。

た。自由貿易支持者がそれにもっとも近づいたのは、電燈、この「現代文明」における「生活と産業の必需品」への課税としてガスマントル関税を嘆いた際である[117]。

市民運動の主導権は、保護貿易推進者の手に渡った。一九二七年、帝国産業協会は、緊急輸入制限支持の屋外集会をロンドンで開始した。続いてそれはランカシャーとヨークシャーの工業都市へと拡張された[118]。一九二九年から三〇年までには、帝国産業協会は、千の集会を組織していた。ハイドパークでは、保護対象の業界とその労働者にとっての関税の便益について宣伝車が伝えていた（図16参照）。これらはいずれもエドワード時代の運動の熱狂や規模に比肩するものではなかった。企業政治と同様に、保護貿易推進運動は、比較的狭い文化の領域で展開していた。もはやそれは帝国文化の幅広い画布ではなく、特定の工業製品を示すものであった。関税をめぐっての公共の闘争は、ずっと大人しい一方的な見世物になり、そこにリベラル派の抵抗はほとんどなかった。

リベラルな自由貿易の環境は解体した。リベラル派の陣営は三方向に分裂した。一つの集団は変節して、保守党あるいは労働党に安息の地を見出した。二番目の進歩派の集団は自由党にとどまったが、党是をより国家干渉寄りの計画の方に近づけることを望んだ。三番目にとって、真のリベラリズムの道はその対照的な方向を指し示していた。国家を遠ざけることであり、それ以外はない。縮小する自由放任を奉じる集団と税金を投じた「国家社会主義」に対するその闘争に、一九二〇年代末に自由貿易は居場所を見出すようになっていた。

自由貿易は、もはや旧来の保守派という敵に直面するだけでなく、アディソンやモンドといった元リベラル派の背教者、各々労働党と保守党に加わった連立派リベラルの挑戦を受けていた。その食品輸入規制案で農産物割当という発想の種を蒔いたのは、もちろんアディソンだが、ネヴィル・チェンバレンと保守派が一九三一年にその成果を収穫することになる。戦前は自由貿易信者であったモンドは、一九二〇年代に重商主義の思想に新たな装いを与え、領土から世界経済を捉える観点を流布した。世界はいくつかの経済ブロックに分割されつつある。流通と交換は重要性を失いつつある。カルテルが将来の国際秩序の青写真を示していた。一九二七年にモンドが数多い演説の一つで主張したように、「産業の経済的グループ分けの論理的帰結は、国そのものの経済的グループ分けである」。[119]

セーフガード関税そのものと同様に、市場と交換というリベラルな枠組みからのこの離脱の起源は、第一次世界大戦に遡ることができる。[120]ドッカーのような生産至上主義者は、小工場は小国と同じように消滅すると固く信じていた。一九一七年、閣内では、モンドがイギリスに対して、その「土地」を開発するように求めていたが、その帝国中心の言葉遣いは一世代前のチェンバレンを彷彿させる。五年後に彼が実現のための運動を行った一億ポンドの帝国開発の融資は、工場が失業者を労働に復帰させることを援助する国家助成を含んでいた。合理化の主教ともいうべきモンドが示したかったように、カルテル化から得られる便益が自明だったわけではない。実際、一九二六年設立の企業合同であるモンド自身の帝国化学産業において、各社はほぼ独自の体制を保っていた。その好戦的な言葉遣いにもかかわらず、帝国化学産業は、ドイツのIGファルベンとの対比で世界市場取引における小さな占有率に対処しなければならなかった。[121]それでも、多くの海外市場が永遠に失われたように見えた大量失業の時代において、モンドの合理化と規模に関する運動は、その領土中心の経済観に魅力的な近代性を与えていた。経営者側と労働組合との間の友好関係の扉を開いたのが、この一九二七年にはじまった、いわゆるモンド＝ターナー会談である。合理化と帝国のグループ分けによって、農業と工業の新たなバランスが生じることになる。

自由党の内部でも、公共投資と公共開発の計画が現れた。自由党の黄色本である『イギリスの産業の将来』は一九二八年二月に刊行された。ロイド・ジョージが後援した同書は、何よりケインズとその仲間の経済学者Ｈ・Ｄ・ヘンダーソンとウォルター・レイトンといったリベラル知識人の進歩的思想の刻印を帯びていた。共同執筆であるために、くだくだしい文書になってはいた――「言うべきことがなくても語り続けている。ここかしこで聴こえてくるのは『リベラル、リベラル、われわれはみな勇敢な心をもつリベラルだ』という呟き」とケインズは妻にぶちまけている。[122]通常の関税批判も含まれていた――「戦中と戦後に起こった何事も、自由貿易擁護論の圧倒的な力を減殺しなかった」。[123]しかし主旨は別のところ、すなわち、農業を再興し、道路、住宅を建設し、電化を促進する「国民発展の計画」にあった。国民経済計算は改革されて「国民投資局」と密接な関係において機能する「資産勘定」を創出する。要するに、国家がその国内経済において雇用と需要を伸ばすために金銭を費やすのである。どれほど正確にこのような投資局が市場よりも有効に貯蓄を活用するのか、どれほどの重みを「凍結預金」に与えるべきであるのかについては、ケインズ主導の続作である一九二九年の『失業は克服できる』において重要な問題となるが、ここではまだ考察がなされていない。

明確であったのは、解答は自由放任の枠組みの外部に求めなければならないという点だった。自由党の黄色本は、二年前にケインズが「自由放任の終焉」において残した部分を取り上げた。新たな経済秩序が立ち現れつつある。大きな産業単位が小企業に取って代わろうとしている。リベラル派は、社会主義的な統制と個人主義的な競争企業の中道を進まなければならなかった。国際貿易はまったく見限られたわけではないが、国内取引に対しては確かに格下げされた。「イギリス人労働者が実現しているイギリス人の貯蓄という成果が、ロンドン南部のスラム街の取り壊しやミッドランド地方の自動車道路建設に使われるよりも、リオ・デ・ジャネイロの街を飾るのに用いられれば、国民資産が本当の意味で増加すると考えるのは誤謬である」。新たな貿易の開発は輸出をいくぶんか復活させるのかもしれないが、将来は国内経済にある。経済のバランスを取り直す時期である。これはすでに、一九二五年夏の貿易と産業についてのバルフォア委員会でケインズが助言していたことであった。輸出業から新たな国内産業への労働力の漸次の移行は、「国内での資本支出の大規模計画」に支えられて、以前は海外に捌け口を見出していた預金を吸収することだろう。[124]自由党の黄色本は、イギリスの戦前の国際志向という知恵に公然と疑問を投げかける。それは莫大な資本輸出に依存していたのだ。「国益がこれほどまでの規模で資産の輸出を際限なく求めなければならない」理由はない[125]。実際、ケインズは、必要であれば海外投資に制限をかける国民協議会を求めていた。これはモーズリーがより直接的に「輸出という物神」として唾棄したものに疑問を投げかけるリベラル派の流儀であった。

過去において、古典的な自由貿易の立場から資本輸出の擁護があった。資本輸出は商品の輸出を、そしてそれによって国民の雇用と資産を刺激した。一九二九年三月にケインズは、経済学の正統派の牙城『エコノミスト』との意見のやり取りの中でこの議論を粉砕した。確かに、海外投資は輸出を刺激する。しかしながらイギリスは金本位制を採用しており、通貨高の状況の下では、この過程は、円滑、穏健とは程遠く、莫大な社会的費用を支払うことによってのみ達成される。「次にもし輸出刺激のための海外融資を賞賛されるならば、説明の言葉として『それは現行の賃金での完全雇用の維持を不可能にし、イギリス人の賃金が押し下げられるまで失業が続くからである』と加える必要がある[126]」。

このような開発計画のいずれかが達成されるにはどれほどの金を動かすことになるのかについては議論の余地がある――モンドのようにケインズは、年間およそ一億ポンドの支出を想定していた。当時の財務省の批判者は、公共事業は単に民間部門の支出を「締め出して《クラウド・アウト》しまう」だけだと警告した。最近の試算ではいくぶんか前向きの結果が示されているが、そこでも政府が五億ポンドを支出したとしても失業者の一〇から一八パーセントの雇用が創出されるだけであろうとされている[127]。

しかしながらこのような提案の政治的影響は、間違いなく自由貿易をさらに周縁へと追いやった。国家投資の計画は、リベラルな共同体を二極化した。もっとも声高な自由貿易の擁護意見は、積極的な国家に一も二もなく反対するリベラル派から発せられた。F・W・ハースト、ヒュー・ベル、出版者アーネスト・ベンのような男たちにとって、自由貿易のための闘争と国家社会主義に対抗する闘争は、同じコインの両面であったのだ。彼らの根城は、「個人主義書店」であり、ここは一九二六年以降リバタリアンたちの集合場所になっていた。一九三一年に彼らは「経済の友」を形成する。彼らのイギリスの問題に対する回答は一億ポンド政府支出を削減することであり、それを増額することではなかった。この反干渉主義、反社会主義の混合集団は、脆弱なリベラル派の運動の一部で共感を呼んでいた。ウォルター・ランシマンは、

「青年自由党」に対して、「個人の情熱と倹約」という「社会前進の原動力」を社会主義が奪うことを防ぎ止めるように説いた。[128]「首尾一貫する論理を備える自由貿易の経済原理の体系」を真のリベラルは受け容れると彼は一九二六年に自由貿易連合の会合で語った。「妥協しはじめるならば、無限の困難に足をすくわれ、深刻な財政と産業の悪に間違いなく沈んでいくだろう」[129]。貿易の便宜、テンサイ砂糖助成金、関税。これらはすべて同じ腐敗の一部である。国家は、贔屓の団体の懐に金を突っ込むようなことはしてはならない。ひとたび国家が生活の一つの領域において命令を下しはじめたら、自由と繁栄はどこでも危殆に瀕するのである。自由貿易は国民生活の指針として再度掲げられる。社会生活が次第に狭く捉えられるようになってきているのだ。

数十年前は、自由貿易は積極的な市民消費者のいる市民社会という観点を通して大衆の支持を集めた。もはやこの観点はリバタリアン的個人主義へと縮退していた。一九二〇年代の文脈では、これは責務に他ならなかった。自由貿易の擁護は、税金を下げ、社会事業を削減する運動と結びつくようになっていた。これは戦後の収入再分配に対する中流階級の反応だったとは言える。同時代の統計学者ジョサイア・スタンプは、中流階級の地位不安の背後にひそむ財産の逆転に注意を促した。給料は安いが雇用が安定している労働者は、高い実質賃金、社会保障、短くなった労働時間の恩恵を受けて暮らし向きがよくなっている。しかしながら富裕層は自由になる金銭が少なくなっている。不動産と海外投資からの実質収入が下がっているのである。[130]労働者階級が楽しくやっており、所得税高額納税者よりもいい生活をしているのだという感覚が、中流階級の間で高まっていた。

自由貿易は階級融和ではなく、階級政治とともに現れていた。このために自由党員と労働党員との間で自由貿易に関して何らか意味のある提携を維持することは困難になった。ウェッジウッド・ベンは戦後、緊急輸入制限に対するリベラル派としての闘争を続けていた。一九二七年には「個人主義者のまさにその論理」によって自分が「社会主義者」であると確信し、労働党に入党した。[131]それはまた主戦場を離脱していた自由貿易を脆弱なものにしていた。「節倹」と支出削減の重視がもたらしていたのは、国の危機という一般的雰囲気と中流階級の間での税金は何としても下げなければならないという感覚であった。保護貿易から離れたトーリーは、「右派という大きな統一政党」に個人主義者とともに参加できるとアーネスト・ベンは無邪気にも想定していた。[132] 代わって、その反社会主義の言語によって、個人主義者は最終的に、敵の保守派の手に落ちたのである。彼らは支出削減と自由貿易は手を携えて進むと想定していた。前者を達成するためには後者を犠牲にするのが容易になっていた政治状況が訪れていたのだとすればどうだろうか。

消費者と同様に生産者にとっても、第一次世界大戦は、目を開かされる体験であった。それは、政策と世界観としての自由貿易を支えていた根本的な信念と想定の問い直しを促したのである。安さ、競争、所有権の魔力は、安定、協調、結合への新たな魅惑によって押しのけられていた。あらゆる領域を通して、自由貿易は政治的支援と思想的意義を失っていた。関税への反対意見は、輸入統制と国内市場の開発への要求によって和らぐようになっていた。一九二九年十月後半に世界恐慌がイギリスを直撃するまでに、自由貿易は以前よりも脆弱になっていた。商務省のようなイギリス国家の部局には再度の方向づけの徴候さえあった。しかしながら自由貿易の運命にとって、もっとも決定的であったのは、その実業への深入りでもその統制の機構でもなく、市民社会における支持の退潮であった。かつては自由貿易の政治文化があり、イギリス国民と社会運動からの支援が、過去において関税を追い払うのに欠かせなかった。いまや労働運動における懐疑が、生活の仕方としての自由貿易に対して消費者と国際主義者が抱いた幻滅を強めていた。大衆政治において、自由貿易は、成長する国家と自由放任に対する幻滅の時代における個人の自由の哲学であり、次第に恐竜のような存在になってきた。その熱烈な擁護者の縮小する集団さえ、「一般大衆」が「無気力」になってきていると認識していた。[133] 自由貿易の終焉は、訪れるかどうかではなく、いつどのようにして訪れるのかの問題になっていた。

第7章　最期の日々

ひとたびそれがなされると、迅速だった。一九三一年一一月一七日、新しい国民連立内閣で商務省の舵をとっていた自由党政治家ウォルター・ランシマンは、カトラリーと紡毛織物からタイル、電球、綿織物まで諸種の製造業の輸入品の「異常な」氾濫を止める政策を導入した。一ヵ月後に、果物、野菜、花への強硬な関税が設定された。一九三二年二月には、一般関税が付け加わった。関税は十パーセントから開始されたが、輸入関税諮問委員会がさらなる関税率の引き上げの権限をもっており、すぐにそれは行われた。(1) 庶民院において、保守党の財務大臣ネヴィル・チェンバレンが父の仕事がついに果たされたと語ったのは筋書き通りの名場面であった。(2) 一九三二年夏にオタワで締結された帝国自治領との特恵貿易協定が、自由貿易にとどめを刺した。四世代にわたりイギリス政治の特徴であった自由貿易は終息したのである。

この自由貿易の終焉をどのように解釈すべきなのか。現在も当時も、大半の説明は、国会政治のドラマ、閣僚たちの駆け引き、世界恐慌に集中している。生き延びた少数の自由貿易支持者にとって、その敗北は、陰謀、裏切り、政治制度の革命であった。権力を追い求める政治家の一団は、自分たちが適切と考えたやり方で社会の大病を治療する全権としての「医師の命令」を要求するために総選挙を用いてきた。世論や経済的理由といった試練にはまともには耐えられない自由貿易は、保守派の支配する政府と自由党からの裏切り者の前ではなす術がなかった。縮小しつつあったリベラル派院外団であった自由貿易擁護委員会の委員長F・W・ハーストにとって、ランシマンはユダだった。ランシマンは健全なリベラルの原則を擁護するのではなく、「ワーテルロー以降最悪の汚辱である関税」を制定したのである。この観点にしたがえば、国民政府は、国民に見えないところで一般関税を密輸する保守派の陰謀の産物なのであった。オタワ合意は、関税の完全に憲法に反する精神を確かなものとした。イギリスの政策はもはやイギリス議会の統御の下にあるのではなく、植民地の統御に拘束されるようになっているのである。実際、ジョージ三世の危険な政策のもつ「倒錯」が、一七六〇年代のアメリカ植民地の喪失を招いた。「もはや植民地が宗主国の税金を統制する順番になっているのだ(3)」。

政治の駆け引きと世界恐慌がともに役割を果たした。[4] 一九二九年から三〇年の当初は、保護貿易推進勢力は、内部の分裂と個人間不和のために動きがなかった。一九二九年六月に、新聞王ビーヴァーブルックが、食品関税の婉曲語としてよくできていた「帝国自由貿易」のキャンペーンを開始した。それが直接の標的としていたのは、ボールドウィンと、過去に亀裂を招いてきたゆえに保守党政治から関税問題を除外した彼の決定である。この挑戦に立ち向かうことは指導者としてのボールドウィンを発奮させ、保守党の結束を固め、作成中の新たな保護貿易案施行に好都合な環境を作ったのだった。一九三〇年秋までにネヴィル・チェンバレンは、ボールドウィンと彼の率いる保守党を共通の演壇の方に導くことに成功していた。そこで揚げられたのは、関税、小麦割当、交渉する権限である。労働党政権は、一九三一年八月に関税をめぐる内部分裂のために倒壊し、収入関税か失業手当の大幅削減かという、予算危機に対する二つの受け容れ困難な解決法の間で板挟みにあって身動きがとれないでいた。労働党からはスノーデン、自由党からはランシマンとサミュエルの支持を得て、国民政権が形成された。ネヴィル・チェンバレンが鋭く感じ取っていたように、これは節倹政策を背景にして関税を最後まで通そうとするに際して重要な段階であった。強烈な財政の処方箋と財政支出の削減への責任があらゆる政党の間で共有されることになっていた。関税は、もはや疑わしい党派的な大義のようには見えず、予算、通貨、そして国を救済する国民的計画の一部として正当化することができたのである。

一九三二年一月の巧妙な「意見の不一致を認めた上での合意」のおかげで、自由貿易精神をもつスノーデンとサミュエルが閣内にとどまる一方で、政府は一般関税を導入した。反対票を投じたのが、自由党代議士のごく少数のみだった事実が、事態をよく物語る。スノーデンとサミュエルは蚊帳の外とされるしかなかった。結局、帝国重視のオタワ協定で、彼らは辞任を余儀なくされる。

世界恐慌が、すでに高い失業率の暗雲の下にあったイギリス経済を直撃した。イギリスはいまや、衰退する産業に加えて、グローバルな貿易と金融の崩壊に対処しなければならなかった。一九二九年十月のウォール街大暴落の後の一年間で、失業者は一五〇万人から、驚くべき二五〇万人にまで上昇したが、これは被保険労働者の二〇パーセント超であった。イギリスの輸出は一九二九年と一九三一年の間におよそ半減した。[5] 一九二九年の第一・四半期において、イギリスの船舶建造業者の半数は、一件の注文も得られなかった。[6]この下落は、対応する輸入の下落と釣り合ってはいなかった。実際に、この時期イギリスは二三パーセント多く食品を吸収したのである。グローバルな食品物価の崩壊が、イギリス農業に残されていたものを破壊した。海外投資からの収益もまた落ち込んだ。イギリスは財政危機へと確実に向かっていた。中央ヨーロッパの銀行制度の崩壊もまたこの傾向に拍車をかけた。一九三一年の夏までにはすでに、イングランド銀行は、一日に二百万ドルの金を放出していた。他のヨーロッパの諸国と比較すれば、イギリスの財政はまだ比較的盤石であり、技術的には、踏みとどまることも可能であるかもしれなかった。しかし政治的には、高い失業率の十年の経験が、金本位制を守る可能性もあった苛烈なデフレ政策を排除した。九月二一日、イギリスは金本位制を離脱した。

ポンドがもはやドルと結びついていない現状で、関税を擁護する意義に関してさらなる議論が必要となった。ランシマンは、多くの保守派が好んだ真正の産業関税には反対したが、資産逃避を押しとどめ、貿易の均衡を回復するための十パーセントの関税を支持した。実際、ランシマンこそがこの案をネヴィル・チェンバレンに説き、自由貿易の運命に事実上終止符を打ったのである。[7]回復は信頼を必要とした。貿易赤字はそれを毀損していた。世界恐慌の時には、輸出を刺激するよりも輸入を抑制することで貿易の収支を改善する方が容易なのであった。貿易収支に関する内閣委員会は、どんなポンド評価も、イギリスの資本基盤の恒常的な悪化も受け容れる準備がないかぎり、貿易が自動的に調整されるのを待っていられないという点でチェンバレンに同意した。[8]ここで関税は、貿易の収支、ポンド評価、全体としての経済を強化する信頼回復の政策パッケージを構成する一部としての魅力を得たのである。

しかし自由貿易の問題は、単に不況の関数ではなかった。それは大不況（一八七三年―九六年）を容易にしのぎ、エドワード時代の帝国関税改革運動を斥けることにも成功したのである。一九三一年において、一九一〇年、一九〇六年、あるいは一八八〇年代と違っていたのは、攻撃の規模だけではなく、公衆の擁護の不在であった。自由貿易は、政治的な言語、信念、行為の中心的特徴としては消滅していたのだ。一九三一年は単に政策における変化ではなく、政治文化における変動の年であった。世俗の宗教としての自由貿易の衰退は、恐慌がイギリスを直撃した時には進行中で、一九三二年以降の経済回復もそれを取り戻すことはなかった。

ラムゼイ・マクドナルドは、この経済恐慌を大暴風と述べている。これは確かに自由貿易が弱体化して凌ぐことができなくなった大暴風であった。一九二九年には、それは文化の土台が崩壊している家であった。国際主義の屋根からは雨が漏れ、社会の支える梁は壊れ取り払われていた。精神の空気は、以前は清爽であったが、今は淀んでいた。自由貿易がそれでもまだ頼ることができた不撓不屈の住民として労働党の冷徹な財務大臣フィリップ・スノーデンがおり、いかなる大改修に対しても徹底抗戦していた。しかし、労働者階級と企業家、国際主義者と消費者さえも大多数はすでに居を移していた。協調の多様な新デザインを模索する社会にあって、その建築物はもはや用途に適さないように見えたのである。さらにいけないことに、モンズ家やアディソン家など以前のリベラルな住人たちが、今では外から石を投げつけていた。恐慌が自由貿易の崩壊を早めた。それが崩壊を起こしたのではないのである。

一九二九年十月二九日の黒い火曜日でウォール街が恐慌に陥ったとき、実業界では、自由貿易擁護者はすでに力弱い少数派に縮小していた。自由貿易による国際的解決は残念ながらほとんど成果を出さなかった。一九二八年十月に、イギリス商工会議所協会では、最恵国条項という「物押」に対して公然たる非難が浴びせられた(9)。その翌年、票決は問題なく保護貿易推進となった。自由貿易が経済ナショナリズムに対する効果的な対応ではなくなったという認識が高まっていた。イギリス企業は、労働党政権で関税休戦の交渉を進めるグレイアムの取り組みに猛烈に反対した。彼らが望んでいたのは、交渉関税であって、イギリスの産業が苦闘している現存の悪条件を単に固定するだけの休戦ではなかったのだ。従来はリベラル派である輸出部門さえも憤激した。マンチェスターの綿織物輸出業者は、反対運動に加わった。アメリカからの支援はなく、関税休戦の実現の見込みはなくなった。フーヴァー大統領は、次から次へと寄せられる経済学者の嘆願を聞き流して、制裁の意味合いが強い高率のスムート・ホーリー関税を支持した。一九三〇年という同時期に行われたマンチェスター商工会議所による投票では、この以前の自由貿易の牙城においてさえ、いかに深刻に意見が揺らいできているのかが示された。二千人を超える加盟者のうち、四分の一を超える程度が自由貿易を擁護していた。残りは何らかの保護貿易を求めた(10)。一九三一年までに、かつては鋼材への関税に反対の立場であった船舶建造業者と製鋼業者は、安売り競争の次の犠牲になることを怖れて自由貿易を放棄した。これは便宜を得る争い、保護貿易という薬を甘くする助成金や輸出への払い戻しなどの譲歩を求める争いになっていた[11]。

世界経済が破綻したとき、地域ごとのグループ分けを求める模索が始まった。大陸では、アリスティード・ブリアンがヨーロッパ連合に目を向けていた。イギリスでは、次第に多数がヨーロッパの小国化からの逃避場所を帝国に求めた。インドにおけるイギリス支配に対するマハトマ・ガンディーの挑戦は、統合の対抗戦略として帝国の経済連合を二重に魅力的なものとしていた。一九三〇年夏の間、労働組合会議は、「連邦の経済機構」を要求するためにイギリス産業連盟に加わった。労働組合会議が当座は関税の問題を棚上げしたとしても、明らかに自由な交換にすでに背を向けていた。国家が貿易を指導する必要があった。貿易ブロックは、「紛争の経済的原因の大半の除去」にいたるために望ましくさえある。イギリス連邦は、「ほぼ自足している」として喧伝されたが[12]、これは帝国自治領において現れていた競合する産業の観点から見ると、かなりはげしい誇張であった。労働組合会議の代表幹事であるウォルター・シトリンは、一九三〇年に世界旅行から帰還した際に、「関税の裏でオーストラリアの二次産業を構築しようとするのは馬鹿げている」と考えていた[13]。

帝国連合に対する多くの産業界の支持者は、宗主国の先進産業という中核が、農業中心で原材料を産出する自治帝国領によって補完されているという階層的な見方を乗り越えつつあった。イギリス産業連盟の初代代表であったロランド・ニュージェントが説いた保護貿易と産業開発の複合は、帝国市場を「原材料を産出する段階」から「ヨーロッパの最先進国がすでに到達した段階」へと持ち上げ、「そうなればその住民の需要は万般の商品にまで及ぶのである」[14]。ここには、関税改革の創始者たちが抱いたものよりもはるかに動きに満ちた帝国観がある。

シティからも一般関税への率直な支持が生じていた。一九三〇年七月二日に、大銀行家の一団がハンブローズ銀行に集結して「国内と輸出貿易の双方におけるイギリス製品のための市場を確保し拡大するための帝国内貿易促進の緊急対策」を望む決議を発表した。署名者には、ミッドランド銀行のレジナルド・マッケンナ、ウェストミンスター銀行のR・H・テナント、ロイズのボーモント・ピース、モーガン・グレンフェルのヴィヴィアン・ヒュー・スミス、そしてイングランド銀行の理事でもあったベアリング・ブラザーズのE・R・ピーコックである。この男たちは「苦い経験」によって、外国の関税を下げる取り組みはつねに失敗してきたと悟っていた。貿易障壁は高くなり、「イギリス市場における過剰生産された外国製品の販売は着実に伸びていた」。自由貿易への希望は遠い将来に追いやられていた。銀行家たちは今では帝国との互恵的貿易協定と「外国からの全輸入品への関税」を望んでいた。[15] シティは国際的な利害関係を有していたが、イギリスの産業基盤が沈下するならば、諸共に金融も降下するということも理解していた。一九二〇年代における産業の困難は、融資の拡大と産業問題への銀行の関与へといたり、大きな度合いでの相互依存が残されたのである。[16]

自由貿易擁護者による対抗宣言の試みは無残であり、ヒュー・ベル、ジャーナリストのハロルド・コックス、リバタリアン出版者のアーネスト・ベンなどコブデン主義者の決まりきったわずかな面々を集めただけだった。彼らは財政支出削減のための大衆キャンペーンを主導した「経済の友」の中核であった。彼らが「政治的手段による経済力の統制」を「非イングランド的」として排したのは、それが「イギリスの繁栄の基礎にあるあらゆる原則」を侵害し、「国柄の流露にそぐわない」からであった。[17] ロイズのヘンリー・ベルを例外として、大物銀行家たちはその全き不在によって際立っていた。自由貿易はシティを失っていたのだ。

高賃金がイギリスから競争力を奪っていた。賃金を引き下げるか、物価を上げるかのどちらかしかなかった。これが問題の核心である。大多数の産業資本家と銀行家は、イギリスが重税国家であるという点では「経済の友」に同意していた。彼らが合流しなかったのは、政治上のリアリズムの感覚のためである。純粋な教科書の世界では、賃金の徹底的な下落は、イギリスの競争力を回復することになる。労働組合が存在し、労働党が政権の座にある世界では、これが実際に生じることはない。たとえ生じたとしても、苦痛に満ちた緩慢な過程であり、その間に社会的摩擦が起こるリスクが高い。関税はより少ない悪であり、より直接的な効果が期待できるのである。製造業者の収益を向上させ、投資を呼び込み、信頼を高め、現行以上の直接税と公共事業を回避する。一九三〇年までにこれを指針とする銀行家の数は増えており、たとえば戦前にシティで関税改革反対の闘争で旗を振っていたフェリックス・シュスターや銀行家協会の長R・ホランド・マーティンがそうであった。[18]

「経済の友」は「社会主義的」税制の悪に関する恐慌を煽っていた。一九三一年春には五〇の地方都市でデモを行った。[19] しかしながら、この運動は大きな計算違いを含んでいた。財政支出削減は、保護貿易推進派とリベラル派が相乗りする場を創り出した。一般の聴衆と中流階級の有権者にとって、「節倹」は貿易をめぐるかつての党派による違いを掻き消すものとなっていた。自由貿易は国家財政をめぐる大きな闘争においては副次的な問題となっていたのである。必要であれば犠牲にすることも可能である。この節倹キャンペーンは、自由貿易を救済するのではなく自身がその最悪の敵になっていた。

リベラル派集団の中では、個人主義者と進歩派がともに収入関税の導入には寛容になっていた。一九三一年三月に、まさにこの場所しかないマンチェスターの自由貿易会館での「経済国民運動」主催の集会で、ジョン・サイモンは、すべてのリベラル派に対して「受け継いだ自由貿易の伝統」は脇にのけて、財政赤字に対処するのに必要な「財政手段を案出する」ように説いた。[20] ルビコン河を越えてしまったのだ。ここからサイモンが独立した国民リベラル派を結成し、それが国民政府に吸収されるまであと小さな一歩に過ぎなかった。

緊縮財政の道が、リベラル派を関税へと導いた唯一の道ではなかった。ケインズが主導した他の一派は、社会民主主義の色彩が濃い拡張的財政政策の道を採った。理論上、公共事業と国債発行を拡大する政策は、購買力を底上げし、経済を上向かせ、雇用を創出する。これは、ケインズとその同僚経済学者ヒューバート・ヘンダーソンが一九二九年にその失業対策において狙った累積影響であった。しかし、増大する赤字、高まる失業、全般的な景況感の欠如に直面する世界不況にあっては、このような計画には政治的成功の見込みは薄いということを、ケインズは一九三〇年代に認識することになる。自由貿易支持者は、関税を実質賃金に打撃を与えるとして排した。それは物価を上昇させるのである。世界恐慌はこの問題を転倒させた。問題は物価が高すぎることではなく、低すぎることであったのだ。関税は物価上昇には好適の手段であった。それは名目賃金を削るよりも、実質賃金を下げることになり「より便宜性と正当性がともに高いやり方」である。「それは企業人の気持ちを高めるものであるかぎり、イギリスへの投資を呼び込み、貿易の均衡関係を高めるであろう」。単に傍観するだけでは、「社会の破滅」の危険があるのだ。[21]

関税がなければ、下降のスパイラルはとどめえないと一九三〇年の秋に経済諮問会議でケインズは説明を尽くした。貧困の亢進は、貯蓄を減殺するだろう。賃金は下落する。イギリスはより少ない輸入品で対処しなければならず、ある程度の自給自足を強いられる。「われわれ自身でブドウを栽培しなければならない時に自由放任にあまりにも長くこだわるのだとすれば、問題が生じる」。イギリスは関税なしよりもあった方が最終的には豊かになる。そうすることで主要商品と外国投資は壊滅から免れるだろう。

ケインズは自由貿易の立場にひそむ重大な弱みを衝いていた。常態では、商品の自由な流通は、一国の資産のもっとも効率的な活用に結びつくであろう。「現下の問題は、われわれがはげしく均衡を失っていることであり、自由放任という処方が効果を及ぼすまで気長に待っていられない」。経済がふたたび均衡を取り戻す一方で、雇用と貯蓄は犠牲に供されるのである。いずれにせよケインズが繰り返し強調するように、自由貿易がその適正化の魔法を発揮することになるのか不透明であるのは、現実には、賃金と労働者は理論が想定するようには動きやすくはないからである。自由貿易の「想定によれば、誰かによって解雇されたとしても別の誰かによって再雇用される。この連鎖が壊れればただちに自由貿易支持説の全体が崩壊する」[22]。

しかしながら自由貿易の問題は、緊急時における一時的な適正化には限定されなかった。ケインズがまた指摘するのは、根底にある歴史の推移である。古典的な自由貿易の意義は、商品とサービスの流通を自由にすることで、各国が得意な分野に分業化するように促す。一九世紀において、「この安定に反対すると同時に分業化をよしとする観点は、とりわけイギリスにおいて正しかったのであろう」とケインズは論じる。多くの国が次第に工業化を進めるにしたがい、この分業化から得られるものは少なくなった。「どんな工業国も、品物の大半を製造するのに他の国とほぼ同様に適しているといえるのだ」。関税がイギリスを「不適当なもの」の生産に向かわせる心配はもはやないとケインズは保証する。「不適当なものなどない、あるいは少なくとも多くはないのだ」。安定がより重要となったのであり、「分業化が減じた結果としてそれに支払う必要がある価格ははるかに小さな価格である」[23]。一九二〇年代は、安価と変動に対して安定と協調を好む議論が幅広く認められた。これはまた対外貿易の便益に関しての自由貿易の核心に迫る議論であった。

当初この議論が検証されたのは、ケインズと原理主義的な自由貿易支持者ライオネル・ロビンズとの間に険悪な空気が漂う政府の委員会においてのみであった。一九三一年三月にケインズが公表に踏み切った一つの大反響のあった文章において、保護貿易推進派にとって喜ばしいことに、彼は一般関税賛成の旗幟を鮮明にした。イギリスが直面しているのは国際的恐慌であり、単なる国内的なものではないとケインズは強調する。資本は敏感な動きをする。「ペンギンを脅かして、この極寒を好む生物を内部に黄金の卵を抱えたままわれわれの岸辺から離れるように仕向けるのは得策ではない」。ケインズが提案したのは、工業製品へは一五パーセント、全食品とある種の原材料への五パーセントの全般的な関税であり、これならば本格的な保護や差別ではなく、しかし国家歳入と景況感を増すには充分に大きいものだろう。彼は最初いくぶんか楽観気味に五千万ポンド、もしかしたら七五〇〇万ポンドと算盤勘定していたが、のちにもっと妥当な四千万ポンドと下方修正した。

このような関税は、予算への圧迫を軽減し、イギリスが世界を不況から救い出すのに必要な景況感を回復する。それはまた雇用を増やすであろう。イギリスは以前輸入していた商品の生産に転じるだろう。しかしイギリスは世界に背を向けるのではない。むしろ「息をつく空間を確保する屋根の下、財政の力を発揮する余地を得て」、「緊縮と恐怖の精神に対する攻撃」へ向けてイギリスは行進するだろう。関税は、貿易収支の均衡への圧力を軽減することにより、産業拡大が必要とする追加の輸入品に対する支払いと海外の債務国への融資をともにイギリスに可能にする。ケインズの手で、関税と拡張政策は、可能性が大いにある進歩的複合政策となった。彼はそれに国際主義に基づく保証を与えもした。「狂信的な自由貿易支持者」だけが、これらの便益を理解することができない。イギリスは岐路に立っている。国際的な回復にいたる進歩的な関税の道を一緒に歩もうではないか、とケインズは仲間のリベラル派に語りかける。唯一の他の道は、本格的な経済ナショナリズムである。[24]

ケインズの大転換に報道機関が大きく注目した事実は、関税論議における専門知識と一般知識との間のバランスが変化していた事態を反映している。エドワード時代において、多くの経済学者は財政論議の両陣営に加わっていたが、キャンペーンを動かしていたのは、大衆の思考（と偏見）であって、学術的議論ではなかった。自由貿易の大衆文化が消滅すると、経済学者の考えることと語ったことが、相対的に重要性を増した。ベヴァリッジとロビンズの周囲にいた自由貿易派の経済学者の一団は、一九三一年八月に、ケインズの挑戦を取り上げ、その保護貿易賛同の意見を詳細な検証に付した。『関

図17　デイヴィッド・ローによる「春の改修」、『イヴニング・スタンダード』、1931年3月16日。

税――その意義の検証』は、多くの古典的な反対意見をあらためて述べている。関税は商品を締め出すか歳入をもたらすかである。両者をともに行うことはない。歳入を上げるのには無駄で、柔軟性も予測可能性もあまりない方法である。[25] しかしながら純粋な論理が、大衆の無気力を埋め合わせることはありえない。同書は失敗だった。出版社はその損失を補うのに、二七五ポンドにも及ぶ出版助成金を要求した。[26]

　これらの対立する議論の各々の取り柄は措くとして、どちらの側がより大きな反響を呼んだのかについては疑問の余地はなかった。アダム・スミス、デイヴィッド・リカード、ジョン・スチュアート・ミルの時代以降、自由貿易は、リベラル派経済学者の権威に依拠することができた。自由貿易は頭脳をもっていた。「愚かな政党」として馬鹿にされていたのは保守党だったのである。今では、その世代を牽引する経済学者が関税賛成の立場をとっていた。漫画家デイヴィッド・ローは、特有のひらめきでこの時代の意味を捉えている。ローが描き出すケインズとE・D・サイモンは、かつて自由党夏期学校で収入関税を持ち出した経緯があり、国民リベラル・クラブの外で、「春の改修」の作業に熱心に打ち込み、道化としてのコブデンの彫像を削り取っている（図17参照）。[27]

　自由貿易と極端な緊縮財政のつながりは密であったが――「経済の友」は八億ポンドの予算のうち一億ポンドの削減を要求した――労働運動もまた関税へのより実際的な態度を採用することをはじめた。ケインズの正統批判に意を強くした労働組合会議（ＴＵＣ）のベヴィンと協同組合のアレンは、金融と産業に関するマクミラン委員会の少数派報告に署名した。理想としては、彼らは失業対策のための国家計画を望んでいたが、それが不首尾に終わり、関税を最後の手段として支持したのである。[28]

ケインズとは異なり、ベヴィンにとって変わらず強調されるのはポンド切り下げであり、一般関税ではなかった。しかし大衆の想像力において、金本位制と自由貿易は双子であり、同じ消滅する世界の部分をなしていた。その一つの失敗は必然的にもう一つに悪影響を与える。「自由貿易とは何だろうか」と一九三〇年の大会でベヴィンは労働組合員に問いかけている。「二〇〇万の失業者は、自由貿易と金融制度がうまく機能することに黄金郷を見ているのだ」。[29]強力な「運送業ならびに一般労働者の労働組合」の三〇万人の指導者であったベヴィンは、労働運動の中で数を増やしつつあった、スノーデンに対する公然たる反乱に向けて進んでいた懐疑派の代弁者であった。この二つの集団は、労働党政権を崩壊させた危機のさなか一九三一年八月に対決にいたった。一方は、マクドナルド、ヘンダーソン、グレイアムが率いる、失業手当の削減を最小限にするための収入関税を支持する陣営であり、もう一方はスノーデンが率いる、自由貿易を強固に支持する陣営、という具合に閣僚は二分された。八月一九日に閣議がもたれた時、保護貿易を勘案することを拒絶したのはわずか六名だった。一五名は収入関税に賛成した。五名は食品関税を考慮する態度さえとっていた。[30]

一九三一年八月一七日と二〇日の間に生じた出来事は、イギリス史においてもっとも精密に調査されてきた。それによって労働党の指導部と党全体が二分され、国民政府を導き入れ、保守党支配と自由党の凋落の十年を招く過程がはじまった。この危機は、労働者の神話が当時そう称したように「銀行家の謀略」ではなかった。運転席にいたのは、金融業者ではなくて政治家であった。[31]自由貿易を進んで犠牲に供する労働党閣僚の意思は、単に失業手当を救済するための絶望的な賭けという以上のものであった。すでに見たように、予算危機の随分以前から幻滅は蔓延しており、閣内だけでなく閣外におけるさらなる根本的な疑問を反映していた。一九二七年にアメリカから帰ったアーネスト・ベヴィンは、平和と経済単位は共同歩調をとっており、イギリスの将来もまた大きな地域単位と共にあると確信していた。いっさいの「古くさい雄叫びは時代遅れである」と一九三〇年一一月にすでにランズベリーが同じ閣僚に語っていた。「われわれはもはや誰も自由貿易支持ではない。各政府——自由党、トーリー、そしてわれわれ自身——はそれぞれに国内と帝国自治領の通商と産業を保護し援助している」。これが「すばらしいのは、援助を増やせば増やすほど、より公正に統制しなければならなくなるからである」。関税は民間の独占が生じるところで危険になる。次第に数を増す労働党員にとって、政府の統制は危険を除去するものに思われてきたのだ[32]。

食品統制の要求は、労働運動全体に波及した。権力の座にあったマクドナルドの政権は麻痺状態で、何らかの有効な農業政策実現のための多数派を構築できなかった。一部は小麦割当を支持しており、イギリスと帝国の農家の一定量の小麦を保全するというこの案はアディソンとバクストンが主張した。別の一部、とりわけワイズは、輸入協議会の即時実現を望んだ。しかしまた別の一部は、すべての穀物取引と小麦粉産業の国家独占を求めた。以上の案は局所の外科手術にとどまるものにはならない。ある官僚が述べたように、輸入協議会は「この国がこれまで採用してきた民間の取引に恒久的に代わるものへの思い切った一歩」になるだろう[33]。何名もの閣僚は、スノーデンが割当政策を「原理として誤っている」として切り捨てたのに怒り狂った。「イギリスの農家がイギリス市場の適正な割合を確保するというのが、どの点で原理として誤っているのか」とアディソンは問いつめた[34]。

そして、物事を市場の力に任せることで消費者が潤うとなぜ想定できるのか。不況が世界中で開かれた競争を駆逐しつつあった。生産者結合がロシアとアメリカ合衆国で興隆しつつあった。イギリスの独立農家を守らなければ、それはまた消費者を脆弱にするだろう。割当と輸入協議会の擁護者は、一九二〇年代にロイドとワイズによってなされた議論を拡張した。この観点では、不況は一時的な混乱ではなく、統制に向かう一般的傾向の持続であった。企業連結、販売計画、そして船舶輸送と金融の統制に関する国際的集中の進展は「自由貿易支持の旧態依然とした議論を打ちのめした」とワイズは論じている[35]。スノーデンにとって、イギリス人が輸入に依存している苦境を思い起こさせることは「たいへんに興味深く人目を惹くけれども、さして有効ではないのは」基幹産業が危機状態にあり二百万人が失業している時代であるからだ。政治家の仕事は「単に絶対的な数字だけではなく、傾向を見ることである」。これはもちろんジョゼフ・チェンバレンが関税改革運動を開始したときにまさに論じていたことである。この四半世紀後には、関税に代わる労働党の政策があった。

自由な交換は失墜した。国家だけが、物価統制、輸入協議会、輸出マーケティング組織を通じて経済を救済できるほどの力を有しているのである。[36] 大半の労働党員は、富裕層よりも貧困層を直撃する政策として関税反対の立場でありつづけたが、このような反対意見を、より一般的な「自由貿易の再肯定」の兆候と考えることはまずできなかった。[37]

　労働運動に加わった男女は、もちろん生産者であるとともに消費者であった。戦中において、消費者と国際主義者は、安価な輸入品よりも安定を優先するようになっていた。不況とともに、基盤は安さの政治的価値から離れた。世界恐慌の根源にあり労働者を失業状態に陥らせたのは、物価の崩壊だったのだ。協同組合運動の女性のページのここかしこから、「国民の食料を渡せ」という旧来の叫びが聞かれた。しかしながらはるかによく広まっていたのは、その場しのぎの不公平な安さへの攻撃である。「低価格は失業と激烈な競争を意味するのであり、結果的に生活水準の低落につながる」[38]。農家を犠牲にしてまで安い食品を手に入れてどうしようというのか、と一九三一年四月のブラックプールの協同組合党大会である代表者が問いかけた。[39] いずれにせよ、自由貿易の下で低価格の便益が消費者に渡るかどうかは不分明なのであった。世界の穀物貯蔵所は満杯である一方で、一九三〇年初頭とふたたび一九三一年二月にパンの価格は上昇した。[40] 公平であることを求めて消費者と生産者は、供給と価格の調整のために力を合わせた。協同組合側の捉え方では、自由貿易は、カナダの小麦貯蔵と大量購入契約のふりまく魅力の前で霞んでいた。協同組合の出版物で関税を攻撃したスノーデンの議会秘書ジェイムズ・ハドソンさえ、共同管理と国家支援を支持した。卸売協同組合連合会の自由貿易派の理事Ｊ・Ｄ・デイヴィスの言葉では、「健全な協同組合員さえ」、よきにつけ悪しきにつけ「『マンチェスター主義の古びた符牒』と以前は結びついていたものすべてに」反旗を翻すことで、「イギリス国民の無税の家庭生活に反対する保護貿易の行進」を自然に支持している。[41]

　総選挙のために議会が解散され、スカーブラで一九三一年十月に労働党大会が開催された。その主な守護者であったスノーデンが国民政権のために党から離れていたこの時、自由貿易がいかに脆弱になっていたかをそれは示した。離任する労働党の商務大臣グレイアムは、保護貿易を否定したが、輸入と輸出の協議会、政府所有、物価統制を含めた「活発な貿易政策」を求めた。大多数にとってはこれすらも充分ではなかった。参加者から非難の声が浴びせられた。グレイアムは二股をかけようとしているのではないか。「選挙民に自分は自由貿易支持だと、そして自分は輸入の規制には賛成していると言ってごらんなさい。馬鹿か悪党のどちらかと思われるだけです」。ロシアでは「社会主義者の自由貿易支持者とは、狂人をブルジョワ風に上品に言い換えた名前である」[42]。自由貿易は高くつく「物神」になっていた。労働者は低価格から恩恵を受けられなかった。労働党が労働再編を望むならば、この国に入ってくるものを統制する必要がある。結局、関税批判は、生活水準を守るための社会主義計画に置き換わったのだった。

一九三一年十月の第二週に選挙戦が最高潮に達した時期、自由貿易はあらゆる面で攻撃にさらされていると認めざるをえなかった。保守派は節倹と関税賛成の運動を行っていた。ボールドウィンのマニフェストは、イギリスの金本位制からの離脱とポンド切り下げが、「関税の有効な対案にならない」と強調していた[43]。保護貿易はそれでも、「過剰輸入」を削減し、イギリスをダンピングから守り、帝国を強化し、他国の関税障壁を低めるように強いるためにはもっとも有効な武器であった。労働党は関税に反対したが、代わりに輸入と輸出の協議会と政府統制を求めた。サイモンのリベラル国民派は関税を避けがたいと見なしており、サミュエルのリベラル派は必要であれば受け容れるとしていた。リベラル派にとっては、節倹の必要が、いかなる自由貿易談義をも上回っていた。五人に一人の自由党候補者のみが食品税反対を公約としていた[44]。すべての政治的指導者の中では唯一ロイド・ジョージのみが、恐慌が進行する過程において、突如として旧来の自由貿易信仰を取り戻し、大きな流れへの空しい抵抗を試みた。大半のリベラルな有権者にとっては、戦闘は国の安定と社会主義の間で行われていた。関税の敗北を最優先として、自由党の候補者が不在の選挙区では労働党に投票するようにというロイド・ジョージの説得に応じた人びとはほとんどいなかった。

旧来の自由貿易支持論を耳にするのはいっそう難しくなっていた。いかに自由貿易がイギリスを豊かにしてきたのか過去百年が示しているとランカシャーの協同組合の聴衆に向けて説明したビーヴァン夫人のような演説者はもうほぼ払底していた[45]。ごくわずかな数の個別の候補者がそれでも、関税は戦争を意味し、公共生活を腐敗させると繰り返していた。もっと広く見渡してみれば、自由貿易は歴史の記憶から消えつつあった。自由貿易がいかにしてイギリスを「飢餓の四〇年代」から解放したのかへの言及は稀になり、散発的になっていた[46]。協同組合党さえ自由貿易を選挙マニフェストから取り下げ、自らを変革のための勢力と位置づけようと取り組んでいた――大した成功は収めなかったが。一八名の候補者のうち一七名までが落選したのである。協同組合は、イギリスが外国商品に依存しすぎることを寛容に受け容れていた。それが選挙の直前になって、「イギリス製品」を買うように求める「イギリス再生」運動を始めたのである。労働者階級は今では独自の保守的な「帝国商品購買」運動を有していた。一方で後者は、一九三一年に、帝国主義の技術者ギルバート・ヴァイルによって設立された三五万人の会員を有する強力な「チューダー・ローズ」から新たな後押しを受けた。[47]

総選挙は、国民政府を構成する政党にとっては地滑り的な大勝となり、とくに保守党は庶民院の六一五議席中、四七〇議席を有するにいたった。労働党はほぼ一掃され、かつて有していた二六五議席のうち四六議席を有するのみとなった。二つの主たる自由党のグループは三〇議席をわずかに超える議席を死守し、ロイド・ジョージは四議席を保ったが、その悲惨な得票率（一〇パーセント）とその内紛は、大きな政治勢力としてのリベラリズムが死んだことを告知していた。[48]

このすべてが示すのは、自由貿易が、「保護貿易派の謀略」への言及や当時の政党政治の対立関係によって説明されるよりもはるかに根本的な、政治文化からの乖離を経験していたことである。関税改革対自由貿易はもはやすべてを覆う話題ではなくなっていた。世論を動かそうとする自由貿易支持者の哀れな試みを易々と抑え込んだ保護貿易陣営は、前もってその数少ない演説者を阻止したのだ。[49] ハーストは自由貿易擁護リベラルの会のために四〇〇〇ポンド程度を準備したが、選挙では十万部のパンフレットを配布できたのみであり、これは戦前、イギリス人に降り注いだ何百万もの部数に比べれば些細な数であった。[50] かつては海辺の行楽地と大衆向け展示、視覚的娯楽と大衆討論会を擁していた自由貿易の擁護は、苦しむリベラル派の報道機関へのマニフェストと書簡に縮小していた。

自由貿易団体を支援するネットワークが解体する趨勢の中で、ほぼ独力で、コブデンの遺産の維持に努めたのがハーストであった。彼はコブデン家と姻戚関係にある娘ヘレナと結婚した。一九二七年にリチャード・コブデン記念協会が設立されたが、カーネギー財団によって提供される支援には比肩すべくもなかった。一九三一年には、ハーストがコブデン家の住居であったダンフォード・ハウスを宿泊施設に転用してアメリカ人有志の寄付を請わざるをえないという困窮した事態に陥った。[51] ダンフォード・ハウスの宿泊簿は、コブデンの思想と記憶がいかに薄れつつあったのかを示している。スノーデンのような不屈の人か、ベル、ペイッシュ、ハーストその人といった旧リベラル派によって構成される高齢の同志の小規模化する一団の名前をそれはとどめている。[52]

自由貿易が直面したのは、貿易の収支均衡に関する短期の疑念よりもはるかに深刻な一般的無関心であった。組織者たちは、かつての寄付者、選挙運動員、手伝い志願者のドアをノックしたが空しかった。階級と高額納税をめぐる不安が、中流階級の間での恒久的な冷淡さを呼び起こすことになった。戦前の時代に遡る無二の活動経験を誇る老兵E・G・ブランカーは、一般的には階級感情、とりわけ失業手当の役割に関して陰鬱な分析を示した。「自称雇用主が召使も非熟練労働者も得ることができない一方で、毎週、『失業手当』受給者の統計上の数字が上昇しているのを見て、中流階級有権者、とくに女性の心には根深い印象が植えつけられている」。失業手当が廃され、税金が安くなるならば、関税はもはや問題ではなかった。ブランカーの報告では、「労働者は思い上がっているから、身の程を思い知らせねばならない」という見方があったのだ。[53]

戦争以降の労働党の勢力拡大は、社会正義と社会包摂の計画としての自由貿易が内包するより有機的な調和のイメージを掻き乱した。階級闘争が階級協同に置き換わった。高い失業率と税率の十年が、飢餓と貧困化に対するエドワード時代の闘争を特徴づけていた貧困層に関する真正の関心を洗い流していた。頑固な自由貿易支持者の間では、失業中の貧困層への同情はほとんどなかった。財政支出削減と均衡予算へのグラッドストン的配慮が、すべての他の考慮を上回っていた。ハーストと同志たちにとっては、「政府の無駄遣いと大盤振る舞いは、いずれにせよ労働者階級にとってはよいことである」という危険な信念を労働党が保持しているように見えた。[54]「怠け者」が共同体を犠牲にして羽振りをきかせる一方で、資産、企業家精神、責任感は弱化する。これは陰惨な社会観であり、自由貿易が労働者階級間で多くの友を作ることを難しくしていた。

一九三一年の関税導入賛成運動は、多くの支持を集めたが、またかつての熱狂の弱々しい反響を伝えるにとどまった。帝国産業協会は、一九三〇年から一年にかけて、とくにイングランド北部の労働者階級地区を標的として、二六〇〇回程度の会合を組織した――これは関税改革同盟がその最盛期に開催した数よりもはるかに少なかった。大半のプロパガンダは、今では企業家の手中にあり、自動車製造業のモリスのような大手製造業者によって直接的に運営され資金提供されていた。イギリス産業連盟と産業同盟は、工場の門の外で直接に百万枚以上のリーフレットと三万枚のポスターを配布した。これらの団体は、競合会社の低賃金を示す外国商品の展示を行った。[55] 関税運動は、産業のロビー活動の一形態に縮小していた。

一九三二年の一般関税への切り替えは、自由貿易と保護貿易の間の闘争の最終局面であった。両者はそこで公共生活の中央舞台を盛り上げた。経済的には、関税の重要度は低かった。オタワ会議は、イギリスにとって本当に重要な交渉を進めるために関税を用いる困難を示した。カナダの外では、イギリスはすでに帝国自治領の市場の大きな割合を占めていた。拡大の余地は当初から限られており、一次産品国の低収入によってさらに足を引っ張られていた。イギリスは、アルゼンチンとスウェーデンとフィンランドでは成功していたが、全体としては貿易協定の成果は乏しかった。国内では関税は合理化を鈍らせたといえるのであり、これはその擁護者が達成点として想定したこととは逆であった。輸入関税諮問委員会は、過剰な生産能力を削減したい業者に対してより大きな保護を与えた。これが押し上げたのは生産性ではなく企業合併であった。政府顧問はすでにこの時、それ以降の経済学者がずっと断言してきたことを示唆していた。すなわちイギリスの回復を主として推し進めるのは、金本位制から離れることによって可能になる安いポンドであって、関税による保護ではないのだ。[56]

ネヴィル・チェンバレンが父への讃頌、イギリス人の生活における関税の歴史的重要性の擁護という文脈で議会において関税に言及したのはわかりやすい。振り返ってみてわかるのは、その逆が正しかったということである。関税と自由貿易はますます重要ではなくなった。大半の人びとにとっては、二の次、場合により三の次でさえある問題であった。政治の光景が永遠に変わってしまったのだ。経済の暴風雨が過ぎ去ったとき、イギリス人は昔の自分たちの居住区に戻ることはなかった。自由貿易支持者は政治の荒野にとどまったままだったが、エイメリーのような正統的な関税改革者もまたそうだった。

国家の内部では、干渉、とりわけポンド安の進捗が、新たな政策の世界を作り出していた。金本位制からの離脱が政府の手の動きを自由にした。自由貿易で育った官僚は、古い教理に縛りつけられることをよしとしなかった。輸入関税諮問委員会は、関税問題を公共の政治から取り上げて専門家の手に委ねたが、すでにこの移行は一九二〇年代末の緊急輸入制限の模索において露わになっていた。自由貿易と最恵国条項は、管理通貨と貿易協定の世界において時代遅れに見えた。一九三三年の世界経済会議は失敗だった。各国で双務主義が新たな流行となっており、アメリカ合衆国のコーデル・ハルからナチス・ドイツのヒャルマル・シャハトまで誰もがこれを擁護していた。ランシマンのような自由党の大臣は、交渉のための武器を一つも開発しなかったことでグラッドストンを公然と批判し、貿易協定を、単に自由貿易からの一時的な離脱としてではなく、正統的な新制度として擁護した。(57) ロイド・ジョージもまた交渉関税に到達した。そしてこの新たな政策の混合は、貿易政策と国民の状態との間の大雑把なつながりを不用なものとした。安い通貨は安い輸入品よりも重要だったのだ。

一九三〇年代においてその探求が完結した秩序と協調を掲げる新たな観点は、第一次世界大戦に起源があったが、一九二〇年代の経過の中で、自由貿易文化に民主的な力を与えていた商業、市民社会、消費が縒り合わさった紐を解きほぐしていた。かつて公共生活、清潔な政治、平和、進歩の守護者として持ち上げられていた大文字の「自由貿易」は、もはや小文字の自由貿易に縮退していた。それはもはや確固とした人生哲学、政治文化と国柄の枢要な部分ではなくなっていたのである。それは単に政策の用具、必要であれば曲げたり捻ったり、棄てたりさえもできるものであったのだ。

一九三二年末のBBCの放送で、ケインズは旧来の思想の枠組みの柔軟な解釈を表明した。自由貿易支持者と保護貿易推進者の議論はともにもはや妥当ではないとケインズは聴き手に語りかける。自由貿易支持者は「単なる市場価格の安さの社会的利点を過大評価している」。一方で関税改革論者は、間違った経済学を用いることも多々あるけれども「健全な国民経済生活の複雑な均衡と調和と特質について時により真に迫った感覚をもっている」。「国民の保護にもまた理念先行の側面がある」。ケインズはまだ「自由貿易がもたらす平和、真実そして国際的な公正取引」を認めていたが、もはや包括的な世界観を構想することはない。代わりにいまやそれは「関税による均衡のとれた国民経済生活」としっくりと補い合うのである。(58)

雲行きの変化が、政治の光景全体に行き渡っていた。労働党にとっては、将来は産業と銀行の政府統制とともにあった。輸出と輸入の委員会を通じての国による貿易の組織化は、社会主義的管理の道への踏み石となるだろう。「財政政策は貧困と不公平の問題を解決することにはならないだろう」と労働党員主婦は断を下している。(59)「次の五年間」グループのように中道を好む他の進歩派集団にとっては、計画の混合制度において関税は許容できる政策要素であった。「飢餓の四〇年代」の記憶は、「失業の三〇年代」の記憶に掻き消されていた。「飢餓の四〇年代」の新しい劇は、その発想を自由貿易ではなくチャーティスト運動から得ていた。リチャード・コブデンではなく、フリードリヒ・エンゲルスが重んじられるようになった。(60)クレメント・アトリーと新世代の労働党指導者にとって、コブデン主義には何も光るものはなかった。貿易が調和、便益、平和に満ちているという考えは資本主義者には適合するが、「搾取される人びとの支持を集めることには間違いなく失敗する」と彼はジュネーヴで若い国際主義者たちに語った。

国際連盟、そして後に国際連合において、新国際主義者がグローバルな規制の枠組みをついに組み立てたのは、需要に応じて食品を配給する世界食品局をめぐる野心的な計画によってであった。国内の団体と同じように、国際主義者の団体でも、社会福祉を進め栄養状態を改善する計画は、自由貿易ではなく協調貿易の方を向いていた。国際連盟が認識していたように、商業政策は、雇用を維持し生活水準を向上させるための拡大主義的な社会計画の重要な一部となっていた。(61)

残存する数少ない自由貿易支持者はいっそう孤立していた。ダンフォード・ハウスは、ウィリアム・ラパール、ヴィルヘルム・レプケ、フリードリヒ・ハイエクといったリバタリアンや経済的リベラル派の小規模な国際ネットワークのイギリスでの接触地点になっていた。(62)一九三〇年代半ばには、ハーストとリベラル自由貿易委員会は、保守党と労働党だけでなく、「社会主義的な」自由党とも戦っていた。一九四四年に彼らが正式に解散するまでに、自由党は、完全雇用と社会保障の達成のためのベヴァリッジ計画を構想していた。ハーストが自由党幹部に自由貿易の資料を求めても、彼らには提出できるものはなかった。(63)一九四五年の総選挙では、S・W・アレグザンダーが、シティでの孤立無援の自由貿易陣営の候補者として立ち、奴隷根性を育てるとしていっさいの国家干渉を否定した。(64)経済学者が自由貿易の理論上の叡智を擁護することを続けてはいたが、公共の言語としては死に絶えたも同然であった。

エピローグ

二〇〇一年七月一日に、フランス南西部のミュグロンという小都市にグローバリゼーションが訪れた。二百年前に、自由貿易の使徒フレデリック・バスティアが生誕したこの町に、彼の生誕二百年を祝うためにリバタリアンの小グループが集ったのである。バスティアの彫像に新たな銘板が捧げられたとき、国際組織アタックの地方活動家たちが、街の広場へと降りてきた。彼らは「世界は売り物ではない」と叫びながら玩具の紙幣をバスティアの彫像に貼り付けた。(1)

ミュグロンでの出来事は、コブデン生誕百年が民衆の祝福を集めたおよそ一世紀前である本書の巻頭の時点から遠く隔たっている。ミュグロンがこの現代の兆候なのだ。貿易の自由への幻滅は、遠くまで広く拡大している。二〇〇一年のジェノバでの血塗られたG８サミットが大きく記憶に残っているが、その幻滅は時に暴力に結びつくこともある。政府と国際組織において、経済学者と貿易交渉担当者が、貿易自由化の会議を生かしつづけるために繰り返し集まってきてはいる。しかしながら、市民社会では自由貿易の擁護者は孤立した存在であり、バスティアを祝うために訪れた「個人の自由擁護のための国際協会」の二百名の一風変わった代表団のようなものだ。彼らは、漠然とした不信、さらには率直な反対であふれる大海の中の一滴のようなものである。自由貿易支持者は、アタックにおいて組織された十万のグローバリゼーション批判者の精鋭部隊とは比すべくもないし、貿易の公正とフェアトレイド週間の間に行進と催事のために七〇ヵ国以上から毎年集う千万人比べるまでもないのはもちろんである。(2) フリートレイドではなく、フェアトレイドが進歩的で格好よく、アントニオ・バンデラスのような映画スターやコールド・プレイのクリス・マーティンのようなロックミュージシャンを惹きつけている。対してリチャード・コブデンは、人民の英雄であることをやめてから久しい。彼は研究者とネオリベラリズムのシンクタンクの小集団の外ではほぼ無名である（図18参照）[3]。

かつては農家、ナショナリスト、危機に瀕した産業の労働者の領分であった自由貿易批判は今では拡大し、環境保護団体からキリスト教慈善団体、フェアトレイド支持者から世界の貧困を根絶するために行進する無数の民衆までありとあらゆる人びとを含んでいる。自由貿易は、その公平、平和、デモクラシーとの道徳上の結びつきを失ったのである。それは貧困層を搾取する富裕層の手段として貶されている。貿易の完全な自由は、同等者間でなければ、本質的に不公平であり、世界の貧困の原因であっても、解決策ではないとして批判されている。先進国は、保護貿易を実践する一方で自由貿易を説くことで、開発途上国に対する不公平な貿易障壁を維持していると非難されている。それでグローバリゼーションが課す費用の負担を軽減しているというのだ。イギリスを本拠とする貿易公正団体である「世界開発運動」は、サッチャー支持派による「労働党ではうまくいかない」という有名なポスターの言葉をもじってそれを的確に表している。「自由貿易ではうまくいかない[4]」。

歴史の帰趨をかなりよく表している展開に、二〇〇五年の「協同組合銀行」（「倫理を守って消費者が主導する」）と「クリスチャン・エイド」による共同キャンペーンがある。一世紀前の自由貿易の中核だった彼らは、現在では「自由貿易には自由はない」と主張している。それは貧困層に援助の条件として強制されるが、豊かな競争相手の前では手も足も出ない。貿易自由化は、貧困層と富裕層の間の懸隔を拡げる。貧困国は、市場を強制的に開かされるよりも、その農場と工場の保護と発展の権利を有するべきである。かつて奴隷制度と呼ばれたものがもはや自由貿易と呼ばれている。アフリカ人の二本の手が自由貿易という鎖で繋がれている広告もある[5]。

リベラル派の経済学者と貿易交渉担当者は、この一般の反発に戸惑ってきた。より自由な貿易から社会が便益を得るというのは、重力の法則と同様に経済学で受け容れられている考えなのである。貿易自由化は、グローバルな資産と安寧に莫大な益をもたらしてきたと彼らは指摘する。「関税及び貿易に関する一般協定」（ＧＡＴＴ）が発足した一九四七年と一九八四年の間に、工業製品に対する関税は、四〇パーセント前後から五パーセントに下落した。その時以降、東ヨーロッパにおける共産主義の終焉とインドと中国における自由化がこの傾向を急激に加速させた。四〇億人の人びとが、この時

図18　黙殺され、摩滅する、現在のリチャード・コブデン。ロンドンのカムデン・ハイ・ストリートにあるこの彫像は、1868年6月27日に除幕式が行われた。W. & T. ウィリスが発注し、資金は寄付によって賄われたが、大口の寄付者にはナポレオンⅢ世がいた。

期にいっそう統合を強めた世界経済に加わったのである。二一世紀初めまでに、貿易は、第一次世界大戦以前のグローバリゼーションの初期におけるわずか八パーセントと比べて、世界の国内総生産の二〇パーセント以上を占めるまでになっていた。つい最近である一九九〇年においては、一五パーセントを下回っていたのである。(6) 二〇〇五年の世界銀行の試算によれば、完全な貿易自由化は、今後十年間で世界の収入を二千九百億ドル押し上げ、とくに開発途上国を潤すだろうとされた。(7)

貿易自由化は、世界の大半の人びとの生活に大きな改善をもたらしてきたと世界銀行と第一線の経済学者たちは強調している。一九九〇年と二〇〇四年の間に、一日一ドル以下で生活している極度の貧困状態にある人びとの割合は、二九パーセントから一八パーセントに下落した。中国だけで、輸出主導型の成長が三億人を貧困から救い上げた。開発途上国では、乳幼児死亡率が、一九七〇年の千人に一〇七人から、二〇〇〇年には五八人に下降した――この傾向はとくに急成長している東アジアにおいて顕著だが、サハラ砂漠以南のアフリカにおいてさえ、一一六人から九一人に下がった。児童労働は、搾取的なグローバル貿易制度の象徴として取り上げられることが多いが、一九八〇年と二〇〇〇年の間の開発途上国では半減した。グローバリゼーションが、両親に子供を働かせるのではなく学校に行かせるだけの余裕をもたらしたと経済評論家は論じている。残存している児童労働の大半は、グローバル市場ではなく国内市場のために生じているのである。大方の開発途上国にあっては、収入の不平等は減少しつつあった。過去数十年間に順調だったのは開放政策を採っていた、西ヨーロッパ、アメリカ合衆国、東アジアのような社会である。ブラジルや多くのアフリカ諸国のように貿易を開かれたものにすることを拒んだ国は失敗した。(8)

そのような評論家によれば、グローバリゼーション全体のバランスシートは明快である。より自由な貿易が、多数の人びとの悲惨な状況を緩和したのである。誰もが同等にその分け前に与れたわけではない。極度の貧困は、今日でも二〇年前と同じようにサハラ砂漠以南のアフリカでは残存している。しかしながら、各地の商売を守ったり、過剰生産によってすでに苦しんでいる市場において農家の収入を政策的に上げるために「フェアトレイド」を用いたりすることは、患者に誤った経済の薬を投与することである。そうではなくて、経済が開かれたがために短期的に損失を被った人びとへの援助があってしかるべきである。世界が必要としているのは、より大きな開放であり、その逆ではないのだ。問題は自由貿易ではなく、開発と安定を阻害する他の障壁、北と南に関わるものなのである。

多くの地域的貿易協定は、貧困国を差別している。ＯＥＣＤ加盟国では、農業への関税と助成金は、二〇〇四年には驚くべきことに三千五百億ドルに達する——その四分の三以上が生産者の懐に入っている。実質関税は下落しているのかもしれないが、非関税障壁は消えてはいない。ダンピング対抗政策と多様な形態の品質統制と輸入認可制度はとりわけ開発途上国に向けられている。ヨーロッパでは砂糖はもっとも評判の悪い違反物である。一九八〇年代初め、ヨーロッパ共同体はまだ砂糖に関して純輸入であったが、現在では純輸出である。アメリカ合衆国は、綿への助成金に三一億ドルを割いているが、これはアフリカへの海外援助額のほぼ二倍である。(9) 大半の経済学者が直面している仕事は、貿易自由化にブレーキをかけることではなくて、それをより円滑により公平に運用することなのである。ノーベル賞授賞経済学者ジョゼフ・スティグリッツは、グローバリゼーションの多様な過程を調整するための大胆な改革計画の作成を進めており、より累進性の高い所得税、国際準備通貨、アメリカ合衆国に京都議定書を批准させるための懲罰的関税を挙げている。(10)

本書が提示するのは、グローバリゼーションをめぐる現在の闘争への歴史的見通しである。それは経済学者や運動家に任せておくにはあまりにも重大すぎる。誰が正しく誰が間違っているのかを問うたり、費用と便益を列挙したりすることに加えて、現在の二極化された議論を、長い歴史の文脈に置く必要がある。両陣営は、近現代史におけるより大きな変容の一部なのである。かつては肩を寄せ合っていた貿易の自由と社会の正義は分離してしまった。経済学者と一般国民は、もはや見解が一致することはない。本書はこの不一致の源泉について記述してきた。それはまた過去を用いることによって、自由貿易を単純な二分法ではないより豊かで開かれたやり方で想像しようとする取り組みである。

本書の物語は、いかにして自由貿易が、一九世紀末と二〇世紀初頭において民主文化を構築しえたのか、そしていかにしてそれが解体したのかを中心に展開している。この民主化の動向は、現行の議論においてそれに値する注目を受けてこなかった。歴史の前例が問題になる際に、評論家は、現在への教訓を得るために、一八四六年の穀物法撤廃と世界大恐慌

（一九二九―三二年）のいずれかに目を向ける傾向がある。対して本書が焦点を据えたのは、自由貿易と民主政治の歴史における転換点としての狭間の時期、今日のグローバリゼーションが抱えるデモクラシーにまつわるディレンマを照射するのにとりわけ適切な時期である。コブデンとその反穀物法同盟は、経済学者と政治学者に、既得権益に挑戦した現代的な――「英雄的な」とリベラル派は付け加えるだろう――ロビー活動団体としてよく知られている。しかしこの戦いは、大衆民主政治以前の世界で生じたものだ。対照的に、世界恐慌は、ナショナリズムに根ざした政策がグローバルな統合を解体するその速さに対する歴史上の重要な警告であった。この観点から見れば、現在の自由貿易は、既得権益と偏見の島国特有の力の犠牲になっているように見える。本書の中心として扱った時代は、かつての「自由貿易」が活力に満ちた民主的な勢力であったことを思い出させてくれる。

『フリートレイド・ネイション』の歴史物語は、あらゆる立場の人びとにとって得られるものを含んでいる。核となる仮定を再検証するようにわれわれを促すのだ。とりわけそれは過去のリベラルな貿易政策が、感情、政治、精神に関わる基礎をもっていたことを教えてくれる。両者の陣営において、自由貿易を説明するのに血と内蔵を抜き去って衛生化したいという誘惑があった。現在の批判者はそれを富裕な国家と企業の無慈悲な道具として切り捨てる一方で、擁護者は卓越した貿易理論としてその学説の有する意義を持ち上げる。後者の見方にしたがえば、戦闘は、理性と偏見、卓越した経済論理と利己的なロビー活動や大衆迎合の誤謬の間で行われたものと捉えられる。勝利を収めるためには、自由貿易は圧力団体から制度を守り、間違った経済学を打倒しなければならないとされる。

本書はそのような合理主義的な手法の限界を暴き出す。第一次世界大戦以前のイギリスにおける自由貿易がその力を得ていたのは、大衆の熱狂、および情熱と道徳からであり、その国民的統一性と社会的解放からであって、人民によるその自己利益の理性的な把握や比較優位理論からではなかったのだ。公平性の倫理と国際的な思考に訴えかけたのである。それはまた、自由貿易帝国が世界の道徳水準を向上させ、金銭の影響力を低減するという考え方においてとくに、帝国主義的であり、また反物質主義的でさえあった。自由貿易は経済学の教科書の産物ではなかった。娯楽、思想、大衆政治が本質だったのであり、マスコミュニケーションの現代的形態との創造的な関わりもまたそうだった。この幅広い民主文化のために自由貿易には、集団的行動の費用を超えて、保護貿易主義の挑戦を斥けることが可能となったのだ。自由貿易は薄く広められた権益だったのではなく、党派、階級、経済活動の分野を越えて拡がった。

過去五〇年は、国際貿易に関して同時並行で展開する複数の政治によって支配されてきた。一九四七年設立のＧＡＴＴとともに、国際外交は貿易自由化の主動エンジンとなった。貿易は大衆政治から除外された。国際組織は、各地の市民社会と新国際主義者たちが夢見たグローバル統治の間をつなぐ有機的な回路にはなりえなかった。この新しい多国籍体制は、グローバル貿易をポピュリズムとナショナリズムの圧力から守っている。同時にそれが創り出したのは、経済と法律のテクノクラートと次第に複雑化する外交の専門文書からなる別世界であり、それは彼らが便益を与えようとしている一般人から遠ざかるばかりである。この分離は大戦間に遡ることができる。それは、新たな大衆民主制の圧力団体政治からの逃避でもあった。国家もまた貿易政策を自身の野心のための武器として用いた。(11) しかし大衆的な自由貿易の瓦解がなければ、この物語はかなり違っていたものになっていただろう。国民政府と国際機関が民主政治から貿易を取り上げることができたのは、公衆が自由貿易への利害関心を失っていたからである。

本書が示すのは、自由貿易の運命がその敵だけではなく、その潜在的な友に負っていた点である。貿易政策とグローバリゼーションに対する挑戦に関して一つの異なる見方を本書は導入している。強調点を、保護貿易推進の圧力団体とロビー活動への関心から、自由貿易そのものの文化的意味と政治的魅力へと移しているのだ。今日の貿易自由化の擁護者は、開かれた世界経済を大きく脅かす「敗者」に焦点を据える傾向にある。もちろんグローバリゼーションはつねに一部の人びとにとっては混乱を伴っている。それは、同じ銀行家連に向けた連邦準備制度理事会議長ベン・バーナンキの最近の演説においてふたたび明瞭に示されている本質的な問題である。

貿易の機会拡大は、各国が生産する商品の割合、そして資本と労働の相対利益を変動させる傾向があります。その結果生じる生産構造の変化は、一部の産業における労働者と企業経営者にコストを課し、それによって経済統合の過程に反対する購買者層を創り出すのです。

文化の変動と不正な蓄財への忌避感はさらに、グローバリゼーションが一般市民に与える便益からわれわれの目をそむけさせている[12]。

本書が提示するのは、歴史から得られる別の結論があるかもしれないという点である。自由貿易の相対的な強さは、グローバリゼーションの「敗者」によってだけでなく、「勝者」の支援を集める能力によってもまた規定される。経済的不満と変動への不安が数世紀にわたりグローバリゼーションに内在してきたのだが、それらが自動的に優勢を占めていたわけではない。第一次世界大戦前のイギリス国民を動員した自由貿易の力は、そのような懸念を抑え込み、保護貿易推進の流れを断ち切ったのだ。この民主文化の喪失こそが、現在のグローバリゼーションをこれほどまでに脆弱にしている。自由貿易に対峙したのは、ヨーロッパとアメリカ合衆国の織工、あるいはブラジルやガーナの農家だけではなく、安い輸入品を締め出すことに利益がある特定の集団もそうである。貿易自由化がラテンアメリカで大衆の支持を得ていたのと同じく、北米自由貿易協定（NAFTA）がメキシコでも支持を得ていた[13]。自由貿易に対する幅広い反対意見を発したのは、過去二〇年間その恩恵を誰よりも受けていた北側の人びとである。別の言い方をすれば、自由化に反対したのは、通常の論点で示されるように、大損失を被った敗者だけではない。自由貿易よりもフェアトレイドを好む意見のうねりは、かなり分散した社会集団と利益団体を糾合しているのだ。

自由貿易に対する民衆の幻滅は、評論家連がこれまで認めてきたよりも深く歴史に根ざしている。これは単に一時的な混乱、権益団体、あるいは共産主義の終焉後にWTOが社会主義者とアナーキストの簡便な標的となったことなどの結果ではない。疑惑と幻滅はあまりにも根深いため、貿易のリベラルな理論を繰り返し表明すれば簡単に克服されるということはない。自由貿易は経済成長という問題になればいまだ勝利への定番なのかもしれないが、それはすでにかつての流通の魔術を失っている。ここで第一次世界大戦と戦後の時期が分水嶺となる。それ以前は、貿易の自由は、国家を掣肘し、消費者大衆の権益を既得権益団体のそれよりも優先することで権力を分散させる方法として、リベラル派、急進派、そして排除された集団に等しく訴えかけていた。国際的に、商業には世界の諸国民間の交換の仕組みを織り上げ、列強の政治戦略を補うことが期待された。

その最盛期においてさえ、現実は理想と一致してはいなかった。自由貿易は国際主義と同様に帝国主義の傾向をもち、富裕と貧困の両極と共存した。自由貿易に関して懐しく思うこと、その敗北を経済恐慌によってもたらされた一時的な偏倚と見なし、その基本的な美点は損なわれないままであったために後の世代においてこの企図は甦ることになったと考えることへの誘惑に逆らわなければならない。第一次世界大戦以前は、自由貿易は、関税だけでなく経済を統御する一連の他の手法全体を排除する、市民社会に対する強力な捉え方を伴っていた。それは平和裡に調整作業を行う市場の力という絵図をきわめて楽天的に描き上げた。それはまた消費者が国家においてより直接的な役割を果たすことを否定した。戦争と戦後の時期は単に破壊的だっただけではなかった。政治の領域が拡大したのである――政策という点でだけでなく、民衆とその組織が世界経済を調整し統制しなければならないという感覚を含むまでに政治的想像力が拡がったのである。

第一次世界大戦は、自由貿易の流通の魔術のあらゆる側面にとって打撃であった。国際的には、商業が政治権力から離れて平和を促進し、世界秩序を形成するという発想が破綻した。急進的なコブデン主義者は、かつて政治を国際関係から除外することを夢想していた。新国際主義者たちは、超国家的組織の助けを借りてそれを呼び戻すことを求めた。国内でもまた、戦争は、流通の理念の抱える欠陥を露呈させた。自由貿易は、企業連合と企業結合からイギリスを保護することに失敗したのだ。不当利得、物資欠乏、物価変動の文脈では、公正が、安価ではなく安定供給と公正価格を意味するようになっていた。福祉国家の台頭が、自由貿易から社会民主体制へと向かった配分の正義をめぐるこの移譲を完成させた。もちろんリベラルな貿易政策を福祉国家に結びつけることは可能だが、年金、失業手当、その他の社会福祉の拡大は必然的に自由貿易が貧困と飢餓に対する武器としての重要性の大半を喪失したことを意味したのである。公的給付が安い輸入品よりも重大になったのだった。

グローバリゼーションをめぐる現行の議論は、自由貿易の流通の魅力が消滅する過程のもう一つの段階として理解することができる。かつてデモクラシーのユートピアだったものが、ディストピアに変わったのだ。権力の分散は今では主権の喪失と結びつけられ、各地のデモクラシーの根絶によって、人びとは無責任な国際企業や組織に翻弄されるようになっている。一部アナルコ＝キャピタリストとリバタリアンがいるシンクタンクがあり、たとえば「自由の将来財団」と「コブデン・センター」は、旧来の理念の感化を受けつづけており、あらゆる形態の国家干渉を排撃し、WTOなどの国際組織を廃絶することを望んでいる。このような小集団の外では、商業をそのなすがままに任せてグローバルな統合を導けるという確信は乏しい。実際、一部の現行の議論は協調の制度の方に目を向けており、これは第一次世界大戦後に幻滅した自由貿易支持者とまったく同じである。経済上のグローバリゼーションが政治上のグローバリゼーションを追い抜いているという考えは、ジョゼフ・スティグリッツが新たに照明を当てているが、これは九〇年前の新国際主義者の出発点であった。同様に、商業は人間の需要に合わせて適切に調整されるべきであるという考えは、戦間期の進歩派の政治観と世界食品局の中絶した計画に遡行することができる。われわれは自身を冷戦の子供と考えがちであるが、グローバリゼーションということでは、さらに以前の世代の継承者でありつづけている。

自由貿易の民主的な魅力は、本書の主題の一つであった。現在の多くの民主主義の政治家と政治学者の間では、この組み合わせは自然な因果関係と捉えられている。民主制であればより自由な貿易が生じる[14]。これが期待されるのは、民主制はより大きな透明性と説明責任を求めるからである。政治家は当選することを望む。選挙民は自由貿易から便益を受ける。ゆえに民主制において政治家は、小規模な既得権益団体を潤す高い関税を導入することに困難を感じる。

この議論はある抽象レベルにおいては理にかなっているが、歴史解釈の道具として使えるほど充分に細密あるいは強靭ではない。総計すれば、民主制国家の方が独裁制国家よりも貿易量は多いのかもしれない。それでもまだわれわれには民主制相互間のかなり大きな差異が残される。この理論を支えるデータは、一九七〇年代から九〇年代に関するもので、この時期に未開発国の平均関税率は六〇パーセント下落したのだ[15]。これは内部に加えて外部の力に促されて民主化とネオリベラリズムが進捗した一つの特異な時代であった。WTOとIMFは時に批判者が主張するように全能なのではなく、多くの場合は政府が内政上の理由で関税の引き下げを選択するのである[16]。

二〇年というのは、デモクラシーの歴史においては短い一章である。現代世界において、民主制国家はきわめて多岐にわたる貿易政策を採用しており、周期的に変更もする。アメリカ合衆国のより自由な貿易への転換（一九五〇年において輸入工業製品には一四パーセントの関税が賦課されていたが、一九九〇年には五パーセント以下である）はごく最近のことである。一九世紀末、この偉大な共和国は工業製品にほぼ五〇パーセントの関税を課しており、これは帝政ロシアやドイツ帝国よりも高率であった。イギリスはゼロパーセントであり、自由貿易を帝国と一体化していた。一九三一年にアメリカは、ファシスト党イタリアよりも関税の壁が高かった。[17]イギリスでは普通選挙に続いて関税が導入された。一九二〇年代に明らかになったのは、民主的な状況が、政治家と公衆を、リベラルな政策からあらゆる種類の貿易規制へと転じさせる妨げにはならないということである。いずれにせよ関税の水準だけでは、この物語の一部にすぎない。割当、ダンピング対抗政策、輸出補助金、生産と衛生の基準などの非関税障壁のまぎれもない増殖があったのだ。現代の民主制国家では公式の関税障壁は下落してきているとしても、有権者の目から容易に逃れる透明性の低い障害と優遇の増加も生じている。[18]世界銀行によれば、平均的な反ダンピング関税は、工業国の関税の七倍から十倍高いとのことである。[19]

デモクラシーと自由貿易の間の関係について考えるにあたっては他の方法もあるかもしれない。本書が示しているように、政治学者は望遠鏡のレンズの間違った方から覗き込んでいると思われる。われわれは政治組織を出発点として用いていかに政治体制が貿易政策に影響を与えたのかを分析するのではなく、いかに貿易への公衆の関わりがその痕跡を政治文化に残しているのかもまた問わなければならないのだ。自由貿易が第一次世界大戦以前のイギリス人にとって問題であったのは、デモクラシー、平和、社会正義を促進すると思われたからである。自由貿易は排除された人びとにとってデモクラシーの入場券であった。自由貿易は原因であって結果ではない。それは単に民主的制度がもたらした政策であるよりも民主文化を形成したのである。

自由貿易が創り上げた過去の民主文化は、それに対する現在の一般的な批判に新たな光を投げかけてもいる。貿易の公正とフェアトレイドに賛同する現行の運動は、強烈な道徳的良心に触発されている。批判者たちは経済学への覚束ない理解ゆえにその運動を責めるのかもしれないが、一般の目には、すばらしいものと映っている。貿易自由化に関する支持者と批判者の間の討論に参加した誰もが明言するように、比較優位の法則は、フェアトレイド志向の聴衆が精神にまとったる道徳的に歪んだ観点を助長している。この見方に拠れば、公正価格と相互理解に凝縮している伝統的社会の「道徳経済」は、リベラルな経済学と市場、利潤、交換の自由を謳う資本主義制度によって破壊されたということになる。慣習によって育まれた道徳が、近現代的な市場に置き換わったのだ。自由貿易は経済生活から道徳を奪った。現在の支持者にとっては、フェアトレイドは新たな道徳経済の到来を約束するものである。[20] これはモダニティと道徳性に対するひどい欠陥を含んだ観点である。伝統的な道徳を保持する共同体と近現代の商業制度を二分してしまうのはいかがわしい。商業と配慮は相互に排除しあうものではありえない。[21] 大衆向けの自由貿易は、道徳を死滅させるのではなく、正義、公正、平和といった豊かな倫理の語彙で語っていたのだ。

本書『フリートレイド・ネイション』の中心をなす存在、市民消費者はまたグローバリゼーションについての別の関連する観点に疑惑を投げかける。フェアトレイドと貿易公正運動の中で、貿易自由化の非難は、資金力豊富な企業とＩＭＦや世界銀行のような国際組織に向けられている。多用される典型的人物像は、札ビラをひらひらさせる大金持ちや豊満な豚のような資本主義者である。[22] 自由貿易は富裕層の経済上の道具であり、フェアトレイドは人民の社会と道徳に関わる武器だということになる。歴史的には、これはグローバリゼーションが展開してきた経緯ではない。市民消費者は第一次世界大戦前の自由貿易の成功と一体化していた。「自由貿易」は市民社会に深く根ざしている民衆の力を備えていたのだ。今日の北側の世界における消費者と社会運動は貿易の正義を求めたり、カップ一杯のフェアトレイドのコーヒーに道徳の再生を見出したりするとしても、それゆえに彼らは多国籍企業やネオリベラリズムの経済学者に反対しているだけではない。彼らはまた、以前の世代の消費者と進歩派が作り上げるのに手を貸したグローバルな貿易制度に向かい合っているのである。フェアトレイドに即して世界を道徳的に捉える見方は、一つの歴史の盲点を抱えている。道徳の力を得た市民精神を備える消費者は、過去においては、自由貿易を選択していたのだ。言い換えれば、近現代史は、道徳性から物質主義への明確な急転ではない。つねに歴史を通して別の複数の精神の走路が走っているのである。イギリスの場合において変化したのは、人びとが精神の走路を切り換えたことであり、最初は自由貿易というデモクラシーの走路上にあり、次いで第一次世界大戦後は、貿易の協調と規制の走路に移った。

歴史はよく当たる予言者ではないし、経済のモデルと競合したりどの政策が最善なのかを決めたりできるわけでもないが、われわれの視野を拡げる役には立つ。一歩引いて、今日のわれわれにとって自明に見えるなじみのものが、過去においてかなり多様な意味をもっていたのかもしれないと認識する助けになる。道徳に関する固定観念を揺さぶりもする。貿易がわれわれの生活と世界に対して何をもたらすのか現在関心がある人びとにとって、本書は一つの決定的な教訓を含んでいる。遠隔地の生産者への配慮の気持ちとして特定の商品を購入する行為は、進歩派の特権ではない。消費者の力は、近現代において、奴隷制反対ボイコットから搾取工場と戦う購買者同盟まで、解放の大義を表す具体的手段ではあった。しかしそれはまた忘れられた保守的にして帝国主義的な性向も帯びていた。ここ数十年間における道徳的消費行為を通じた「遠隔地への配慮」の異常な拡大は、歴史の空白から生じたものではない。キリスト教の思想と組織に依拠することに加えて、同等の規模を有する帝国的消費行為によってすでに整えられていた領域に入ったものでもあり、すでに無数の保守派の主婦が仲間のイギリス人に帝国商品を買い、遠方の帝国の同胞への配慮と連帯感を表すように説いていた。われわれにしてみれば、彼女たちが呈する帝国主義の外観は困惑の種だが、自分たちの大義の道徳的優越性には疑いを抱いていなかったのである。

自由貿易とフェアトレイドが呈する歴史の変動がもつ意味が教えてくれるのは、現在どちらの立場を擁護するとしても、自身の道徳的立場と行動が将来もたらす結果は、単に今のここだけを見て理解できるものよりも曖昧になるだろうということである。この物語の主人公の一人で、政治における過去の思想の影響にとりわけ感応していたのが、ジョン・メイナード・ケインズである。「意見の歴史の研究は、精神の解放のために必要な準備である」とケインズは一九二六年に書いている。「果たしてどちらが保守の側に人を引き込むのだろうか――現在しか知らない場合と、過去しか知らない場合と」。本書において私はグローバリゼーションの初期の時代における「自由貿易」をめぐる大戦争に生命を吹き込み、それ自体が語り出すように努めてきた。この昔の戦争は、今日議論されているのと同じ集団と話題を多く含む――市場開放の費用と便益、貿易と正義の関係、グローバル経済における市民社会と民主制度の位置。

ケインズとは異なり、私は大思想家や経済理論への関心よりも、経済をめぐる大衆の考え方や思い入れの流れの方に関心がある。経済を念頭に置いてはいるのだが、ただしそれは経済学者が構築してきた市場と合理的選択の純粋化されたモデルではない。過去数十年間に、経済学者と心理学者の一団がこのモデルの修正作業に着手し、合理性が状況に「拘束」されうる点、選択が「近視眼的」でありうる点、人びとは利得よりも損失をより強烈に感じうるという点を強調してきた(23)。これらは歓迎すべき修正だが、結局彼らは人間社会を方法論上の個人主義のレンズから眺めつづけている。時代を越えて展開する多種多様な文化に特有の考え方、振る舞い、結びつきを探究する代わりに、モデルを人間社会に投影している。一部の社会学者は、「経済」はリベラル派経済学者によって創造された構築物だと論じてきた(24)。われわれは経済学者の力を過大視するべきではない。すべての人びとが内に一つの経済を抱えているのだが、費用と便益を計算する明確な個人主義のモデルに即して生活し思考する人間があまりいないだけなのである。

本書において、私は百年前のイギリス人たちの内にひそんでいた経済を展開するように努めてきた——いかにしてそれが目的を達したのか、いかにしてそれが政治生活、倫理、国民性に関する考え方とつながったのか、いかにしてそのつながりが時を経て解かれ再度結び合わされたのか。人びとが経済を理解するその仕方は、つねに権力、社会秩序、道徳性に関する考え方と織り合わせられているために、人間の内にある経済はその外にある経済の現実を反映した鏡像というだけではない。それは人びとが行動し、組織し、動員し、また社会生活から退隠するその仕方に影響を与えることによって、われわれが生活する世界を形成する役割を果たしているのである。

本書の概要

新　広記

『フリートレイド・ネイション』におけるトレントマンの関心は、数々の困難や挑戦に直面しながら、なぜイギリスは自由な貿易を保持し続け、二〇世紀初めから第一次世界大戦まで国民的な自由貿易文化の花を咲かせたのか、そして第一次世界大戦後自由貿易からの決別はいかにして起こったのかである。トレントマンはこれら二つの歴史的疑問への回答を、自由貿易の理論的正当性や経済効果、経済学者や政治家の理論的政策的見解や信条に求めるのではなく、自由貿易運動が持った幅広い射程と、消費者を中心とした市民社会観との強い結びつき――そして最終的にはその結びつきが失われたこと――に求める。トレントマンが特に注目するのは一九〇三年の関税改革運動開始から一九三一年にいたるまでの時期であり、後述する区分によれば自由貿易の第三段階（一八七〇年代から一九二〇年代）の後半に該当する。本書ではこの時期の自由貿易を、これまでの研究のように保護主義からの挑戦に対する受け身の存在としてみるのではなく、大衆的運動の中で華々しく再生を遂げた国民的プロジェクトとして把握する。そして一九三一年にイギリスが保護主義を採用するに至った道のりは、第一次世界大戦の経験を転換点とした自由貿易に対する大衆支持の喪失という緩やかなプロセスであり、自由貿易に対する幻滅や消費者の分裂の結果として理解されるのである。第一次世界大戦を境として、本書は第Ⅰ部と第Ⅱ部に分けられ、第Ⅰ部では、二〇世紀初めから第一次世界大戦に至るまでの自由貿易運動の興隆を中心とし、第Ⅱ部では大戦以降自由貿易国民（フリートレイド・ネイション）が解体する過程を描く。各章の記述は歴史的出来事を時系列で辿っていくという体裁を取らず、大きな歴史的事件を焦点としながらも、各章のテーマが重層的に重なり合っているため、ひとつの読み方の例として以下に簡略な章毎のまとめを行ってみた。

イントロダクションにおいて、トレントマンは自由貿易の歴史を大きく四つの時代区分へと分類する。その第一段階は一七世紀後半に始まり、それまで正統派としての地位にあった重商主義への批判が強まり、フランシス・ハチソンやアダム・スミスによって重商主義批判が自由貿易のヴィジョンへと結実していく時期である。この時期の自由貿易理論は単純に経済の動きを機械的に見た議論ではなく、自由な商業活動には人びとや国家間の対立を和らげる効果があるという、道徳的な見解も含まれていた。こうした一八世紀からの道徳的貿易観が、のちの自由貿易運動の議論においても繰り返し現れることになる。第二段階はナポレオン戦争終結から一八七〇年代までである。この時期にとりわけ重要であったのは、一八一五年穀物法の問題であった。同法は、国内穀物価格が一クォーター八〇シリングを下回った場合、外国からの穀物輸入を禁止する典型的な保護主義政策であった。国民の食料そして地主階級の経済的利害などイギリス社会の根本的構造と密接に関連していたため、穀物法は特に重要な政治問題となった。自由貿易への志向は一八二〇年代既に政府内外に存在したが、それが大きなうねりとなったのは一八三〇年代後半からの反穀物法運動の影響によるものであり、これが一八四六年保守党ピール内閣による穀物法廃止へと結実する。その後自由貿易政策はイギリスを超えて広がり、イギリスとフランスの間の自由貿易協定（一八六〇年、コブデン＝シュヴァリエ条約）は、最恵国条項の採用を通じてヨーロッパ内での自由貿易協定の拡大を後押しした。

第三段階において、一八七〇年代の大不況がもたらした保護貿易化の波がヨーロッパを覆う。フリードリヒ・リストなどによる経済保護主義の理論化にも支えられ、関税を主要な武器とした保護政策がヨーロッパ各国に採用されていく。ここで唯一の例外として一方的自由貿易を堅持したのがイギリスであった。とはいえイギリスにおいても、自国では保護貿易をとる国がイギリスの開放市場に安価な商品を送り込むことは公平ではないとして、一八八〇年代にランカシャー、ロンドンとバーミンガムを地盤とした公平貿易（フェア・トレイド）運動が行われる。公平貿易運動は、イギリス産業の保護のみを主張したものではなく、保護主義に覆われつつある新たな国際的経済秩序のなかでのイギリス帝国の経済発展と結合の強化をも唱えるものであった。その後帝国の経済統合をさらに前面に押し出して関税の導入を強力に主張したのが、一九〇三年に始まるジョゼフ・チェンバレンによる関税改革運動であった。イギリス自由貿易はこのような度重なる挑戦をも退けたのであるが、第一次世界大戦とそれに続く時期、自由な貿易は支持を失ってゆき、公式には一九三一年にイギリスもついに自由貿易を放棄することになる。一九三〇年代以降の第四段階は、大文字のFree Tradeが小文字のfree tradeすなわち自由貿易という政策ツールそして狭い意味での経済理論の一つへとなった、今日まで続く時期である。ブレトンウッズ会議に始まる第二次大戦後の多角的貿易の枠組みは自由な貿易を志向してはいたが、以前の自由貿易運動の時期とは異なり、貿易は専門家や国際外交の領域の問題となっていた。その結果、自由貿易やグローバリゼーションは市民の運動とは鋭く対立するものとして考えられるようになった。トレントマンによる自由貿易の歴史的区分に照らすと、二〇世紀の終わりから二一世紀の初めは、自由な貿易が新たな挑戦に直面している時期、第四段階の終わりあるいは第五段階のはじまりとみることも出来るのである。

自由貿易の長期的な歴史を概観した上で、トレントマンがなぜ第三の段階に着目するのかが述べられる。第二段階に位置づけられる一八四六年前後の反穀物法運動は、広く研究者の関心を集めてきたのではあるが、穀物法廃止は当時の首相ロバート・ピールに主導された政策であり、中流階級を中心とした反穀物法運動の圧力はあったにせよ民主的な運動という面では限定的であった。自由な貿易に対する民主的な支持に注目する場合、二〇世紀の転換期から第一次大戦の間こそが、自由貿易が国民的そして民主的な文化へと成長を遂げた時期であり、詳細に検討する価値がある。さらに第四段階における多国間貿易協定の下での自由な貿易の時代とも第三段階は大きく異なる。エドワード朝時代のイギリスが固持した自由貿易政策はいかなる形の保護関税をも拒否する一方的な市場開放であったからである。

既存の議論——覇権論、ジェントルマン資本主義論、公共選択論——は、エドワード時代イギリス自由貿易の特殊性を説明するためには不十分であり、それらの議論に共有される、自由な貿易を論理的・理性的に当然の選択とする見方や、経済的利害を人びとの経済観や世界観から分離する方法論から離れる必要性があるというのである。それがトレントマンの言う「自由貿易の人間史」であり、市場と国家の間に存在する市民社会と大衆政治の空間への着目である。同様な着眼点が、第一次世界大戦からの自由貿易国民の緩やかな解体プロセスの検討においても維持される。自由貿易の文化にとって致命傷となったのは、イギリス国民の世界観を揺るがした大戦の経験と、戦時下の経済統制を契機とする消費者の分裂であり、それらが結果として招いた自由貿易に対する支持の喪失であった。戦前に自由貿易文化が与えた国民の一体性が失われたことにより、自由な貿易に対する大衆の支持は後方に退いていく。その空隙を埋めるように、政党や政治運動への支持層の組み替えが起こり、新たな国際主義が台頭をみせる。第一次大戦後の状況の変化は、一九三〇年に至っては自由貿易対関税改革という枠組みさえ不適当なものにしてしまったのである。

プロローグは、チェンバレンが関税改革運動に乗り出した時期において、自由貿易が劣勢に立たされていた状況を描写することから始まる。一八七〇年代に世界は保護主義に傾きはじめ、二〇世紀への転換期には関税を巡る国家間の衝突が散発する。同時期イギリスの世界経済における地位の低下に対する不安が国内で広がると共に、イギリス帝国内とくにカナダなど白人自治領が保護主義政策を採用し始めていたことは帝国崩壊への懸念を招いた。保護主義によって分断されつつある世界経済において、関税を用いて帝国内の経済的結びつきを強めることで対抗しようとしたのが、チェンバレンの関税改革運動であった。しかしチェンバレンの行動は保守党政権の内部分裂をもたらし、一九〇六年総選挙において、自由貿易を支持した自由党が圧倒的勝利を得る。

第1章は、一九〇六年総選挙における自由貿易勝利の要因を探る。まず重要であったのは、自由貿易支持派が利用した「飢餓の四〇年代」のイメージであった。穀物法撤廃に先立つ一八四〇年代の飢餓の時代は国民の自由に対する制約と結びつけられ、自由な貿易によってイギリスは飢餓と圧政から解放されたのだという歴史像が自由貿易運動によって広められた。この「記憶の政治」が、大衆を自由貿易支持へと向かわせたのである。対して関税改革派は保護主義と、自動車のような現代的工業製品に象徴される未来像によって国民の支持を得ようとしたが、その効果は限定的であった。イギリス国民の多くにとっては不確かな未来の約束よりも、飢餓の時代への逆戻りを否定するという訴えかけにより説得力があったのである。同様なことはニュー・リベラリズムと自由貿易の関係についても言える（「解説」参照）。自由貿易運動は、新たな社会政策を志向していた世紀転換期のニュー・リベラルの議論よりも、前の世代の急進的そして自由主義的伝統からより多くの影響を受けていた。

一八世紀からの急進主義との連続性を持つ、自由貿易運動に包摂された自由主義的世界観において、経済は国家と私的領域（家庭）の間の緩衝地帯となる。経済が自由であることによって国家の家庭生活への介入を防ぐと同時に、私的な権益団体が政治に干渉することによって利益を得ようとする誘惑をなくし、「清潔な政治」を保障するとされた。つまり自由貿易は市場メカニズムの原理というよりは、個人と国家が互いに干渉することなく道徳性を保持発展させるための原理として捉えられた。社会の適正なバランスを保持する自由貿易は、私的領域と公的領域の間、すなわちトレントマンの言う市民社会の領域に定置されることになる（「解説」参照）。この市民社会は、特定の政治信条や階級などによる結びつきではなく、自由貿易によって経済的、政治的そして道徳的利益を得る消費者が広く連帯する社会として描かれる。市民社会の構成員たる消費者はあらゆる消費者を含むのではなく、J・A・ホブソンが「市民消費者」と呼んだ能動的な市民としての消費者であった。自由な貿易を市民消費者の共有する信条として位置づけたことによって、自由貿易運動は政党や既得権益の枠を超えて幅広い訴求力を持ったのである。

第2章では主に一九〇六年の総選挙以降、自由貿易文化が生み出した新たな形態の市民社会のダイナミックな態様が描かれる。自由貿易運動と関税改革運動の争いにおいて、貿易の自由あるいは保護が日常生活に及ぼす影響は、パンの大きさを比較するという理解が容易なかたちで大衆へと伝えられた。「安いパン」は、自由貿易擁護派の中心的象徴となった。自由貿易運動はまた、一九〇八年からの物価上昇によって「安いパン」というイメージに修正を迫られた際、保護主義国ドイツの黒パンや馬肉・犬肉食を関税改革がもたらす食事の質の低下として、さらにはイギリスの国民文化へ保護主義がもたらす脅威として提示することにも成功した。食物に関する文化的政治、そして本章冒頭の「ダンプ・ショップ」襲撃の事例は、自由貿易を巡る市民社会の歴史は理性的議論だけではなく、人びとの偏見や感情などを広く含めた上でこそ理解されうることを示す。

自由貿易のメッセージは、大規模な組織的運動を通じて伝えられた。この運動が選挙政治の枠組みを遥かに超えたものであったことは、未だ参政権を持たなかった女性活動家たちが数多く参加していたことや、運動が特定の政治家や政党の票集めの道具ではなく選挙期間を超えた恒常的な活動を行っていたことによって明らかである。海浜リゾートでの活動範囲の分析からは、特定のひとつの階級にターゲットを絞ることを自由貿易運動が意図的に避けていたことが論じられる。運動における商業的メディアや娯楽の積極的な利用についても、それらを政治活動の縮小や商業主義と消費文化の政治文化への浸食として見るのではなく、貿易問題を論じる市民社会運動の空間的拡大として捉えられている。トレントマンは自由貿易運動の独自な文化的発展を強調し、同運動によるショッピングや視覚メディアの取り込みを論じる際にも、それらを当時の商業文化と完全に同一視すべきではないとする。様々なメディアに助けられた市民社会の空間的拡大を通じて、自由貿易の文化はイギリス社会に充満してゆき、それが結果として自由貿易堅持を訴える自由党の政権維持を可能にしたのであると論じられる。

第3章は、先立つ二章と重複する時期を対象としつつ、国際関係レベルでの自由貿易論の展開を見る。トレントマンが論じる市民社会は、私的領域と公的領域の双方を対象にしている。よってその議論は国家と個人との関係にとどまるものではなく、世界や帝国というより大きな単位での議論と連続性を持っていたのである。(1) 国内での市民社会はイギリスの自由主義的政治体制が機能することによってある程度現実と整合性を持っていた。対して世界、帝国レベルでの市民社会は、一八七〇年代からの世界の保護主義化によって理想と現実とが大きく隔たった状況に直面した。反穀物法運動の指導者の一人であったリチャード・コブデンの自由貿易論では、自由な貿易と世界の平和が一体的に捉えられていた。しかし国際外交の現実はその理想を裏切った。帝国内においても、保護貿易を採用する自治領の登場は国際社会のみならず帝国内の調和すらも危うい状況においた。このような状況下でイギリス国内でも、貿易政策を通じた国家による積極的介入を求める意見が強まってくる。自由な貿易が個人の自由を保障し、社会の調和という結果を生み出すという国内社会の理想は、保護主義が優勢になりつつある国際社会ではそのまま当てはまらなかったのである。

理想と現実のギャップは、現実的な外交政策と国内世論との緊張を生み出した。一九〇二年の砂糖の通商に関するブリュッセル会議は、多国間の個別交渉ではなく、国際的統治の枠組みを使って貿易問題を解決することを企図した。しかしブリュッセルでの国際交渉においてイギリスが保護主義政策導入の可能性を交渉材料としたことは、自由貿易への背信行為であると映っただけでなく、国内消費者から安価な砂糖を奪い、西インド諸島の大農園主たちに利益を与えるものとしてイギリス国内で非難を受ける。関税による帝国内の結びつきの強化というチェンバレンによる関税改革の主張にせよ、道徳的そして非物質的な紐帯によって支えられた帝国という当時のイギリス国内での支配的な帝国観からは、帝国に経済的利己主義を持ち込むものとして受け容れられなかった。自由な貿易がいかに国内で強固な地位を持ち外交政策すら左右したとはいえ、自由放任が世界に調和をもたらすという楽観的見方は修正されざるを得なかった。国家間の対立を解消するためには自由な貿易にすべてを委ねるのではなく、一定の秩序を国際関係に組み込まねばならなかった。J・A・ホブソンは、国内経済の調和的発展に資する「通常の」貿易と、それを歪める「正当でない投機的な（illegitimate）」貿易を区別することによって、国際貿易の秩序確立と国内経済の有機的発展を両立させようとした。

ホブソンによる自由貿易論の修正はある種の保護主義を認める方向性を持っていたが、貿易における敵対関係を前提として保護主義を訴える関税改革運動が現れたことにより、ホブソンの立ち位置は自由貿易に再接近する。結果としてホブソンが強調したのは、国内の社会改革と自由な貿易を通じて国際的平和を実現するという、ニュー・リベラリズムと両立しうる自由貿易観であった。関税改革運動の登場は、自由貿易運動の下に複数の政党を糾合した。急進主義の伝統の影響下にあった労働党と左翼においても、通商を通じた道徳的国際関係の構築という考え方はいまだ根強かった。経済的観点からは保護主義政策への共感を深めながらも、自由貿易と関税改革の選択を迫られた際、労働党支持者に自由貿易を選択させた決め手は道徳的判断であった。その結果、関税改革に対抗し、自由党と労働党が共闘することが可能となったのである。国際貿易における報復や戦略的交渉、相互主義への強まりつつある要求、そして様々な政治的見解の相違が存在しながらも、自由貿易支持が多数派となったのは、道徳的世界観が経済的世界観よりもいまだに強い影響力を持っていたからであった。

第4章からは、自由貿易国民解体の時期が始まる。自由貿易を保持したまま大戦に突入したイギリスであったが、戦時期のインフレーションと物不足は世論を物資統制の要求へと向かわせる。国民からの要求に応える形で一九一八年から導入された食糧配給はしかし、流通機構としての非効率性と不公平から非難の的となる。この時期安価なパンに変わって議論の焦点となったのは、深刻に不足したミルクであった。戦中に始まり戦後まで続いたミルク不足は、自由な貿易が約束したはずの公正な分配に疑念を抱かせ、平時においても政府統制を求める声が弱まることはなかった。ミルクを代表とした生活物資の適正な流通を求めるため、消費者は権益団体としてまとまっていく。消費者協議会などによって代弁された消費者権益は、従来の自由貿易運動における消費者権益よりも著しく限定されていた。栄養知識の増大によって促された食料に関する価値観の変容は、安価さよりも品質の保証、ならびに基礎的食料の公正価格による安定供給へと社会の関心を移動させた。消費者の新たな要求は、権利と社会サービスに基礎をおいた社会民主主義であり、それは以前の自由貿易運動が基礎とした市民社会観とは異なっていた。

自由主義が後退し政党間のバランスが変化しつつある中、「帝国消費者」というイメージによって中流階級の消費者を取り込んだのは保守党であった。消費を通じて帝国を支えるという新たな役割は、関税改革支持者レオ・エイメリーに率いられた帝国マーケティング局による帝国産品の購入奨励によってとくに女性の中流階級消費者に広められた。帝国消費者運動は「倫理的」消費を通じた帝国関係の強化を謳い、娯楽やマーケティングの利用など内容的にも手法的にも自由貿易運動と共通点を持っていたとはいえ、保守的なナショナリズム運動としての性格が強かった。さらに保守党は帝国消費者の運動を通じ、中流階級消費者の購買活動がもつ影響力を強調することによって、保護関税導入によっても国内の生活は悪影響を受けないという論理も定着させていく。自由党と労働党が自由貿易の代替策を探り政府統制へと傾斜する中、保守党は消費活動の論点を移動させることにより中流階級消費者の一部を取り込むことに成功したのである。一般消費者の関心の変化と保守党による消費者への浸食は、自由貿易運動の支持基盤縮小を加速させた。

第5章はテーマ的には第3章に続くものであり、第一次世界大戦によって国際関係に関する根本的な思想転換を迫られた結果、イギリスの新国際主義者たちが新たな世界像を構築してゆく過程が述べられる。貿易戦争は世界大戦の重要な一部であった。大戦中、自由貿易文化を奉じていたはずのイギリスですら奢侈品に対するマッケンナ関税の導入に踏み切り、連合国内部では関税同盟形成も検討された。戦時中の保護政策は自由主義者の結束を弱め、自由貿易支持団体の勢いも目に見えて衰えいく。戦後の世界秩序が模索される中、国際機関を通じた協調によって国際社会の調和を保つべきとする考え方が新国際主義者たちによって提案される。戦時下の国際協調の経験に基づく国際統治の発想は、国際的なルールに基づいて経済の保護も認容するという、制限された自由貿易を志向するものであった。戦後の国際主義は同時に、国民国家の過度な行動を抑制しつつローカルな市民社会が世界的に結びつく、新たな市民社会の構想でもあった。こうした新国際主義思想は、一九二〇年に設立される国際連盟の思想的源泉となった。

戦後の保護主義のさらなる蔓延は、国際的な貿易の協調体制を作り出すことを緊急の課題とした。不安定化を深めるグローバル経済の変動に対処するため、市場の安定が何よりも重要であるという点で認識は一致しつつあった。国内においては、市場安定の要請は消費者と生産者を共通の利害で結びつけた。国際社会においては、以前は自由貿易支持者から敵視された国際カルテルなどの経済的結合体を、国際経済安定のため積極的に取り込む動きを促した。政治的経済的議論を行う一方で、新国際主義者は市民性の再生と世界平和の追求についても検討を続けていた。自由貿易政策と国民国家の限界が露呈されたことによって、市民性・商業・国民性は再定義される必要があった。新国際主義者の一人アルフレッド・ジマーンは、任意団体を社会の中心的構成要素とみる市民社会の伝統を維持しつつも、市民社会が国民国家を不要とし コスモポリタンな世界を作り出すという急進主義の伝統から離れ、精神的な国民性によって一体性を持った国家が共存する、多国籍な世界を作り上げるという理論を提唱した。ジマーンの世界観においては、紛争を引き起こす差別的取り扱いの撤廃こそが重要であり、自由な貿易は絶対的な価値を与えられていなかった。世界がさらなる保護主義化に向かっていた一九二〇年代、新国際主義者たちは自由貿易運動が拠り所とした市民社会像を書き換え、グローバルな市民社会から構成される世界像を構築していった。

第6章では産業界と労働運動の動向を中心に話が進められる。トレントマン自身が断っているように、戦前の自由貿易運動を市民社会の民主的文化に焦点を当てて検討する本書において、産業界の重要性は比較的低いとされる。しかし第一次大戦以降、貿易に関する議論が多方面に拡散したことによって、原材料の消費者としての生産者が相対的に重要性を増すことになった。第一次大戦中に始まる基幹産業のセーフガード政策は、開放市場による安価な原料供給という考えに固執するよりも、国外依存を縮小し安定供給を保障することの必要性を際立たせた。イギリスの企業家たちは政策による保護を求め、基幹産業の認定を受けようと躍起になった。同時に、世界経済における主導的地位を失ったイギリスにおいては、ダンピングや経済的結合がもたらす利益についても見直されつつあった。とはいっても、産業界が自由貿易から離れつつあったことが即座に政治的な結果を生み出したわけではない。保護政策を巡る企業家たちの意見は一致していなかったし、ビジネス界の政治不信は根強かった。

労働党が出した自由貿易への代案は輸入統制であったが、労働党が経済へのさらに広汎な介入統制を志向していることは、労働党政権がテンサイ糖産業に与えた補助金によっても明らかであった。一九二五年の金本位制復帰、そして農業不況から世界不況へという経済状況の悪化を背景に、国際競争力を有していたはずの鉄鋼産業つづいて綿織物産業やレース産業からも保護への要求が声高に叫ばれるようになる。今や企業家だけでなく労働者たちも、賃金と生活防衛のための保護主義を求めていた。緊急輸入制限をはじめとする選択的保護政策は個別産業単位で行われ、貿易政策は全体として自由あるいは保護貿易を選択するかどうかではなく、個々の産業に保護を与えるかどうかという専門的な議論の場になった。貿易の問題が断片化したことは、以前の自由貿易運動のように貿易を巡って大きな道徳的ドラマを紡ぐことを不可能にしたのであった。

第7章では、ついに自由貿易国民が終焉を迎える。産業界での自由貿易支持は既に少数派であり、財界も自由貿易から離れつつあった。一九三一年、高賃金という問題を抱えたイギリスにおいて、緊縮財政と労働者の保護をどう両立させるかを巡って労働党政権は崩壊する。それに続く総選挙では、国家による経済統制を主張した労働党に対し保守党が大勝する。国家統制に反対し緊縮財政を志向する側からも、積極的経済政策によって実質賃金を下げようとするケインズなども、今や関税による保護政策を支持していた。大衆政治においても自由貿易支持層は瓦解していた。第一次大戦後の労働党の勢力拡大は、階級対立を先鋭化させ、中流階級を保守党支持へと向かわせた。だがこれは自由貿易への支持が関税改革へ乗り変わったということではなかった。一九三一年における関税導入派への支持は、以前自由貿易に与えられた熱狂的支持とは比べるべくもなく、一九〇〇年代の関税改革運動の規模に照らしてもまったく小さなものであった。自由貿易も関税も、共にイギリス国民の関心を失っていたのである。経済的により重要だったのは金融政策であるが、関税の問題は既に専門家たちの手に委ねられていた。エドワード時代には市民社会、世界平和や進歩と結びつけられ、政治文化や国民のアイデンティティの規定要素であった自由貿易文化は、取捨選択が可能な政策ツールの一つ「小文字の自由貿易」へと変質してしまったのである。

エピローグにおいては、二〇〇〇年代の自由貿易を取り巻く状況が、本書の内容を元に検討される。政治外交において貿易の自由化が未だに重要な議題であり続けている一方で、市民社会における自由貿易に対する幻滅は広く共有され、グローバリゼーションへの批判は大きな支持を集めている。エドワード時代イギリスの自由貿易運動が教訓となり得るのは、私たちが現在抱いている予断の再検討を可能にするという点においてである。過去の貿易に関する議論は、自由貿易の支持者そして反対者が現在考えられているほど合理性や利益追求に支配されたものではなかったことを教えてくれる。自由貿易運動においては倫理観、感情や政治的諸関係が大きな役割を果たしたし、反物質主義思想すらその居場所を持っていた。第二次世界大戦以降、国際外交による貿易自由化の進展は、貿易から利益を得るはずの人びとそして大衆政治から議論の場をますます引き離していったのだが、この道筋を決定づけたのは市民社会と自由貿易の乖離であった。

現在のグローバリゼーションが脆弱な支持しか持っていないのは、それが民主的な文化という支えを失ってしまったからだとも言える。もちろん現実には、自由貿易はその最盛期においてすらも世界平和や経済繁栄をもたらしたわけではない。第一次世界大戦は多くの人びとをして、自由な貿易の約束した理想が裏切られたという認識に至らしめた。だからといって現在のフェアトレイド運動などが自らの倫理性を強調し、グローバル経済を本質的に非道徳的かつ物質主義的なものとして対置して考えることは、歴史的認識を欠いている。過去のグローバル経済が消費者の市民的文化によって突き動かされていたという歴史的事実は、道徳と経済は必ずしも排他的ではなく、それらが重なる道があり得るということを示唆する。さらに「倫理的」消費者が常に進歩的であるわけでもない。イギリスの帝国消費者運動が明らかに示すように、過去の「倫理的」消費者運動は帝国主義的あるいは保守的でもあり得えた。消費者運動に限らず、われわれの経済活動がもつ道徳的意味合いや長期的効果は、不確かなものなのである。しかし不確かな経済活動の根底には人びとの経済観が存在し、それが行動へとつながり、われわれが現在生きる世界が作られてきたのである。だからこそ過去の多様な経済観を学び、人びとの内なる経済観を問い直すことが重要なのである。

注

（1）トレントマンの二〇〇六年の論文によれば、自由貿易文化の国際的次元は消費者の「市民的メンタリティ」が国際関係の次元に当てはめられたものだとされる。Frank Trentmann, 'Coping with Shortage: The Problem of Food Security and Global Visions of Coordination, c.1890s–1950', in Frank Trentmann and F. Just, eds., *Food and Conflict in Europe in the Age of the Two World Wars*（Palgrave Macmillan, 2006）, p. 18.

解説

新 広記

本書の著者フランク・トレントマンは一九六五年ドイツのハンブルクで生まれ、ハンブルク大学、ロンドン・スクール・オブ・エコノミクスで学んだ後、アメリカのハーバード大学で歴史学の修士および博士号を取得した。その後プリンストン大学などで教鞭を執り、二〇〇〇年ロンドン大学バークベック校に着任、現在は同大学の歴史学教授である。一九九〇年代から現在までのキャリアを通じて、既に七〇本以上の論文を発表し、共編著を加えると二〇冊以上に及ぶ書籍を発表している多作な歴史家である。本書『フリートレイド・ネイション』は、一九九九年ハーバード大学に提出された博士論文を下敷きにしているが、後に述べるように、本書はイギリスにおける歴史研究の土壌のなかで執筆されたと見る方が正しいであろう。(1) さらに言えば、本書が出版されたのは二〇〇八年であるが、既にトレントマンの学問的デビューともいえる一九九六年出版の論文「自由貿易の奇妙な死」において、『フリートレイド・ネイション』における議論の骨子はできあがっていた。(2) この論文では一九〇三年の関税改革運動による自由貿易への挑戦から、一九三二年の一般関税導入までの時期を論じ、第一次世界大戦によって自由貿易の緩やかな死は始まっていたという解釈を提唱した。自由貿易の変質や、消費者が形成する市民社会というアイディアこそ発展途上であったものの、自由主義、消費者、国際主義等のテーマが自由貿易との関連で論じられている。

「自由貿易の奇妙な死」論文に始まるトレントマンの研究者としての活動の変遷を大きく述べるとすれば、初期の市民社会を軸として政治経済史を論じるスタイルから、消費の歴史を広く取り込むように研究の視野を拡大し、近年では消費に関連する政治経済の日常性や物質性を強調する方向へと向かっているようである。具体的なテーマも、研究キャリアの初期は食料を中心に消費と消費社会を論じていたのが、水やエネルギーといった公共財の要素を含む消費へも研究範囲を広げている。研究者としては、英米の歴史学界だけでなく国際的に消費史の権威の一人として知られているが、その理由は著述活動に加えて、二〇〇二年から行われた「消費文化」研究国際プロジェクトの総責任者として消費の学問研究を盛り上げたことが大きかった。消費史研究のリーダーの一人としての認知は、二〇一二年に出版された『オックスフォード消費史ハンドブック』の編者を務めていることからも了解される。(3) さらに二〇一六年には、一五世紀から二一世紀に及ぶ世界の消費の歴史を扱う大著『物品の帝国』を出版し、狭義の消費活動を超えてゴミの廃棄、リサイクルまでも視野に収めた野心的な研究によって消費史研究を先導し続けている。(4)

トレントマン本人による本書の詳細な位置づけについては、序章および巻末の読書案内を参照いただきたい。そして日本語では、すでに服部正治による詳細な「研究ノート」によって本書は既に紹介されているので、(5) ここでは『フリートレイド・ネイション』の核となる部分を取り出して解説を加えるに留める。トレントマン自身による日本語版序文からもわかるように、研究書はそれが出版されそして読まれる時期によっていくつもの違った意味づけや解釈があり得る。本書のオリジナル英語版が出版されたのは二〇〇八年、リーマンショックが起こり、反グローバリズムの波が高まった時期であった。日本語版が出版される二〇一六年は環太平洋パートナーシップ協定（ＴＰＰ）やイギリスのＥＵ離脱の決断などを通じて世界的な経済関係の再構築が行われている最中ということになろう。様々な受容のあり方の中で、ここでは特に『フリートレイド・ネイション』の書かれたイギリス歴史研究の文脈と、本書がいかに英語圏の研究者に受容されたかに焦点を当ててみると共に、本書の読書案内には入っていない日本で出版されている研究にも多少の言及を行いたい。

ここで本書のキーワードである「自由貿易」について付言しておくが、英語で書かれた底本では大文字の Free Trade と小文字の free trade で使い分けが行われている。トレントマン自身の言葉によれば大文字の Free Trade は市民性、消費そして市民社会という概念と商業とを融合させた歴史上のプロジェクトであり、小文字の free trade は自由な貿易を軸とした貿易理論であり、自由主義的立場を取る経済学者と経済官僚の政策目標のひとつであるとされる。翻訳では便宜上自由貿易という語を主に使用し、特に使い分けが重要となる箇所でのみ「大文字の」あるいは「小文字の」と断わりを入れた。本書のタイトルについては、原タイトルの意味的ふくらみを維持するため、あえてカタカナ表記を維持することとした。

＊＊＊

『フリートレイド・ネイション』は、自由貿易の通史を記述したものではない。本書は、市民社会と市民消費者を中心として一九世紀末から二〇世紀初めにおけるイギリス自由貿易の盛衰を論じたオリジナルな歴史研究である。同時に本書は、主に過去数十年間のイギリス史研究の延長線上に生まれた著作でもある。一九九〇年代を境として、自由貿易に関連したテーマを扱う歴史研究は特に活発化した。国際的な経済自由化の大きなうねりと自由貿易協定の広まり、ヨーロッパにおいては一九九三年の欧州連合設立とその後の拡大によって、貿易における自由と保護の問題は共に重要性を増した。そして時代の現実的状況にも支えられ、歴史家たちは古典的な自由主義時代のイギリスへの関心を強めた。

折しも一九九六年は穀物法廃止から一五〇周年を迎え、それに前後するように反穀物法運動、自由貿易、関税改革運動を扱った重要な著作が続けて出版された(6)。日本においても服部正治、関内隆や桑原莞爾による自由貿易と関税改革運動の研究が出版されたのもこの時期であった(7)。もちろん自由貿易や関税の問題を扱った歴史研究は一九九〇年代に始まったわけではなく、一九五〇年代のジョン・ギャラハーとロナルド・ロビンソンによる自由貿易帝国主義論と、その流れを汲んだジェントルマン資本主義論に至る学問研究も、一九九〇年代以降の議論を準備し、その活性化に大きく貢献した(8)。それとも重なるが、グローバルな観点からイギリスの自由貿易の位置づけの変化（その再評価）と、自由貿易体制が隠蔽してきた世界経済システムの矛盾をも含めた検討は、日本でも確立された研究領域として存在している(9)。一九世紀以降を対象とした研究に限ってみても、自由貿易に関連した経済思想史や経済政策史も含め多数が国内外に存在することからわかるように、自由と保護の問題は歴史学のメインテーマの一つなのである(10)。

トレントマン自身が「新たな政治史を書くために自由貿易という事例を用い」たと述べていることからわかるように、本書が書かれた背景として、イギリスにおける政治史、特に自由主義政治史研究の流れを無視して論じることはできない。特にピーター・クラークやステファン・コリーニ、マイケル・フリーデンなどによるニュー・リベラリズムの議論が、本書における問題意識と深く関連している。一九七〇年代に至るまで、一九世紀末から二〇世紀初めを扱ったイギリス政治史研究では社会主義、労働運動と労働党の誕生に焦点が当てられ、一九一〇年代前半に自由主義が「奇妙な死」を遂げたとするジョージ・デンジャーフィールドによる議論に見られるように、二〇世紀前半の自由主義の影響は過小に評価されてきた。一九世紀後半にその絶頂を見た自由党は二〇世紀に入ると徐々に衰退し、第一次世界大戦までに自由主義はイギリスの政治において影響を失っていたというのが当時の主流の見解であった。これに対して一九七〇年代から歴史家たちは、二〇世紀への転換期に自由主義者の中から現れた進歩主義的グループに注目を始める。国家介入をある程度認め、社会政策を取り込んだニュー・リベラリズムは、政党の垣根を超えて影響を持ち、労働党と自由主義者の協働を可能としただけでなく、ケインズやベヴァリッジなどを通じて社会民主主義的な福祉国家の形成にもつながっていくとされた[11]（ニュー・リベラリズムは新自由主義と訳されることもあるが、同じく新自由主義と訳語が使われるネオ・リベラリズムとは異なる）。こうして労働党からの挑戦と政党としての自由党の衰退にもかかわらず、自由主義の伝統は福祉国家の成立まで影響を保ち続けるという理解がなされるようになった。

自由主義の史的再評価は、古典的自由主義の中心的信条のひとつとされてきた自由貿易の再検討を促すことになったが、それは主に一九世紀の自由主義思想と自由主義的政策の見直しから始まった。その結果、ユージェニオ・ビアジーニなどによって、一九世紀後半のイギリスの自由主義的政策を、自由主義思想の内的発展だけではなく、大衆的急進主義と自由主義思想との連続性から把握する解釈が出されることになった[12]。この解釈を用いることで、トマス・ペインなどの系譜を汲む個人的自由を中心とした政府観やリチャード・コブデンのコスモポリタニズムのような急進的発想が、大衆そしてエスタブリッシュメントの自由主義と合流し、自由貿易をはじめとしたイギリス自由主義経済体制の確立に広範な支持を与えたというのである。トレントマンがこのような歴史研究の潮流、とりわけビアジーニの研究を踏まえて本書の中心議論を作り上げていったことは、トレントマンの「自由貿易の奇妙な死」論文が、ビアジーニによって編集された『市民性と共同体』で発表されたことから理解できる[13]。自由貿易運動におけるニュー・リベラリズムの影響は限定的であり、それよりも伝統的な自由主義と急進主義の影響が重要であったというトレントマンの議論は、クラークよりもビアジーニに多くを負っている。それでも『フリートレイド・ネイション』が自由主義の史的再評価の流れに位置する研究として受け取られたことは、本書の刊行直後に『タイムズ文芸付録』紙においてピーター・クラークが書評を行ったことからも明らかである。[14]

同じく自由主義史を修正する流れの中から自由貿易の歴史を書いたアンソニー・ハウの研究『自由貿易と自由主義のイギリス――一八四六年～一九四六年』が、政党・政治家・官僚・経営者・経済学者などのエリート層に注目する従来の分析枠組みに忠実であったのに対し、トレントマンはその自由貿易の歴史解釈に独自な要素を導入した。[15] 端的に言えば、エリート集団に解釈を収斂させるのではなく、自由貿易文化の担い手として、大衆を含むより広い支持層を視野に収めようとしたのである。もちろん自由貿易の史的研究は、それまでも大衆運動の視点を含んでいた。特に反穀物法運動の歴史家たちは、古くからその大衆を巻き込んだ運動としての側面を強調し、労働者運動との関連性も指摘していた。さらに一九世紀後半の大衆運動としての協同組合運動と自由貿易の関わりについても検討されていなかったわけではない。[16] しかし反穀物法運動については、中流階級の主導した運動という側面を否むことはできず、労働者階級や女性の参加が限定的であったことは反穀物法運動の歴史家も認めるところである。[17] そして二〇世紀初頭の関税改革運動の時期に関しては、大衆による自由貿易支持が指摘されることはあっても、経済的政治的権益集団や投票行動の分析を中心に論じられる傾向が強かった。自由貿易への挑戦としての関税改革運動は、多角的貿易決済機構の成立など世界的情勢変化の中におけるイギリス経済の地位の変化を背景としていた。よって関税改革運動の歴史研究は、イギリス経済の転換期において政策や政治に大きな影響を与えたと考えられてきた産業家、政党、有権者に焦点を当てることが多かった。[18] 上記ニュー・リベラリズム研究と同様、過去数十年間の関税改革運動研究ではその母体となった保守党、とくに急進的保守主義との関連で検討する研究が影響力を持っていたのだが、これもやはりエリート層を中心とした観点であった（その近年の進展については後述）。[19]

クラークが『タイムズ文芸付録』の書評において正しく指摘したように、ビアジーニが論じたような大衆的、民主的な政治文化と伝統が、エドワード時代イギリスの貿易と関税を巡る議論においても重要であったというのが、トレントマンの議論の骨子である。この議論を実証性の点で補強したのが、自由貿易運動に深く関与していたウィンストン・チャーチルの残した自由貿易連合下部団体の歴史資料であった。[20] 同時にトレントマンは、労働者運動や大衆運動という枠組みではなく、市民社会における消費者すなわち「市民消費者」という枠組みを使った自由貿易運動の解釈を提示した。貿易の担い手は商人であるという考え方が歴史研究においても根強く残っているとはいえ、穀物法廃止から関税改革運動までの時期に消費者の存在が重要性を増していたことは、一部の研究者からは既に認識されていた。[21] しかし、それは商品の購入者としての受け身的な消費者像あるいは経済合理的に振る舞う消費者像に基づいた指摘であることが多かったし、少なくとも消費者を中心軸においた自由貿易論争の解釈は提唱されていなかった。トレントマンは、自由貿易時代の市民社会に消費者を定置させることで、自由貿易国民の興隆と解体のプロセスに一貫した解釈を与えることを可能にしたのである。

ここで用いられている市民社会という枠組みについても、トレントマンが修正を加えていることには注意を要する。歴史的に市民社会という概念は、寛容や平和などの市民的価値観に基づいた、国家とは異なる社会の構成原理という意味と、一八世紀イギリスに始まる任意団体から構成される新たな社会の姿という意味の二つが併存してきた。このような歴史的発展を踏まえて、任意団体、中間団体、アソシエーションに関する研究が活発に行われ、特にイギリス史の文脈では市民社会の伝統と福祉国家の形成との関連性について議論が続けられている。[22] トレントマンはこれまでの市民社会研究の影響を受けつつも、市民社会の議論において影響を持ってきたユルゲン・ハーバマスによる公共圏の議論には批判を加えている。[23] トレントマンによれば、ハーバマスの議論において市民社会は、公共圏におけるコミュニケーションの構造を支えるネットワークとして理解されている。つまり市民社会のつながりは、私的な「生活世界」から発せられる社会的問題に関するシグナルを受け、それを公共圏へと伝えてゆく役割を担うとされる。しかしこのように市民社会を公共圏との関係性を中心に理解することは、市民社会を国家および経済から独立したものとして扱うこととなってしまう。実用的知識としてのポリティカル・エコノミーやその大衆的理解は市民社会から分離できるものではない。ポリティカル・エコノミーの理解は市民社会の構成員たちの自己理解そして市民社会観を形成するための重要な要素であった。同時に市民社会の活動は国家と経済の関係を規定する。こういった理由から、トレントマンはポリティカル・エコノミーを市民社会の一部として認識するばかりでなく、自由な貿易にもとづく政治経済観が市民社会を通じて国家と経済に影響を与えた実例として自由自貿易運動を解釈するのである。自由貿易連合、生活協同組合や女性協同組合など具体的な組織が存在したにせよ、自由貿易運動はそれらの団体を超え、さらには既存の政治党派や参政権のあるなしを超えて人びとを結びつけた市民社会の運動であった。そして自由貿易を中心に据えた政治経済観に支えられた新たな市民社会の形を可能にしたのは特定の党派や団体への帰属ではなく、消費者としての集団的意識、あるいは消費者を公的利害の代表として捉える発想であった。

トレントマンが消費者に注目した一つの理由としては、一九八〇年代から盛り上がった消費の歴史研究を挙げねばならない。消費革命や消費社会の誕生としてイギリス近代を捉える研究がこの時期続けて刊行され、イギリス史だけでなく世界各国の歴史を消費史の観点から見直そうという強い流れが生まれていたのである。トレントマンは自らが学生時代に強く影響を受けた著作のひとつとして、黄金期オランダの消費と文化を描いたサイモン・シャーマの『富めるが故の惑い』(一九八七年)を挙げているが、貿易を通じて花開いたオランダの文化における消費と市民性を論じた同書に、自由貿易時代のイギリスと重なるところを見たのであろう。(24) さらにこの時期の消費史研究をリードした一人には、政治史をバックグラウンドとしたジョン・ブルーアがおり、一八世紀イギリスにおける消費の政治的象徴性について論じていた。(25) そういった研究に接することによって、トレントマンの中での市民的消費を中心とした自由貿易文化の議論ができあがってきたことは想像に難くない(トレントマンは二〇〇六年にブルーアと共に『文化を消費する』と題した論集を編集している)。(26)

『フリートレイド・ネイション』における消費および消費者の議論は、消費史研究の批判的吸収に基づいている。多様な消費活動をある意味無批判に取り入れて拡大していった消費史研究に対し、自由貿易時代の市民社会に位置づけられた消費は、市民消費者という観点から限定された消費である。市民消費者というのは、ブレア政権によって強調された「消費者市民」や、日本の『国民生活白書』にも取り上げられた「消費者市民社会」など、一九九〇年代から二〇〇〇年代の用法とも無関係ではないだろうが、歴史的にはニューディール期アメリカそしてニュー・リベラリズムの代表者ホブソンにまでも辿りうる概念であるとトレントマンは指摘する。(27) さらに市民消費者の消費は特定の倫理観に基づく消費であり、享楽的な消費や合理的な消費とは一線を画している。この意味で、消費を通じたアイデンティティの形成という側面は認めるにせよ、奢侈的な消費に注目する傾向のあった初期の消費の歴史研究が前提する消費観とは一定の距離が置かれている。

代わりに強調されるのは食料やミルクと言った必需品と、社会的文化的に最低限必要と考えられた生活物資であった。実際、二〇世紀初めの自由貿易支持者たちも消費文化の無軌道な拡大を是としたわけではなかった。いかに新たな宣伝メディアや海浜リゾートを舞台として自由貿易運動が行われていたとはいえ、自由貿易支持者たちが念頭に置いていたのは必需品と自己完成に資するタイプの消費に限定されていたし、ポスターなど視覚メディアやショウウィンドゥの型式を流用したにせよ、それらは商業文化の文脈におけるのとは異なった扱いがなされていた。自由貿易運動の中での消費が道徳的観念に支えられていたという指摘は、経済と道徳倫理が歴史上必ずしも常に対立してきたわけではないというより大きな主張にもつながっている。

市民消費者は、それが現実に存在していたわけでも、理想の社会を生み出したわけでもなかった。貧困や飢えそして社会的不平等は、自由貿易運動の最盛期を含めイギリス社会の現実であり続けた。理想としての市民消費者が力を持ち得たのは、市民社会に対する信頼が存在し得たからである。つまり完全な平等社会を生み出すことは無理であっても、自由な貿易を基本原則とした市民社会は国家の腐敗を防ぎ、極端な不平等の発生を防ぐことが出来るという考え方が、自由主義的国家とその政策の正当性についての国民的な合意を導いたのである。このような自由貿易と市民社会への信頼が、市場を開放することによって他者に依存することまでをも可能にした理由であった。この信頼にもとづき、民主的なプロセスを通じての自由貿易支持が現実的行動へと具現化していくことになる。(28)

市民的消費への焦点の移動により、第一次世界大戦後の自由貿易の緩やかな死を、戦前の自由貿易運動の成り立ちと整合的に理解することが出来ることになる。世界大不況による突然の保護主義化という見方は経済史家たちによって以前から否定されていたし、政治的分裂や関税改革への政治的支持が限定されていたという一九三一年前後の状況から、イギリスの保護主義採用を関税改革の勝利として捉えることはあまり説得力を持たない。逆に、自由貿易という広汎な運動が市民社会における支持基盤を喪失し、自由な貿易という主張が及ぶ領域が縮小していったことに注目すれば、第一次世界大戦を境目として鏡面の反転像のように事態の成り行きが見えてくるのである。しかし鏡の例えは不完全なものでしかない、なぜなら自由貿易支持が潮を引くように失われていったことで生み出された空間は、新国際主義や帝国的消費者たちによって埋められていったからである。とはいえ、そうして作られていった新たな世界観と秩序が、結局は貿易の議論と民主的文化を分断し、自由貿易やグローバリゼーションに対する市民社会からの新たな批判の種をまいた。トレントマンが行った市民社会論の枠組みの修正は、歴史上の自由貿易運動を説明するだけでなく、自由貿易時代のイギリスと現在の市民社会を架橋する役割をも果たすのである。

『フリートレイド・ネイション』の出版は、自由貿易の歴史に関する学問的議論にとどまらず幅広い影響を与えた。トレントマンの消費史における活躍は上述した。現在も継続している自由主義の歴史的解釈を巡る議論の中でも、トレントマンの解釈は無視することの出来ないものとなっている。[29] 経済史の領域でトレントマンの議論が受け容れられつつあることは、『ケンブリッジ版イギリス経済史』新版（二〇一四年）やマーティン・ドーントンの『富と福祉』が示すところである。[30] フェアトレイドの歴史的検討においても、必ずしもトレントマンの解釈に賛同するわけではないにせよ、その議論が一つの出発点とされることが多い。[31] さらには、エドワード時代自由貿易運動への時間的焦点の移動が逆に、反穀物法運動や関税改革運動への再検討を促したということも指摘しておきたい。[32] 先述した急進的保守主義の議論は近年、保守主義の大衆的運動としての側面に光を当てつつある。例えば女性メンバーによって結成された関税改革同盟などに着目するデヴィッド・サッカレの近著などが、本書の方法論に刺激を受けていることは疑いない。[33] このように『フリートレイド・ネイション』は、様々な読まれ方をし、その影響は領域横断的であった。本書がそれだけの影響を持ち得た理由は、その議論が新鮮だったというばかりでなく、トレントマンの主張が歴史資料の堅固な土台の上に組み立てられた実証的なものであったことによる。さらにいえば、貿易と経済という無味乾燥になりがちなテーマを扱いながらも、歴史のドラマを人間的に描いた本書は、語りとしての歴史記述の好例であるとも言える。

トレントマンは、今日における倫理的消費活動やグローバル化批判は、われわれの自省に伴われるべきだとして本書を締めくくる。この議論を単純なグローバリゼーションの擁護として読むべきではない。本書が自由貿易やグローバル経済に関しての価値判断を行ったり、歴史的事例を使って将来の道筋を断定的に論じたりすることを避けているのは、それらを読者の判断に委ねているということである。しかし、自由貿易の歴史的議論がいかに今日の様々な問題と共鳴しているかは、本文内および日本語版序文にもあるとおりである。今日の市民社会における運動や経済に関する議論が行っている理論的正当性や倫理的優越性の主張を無批判に受け容れるのではなく、過去の様々な価値観に照らしつつ自らの価値観や理解を批判的に検討してこそ、経済への市民的参加はより説得力を持つものとなるのではないだろうか。自由貿易の政治文化を対象とする本書が取り上げるトピックは、伝統的な自由貿易の経済理論や政策論を超えて多岐に及ぶ。本書が与える斬新な視角が経済の問題を再考する刺激となれば、著者の意図にも沿うことになるであろう。より専門的な知識を持つ読者にとっては、より突っ込んだ議論を求める箇所もあるかもしれない。例えば一八世紀からの自由貿易を巡る理論的発展や、反穀物法運動についての理解を本書に求めることは出来ない。加えて、スコットランドについての言及はあるものの、ブリテン諸島内部のダイナミズムについては検討されていない。トレントマン自身がそういった批判に無自覚ではないことは、本書に付された「読書案内」が網羅する広い領域からも理解されよう。自由貿易の歴史家アンソニー・ハウが述べたように「自由貿易の全体史（histoire totale）は一人の学者の手に余るもの」である。それでもこの広大かつ重要な領域においてユニークな貢献を行い、消費者と市民社会の歴史的関わりに光を当てた本書は、社会の一員としてのわれわれの経済観を見つめなおし、消費者としての自省を行うための貴重な機会を与えてくれよう。

二〇一六年八月

注

（1）博士課程を始めた当初の指導教官は、トマス・マコーリーの伝記などを書いたジョン・クライブであったが、トレントマンの在学中に死去し、最終的な指導教官は現代ヨーロッパと国際関係を専門とするチャールズ・メイヤであった。

（2）Frank Trentmann, 'The Strange Death of Free Trade: The Erosion of "Liberal Consensus" in Great Britain, c.1903–32', in E. Biagini, ed., *Citizenship and Community: Liberals, Radicals and Collective Identities in the British Isles, 1865–1931* (Cambridge

University Press, 1996), pp. 219–250.

（3）Frank Trentmann, ed., *The Oxford Handbook of the History of Consumption*（Oxford University Press, 2012).

（4）Frank Trentmann, *Empire of Things: How We Became a World of Consumers, from the Fifteenth Century to the Twenty-First*（Allen Lane, 2016).

（5）服部正治「『自由貿易国民』の興隆と解体」は、三部構成で『立教大学経済学研究』第63巻第2号（二〇〇九年）、第4号（二〇一〇年）、第64巻第2号（二〇一〇年）に掲載された。

（6）穀物法廃止一五〇周年を記念して三巻からなるGeraint Parry and Hillel Steiner（general editors), *Freedom and Trade*（Routledge）が一九九八年に出版されたのを初め、Anthony Howe, *Free Trade and Liberal England*（Oxford University Press, 1997); Andrew Marrison, *British Business and Protection, 1903–1932*（Oxford University Press, 1996); Douglas Irwin, *Against the Tide: An Intellectual History of Free Trade*（Princeton University Press, 1996）［ダグラス・A．アーウィン著、麻田四郎訳『自由貿易理論史——潮流に抗して』（文眞堂、一九九九年）］など。

（7）服部正治『自由と保護：イギリス通商政策論史』（ナカニシヤ出版、一九九九年。増補改訂版二〇〇二年）；関内隆「チェンバレン・キャンペーンと『急進的保守主義』論」岩手大学教育学部研究年報第52巻第3号（一九九三年）、桑原莞爾『イギリス関税改革運動の史的分析』（九州大学出版会、一九九九年）、そして熊谷次郎『マンチェスター派経済思想史研究』（日本経済評論社、一九九一年）など。

（8）ギャラハー＝ロビンソン、グリーン、センメルなどの研究そしてジェントルマン資本主義については序章および「読書案内」で触れられている。日本でも毛利健三『自由貿易帝国主義』（東京大学出版会、一九七八年）；竹内幸雄『イギリス自由貿易帝国主義』（新評論、一九九〇年）など。

（9）注8の流れからグローバルヒストリーへ架橋する方向性として秋田茂『イギリス帝国の歴史』（中公新書、二〇一二年）や同著者が編集したShigeru Akita, ed., *Gentlemanly Capitalism, Imperialism and Global History*（Palgrave Macmillan, 2002）。ウォーラーステインによる世界システム論についてはイマニュエル・ウォーラーステイン著、川北稔訳『近代世界システム』全四巻、名古屋大学出版会、２０１３年など。

（10）北野大吉『英国自由貿易運動史』（日本評論社、一九四三年）；服部正治『穀物法論争』（昭和堂、一九九九年）；杉山忠平編『自由貿易と保護主義』（一九八五年）；金子俊夫『イギリス近代商業史：反穀物法運動の歴史』（白桃書房、一九九六年）；西沢保、服部正弘、栗田啓子編『経済政策思想史』（有斐閣、一九九九年）；そして小野塚知二編『第一次世界大戦開戦原因の再

検討：国際分業と民衆心理』（岩波書店、二〇一四年）所収「国際分業論の陥穽」を含む河合康夫の一連の研究もある。

（11）ニュー・リベラリズムについて、日本での出版に限れば、ピーター・クラーク著、西沢保、市橋秀夫、椿健也、長谷川淳一他訳『イギリス現代史――一九〇〇―二〇〇〇』（名古屋大学出版会、二〇〇四年）；姫野順一『J・A・ホブスン人間福祉の経済学――ニュー・リベラリズムの展開』（昭和堂、二〇一〇年）；大水善寛『J・A・ホブスンの新自由主義：レント論を中心に』；西沢保、小峯敦編『創設期の厚生経済学と福祉国家』（ミネルヴァ書房、二〇一三年）所収、松永友有「リベラル・リフォームの経済思想：J・A・ホブソンとJ・M・ロバートソン」；近藤和彦編『イギリス史研究入門』（山川出版社、二〇一〇年）における西沢保執筆の章「二〇世紀」などを参照。

（12）「読書案内」に挙げられているEugenio Biagini and Alastair Reid, eds., *Currents of Radicalism: Popular Radicalism, Organised Labour and Party Politics in Britain, 1850–1914*（Cambridge University Press, 1991）など。

（13）注2を参照。

（14）Peter Clarke, 'Two Loaves: Free Trade Nation by Frank Trentmann', *The Times Literary Supplement*, 18 July 2008.

（15）Howe, *Free Trade and Liberal England*.

（16）「読書案内」にあるようにPeter Gurney, *Co-operative Culture and the Politics of Consumption in England, c1870–1930*（Manchester University Press, 1996）が重要であるが、ガーニィはトレントマンによるエドワード時代への時期的焦点の移動に関して批判的である。注32も参照。

（17）Paul Pickering and Alex Tyrell, *The People's Bread: A History of the Anti-Corn Law League*（Leicester University Press, 2000）.

（18）例えば上掲の桑原『イギリス関税改革運動の史的分析』。

（19）前掲関内「チェンバレン・キャンペーンと『急進的保守主義』論」。

（20）本書第二章。チャーチル文書に基づく記述は、博士論文提出後に大幅に加筆された部分である。

（21）ハウの研究およびEugenio Biagini, *Citizenship and Community: Liberals, Radicals and Collective Identities in the British Isles, 1865–1931*（Cambridge University Press, 1996）参照。

（22）日本では小関隆編『世紀転換期イギリスの人びと：アソシエイションとシティズンシップ』（人文書院、二〇〇〇年）、大野誠編『近代イギリスと公共圏』（昭和堂、二〇〇九年）、長谷川貴彦『イギリス福祉国家の歴史的源流：近世・近代転換期の中間団体』（東京大学出版会、二〇一四年）などがある。

（23）ここでの記述は主にTrentmann, ed., *Paradoxes of Civil Society* のイントロダクションでの議論に依っているが、トレントマンはこのほかにも二〇〇五年にジョン・ホールと共に *Civil Society: A Reader in History, Theory and Global Politics*（Palgrave Macmillan, 2005）を編集し、市民社会についてより包括的な検討を行っている。

（24）Simon Schama, *The Embarrassment of Riches: An Interpretation of Dutch Culture in the Golden Age*（HarperCollins, 1987）.

（25）John Brewer, 'Commercialization and Politics', in Neil McKendrick, John Brewer and J. H. Plumb, eds., *The Birth of a Consumer Society: The Commercialization of Eighteenth-Century England*（Hutchinson, 1982）.

（26）John Brewer and Frank Trentmann, eds., *Consuming Cultures, Global Perspectives: Historical Trajectries, Transnational Exchanges*（Berg, 2006）.

（27）本書第1章。

（28）ここでの説明は、本書に加え Trentmann, 'Coping with Shortage: The Problem of Food Security and Global Visions of Coordination, c.1890s–1950', in Frank Trentmann and F. Just, eds., *Food and Conflict in Europe in the Age of the Two World Wars*（Palgrave Macmillan, 2006）および Trentmann, 'National Identity and Consumer Politics: Free Trade and Tariff Reform', in Patrick O'Brien and Donald Winch, eds., *The Political Economy of British Historical Experience, 1688-1914*（Oxford University Press, 2000）を参照した。

（29）最近では James Thompson, *British Political Culture and the Idea of 'Public Opinion', 1867–1914*（Cambridge University Press, 2013）; Peter Sloman, *The Liberal Party and the Economy, 1929–1964*（Oxford University Press, 2015）.

（30）Roderick Floud, Jane Humphries and Paul Johnson, eds., *The Cambridge Economic History of Modern Britain vol. 2*（Cambridge University Press, new edn, 2014）. Martin Daunton, *Wealth and Welfare: An Economic and Social History of Britain, 1851–1951*（Oxford University Press, 2007）は『フリートレイド・ネイション』より先に出版されているが、論文で発表されていたトレントマンの議論を大幅に取り入れている。

（31）例えば Kathryn Wheeler, *Fair Trade and the Citizen Consumer: Shopping for Justice?*（Palgrave Macmillan, 2012）; Matthew Anderson, *A History of Fair Trade in Contemporary Britain: From Civil Society Campaigns to Corporate Compliance*（Palgrave Macmillan, 2015）.

（32）注16にも述べたようにピーター・ガーニィはトレントマンの議論に批判的である。しかしガーニィの近年の著作では、トレントマンの議論を実証的に覆すに至っていない。Peter Gurney, *Wanting and Having: Popular Politics and Liberal Consumerism in England, 1830–70*（Manchester University Press, 2015）.

(33) David Thackeray, *Conservatism for the Democratic Age: Conservative Cultures and the Challenge of Mass Politics in Early Twentieth Century England* (Oxford University Press, 2016).

付記

本書は、Frank Trentmann, *Free Trade Nation: Commerce, Consumption, and Civil Society in Modern Britain* (Oxford University Press, 2008) の全訳である。

『フリートレイド・ネイション』翻訳出版のアイディアは、草光俊雄放送大学教授を代表として二〇〇七年から活動を続けている「消費文化史研究会」における議論から生まれた。近年の消費史の研究動向を検討する中で、現在国際的に消費史をリードしているトレントマンの主著をより広く日本の読者にも紹介しようという意見が、研究会メンバーの数名から出てきたのである。田中も一読して翻訳に値すると判断し、研究会に参加していたNTT出版の永田透氏に翻訳刊行を打診したところ関心を示していただき、田中が単独で翻訳作業を行うことになった。永田氏は、本訳書の企画から出版までの煩雑な実務を担当してくださった。上記研究会の招待に応じて、トレントマンが二〇一四年に東京で開催された国際学会の基調講演者として来日し、その後も翻訳に関して全面的な支援を与えてくれたことは、作業を進める上で大きな刺激となった。トレントマン招聘に対しては科学研究費基盤研究（C）「つながる消費文化——啓蒙化する市場と集合的嗜好形成をめぐって」（課題番号24520839、研究代表者・眞嶋史叙学習院大学教授）の助成を受けた。

その間に、本訳書で「概要」と「解説」を担当した新がトレントマンの勤務するロンドン大学バークベック・コレッジにリサーチフェローとして着任し、著者と翻訳者と出版社の連携の役割を担った。また新は田中の訳稿に目を通し、訳語の選択や文の解釈についての助言を行った。新が「解説」を作成するにあたっては首都大学東京の岩間俊彦教授および弘前大学の中村武司准教授から有用なコメントをいただいた。本書は、アクチュアルな政治と経済の関心に応える性格を備えており、一般読者に開かれていることは疑いないが、同時に「消費文化史」の一つの達成としても、日本の読者に広く読まれることを願ってやまない。

二〇一六年八月　　田中裕介　新広記

107–43.

16. Bhagwati, *In Defense of Globalization*. IMFと世界銀行へのより批判的な見解は、J. E. Stiglitz, *Globalization and Its Discontents* (London, 2002). 以下も参照。D. Harvey, *A Brief History of Neoliberalism* (Oxford, 2005), esp. pp. 87–119.

17. P. Bairoch, 'European Trade Policy, 1815–1914', in *Cambridge Economic History of Europe*, ed. P. Mathias and S. Pollard, VIII (Cambridge, 1989), pp. 1–160; H. Liepmann, *Tariff Levels and the Economic Unity of Europe* (London, 1938).

18. D. Y. Kono, 'Optimal Obfuscation: Democracy and Trade Policy Transparency', *American Political Science Review*, 110/3 (2006), pp. 369–84.

19. 開発途上国においては五倍高い率になっている。以下参照。World Bank, *Global Monitoring Report* 2005 (Washington DC, 2005).

20. Adam Smithの新自由主義的な国民経済が、貿易と消費の理論の脱道徳化を行ったという考えを一際目立つ場所に押し上げたのは、E. P. Thompsonの先駆的論文 'The Moral Economy of the English Crowd in the Eighteenth Century', *Past and Present* 50 (1971), pp. 76–136. 次いで大きな影響を及ぼしたのは、Karl Polanyi, *The Great Transformation.* 批判については、本書の「文献案内」参照。

21. D. N. McCloskey, *The Bourgeois Virtues: Ethics for an Age of Commerce* (Chicago, 2006). P. R. Greenough, 'Indulgence and Abundance as Asian Peasant Values: A Bengali Case in Point', *Journal of Asian Studies*, 42/4 (1983), pp. 831–50. 以下も参照。V. A. Zelizer, *The Purchase of Intimacy* (Princeton, NJ, 2005).

22. とくにIntermon Oxfamのポスター 'El Comercio Trabaja a Favor de Los Ricos' であり、これは2005年5月のBarcelonaフェアトレイド週間の際のもの。*The Guardian*, 18 Sept. 2004, p.14.

23. H. Simon, *Models of Man, Social and Rational: Mathematical Essays on Rational Human Behavior in a Social Setting* (New York, 1957); D. Kahneman and A. Tversky (eds), *Choices, Values, and Frames* (Cambridge, 2000); A. Offer, *The Challenge of Affluence: Self-Control and Well-Being in the United States and Britain since 1950* (Oxford, 2006).

24. M. Callon (ed.), *The Laws of the Markets* (London, 1998).

64. Abel, *Free Trade Challenge*, pp. 17–18; *The Free Trader*, 30 (Dec. 1945), p. 10. Alexander's papers in BLPES, Coll. Misc. 565.

エピローグ

1. *Eigentümlich frei*, 4/17 (Sep. 2001), pp. 4, 10–12; http://www.local.attac.org/attac40/article.php3?id article=62.

2. http://www.oxfam.org/en/programs/campaigns/maketradefair/navigation_page.2005-11-22.6064108504.

3. 私はこの昂進する記憶喪失について、以下で大きな紙幅を割いて論じた。'The Resurrection and Decomposition of Cobden in Britain and the West: an Essay in the Politics of Reputation', in A. Howe and S. Morgan (eds), *Rethinking Nineteenth-Century Liberalism* (Aldershot, 2006), pp. 264–88.

4. 13 Dec. 2005, at http://www.wdm.org.uk/news/presrel/current/freetrade.htm.

5. *The Guardian*, 26 Sept. 2005, p. 8; *New Statesman*, 31 Oct. 2005, p. xvi. 以下も参照。*The Independent*, 19 Feb. 2003, p. 7; *The Guardian*, 18 Sept. 2004, p.14.

6. A. Maddison, *The World Economy: A Milennial Perspective* (OECD, 2001), Table F-5, p. 363.

7. この数字は以前の2001年と2003年の予測よりも穏当なものである。以下参照。D. van der Mensbrugghe, 'Estimating the Benefits of Trade Reform: Why Numbers Change', in R. Newfarmer, *Trade, Doha, and Development* (Washington D.C/World Bank, 2006), pp. 59–75.

8. とくに以下参照。M. Wolf, *Why Globalization Works* (New Haven, CT, 2004), pp. 109 ff., pp. 138–219; J. Bhagwati, *In Defense of Globalization* (Oxford, 2004), pp. 51–72. 以下参照。 P. Legrain, *Open World: The Truth About Globalisation* (London, 2002). World Bank, *Global Monitoring Report* 2007 (Washington DC, 2007), pp. 39–65.

9. さらに以下参照。Newfarmer, *Trade, Doha, and Development.*

10. J. Stiglitz, *Making Globalization Work: The Next Steps to Global Justice* (London, 2006).

11. James, *End of Globalisation*, pp.101–67.

12. B. S. Bernanke, 'Global Economic Integration: What's New and What's Not?', 25 Aug. 2006, 13th annual economic symposium, Jackson Hole, Wyoming, http://www.federalreserve.gov/boarddocs/speeches/2006/20060825/default.htm.

13. A. Baker, 'Why Is Trade Reform so Popular in Latin America? A Consumption-Based Theory of Trade Policy Preferences', *World Politics*, 55/3 (2003), pp. 423–55; M. Murillo, *Labour Unions, Partisan Coalitions and Market Reform in Latin America* (New York, 2001).

14. H. Bliss and B. Russett, 'Democratic Trading Partners: The Liberal Connection, 1962–89', *Journal of Politics*, 60/4 (1998), pp. 1126–47; E. Mansfield, H. V. Milner, B. P. Rosendorff, 'Free To Trade: Democracies, Autocracies, and International Trade', *American Political Science Review*, 94/2 (2000), pp. 305–21.

15. H. V. Milner and K. Kubota, 'Why the Move to Free Trade? Democracy and Trade Policy in the Developing Countries', *International Organization* 59 (2005), pp.

47. Co-operative Party, *Britain Reborn, Buy British*, no. 4 (Manchester, 1932); *The Times*, 23 Feb. 1932, p. 9; 23 Nov. 1933, p. 8.

48. 「サミュエル派」と「サイモン派」の公式の分裂が復活の機会をいっさい奪ってしまった。以下参照。D. Dutton, '1932: A Neglected Date in the History of the Decline of the British Liberal Party', *Twentieth Century British History*, 14/1 (2003), pp. 43–60.

49. FBI Fiscal Policy Enquiry Committee, minutes 19 June 1931, FBI papers, 200/F1/1/74.

50. Hirst diary, 15 Oct. 1931, Hirst, Liberal Free Trade Committee, p. 11.

51. Mrs Hirst と Villard の書簡、7 May, 2 and 10 June 1931, Houghton Library, Harvard College, Cambridge Mass., bMSAm 1323.

52. Dunford House, Sussex, guestbook.

53. 'A Memorandum of Recent Experiences, by E. G. Brunker,' 14 Nov. 1930, in Runicman papers MS 225.

54. Hirst diary, 19 Feb. 1932, Hirst, *Liberal Free Trade Committee*, p. 20.

55. FBI Fiscal Policy Enquiry Committee, minutes 12 Nov. 1931, 19 June 1931, FBI papers, 200/F1/1/74. Marrison, *British Business*, pp. 418–19.

56. 政府の主任経済顧問 Frederick Leith Ross は、1935年に60%をポンド安、30%を関税、10%をオタワに割り当てている。10A/R 4406, Leith Ross to P. Stoppani at the League of Nations, 9 May 1935, League Archives, 10A/R 4406; S. Howson, *Domestic Monetary Management in Britain, 1919–38* (Cambridge, 1975). より積極的な見解は、M. Kitson and S. Solomou, *Protectionism and Economic Revival: the British Inter-war Economy* (Cambridge, 1990). 一方で Eichengreen の以下における的確な診断も参照。'British economy', pp. 330–42. オタワについては、以下参照。Rooth, *Protectionism.*

57. とくに Norwich における演説 (8 March 1935), Runciman papers MS 215. すでに貿易収支に関する内閣委員会において、同様の発言をしていた。NA, Cab 27/467, B.T. (31), minutes of 8 Jan. 1932.

58. 'Pros and Cons of Tariffs', 25 Nov. 1932, repr. in *Collected Writings of Keynes* (London 1982), XXI, quoted at pp. 206–7.

59. *Report of the National Conference of Labour Women*, 1932, p. 83.

60. M.D. Stocks, *Doctor Scholefield: An Incident of the Hungry Forties* (Manchester, 1936).

61. *League of Nations, Commercial Policy in the Interwar Period: International Proposals and National Policies* (Geneva, 1942); F. Trentmann, 'Coping with Shortage: The Problem of Food Security and Global Visions of Coordination, c. 1890s–1950', in *Food and Conflict in Europe in the Age of the Two World Wars*, ed. F. Trentmann and F. Just (Basingstoke, 2006), pp. 13–48.

62. Rappard が1936年に第8回 Cobden 記念講演を行った。*The Common Menace of Economic and Military Armaments* (London, 1936). このようなネットワークについては、以下参照。R. Cockett, *Thinking the Unthinkable: Think-Tanks and the Economic Counter-Revolution, 1931–83* (London, 1994).

63. Hirst, *Liberal Free Trade Committee*, pp. 28–32.

21. この点と以下の論述については、以下参照。経済諮問会議 (Economic Advisory Council) 経済学者委員会 (Committee of Economists) への Keynes のメモ、21 Sept. 1930, *Collected Writings of Keynes*, XIII (London, 1973), cit. pp. 184–5, 191, 199. さらに以下参照。Skidelsky, *Keynes*, II, pp. 363–78 and B. Eichengreen, 'Keynes and Protection', *Journal of Economic History*, 44 (1984), pp. 363–73.

22. 議論の覚書、28 Feb. 1930, Macmillan Committee, *Collected Writings of Keynes*, XX (London, 1981), p. 117.

23. 経済諮問会議への Keynes のメモ、*Collected Writings of Keynes*, XIII, (London, 1973), p. 193.

24. Keynes, 'Proposals for a Revenue Tariff ', *New Statesman and Nation*, 7 March 1931, repr. in *Collected Writings of Keynes*, IX (Essays in Persuasion), pp. 231–8.

25. W. Beveridge (ed.), *Tariffs: The Case Examined* (London, 1931).

26. Alfred Beesley to Edwin Cannan, 2 March 1932, Cannan papers 1032, BLPES.

27. *Evening Standard*, 16 March 1931.

28. A. Bullock, *The Life and Times of Ernest Bevin, I* (London, 1960), pp. 417–47. Citrine もまた収入関税の方へと移行した。以下参照。G. Locock to J. Lithgow, 20 Feb. 1931, in Nugent Papers, Modern Records Centre, Warwick, 200/F/3/D1/9.

29. *TUC Report*, 1930, p. 283.

30. MacDonald diary entry for 19 Aug. 1931, MacDonald papers, NA, MS 1753.

31. *Williamson, National Crisis*, pp. 285–343; Marquand, *Ramsay Macdonald*; Skidelsky, *Second Labour Government*; Snowden, *Autobiography*, II.

32. Lansbury, 'Unemployment Policy', 22 Nov. 1930, NA, Cab 27/435, C. P. 390 (30).

33. R. R. Enfield, 'Import Boards', pp. 30–1, NA, Cab 27/417, paper no. 14.

34. Addison memo, 'Statutory Quota of British Wheat in Flour', 5 May 1930, NA, Cab 24/211, C.P. 143. 以下の閣議も参照。15 April 1931, Cab 23/66, Cab 22(31)–8, p. 12.

35. *Manchester Guardian*, 14 July 1930.　以下も参照。Lloyd による 'Notes on the Wheat Position and the Idea of an Import Board', n.d., c. mid-1930, および彼の農業政策委員会 (Committee on Agricultural Policy) へのメモ、15 March 1930 (CAP 30, no. 16), Lloyd papers 4/4.

36. Hansard, 241: 1402f (16 July 1930). 以下も参照。Wise による協同組合員への演説、*Co-operative News*, 22 Feb. 1930, p. 6.

37. この観点については、Thorpe, *British General Election*, p. 145.

38. *Co-operative News*, 28 Nov. 1931, p. 4. 以下も参照。'The Foolish Fetish of Cheapness', *The People's Weekly*, 11 Oct. 1930, p. 10.

39. *Co-operative News*, 11 April 1931, p. 10.

40. Ibid., 12 April 1930, p. 1, 28 Feb. 1931, p. 1.

41. Ibid., 28 Nov. 1931 p. 4.

42. *Report of the 31st Annual Conference*, p. 199.

43. Craig, *British Election Manifestos*, p. 90.

44. Thorpe, Table 10.1, p. 220.

45. *Co-operative News*, 15 Aug. 1931, p. 13, 24 Oct. 1931, pp. 2–3.

46. Ibid., 18 Oct. 1930, p. 12.

第7章　最期の日々

1. D. Abel, *A History of British Tariffs, 1923–42* (London, 1945); T. Rooth, *British Protectionism and the International Economy: Overseas Commercial Policy in the 1930s* (Cambridge, 1993).
2. *Hansard*, 261: 279–97 (4 Feb. 1932).
3. F. W. Hirst diary 21 Nov. 1931 and 29 Aug. 1932, cit. in Hirst, *The Formation, History and Aims of the Liberal Free Trade Committee, 1931–46* (Heyshott, 1947), pp. 13, 23, この私家版の史料を私と共有してくれた Philip Williamson に感謝。
4. P. Williamson, *National Crisis and National Government: British Politics, the Economy and Empire, 1926–1932* (Cambridge, 1992); B. Eichengreen, 'Sterling and the Tariff, 1929–32', *Princeton Studies in International Finance* 48 (Princeton, 1981); R. Bassett, *Nineteen Thirty-one: Political Crisis* (London, 1958); S. Ball, *Baldwin and the Conservative Party: The Crisis of 1929–1931* (New Haven, 1988).
5. 1929年の年間7億2900万ポンドから、1931年9月までの12ヵ月間での4億2200万ポンドへと下落した。これは部分的には35%の物価下落を反映していたが、1931年の物価に換算して考えても、イギリスの輸出の凋落は驚くべきものがある。すなわち1929年の6億1400万ポンドから4億ポンドを僅かに超える程度まで落ち込んだ。NA, Cab 27/467, C. P. 25 (32), Report of the Cabinet Committee on the Balance of Trade, 19 Jan. 1932.
6. Shipbuilding Employers' Federation report to the Advisory Committee to the Department of Overseas Trade, NA, BT 90/13, minutes 28 May 1930.
7. 以下参照。Neville Chamberlainの記述 (30 Jan. 1932) in Chamberlain papers, NC 8/18/1. NA,Cab 27/467, B.T. (31), Cabinet Committee on the Balance of Trade, minutes of 8 Jan. 1932.
8. NA,Cab 27/467, B.T. (31), 1st meeting on 16 Dec. 1931.
9. Sir Walter Raine, *The Times*, 6 Oct. 1928, p. 6. 彼は副会長を務めていた。
10. 3 June 1930, cit. Marrison, *British Business*, p. 397.
11. Marrison, *British Business*, pp. 414–26.
12. *Commonwealth Trade: A New Policy* (1930), pp. 6–7. このメモは元々1930年5月に準備されていた。以下も参照。Milne-Baileyのメモ、15 July 1930, in TUC Archives, T 217, 935.1.
13. 12 June 1930, Citrine Papers, BLPES, London, 1/7, World Tour 1930, II; 以下も参照。15 June 1930.
14. R. Nugent to W. Mullins, 17 Dec. 1930, FBI industrial policy committee, Modern Records Centre, Warwick, 200/F/3/S1/13/1.
15. *The Times*, 4 July 1930, p. 10.
16. Tolliday, *Business, Banking and Politics*.
17. *The Times*, 16 July 1930, p. 9.
18. LincolnにおけるSchuster, *The Times*, 24 Oct. 1930, p. 11; Martin on 6 Nov. 1930. これは彼の銀行家協会 (Institute of Bankers) 会長就任演説、*The Bankers' Magazine* (Dec. 1930), pp. 851–2.
19. Abel, *Benn*, p. 68.
20. *The Times*, 4 March 1931, p. 14.

liffe-Listerによるメモ、2 May 1929, NA,Cab 24/203, C. P. 137. BT197/5, 2 Nov. 1927, 'Mr. Aykroyd's Memorandum on the Position of Trade in the Textile Industry in the West Riding of Yorkshire', Committee on Industry and Trade (Balfour Committee), III: *Survey of the Textile Industries* (1928).

113. *Hansard*, 5s, 213: 1392 (Cunliffe-Lister 21 Feb. 1928); *Hansard*, 5s, 219: 1365 (Steel-Maitland 4 July 1928).

114. 'Memorandum on Safeguarding of Industries' by the Labour Party Research and Information Department, Modern Records Centre, Warwick, MSS 36/P56, July 1928.

115. J. S. Foreman-Peck, 'Tariff Protection and Economics of Scale: The British Motor Industry before 1939', *Oxford Economic Papers*, 31/2 (July 1979), 237–57; M. Miller and R. A. Church, 'Motor Manufacturing', in Buxton and Aldcroft, *British Industry between the Wars*, pp. 179–215.

116. NA, BT198/15, B.T.C. 1340, 24 Feb. 1927.

117. F. W. Hirst, *Safeguarding and Protection* (London, 1926), p. 52.

118. Modern Records Centre, Warwick, 221/1/4/1, Empire Industries Association Finance Committee; 200/F/1/1/74; 221/1/2/1, EIA Parliamentary Committee. Empire Industries Association, *Annual Report*, 1928.

119. A. Mond, *Industry and Politics* (London, 1927), p. 9.

120. 以下の論述については NA, BT 55/23, イギリス産業連盟 (Federation of British Industires) を代表していたのが Dudley Docker, 15 Dec. 1916, p. 4. NA, Cab 24/9; 'Imperial Trade Relations', Mondによるメモ、G.T. 385 (1917). Cab 24/139; 'Notes on a Further Political Programme', memo by Mond, 5 Oct. 1922.

121. Haber, *Chemical Industry*, pp. 291–300.

122. *Collected Writings of Keynes*, XIX, Part 2 (London 1981), p. 735.

123. *Britain's Industrial Future, being the Report of the Liberal Industrial Inquiry* (London, 1928), pp. 57–8. R. Skidelsky, John Maynard Keynes, II: *The Economist as Saviour* (London, 1992), pp. 264 ff.; Clarke, *Keynesian Revolution*, pp. 81 ff.

124. *Collected Writings of Keynes*, XIX, Part 1 (London, 1981), p. 409, para. 16,563.

125. *Britain's Industrial Future*, pp. 45–6.

126. Keynes to *The Economist*, 26 March 1929, *Collected Writings of Keynes*, XIX, Part 2, p. 803.

127. N. Dimsdale and N. Horsewood, 'Fiscal Policy and Employment in Interwar Britain', *Oxford Economic Papers*, 47/3 (July 1995), 369–96.

128. *The Young Liberal Bulletin* (Dec. 1924).

129. *Free Trade Union: Imperial Preference, an address delivered at the Trocadero*, London, 28 October 1926, by Walter Runciman (London, 1926), in Runciman papers, Newcastle University Special Collections, MS 209.

130. A. Bowley and J. Stamp, *The National Income 1924: A Comparative Study of the Income of the United Kingdom in 1911 and 1924* (Oxford, 1927).

131. 1 Jan. 1927, House of Lords Records Office, Stansgate papers, ST/85/1.

132. E. Benn to W. Runciman, 14 Dec. 1928, Runciman papers MS 221.

133. Walter Runciman to Lord Merston, 14 Feb. 1929, Runciman papers MS 221.

1929 (1929), pp. 46 ff.

93. *The Collected Writings of John Maynard Keynes*, IX (Cambridge, 1972), p. 282.

94. P. Clarke, *The Keynesian Revolution in the Making, 1924–1936* (Oxford, 1988), p. 43.

95. NA, Cab 23/48, 5 Aug. 1924, Cab 47 (24)2; Cab 21/285, The Proposed Dyestuffs Agreement, S. Webbによるメモ、22 July 1924; S. Webb to R. McKenna, 7 Aug. 1924, Midlands Bank Archive, 192.010.

96. The Export Credits Guarantee Scheme. Note by the Department of Overseas Trade, 17 June 1929, NA, Cab 27/389, D.U.(29)7.

97. Safeguarding of Industries Act (Part I), Board of Trade memo, 5 July 1922, p. 5, NA, Cab 27/178.

98. *Hansard*, 5s, 183: 65–7 (28 April 1925). 1920年代後半には、セーフガード関税は年間新たに150万ポンドをもたらしていた。

99. M. Daunton, *Just Taxes: The Politics of Taxation in Britain, 1914–1979* (Cambridge, 2002).

100. *Yorkshire Evening Post*, 6 Dec. 1923, p. 10; 以下も参照。1 Dec. 1923, p. 8.

101. 商務省商業局 (Board of Trade's Department of Commerce) の諮問委員会における発言。5 Oct. 1927, NA, BT 197, minutes of 73rd meeting.

102. 'Safeguarding of Industries, Application from the Iron and Steel Industry', Cunliffe-Listerによる閣議メモ、15 June 1925, NA, Cab 24/173, CP 292.

103. 'Iron and Steel Industry: Summary of Evidence and of Memoranda submitted to the Committee of Civil Research', 16 Nov. 1925, pp. 11–12, NA, Cab 24/175, C.P. 482; S. Tolliday, 'Tariffs and Steel 1916–34: The Politics of Industrial Decline', in Turner, *Businessmen and Politics*, pp. 50–75.

104. 'Safeguarding of Industries', Cunliffe-Listerによるメモ、6 Oct. 1925, p. 3, NA, Cab 24/174, C.P. 417.

105. Eichengreen, 'British Economy between the Wars'.

106. O. Mosley and J. Strachey, *Revolution by Reason* (London, 1925), p. 27.

107. Empire Industries Association Parliamentary Committee, 22 Sep. 1925, 1 Feb. 1926, 19 April 1926, Modern Records Centre, University of Warwick, MSS 221/1/2/1. L. Haden Guest, *The Labour Party and the Empire* (London, 1926).

108. 3 Dec. 1925, in Iron and Steel Trades Confederation papers, MSS 36/F30, Modern Records Centre, Warwick.

109. 'Empire Preference or Free Trade—Which?' in *The People's Year Book and Annual of the English and Scottish Wholesale Societies 1925* (Manchester, 1925), pp. 146–53.

110. J. B. Priestley, *English Journey* (London, 1934), pp. 158, 160.

111. NA, BT 197, 26 Sep. 1923;『ヨークシャー・イヴニング・アーガス』によるアンケート調査では、緊急輸入制限に賛成が345票、反対が91票であった。1925年には、Bradfordの製造業者の86%が、大半の商人と同じく緊急輸入制限を求めた。Report of the Worsted Committee, Modern Records Centre, Warwick, 126/EB/WC/1, February 1926.

112. 'Safeguarding of Industries: Report of the Woollen and Worsted Committee', Cun-

B.T.C. 862.

70. 11 Oct. 1916, NA, BT 55/38.

71. Beveridge, *British Food Control*, Table XVIII, p. 359.

72. *Labour and the New Social Order* (1918), pp. 16, 20.

73. Labour Party, *Report of the Nineteenth Annual Conference* (1919), p. 148.

74. Brougham Villiers [F. J. Shaw], *Tariffs and the Worker* (London, 1919).

75. E. Whetham, *The Agrarian History of England and Wales, III: 1914–39* (Cambridge, 1978), pp. 103, 172 ff.

76. *Hansard*, 5s., 176: 2110 (30 July 1924). NA, Cab 23/48, 9 July 1924.

77. 'Sugar Beet', N. Buxton による閣議メモ、30 May 1924, NA, Cab 24/167, C.P. 325 (24). 以下も参照。英国テンサイ砂糖連合会 (British Sugar Beet Society) 年次大会における Buxton の講演、*The Times*, 10 Apr. 1924, p. 16.

78. 'Sugar Beet Subsidy', 農業大臣 Addison による閣議メモ、26 Jan. 1931, NA, Cab 24/219, C.P. 17 (31).

79. *British General Election Manifestos, 1900–74*, ed. F. W. S. Craig (London, 1975), p. 47.

80. D. Howell, *MacDonald's Party: Labour Identities and Crisis, 1922–1931* (Oxford, 2002), pp. 234–308.

81. *Report of the Annual Conference of the Independent Labour Party*, 1923, p. 89, and pp. 120–1. さらに以下参照。D. Howell, *A Lost Left: Three Studies in Socialism and Nationalism* (Chicago, 1986), part III.

82. E. Hunter, *Socialism at Work*, ILP Study Courses No. 3 (1921), pp. 14–16.

83. C. R. Attlee, *Economic History*, ILP Study Courses No. 4 (1923), p. 22.

84. 'The Loaf and the Plough: the Problem of British Farming', *New Leader*, 19 Oct. 1923, p. 9.

85. *Report of the Annual Conference of the Independent Labour Party*, 1924, pp. 75, 131.

86. H. N. Brailsford, J. A. Hobson, A. Creech Jones, and E. F. Wise, *The Living Wage* (1926), pp. 2, 13, 18, 29, 42; F. M. Leventhal, *The Last Dissenter: H. N. Brailsford and his World* (Oxford, 1985), esp. pp. 188–95.

87. 'Markets and Dominions', *New Leader*, 12 Oct. 1923, p. 2.

88. Lloyd papers, BLPES, 7/5. Lloyd は以下の ILP パンフレットの著者でもある。'The Socialisation of Banking and Credit. By "Realist" ' (1923), 以下も参照。Fenner Brockway to Lloyd, 9 and 29 Oct. 1923, Lloyd papers 7/9.

89. *Labours's Road to Power, The Policy of the Living Income*, ILP tract 104 (1926), p. 13. 以下も参照。A. Fenner Brockway, *Socialism—with Speed!* (1928).

90. MacDonald to Hobson, 8 Oct. 1926, cit. D. Marquand, *Ramsay MacDonald* (London, 1977), p. 455.

91. *Socialism and the Empire* (1926), report of the ILP Empire Policy Committee, Leonard Woolf, C. R. Buxton そして Harold Laski がこの独立労働党帝国政策委員会に属していた。

92. *Report of the Eighth National Conference of Labour Women*, May 1927 (1927), p. 57. 以下も参照。*Report of the Tenth National Conference of Labour Women*, Apr.

50. P. Ashley to Balfour of Burleigh, 12–13 July 1917, NA, BT 55/12.
51. G. Chauvin, 19 Oct. 1916, NA, BT 55/20, at 35, 57.
52. H. J. Skelton, 28 Sep. 1916, in NA, BT 55/38, at 6–7.
53. C. S. Maier, *In Search of Stability* (Cambridge, 1987), chs. 1 and 3, および同著者の近著 *Among Empires: American Ascendancy and Its Predecessors* (Cambridge, Mass. 2006), 191–228. もちろん関税は、生産第一の制度によって求められる安定を創造する唯一の（遅効性ではあるが）手段である。
54. 戦時通商諜報局 (War Trade Intelligence Department) が提供した情報の要約。30 Aug. 1916, NA, BT 55/8.
55. Memo by Board of Customs and Excise on the Administration of Anti-Dumping Laws, 6 Sep. 1917, NA, BT 55/9.
56. 'Stenographic Report of Deputation of Representatives of the Federation of Master Cotton Spinners ... ', 5 July 1922, p. 16, NA, Cab 24, C.P. 4087.
57. R. K. Snyder, *The Tariff Problem in Great Britain, 1918–23* (Stanford, 1944), pp. 100 ff.; K. O. Morgan, *Consensus and Disunity: The Lloyd George Coalition Government, 1918–22* (Oxford, 1979), pp. 333–4.
58. Cabinet Committee on Safeguarding of Industries Bill 1921, 19 Feb. 1921, NA, Cab 27/140. E. S. Montagu, 'Safeguarding of Industries Bill', 5 March 1921, Cab 24, C.P. 2676.
59. NA, Cab 27/127: Note by the First Lord of the Admiralty (Amery), 27 Feb. 1923, C.P. No. 129 (23); Memorandum by the President of the Board of Trade, C.P. 126 (23); Committee on Safeguarding of Industries Act, Report by the Lord President of the Council (Salisbury), 4 March 1923, C.P. 138 (23).
60. Compare J. Turner (ed.), *Businessmen and Politics: Studies of Business Activity in British Politics, 1900–45* (London, 1984) and F. Trentmann, 'Transformation of Fiscal Reform' with the thesis by K. Middlemas, *Politics in Industrial Society: The Experience of the British System Since 1911* (London, 1979). 以下も参照。C. Maier, *Recasting Bourgeois Europe: Stabilization in France, Germany, and Italy in the Decade After World War I* (London, 1975).
61. Marrison, *British Business*, pp. 294–323.
62. A. Balfour, 7 June 1917, NA, BT 55/13.
63. J. Turner, 'The British Commonwealth Union and the General Election of 1918', *English Historical Review* 93 (1978), 528–59.
64. Minutes of meeting, 8 Nov. 1923, Hannon Papers, House of Lords Records Office, H 13/3.
65. M. Sharp, 7 July 1916, NA, BT 55/117.
66. L. B. Atkinson, 12 July 1916, NA, BT 55/20, at 50.
67. Evidence on 4 May 1916, NA, BT 55/22, and 'Memorandum of the Recommendations made by the British Engineers' Association', 4 May 1916, NA, BT 55/24, at 5–6.
68. Marrison, *British Business*, pp. 256–93, 443–6 は詳細な議論。
69. Safeguarding of Industries Act, Part II: Fabric Gloves Committee's Report, Ashley によるメモ、Jan. 1922, および Mr Eddison による覚書、1 Feb. 1922, NA, BT 198,

27. R. Edwards, 22 Nov. 1916, NA, BT 55/120.
28. Preliminary Report on British Magneto Industry by Lieut. Commander W. A. Bristow, 8 Dec. 1916, NA, BT 55/12.
29. Advance Report by the Engineering Industries Committee on Wolfram Ore and Tungsten from the Point of View of National Safety, 20 Oct. 1916; in NA, BT 55/8.
30. Arthur Balfour, 'Statement for Board of Trade regarding the Tungsten Situation', 6 Nov. 1916, in NA, BT 55/12.
31. バルフォア・オブ・バーレイ委員会 (Balfour of Burleigh Committee) における磁石発電機業界の証言、29 Nov. 1916, NA, BT 55/12.
32. たとえば染色織物製造業者 Walker, Allen & Sons の George Allen は、British Dyes の株主だったが、 その発展の影響は受けなかった。6 July 1916, in NA, BT 55/117.
33. Peter Rylands, 25 Aug. 1916, NA, BT 55/38.
34. Cited in L. F. Haber, *The Chemical Industry 1900–1930: International Growth and Technological Change* (Oxford, 1971), p. 56.
35. 以下参照。Bristow's Report, 8 Dec. 1916, NA, BT 55/12.
36. B. Ellinger, 21 June 1916, NA, BT 55/116.
37. Reply by the Minority of the Inquiry, Hugh Bell, John E. Davison, and James Gavin, 31 Oct. 1916, NA, BT 55-8. Liverpool の商人で自由党代議士 Archibald Williamson が別の稀少な懐疑派であった。7 June 1917, NA, BT 55/13.
38. *Morning Post*, 20 July 1916.
39. Alfred Booth and Archibald Denny, 12 July 1917, in NA, BT 55/11, at 4; Harold Dixon, 15 Dec. 1916, NA BT 55/113; Charles Henry, 7 June 1917, NA, BT 55/13.
40. Peter Rylands, 2 Nov. 1916, in NA, BT55/38 with appendix for the industry agreement of 20 Feb. 1906, これはオランダとスカンジナビアを排除していた。
41. F. List, *Das Nationale System der Politischen* Ökonomie [1841]. 2nd edn (Jena, 1920); R. Szporluk, *Communism and Nationalism: Karl Marx versus Friedrich List* (Oxford, 1988).
42. J. H. Pearce, 'Strictly confidential. Statement re German Steel Syndicate', 20 Oct. 1916 and evidence 2 Nov. 1916, NA, BT 55/38. 以下も参照。H. J. Skelton, 27 and 28 Sep., and 11 Oct. 1916, NA, BT 55/38, および C. Copland Perry, 'A Report on ... the Stahlwerksverband', NA, BT 55/24.
43. Tariff Commission, I, *Iron and Steel* (London, 1904), para. 407, Per Pro The Bromford Iron Co., see BLPES, TC 4 16/3.
44. W. H. Mitchell, Tariff Commission, II, 2 *Woollen Industry* (London, 1905), no. 31, para. 1609, 以下も参照。I, *Iron and Steel*, para. 57.
45. J. H. Pearce, 2 Nov. 1916, NA, BT, 55/38.
46. Clarendon Hyde はスチール製造業者 Thomas Firth & Sons の Frederick Best を追及している。1 Dec. 1916, NA, BT 55/23, at 22.
47. H. Birchenough, 7 June 1917, NA, BT 55/13.
48. J. Harworth, F.B.I. district secretary, Manchester F.B.I. committee minutes, 5 June 1917, Warwick Modern Records Centre, 200/F/1/1/210.
49. H. Pilling, 8 Sep. 1916, NA, BT 55/22.

Return to Gold, 1925 (Cambridge, 1969), および K. G. P. Matthews による以下の 2 篇の論文。'Was Sterling Overvalued in 1925?', *Economic History Review*, 2nd ser., 39/4 (1986), pp. 572–87 and 42/1 (1989), pp. 90–6. 以下の鋭い洞察も参照。B. Eichengreen, 'The British Economy between the Wars', in R. Floud and P. Johnson, *The Cambridge Economic History of Modern Britain, II: Economic Maturity, 1860–1939* (Cambridge, 2004), esp. pp. 324–32. 特定の産業については、以下参照。N. K. Buxton and D. H. Aldcroft (eds), *British Industry Between the Wars* (London, 1979); S. Pollard, *The Development of the British Economy, 1914–80* (London, 3rd edn 1983), pp. 51–107; および現在では、S. Bowden and D. M. Higgins, 'British Industry in the Interwar Years', in Floud and Johnson, *Economic Maturity*, pp. 374–402.

7. Memo by H. J. Skelton, 27 Sept. 1916, NA, BT 55/38, 8.

8. Milton S. Sharp, 7 July 1916, NA, BT 55/117, at p. 7.

9. Committee on Commercial and Industrial Policy, *Interim Report on Certain Essential Industries* (1918), cd. 9032; *Interim Report on the Importation of Goods from the Present Enemy Countries after the War* (1918), cd. 9033; *Final Report*, cd. 9035 (1918). 商務省委員会については、以下参照。NA, BT 55/20–4, BT 55/38–41, BT 55/112–21, および業界別の 1918 年の *Reports of the Departmental Committee Appointed to Consider the Position of: the Iron and Steel Trades After the War*, cd. 9071; *the Textile Trades After the War*, cd. 9070; *the Engineering Trades After the War*, cd. 9073; *the Shipping and Shipbuilding Industries After the War*, cd. 9092; *the Electrical Trades After the War*, cd. 9072 (all London, 1918). 以下も参照。Marrison, *British Business*, pp. 241–55, および Trentmann, 'Transformation of Fiscal Reform', *Historical Journal*, 39 (1996), pp. 1032–48.

10. Minutes of 25 July 1916, NA, BT 55/8.

11. Balfour of Burleigh, 18 Jan. 1917, NA, BT 55/8.

12. Lennox Lee, 5 July 1916, and Herbert W. Lee, 6 July 1916, NA, BT 55/117.

13. William Priestley, 20 Oct. 1916, NA, BT 55/120, at 17.

14. Mark Oldroyd, 17 Oct. 1916, NA, BT 55/119, at 14.

15. 7 June 1917 and 2 Aug. 1917, NA, BT 55/8.

16. J. E. Shaw, 19 Oct. 1916, NA, BT 55/120, at 18. 以下も参照。Duncan Law, 20 Oct. 1916, NA, BT 55/120.

17. R. Edwards, 22 Nov. 1916, NA, BT 55/120, at 17.

18. C. Cochrane, 30 Nov. 1916, NA, BT 55/39.

19. W. Watson, 3 Oct. 1916, NA, BT 55/119.

20. T. W. Alsop, 12 Oct. 1916, NA, BT 55/38, at 56.

21. Wire Netting Association, 2 Nov. 1916 のメモ、NA, BT 55/38.

22. William Pearce, 7 June 1917, in NA, BT 55/13.

23. 'Summary of Miscellaneous Suggestions submitted to the Committee', revised Oct. 1917, in NA, BT 55/9.

24. Alfred Herbert, 27 July 1916, NA, BT 55/22, at 5 and 16.

25. J. E. Corby, 31 Oct. 1916, NA, BT 55/120, at 10–11.

26. Herbert, 27 July 1916, NA, BT 55/22, at 6.

Zimmern にとっての少数者の権利の重要性をおそらくは過度に強調している。

119. A. Zimmern, 'Nationality and Government' in *Nationality and Government*, p. 53. 現在では以下も参照。G. Sluga, *The Nation, Psychology and International Politics* (Basingstoke, 2006), ch. 3.

120. Zimmern, 'True and False Nationalism', p. 76.

121. この二人の思想家の最近のすぐれた精読については、以下参照。Morefield, *Covenant Without Swords*, p. 106 ff., ただし Zimmern が受け継いだ自由貿易の理念との断絶を過小評価している。

122. Zimmern, 'True and False Nationalism', p. 81.

123. Ibid., p. 76.

124. A. Zimmern, *Third British Empire* (London, 2nd edn, 1927), p. 70.

125. A. Zimmern, 'Great Britain, the Dominions, and the League of Nations' (1928), in *L'Année Politique française et étrangère*, 1928, repr. in *Prospects of Democracy*, p. 301.

126. Zimmern Papers, MS 83, League of Nations Union Sub-Committee on Economic Problems, 26 Nov. 1918.

127. Zimmern, 'Fiscal Policy and International Relations', p. 245. 以下も参照。B. Russell, 'National Independence and Internationalism', p. 625.

128. Zimmern, 'Fiscal Policy', p. 241. 以下も参照。Salter, *Allied Shipping Control*, p. 247.

129. Zimmern, 'The British Commonwealth and the League of Nations', in *Problems of Peace* (London 1928), p. 299.

130. A. Zimmern, 'The Prospects of Democracy', in *Prospects of Democracy*, an address delivered on 8 November 1927 at Chatham House, これが最初に発表されたのは *Journal of Royal Institute of International Affairs* (May 1928), p. 12. 以下も参照。Ernest Barker's paper to the League of Nations Society, 'The Power of a League of Nations', 1918, in Zimmern papers MS 83.

131. B. Metzger, 'Towards an International Human Rights Regime during the Inter-war years' in K. Grant, P. Levine and F. Trentmann (eds), *Beyond Sovereignty: Britain, Empire and Transnationalism, c.1880–1950*, (Basingstoke, 2007), pp. 54–79.

132. A. Zimmern, Public *Opinion and International Affairs* (Manchester, 1931), p. 9.

第６章　利益喪失

1. 委員会の準備会合における彼の導入声明中の発言、National Archives (NA), BT 55/8.

2. F. D. Moore of Richard Moore & Sons & F. D. Moore & Co., Bradford, 5 Oct. 1916, to the textile industries committee, NA, BT 55/119.

3. J. Wheatley, *Socialise the National Income!* (Independent Labour Party, 1927).

4. Milton S. Sharp to the Committee on Textile Industries, 7 July 1916, NA, BT 55/117, at 19.

5. Mr Makower, NA, BT55/115, 18 Sep. 1916, p. 9.

6. イギリスの産業の衰退とそれに金本位制復帰が与えた影響は、Keynes がそれによってイギリスの物価が 10% 上昇したとの結論を下して以降、議論の対象になってきた。Keynes の数字は効果を大いに誇張している。以下参照。D. Moggridge, *The*

Empire (Princeton, 2005); O. Murray, 'Ancient History, 1872–1914', in M. G. Brock and M. C. Curthoys (eds), *The History of the University of Oxford*, VII, Part 2 (Oxford, 2000), pp. 333–60.

103. A. J. Toynbee, *Acquaintances* (London, 1967), pp. 49–61.

104. L. Mumford, *Sketches from Life* (New York, 1982), p. 395.

105. A. Zimmern, 'Economic Nationalism', *The Athenaeum* (Nov. 1917), p. 560.

106. Zimmern Papers, MS 134, draft of 'The Charter in the minds of men'.

107. A. Zimmern, *Europe in Convalescence* (London, 1922), pp. 191–2.

108. Zimmern, 'Capitalism and International Relations', p. 284.

109. 観念論の遺産およびT. H. Greenの思想とのZimmernの近似については、現在では以下参照。Morefield, *Covenant Without Swords*, esp. pp. 56–95. 以下も参照。J. Harris, 'Political Thought and the Welfare State'; J. Harris, 'Platonism, Positivism and Progressivism', in *Citizenship and Community*, ed. Biagini, pp. 343–60; S. den Otter, *British Idealism and Social Explanation: A Study in Late Victorian Thought* (Oxford, 1996); F. M. Turner, *The Greek Heritage in Victorian Britain* (New Haven, 1981).

110. A. Zimmern, 'Progress in Government' (1916), in *Nationality and Government*, p. 151.

111. A. Zimmern, 'German Culture and the British Commonwealth', 上記が最初に発表されたのは R. W. Seton-Watson, J. Dover Wilson, Alfred E. Zimmern, and Arthur Greenwood, *The War and Democracy* (London, 1914), repr. in Nationality and Government, pp. 1–31, quoted at p. 22. 全般的な環境については、以下参照。S. Wallace, *Images of Germany: British Academics 1914–1918* (Edinburgh, 1988), chs 9, 10.

112. Zimmern, 'German Culture', p. 13, 強調は原文。Zimmernが「政治を主に行政、すなわち質の高い生活を保証する実際の物質的必要性の接合の問題として捉えている」というTurnerの見解については議論の余地がある (Turner, *Greek Heritage*, p. 262).

113. A. Zimmern, 'True and False Nationalism', address to the inter-denominational conference of social service unions at Swanwick, 28 June 1915, repr. in *Nationality and Government*, p. 66.

114. B. Russell, 'National Independence and Internationalism', *Atlantic Monthly*, vol. 119 (May 1917), p. 627.

115. G. Varouxakis, *Mill on Nationality* (London, 2002). Mill批評については、以下参照。W. Kymlicka (ed.), *The Rights of Minority Cultures* (Oxford, 1995) およびB. Parekh 'Decolonizing Liberalism', in A. Shtromas (ed.), *The End of 'Isms'?: Reflections on the Fate of Ideological Politics after Communism's Collapse* (Oxford, 1994).

116. J. R. Seeley, *The Expansion of England* (London, 1883), p. 158; D. Bell, 'From Ancient to Modern in Victorian Imperial Thought', *Historical Journal*, 49/3 (2006), 735–59.

117. Zimmern, 'True and False Nationalism', p. 77.

118. 国民性をめぐる最近の議論でZimmernが扱われた稀な論述は、W. Kymlicka, *Multicultural Citizenship: A Liberal Theory of Minority Rights* (Oxford, 1995), ただし彼は

Layton).

91. League of Nations, procès verbaux, E/PC/1st Session/P.V.2. (1), 22 March 1928.

92. D. Serruys, 'Les Traités de Commerce', *La Revue Contemporaine*, 1 March 1923, pp. 264–70; 新国際主義者もこの論点を取り上げている、以下参照、Zimmern, 'Fiscal Policy', pp. 251–2, および彼の *Times* への書簡 (6 Dec. 1923)

93. Daniel Serruys, cit. in R. Boyce, *British Capitalism at the Crossroads, 1919–32* (Cambridge, 1987), p. 132, およびより一般的には第4章。Serruysはフランス商務省貿易局局長。 Serruys とイギリス側の交渉担当者Chapmanの喰い違いについては、以下参照。League of Nations Archive, 10C/R 2737, 3255, 22 March 1928 and 23 May 1928. 以下も参照。Brunet と Schüller による国際連盟経済委員会の仕事に関する覚書、8 Jan. 1930, 10C/R 2735.

94. 'Report of the Conference', 23 May 1927, repr. in *The Economic Consequences of the League: The World Economic Conference, with an Introduction by Sir Arthur Salter* (London, 1928), Appendix II, p. 194.

95. League of Nations archive, C.E.C.P. 95, Paul de Rousiers, 'Cartels and Trusts and their Development', 1927年の会議の準備委員会に関するメモ。 Roussiers はパリ政治学院 (Ecole des Sciences politiques, Paris) 教授。 以下も参照。Julius Hirsch, 'National and International Monopolies from the Point of View of Labour, the Consuming Public and Rationalisation', C.E.C.P. 99—Hirsch は元ドイツ側担当者。オックスフォード大学政治経済学教授D. H. MacGregorは、より懐疑的な文書を以下に残している。C.E.C.P. 93.

96. BLPES, Lloyd Papers, 7/5 'Control of Meat Imports', n.d.

97. Salter, 'Economic Policy: The Way to Peace and Prosperity', in *The Problems of Peace: Lectures Delivered at the Geneva Institute of International Relations at the Palais des Nations*, August 1927 (London, 1928), p. 365.

98. League of Nations archive, 10/S 132: 295/15, Loveday papers on economic conference; 'Aide Memoire' and 'Notes from conservation between Sir Arthur Salter, Mr. Loveday, M. Stoppani and M. Jacobson, on May 1st 1927'. 以下も参照。League, C.E.C.P. 24, E. Grossmann, 'Methods of Economic Rapprochement', Zurich, 15 Sep. 1926. このような産業協定に関わる企業戦略については、以下参照。Maier, *Recasting Bourgeois Europe*, and Boyce, *British Capitalism*.

99. League of Nations Archive, 10/59284/53332, proposals by A. Pugh, 14 May 1927, and S.C.E.9, Memorandum on Economic Tendencies Capable of Affecting the Peace of the World, by the Labour Party and the T.U.C.

100. Salter, *Recovery: The Second Effort* (New York, 1932), p. 237; Salter, *The Framework of an Ordered Society* (Cambridge, 1933), lecture one.

101. League of Nations archive, Salter papers, 10/S 132, 308 a, Lovejoy, 'The Measurement of Tariff Levels', 28 May 1929.

102. D. J. Markwell, 'Sir Alfred Zimmern Revisited: Fifty Years On', *Review of International Studies*, 12 (1986), pp. 279–92, quoted at p. 280. 以下参照。P. Rich, 'Alfred Zimmern's Cautious Idealism', in D. Long and P. Wilson (eds), *Thinkers of the Twenty Years' Crisis: Inter-War Idealism Reassessed* (Oxford, 1995), pp. 79–99, および現在では J. Morefield, *Covenants Without Swords: Idealist Liberalism and the Spirit of*

1915, p. 249.

69. Greenwood, 'International Economic Relations', in: A. J. Grant, A. Greenwood, J. D. I. Hughes, P. H. Kerr, and F. F. Urquhart, *An Introduction to the Study of International Relations* (London, 1916), cit. at pp. 102–3.
70. Greenwood, 'International Economic Relations', p. 110.
71. [A. Zimmern], 'Economic Nationalism', 'A European Retrospect', 'A Colonial Retrospect', 'Internationalism and Economic Relations in the Transition Period': *The Athenaeum*, Nov. 1917, pp. 560–2; Jan. 1918, pp. 13–17, Feb. 1918, pp. 74–7; Dec. 1918. Greenwood は以下の著者。 'Internationalism versus Nationalism', The Athenaeum, Aug. 1918, pp. 335–6.
72. J. A. Hobson, *Richard Cobden: The International Man* (London, 1919); W. H. Dawson, *Richard Cobden and Foreign Policy* (London, 1926). 以下も参照。S. Berger, 'William Harbutt Dawson: The Career and Politics of an Historian of Germany', *English Historical Review*, 116/1 (2001), pp. 76–113.
73. Hobson, *Cobden*, p. 11.
74. 最近のものとしては、P. Cain, *Hobson and Imperialism: Radicalism, New Liberalism and Finance 1887–1938* (Oxford, 2002), esp. pp. 237 ff., but cf. Long, *Towards a New Liberal Internationalism.*
75. [A. Greenwood], 'Cobden, Internationalism, and Democracy', *The Athenaeum*, 4639 (March 1919), pp. 91–2.
76. *Journal of Political Economy*, 28/3 (March 1920), p. 260.
77. *Journal of the Royal Institute of International Affairs*, 6/2 (March 1927), pp. 116–17.
78. *The Economic Journal*, 37/146 (June 1927), pp. 308–10.
79. *The Nation and Athenaeum*, 40/11 (Dec. 1926), p. 424.
80. Ibid., 41/4 (Apr. 1927), pp. 102–3.
81. 以下参照。pp. 313–15 below.
82. E. M. H. Lloyd, *Stabilisation: An Economic Policy for Producers and Consumers* (London, 1923), p. 18.
83. Ibid., pp. 12, 22.
84. Ibid., p. 114.
85. BLPES, Lloyd papers, 4/4: Memorandum on State Monopoly on Wheat and Flour as a Means of Stabilising Prices, June 1925.
86. League of Nations, *Commercial Policy in the Inter-war Period: International Proposals and National Policies* (Geneva, 1942); League, C.E.C.P. 97, W. T. Page, Memorandum on European Bargaining Tariffs, Geneva, 1927.
87. H. James, *The End of Globalization: Lessons from the Great Depression* (Cambridge, Mass., 2002), pp. 108–9; Z. Steiner, *The Lights that Failed: European International History 1919–1933* (Oxford, 2005), pp. 446 ff.
88. League of Nations Archive, 10/402/28790. *Looking Forward*, Oct. 1921, pp. 87–90.
89. 'My Memoirs by Sir George Paish', MS (1951), BLPES, LSE Coll. Misc. 621/1.
90. League of Nations Archive, 1927 conference materials, V. 3, 20 May 1927 (Walter

subscription book 1921–50.

41. Buckmaster to Runciman, 31 May 1920, Runciman papers MS 185.
42. *Common Sense*, 17 March 1917, pp. 161–2.
43. Gordon C. Harvey to Walter Runciman, 20 July 1919, Runciman papers, MS 177.
44. *Hansard* 85: 364–79, 2 Aug. 1916.
45. Robertson, 'Trade after the War', p. 221. 庶民院における Robertson も参照、*Hansard* 109: 1621–4, 8 Aug. 1918.
46. G. Lowes Dickinson, *Economic War After the War*, UDC pamphlet no. 19a. (Aug. 1916); *The Autobiography of G. Lowes Dickinson and other Unpublished Writings*, ed. D. Proctor (London, 1973).
47. Hobson, 'Economic War', The U.D.C., 2/13 (Nov. 1917), p. 154.
48. E. D. Morel, *The African Problem and the Peace Settlement*, UDC pamphlet no. 22a (July 1917).
49. Dickinson, *Economic War After the War*, p. 13.
50. Loreburn to C. P. Scott, 13 April 1919, C. P. Scott papers, MS 50, 909.
51. 'Conference at Oxford, September 1918', Zimmern Papers MS 80–1.
52. Ibid.
53. 'Post-Armistice Policy', repr. in J. A. Salter, *Allied Shipping Control: An Experiment in International Administration* (Oxford, 1921), doc. 14, p. 329,　以下も参照。pp. 220–1.
54. A. Zimmern, *The Prospects of Democracy and other Essays* (London, 1929), pp. 18, 218–19.
55. Salter, *Allied Shipping Control*, p. 246.
56. Ibid., p. 252.
57. Ibid., p. 280.
58. Lloyd, 'Towards an International Policy', *The Nation and Athenaeum*, 11 Nov. 1922, p. 226.
59. Salter, *Allied Shipping Control*, p. 255.
60. A. Zimmern, 'Capitalism and International Relations', Birmingham の Ruskin College が開催した労働者団体の会議で最初に発表された、21–2 Sept. 1917, repr. in *Nationality and Government:With other War-time Essays* (London, 1918), pp. 278–97, cit. at p. 285.
61. Zimmern, 'Capitalism and International Relations', p. 293.
62. Brailsford, 'Foundations of Internationalism', *The English Review*, 27 (July 1918), pp. 87–101.
63. J. M. Keynes, *The Economic Consequences of the Peace* (London, 1919), p. 249.
64. L. S. Woolf, *International Economic Policy*, 労働党パンフレット、1919.
65. E. F. Wise, 'International Food Control', 20 June 1919, BLPES, Lloyd Papers, 3/2.
66. League of Nations Archive (Geneva), 10/R 305, 10/3494: E. M. H. Lloyd memo to Secretary General 23 March 1920.
67. E. Barker, *Political Thought in England: From Herbert Spencer to the Present Day* (London, 1915), p. 238.
68. *Minutes of the Rainbow Circle, 1894–1924*, ed. M. Freeden (London, 1989), 10 May

Conference' by the Board of Trade, 30 June 1916. 以下も参照。Llewellyn Smith のバルフォア・オブ・バーレイ委員会 (Balfour of Burleigh Committee) における証言、14 Sep. 1916, in NA, BT 55/10.

18. 財政政策についてのバルフォア・オブ・バーレイのメモ、5 Jan. 1917, p. 4, NA, BT 55/8.

19. NA, Cab 23/2, 3 April 1917. さらに以下参照。J. Turner, *British Politics and the Great War* (New Haven, CT, 1992), pp. 350–1.

20. ウィルソンは 1918 年 9 月の「5 原則」においていっさいの特別な経済提携をすでに排除していた。以下参照。R. E. Bunselmeyer, *The Cost of War, 1914–1919: British Economic War Aims and the Origin of Reparation* (Hamden, Conn., 1975), p. 81.

21. *Hansard*, 5s, 82: 1674 (18 May 1916).

22. *Hansard*, 5s, 85: 380 (2 Aug. 1916).

23. Edward Carson in *Hansard*, 5s, 85: 342–7 (2 Aug. 1916).

24. *Manchester Guardian*, 6 July 1916; *The Times*, 7 July 1916, p. 9 g; *Daily News*, 27 July 1916.

25. *Hansard*, 5s, 85: 348–58 (2 Aug. 1916).

26. *Hansard*, 5s, 85: 379–89 (2 Aug. 1916).

27. The U.D.C., 1/2 (Dec. 1915), p. 13.

28. 他の活発だった演説者は、コブデン・クラブ (Cobden Club) の F. J. Shaw, Buxton そして労働党の Egerton P. Ward; Morel Papers, BLPES, The U.D.C., 2/1 (Nov. 1916), p. 10 and no. 4 (Feb. 1917), p. 48; Hobson, 'Political Economy from Paris', The U.D.C. 1/9 (July 1916), pp. 97–8; The U.D.C. 1/10–12 (Aug.–Oct. 1916). 民主統制連合と自由貿易支持のクエーカー会議については、以下参照。M. Swartz, *The Union of Democratic Control in British Politics During the First World War* (Oxford, 1971), esp. p. 93.

29. Fourth Annual Meeting of the General Council of the UDC, Report, 1917–18 (London, 1918), p. 2, in War Reserve Collection, University Library, Cambridge.

30. Hugh Bell, 'Trade after the War', *The Accountant's Magazine*, 21 (Feb. 1917), pp. 55–66, and (March 1917), pp. 98–126.

31. F. W. Hirst, 'Economic Programmes after the War', *Atlantic Monthly*, 119 (Feb. 1917), pp. 243–6.

32. J. M. Robertson, *Fiscal Policy after the War*s (Cobden Club: London, 1916), p. 17.

33. J. M. Robertson, 'Trade after the War', *The Accountant's Magazine*, 21 (May 1917), quoted at pp. 208, 210, 222.

34. F. J. Shaw, 'Women and the New Protectionism', in *WLF News*, 1 March 1917, p. 5.

35. *WLA Federation News*, annual report, 1 June 1917, pp. 20–1; *31st Annual Report of the Executive Committee of the Women's Liberal Federation* (March 1918), pp. 11, 18.

36. *31st Annual Report ... of the Women's Liberal Federation* (March 1918), p. 36.

37. Beauchamp to McKenna 27 Jan. 1919, Runciman papers, MS 177.

38. C. Mallet to Runciman 22 May 1921, Runciman papers, MS 190.

39. W. R. Doxford による書簡、18 Sep. 1928, Runciman papers, MS 215.

40. Cobden and Unwin Papers, West Sussex Record Office, MS 1997, Cobden Club *of American History*, 84/3 (1997), pp. 910–41.

147. H. Hope, Conservative MP for Forfar, in *Hansard*, 5s, 191: 70–2 (2 Feb. 1926).

148. Amery at the third annual Advertising Convention, *The Times*, 20 July 1927, p. 11; 18 July 1927, p. 15; and at the annual meeting of the Incorporated Society of British Advertisers, *The Times*, 12 June 1929, p. 10. 広告が呈する帝国主義的観点については、以下参照。広告業界の形成を論じた、Birkbeck で間もなく提出される S. Schwarzkopf の博士論文、ch. 4.

第 5 章　見える手

1. Adam Smith, *The Wealth of Nations* (1776), book IV, ch. II, p. 487, E. Cannan edition (1904).

2. Robertson, Liberal MP, House of Commons, 8 Aug. 1918.

3. 'Education To-day', *The Spectator*, 23 Nov. 1929, pp. 757–8.

4. 'Report on a Conference held at Balliol College, Oxford, September 28–30 to consider Inter-allied Economic Problems and their relation to the war and during the Transition Period', Zimmern Papers, Bodleian, Oxford, MS 80–1.

5. P. Clarke, *Liberals and Social Democrats* (Cambridge, 1978); M. Freeden, *Liberalism Divided: A Study in British Political Thought 1914–1939* (Oxford, 1986); M. Bentley, *The Liberal Mind 1914–1929* (Cambridge, 1977).

6. *Manchester Guardian*, 13 July 1916.

7. *The Scotsman*, 1 July 1916.

8. *Morning Post*, 6 Aug. 1915.

9. *Morning Post*, 16 Dec. 1915; *Chamber of Commerce Journal* 35/261–8 (Jan.–Aug. 1916), and no 272 (Dec. 1916); The British Chamber of Commerce Paris, Report presented by the Board of Directors for the Year 1916 (1916), pp. 30–8; A. Redford, *Manchester Merchants and Foreign Trade* (Manchester, 1956), pp. 203 ff. Hewins については、A. Marrison, *British Business and Protection, 1903–32* (Oxford, 1996), pp. 236–41.

10. C. P. Scott Papers, MS 50,908, J. Young to Scott, 26 Feb. 1916.

11. *Hansard*, 5s, 77: 671–2 (23 Dec. 1915).

12. G.-H. Soutou, *L'or et le sang: les buts de guerre économiques de la Première Guerre* mondiale (Paris, 1989), pp. 234–44.　以下参照。H.-I. Schmidt, 'Wirtschaftliche Kriegsziele Englands und Interallierte Kooperation', *Militärgeschichtliche Mitteilungen*, 1 (1981), pp. 37–54.

13. NA,BT55–8, 'Post-Bellum Tariff Policy and British Commercial Treaties', Aug. 1916, p. 9.

14. Runicman to P. Ashley 16 April 1916, Runciman papers, Newcastle University, Special Collections, MS 143.

15. Runciman papers MS 143, 'Notes of a Conference at Paris on 6th May between the President of the Board of Trade and the French Minister of Commerce on the Programme for the Economic Conferences of the Allies', 10 May 1916.

16. Llewellyn Smith to Runicman, 7 June 1916, Runciman papers, MS 143.

17. Asquith Papers, Bodleian Library, MS 30, 'Memorandum on the Paris Economic

122. *Primrose League Gazette*, March 1929, p. 12; このような切手は、陸軍ストアと海軍ストアで入手可能であった。

123. Empire Marketing Board, *Annual Report* (1929), p. 25; *Annual Report* (1932), p. 108. 以下も参照。S. Constantine, ' "Bringing the Empire Alive": The Empire Marketing Board and Imperial Propaganda, 1926–33', in J. M. MacKenzie (ed.), *Imperialism and Popular Culture* (Marchester, 1986), pp. 192–231; D. Judd, *Empire: The British Imperial Experience, from 1765 to the Present* (London, 1996), pp. 273–86.

124. M. Pugh, *Women and the Women's Movement in Britain, 1914–1999* (Houndmills, 2000), pp. 125, 140; D. Jarvis, 'Mrs. Maggs and Betty: The Conservative Appeal to Women Voters in the 1920s', *Twentieth Century British History*, 5/2 (1994), pp. 129–52.

125. *Home and Politics*, Oct. 1924, p. 23.

126. *The Times*, 12 April 1926, p. 9.

127. *Home and Politics*, May 1924, p. 10.

128. Ibid., May 1925, p. 14.

129. Ibid., Oct. 1926, p. 16.

130. Ibid., Aug. 1926, p. 16.

131. *Walthamstow and Leyton Guardian*, 18 Nov. 1927, p. 15 and 22 Nov. 1927, p. 13.

132. F. Trentmann, 'Before "Fair Trade": Empire, Free Trade, and the Moral Economies of Food in the Modern World', in *Environment and Planning D: Society and Space*, 25/6 (2007), pp. 1079–1102.

133. *Home and Politics*, Aug. 1924, pp. 7f, 強調は原文。

134. Empire Marketing Board, *Annual Report* (May 1928 to May 1929, London) pp. 24–5.

135. *Home and Politics*, Dec. 1924, p. 8.

136. Ibid., Oct. 1924, p. 14.

137. Ibid., June 1925, p. 4 が引用しているのは、帝国支持の異端労働党代議士 Haden Guest であり、彼は近い過去にトルコでの果物包装に関して暴露発言を行っていた。以下も参照。*Weekly Mail and Cardiff Times*, 3 Nov. 1928, p. 6.

138. *Walthamstow and Leyton Guardian*, 18 Nov. 1927, p. 15.

139. R. Self, 'Treasury Control and the Empire Marketing Board: The Rise and Fall of Non-Tariff Preference in Britain', *Twentieth Century British History*, 5/2 (1994), pp. 153–82.

140. K. Gerth, *China Made: Consumer Culture and the Creation of the Nation* (Cambridge, Mass., 2003); L. Trivedi, 'Visually Mapping the "Nation": Swadeshi Politics in Nationalist India, 1920–30', *Journal of Asian Studies*, 62/1 (2003), pp. 11–41.

141. *Home and Politics*, Sept. 1927, p. 7.

142. Ibid., Sept. 1927, p. 7, 以下も参照。June 1925, p. 4 and Aug. 1926, p. 19.

143. Ibid., Sept. 1924, p. 4, 以下も参照。Nov. 1924, p. 10 and June 1925, p. 9.

144. *The Times*, 13 May 1929, p. 10.

145. Ibid., 10 May 1929, p. 13.

146. M. Jacobs, ' "How About Some Meat": The Office of Price Administration, Consumption Politics, and State Building from the Bottom up, 1941–1946', *The Journal*

153–61.

99. *Sheffield Daily Independent*, 23 Nov. 1923, p. 7 and 30 Nov. 1923, p. 5.

100. *The Evening News* (Glasgow), 26 Nov. 1923, p. 7; *Paisley Daily Express*, 5 Dec. 1923.

101. *Paisley Daily Express*, 1 Dec. 1923.

102. C. M. M. McDonald, *The Radical Thread: Political Change in Scotland; Paisley Politics, 1885–1924* (East Linton, 2000), pp. 247–54.

103. T. Henderson in *Co-operative News*, 24 Nov. 1923, p. 12, and *Co-operative News*, 8 Dec. 1923, p. 12.

104. *Co-operative News*, 1 Dec. 1923, p. 13.

105. *The Times*, 13 April 1923, p. 7.

106. *The Sheffield Forward*, Dec. 1923, no. 32, p. 1. 同様に以下参照。Arthur Ponsonby in Sheffield, *Reynolds's Newspaper,* 2 Dec. 1923, p. 2.

107. J. Jones in *Hansard*, 5s, 168: 46 (13 Nov. 1923).

108. *Co-operative News*, 17 Nov. 1923, p. 12. 選挙キャンペーン・ソング「平和、平和、平和、国どうしで」は、エドワード時代の「打倒、打倒、打倒、保護貿易」の曲をなぞっている。*Co-operative News*, 8 Dec. 1923, p. 2.

109. *Co-operative News*, 24 Nov. 1923, p. 9.

110. Ibid., election supplement, 24 Nov. 1923, p. 1.

111. McKibbin, *Ideologies of Class*, pp. 259–93.

112. *Why Your Food Costs More: Extracts from the Evidence of Housewives and Points from the Findings and Recommendations of the Royal Commission on Food Prices* (London, 1925).

113. C. Addison, *The Nation and Its Food* (London, 1929). さらなる議論については、以下参照。Ch. 6 below, and Hilton, *Consumerism in Twentieth-Century Britain*, pp. 117–24.

114. P. Graves, *Labour Women: Women in British Working-Class Politics 1918–39* (Cambridge, 1994); Scott, *Feminism*.

115. 'Up the Housewives!', *The Labour Woman*, 1 Sept. 1929, p. 132; 'Deal Gently with the Profiteers!', *The Labour Woman*, 1 Dec. 1929, p. 193.

116. J. Stephen, *Flapdoodle about 'Flappers'* (1928), p. 4.

117. *The Labour Woman*, 1 June 1925, pp. 91–4; *Report of the Eighth National Conference of Labour Women*, 1927, pp. 57 ff.; *Report of the Tenth National Conference of Labour Women*, 1929, pp. 46 ff.; A. Dollan, *Don't Misuse Your Power* (London, 1928).

118. I. Zweiniger-Bargielowska, *Austerity in Britain: Rationing, Controls, and Consumption, 1939–1955* (Oxford, 2000).

119. *The Times*, 13 Jan. 1911, p. 10; 18 Jan. 1911, p. 6; 10 Feb. 1911, p. 6; 27 March 1911, p. 7.

120. Imperial War Museum (London), Women at Work Collection, British Women's Patriotic League, *7th Annual Report* (1915), p. 3; *8th Annual Report* (1916), p. 8. エドワード時代の文脈については、以下参照。J. Bush, *Edwardian Ladies and Imperial Power* (Leicester, 2000).

121. Annual meeting, *The Times*, 23 March 1926, p. 22.

80. E. Ross, *Love and Toil* (Oxford, 1993), p. 218.
81. PHM, CC/PP/41, Ministry of Health, 'Use of Milk' pamphlet 1, Oct. 1920.
82. K. Waddington, *The Bovine Scourge: Meat, Tuberculosis and Public Health, 1850–1914* (Woodbridge, 2006), p. 159.
83. Ibid.; J. Phillips and M. French, 'Adulteration and Food Law, 1899–1939', *Twentieth-Century British History*, 9 (1998), pp. 350–69; P. J. Atkins, 'White Poison? The Social Consequences of Milk Consumption, 1850–1930', *Social History of Medicine*, 5 (1992), pp. 202–27; A. Stanziani, 'Alimentation et santé sous la IIIe République (1870–1914)', in A. Chatriot, M.-E. Chessel, and M. Hilton (eds), *Au Nom du Consommateur: Consommation et politique en Europe et aux États-Unis au XX Siècle* (Paris, 2004), pp. 135–49; H. Reif and R. Pomp, 'Milchproduktion und Milchvermarktung im Ruhrgebiet, 1870–1930', *Jahrbuch für Wirtschaftsgeschichte, 1* (1996), 77–107.
84. Women's Cooperative Guild, *Maternity: Letters From Working-Women* (London, 1915); G. Scott, *Feminism and the Politics of Working Women: The Women's Co-operative Guild, 1880s to the Second World War* (London, 1998), p. 119.
85. PHM, CC/Mil/26, The National Clean Milk Society, Report of Investigation, 1918.
86. *The Times*, 13 April 1916, p. 5.
87. PHM, CC/Mil/43/122, A Short Talk to Mothers on Milk, June 1919; for the 19th London Labour Conference, 22 July 1920, CC/Mil/43/166; *The Times*, 9 May 1919, p. 14, and 21 April 1920, p. 10.
88. PHM, CC/Mil/54 and 80: G. Sutherland Thomsonによる書簡、19 March1919およびP. Boobbyer（医務官）による書簡、Nottingham, Jan. 1919.
89. PHM, CC/Mil/79, Edinburgh Women's Citizen Association, 18 March 1919.
90. *The Milk We Want* (1925).
91. PHM, CC/PP/41, Ministry of Health, Pamphlet on the Use of Milk, Oct. 1920.
92. *Reynolds's Newspaper*, 19 May 1918, p. 2.
93. BLPES, Coll. Misc. 370, leaflet no. 203 (1927).
94. John Hurt, 'Feeding the Hungry Schoolchild in the First Half of the Twentieth Century', in Oddy and Miller, *Diet and Health in Modern Britain*, pp. 178–206; Charles Webster, 'Government Policy and School Meals and Welfare Foods, 1939–70', in Smith, *Nutrition in Britain*, pp. 190–213; P. J. Atkins, 'Fattening Children or Fattening Farmers? School Milk in Britain, 1921–1941', *Economic History Review*, 58/1 (2005), pp. 57–78; J. Vernon, 'The Ethics of Hunger and the Assembly of Society: The Techno-Politics of the School Meal in Modern Britain', *American Historical Review*, 110/3 (2005), pp. 693–725.
95. PHM, CC/PP/41, Ministry of Health, Pamphlet on the Use of Milk, Oct. 1920.
96. *The Milk Industry*, Apr. 1925, pp. 81–2; May 1925, p. 65; Nov. 1928, p. 79; A. Jenkins, 'Modest Beginnings', in A. Jenkins (ed.) *Drinka Pinta: The Story of Milk and the Industry that Serves it* (London, 1970), pp. 80–107; *The Times*, 6 Nov. 1928, p. 11.
97. C. Cook, *The Age of Alignment: Electoral Politics in Britain, 1922–29* (London, 1975); Cowling, *Impact of Labour*, pp. 275–330.
98. F. W. Hirst, 'Free Trade — its Annus Mirabilis', *Contemporary Review*, 126 (1924),

52. PHM, CC/CP/81. *National Food Journal*, 11 Sept. 1918.
53. BLPES, Coll. Misc 92, Beveridge Collection, 26, Memorandum on Combines and Trusts, 18 May 1920 by W. Cowper; J. B. Jefferys, *Retail Trading in Britain, 1850–1950* (Cambridge, 1954), pp. 227–8.
54. *Daily News*, 11 June 1919, p. 1; PHM, CC/REF/70, minutes of reforms sub-committee, 5 Dec. 1919 (Marion Phillips). 以下も参照。Phillips in *Reynolds's*, 19 May 1918, p. 2.
55. *Co-operative News*, 27 Aug. 1918, p. 550.
56. Ibid., 22 Feb. 1919, p. 125.
57. Ibid., 19 July 1919, p. 1.
58. PHM, CC/Gen/135i, Address by McCurdy, 16 July 1919.
59. *National Food Journal*, 12 Nov. 1919, p. 545.
60. PHM, CC/CP. 126, 19 Feb. 1920, Report of proceedings.
61. *Co-operative News*, 22 Feb. 1919, p. 134.
62. Women's Co-operative Guild, *The Milk We Want* (London, 1925), p. 6; Jefferys, Retail Trading, pp. 58, 236–8.
63. M. Llewelyn Davies, *Women as Organised Consumers* (Manchester, 1921), pp. 1, 3.
64. A. H. Enfield, *The Place of Co-operation in the New Social Order* (London, 1920), p. 11.
65. *The Times*, 8 May 1920, p. 17.
66. *The Statist*, 29 June 1918, p. 1136. 以下も参照。Hilton, *Consumerism in Twentieth-Century Britain*, pp. 66 ff.
67. PHM, CC/CP 30, 13 Nov. 1919.
68. PHM, CC/CP 196, 20 May 1920.
69. PHM, CC/Ref/90, note by Mr. Uthwatt. *The Co-operative News*, 20 Dec. 1919, p. 2.
70. この記述および下記については、PHM, CC/CP. 126, 19 Feb. 1920, Report of proceedings.
71. Oddy, *Plain Fare to Fusion Food*, p. 91; より楽観的な観点については、J. M. Winter, 'The Impact of the First World War on Civilian Health in Britain', *Economic History Review*, 2nd ser., 30/3 (August 1977), 487–507.
72. M. Weatherall, 'Bread and Newspapers' in Kamminga and Cunningham (eds), *The Science and Culture of Nutrition, 1840–1940*, p. 198.
73. E. J. T. Collins, ' "The Consumer Revolution" and the Growth of Factory Foods', in Oddy and Miller, *Making of the British Diet*, pp. 26–43.
74. PHM, CC/Gen/30, memorandum from Local Government Board and correspondence, 4 Apr. 1918.
75. BLPES, Coll. Misc. 92, XX/4, Food War Committee, Royal Society,Report on the Digestibility of Breads, March 1918, pp. 4, 34–5.
76. F. Ranson, *Food Values*, n.d. [1926], および *Food Purity* (1926).
77. *National Food Journal*, 8 May 1918, p. 442.
78. 委員会における主婦たちの証言は、流布版を通じて普及した。*Why Your Food Costs More* (London, 1925), quoted at p. 27.
79. *Co-operative News*, 6 Dec. 1930, p. 12.

Trentmann and F. Just, *Food and Conflict in Europe in the Age of the Two World Wars* (Basingstoke, 2006), pp. 74–6.

32. *The Statist*, 29 June 1918, p. 1136.

33. PHM, CC/Mil/46, Report on Action Taken Towards the Control and Distribution of Milk, 6 Jan. 1919; *National Food Journal*, 15 Oct. 1919, pp. 514–15.

34. *Yorkshire Observer*, 13 Dec. 1916.

35. PHM, CC/Mil/90, 'Details in regard to the milk supply of the City of New York', Feb. 1919, by Wilfred Buckley. ヴィクトリア時代の制度については、以下参照。John Burnett, *Plenty and Want: a Social History of Diet in England from 1815 to the Present Day* (London, 1966), pp. 121–43, 165. D. J. Oddy によれば、労働者は戦争前の30年間にミルクの週間消費を、1人当たり1.4から1.8パイントへと増やしていた。'A Nutritional Analysis of Historical Evidence: The Working-Class Diet, 1880–1914', in *The Making of the Modern British Diet*, ed. D. Oddy and D. Miller (London, 1976), p. 216.

36. Major Hunt in Hansard, 5s, 98: 844 (24 Oct. 1917); *National Food Journal*, Vol. I, no. 4, p. 65; 14 Nov. 1917, p. 77; 12 Dec. 1917, p. 143; *Glasgow Herald*, 5 Nov. 1919.

37. PHM, CC/CP/126, Stuart Bunning at the Consumers' Council conference, 19 Feb. 1920.

38. PHM, CC/Mil/43, reports by inspectors, Sept. 1918; CC/Mil/54, Nottingham medical officer of health to Consumers' Council, Jan. 1919.

39. PHM, CC/Mil/23, Consumers' Council Milk Sub-Committee to Waldorf Astor, 3 May 1918. 人事と専門知識の間には連繋があった。C. T. Cramp は消費者協議会 (Consumers' Council) に加わる前は、アスター委員会 (Astor Committee) で仕事を行っていた。

40. PHM, CC/Mil/7/1, Ministry of Food, Report on Action Taken Towards the Control and Distribution of Milk, early 1919.

41. *Co-operative News*, 8 Nov. 1919, p. 12; 15 Nov. 1919, p. 12; 27 Dec. 1919, p. 8.

42. PHM, CC/Mil/163, Ronald Caws to Marion Phillips, 22 Dec. 1919; WCG *36th Annual Report* (1918–19), p. 15.

43. PHM, CC/MIL/143, *Exeter Express and Echo*, 9 Sept. 1919.

44. PHM, CC/CP 67, Summary of Food Commissioners' Reports, 17 Dec. 1919.

45. Lieut.-Colonel Thorne on 10 Nov. 1919, Hansard, 5s, 121: 32–3. 以下も参照。The Women's Cooperative Guild in the Midlands, *Co-operative News*, 13 Dec. 1919, p. 13.

46. PHM, CC/PP/56, Memorandum from the Reforms Sub-Committee, The Consumers' Council, For the Information of Organised Bodies of Consumers, 21 April 1920.

47. *National Food Journal*, 23 Jan. 1918, p. 226.

48. Ibid., 25 Sept. 1918, p. 27.

49. *Co-operative News*, 13 April 1918, p. 227.

50. Ibid., 3 Aug. 1918, p. 526.

51. PHM,WNC17/4, London Food Vigilance Committee, 'Milk. A Challenge to Labour', n.d., c. Nov. 1917, emphasis in original.

9. *National Food Journal*, 27 Nov. 1918, table II, pp. 164.
10. Ibid., 13 March 1918, p. 345 and 10 Oct. 1917, p. 36; *The Times*, 12 May 1917, p. 7.
11. Mikuláš Teich, 'Science and Food During the Great War: Britain and Germany', in H. Kamminga and A. Cunningham (eds), *The Science and Culture of Nutrition, 1840–1940* (Amsterdam, 1995), p. 227.
12. H. G. Corner, of the London Telephone Service, in Nov. 1917, cit. in D. J. Oddy, *From Plain Fare to Fusion Food: British Diet from the 1890s to the 1990s* (Woodbridge, Suffolk, 2003), p. 82.
13. PHM, WNC/ADD/9/37, Aug. 1916.
14. PHM,WNC/5/1/2/5, National Convention on The National Food Supply, Dec. 1917.
15. *Reynolds's*, 13 Jan. 1918, p. 3 (for Brighton); B. Waites, 'The Government of the Home Front and the "Moral Economy" of the Working Class', in P. Liddle (ed.), *Home Fires and Foreign Fields: British Social and Military Experience in the First World War* (London, 1985), pp. 186–9; H. Weinroth, 'Labour Unrest and the Food Question in Great Britain, 1914–1918,' *Europa*, I/2 (Spring 1978), 140–6; M. Barnett, *British Food Policy During the First World War* (London, 1985), pp. 135–42, ただし社会的な勢力として消費者が戦前には存在しなかったとする考えは誤っている。
16. PHM, WNC/7/2/33, 'Treachery!', n.d.
17. P. Gurney, *Co-operative Culture and the Politics of Consumption in England, c. 1870–1930* (Manchester, 1996), pp. 208–25.
18. W. Beveridge, *British Food Control* (London, 1928), p. 335.
19. PHM, WNC/7/2, poster, n.d.
20. Beveridge Papers, BLPES, XIV/4, 'Memorandum by the Food Controller', 4 Aug. 1919.
21. *National Food Journal*, 12 Sept. 1917, pp. 1, 3.
22. Ibid. 26 Sept. 1917, p. 32; 13 Feb. 1918; 8 May 1918, p. 44. 以下も参照。Barnett, *Food Policy*, pp. 125 ff.
23. *National Food Journal*, 10 Oct. 1917, p. 37; for Rhondda, 12 Sept. 1917, p. 6.
24. PHM,WNC 5/4/14.ii, J. S. Middleton（WEWNC事務局長）to J. R. Clynes, 28 Jan. 1918.
25. PHM, WNC 5/4, Williams to executive council, 10 Jan. 1918; *Co-operative News*, 16 Feb. 1918, p. 137.
26. PHM, WNC5/4, Phillips to Clynes, 27 Jan. 1918 and Middleton to Clynes, 28 Jan. 1918; *National Food Journal*, 26 Dec. 1917, p. 171.
27. Beveridge, *British Food Control*, Table VI, p. 207.
28. *Co-operative News*, 19 Jan. 1918, p. 46; 26 Jan. 1918, pp. 66, 77.
29. PHM, CC94/3, 'Report on the Constitution and Work of the Consumers' Council'.
30. B. Williams, 'The Famine of 1918', *Co-operative News*, 5 Jan. 1918, pp. 4–5.
31. T. Bonzon and B. Davis, 'Feeding the Cities', in J. Winter and J.-L. Robert (eds), *Capital Cities at War: Paris, London, Berlin 1914–1919* (Cambridge, 1997), pp. 315–20; T. de Nijs, 'Food Provision and Food Retailing in The Hague, 1914–1930', in F.

158. R. B. Suthers, *John Bull and Doctor Free Trade* [1908] p. 9.
159. MacDonald, *Zollverein*, p. 163.
160. S. and B. Webb, *Industrial Democracy* (London, 2nd edn 1902), p. 865.
161. Shaw to Webb, 17 Nov. 1904, cit. in Bealey and Pelling, *Labour and Politics*, p. 171.
162. *The Diary of Beatrice Webb*, ed. N. and J. MacKenzie, II (London, 1983), 15 June 1903.
163. Keir Hardie, *Labour Leader*, 10 Oct. 1903, p. 323.
164. *ILP conference report 1911*. Hardie in *Hamburger Echo*, 5 Nov. 1910.
165. Justice, 20 Feb. 1904, p. 1.
166. C. Cross, *Philip Snowden* (London, 1966), pp. 129–30.
167. Hardie, *Labour Leader*, 17 Oct. 1903, p. 341.
168. M. Huberman, 'A Ticket To Trade: Belgian Workers and Globalization Before 1914', *Economic History Review*（近刊）.
169. R. Fletcher, *Revisionism and Empire: Socialist Imperialism in Germany 1897–1914* (London, 1984); Nonn, *Verbraucherprotest*; C. Torp, *Die Herausforderung der Globalisierung: Wirtschaft und Politik in Deutschland, 1860–1914* (Göttingen, 2005), pp. 245–51.

プロローグ（第II部）

1. Cobden Club Report of 1913 (London, 1914), p. 7.
2. 以下で明示された見解。Cobden Club Report of 1909 (London, 1910), p. 13.

第4章　分裂する消費者

1. *The Co-operative News*, 14 Jan. 1918.
2. *The National Food Journal*, 10 March 1920, p. 29.
3. *Home and Politics*, July 1925, p. 2.
4. *Co-operative News*, 27 Sept. 1919, pp. 1, 4; *Daily News*, 22 Sept. 1919, p. 1; *Daily Herald*, 22 Sept. 1919, pp. 1–2; *Reynolds's*, 28 Sept. 1919, p. 2.
5. B. J. Davis, *Home Fires Burning: Food, Politics, and Everyday Life in World War I Berlin* (Chapel Hill, NC, 2000); A. Offer, 'Blockade and the Strategy of Starvation', in R. Chickering and S. Förster (eds), *Great War, Total War: Combat and Mobilisation on the Western Front, 1914–1918* (Cambridge, 2000), pp. 169–88.
6. この議論については、以下の拙論参照。'Bread, Milk and Democracy: Consumption and Citizenship in Twentieth-Century Britain' in M. Daunton and M. Hilton (eds), *The Politics of Consumption: Material Culture and Citizenship in Europe and America* (Oxford, 2001), pp. 129–63, およびそれを受けた M. Hilton, *Consumerism in Twentieth-Century Britain* (Cambridge, 2003), esp. ch. 2.
7. People's History Museum (PHM), Manchester, WNC 4/1/22 and WNC/Add/21/12.　以下も参照。R. Harrison, 'The War Emergency Workers' National Committee, 1914–1920', in A. Briggs and J. Saville (eds), *Essays in Labour History, 1886–1923* (London, 1971), pp. 211–59.
8. B. Williams, May 1915, cit. in Harrison, 'War EmergencyWorkers' National Committee', p. 232.

135. N. Angell, *The Great Illusion: A Study of the Relation of Military Power in Nations to their Economic and Social Advantage* (London, 1911 3rd rev. edn), 1909年に以下として最初に刊行された。*Europe's Optical Illusion.*
136. N. Angell, *Patriotism Under Three Flags: A Plea for Rationalism in Politics* (1903); *After All: The Autobiography of Norman Angell* (London, 1951), pp. 86–107.
137. N. Angell, *The Foundations of International Polity* (London, 1914), Appendix B., p. 220.
138. H. S. Weinroth, 'Norman Angell and The Great Illusion', *Historical Journal*, 17 (1974). 以下も参照。A. J. A. Morris, *Radicalism Against War: The Advocacy of Peace and Retrenchment* (London, 1972).
139. F. Leventhal, *The Last Dissenter: H. N. Brailsford and His World* (Oxford, 1958), p. 108–13; Laity, *Peace Movement*, pp. 191–3.
140. Angell, *Great Illusion*, p. 383.
141. *Clarion*, 29 May 1903; 同じく Clynes（ランカシャー貿易協議会連盟会長）, 3 July 1903.
142. *Dictionary of Labour Biography*, 6 (1982), p. 140; *Labour Leader*, 3 Dec. 1909. Moll to Johnson, 18 Nov. 1909, ILP 4 Box 22, British Library of Political and Economic Science, London; K. D. Brown, 'The Trade Union Tariff Reform Association, 1904–1913', *Journal of British Studies* 9 (1970), pp. 141–53.
143. F. Bealey and H. Pelling, *Labour and Politics 1900–1906* (London, 1958), p. 207.
144. *Labour Leader*, 10 Oct. 1903, p. 321.
145. [H. H. Champion] *The Facts about the Unemployed* (London, 1886), p. 12.
146. M. Brodie, *The Politics of the Poor: The East End of London 1885–1914* (Oxford, 2004), pp. 40–1.
147. Trades Union Congress, 1898 Report.
148. *Justice*, 14 May 1904, p. 8.
149. J. Paton, *Proletarian Pilgrimage: An Autobiography* (London, 1935), p. 185. 以下も参照。N.E.C. minutes, 3 Feb. 1904, People's History Museum, Manchester.
150. *Labour Leader*, 13 Jan. 1905, p. 487.
151. Ibid., 10 Oct. 1903.
152. Snowden, 'An Imperial Zollverein'.
153. Snowden, *Chamberlain Bubble*, p. 16, 本書は最初の年に４万部売れた。Snowden in *Labour Leader*, 24 Nov. 1905, p. 408.
154. D. Tanner, 'The Development of British Socialism, 1900–1918', *Parliamentary History*, 16/1 (1997), pp. 48–66; F. Trentmann, 'Wealth versus Welfare: The British Left Between Free Trade and National Political Economy Before The First World War', *Historical Research*, 70/171 (1997), pp. 70–98.
155. Snowden, *Chamberlain Bubble*, p. 16. Compare Snowden, 'An Imperial Zollverein' with Peter Kropotkin, *Fields, Factories and Workshops* (London, 1901 ed.), p. 4; Kropotkinの影響については、以下も参照。Reynolds, 27 Sept. 1903, p. 5; 24 July 1904, p. 2; Hardie, *Serfdom to Socialism*, pp. 35, 113–14.
156. Ramsay MacDonald, *Labour and the Empire* (London, 1907), p. 92.
157. *Justice*, 14 Nov. 1903, p. 1.

112. Davis, *Late Victorian Holocausts*.
113. 関税はまた従量税ではなく従価税であった。
114. *Lord George Hamilton's Resignation: A speech by the Rt. Hon. Lord G. Hamilton*, M.P., *at Ealing, 22 October 1903* (1903), published by the Unionist Free Food League.
115. *Summary of Federation News*, WLF, March 1904, pp. 12–13.
116. W. A. S. Hewins, *Tariff Reform in Relation to Cotton* (London, 1909).
117. H. Taylor, *Tariff Reform and the Cotton Trade: A Lancashire Man's Reply to Mr. Hewins' Manchester Address* (n.d., 1909), pp. 1, 5; 最初に印刷されたのは、*Bolton Evening News*, 23 July 1909.
118. 'Patriotism and Empire', (1912?), Robert Cecil MS 51194.
119. Churchill はこれを「俗臭芬々」と称した。*For Free Trade*, p. 27.
120. M. Taylor(ed.), *The European Diaries of Richard Cobden, 1846–1849* (Aldershot, 1994).
121. J. A. Hobson, Imperialism: A Study (London, 1902) and 'The Approaching Abandonment of Free Trade', *The Fortnightly Review*, 71 (1902), 434–44.
122. Hobson, *Imperialism*, p. 86.
123. F. Trentmann, 'The Strange Death of Free Trade: The Erosion of 'Liberal Consensus' in Great Britain, c.1903–32' in *Citizenship and Community: Liberals, Radicals and Collective Identities in the British Isles, 1865–1931*, ed. E. Biagini (Cambridge, 1996), pp. 219–50.
124. Hobson, 'Free Trade and Foreign Policy', *The Contemporary Review*, 74 (1898), p. 177.
125. Hobson, *Imperialism*, p. 32, and pp. 86–7 for below; 以下も参照。Hobson, 'Free Trade and Foreign Policy', pp. 167–80.
126. L. Courtney, 'What is the Advantage of Foreign Trade?', *The Nineteenth Century*, 53 (May 1903), pp. 806, 811.
127. Hobson, *Imperialism*, p. 337.
128. Hobson, *International Trade*, pp. 140–1.
129. Peter Cain が以下で議論している。'J. A. Hobson, Cobdenism, and the Radical Theory of Economic Imperialism', *Economic History Review*, 31/4 (1978), and in *Hobson and Imperialism: Radicalism, New Liberalism and Finance 1887–1938* (Oxford, 2002). ただし以下と比較すること。P. Clarke, 'Hobson, Free Trade, and Imperialism', *Economic History Review*, 31/2 (1984); Long, *Towards a New Liberal Internationalism*, pp. 112–15; A. J. F. Lee, 'A Study of The Social and Economic Thought of J. A. Hobson', unpubl. London Ph.D. thesis, 1970, ch. 8.
130. Hobson, 'Ethics of Tariff Issue', *The British Friend*, 12/10 (Oct. 1903), pp. 282–4. 以下も参照。'The Inner Meaning of Protectionism', *The Contemporary Review*, 84 (1903).
131. *The Times*, 5 Aug. 1908, p. 8.
132. Courtney of Penwith, *Peace or War?* (London, 2nd edn, 1910), repr. from *The Contemporary Review*, p. 25.
133. P. Laity, *The British Peace Movement 1870–1914* (Oxford, 2002), pp. 136–7.
134. Hobson, *Imperialism*, part II, ch. iv.

90. W. Laurier to Bonar Law, 25 Oct. 1911, Bonar Law Papers 18/7/201.

91. *Annual Register* (1903), p. 207.

92. 'Brief Memorandum prepared in the Board of Trade on the future wheat production and exportation of the North West of Canada', n.d. [1903], NA 30/60/44.

93. 以下参照。A. Offer, 'Costs and Benefits, Prosperity, and Security, 1870–1914', in *Oxford History of the British Empire: The Nineteenth Century*, pp. 690–711; M. Edelstein, *Overseas Investment in the Age of High Imperialism* (New York, 1982); P. O'Brien, 'The Costs and Benefits of British Imperialism 1846–1914', *Past and Present*, 120 (1980), pp. 163–200.

94. Howe, *Free Trade and Liberal England*, pp. 56–63.

95. L. Colley, *Britons: Forging the Nation 1707–1837* (New Haven, CT, 1992), pp. 31 ff.; S. Pincus, *Protestantism and Patriotism: Ideologies and the Making of English Foreign Policy, 1650–1668* (Cambridge, 1996); B. Hilton, *The Age of Atonement: The Influence of Evangelicalism on Social and Economic Thought, 1785–1865* (Oxford, 1988); R. F. Spall, 'Free Trade, Foreign Relations, and the Anti-Corn-Law League', *The International History Review*, 10/3 (1988), pp. 345–516.

96. E. Baines, *On the Moral Influence of Free Trade ...* .(London, 1830), p. 49.

97. *Report of the Conference of Ministers of all Denominations on the Corn Laws* (Manchester, 1841), 以下に再掲。A. Kadish (ed.), *The Corn Laws*, 6 vols. (1996), IV, p. 173.

98. Aberdeenの大規模デモにおけるLloyd Georgeの発言、13 Nov. 1903, Lloyd George Papers, A/11/2. 最後の文はCardinal Newmanの 'Less Kindly Light' からの引用。以前のヴィクトリア時代の見解については、以下参照。pp. 5–6 above.

99. Hall, *Civilising Subjects*.

100. Churchill, *For Free Trade*, pp. 72–3.

101. 日付なしの手稿。MS [c. 1904–5], Robert Cecil MS 51194.

102. 'Memorandum on Proposals to remit the extra duties on wine imported from the colonies ... ', Bateman, 28 April 1899, NA 30/60/44, p. 10.

103. 'Colonial Preference', *Leaflets Issued by the Free Trade Union* (London, 1907–10), 22 Feb. 1909 (no. 91).

104. Burns Diary 46323, 17 Feb. 1905.

105. Salisbury to Gerald Balfour, 8 Jan. 1904, NA 30/60/44.

106. Bodleian Library, Oxford, Zimmern MS 136, 'United Britain, a Study in XXth-century Imperialism' n.d., [1905]; MS 136, 'The Seven Deadly Sins of Tariff Reform', (n.d., 1905?).

107. Keynes Papers, Box 1./29, Nov. 1903.

108. L. Mallet to Strachey, 7 Nov. 1899, Strachey S/15/1/19.

109. 'Memorandum on Preferential Trade Arrangements with the Colonies', Gerald Balfour, June 1902 for cabinet', NA 30/60/36, p. 3.

110. *Set of Leaflets on Preferential Tariffs* (Oct. 1903), Liberal Publication Department, no. 1970; RoseberyはSheffieldで演説を行っていた。13 Oct. 1903.

111. K.Grant, *A Civilised Savagery: Britain and the New Slaveries in Africa, 1884–1926* (New York, 2005), pp. 32–7.

72. NA, T1/9994, p. 3; Gerald Balfour in *Hansard*, 4s, 126/587–98 (28 July 1903). 以下も参照。 F. S. Lyons, *Internationalism in Europe, 1815–1914* (Leyden, 1963), pp. 103–10.

73. NA 30/60/38, 7775–94, Lansdowne, Phipps, Plunkettの三者間の書簡、10, 14, 21 Feb. 1902; 'Sugar Convention Bill', Gerald Balfour, Feb. 1903; *International Convention Relative to Bounties on Sugar, signed at Brussels*, 5 March 1902, Cd.1535.

74. 商務大臣へのH. Fountainのメモを参照 (n.d., 1912), 'The Sugar Convention and the question of the proposed withdrawal therefrom', in Asquith Papers, MS 93, およびまた無題のメモ、MS 93, ff. 112–18.

75. S. Ziegler, *Die Zuckerproduktion der Welt und ihre Statistik* (Magdeburg, 1912), table 21.

76. NA30/60/41, Llewellyn Smith, 'The Rise in the Price of Sugar', memo for cabinet, 13 Dec. 1904, p. 2.

77. Bramley での演説 (6 Dec. 1904 speech). 以下を参照。His notes in Herbert Gladstone, MS 46,112.

78. Robson (South Shields), in *Hansard*, 4s, 126: 751 (29 July 1903).

79. Women's Liberal Federation, Annual Meeting of the Council, on 12–14 May 1903; Halifax, Yorkshire, 13 May 1903, p. 9. 以下も参照。*Summary of Federation News*, WLF, January 1905, pp. 6–11.

80. 'The Sugar Convention', *Set of Leaflets on Preferential Tariffs and Current Political Questions* (1903), no. 1916, Liberal Publication Department.

81. *The Brussels Convention and Free Trade, Speeches Delivered by Earl Spencer and Sir H. Campbell-Bannerman, at a Cobden Club Banquet, on Nov. 28th, 1902* (London, 1903), pp. 27, 31.

82. S. De Jastrzebski, 'The Sugar Convention and the Sugar Tax', in *Both Sides of the Sugar Convention* (London, 1907), p. 11.

83. NA 30/60/44, Gerald Balfourの以下についての記述、'Suggestions for a Unionist Fiscal Policy' (March 1904), point 4.

84. Strachey to Welby, 29 June 1908, Strachey Papers, S/6/2/31.

85. T. Gibson Bowles, letter to *The Times*, 13 July 1908, p. 3.

86. *The Times*, 15 July 1908, p. 14. 以下も参照。Gibson Bowles in *Hansard*, 4s, 183: 245 (30 Jan. 1908); *The Times*, 4 July 1908, p. 11 and 16 July 1908, p. 12. 自由貿易支持の代議士たちは名誉幹事のJ. M. Robertsonとともに、砂糖協約と戦うための委員会を結成した。 *The Times*, 22 July 1908, p. 14.

87. H. C. G. Matthew, *The Liberal Imperialists: The Ideas and Politics of a Post- Gladstonian Élite* (Oxford, 1973).

88. NA 30/60/44, Giffen, 'Commercial Union between the United Kingdom and the Colonies', 9 Feb. 1891, with additional remarks July 1894. Giffen letter to *The Times*, 17 June 1902.

89. 植民地の反応については、以下参照。Amery, *Chamberlain*, pp. 329 ff.; Porritt, *Protection in Canada; Mock, Imperiale Herrschaft*, pp. 325–50, および Howe, *Free Trade and Liberal England*, pp. 240 ff.

Press, 17 June 1905.

52. *Chamber of Commerce Journal*, 22/108 (April 1903), p. 80.
53. London Chamber of Commerce Archives, MS 16,459, III, 1, council minutes, 8 Oct. 1903.
54. Joseph Chamberlain to Austen Chamberlain, 12 Nov. 1904, in Julian Amery, *The Life of Joseph Chamberlain*, Vol. 4, 1901–1903 (London, 1951), p. 644.
55. Gollin, *Balfour's Burden*.
56. NA 30/60/36, 'Retaliation' に関する外務省メモ、22 May 1901. 'Memorandum prepared in the Board of Trade for the Cabinet', section VII: 'The export policy of trusts in certain foreign countries', in Austen Chamberlain Papers, Birmingham, AC 17/2/6.
57. NA 30/60/44, Gerald Balfour 'Methods of Fiscal Reform', confidential, 6 Jan. 1904.
58. この二重の目的を達成するのが容易ではなかったのは、自由貿易が国家に必要な統計情報を残していなかったからである。税関のデータは、物品の種類は記録しても、その生産・製造地は記録しなかった。これは収入増加の目的には適合していたが、報復の範囲を限定することになった。
59. NA, CO323/485, Lascelles to Lansdowne, 23 April 1903.
60. *Hansard*, 4s, 123: 878 (15 June 1903).
61. NA, CO323/486, Lansdowne to Lascelles, 21 Oct. 1903.
62. NA 30/60/44, Lansdowne memo, 5 Nov. 1903.
63. Bundesarchiv Potsdam, 09.01.AA/9350, Metternich memo to Bülow, 24 Nov. 1903.
64. NA 30/60/44, Gerald Balfour, 'Notes on Lord Lansdowne's Memorandum of 4 November 1903'.
65. Ph. G. Chalmin, 'The Important Trends in Sugar Diplomacy before 1914', in B. Albert and A. Graves (eds), *Crisis and Change in the International Sugar Economy, 1860–1914* (Norwich and Edinburgh: ISC Press, 1984), pp. 9–19.
66. S. Mintz, *Sweetness and Power: The Place of Sugar in Modern History* (New York, 1985), p. 195.
67. Board of Trade, Return 'showing ... the Estimated Production of Cane and Beet Sugar ... ; the Total Consumption and Consumption Per Head ... ', Aug. 1907, in *Parliamentary Papers*, no.334, lxxxi; part IV, British colonial exports of sugar.
68. Board of Trade, Return 'Estimated Production of Cane and Beet Sugar ... ; the Total Consumption and Consumption Per Head' in *Parliamentary Papers*, no. 334, lxxxi; part II, part III.
69. G. Martineau in *Both Sides of the Sugar Convention* (London, 1907), p. 1. ヨーロッパ外での闘争については、以下参照。B. Orlove, 'Meat and Strength: The Moral Economy of a Chilean Food Riot', *Cultural Authropology* 12/2 (1997), pp. 234–68.
70. Avebury MS, Add. 49667, Northbrook to Avebury, 15 Feb. 1900; Howe, *Free Trade and Liberal England*, pp. 206 ff.
71. NA, FO881/7426 Bergne memo, 12 Nov. 1900, p. 17. オーストリア＝ハンガリーが報奨金を廃止した後でもインドは相殺関税を維持していた。NA, CO 323/486.

29. NA, FO 881/7426, 'Questions in the Commercial Department', 12 Nov. 1900.
30. Ibid.
31. NA, T168/54, Blain memorandum, Sept. 1903.
32. 'Questions in the Commercial Department', pp. 1–2.
33. NA T 1/9779A/1178: Pittar memo, 16 Jan. 1901, encl. in undersecretary of state for foreign affairs to secretary of Treasury, 9 Jan. 1902.
34. NA 30/60/36, Lansdowne, cabinet memo, 6 March 1903, p. 3.
35. NA 30/60/36, cabinet memo, 6 March 1903, p. 4.
36. NA, BT12/45, Hopwood to Foreign Office, 18 July 1903.
37. フランス、ドイツ、イタリアとの特恵協定においてアメリカが与える優遇からイギリスはまた排除されていた。
38. NA, BT12/45, Llewellyn Smith to Foreign Office, 2 Feb. 1904.
39. NA, FO 811/8566, 'Memorandum respecting the Negotiation of Tariff Treaties with Foreign Powers', 19 Oct. 1903.
40. NA, T1/10569A, interdepartmental conference at Board of Trade, 11 Dec. 1905.
41. NA, T1/10569A, Hamilton to Asquith, 9 Feb. 1906.
42. H. Llewellyn Smith, *The Board of Trade* (London, 1928), pp. 68–9.
43. NA, BT 12/42, Bateman to ACC 11 April 1900, and Bateman to Foreign Office, 1 May 1900.
44. NA, CO 323/475, CIC report and ACC memorial of 4 Oct. 1901; NA, FO 881/7937, Board of Trade to Foreign Office, 8 July 1901, and Herbert Hughes 7 Feb. 1901. 以下も参照。 Edwin P. Jones (secretary of the Swansea Chamber) 22 Jan. 1901. FO 881/8132, E. H. Middlebrook (sec. of the Morley Chamber), to Lansdowne 30 Jan. 1902.
45. NA, FO192/167, 'Report of the commercial intelligence committee: report to the board of trade on the new Swiss and Roumanian, and the proposed new Dutch customs tariffs', 28 July 1904.
46. NA, CO323/475, 'Summary of Replies' (CIC report), pp. 3, 22.
47. *The Chamber of Commerce Journal*, 22/108 (April 1903), p. 86.
48. NA, BT12/45, John Brennan and John Kinning to Llewellyn Smith, 2 Feb. 1904.
49. M. Daunton, ' "Gentlemanly Capitalism" and British Industry 1820–1914', *Past and Present* 122 (1989), pp. 119–58; A. C. Howe, 'Free Trade and the City of London, c.1820–1870', *History* 77 (1992), pp. 391–410; F. Trentmann, 'The Transformation of Fiscal Reform: Reciprocity, Modernization, and the Fiscal Debate within the Business Community in Early Twentieth-Century Britain', *Historical Journal*, 39/4 (1996), pp. 1005–48; A. J. Marrison, *British Business and Protection, 1903–32* (Oxford, 1996). 旧来の見解については、以下参照。 P. J. Cain and A. G. Hopkins, 'Gentlemanly Capitalism and British Expansion Overseas. II. New Imperialism, 1850–1945', *Economic History Review* 45 (1987), pp. 1–26.
50. NA, CO323/477,W. H. Cooke (Chamber of Shipping) to FO, 31 May 1902.
51. P. Clarke, 'The End of Laissez Faire and the Politics of Cotton', *Historical Journal* 15 (1972), pp. 493–512. ダンピングと市場喪失への対策として財政改革を支持した綿織物製造業者の一人が Blackburn の Baynes である。以下参照。 *Rossendale Free*

10. Ibid., p. 137.
11. このような誓約の背後に「理性ある人類」を見出すことはできなかったと 1891 年に Salisbury は認めざるをえなかったという引用は以下より。H. Birchenough, 'England's Opportunity: Germany or Canada', *The Nineteenth Century*, 245 (July 1897), p. 4.
12. E. H. H. Green, 'The Political Economy of Empire, 1880–1914', in *The Oxford History of the British Empire: The Nineteenth Century*, ed. Andrew Porter (Oxford, 1999), p. 363.
13. 例外である毛織物は、1897 年の 600 万ドルから 1901 年の 1000 万ドルへと飛躍した。全体としては、イギリスからの輸入の割合は、特恵にもかかわらず、カナダの輸入の 1900 年の 26% から 21% へと落ち込んだ。Edward Porritt, *Sixty Years of Protection in Canada, 1846–1907* (London, 1908), ch. 6; S. B. Saul, *Studies in British Overseas Trade 1870–1914* (Liverpool, 1960), pp. 182–3.
14. E. E. Williams, 'The Sacrifice of Canada', *The National Review*, 36 (Sept. 1900), 430–9.
15. Birchenough, 'England's Opportunity', p. 5; 以下と比較、H. Birchenough, 'Do Foreign Annexations Injure British Trade?', *Nineteenth Century*, 41 (1897), pp. 993–1004.
16. NA, FO83/1803, 8–9 May 1901.
17. Birchenough, 'England's Opportunity', pp. 4, 7.
18. John Gallagher and Ronald Robinson, 'The Imperialism of Free Trade', *Economic History Review*, 2nd ser., 6 (1953), pp. 1–15.
19. R. J. Moore, 'Imperialism and "Free Trade" Policy in India, 1853–4', *The Economic History Review*, 17/1 (1964), pp. 135–45.
20. D. Todd, 'John Bowring and the Global Dissemination of Free Trade', *Historical Journal*, 51/2 (2008), 373–397.
21. Gallagher and Robinson, 'Imperialism of Free Trade', p. 11.
22. D. C. M. Platt, 'Further Objections to an "Imperialism of Free Trade", 1830–1860', *Economic History Review*, 2nd ser., 26 (1973), pp. 77–91.
23. V. de Grazia, *Irresistible Empire: America's Advance through 20th-Century Europe* (Cambridge, Mass., 2005).
24. D. C. M. Platt, *Finance, Trade, and Politics in British Foreign Policy, 1815–1914* (Oxford, 1968), pp. 89 ff. 以下参照。O'Brien and Pigman, 'Free Trade, British Hegemony and the International Economic Order'.
25. NA, FO 371/257, 'Memorandum on the Present State of British Relations with France and Germany', 1 Jan. 1907, pp. 10–13.
26. D. N. McCloskey, *Enterprise and Trade in Victorian Britain: Essays in Historical Economics* (London, 1981), ch. 8; D. A. Irwin, 'Welfare Effects of British Free Trade: Debate and Evidence from the 1840s', *Journal of Political Economy* 96 (1988), pp. 1142–64.
27. P. T. Marsh, *Bargaining on Europe: Britain and the First Common Market, 1860–1892* (New Haven, CT, 1999).
28. NA, CO323/486, CO 41125, 12 Nov. 1903.

159. *Tariff Reform League Leaflets*, 'A Lesson in "Free Trade." '; *The Times*, 1 March 1909, p. 12. 以下も参照。*The Advertising World*, Nov. 1911, p. 584; この参照事項については、Stefan Schwarzkopf に感謝。
160. *The Cambria Daily Leader*, 13 Jan. 1910.
161. House of Commons, 23 Feb. 1910.
162. *Daily Chronicle*, 22 Nov. 1910, p. 7, これは *Truth* の クリスマス特集号掲載の図像を再掲している。
163. Churchill Papers, Char 2/54, Cambridge の選挙担当者の発言。
164. *Daily Record and Mail*, 5 Jan. 1910, p. 7.
165. *The Free Trader*, 15 Feb. 1910, pp. 84–5.
166. *Western Daily Mercury*, 4 Jan. 1910, p. 6.
167. *The Liberal Monthly*, Dec. 1910, p. 3.
168. *The Liberal Agent*, 13/63 (Jan. 1911), p. 127. Glasgow の事例については、以下参照。 *Evening Citizen*, 26 Nov. 1910, p. 9.
169. *The Kinematograph and Lantern Weekly*, 2 April 1908, p. 357.
170. *Daily Chronicle*, 7 Dec. 1910, p. 5.
171. *The Optical Lantern and Cintematograph Journal*, 2 (Feb. 1906), p. 68.
172. Churchill Papers, Char 2/54, Carter report to Churchill. F. W. S. Craig, *British Parliamentary Election Results, 1885–1918* (London, 1974), pp. 99, 279, 380. H. Pelling, *Social Geography of British Elections, 1885–1910* (London, 1967), pp. 65, 113.
173. Churchill Papers, Char 2/54, Carter report to Churchill, Jan. 1911, p. 18.
174. J. Fraser, 'Propaganda on the Picture Postcard', in *Oxford Art Journal*, 3 (1980), pp. 39–54; R. Carline, *Pictures in the Post* (London, 1971), pp. 92–3; Tickner, *Spectacle of Women*, p. 50.
175. 'BB' to Miss S. C. Evans, Tenby [Dyfed], 10 May 1906; 著者所有。

第3章　グローバル化の不安

1. Birmingham にて、*The Times*, 17 May 1902, p. 12.
2. W. S. Churchill, *For Free Trade: A Collection of Speeches* (London, 1906), pp. 72–3.
3. National Liberal Federation, *Annual Report and Speeches* (1909), p. 96.
4. *Justice*, 4 June 1904, p. 1.
5. P. Snowden, 'An Imperial Zollverein', *The Platform*, no.103, 20 June 1903, repr. in I.L.P. News.
6. R. J. S. Hoffman, *Great Britain and the German Trade Rivalry 1875–1914* (Philadelphia, 1933); B. H. Brown, *The Tariff Reform Movement in Great Britain, 1881–1895* (New York, 1943); P. M. Kennedy, *The Rise of Anglo-German Antagonism, 1860–1914* (London, 1980).
7. W. Mock, *Imperiale Herrschaft und nationales Interesse: 'Constructive Imperialism' oder Freihandel in Grossbritannien vor dem Ersten Weltkrieg* (Stuttgart, 1982), p. 52.
8. Ibid.; E. H. H. Green, *The Crisis of Conservatism: The Politics, Economics and Ideology of the British Conservative Party, 1880–1914* (London, 1995).
9. *Mr. Chamberlain's Speeches* (New York, 1914), ed. C. W. Boyd, p. 134.

133. *The Optical Lantern and Cinematograph Journal*, March 1906, p. 91, and Dec. 1906, p. 31.
134. *Summary of Federation News*, Nov. 1903, p. 11.
135. *The Liberal Agent* 32 (April 1903), p. 185.
136. Churchill Papers, Char 2/54, report to Churchill, Jan. 1911, p. 31.
137. V. Toulmin and S. Popple, *Visual Delights: Essays on the Popular and Projected Image in the 19th Century* (Trowbridge, 2000); L. Nead, 'Velocities of the Image c. 1900', *Art History*, 27/5 (2004), pp. 745–69.
138. M. Pugh, *The Tories and the People*, 1880–1935 (Oxford, 1985), pp. 90–1.
139. *The Liberal Agent*, 5/32 (April 1903), p. 182.
140. Ibid., Oct. 1903 no. 34, pp. 79–82.
141. *The Liberal Monthly*, Nov. 1909, p. 11; *Picture Politics*, Dec. 1910, p. 16.
142. Rivers in *The Liberal Agent* 11/56 (April 1909), p. 150. Riversのような選挙担当者は女性演説者に同行して幻燈を用いることが多く、たとえばHorsted Keynesの国民学校では、Gouldの「楽しい」スライドを当地で前代未聞に近いほどの大観衆に示したのであった。*Summary of Federation News*, Jan. 1905, p. 15.
143. *The Liberal Agent*, 5/32 (April 1903), p. 183.
144. L.Tickner, *The Spectacle of Women: Imagery of the Suffrage Campaign, 1907–1914* (London, 1987), ch. 2–3.
145. *The Liberal Agent*, 5/33 (July 1903), p. 79.
146. Churchillのインタヴュー。*The Free Trader*, May 1910, p. 120.
147. *The Free Trader*, 15 Jan. 1910, p. 34; Carter to Churchill n.d. [March 1910], in Char 23/44; also Char 2/54, p. 31.
148. *Quarterly Leaflet of WNLA*, Jan. 1905, p. 20 (Hoole and Newton). *Summary of Federation News*, Oct. 1903, p. 11 (Huddersfield); Feb. 1905, p. 15 (Royston).
149. Churchill Papers, Char 2/44, Churchill to Caird, 22 Feb. 1910.
150. *The Free Trader*, 15 Feb. 1910, p. 80; Sunderlandの箱型自動車については、以下も参照。p. 77.
151. Churchill Papers, Char 2/54, encl. in final report, Jan. 1911.
152. T. Russell (ed.), *Advertising and Publicity* (London, 1911), p. 26; 広告相談協会会長就任以前、Russellは*The Times*の広告責任者であった。
153. *The Liberal Agent*, 7/39 (Jan. 1905), pp. 128–32.
154. Ibid., 36 (April 1904), p. 202, and 61 (July 1910), pp. 24 ff; *Daily Mail*, 4 Jan. 1910 p. 10; Clarke, *Lancashire and the New Liberalism*, pp. 131 ff; N. Blewett, *The Peers, the Parties and the People: The General Elections of 1910* (London, 1972), pp. 312 ff.
155. W. S. Rogers, *A Book of the Poster, Illustrated with Examples of the Work of the Principal Poster Artists of the World* (London, 1901), pp. 8, 40.
156. *Daily Graphic*, 17 Dec. 1909, p. 3.
157. J. Hassall, 'Posters', in Russell, (ed.), *Advertising and Publicity* (London, 1911), p. 118, emphases in original.
158. Greaster Manchester County Record Office, Doc. Phography Archive, Ref. 802/155b.

memo on Lecture Scheme, and the report in Char 2/44, Wallace Carter to Churchill, 13 July 1910.

114. *The Free Trader*, Aug. 1910, p. 232. Mr Osbornが行った講演 'What I saw in Protectionist Germany', Char 2/44, report for July, in Wallace Carter to Churchill, 2 Aug. 1910.

115. 箱型馬車については以下参照。K. Rix, ' "Go out into the Highways and the Hedges" ', the Diary of Michael Sykes, *Parliamentary History*, 20/2 (2001), pp. 209–31.

116. *Daily Telegraph*, 4 Jan. 1910, p. 11.

117. Ibid., 14 Jan. 1910, p. 12.

118. Ibid., 4 Jan. 1910, p. 11; 5 Jan. 1910, p. 11; 6 Jan. 1910, p. 12; 7 Jan. 1910, p. 11.

119. Churchill Papers, Char 2/44, Churchill to Caird 28 March 1910 and Wallace Carter to Churchill, 21 March 1910.

120. *Daily Telegraph*, 6 Jan. 1910, p. 11.

121. *Leeds Mercury*, 15 Jan. 1910, p. 6. *The Free Trader*, 15 Feb. 1910, pp. 79–80.

122. Churchill Papers, Char 2/44, Wallace Carter to Churchill, 21 March 1910; Caird to Churchill, 30 March 1910; Churchill to Caird, 28 March 1910. 1910年1月の総選挙に際して、Cairdは、自由貿易ポスターで都市のすべての壁を覆うようにという指示とともに特別な資金提供を行ったが、これはダブルクラウン判〔51 × 76センチメートル〕26万4000枚の膨大な面積に及ぶもので「派手な見世物への多大な出費」と1909年12月21日にChurchillはAsquithに語ったが、「壁の文字」の戦闘に勝利するためには必須であった。Char 2/43.

123. *Leeds Mercury*, 14 Jan. 1910, p. 3.

124. *The Liberal Monthly*, July 1908, p. 11; Free Trade Union leaflet no. 111 'Look Before You Leap!'

125. *Report of an enquiry by the Board of Trade into working class rents, housing and retail prices, together with the rates of wages in certain occupations in the principal industrial towns of the United States of America (1911)*, Cd. 5609, lxxxviii.

126. *Leaflets Issued by the Free Trade Union* (London, 1907–10), 'What Does Protection Mean in America?'; このようなイメージは多くの地方新聞に再掲された。 e.g. *The Cambria Daily Leader*, 8 Jan. 1910, p. 7.

127. Churchill Papers, Char 2/54, Dowding's memo to Wallace Carter, 27 April 1911.

128. 最新の議論は Kaiser, 'Free Trade at World Exhibitions'. 以下も参照。P. H. Hoffenberg, *An Empire on Display: English, Indian, and Australian Exhibitions from the Crystal Palace to the Great War* (Berkeley, CA, 2001).

129. Churchill Papers, Char 2/44, Wallace Carter to Churchill, 21 March 1910; *The Liberal Monthly*, May 1909; p. 6.

130. *Daily Telegraph*, 13 Jan. 1910, p. 5; Churchill Papers, Char 2/54, Report to Churchill, Jan. 1911, p. 40.

131. Churchill Papers, Char 2/54, 'Extracts From Letters Respecting the National Free Trade Exhibition', p. 37, encl. in report to Churchill, Jan. 1911.

132. シネマトグラフの画像に歌を重ねた娯楽作品が若干あり、たとえば以下の作者による関税改革ショウなどがあった。Mr and Mrs Pyne, *The Optical Lantern and Cinematograph Journal*, vol. I (March 1905), p. 98.

守陣営の推計である。たとえば「100以上の会合」への言及は、100回として計算し地図上に記載した。

89. *The Lancaster Guardian*, 27 Aug. 1910, pp. 5–6; *The Free Trader*, 20 Oct. 1910, p. 31.

90. *The Lancaster Guardian*, 27 Aug. 1910, p. 5.

91. Churchill Papers, Char 2/44, Wallace Carter to Churchill, 11 April 1910.

92. *The Free Trader*, 20 Oct. 1910, p. 29, and 15 Sept. 1910 p. 28. Blackpool と the Isle of Man での160回の会合は、推定総計で10万3500人の聴衆を集め、1回の集会ごとに600人を上回る人数が参加した。Churchill Papers, Char 2/44, Wallace Carter to Churchill, 24 April 1910.

93. *The Free Trader*, 20 Oct. 1910, p. 29.

94. Wallas, quoted in *The Liberal Agent*, 12 (Jan. 1910), pp. 139, 142, 146.

95. *The Liberal Agent*, 13/63 (Jan. 1911), pp. 122 ff.

96. *The Free Trader*, 20 Oct. 1910, p. 30.

97. Ibid. 15 Sept. 1910, p. 28, and 20 Oct. 1910, p. 28.

98. *The Lancaster Guardian*, 27 Aug. 1910, p. 6.

99. *The Free Trader*, 15 Sept. 1910, p. 28.

100. Ibid., 20 Oct. 1910, p. 29.

101. *The Lancaster Guardian*, 27 Aug. 1910, p. 5. 以下も参照。Crawshay-Williams to Churchill, 10 Aug. 1911, Churchill Papers, Char 2/54.

102. J. Vernon, *Politics and the People: A Study in English Political Culture, c. 1815–1867* (Cambridge, 1993).

103. G. E. Harrison in *The Liberal Agent*, 12/60 (April 1910), pp. 179 ff. 屋外集会、妨害行為、喧嘩沙汰が相変わらず目立っていたことについては、以下も参照。J. Lawrence, ‘The Transformation of British Public Politics after the First World War’, *Past and Present*, 190 (2006), pp. 185–216.

104. J. C. Skinner in *The Liberal Agent* 11/56 (April 1909), p. 142. さらに以下も参照。Kathryn Rix, ‘The party agent and English electoral culture, 1880–1906’ (unpubl. Ph.D. thesis, University of Cambridge, 2001).

105. *The Liberal Agent* 11/56 (April 1909), pp. 155–9.

106. *Daily Mail*, 5 Jan. 1910.

107. People’s History Museum, Manchester, Tariff Reform League, Pamphlet Series, n.d. [c.1908–9], p. 23.

108. A.W. Coats, ‘Political Economy and the Tariff Reform Campaign of 1903’, *Journal of Law and Economics* 11 (April 1968), pp. 181–229.

109. *The Times*, 10 March 1909, p. 12 c.

110. Soutter, *Fights for Freedom*, p. 29; T. Palmer Newbould, *Pages From a Life of Strife, Being Some Recollections of William Henry Chadwick* (London, 1910).

111. *Daily Record and Mail*, 15 Jan. 1910, p. 7. 1840年代の恐怖についての82歳になるRalph Ashtonの回想については、以下も参照。*Daily Chronicle*, 6 Dec. 1910, p. 6.

112. Alfred Henry (no. 63), 1890年生まれ、p. 20; UK Data Archive, Thompson and Lummis, Family Life and Work Experience Before 1918.

113. Churchill Papers, Char 2/44, Wallace Carter to Churchill, n.d., March 1910, second

March 1908, Robert Cecil MS 51158.

62. *The Free Trader*, 15 Feb. 1910, p. 65.
63. Churchill Papers, Char 2/43, 2/44, 2/53, 2/54, 2/61.
64. Wallace Carter, 'Tariff Reform Campaign', Robert Cecil MS 51,158.
65. *Stirling Saturday Observer*, 22 Jan. 1910, p. 5. 以下も参照。*The Free Trader*, 15 Jan. 1910, p. 34.
66. Churchill Papers, Char 2/54, Caird to Churchill, 15 Feb. 1911, および同じく 6 Jan. 1911.
67. Churchill Papers, Char 2/44, Carter to Caird, 28 June 1910. Bonar Law MS 18/7/196 は 1911 年の公認会計士による説明が含まれる。以下も参照。F. Coetzee, *For Party or Country: Nationalism and the Dilemmas of Popular Conservatism in Edwardian England* (Oxford, 1990), pp. 144–5.
68. Churchill Papers, Char 2/54, Report to Winston Churchill, Jan. 1911. *The Free Trader*, 15 Feb. 1910, p. 65; *The Times*, 7 April 1911, p. 6; K. Grant, 'Christian Critics of Empire: Missionaries, Lantern Lectures and the Congo Reform Campaign in Britain', *Journal of Imperial and Commonwealth History*, 29/2 (2001), pp. 22–58; Pickering and Tyrrell, *People's Bread*, pp. 20, 199.
69. Churchill Papers, Char 2/54, Wallace Carter, National Free Trade Lectures, Report to Winston Churchill, Jan. 1911, pp. 5–7.
70. *The Free Trader*, June 1910, pp. 172 ff., July 1910, pp. 203 ff., Aug. 1910, 234–5.
71. Soutter, *Fights for Freedom*, p. 106.
72. *Summary of Federation News*, IV, no 8, 10 Feb. 1906, p. 5.
73. University of Bristol Special Collections, 24th Annual Report of the Executive Committee of the Women's Liberal Federation (9 May 1911), p. 13.
74. *The Free Trader*, Aug. 1910, p. 235.
75. Soutter, *Fights for Freedom*, p. 108.
76. *Summary of Federation News*, IV, no 8, 10 Feb. 1906, p. 10.
77. *Quarterly Leaflet of WNLA*, July 1903, p. 11.
78. Ibid. Aug. 1910, p. 17.
79. *The Free Trader*, May 1910, p. 133, and June 1910, p. 174.
80. Ibid., May 1910, p. 133.
81. Ibid. 15 Sept. 1910, p. 23, and 19 Jan. 1911, p. 24.
82. Churchill Papers, Char 2/54, Crawshay-Williams to Churchill, 10 Aug. 1911.
83. Rose, *Intellectual Life of the British Working Classes*, p. 274.
84. *The Lancaster Guardian*, 27 Aug. 1910, p. 5.
85. Churchill Papers, Char 2/44, Wallace Carter to Churchill, 11 April 1910.
86. Caird はこの着想を大いに気に入り、海辺の講演キャンペーンが倍増することを望んだ。Churchill Papers, Char 2/44, Caird to Churchill on 19 Aug. 1910.
87. *A Liberal Chronicle: Journals and Papers of J. A. Pease, 1st Lord Gainford, 1908–1910*, eds. C. Hazlehurst and C. Woodland (London, 1993), pp. 32, 248.
88. 以下の史料に基づくデータ。Churchill Papers, Char 2/44, Wallace Carter to Churchill, 13 July 1910, 'Seaside Campaign', and *The Free Trader*, 15 Sept. 1910, pp. 27–9, 20 Oct. 1910, pp. 30–1. この地図が提供するのは、聴衆の規模についての保

45. K. O. Morgan, 'Lloyd George and Germany', *The Historical Journal*, 39/3 (1996), pp. 755–66.
46. *Western Daily Mercury*, 10 Jan. 1910.
47. 彼は以下のように続けている。「黒パンと馬肉が非常に健康によいことを示す試みが行われているようであります（笑い）。それに反対する立場からは、皆さんに保護貿易に対して覚悟するように説いております（喝采）」。Wolverhamptonでの発言、*The Times*, 13 Jan. 1910, p. 8. シティの一部にとっては、急進派のキャンペーンは「滑稽」でLloyd George嫌いを強めるものだった。Lloyd Georgeが「ドイツのソーセージに敵意剝き出し」であると思い、「イングランドの食事を全体で捉えれば、フランスとドイツの食事より確かにお粗末である」ことに疑問の余地はないと考えていたのはLeopold Rothschildである。Rothschild Archives (London), RAL X1/130A/4, 13 Jan. 1910.
48. Lloyd George Papers, A/13/1/4, 30 Jan. 1905. 以下も参照。 *North Wales Observer*, 2 Oct. 1903.
49. *The Free Trader* は、Campbell-BannermanがBoothを誤読しているとして一蹴した。17 Nov. 1910, p. 23.
50. *The Free Trader*, July 1910, pp. 188 ff., and Aug. 1910, p. 236.
51. 関税改革論者 Rowland Hunt が 970票の得票で勝利した。この空席は、それまでの数回の選挙において無風当選であったリベラル・ユニオニストの代議士 R. J. Moore の死去によって生じたものである。リベラル派の反応については、*The Liberal Agent*, Jan. 1904, no. 35, p. 130; Herbert Gladstone MS 46,021, 30 Dec. 1903.
52. *The Standard*, 29 March 1910, p. 5.
53. *The Free Trader*, 15 Feb. 1910, p. 75.
54. *Liberal Year Book for 1911* (London, 1911), p. 18; National Liberal Federation, *Annual Report and Speeches* (1910), pp. 17–18.
55. Gladstone to Robert Hudson, 2 Jan. 1904, Herbert Gladstone MS 46,021.
56. *Daily News*, 19 Dec. 1903, p. 10; Sheridan Jones to Churchill, 29 Dec. 1903, Churchill Papers, Char 2/10. Sheridan Jonesは、後に名称を自由貿易保護協会 (Free Trade Protection Association) と変えている。 Herbert Gladstone MS 46,485, diary entry 8 March 1904. Una Birch と Arthur Elliot の書簡も参照。1, 2, 4 Jan. 1904 and Madeleine Elliot to Una Birch 28 Dec. 1905; Elliot MSS 19,493 and 19,494.
57. Herbert Gladstone to Campbell-Bannerman, 1 June 1903, Campbell-Bannerman MS 41,216. Harold Cox to Gladstone, 14 Dec. 1903, Herbert Gladstone MS 46,061; Lord Welby to Gladstone, 15 Dec. 1903 and 10 June 1904, Herbert Gladstone MS 46,061.
58. L. T. Hobhouse to Gladstone n.d. [July 1903] and Gladstone to J. B. Robinson, 23 July 1903, Herbert Gladstone MS 46,060; Hobhouse to Gladstone, 30 Nov. 1903, Herbert Gladstone MS 46,061.
59. Hobhouse to Gladstone, 30 Oct. 1903, Herbert Gladstone MS 46,061.
60. Pearson Papers, Science Museum Library, London, Ledgers 5/2 and 5/3, Cashbook 5/4 and 5/5; Lewis Harcourt to Gladstone, 24 July 1903, Herbert Gladstone MS 45,997; John Brunner to Gladstone, 19 Dec. 1905, Herbert Gladstone MS 46,063.
61. Wallace Carter, 'Tariff Reform Campaign', encl. in Wallace Carter to Robert Cecil, 5

31. Free Trade Union, *General Leaflets*, no. 154, 11 March 1909; *The Free Trader*, 15 Feb. 1910, pp. 77, 80; Free Trade Union, *Tales of the Tariff Trippers: An Exposure of the Tariff Reform Tours in Germany* (London, 1910), pp. 12, 55; W. E. Downing, *Two Great Tariff Trials of 1912* (1912), pp. 56–7. *Illustrated London News*, 22 Jan. 1910, p. 125; *The Times*, 23 Nov. 1912, p. 9–10. フランスの馬肉業者の画像については、以下参照。Free Trade Union, *Special Election Leaflets, Illustrated* (London, 1909), no. 300.

32. *The Times*, 21 Jan. 1910, p. 10.

33. *Daily Mail*, 4 Jan. 1910, p. 8.

34. *Daily Record and Mail*, 15 Jan. 1910, p. 7; *The Free Trader*, 17 Nov. 1910, p. 19; *Somerset and Wilts Journal*, 4 Nov. 1910, p. 5.

35. 'The Humour of It. A Personal Narrative of a Tripper', by Edward Baker, in Free Trade Union, *Tales of the Tariff Trippers* (London, 1910), p. 18; M. Oldroyd, *A Tariff Reform Trip* (London, 1909).

36. *Tariff-ridden Germany: A Visit of Enquiry by J. Ramsay MacDonald, M.P. Reprinted from and published by the Daily News* (London, 1910), pp. 5–6.

37. Bonar Law at Anerley, *The Times* 11 Jan. 1910, 10 d.

38. *Daily Telegraph*, 18 Jan. 1910, p. 7 and 6 Jan. 1910, p. 4; *South Wales Daily Post*, 15 Jan. 1910, p. 3 (reporting *The Lancet*); *Daily Mail*, 12 Jan. 1910, p. 7; *Sheffield Daily Telegraph*, 21 Jan. 1910, p. 5.

39. *Cost of Living in German Towns: Report of an Inquiry by the Board of Trade into Working Class Rents, Housing and Retail Prices*, Cd. 4032 (1908), pp. 379, 437–8. 以下も参照。J. Ellis Barker（関税改革論者）in *South Wales Daily Post*, 11 Jan. 1910, p. 6 and *Daily Telegraph*, 7 Jan. 1910, p. 15. W. J. Ashley, *The Progress of the German Working Classes in the Last Quarter of a Century* (London, 1904), pp. 155–61; T. Lindenberger, 'Die Fleischrevolte am Wedding' and C. Nonn, 'Fleischteuerungsprotest und Parteipolitik im Rheinland und im Reich 1905–14', in M. Gailus and H. Volkmann (eds), *Der Kampf um das Tägliche Brot: Nahrungsmangel, Versorgungspolitik und Protest, 1770–1990* (Opladen, 1994), pp. 282–304, 305–15; U. Spiekermann, 'Das Andere verdauen: Begegnungen von Ernährungskulturen', in U. Spiekermann and G. U. Schönberger (eds), *Ernährung in Grenzsituationen* (Berlin, 2002), p. 93.

40. Tariff Commission Papers, TC8 2/18 B 289, R. C. Baynes to P. Hughes, 31 Dec. 1909.

41. C. Lansbury,*The Old Brown Dog: Women,Workers, and Vivisection in Edwardian England* (Madison, 1985); H. Ritvo, *The Platypus and the Mermaid and other Figments of the Classifying Imagination* (Cambridge, Mass., 1997).

42. John Burnsが、ロンドン市議会の医務官の証言を引用して庶民院にて発言した。*Hansard*, 5s, 16: 870 (11 April 1910).

43. NA, BT55/39, I. & S. 2, parts 4–5, 11 Jan. 1917.

44. Free Trade Union, *Leaflets* (London, 1907–10), no. 156 (16 March 1909) は、ドイツ視察団のBatley代表から外されたJ. B. Wilsonの発言を引用している。以下も参照。*Daily News*, 12 June 1905.

1996); J. Bhagwati, *Protectionism* (Cambridge, Mass., 1989).

8. H. C. G. Matthew, 'Rhetoric and Politics in Great Britain, 1860–1950', in P. J. Waller (ed.) *Politics and Social Change in Modern Britain: Essays Presented to A. F. Thompson* (Brighton, 1987), pp. 34–58. Peter Clarke が鋭い洞察を記している。「選挙における不寛容は、弱者に対する強者の軽蔑であり、フェアプレイと言論の自由への訴えかけは弱者の宣伝である」。*Lancashire and the New Liberalism* (Cambridge, 1971), p. 143.

9. Hawtrey Papers, Churchill College, Cambridge, HTRY 6/5/1 (1913).

10. A. Fitzroy, *Memoirs*, Vol. I (London, 1925), 31 July 1903, p. 144.

11. *Labour Gazette*, Jan. 1912. 機械製造業界の失業率は 1909 年には 11.6% であった。

12. J. Rose, *The Intellectual Life of the British Working Classes* (New Haven, CT, 2002), ch. 10.

13. *The Liberal Agent*, 34 (Oct. 1903), p. 104. *Sheffield Daily Telegraph*, 12 Jan. 1910, p. 5. ある発想力豊かな支持者がパンのかたちの気球という提案までしたが、この着想は国民リベラル連盟 (National Liberal Federation) の採用するところとはならなかった。J. A. Spender, *Sir Robert Hudson: A Memoir* (London, 1930), p. 74.

14. Petersen, *Bread and the British Economy*, pp. 30–1.

15. Pickering and Tyrrell, *The People's Bread*, pp. 9, 140, 201–2.

16. University of Bristol Special Collections, DM 1877.

17. 政治絵はがき、個人蔵。

18. NA,COPY1/227 (2), 1905. National Archives の Hugh Alexander に感謝。

19. *Illustrated London News*, 20 Jan. 1906, p. 90.

20. *Daily Chronicle*, 29 Nov. 1910, p. 3.

21. 'Fiscal Economy', Valentine series; 個人蔵。

22. Conservative party postcard, no. 72 P.C.; private collection. 関税改革側が、そのポスターに二つのパンと併せて王冠とモノグラムを使用したことに関する回想は以下。Francis W. Soutter, *Fights for Freedom: The Story of My Life* (London, 1925), pp. 39 ff. 23. 'International Exchange', National Film and Television Archive (London), 602401A; D. Gifford, 'Fitz: The Old Man of the Screen', in *All Our Yesterdays: 90 Years of British Cinema*, ed. C. Barr (London, 1986), p. 314; Fitzhamon の情報については、Luke McKernan と Simon Brown に感謝。

24. *Tariff Reform Illustrated* (London, 1904), pp. 4, 18.

25. *The People*, Topical Cartoons, by Harry Furniss; 個人蔵。A. Opyrchal, *Harry Furniss 1854–1925: Confessions of a Caricaturist* (National Portrait Gallery, 1983).

26. Huskinson は、1907–8 年の冬に Campbell-Bannerman を登場させるものとして当初このイメージを構想した。*The Liberal Monthly*, Feb. 1908, p. 22.

27. 保守党にとっては、食品物価が地方の集票に都合がよいイデオロギー色のない問題であったという観点については、以下参照。 P. Lynch, *The Liberal Party in Rural England 1885–1910* (Oxford, 2001), pp. 12, 191.

28. Harcourt MS 668, Lewis Harcourt to William Harcourt, 13 Dec. 1903.

29. *Manchester Guardian*, 25 July 1903; 以下も参照、W. H. Dawson, 'An Object-Lesson from Germany', in *Labour and Protection* (1903), ed. Massingham, pp. 288–9.

30. BLPES, Coll. Misc. 246.

163. 一部の同時代人が指摘している。F. W. Kolthammer, *Some Notes on the Incidence of Taxation on the Working-Class Family* (London, 1913).
164. Marshall MS (1911–12), formerly Box 6 (12), 'Leading features of protective duties'.
165. 以下の議論を参照。 pp. 154–61.
166. NA, T 168/54, 'The Conditions and Effects of "Dumping" ', 7 July 1903; L. G. Chiozza-Money, 'Through Preference to ... Protection' (Free Trade Union, Aug. 1903), 'The Dumping Bogey', ch. 13; Trentmann, 'Transformation of Fiscal Reform', pp. 1025–9.
167. *Quarterly Leaflet of WNLA*, no. 56 (July 1909), p. 10.
168. H. Cox, 'The Basis of Free Trade', p. 26, 上記は以下の *Westminster Gazette* の流布版に再掲。*Westminster Popular*, no. 19 (1903).
169. Mond in *British Industries under Free Trade* (1904), ed. Cox, p. 222. 170. 22 March 1910, *Free Trader*, p. 135.
171. L. Maxse, 'Cobden and Cobdenism', in *The National Review*, vol. 43 (March–Aug. 1904), p. 865.
172. Report of the Annual Meeting of the National Reform Union, 12 March 1902 (in Harcourt MS 106–13), quoted at p. 23.
173. W. S. Churchill, *For Free Trade* (London, 1906), p. 61.
174. Lawrence, *Speaking for the People*, p. 106–7.
175. *Glasgow Evening News*, 26 Dec. 1903, p. 2.
176. *South Wales Daily News*, 15 Jan. 1910, p. 3.
177. Campbell-Bannerman MS 41, 211, Campbell-Bannerman to Bryce, 7 Dec. 1903.
178. J. A. Hobson, *Work and Wealth: A Human Valuation* (London, 1914), pp. 133–4.
179. Hobson, *Work and Wealth*, pp. 155 ff.
180. J. A. Hobson, *Evolution of Modern Capitalism* (1897 edn), pp. 380 and 368 ff. は以下の論述に関連。
181. J. A. Hobson, *The New Protectionism* (London, 1916), pp. 6–7.
182. Mark Sykes to Bonar Law, 17 Dec. 1912, Bonar Law MS 28/1/48.

第2章　パンとサーカス

1. A. Mond, introduction to W. E. Downing, *Two Great Tariff Trials of 1912* (London, n.d. 1912), p. 4.
2. *The Times*, 21 Jan. 1910, p. 10.
3. *The Free Trader*, 15 Jan. 1910, p. 34.
4. この点および以下の論述については、*The South Bucks Free Press, Wycombe, Maidenhead, and Marlow Journal*, 28 Jan. 1910, pp. 2–4, 4 Feb. 1910, p. 5.; *The Times*, 22 Jan. 1910, p. 7; *Daily Mail*, 22 Jan. 1910, p. 7; *The Daily Telegraph*, 24 Jan. 1910, p. 14.
5. *The South Bucks Free Press*, 28 Jan. 1910, p. 3–4, 4 Feb. 1910, p. 6, 11 Feb. 1910, p. 2; *Daily Telegraph*, 21 Jan. 1910, p. 8.
6. *The Droitwich Guardian*, 5, 12, 19 Feb. 1910.
7. D. A. Irwin, *Against the Tide: An Intellectual History of Free Trade* (Princeton, NJ,

145. Spender MS 46,391, Cromer to J. A. Spender, 2 May 1908.

146. Elliot MS 19550, ユニオニスト自由貿易クラブ (Unionist Free Trade Club) における Earl of Cromer の演説 (29 June 1909) 。以下も参照。Robert Cecil Papers 51,159, Robert Cecil to Northcliffe, 3 Aug. 1909; Robert Cecil Papers 51,158, F. W. Lambton (Earl of Durham) to Robert Cecil, n.d. [July 1907].

147. *Fortnightly Review* (1911), p. 791.

148. Strachey Papers S/4/3/6, Strachey to Hugh Cecil, 30 Oct. 1909.

149. Strachey Papers S/5/5/16, Dicey to Strachey, 14 March 1910.

150. Strachey Papers S/4/14/14, Cox to Strachey, 19 Sept. 1922, 23 Nov. 1922, 5 Dec. 1922.

151. R. A. Rempel, *Unionists Divided: Arthur Balfour, Joseph Chamberlain and the Unionist Free Traders* (Newton Abbot, 1972).

152. *Liberal Monthly*, Apr. 1910, p. 11.

153. W. Thompson, *An Inquiry into the Principles of the Distribution of Wealth* (1824), quoted in M. Hilton 'The Legacy of Luxury: Moralities of Consumption Since the Eighteenth Century', *Journal of Consumer Culture*, 4/1 (2004), p. 104.

154. E. D. Rappaport, *Shopping for Pleasure: Women and the Making of London's West End* (Princeton, 2000); L. Nead, *Victorian Babylon: People, Streets and Images in Nineteenth-Century London* (New Haven and London, 2000); P. Bailey, *Popular Culture and Performance in the Victorian City* (Cambridge, 1998).

155. F. Trentmann (ed.), *The Making of the Consumer: Knowledge, Power and Identity in the Modern World* (Oxford and New York, 2005); M. Daunton and M. Hilton (eds), *The Politics of Consumption: Material Culture and Citizenship in Europe and America* (Oxford, 2001); C. Sussman, *Consuming Anxieties: Consumer Protest, Gender and British Slavery, 1713–1833* (Stanford, Calif., 2000).

156. F. Bastiat, *Sophismes Économiques* (Paris, 1846). Bastiat の *What is Seen and What is not Seen: or, Political Economy in One Lesson* は、1859年に新聞紙上に、そして単行本として発表された。1886年のその第五流布版は、彼の *Essays on Political Economy* を収めて刊行された。1850年、Bastiat の今際の言葉が「すべてを消費者の観点から見ることを学ばねばならない」というものであったのは有名。

157. *The Gladstone Diaries*, ed. H. C. G. Matthew, vol. X (Oxford, 1990), 30 June 1883, p. 467.

158. たとえばリベラル派の女性による運動員への助言を参照。*Summary of Federation News*, Dec. 1905, p. 8.

159. Nonn, *Verbraucherprotest*. 以下も参照。M.-E. Chessel, 'Women and the Ethics of Consumption in France at the Turn of Twentieth Century', in Trentmann, *Making of the Consumer*, pp. 81–98.

160. Hamilton diary, 48,679, 20 April 1902.

161. NA, T 168/52, Hamilton, 'The Question of New Taxation Discussed', 13 Dec. 1901. NA 30/60/44, Blain's Memorandum, n.d. but summer 1903.

162. Balfour MS 49,780, 'Note on the agreement in Treasury letter' by Ryder, 19 Feb. 1902; Balfour MS 49,779, Hewins, 'The Fallacy of regarding the fiscal controversy as a revival of the controversy of Free Trade v. Protection', 18 Feb. 1907.

119. A. J. Balfour, *Economic Notes on Insular Free Trade* (London, 1903).
120. Balfour MS 49,780, 'Mr. Chamberlain's scheme of Preferential and Protective Duties', memo by G. L. Ryder, 4 July 1903. NA, T168/93, Hamilton papers, 'The Basis of the Proposed Silk Duties', memo by Pittar, 25 March 1904.
121. NA 30/60/44, Gerald Balfour 'Methods of Fiscal Reform' (confidential), 6 Jan. 1904, p. 7.
122. Balfour MS 49,729, Lansdowne to Sandars, 24 Jan. 1907.
123. Balfour MS 49,831, A. J. Balfour to Gerald Balfour, 10 Nov. 1905.
124. Campbell-Bannerman MS 41,237, Campbell-Bannerman to A. Crowe, 10 May 1902.
125. *Daily News*, 8 Jan. 1904.
126. Ibid., 19 Dec. 1903, p. 10.
127. H. Washington, *Our Surtax and the Poor* (Ottawa, 1905), pp. 10–11.
128. Lloyd George Papers A 11/2/39: 16 Nov. 1903, at Woodside, Aberdeen.
129. Robert Cecil MS 51,194, 'Conservative Policy' (1911).
130. *Anti-Bread Tax Circular*, 5 May 1841. 同じく Bradford における Lloyd George, *Yorkshire Daily Observer,* 3 March 1904.
131. *Aberdeen Free Press,* 14 Nov. 1903.
132. E. P. Thompson, 'The Moral Economy of the English Crowd in the Eighteenth Century', *Past and Present*, 50 (1971), pp. 76–136; Vernon, *Hunger*.
133. Lloyd George Papers A/12/2/49, reported in *Perthshire Courier*, 29 Nov. 1904.
134. Hobson on 'Capitalism in U.S.A.', 1 July 1903, *Minutes of the Rainbow Circle, 1894–1924*, ed. M. Freeden, Camden Fourth Series Vol. 38 (London 1989), pp. 114–15; 国際自由貿易会議 (International Free Trade Congress) における Hobson の発言。以下に引用。*The Times*, 6 Aug. 1908, p. 6.
135. W. E. Dowding, *Two Great Tariff Trials of 1912* (London n.d. 1912), p. 27; J. M. Robertson, *The Battle for Free Trade* (London, 1923), p. 30; F. W. Hirst, *Monopolies, Trusts and Kartells* (London, 1905).
136. 1906 election in Rochdale, 以下参照、*Alexander Gordon Cummins Harvey: A Memoir*, ed. F. W. Hirst (London, 1926), p. 62.
137. Free Trade Union, 19 March 1909, no. 124; Arthur Chamberlain のインタヴュー、*Manchester Guardian*, 8 Sept. 1903.
138. Strachey Papers S7/7/5 (Albert) Earl Grey to Strachey, 8 Feb. 1906.
139. Hugh Bell, 'The Iron and Steel Trade', in *British Industries under Free Trade*, ed. Harold Cox (London, 1904), p. 282. Bell が 1931 年に死去した際、26 万ポンドを残した。
140. Pierce quoted in *The Case Against Protection*, summarized by E. Cozens Cooke (London, 1909), pp. 72–4; *The Times*, 5 Sept. 1908, 8b; [Lord Eversley], *Tariff Makers: Their Aims and Methods* (London, 1909), pp. 80–1.
141. Strachey Papers S/7/7/14, Strachey to Earl Grey, 4 March 1909.
142. *The Reformers' Year Book* (1906), p. 5.
143. *Manchester Guardian*, 20 July 1911.
144. *Hansard*, 4s, 102: 724–30 (7 Feb. 1902).

93. Cheshire 西部選出の代議士の妻 Mrs Tomkinson が以下で発言している。*The Quarterly Leaflet of WNLA*, no. 32 (July 1903), p. 8.
94. Thomas Lough, 'The Workman's Cupboard', in *Labour and Protection*, ed. Massingham, p. 151.
95. *Set of Leaflets*, Liberal Publication Department (1903), no. 1862.
96. James quoted in S. Koven, *Slumming: Sexual and Social Politics in Victorian London* (Princeton, NJ, 2004), p. 5.
97. *Daily Graphic*, 15 Dec. 1909, p. 7.
98. J. H. Yoxhall, 'Daily Bread', in *New Liberal Review*, 7/37 (Feb. 1904), p. 57.
99. 1895 年生まれの Mrs Elizabeth Eade (no. 38, p. 49); P. Thompson, and T. Lummis, Family Life and Work Experience Before 1918, 1870–1973 [computer file]. 5th Edition. Colchester, Essex: UK Data Archive [distributor], April 2005. SN: 2000. (Elizabeth Bishop の助力にとくに感謝する）
100. このような関連づけについては、 以下参照。 Campbell-Bannerman MS 41,227, Shaw Lefevre to Campbell-Bannerman, 1 Feb. 1904; 批判については、以下参照。Percy Ashley のメモ 'The Price of Corn and the Extent of Pauperism, (n.d., 1903) to A. J. Balfour, Balfour MS 49,780.
101. *The Times*, 21 Oct. 1910, 23b.
102. 著者所有。
103. Strachey Papers S/5/5/12, Dicey to Strachey, 29 Sept. 1909.
104. Elliot papers 19552, Circular of Cambridge University Free Trade Association (Aug. 1904). 本史料は Maitland, Pigou および G. M. Trevelyan を含む。
105. *The Times*, 15 Aug. 1903, 4b.
106. *Quarterly Leaflet of WNLA*, no. 36 (June 1904), p. 5.
107. M. Ostrogorski, *Democracy and the Organization of Political Parties: Volume I, England* ([1902] New York, 1964), pp. 291, 299.
108. G. Wallas, *Human Nature in Politics* (London, 1908).
109. Burns papers, British Library, MS 46,327, 14 Oct. 1909.
110. Robert Cecil papers, British Library, MS 51157, Hugh Cecil の極秘メモ (10 Jan. 1915)。
111. Keynes papers, King's College, Cambridge, Box 1/29. Keynes はケンブリッジ・ユニオン協会 (Cambridge Union Society) で講演している (24 Jan. 1905)。
112. Hamilton MS 48,628, Robert Spencer to Hamilton, 8 Oct. 1906.
113. Campbell-Bannerman MS 52,517, Campbell-Bannerman to Bryce 29 Oct. 1900.
114. 'What a cheerful thought for New Year's Eve', Campbell-Bannerman to Bryce, 31 Dec. 1903, Campbell-Bannerman MS 41, 211.
115. Campbell-Bannerman MS 41,227, Shaw Lefevre to Campbell-Bannerman, 3 Jan. 1910.
116. *Daily News*, 6 June 1904.
117. NA 30/60/44, 'Memorandum' by Blain (Treasury), 1903. 以下の書籍も参照。 M. Daunton, *Trusting Leviathan: The Politics of Taxation in Britain, 1799–1914* (Cambridge, 2001).
118. Hamilton MS 48,679, diary 20 April 1902.

73. Nash, 'Co-operative Housewife', pp. 203–4 and 195.

74. L. T. Hobhouse, *The Labour Movement* (London, 1893), pp. 60–86 および S. Collini, *Liberalism and Sociology: L. T. Hobhouse and Political Argument in England, 1880–1914* (Cambridge, 1979), pp. 61–78. 以下も参照。S.-G. Schnorr, *Liberalismus zwischen 19. und 20. Jahrhundert: Reformulierung liberaler politischer Theorie in Deutschland und England am Beispiel von Friedrich Naumann und Leonard T. Hobhouse* (Baden-Baden, 1990); S. den Otter, *British Idealism and Social Explanation: A Study in Late Victorian Social Thought* (Oxford, 1996).

75. BLPES, Coll. Misc. 519, no. 25.

76. 貧者の側に立って発言する女性たちへの George Thompson による賞賛を参照。*Manchester Times*, 18 Dec. 1941, p. 2; A. Tyrrell, 'Woman's Mission' and Pressure Group Politics in Britain (1825–60), *Bulletin of John Rylands University Library*, 63 (1980), pp. 194–230; S. Morgan, 'Domestic Economy and Political Agitation: Women and the Anti-Corn Law League, 1839–46', in K. Gleadle and S. Richardson (eds), *Women in British Politics, 1760–1860: The Power of the Petticoat* (Basingstoke, 2000), pp. 115–33.

77. 女性リベラル連盟 (Women's Liberal Federation), *17th Annual Report* (1904), p. 19.

78. *Westminster Gazette*, 20 July 1903.

79. City Hall での会合 (21 March 1904) で、リベラル派の Liverpool の女性が述べている。*Quarterly Leaflet of WNLA*, 35 (Apr. 1904).

80. Ibid. no. 56 (July 1909), p. 10.

81. *Summary of Federation News*, WLF, Feb. 1910, p. 21.

82. Victoria and Albert Museum, Poster collection, E. 179-1968/Y60/37. 逸名の芸術家の作。

83. *Awake Britannia! A short sketch dealing with Tariff Reform*, by Lesley Wright (n.d., 1908); エディスベリー（チェシャー）女性ユニオニスト協会 (Eddisbury (Cheshire) Women's Unionist Association) 発祥の戯曲である。以下も参照。*'What Free Trade Did for Bill'*, by Gertrude Jennings, in Cornwall Record Office, Wrangham Papers, X392/147.

84. J. Lawrence, *Speaking for the People: Party, Language and Popular Politics in England, 1867–1914* (Cambridge, 1998).

85. BLPES, Coll. Misc. 519, no. 61.

86. 'Free Trade Doctrine — Under Tariff Reform', *Tariff Reform at a Glance* (London, 1905).

87. 'To the Working Men of England', *Tariff Reform Illustrated* (1904), pp. 43–4.

88. *The League*, 12 April 1845, cit. in Morgan, 'Domestic Economy', pp. 122–3.

89. University of Bristol Special Collections, DM 1045.

90. *Quarterly Leaflet of WNLA*, no. 36 (June 1904), p. 5.

91. *Saturday Night: A Dream of Tariff Reform* (London, 1909), Cheltenham の Alice Parsons と Camberwell の自由党選挙担当者 C. H. Jones の作。「知性と娯楽性にあふれた」芝居であり、演説と歌の後で、York の人びとのような観衆に「大喝采」を浴びた。*Quarterly Leaflet of WNLA*, no. 58 (1910), p. 28.

92. *Reynolds's*, 2 Aug. 1903, p. 4.

Bauern', *Agricultural History* 55 (1981), pp. 370–84.

54. Bonar Law papers, House of Lords Record Office, London, 41/M/14, 'Answers to Circulars on Colonial Preference', n.d. この議席は1906年1月の総選挙では無投票であったが、1906年4月には自由党が僅差で勝利した。Pellingが記しているように、この地方「選挙区だけが1910年に激戦区となったが、それは、投票直前に『疑心暗鬼』という報告がなされたLeistonの機械工が感じていた関税改革の魅力のためであっただろう」。H. Pelling, *Social Geography of British Elections, 1885–1910* (London, 1967), p. 101.

55. G. D. H. Cole, *A Century of Co-operation* (London, 1947), pp. 371–2.

56. P. Gurney, *Co-operative Culture and the Politics of Consumption in England, 1870–1930* (Manchester, 1996), p. 20.

57. R. Nash, 'The Co-operative Housewife', in *Labour and Protection,* ed. H. W. Massingham (London, 1903), pp. 182–3.

58. Co-operative Union Archives, Manchester, Committee of the Co-operative Congress, minutes 23 Aug. 1902. 女性協同組合は293支部のうち70支部が反対した。Women's Cooperative Guild, *Annual Report* (1902), pp. 11–12.

59. *Report of the 36th Annual Co-operative Congress* (1904), pp. 330–1.

60. *Co-operative News*, 20 March 1880.

61. Herbert Gladstone MS 46,061, Welby to H. Gladstone, 10 Jan. 1904.

62. Holyoake Papers, Manchester, no. 2805.

63. Ibid. 2919; Thomas Potter to Holyoake, 6 March 1884; 2934, Morley to Holyoake, 6 May 1884; Donald Murray to Holyoake, 10 Jan. 1893.

64. *Rochdale Observer*, 4 Dec. 1897, p. 8.

65. Holyoake, 'In the Days of Protection', in *Labour and Protection*, ed. Massingham (London, 1903), and reprinted in *Reynolds's Newspaper*, 29 Nov. 1903, p. 3; Holyoake Papers, Massingham to Holyoake, 15 July 1903.

66. R. J. Morris, 'Clubs, Societies, and Associations', in *The Cambridge Social History of Britain, 1750–1950*, Vol. 3, ed. F. M. L. Thompson (Cambridge, 1990), pp. 416–17.

67. Holyoake, 'In the Days of Protection', p. 112.

68. LondonのQueen's Hallでの自由貿易連合(Free Trade Union)のデモ(28 Feb.1908)。Lloyd George Papers, B/5/2/8.

69. G. H. Wood 'Social Movements and Reforms of the Nineteenth Century', *The Co-operative Annual*, 14/8 (Aug. 1903), p. 4; A. Clarke, *'The Men Who Fought For Us' in the 'Hungry Forties'* (Manchester, 1914), pp. 5, 11, 280.

70. 以下の書籍に引用。*Bolton Co-operative Record*, 14/12 (Dec. 1903), p. 27. 以下も参照。 *Songs and Dialogues for the use at Annual Festivals and Other Meetings of Societies*, Central Cooperative Board (Manchester, 1887), pp. 41 ff.

71. 1904年6月7–8日、Holborn Restaurantでの女性国民リベラル協会(Women's National Liberal Association,WNLA)の年次大会におけるMrs Buryの発言。以下の書籍に引用。*The Quarterly Leaflet of the Women's National Liberal Association*, no. 36 (June 1904), pp. 5–6.

72. *Manchester and Salford Cooperative Herald*, Dec. 1903, p. 199. Women's Cooperative Guild, *21st Annual Report* (1904), p. 11.

34. *Report*, The Cobden Club 1911 & 1912, p. 16; Cobden and Unwin Papers, West Sussex Record Office, Chichester, MS 1190, annual general meeting of the Cobden Club (28 April 1913).
35. たとえば Reigate の Central Hall における Mrs Freeman Thomas による「暖かい拍手が送られた講演」(23 Oct. 1905)。*Summary of Federation News*, Nov. 1905, p. 12.
36. *Summary of Federation News*: Jan. 1905, p. 15 (Horsted Keynes WLA, national school, 25 Nov. 1904, 'one of the largest audiences ever seen there'); Dec. 1905, p. 20 (Oxted and District WLA); Feb. 1910, p. 21 (South Portland).
37. Free Trade Union, 'England Under Protection' (leaflet no. 95, 18 Nov. 1907); 以下の大衆向けリーフレットを参照。'Good Old Days' (1903).
38. *Reynolds's Newspaper*, 31 Jan. 1904, p. 7; *Daily News*, 1 July 1903; Richard Robbins (1817 生まれ), *Westminster Gazette*, 8 June 1903, そして繰り返し再版されたリーフレットである 'Food and Wages' (Liberal Publication Department, no. 1945), and in the *Liberal Monthly*, Sept. 1907, p. 107. 以下も参照。 *The Liberal Agent* (April 1903), p. 184 and October 1904, p. 105; および P. Lynch, *The Liberal Party in Rural England 1885–1910* (Oxford, 2001), pp. 186–7.
39. J. W. Welsford, *The Reign of Terror: An Experiment in Free Trade Socialism. Illustrated by 45 Reproductions of Lantern Slides, Photographed from Contemporary Engravings, etc.* (1909), pp. 1–2, 19.
40. W. Cunningham, *Political Economy, Treated as an Empirical Science* (Cambridge, 1887); *The Rise and Decline of the Free Trade Movement* (Cambridge, 2nd edn 1905); W. J. Ashley, *The Tariff Problem* (London, 1903); W. J. Welsford, *The Strength of Nations: An Argument from History* (London, 1907) および *The Strength of England: A Politico-Economic History of England From Saxon Times to The Reign of Charles the First* (London, 1910).
41. British Library of Political and Economic Science (BLPES), Coll. Misc. 519, no. 85.
42. 以下参照。L. Nead, 'Paintings, Films and Fast Cars: A Case Study of Hubert von Herkomer', *Art History*, 252 (2002), pp. 240–55.
43. BLPES, Coll. Misc. 519, no. 82.
44. *Reynolds's*, 10 Jan. 1904, p. 5.
45. Ibid. 12 June 1904, p. 4; Dollman の絵画は現在 Art Gallery in Salford にある。
46. E. P. Thompson, *The Making of the English Working Class* (1963; Harmondsworth, 1984), p. 70.
47. National Liberal Federation, *Annual Report and Speeches* (1908), p. 69; 以下も参照、*Liberal Monthly*, 1907 p. 59; H. Bell, *Who Pays for Protection* (Cambridge, 1908).
48. F. Davis in *Daily Chronicle*, 26 Nov. 1910, p. 5.
49. *Hungry Forties*, p. 54.
50. 上掲書参照。pp. 33–4.
51. *Illustrated London News*, 22 Jan. 1910, p. 135.
52. D. L. Schacter, *Searching for Memory: The Brain, the Mind, and the Past* (New York, 1996).
53. R. G. Moeller, 'Peasants and Tariffs in the Kaiserreich: How Backwards were the

18. F. G. Bettany, 'The Free Trade Poet: a Reminder', *New Liberal Review*, 6/32 (Sept. 1903), pp. 201–7.

19. Harcourt papers, Bodleian Library, Oxford, MS 657, William to Lewis Harcourt, 28 and 29 June 1903.

20. *New Liberal Review*, 5/30 (1903), p. 815.

21. *Summary of Federation News*, Women's Liberal Federation (WLF), Feb. 1905, p. 12. Elliot Papers, MS 19549, 'Fiscal Proposals of the Tariff Reform League', speech by Hamilton at Lincoln, 20 Oct., 1905, p. 5. Chiozza Money, *100 Points for Free Trade* は、自由貿易連合 (Free Trade Union) によって 1 ペニーの廉価版が販売された。

22. A. Somerville, *Free Trade and the League: A Biographic History of the Pioneers of Freedom of Opinion, Commercial Enterprise and Civilisation, in Britain: From the Times of Serfdom to the Age of Free Trade in Manufactures, Food and Navigation* (Manchester, 1853).

23. Cobden Club, Leaflet no. XLII, *'The Good Old Times' by an Aston Voter for the Last Half Century* (1885); コブデン・クラブ会員が執筆した *A History of the Cobden Club* (London, 1939), p. 39. 以下も参照。A. C. Howe, 'Towards the "Hungry Forties": Free Trade in Britain, c. 1880–1906' in *Citizenship and Community: Liberals, Radicals and Collective Identities in the British Isles 1865–1931*, ed. E. Biagini (Cambridge, 1996), pp. 193–218.

24. *Summary of Federation News*, WLF, Dec. 1904, p. 12; *Daily News*, 8 Nov. 1904, p. 4; J. Cobden Unwin (ed.), *The Hungry Forties: Life under the Bread Tax* (London, 1904), pp. 20, 24.

25. Cobden Unwin, *Hungry Forties*, pp. 65, 95, 120–1.

26. Ibid. p. 136.

27. *The Liberal Agent*, 5/32 (April 1903), p. 184.

28. Clapham, *Free Trade and Steel*, pp. 498 ff.; 560 ff.; N. F. R. Crafts, *British Economic Growth During the Industrial Revolution* (Oxford, 1985); W. H. Chaloner, *The Hungry Forties* (London, 1957). 身長の調査は、18 世紀末から 1860 年代に至るまで、栄養の標準がかなり持続的に低下していたことを示している。以下参照。R. Floud, A. Gregory, and K. Wachter, *Height, Health and History: Nutritional Status in the United Kingdom, 1750–1980* (Cambridge, 1990).

29. 以下に引用。B. Hilton, *The Age of Atonement: The Influence of Evangelicalism on Social and Economic Thought, 1795–1865* (Oxford, 1988), p. 109.

30. W. Cunningham, *The Case Against Free Trade* (London, 1911), pp. 56–63.

31. *Hungry Forties*, pp. 252, 257, 265, 274.

32. E. F. Biagini, *Liberty, Retrenchment and Reform: Popular Liberalism in the Age of Gladstone, 1860–1880* (Cambridge, 1992); P. Joyce, *Democratic Subjects: The Self and the Social in Nineteenth-Century England* (Cambridge, 1994), pp. 190–204.

33. J. Campbell, *An Examination of the Corn and Provision Laws, from their First Enactment to the Present Period* (Manchester, n.d. [c. 1842]), repr. in *Chartist and Anti-Chartist Pamphlets*, ed. D. Thompson (New York and London, 1986), p. 62; G. Stedman Jones, *Languages of Class: Studies in English Working Class History, 1832–1982* (Cambridge, 1983).

4. H. Gladstone to A. Hudson, 30 Dec. 1903, Gladstone Papers, British Library, London, MS 46021.
5. *Daily News*, 16 Dec. 1903, p. 8.
6. Goschen to John St Loe Strachey 18 June 1903; Strachey Papers, House of Lords Record Office, London, MS 7/4/5.
7. E. W. Hamilton, diary, 17 Dec. 1903, Hamilton Papers, British Library, MS 48,681.
8. *Italo Svevo's London Writings*, ed. J. Gatt-Rutter and B. Moloney (Market Harborough, 2003), pp. 201–2.

第１章　自由貿易物語

1. 'Free Trade For the Isle of the Sea' は W. Handley 作であり、以下の曲に合わせたもの。'Red, White and Blue', *The Liberal Agent*, 7/37 (July 1904), pp. 56–7.
2. *Daily News*, 27 July 1903, p. 4.
3. National Archives (NA), T 168/54, 'The Conditions and Effects of "Dumping" ' (7 July 1903), 6.
4. Free Trade Union, *A Message from the Forties: A Free Trade Masque* (n.d. 1909).
5. *The Times*, 11 June 1909, 12 e.
6. *South Wales Daily Post*, 15 Jan. 1910, p. 6.
7. J. Clapham, *Free Trade and Steel, 1850–1886* (1932; Cambridge, 1952), p. 460.
8. NA30/60/39, 'Memorandum with Statistical Tables and Charts prepared by the Board of Trade on Changes in the Cost of Clothing' (Oct. 1904), p. 8.
9. NA,T168/93, 'Extract from Memorandum by the principal of the Statistical Office, reviewing the Customs Revenue for the year 1902/3', pp. 45–6.
10. M. Bulmer, K. Bales, and K. Kish Sklar (eds), *The Social Survey in Historical Perspective* (Cambridge, 1991).
11. 北部の重工業労働者では65%にも達するということが、アメリカ合衆国労働省の調査で明らかにされた。以下参照。L. H. Lees, 'Getting and Spending: The Family Budgets of English Industrial Workers in 1890', in J. M. Merriman (ed.), *Consciousness and Class Experience in Nineteenth-Century Europe* (New York, 1979), pp. 169–86. 以下も参照。I. Gazeley, 'The Cost of Living for Urban Workers in Late Victorian and Edwardian Britain', *Economic History Review*, 42/(2) (1989), pp. 207–21;D. J. Oddy, 'Working-Class Diets in Late Nineteenth-Century Britain', *Economic History Review*, 23 (1970), pp. 314–23.
12. A. L. Bowley, *Wages and Incomes in the United Kingdom since 1860* (Cambridge, 1937); C. H. Feinstein, 'What Really Happened to Real Wages? Trends in Wages, Prices, and Productivity in the United Kingdom, 1880–1913', *Economic History Review*, 43 (1990), pp. 329–55.
13. NA30/60/39, 'Bread Supply in Time of War', p. 15.
14. C. Petersen, *Bread and the British Economy, c. 1770–1870* (Aldershot, 1995).
15. J. Vernon, *Hunger: A Modern History* (Cambridge, Mass., 2007).
16. Campbell-Bannerman papers, British Library, London, MS 41,220, Lewis Harcourt to Campbell-Bannerman, 25 Nov. 1903.
17. Campbell-Bannerman MS 41,225, Campbell-Bannerman to Ripon 19 Oct. 1903.

ibbin, 'Why was there no Marxism in Great Britain?', pp. 1–41.

33. W. W. Rostow, *The World Economy: History and Prospect* (London, 1978), p. 166.

34. D. Tanner, *Political Change and the Labour Party, 1900–1918* (Cambridge, 1990), pp. 99–129.

35. F. Trentmann, 'The Modern Genealogy of the Consumer: Meanings, Knowledge, and Identities', in J. Brewer and F. Trentmann (eds), *Consuming Cultures, Global Perspectives: Historical Trajectories, Transnational Exchanges* (Oxford and New York, 2006), pp. 19–69.

36. ドイツの国民自由党員は、消費者の偏狭な見方を ' "*Nurkonsumentenstandpunkt*" ' として嘆いている。引用は以下より。C. Nonn, *Verbraucherprotest und Parteiensystem im wilhelminischen Deutschland* (Düsseldorf, 1996), pp. 76–8.

37. D. M. Fox, *The Discovery of Abundance: Simon N. Patten and the Transformation of Social Theory* (Ithaca, NY, 1967), esp. pp. 29, 56–7.

38. P. L. Maclachlan, *Consumer Politics in Postwar Japan: The Institutional Boundaries of Citizen Activism* (New York, 2002); pp. 58–84; S. Garon and P. L. Maclachlan (eds), *The Ambivalent Consumer: Questioning Consumption in East Asia and the West* (Ithaca, NY, 2006).

39. M. J. Sandel, *Democracy's Discontent: America in Search of a Public Philosophy* (Cambridge, Mass., 1996); T. W. Adorno and M. Horkheimer, *Dialectic of Enlightenment* (New York, 1972; orig. 1944); J. Habermas, *The Structural Transformation of the Public Sphere* (Cambridge, Mass., 1989; 1962); D. Marquand, *Decline of the Public* (Cambridge, 2004).

40. M. Davis, *Late Victorian Holocausts: El Niño Famines and the Making of the Third World* (London, 2001).

41. C. Hall, *Civilising Subjects: Metropole and Colony in the English Imagination 1830–1867* (Oxford, 2002); F. Cooper and A. L. Stoler, *Tensions of Empire: Colonial Cultures in a Bourgeois World* (Berkeley and Los Angeles, 1997).

42. A. Krueger, 'Willful Ignorance: The Struggle to Convince the Free Trade Skeptics,' Geneva, 18 May 2004, www.imf.org/external/np/speeches/2004/051804a.htm.

43. たとえばミーゼス研究所の L. Rockwell による以下参照。'Stop the WTO', *Free Market* (Feb. 1994) and 'The Coming of US Fascism' (2001), www.　LewRockwell.com. *Eigentümlich Frei*, 4/17 (Sept. 2001), pp. 4–19.

プロローグ（第 I 部）

1. *The Times*, 16 March 1903, p. 12.

2. I. Little, T. Scitovsky, and M. Scott, *Industry and Trade in Some Developing Countries* (Oxford, 1970), table 5.1, pp. 162–3; League of Nations, *Tariff Level Indices* (Geneva, 1927), p. 15; P. Bairoch, *Economics and World History: Myths and Paradoxes* (Chicago, 1993), pp. 24, 26, 138. これは名目関税率である——多くの場合、実際の率は 2 倍以上にもなった。

3. J. Wigley, in *The Liberal Agent*, 5/32 (April 1903), pp. 167–8; T. R. Buchanan to Arthur Elliot, 4 Oct. 1903, Elliot Papers, National Library of Scotland, Edinburgh, MS 19493.

British Hegemony and the International Economic Order in the Nineteenth-Century', *Review of International Studies* 18 (1992), 89–113; A. L. Friedberg, *The Weary Titan: Britain and the Experience of Relative Decline, 1895–1905* (Princeton, 1988); Hobson, *Wealth of States*.

23. P. J. Cain and A. G. Hopkins, 'Gentlemanly Capitalism and British Expansion Overseas. II. New Imperialism, 1850–1945', *Economic History Review* 45 (1987), 1–26, および同著者たちによる *British Imperialism: Innovation and Expansion 1688–1914* (London, 1993).

24. A. C. Howe, 'Free Trade and the City of London, 1820–1870', *History*, 77/251 (1992), pp. 391–410; F. Trentmann, 'The Transformation of Fiscal Reform: Reciprocity, Modernization, and the Fiscal Debate within the Business Community in Early Twentieth-Century Britain', *Historical Journal*, 39/4 (1996), pp. 1005–48; W. Mock, *Imperiale Herrschaft und nationales Interesse: 'Constructive Imperialism' oder Freihandel in Grossbritannien vor dem Ersten Weltkrieg* (Stuttgart, 1982), esp. pp. 393–7; A. J. Marrison, *British Business and Protection, 1903–32* (Oxford, 1996); M. J. Daunton, ' "Gentlemanly Capitalism and British Industry 1820–1914" ' *Past and Present* 122 (1989), pp. 119–58. 同様に大陸において農業政策が明確な経済上の利害得失にしたがうことはなかった。以下参照。R. Aldenhoff-Hübinger, *Agrarpolitik und Protektionismus: Deutschland und Frankreich im Vergleich 1879–1914* (Göttingen, 2002).

25. P. Gourevitch, *Politics in Hard Times: Comparative Responses to International Economic Crises* (Ithaca, NY, 1986).

26. Marshall Library (Cambridge), Marshall Papers, Misc. I, 14 April 1911.

27. F. Trentmann, 'Political Culture and Political Economy', *Review of International Political Economy*, 5/2 (1998), pp. 217–51; M. Bevir, *The Logic of the History of Ideas* (Cambridge, 1999); M. Bevir and F. Trentmann (eds), *Markets in Historical Contexts: Ideas and Politics in the Modern World* (Cambridge, 2004); G. Hodgson, *How Economics Forgot History* (London, 2001); H. Berghoff and J. Vogel (eds), *Wirtschaftsgeschichte als Kulturgeschichte: Dimensionen eines Perspektivenwechsels* (Frankfurt and New York, 2004); M. Daunton, *Trusting Leviathan: The Politics of Taxation in Britain, 1799–1914* (Cambridge, 2001), pp. 8–15.

28. D. A. Irwin, *Against the Tide: An Intellectual History of Free Trade* (Princeton, 1996).

29. D. A. Irwin, 'The Political Economy of Free Trade: Voting in the British General Election of 1906', *Journal of Law and Economics* 37 (1994), 75–108. 批判については、以下の拙論参照。'Political Culture and Political Economy'.

30. このような観点をとることで回復される人間という行為者は、言説という概念に依拠するポスト構造主義の論述においてだけでなく、人間の行為を物質的な力の厳然たる産物と見なす経済学の論述においてもあっさり黙殺されてきたものだ。

31. R. McKibbin, 'Why was there no Marxism in Great Britain?', in R. McKibbin, *The Ideologies of Class: Social Relations in Britain 1880–1950* (Oxford, 1994), pp. 31–2.

32. E. F. Biagini, *Liberty, Retrenchment and Reform: Popular Liberalism in the Age of Gladstone, 1860–1880* (Cambridge, 1992), ch. 2; H. C. G. Matthew, 'Disraeli, Gladstone and the Politics of mid-Victorian budgets', *Historical Journal* 22 (1979); McK-

tional Economic and Political Change (Cambridge, 1997).

8. E. Rothschild, *Economic Sentiments: Adam Smith, Condorcet, and the Enlightenment* (Cambridge, Mass., 2002), esp. pp. 72–86; G. Stedman Jones, *An End to Poverty? A Historical Debate* (London, 2004), pp. 16–63.

9. Hilton, *Age of Atonement*; Stedman Jones, *An End to Poverty?*

10. B. Hilton, *A Mad, Bad, and Dangerous People? England 1783–1846* (Oxford, 2006), pp. 543–58.

11. Pickering and Tyrrell, *People's Bread*, esp. chs 4 and 7.

12. League of Nations, *Tariff Level Indices* (Geneva, 1927), p. 15.

13. A. Nicholls and C. Opal (eds), *Fair Trade: Market-driven Ethical Consumption* (London, 2005); M. Barrat Brown, *Fair Trade* (London, 1993).

14. T. Harford, *The Undercover Economist* (London, 2006). *The Economist*, 7 Dec. 2006.

15. J. E. Stiglitz and A. Charlton, *Fair Trade for All: How Trade can Promote Development* (Oxford, 2005). 以下も参照。Consumers International, *Consumer Charter for Trade* (2003), and *Asia Pacific Consumer*, 33/3 (2003).

16. Bairoch, *Economics and World History*, ch. 4; A. K. Rose, 'Do We ReallyKnow That the WTO Increases Trade?', *American Economic Review*, 94/1 (March 2004), pp. 98–114; O. Accominotti and M. Flandreau, 'Does Bilateralism Promote Trade? Nineteenth Century Liberalization Revisited', Centre for Economic Policy Research discussion paper no. 5423 (Jan. 2006). 以下も参照。S. Pollard, 'Free Trade, Protectionism, and the World Economy', in M. H. Geyer and J. Paulmann (eds), *The Mechanics of Internationalism: Culture, Society, and Politics from the 1840s to the First World War* (Oxford, 2001), p. 44.

17. Howe, *Free Trade and Liberal England.*

18. E. H. H. Green, *The Crisis of Conservatism: The Politics, Economics and the Ideology of the British Conservative Party, 1880–1914* (London and New York, 1995); R. A. Rempel, *Unionists Divided: Arthur Balfour, Joseph Chamberlain and the Unionist Free Traders* (Newton Abbot and Hamden, Conn., 1972); A. Gollin, *Balfour's Burden: Arthur Balfour and Imperial Preference* (London, 1965); P. Williamson, *National Crisis and National Government: British Politics, the Economy and Empire, 1926–1932* (Cambridge, 1992); R. C. Self, *Tories and Tariffs: The Conservative Party and the Politics of Tariff Reform, 1922–1932* (London, 1986).

19. S. A. Aaronson, *Trade and the American Dream* (Lexington, Ky., 1996), p. 7.

20. S. D. Krasner, 'State Power and the Structure of International Trade', *World Politics*, 28 (1976), p. 317. 以下も参照。C. Kindleberger, *The World in Depression, 1929–39* (London, 1973) および R. Gilpin, *The Political Economy of International Relations* (Princeton, 1987).

21. 歴史の事実に反した計算を行うならば、片務的自由貿易が次善の策であったことが浮かび上がる。以下参照。D. Irwin, 'Welfare Effects of British Free Trade: Debate and Evidence from the 1840s', *Journal of Political Economy* 96 (1988), 1142–64; D. Mc-Closkey, *Enterprise and Trade in Victorian Britain: Essays in Historical Economics* (London, 1981), pp. 155–72.

22. Marsh, *Bargaining on Europe*; 以下も参照、P. O'Brien and G. Pigman. 'Free Trade,

註

序章　自由貿易と政治文化

1. *Daily News*, 6 June 1904, pp. 7–8.
2. B. Russell, 'The Tariff Controversy', *The Edinburgh Review* 199 (1904); 以下参照、*The Collected Papers of Bertrand Russell, vol. 7, Contemplation and Action, 1902–1914*, ed. R. A. Rempel (London, 1985), pp. 190 ff; Russell to Lucy Donnelly, 29 July 1903, in C. Moorehead, *Bertrand Russell: A Life* (London, 1992), p. 141.
3. A. O. Hirschman, *The Passions and the Interests: Political Arguments for Capitalism before its Triumph* (Princeton, 1977); R. F. Teichgraeber, *Free Trade and Moral Philosophy: Rethinking the Sources of Adam Smith's Wealth of Nations* (Durham, 1986); I. Hont, *Jealousy of Trade: International Competition and the Nation-State in Historical Perspective* (Cambridge, Mass., 2005).
4. P. A. Pickering and A. Tyrrell, *The People's Bread: A History of the Anti-Corn Law League* (London, 2000); B. Hilton, *Age of Atonement: The Influence of Evangelicalism on Social and Economic Thought, 1785–1865* (Oxford, 2006); A. Howe, *Free Trade and Liberal England 1846–1946* (Oxford, 1997). 制度の開始に焦点を当てた現在の研究については、以下参照。C. Schonhardt-Bailey, *From the Corn Laws to Free Trade: Interests, Ideas, and Institutions in Historical Perspective* (Cambridge, Mass., 2006).
5. 全体の概観とさらなる文献案内については、以下の書籍中の Anthony Howe と Frank Trentmann の論文を参照。D. Winch and P. O'Brien (eds), *The Political Economy of British Historical Experience, 1688–1914* (Oxford, 2002), pp. 192–242; B. Hilton, *Corn, Cash, Commerce: The Economic Policies of the Tory Governments 1815–1830* (Oxford, 1977); N. McCord, *The Anti-Corn Law League, 1838–1846* (London, 1958); P. Ayçoberry, 'Freihandelsbewegungen in Deutschland und Frankreich in den 1840er und 1850er Jahren', In *Liberalismus im 19. Jahrhundert: Deutschland im europäischen Vergleich*, ed. D. Langewiesche (Göttingen, 1988), pp. 296–304; W. Kaiser, 'Cultural Transfer of Free Trade at the World Exhibitions, 1851–1862', *The Journal of Modern History*, 77/3 (2005); pp. 563–90. A. Howe and S. Morgan (eds), *Rethinking Nineteenth-Century Liberalism: Richard Cobden Bicentenary Essays* (Aldershot, 2006); P. T. Marsh, *Bargaining on Europe: Britain and the First Common Market, 1860–1892* (New Haven and London, 1999).
6. P. Bairoch, *Commerce extérieur et développement économique de l'Europe au XIXe siècle* (Paris, 1976); K. D. Barkin, *The Controversy over German Industrialization 1890–1902* (Chicago, 1970); R. G. Möller, 'Peasants and Tariffs in the Kaiserreich: How Backwards were the *Bauern*'. *Agricultural History* 55 (1981), pp. 370–84; H. Rosenberg, 'Political and Social Consequences of the Great Depression of 1873–1896 in Central Europe', in *Imperial Germany*, ed. J. J. Sheehan (New York, 1976).
7. 以下参照。J. M. Hobson, *The Wealth of States: A Comparative Sociology of Interna-*

Legrain, *Open World* (London, 2002). ノーベル経済学賞受賞者でコロンビア大学教授・元世界銀行チーフエコノミストであるJoseph Stiglitzは、グローバリゼーション批判者とリベラル派経済学者という両極端を仲介する特異にして重要な役割を果たしており、より自由度の高い貿易の利得を擁護するだけでなく、政府の介入とより透明度と機能性の高い国際組織を要請しており、その主題は彼のよく売れた以下の書籍で探究されている。*Globalisation and Its Discontents* (London, 2002) および *Making Globalisation Work* (London, 2006).

つながりを描き出した方がよいだろう。

一部の著者と論者は、「道徳経済」から自由市場と利己的な消費主義の経済への19世紀における移行という断裂の観点に依拠して近現代史を捉えつづけている。E. P. Thompson, 'Moral Economy of the English Crowd in the Eighteenth Century' は最初1971年に *Past and Present* に発表された論文であり、Karl Polanyi の *The Great Transformation* (Boston, 1944) は、前世代の歴史家と社会科学者に深い影響を与えた。この発想は経済の「再道徳化」を求める現在のフェアトレイド支持者に人気があるが、学問的意義は大方失われている。市場と道徳、金銭と感情は、互いに排除しあうものではなく、われわれの世界において、私的な生活と公的な生活において重なり合いつづけている。アダム・スミスはこれを理解していた。最近の社会学者による刺激的な論述としては、Viviana Zelizer, *The Purchase of Intimacy* (Princeton, NJ, 2005) があり、Deirdre McCloskey, *The Bourgeois Virtues* (Chicago, 2006) が提供するのは、定評ある経済史家による個人の物語、経済、倫理の独自の融合である。

1929年から31年にかけての世界大恐慌と戦間期の国際関係については、以下参照。 Harold James, *The End of Globalization* (Cambridge Mass., 2001); Zara Steiner, *The Lights that Failed* (Oxford, 2005). 金本位制とイギリスの一般関税採用の財政的要因については、以下参照。Barry Eichengreen, *Golden Fetters* (Oxford, 1992) および *Sterling and the Tariff* (Princeton, 1981). 関税交渉が深く分析されている Tim Rooth, *British Protectionism and the International Economy* (Cambridge, 1993) はそれにあまり利点を見出していない。以下も参照。Forrest Capie, *Depression and Protectionism* (London, 1983). Michael Kitson and Solomos Solomou, *Protectionism and Economic Revival* (Cambridge, 1990) はより肯定的であるが、いかに関税がクッションのように機能し、合理化を遅らせるのかを強調する Eichengreen のような論者によれば過度に肯定的ということになる。

貿易政策、国際組織、第二次世界大戦後の世界経済については以下を参照。Harold James, *The Roman Predicament: How the Rules of International Order Create the Politics of Empire* (Princeton, NJ, 2006); Charles Maier, *Among Empires: American Ascendancy and Its Predecessors* (Cambridge, Mass., 2006); Robert Gilpin, *The Political Economy of International Relations* (Princeton, 1987); Anne Krueger, *Trade Policies and Developing Nations* (Washington DC, 1995).

グローバリゼーションに関する現代の議論において、大衆の批判をすくい上げ、高めるのにおそらくもっとも大きな力を及ぼしたのは、Naomi Klein によるグローバル企業とブランディング批判の書である *No Logo* (New York, 1999). フェアトレイドの入門書は Alex Nicholls and Charlotte Opal, *Fair Trade* (London, 2005). 貿易自由化の意義を説く経済学者による大衆向け書籍としては現在、以下のようなものがある。 Martin Wolf, *Why Globalisation Works* (New Haven, 2004); Jagdish Bhagwati, *In Defense of Globalization* (Oxford, 2004); Philippe

共生活を形成していた、階級に基盤がある多様な消費文化を見事に再構成して生命を吹き込んだのは、Ross McKibbin, *Classes and Cultures* (Oxford, 1998). さらに John Brewer と私が編集を担当した以下も参照。*Consuming Cultures, Global Perspectives* (Oxford, 2006).

国際主義については、以下参照。Peter Cain, *Hobson and Imperialism* (Oxford, 2002); David Long, *Towards a New Liberal Internationalism* (Cambridge, 1996); David Laity, *The British Peace Movement* (Oxford, 2001); Martin Ceadel, *Semi-Detached Idealists* (Oxford, 2000); David Long and Peter Wilson (eds), *Thinkers of the Twenty Years' Crisis* (Oxford, 1995); Fred Leventhal, *The Last Dissenter* (Oxford, 1985) (これは H. N. ブレイルスフォードを論じている); Chrisine Bolt, *Sisterhood Questioned?* (London, 2004). またジマーン、マレイ、観念論リベラリズムに関する卓越した読解に現在触れることができるのは、Jeanne Morefield, *Covenants Without Swords* (Princeton, 2005) のおかげである。以下も参照。Glenda Sluga, *Nation, Psychology, and International Politics, 1870–1919* (Basingstoke, 2006) および Peter Mandler, *The English National Character* (New Haven, CT, 2006). 現在も存在するイギリスの一般向け知識人については以下参照。Stefan Collini, *Absent Minds* (Oxford, 2006).

経済知識と政策についてのわれわれの理解に大きな影を落としているのは、ケインズという圧倒的な存在である。Robert Skidelsky の偉業である三巻本伝記 *John Maynard Keynes* (London, 1983–2002) からは、彼のニュー・リベラリズムとの決別が浮かび上がる。*The Keynesian Revolution in the Making* において、Peter Clarke が描き出すのはニュー・リベラル思想の進行に密着した展開である (Cambridge, 1988)。以下も参照。Peter A. Hall (ed.), *The Political Power of Economic Ideas* (Princeton, 1989); Mary Furner and Barry Supple (eds), *The State and Economic Knowledge* (Cambridge, 1990); Daniel Ritschel, *The Politics of Planning* (Oxford, 1997); Richard Toye, *The Labour Party and the Planned Economy* (Woodbridge, 2003). 20 世紀後半における自由市場という観念の休眠と再登場については、以下参照。Richard Cockett, *Thinking the Unthinkable* (London, 1994).

いかにして道徳と市場について考えるべきであるのかは、結論の出ない議論の主題でありつづけてきた。「アクターネットワーク理論」と関わりのある近年の社会科学者は、「経済」は、分析の結果の抽象物であることを正当にも強調し、人間関係がそれに対応するかのように「経済」を現実に投影する危険について述べている。しかしこの洞察を、経済学者と会計士が世界を経済のカテゴリーにしたがって秩序づけるやり方に適用するのは、Michel Callon がその論集 *The Laws of the Markets* (Oxford, 1997) で示した例が名高いが、その効果は限られている。それに代えて、本書が試みたように、いかに人びとが経済の世界を理解するのかからはじめて、時代の中でその見解とその調整作業を支える道徳、政治、文化の

かについて解明しているのは、Philip Williamson, *National Crisis and National Government* (Cambridge, 1992).

対外経済方針およびシティと製造業の間の緊張関係について扱っているのは、Robert Boyce, *British Capitalism at the Crossroads* (Cambridge, 1987). 企業家たちの財政観について詳細に論じているのは、Andrew Marrison, *British Business and Protection* (Oxford, 1996). *Politics in Industrial Society* (London, 1979) において、Keith Middlemas はコーポラティズムのイギリス版を提示するところまで来ており、このモデルは当時、政治上だけではなく思想上も多大な魅力を帯びていた。それ以降はつねに懐疑が存在したことについては、以下参照。John Turner (ed.), *Businessmen and Politics* (London, 1984). Richard Davenport Hines, *Dudley Docker* (Cambridge, 1984) が描き出すのは、躍動する一流企業家と「商業戦士」が見事に活写された重要な絵図である。

1980 年代以降、市民社会の再発見と消費行為への関心が、新たな問題と研究手法を活性化してきた。政党と国家への注目ではなく、市民社会は関心を社会運動と社会組織の掲げた理念へと向けた。John Keane の論集 *Civil Society and the State* (London, 1988) は、新しい発想の潮流を生み出した。この概念に関する賛否両論の歴史を記述した読本 *Civil Society* (New York, 2005) は、John Hall と私が編集を担当した。歴史家がこの概念を各々の用途に合わせて駆使している点に関しては、以下を参照。Jose Harris (ed.), *Civil Society in British History* (Oxford, 2003), 私自身の論集 *Paradoxes of Civil Society* (Oxford, 2003, 2nd edn), Nancy Bermeo and Philip Nord (eds), *Civil Society Before Democracy* (Lanham Md., 2000), および Stefan-Ludwig Hoffmann, *Civil Society* (Basingstoke, 2006). 19 世紀リーズにおける市民の交流のすぐれた事例研究は R. J. Morris, *Class, Sect, and Party* (Manchester, 1990). 市民社会論という枠には収まらないが、以下も参照。Peter Gurney, *Co-operative Culture and the Politics of Consumption in England* (Manchester, 1996); Gillian Scott の女性協同組合の研究 *Feminism and the Politics of Working Women* (London, 1998); および Martin Pugh, *Women and the Women's Movement in Britain, 1914–59* (Basingstoke, 1992).

消費者と市民社会への新たな関心は併せて捉える必要がある。以下のアメリカの歴史学者の業績が、消費行為と市民意識の接近だけではなく緊張も照射しているという点でとりわけ有用である。Lizabeth Cohen, *A Consumer's Republic* (New York, 2003); Meg Jacob, *Pocketbook Politics* (Princeton, NJ, 2005). 以下も参照。Erika Rappaport, *Shopping for Pleasure* (Princeton, NJ, 2000); *Getting and Spending* (Cambridge, 1998), edited by Susan Strasser, Charles McGovern, and Matthias Judt; Martin Daunton and Matthew Hilton (eds) *The Politics of Consumption* (Oxford, 2001); Matthew Hilton, *Consumerism in Britain* (Cambridge, 2004); および *The Making of the Consumer* (Oxford, 2006). 最後のものは私の編著である。自由貿易の市民消費者はつねに理念でしかなかった。現実において、市民意識と公

は、自由市場保守派と固く結びつき、ヨーロッパ共同体と対立していたのである。数多くの洞察が鏤められているのは、Peter Clarke による古典的な三部作 *Lancashire and the New Liberalism* (Cambridge, 1971), *Liberals and Social Democrats* (Cambridge, 1978), および *The Keynesian Revolution in the Making* (Oxford, 1988). Stefan Collini は、*Liberalism and Sociology* (Cambridge, 1979) において、第一線で活躍する社会学者であり、また自由貿易連合の事務局長であったホブハウスのニュー・リベラル思想を記述する。Michael Freeden は、*The New Liberalism* (Oxford, 1978) において、分析的な手法を提示している。

リベラリズムと労働党の間のラディカルな連続性に関する探究は、豊かな議論を生じており、そこではその二者間の重なりと同様に、分岐についても重視されている。以下参照。*Currents of Radicalism* (Cambridge, 1991), edited by Eugenio Biagini and Alastair Reid, およびその続編 *Citzenship and Community* (Cambridge, 1996), compiled by Biagini. 労働党の台頭については、以下参照。Duncan Tanner, *Political Change and the Labour Party, 1900–1918* (Cambridge, 1990). 加えて参照すべきは、Ross McKibbin の以下の二著、*The Evolution of the Labour Party* (Oxford, 1974) および *Ideologies of Class* (Oxford, 1994), そして Alastair Reid による労働組合史 *United We Stand* (London, 2004).

第一次世界大戦についての文献は膨大である。Paul Kennedy, *The Rise of Anglo-German Antagonism* (London, 1980) はいまだに貴重である。現時点において最良の概説は、David Stevenson, *Cataclysm* (New York, 2004). 食品をめぐる帝国と国内の政治については、以下参照。Avner Offer, *The First World War: An Agrarian Interpretation* (Oxford, 1989) および Margaret Barnett, *British Food Policy During the First World War* (London, 1985). 国家に与えた影響については、以下参照。Kathleen Burk (ed.), *War and the State* (London, 1982). 政治については、以下参照。John Turner, *British Politics and the Great War* (New Haven, 1992); John Grigg, *Lloyd George: War Leader, 1916–18* (London, 2002); および Michael Bentley, *The Liberal Mind, 1914–29* (Cambridge, 1977).

戦後政治の説明が強力になされているのは、政党、政治指導者、政府の水準においてである。ロイド・ジョージの連立政権については、Kenneth O. Morgan, *Consensus and Disunity* (Oxford, 1979). その他以下参照。John Campbell, *Lloyd George: The Goat in the Wilderness, 1922–31* (London, 1977); Maurice Cowling, *The Impact of Labour* (Cambridge, 1971); Trevor Wilson, *The Downfall of the Liberal Party* (London, 1966); Chris Cook, *The Age of Alignment* (Toronto, 1975); David Howell's *MacDonald's Party* (Oxford, 2002) および David Marquand, *Ramsay MacDonald* (London, 1977); Stuart Ball, *Baldwin and the Conservative Party* (London, 1988) および Philip Williamson, *Stanley Baldwin* (Cambridge, 1999); Andrew Thorpe, *The British General Election of 1931* (Oxford, 1991). いかに企業の圧力ではなく、政治の駆け引きが 1931 年の「危機」と国民政府を創り出したの

守党と保護貿易圧力団体の方に集中している。これによって文献が偏向することになった。財政論議は、とりわけ日常生活の政治とコミュニケーションの水準での活発な相互交流が生じる闘争ではなく、シャドウボクシングの試合になっている。Ewen Green, *The Crisis of Conservatism* (London, 1995) はもっとも扱う範囲が広く刺激的であるが、関税改革の「ラディカルな」近代化に即した側面が誇張されているといえる。加えて以下の著作もある。Bernard Semmel, *Imperialism and Social Reform* (London, 1960), Alan Sykes, *Tariff Reform in British Politics* (Oxford, 1979), Wolfgang Mock, *Imperiale Herrschaft und nationales Interesse* (Stuttgart, 1982); Frans Coetzee, *For Party or Country* (Oxford, 1990); Alfred Gollin, *Balfour's Burden* (London, 1965); および Richard Rempel, *Unionists Divided* (Newton Abbot, 1972).「美菓と美酒」の大衆保守主義の独特の味わいを知ろうとする読者には、Jon Lawrence, *Speaking for the People* (Cambridge, 1998) がある。 Peter Marsh は、伝記 *Joseph Chamberlain* (New Haven, 1994) においてその政治家の内部にひそむ企業家の像を引き出している。時間に余裕がある読者が没入してまた益を得られるかもしれないのが、熱烈な関税改革派であり 1920 年代後半『オブザーヴァー』の編集に携わった J. L. Garvin が始め、ようやく Julian Amery が 1960 年代に完結させたより党派的な 6 巻本の伝記である (London, 1932–69). Robert Self は *Tories and Tariffs* (London, 1986) において、第一次世界大戦後の関税改革の物語を取り上げる。

対照的に、歴史家および社会科学者一般は、社会と政治において変動する自由貿易の意味と立場に関わることは困難だと考えていた。リベラル寄りの著作家はその自然な優越性を訴えてきた。批判者はそれを自由放任の個人主義として非難してきた。それによって理解困難に陥ったのは、自由貿易が 1846 年にイギリスの骨格となった何らかの不変の実体ではなく、その存続のためにコブデンとピールの栄光に頼るだけでなく、新たな取り込みと発明を必要とした、歴史の中で変容する思念、共同体、政治の取り合わせだったという点である。1846 年以降自由貿易が権力を握った経緯についてのもっとも徹底した研究は Anthony Howe, *Free Trade and Liberal England* (Oxford, 1998) であり、同書はとくに、いかにして一連の急進的な政策だったものが、支配層の統治の用具と化したのかについて重要な説明を示している。大衆向けグラッドストン流リベラリズムにおける自由貿易の中心的位置について明らかにしているのが、Eugenio Biagini, *Liberty, Retrenchment and Reform* (Cambridge, 1992).

エドワード時代のリベラリズムを語る多くの歴史家は、福祉国家の影響下で記述を進め、進歩的な連帯への希望に触発されている。必然的にその歴史記述の明らかに多くが取り上げていたのは、社会民主体制の誕生、とりわけ社会改革の歴史であり、自由党と労働党の間の関係であり、自由党の凋落であった。自由貿易はつねにリベラルな文化の一部として認識されていたが、著者たちの知的好奇心と政治的エネルギーは別の場所にある——1960 年代と 1970 年代まで自由貿易ったら大量餓死を防げたのかに関しては議論の余地があるが、これが議論の対象となるのも、Davisによる政治経済と世界史と環境史を融合させた斬新な仕事のおかげである。*The Birth of the Modern World* (Oxford, 2004) で、Chris Baylyが著した模範的な世界史もまた1846年をグローバリゼーションのより長い歴史の中に位置づけている。Baylyはとくに中東と中国における自由貿易の帝国の力について指摘すると同時に、19世紀半ばまでの世界貿易が呈する非常に範囲も限定されていた脆弱な統合を強調する。どれだけ深く帝国がイギリス社会に浸透していたのかは、議論の主題になっている。Bernard Porterの挑発的な *Absent-Minded Imperialists* (Oxford, 2004) は帝国文化の証拠はほとんど見出せないとするが、これは彼が文化的影響を測定するにあたって採る立場と方法に一部由来している。それと対立する観点については、たとえば以下を参照。Catherine Hall, *Civilising Subjects* (Oxford, 2002). 自由貿易に関するかぎり、問題は帝国が存在感を示していたか、不在であったかではなく、帝国についての競合する複数の捉え方である。イギリス帝国とアメリカ帝国の違いが論じられているのは、Bernard Porter, *Empire and Superempire* (New Haven, CT, 2006). アメリカの「市場帝国」　を論じたVictoria de Grazia, *Irresistible Empire* (Cambridge, Mass., 2005) を読むことがこの文脈において刺激的であるのは、コブデン主義者が、国家支援、文化関連部局、企業からなる同様の拡大主義のネットワークを構築しようとはしなかったからである。

Bargaining on Europe (New Haven, CT, 1999) において、Peter Marshが跡づけるのは1860年のコブデン＝シュヴァリエ条約によって活発化したヨーロッパの通商のネットワークであるとともに、それがいかにして次世代において形骸化したのかであり、この過程について著者は、フランスが商業上の統合の過程を推進するのを傍観していたイギリスの片務的な立場を厳しく批判している。19世紀末において、世界市場を開放させるのに自由貿易帝国が限られた力しかもたないことが露呈した。いかに自由貿易が、ヴィクトリア時代イギリスを軍事財政国家から、合意に基づく中立的体制に近づける役割を果たしたのかが論じられているのは、Martin Daunton, *Trusting Leviathan* (Cambridge, 2001) であり、同一の主題は Richard Price, *British Society, 1680–1880* (Cambridge, 1999) でも展開されている。相対的な衰退と関税提案に対するイギリス国家の対応が検証されている Aaron Friedberg, *The Weary Titan* (Princeton, 1988) は、明らかにアメリカの衰退を重ねて考えている。対照的に、競合する国家が、関税を、社会と軍事の計画の財源確保の手段として案出したという要素が強調されているのは、John Hobson, *The Wealth of States* (Cambridge, 1997). アメリカについては、以下参照。David Lake, *Power, Protection and Free Trade* (Ithaca, NY, 1988).

第一次世界大戦以前の自由貿易と関税改革の間の闘争を扱うに際して、イギリスの事例において実際に説明を要するのは、自由貿易特有の動員と擁護であるという事実があるにもかかわらず、大半の研究者の関心は、一方の側、すなわち保く、概念的な問題も論じている。'Political Culture and Political Economy', in *Review of International Political Economy*, vol. 5 (1998).

自由貿易はヨーロッパおよびグローバルな設定に置き直す必要がある。いくつもの有用な出発点がある。*The Political Economy of British Historical Experience, 1688–1914* (Oxford, 2002), edited by Donald Winch and Patrick O'Brien に収録されている諸論文は、イギリスのモデルが、観察、批評、競合という国家の枠を超えた競争の様相においていかにして形成されたのかを明示している。コブデンの国際的影響力の盛衰に関心がある読者が現在手にとることができる諸論文が収録されている Tony Howe and Simon Morgan が編集した *Rethinking Nineteenth-Century Liberalism* (Aldershot, 2006) は、その題名にもかかわらず、次第にその高評価がリバタリアンとネオコンのシンクタンク内に限定されてくる20世紀における名声の凋落をも追跡している。ヨーロッパの貿易政策が議論されているのは、Paul Bairoch, *Commerce extérieur et développement économique de l'Europe au XIXe siècle* (Paris, 1976) および同著者の *Economics and World History* (New York, 1993) であり、後者はリベラルな政策と経済成長のつながりを神話として暴き出している。

自由貿易は平和と恩恵にあふれる交換ではまったくなく、武力と支配に関わるものというのが、Ronald Robinson と John Gallagher が、'Imperialism of Free Trade' という古典的論文で展開した学説であり、これは *The Economic History Review* に1953年に発表された。「自由貿易」という語が最初に流通したのは、William Cunningham など半世紀前の保護貿易推進側の歴史派経済学者によってである。超大国としてのアメリカの台頭が「自由貿易」に新たな重要性を付与し、以降議論の対象になってきた。Bernard Semmel の著作 *The Rise of Free Trade Imperialism* が刊行されたのは1970年である (London, 1970)。D. C. M. Platt, *Latin America and British Trade* (London, 1972) も参照。インドについては、Peter Harnetty, *Imperialism and Free Trade* (Vancouver, 1972) および Basudev Chatterji, *Trade, Tariffs, and Empire* (Oxford, 1992) を参照。P. J. Cain and A. G. Hopkins は、シティと帝国が提携して進んだとする「ジェントルマン資本主義」の学説によって、この議論に新しい方向性を与えた。*British Imperialism, 1688–1914* (London, 1993) および *Gentlemanly Capitalism and Imperial Expansion*, edited by Raymond Dumett (London, 1999) を参照。彼らのおかげで、帝国主義における金融の位置は現在明確に認識されているけれども、シティと工業を敵対する集団ないしは環境と見なす必要はない。David Kynaston の四巻本は読者をロンドンという都市へと運んでくれる。*The City of London* (London, 1994–2001).

自由貿易に対する強烈な告発は、Mike Davis の大いに議論を巻き起こした *Late Victorian Holocausts* (London, 2001) であり、同書ではイギリスの自由貿易帝国が1870年代後半のインドの大旱魃の際に殺人の共犯の役割を果たしたとされている。どの程度まで自由貿易が強制力を発揮したのか、異なる貿易制度であて有用な理論となるものは、それが何のために求められているのか、誰が求めているのかに依拠する。今日にいたるまでリベラル派経済学者によって賞賛されてきたその分析の美しさにもかかわらず、スミスとリカードの思想は、近現代の世界においてカール・マルクスとフリードリヒ・リストに圧倒されて二の次の扱いになることも多いが、その物語を見事に語っているのは、Roman Szporluk, *Communism and Nationalism* (New York, 1988). イギリスにおいてさえリベラル派だけが都市において思考をめぐらせていたのではなかったことは、Anna Gambles がその保守派の経済言説の研究 *Protection and Politics* (Woodbridge, 1999) において明らかにしている。国際的な貿易理論も停滞してはいない。最近の展開については多くの解説書があるが、読みやすく信頼できる書籍の筆頭に数えられるのは、Paul Krugman, *Rethinking International Trade* (Cambridge, Mass., 1990) および *Pop Internationalism* (Cambridge, Mass., 1996) あるいは Jagdish Bhagwati, *Protectionism* (Cambridge, Mass., 1989).

1846 年のイギリスの穀物法撤廃は、歴史文献において枢要な位置を占めている——おそらくは過大に。当時、コブデンとその支持者がそれを歴史の分水嶺として喧伝したということ、反穀物法同盟のロビー活動が政治学者に集合行動のモデルとして便利な範例を示したということが理由としては考えられる。この両者の主張は、一定の注意をもって検証される必要がある。Norman McCord, *The Anti-Corn Law League* (London, 1958) は今でも標準的な歴史である。Paul Pickering and Alex Tyrrell, *The People's Bread* (London, 2000) が提供するのは、反穀物法同盟に関する、とくに女性の役割を多く含めたより総体的な観点であるが、またその社会と地域の限界を暴き出していると読むこともできる。John Morley, *Life of Richard Cobden* (London, 1881) は現在でも定番の伝記。比較的新しい伝記としては Nicholas Edsall, *Richard Cobden: Independent Radical* (Cambridge, Mass., 1986). 穀物法撤廃を扱っている最近の政治学者の著作には、Cheryl Schonhardt-Bailey, *From the Corn Laws to Free Trade* (Cambridge, Mass., 2006) があるが、思想と制度上の要因から利害得失を引き離そうとする不可能に見える取り組みを行っている。多くの主要な用語と問題が最初に提示されたのは、E. E. Schattschneider, *Politics, Pressure and the Tariff* (New York, 1935) であり、これは 1929 年から 30 年のアメリカの関税改定の研究である。

貿易、権益団体、政治的提携は、政治学と国際関係における、大きな影響力のあった以下の二著の焦点となっている。Peter Gourevitch, *Politics in Hard Times* (Ithaca, NY, 1986) および Ronald Rogowski, *Commerce and Coalitions* (Princeton, 1989). この二著は、いかにして農業、金融、工業が、このモデルが認識しているよりもはるかに深く内部分裂していたのかを示す最近の歴史研究と併せて読まれるのがよい。農業権益のより複雑な実像が得られるのは、Rita Aldenhoff-Hübinger, *Agrarpolitik und Protektionismus: Deutschland und Frankreich im Vergleich 1879–1914* (Göttingen, 2002). 私は以下の論文で実証的な問題だけでな適用する、より実証的な傾向をもっている。本書で扱われる時代に関して、この手法の成果がまとめて提供されているのが以下の新版の第二巻である。*Cambridge Economic History of Modern Britain* (Cambridge, 2003), edited by Roderick Floud and Paul Johnson. 計量経済史の厳密な統計的手法によって、自由貿易と帝国の費用と便益といった複雑な集計の問題が解明されている。しかしそれによってまた、過去の人びとの具体的な行動、感情、思考から経済を切り離す抽象化が生じてしまった。一切の思想の違いを措くとするならば、リベラル派経済学とポストモダニズムは、経済を政治と文化から引き離す同一の運動の一部をなしている。Deirdre McCloskey は両方の手法をともに行っている稀有な例で、最初はとくに *Enterprise and Trade in Victorian Britain* (London, 1981) において、後に前者の発展に寄与する仕事をまとめ、次いで「経済」における「学識」と「説得」の役割を以下の書で強調した。*Knowledge and Persuasion in Economics* (Cambridge, 1994). 他においては、この両陣営は相交わらない言語を用いている。両者が互いに語りかけることは滅多にない。これは残念である。「経済」と「政治」は人工的な抽象物であって、何らかの自然の現実の反映物ではないのである。過去はこのような堅苦しい枠組みに別々に収まってしまうものではない。本書において私は、そのような壊されたつながりの一部を回復することに努めたが、それは抽象的なモデルによってではなく、いかにして過去において人びとの経済と政治に関する考えが織り上げられ、伸び、弛み、また新たに織り合わされたのかという問いから着手された。

17 世紀と 18 世紀における自由貿易の思想的起源に関しては多くの文献がある。Albert Hirschman の論著 *The Passions and the Interests* (Princeton, 1977) は、明晰かつ整然とした論述の古びていない模範であり、いかにして商業がその美徳と恩恵にあふれる緩和力として評価されるようになったのかを示している。Richard Teichgraeber, *'Free Trade' and Moral Philosophy* (Durham, NC, 1986) はアダム・スミスまでの物語を扱い、Emma Rothschild はその明察に満ちた *Economic Sentiments* (Cambridge, Mass., 2001) でコンドルセとフランス革命までの全過程を対象としている。商業のモデルと経済ナショナリズムとの間の緊張は、Istvan Hont, *Jealousy of Trade* (Cambridge, Mass., 2005) の焦点となっている。Gareth Stedman Jones の啓発的な *An End to Poverty?* (London, 2005) が検討するのは、いかにして商業の自由が革命戦争とナポレオン戦争の時代に切り詰められ、その社会民主的理想を失ったのかという経緯である。その後の時代でのトーリー・リベラルによるその思想の吸収と福音主義におけるその重視を扱っているのは、Boyd Hilton の先駆的著作 *Corn, Cash and Commerce* (Oxford, 1977) および *The Age of Atonement* (Oxford, 1988).

Against the Tide (Princeton, 1996) において、Douglas Irwin は、いかにして自由貿易という考えが何度も思想上の批判勢力と戦い、その過程でより精密な理論となったのかに関して経済学の立場からの説明を行っている。もちろん強力にし

文献案内

以下の案内は、より広大な文献の世界への主な導きの糸を読者に提示することを意図している。主要な文書館所蔵コレクション、活字史料、二次文献を十全に記載した75ページの書目表はhttp://www.bbk.ac.uk/hca/staff/franktrentmann/FreeTradeNationで閲覧することができる。本書の文末註もまた引用情報を提供している。私は視覚史料から政治家の非公開コレクションまで、大衆向けリーフレットから内閣史料まで、企業家と消費者の所感から知識人の思想まで、多様な分野の史料を横断して「自由貿易」を跡づけてきた。これらはすべて個々の「〜史」において非常によく研究対象になっている。それによって記述の深みと細かさが生じる可能性があるが、また一人の人間の生が展開する多彩な領域の間の戯れと繋がりが覆い隠されてしまう危険もある。文書館、図書館、原史料を分離独立させて扱うことで、歴史を構成する人びとの生活の絶えざる編み込みと解きほぐしは、間違いなく犠牲になってしまう。本書に関わる調査において、議論の流れを追求するのに多様な分野の文献を扱い、人びとが時代の中でどのようにして経済と政治を理解し接続していたのかをできるかぎりそのまま示そうとした。

20世紀のイギリス史の概説としてもっともすぐれているのは、啓発的なPeter Clarke, *Hope and Glory* (London, 1996). 1851年の万国博覧会と1951年のイギリス祭の間の社会と経済の変容に関して、現在の読者が幸運にも手にとることができるのは、Martin Dauntonの傑作*Wealth and Welfare* (Oxford, 2007)であり、これは本書の刊行準備の時期に私の手元に届いた。

歴史、とくにイギリス史を記述するにあたり、この20年の間に政治と経済の間の懸隔はより大きくなった。この疎隔の結果、対立する思想の流派に属する一定の大きさの集団が二つ生じた。一つの歴史家のグループは、ポストモダニズムに依拠する「言語論的転回」に追随するものだ。そのもっとも強力な適用例は、Patrick Joyce, *Democratic Subjects* (Cambridge, 1994)である。*Re-reading the Constitution* (Cambridge, 1996), edited by James Vernon収録の諸論文はきわめて広い範囲を扱っている。上記の文化史は、政治の領域を広げて、権力とアイデンティティを、物語と言説において語られることで構築されるものとして捉える美点を有している。一方で物質の世界は周縁化される。言語論的転回は、理論に関する議論を多く惹き起こしてきた。「言説」(discourse)という語の使用に関わる問題を明快に扱っているのはMark Bevir, *The Logic of the History of Ideas* (Cambridge, 1999)であり、同書は代わりに「思念」(beliefs)という語に目を向けている。

一方で二番目のグループは、過去に対して、経済的なモデルと統計上の回帰を

口絵出典

1. The modernity of protection versus the outdated vehicle of Free Trade, in a Conservative poster, c.1910. British Library of Political and Economic Science, London.
2. The misery of Free Trade: a British worker and his family exposed to foreign 'dumping' in a Tariff Reform poster, c.1909. British Library of Political and Economic Science, London.
3. Tariff Reform defends British manhood and employment, in a Conservative poster, c.1905. British Library of Political and Economic Science, London.
4. 'The Hungry Forties' by Robert Morley, the Free Trade poster that won first prize from the National Liberal Club in 1905. University of Bristol Special Collections.
5. Conservatives waiting in ambush to attack Little Red Riding Hood with taxes. Free Trade poster, c.1909. People's History Museum, Manchester.
6. Breaking into the home: protectionists are trying to get their hands on the Free Trade cupboard, in a Liberal postcard, c.1905. Private collection.
7. Women of all classes in a bustling Free Trade shop, while a poor shopkeeper, Joseph Chamberlain, is deserted in his overpriced and empty shop. Liberal poster, c.1905. British Library of Political and Economic Science, London.
8. The big loaf and the small loaf as illustrations of the standard of living under Free Trade and protection, in a 1905 election card. National Archives, London.
9. Size speaks for itself: the big loaf and the small loaf in a 1905 election poster. Based on the original in the *Daily News*. National Archives, London.
10. National Free Trade lectures, shows, and exhibitions, May–December 1910.
11. On the beaches: Free Trade seaside lectures, July–September 1910.
12. Free Trade lectures, lantern shows and exhibitions, in the run-up to the December 1910 election.
13. A rare photograph of a protectionist Dump shop displaying cheap foreign goods, probably Coventry, 1910. Private collection.
14. A family driven to despair and destitution by Free Trade. T. B. Kennington's 1909 painting. Private collection.
15. Mixing politics and advertising: Arthur Balfour with horns fighting Bannerman with the strength of Bovril, in an advert by S. H. Benson & Co., 1906. Victoria & Albert Museum, London.
16. Milk as a source of industrial strength; a poster by the milk publicity campaign, 1923. *The Milk Industry*, May 1923.

図版出典

1. 'Famine'. *Reynolds's Newspaper*, 12 June 1904. 48
2. 'Stitch! Stitch! Stitch!' Conservative Poster, c.1905. Victoria and Albert Museum, London. 57
3. 'The Man We Import. The Man We Export.' *Tariff Reform Illustrated*, 1904. 58
4. 'The Consumer.' Free Trade Union, leaflet no. 328, 1909. Bristol University Archive. 77
5. 'A Sporting Question'. Chamberlain's Two Loaves. Political postcard 1903, private collection. 97
6. 'The International Exchange', 1905. Director: L. Fitzhamon, producer: Hepworth. National Film and Television Archive, London. 100
7. The German dumper in the loaf, in a cartoon by E. Huskinson. *Tariff Reform Illustrated*, 1904. 101
8. Harry Furniss's cartoon of Chamberlain and the two loaves. A political postcard, reproduced from *The People*, private collection. 102
9. A woman speaking on Free Trade, 1913 Reading by-election. Hulton Archive, Getty Images. 115
10. The Free Trade Union office in Plymouth, *Western Daily Mercury*, 8 January 1910. 135
11. 'The Real Loaf Question'. Leaflet by the Independent Labour Party. *The Platform*, 13 February 1904. 194
12. 'Food Fairies'. *The Milk Industry*, May 1925. 236
13. 'Our Empire'. An Empire produce stall in Driffield, Yorkshire. *Home and Politics*, January 1925. 247
14. Miss L. V. Sutton as 'Empire Products'. *Home and Politics*, August 1926. 248
15. 'Vote Liberal and Keep the Taxes off'. A Liberal wagon in the 1923 election campaign in Devonport. Hulton Archive, Getty Images. 348
16. A safeguarding van, c.1928. Photograph, private collection. 349
17. 'Spring Renovations'. A cartoon by David Low. *Evening Standard*, 16 March 1931. 365
18. Cobden statue, Camden High Street, London, unveiled in 1868. Frank Trentmann, 2007. 377

わ

へ

ほ

ま

み

の

は

ひ

ふ

索引

著者紹介

フランク・トレントマン（Frank Trentmann）

1965年生まれ。ドイツ・ハンブルク出身。ハンブルク大学、LSEで学んだあと、アメリカのハーバード大学で歴史学の修士・博士号を取得した。その後プリンストン大学等で教鞭を執り、2000年、ロンドン大学バークベック校に着任、現在は同大学の歴史学教授である。70本以上の論文を発表、共編著を加えると20冊以上に及ぶ書籍を刊行している。近著に『物品の帝国（*Empire of Things*）』（Allen Lane,2016）がある。

訳者紹介

田中裕介（たなか・ゆうすけ）

1972年生まれ。青山学院大学文学部英米文学科准教授。一橋大学大学院言語社会研究科博士課程修了。博士（学術）。翻訳にピーター・ゲイ『シュニッツラーの世紀』、ロイ・ポーター『狂気』（以上、岩波書店）等がある。

解説者紹介

新広記（しん・ひろき）

1972年生まれ。ロンドン大学バークベック校リサーチフェロー。「20世紀のエネルギー物質文化」研究プロジェクト副代表として、トレントマンと共同研究を行っている。東京大学大学院総合文化研究科地域文化研究科博士課程単位取得退学。ケンブリッジ大学歴史学部（PhD.）。翻訳にジョン・アーノルド『歴史』（岩波書店）等がある。

フリートレイド・ネイション
——イギリス自由貿易の興亡と消費文化

2016年11月30日　初版第1刷発行

著　者　フランク・トレントマン
訳　者　田中裕介
解説者　新広記
発行者　長谷部敏治
発行所　NTT出版株式会社
〒141-8654 東京都品川区上大崎3-1-1 JR東急目黒ビル
営業担当　TEL 03(5434)1010　FAX 03(5434)1008
編集担当　TEL 03(5434)1001
http://www.nttpub.co.jp/

装丁　米谷豪
印刷・製本　中央精版印刷株式会社

ISBN 978-4-7571-4334-0　C0022

NTT出版の本

消費と欲望の系譜

ジョン・スタイルズ／ション・ブルーア／イヴ・ローゼンハフト／アウナー・オファ［著］
草光俊雄／眞嶋史叙［監修］

経済史・文化史の流れから生まれた「消費文化史」の最前線を紹介するアンソロジー。分野のサーヴェイから18世紀のグローバル化、観光、消費としての投資、欲望と幸福の研究等。文献リスト付き。

四六判　定価（本体2,400円＋税）　ISBN978-4-7571-4328-9

貿易自由化の理念と現実・世界のなかの日本経済8

阿部顕三［著］

GATT／WTO体制から農産物の保護措置やTPP交渉まで、自由化の諸相を経済学の視点で整理し、現実の貿易がもたらす諸問題の解決への糸口を探る。

四六判　定価（本体2,300円＋税）　ISBN978-4-7571-2318-2

国際協調の先駆者たち　理想と現実200年

マーク・マゾワー［著］
依田卓巳［訳］

19世紀のウィーン会議に始まる協調政治に始まり、平和運動、自由貿易運動、ナショナリズムや共産主義の台頭等をおさえ、世界の安定のため、国際法、国際組織、外交等の思想を概観する。

A5判　定価（本体4,600円＋税）　ISBN978-4-7571-4338-8

保守のアポリアを超えて　共和主義の精神とその変奏

佐藤一進［著］

西欧思想史に響きわたる通奏低音としての〈共和国〉の思想。幾重にも派生するその変奏の系譜の核心に、E・バークを捉え、保守主義のレゾン・デートルを照らし出す。思想史でありながら現代保守主義に投げかける問題提起の書。

A5判　定価（本体4 ,000円＋税）　ISBN978-4-7571-4325-8

なぜ豊かな国と貧しい国が生まれたか

ロバート・C・アレン［著］
グローバル経済史研究会［訳］

国際間の格差が広がっているのはなぜか。その原因をグローバル化に始まる近代化に求める。イギリス産業革命についての新説、その後の世界への波及と経済成長をデータに基づいて分析。「グローバル経済史」入門の決定版。

四六判　定価（本体1,900円＋税）　ISBN978-4-7571-2304-5

カール・ポランニー　市場社会・民主主義・人間の自由

若森みどり［著］

市民社会の破壊的な性格を論じた古典『大転換』の著者カール・ポランニーの思想の全体像に迫る。最新の研究動向、ポランニー政治経済研究所の未公開資料などを用いて、展開される本格的論考。

A5判　定価（本体4 ,000円＋税）　ISBN978-4-7571-2285-7